Ion Bitzan

Ion Bitzan

MNAC 20bis
DCV

Cuprins

Prizonierii avangardei. Pentru o altă istorie a artei din lagărul comunist The Prisoners of the Avant-Garde. For a Different History of Art in the Communist Bloc	Călin Dan	31
Polimorfismul operei lui Ion Bitzan The Polymorphism of Ion Bitzan's Art	Magda Predescu	43
Dincoace de lumea alternativă a modernismului socialist Beyond the Alternative World of Socialist Modernism	Cătălin Gheorghe	59
Ion Bitzan și ars combinatoria Ion Bitzan and the Ars Combinatoria	Anca Arghir	69
Ion Bitzan și scena de artă americană Ion Bitzan and the American Art Scene	Ann Albritton	75
Catalog Catalogue		83
Artistul în timpul său The Artist in his Time		257
Cronologie Chronology		287
Expoziții (selecție) Exhibitions (selection)		295
Bibliografie selectivă Selected Bibliography		307

O viață în imagini / A life of images

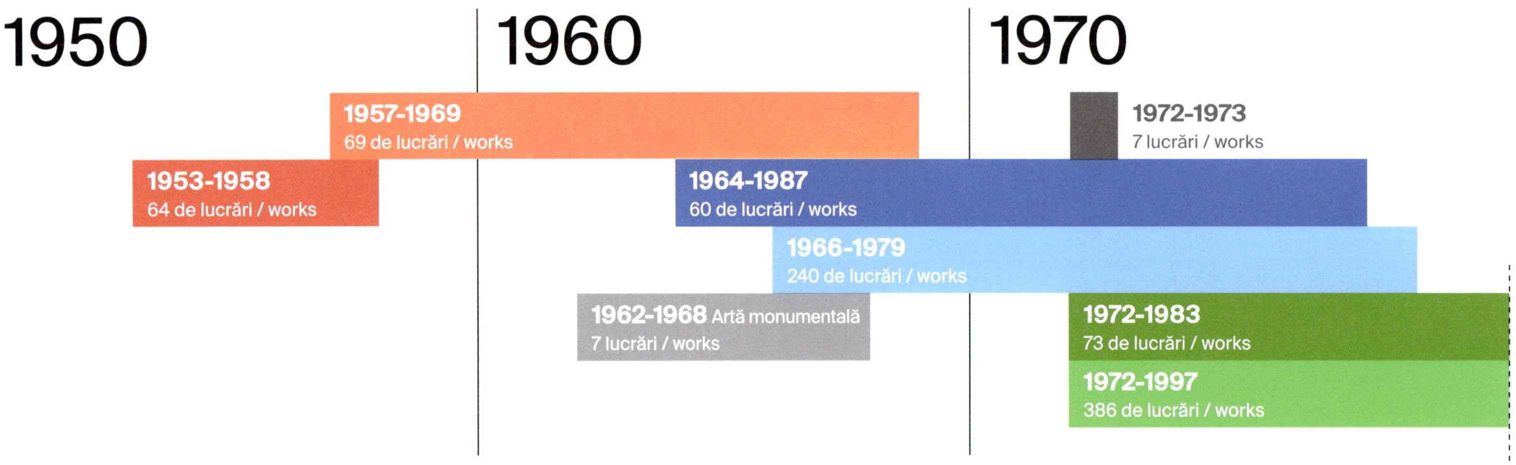

Realismul Socialist și căutarea unor Soluții Alternative
Socialist Realism and the Search for Alternative Solutions

1955, 1956, 1957
Expoziția Interregională de pictură, sculptură și grafică / The Interregional Exhibition of Painting, Sculpture and Graphic Art, Sala Dalles, București / Bucharest

1957
Expoziția 1907, Sala Dalles, București / Bucharest

1957
Expoziție / Exhibition Ion Bițan, Virgil Almășanu, Constantin Crăciun, Galeriile de Artă ale Fondului Plastic, București / Bucharest

Modernismul Socialist și Deschiderea spre Occident
Socialist Modernism and the Opening Up to the West

1962, 1964
Expoziția regională de artă / Regional art exhibition, Sala Dalles, București / Bucharest

1963
Rumänische Kunst der Gegenwart, Museum Albertinum, Dresden, Germania / Germany

1964
A 32-a ediție a Bienalei Internaționale de Arte de la Veneția, Pavilionul României / 32nd edition of the Venice Biennial, the Romanian Pavilion (împreuna / with cu Ion Gheorghiu, Ion Pacea, Boris Caragea), Veneția, Italia / Venice, Italy

1966
Expoziție / Exhibition Ion Bitzan, Galeria "Arsenal", Poznań & Galeria Sopot, Varșovia, Polonia / Poland

1967
Bienala de la São Paulo, Pavilionul României / São Paulo Biennial, Romanian Pavilion (expoziție de grup / group show), Brazilia / Brazil

Arta Oficială: Către un Nou Tip de Figurație
Official Art: Towards A New Type of Figuration

1967
Expoziția regională de artă, Sala Dalles, București
Regional art exhibiton, Sala Dalles, Bucharest

1968, 1970, 1972
Bienala de pictură și sculptură, Sala Dalles, București
Painting and Sculpture Biennial, Sala Dalles, Bucharest

1977, 1983, 1985
Expoziția republicană din cadrul Festivalului Național Cântarea României, Muzeul de Artă al R.S.R., București
Republican Exhibition, part of "Cântarea României" National Festival, The Art Museum of the Socialist Republic of Romania, Bucharest

1967
Omagiu patriei socialiste, expoziție în pregătirea Congresului educației politice și culturii socialiste, Sala Dalles, București
Homage to the Socialist Homeland, Sala Dalles, Bucharest

1977, 1980, 1989
Balcanii, zonă a păcii și prieteniei între popoare , Sala Dalles, București
The Balkans, an Area of Peace and Friendship between People, Sala Dalles, Bucharest

1978
Magistralele socialismului, Sala Dalles, Muzeul de artă al R.S.R.
Socialism Avenues, Sala Dalles, The Art Museum of the Socialist Republic of Romania, Bucharest

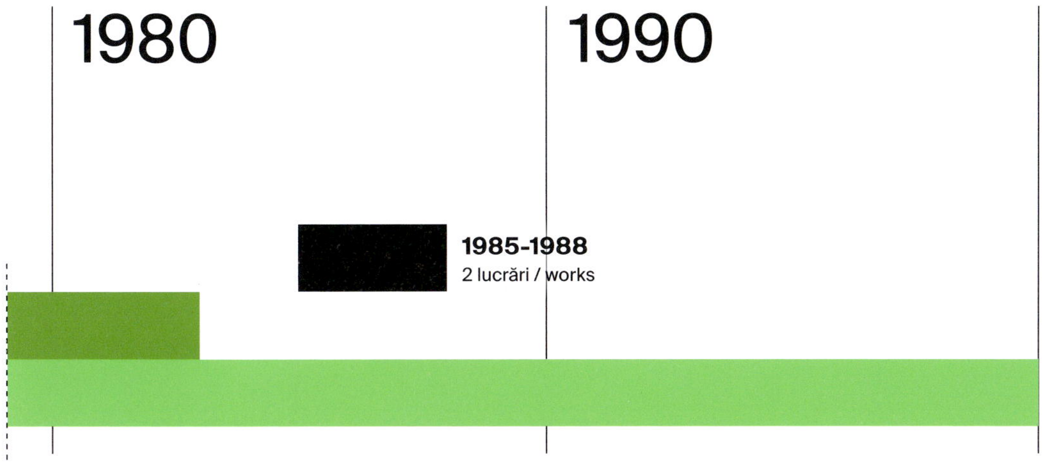

Alternativa abstractă (abstracție lirică, conceptualism, minimalism)
The Abstract Alternative (lyrical abstraction, conceptualism, minimalism)

1967
Expoziție de colaj și desen / Collage and drawing exhibition, Sala Dalles, București / Bucharest

1968, 1970, 1972, 1974
Expoziția Internațională de desene originale / International Exhibition of Original Drawings, edițiile / editions I-IV, Moderna Galerija, Rijeka, Iugoslavia / Yugoslavia

1968, 1970
Bienala de gravură / Engraving Biennial, edițiile / editions II-III, Pawilion wystawowy, Cracovia, Polonia / Poland

1969, 1971
Mednarodna graficzna razstva, edițiile / editions I și / and IV, Moderna Galerija, Ljubljana & Moderna Galerija, Rijeka, Iugoslavia / Yugoslavia

1969, 1981
Bienala de la São Paulo, Pavilionul Românesc / São Paulo Biennial, Romanian Pavilion (expoziții de grup / group shows), São Paulo, Brazilia / Brazil

1969, 1970, 1972, 1983
Premi internacional Dibuix Joan Miró (Bienala – concurs de desen / Biennial – drawing competition), Barcelona, Spania

1969, 1971
Festivalul Internațional de la Edinburgh / Edinburgh International Festival, Print Room / Romanian Art Today, Richard Demarco Gallery, Scoția / Scotland

1969
4 Rumänische Künstler im Bauzentrum (Collagen / Collages), (împreună cu / with Ritzi Iacobi, Peter Iacobi, Paul Neagu), Galeria "Esplanade", Bauzentrum, Hamburg / The Richard Demarco Gallery, Edinburgh / The Aberdeen Art Gallery

1969
8 Artistes Roumains (împreună cu / with George Apostu, Horia Bernea, Ioan Cânju, Ion Gheorghiu, Gheorghe Iacob, Vladimir Șetran), Galeria Panorama Mesdag, Den Haag

1972
Objects, Collages, Drawings, Espace Gallery, Amsterdam / The Richard Demarco Gallery, Edinburgh / Aberdeen Art Gallery

Vizualitate și Limbaj
Visuality and Language

1972
Obiecte, colaje, desene, în cadrul Celui de-al VIII-lea Congres Internațional de estetică, București
Objects, Collages, Drawings, part of the VIIIth International Aesthetics Congress, Galeria Orizont, Bucharest

1973
Generatoare de imagini / Image Generators (împreună / with cu Iulian Mereuță), Galeria Galateea, București / Bucharest

1983
Cărți, obiecte, scriituri, Galeria Căminul Artei, București
Books, Objects, Drawings, Galeria Căminul Artei, Bucharest

Citire – Scriere – Citat
Reading – Writing – Quoting

1981
Exhibitions and installations, MoMA P.S.1, New York, U.S.

1985
Ion Bitzan Works: 1975-1985, The Arts Council of Northern Ireland, Arts Council Gallery, Belfast

1990
Expoziție Ion Bitzan, Narrow Water Gallery, Warrenpoint, Irlanda / Ireland

1992
Obiecte-scriituri / Objects-writings, Oficiul Național pentru Documentare și Expoziții de Artă / The National Office for Documentation and Art Exhibitions, Galeria ARTEXPO, Etaj 3/4, Teatrul Național, București / Bucharest

1993
The Song of Songs and the Cabinet, Hotbath Gallery, Bath, G.B

1994
Obiecte, scrieri, cărți de autor / Objects, Writings, Artist Books, Muzeul Național de Artă al României, București / The National Museum of Art, Bucharest

1997
Carta del navigar nella memoria, Bienala de la Veneția, Pavilionul României / Venice Biennial, Romanian Pavilion, (expoziție de grup / group show), Veneția, Italia / Italy

1998
Homage to Ion Bitzan, Muzeul Național de Artă al României, București / The National Museum of Art, Bucharest

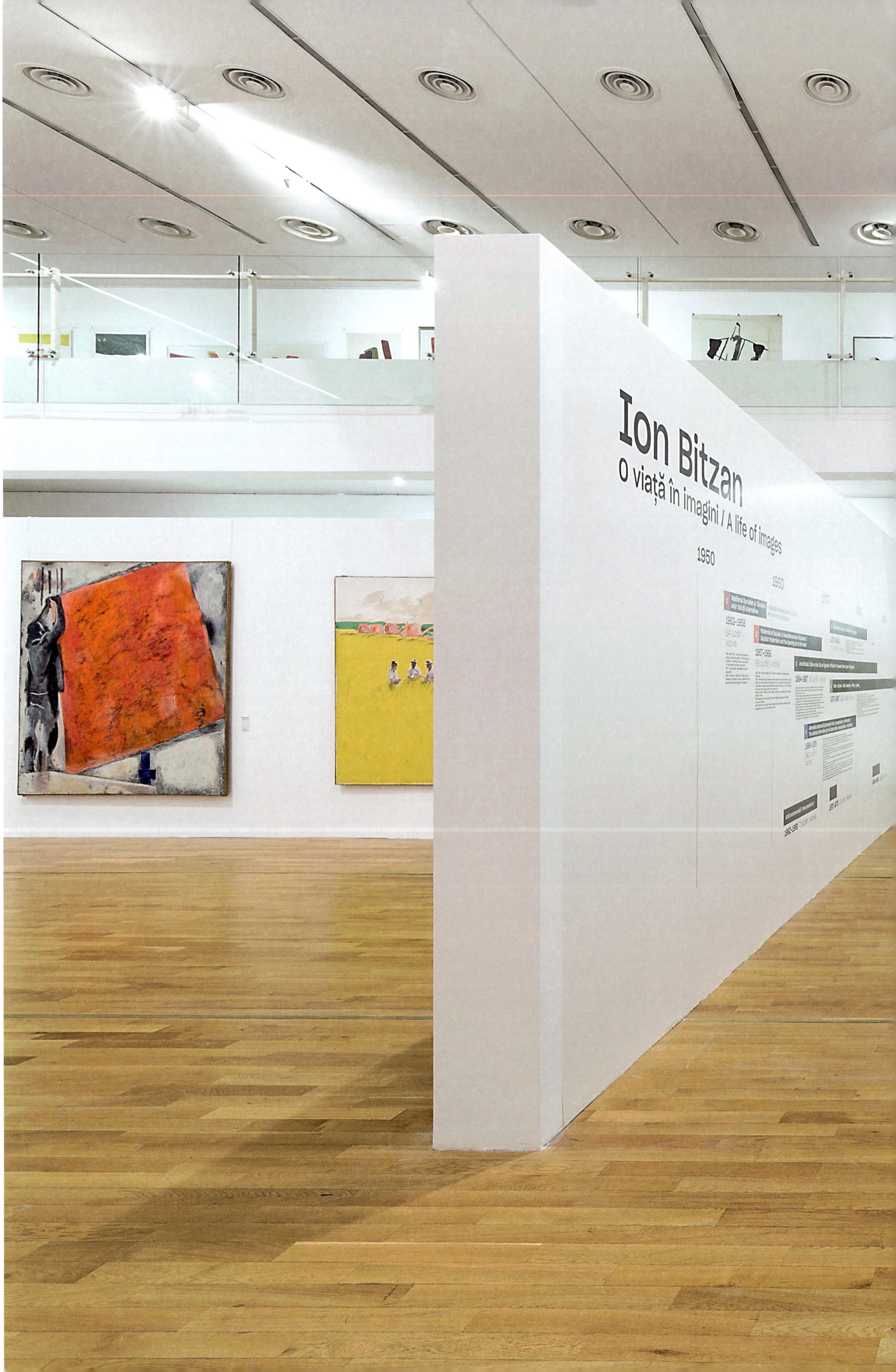

Vederi din expoziția *Prizonierii Avangardei. O Retrospectivă Ion Bitzan* (MNAC Bucharest, 23.11.2017 – 27.05.2018)
Credit foto:
© Serioja Bocsok

Installation views from the exhibition *The Prisoners of the Avant-garde. A Ion Bitzan Retrospective* (MNAC Bucharest, 23.11.2017 – 27.05.2018)
Photo credit:
© Serioja Bocsok

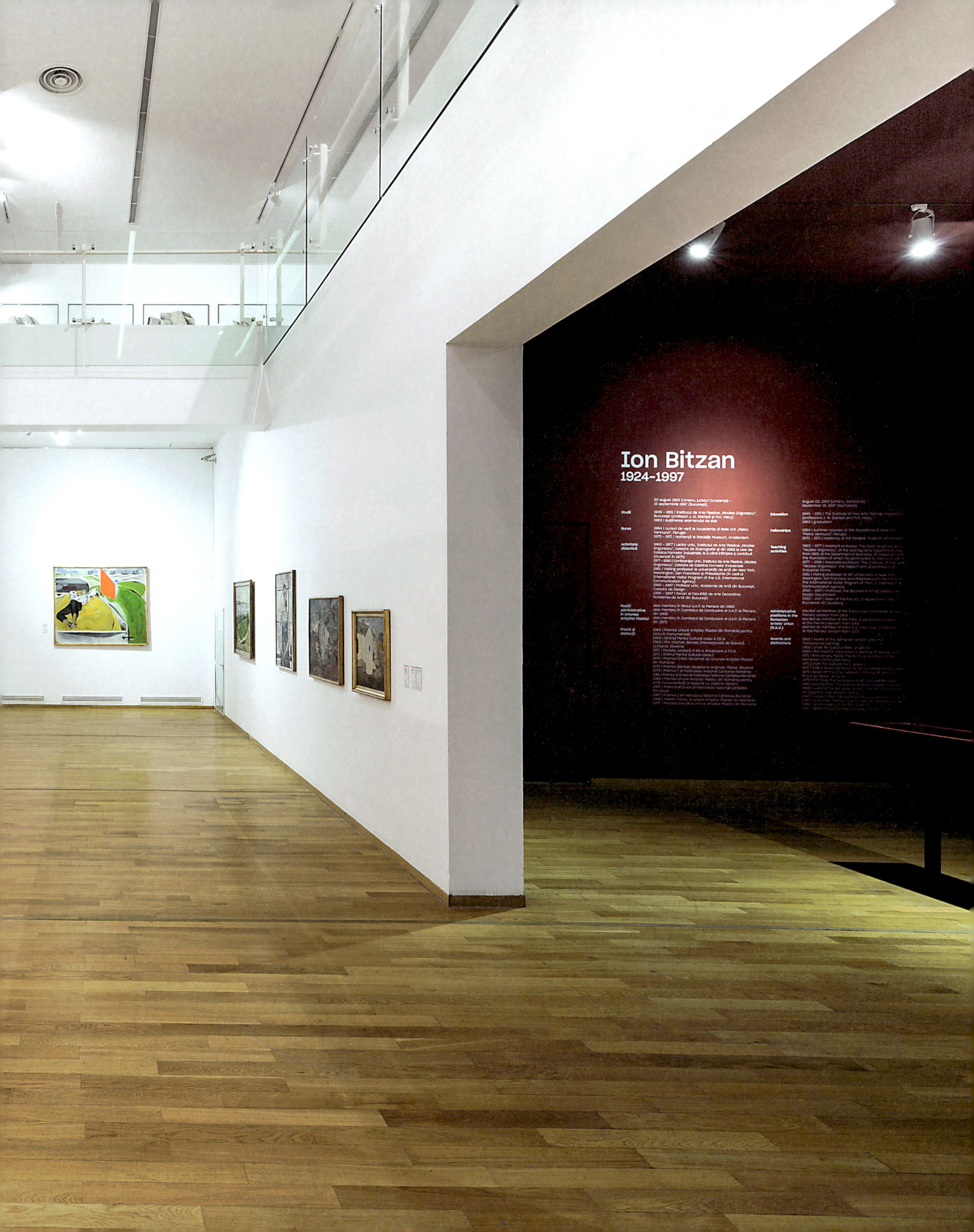

Ion Bitzan
1924–1997

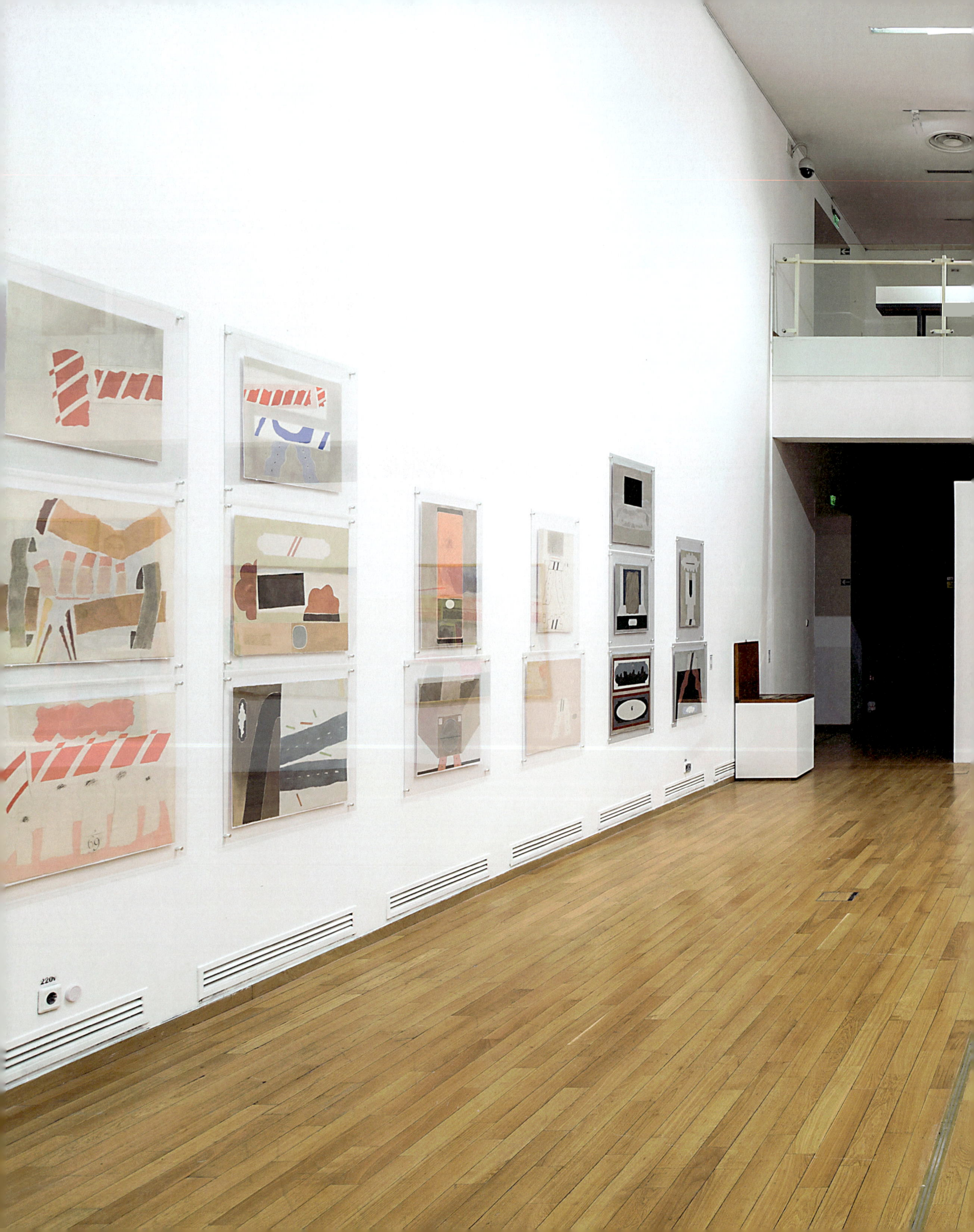

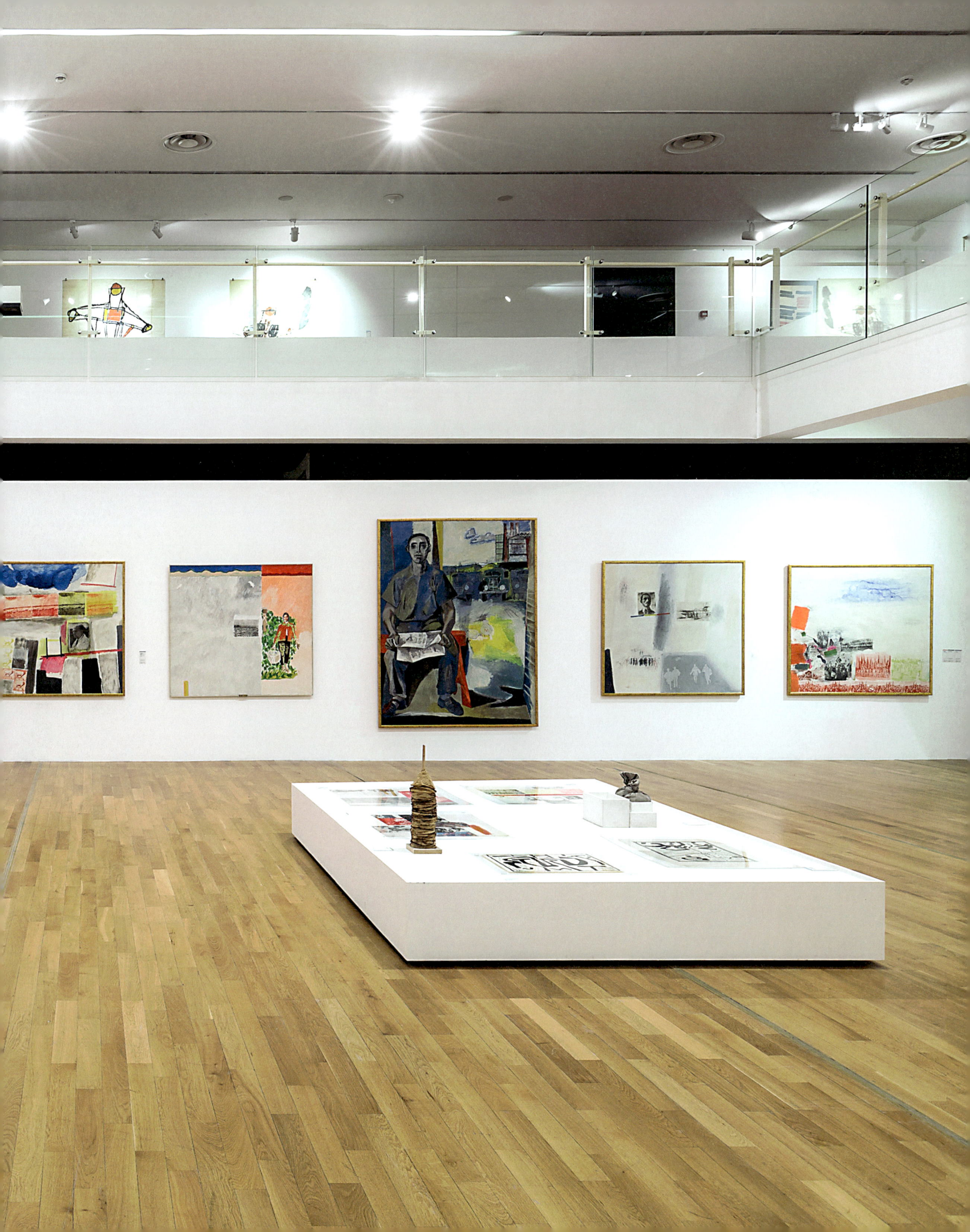

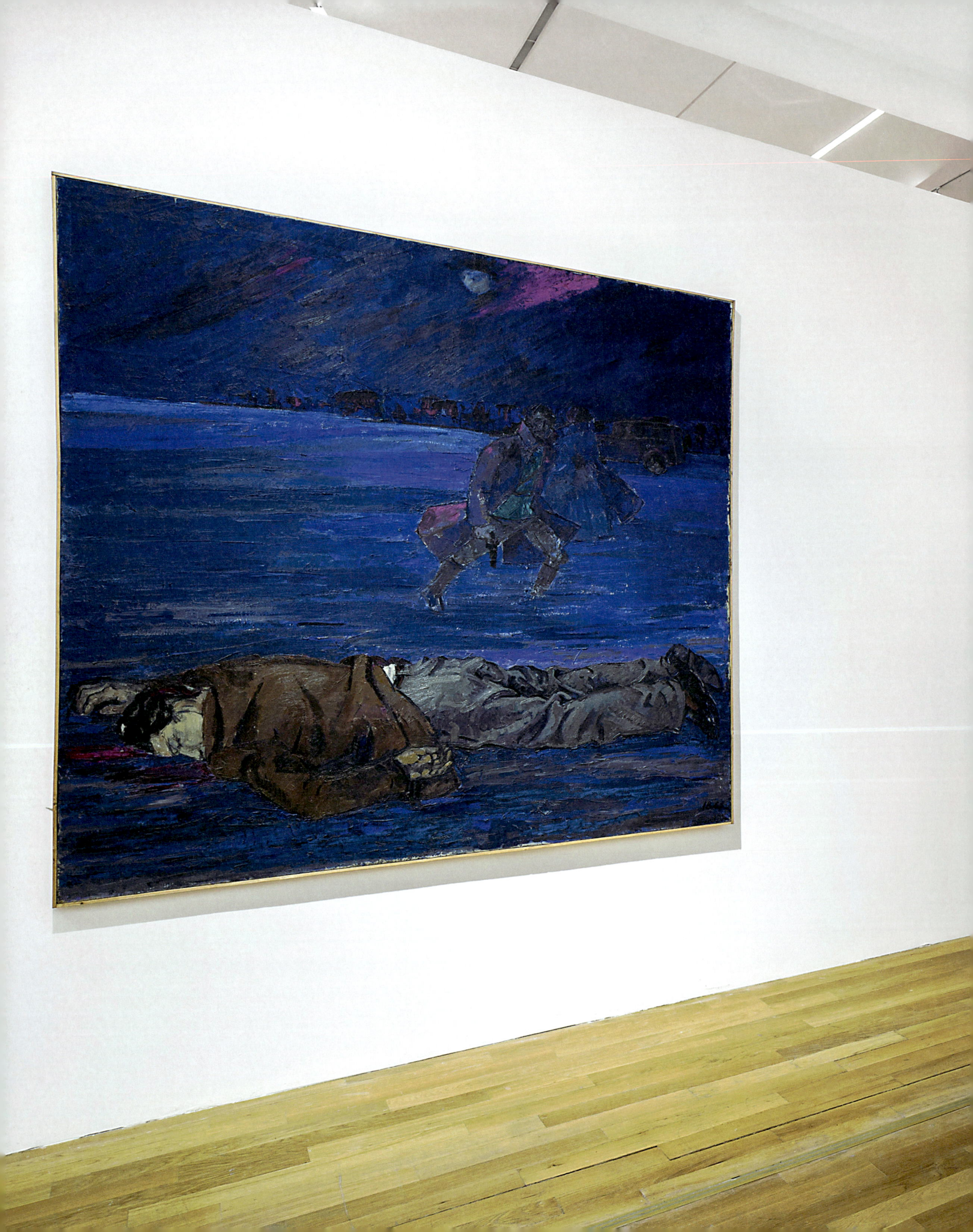

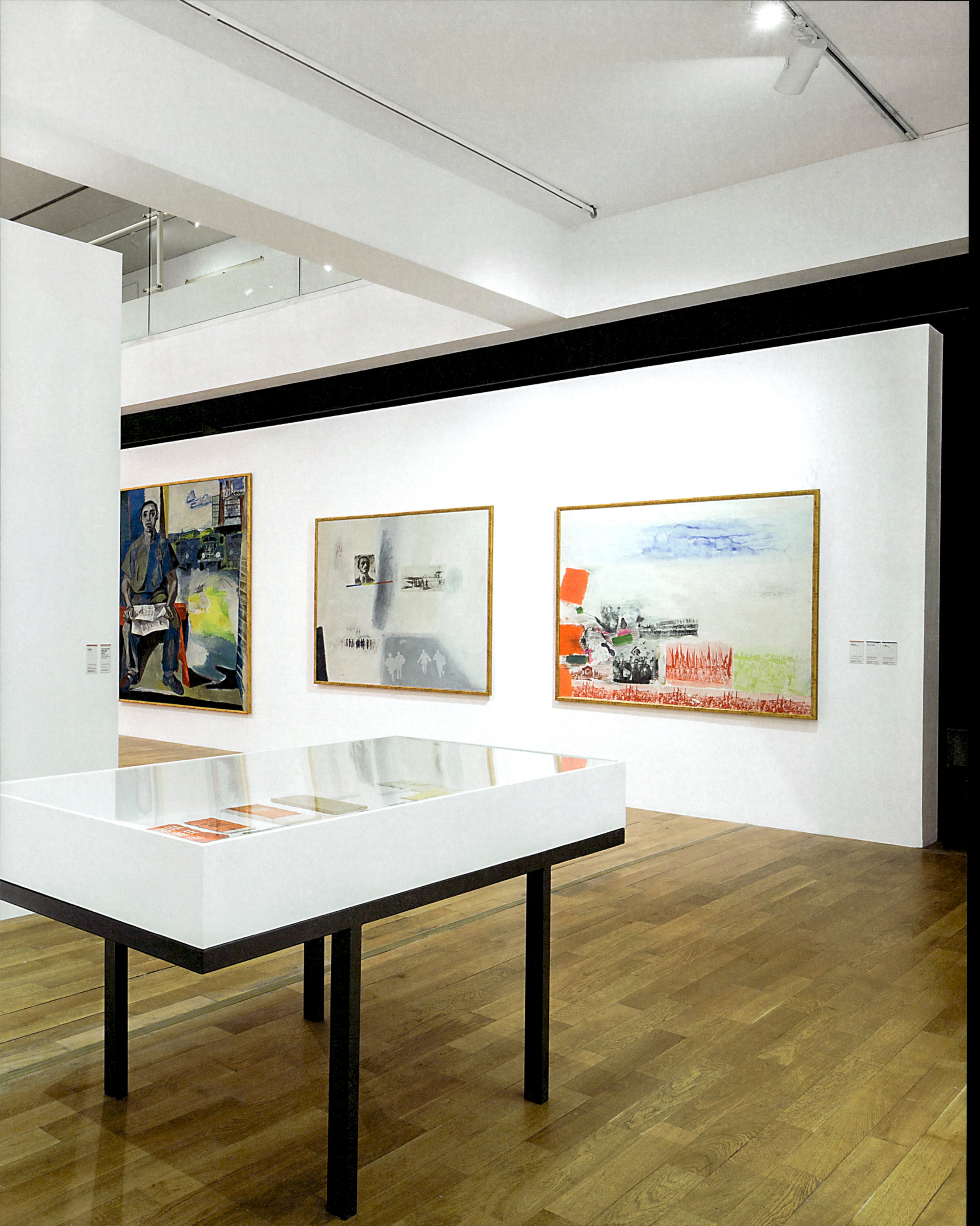

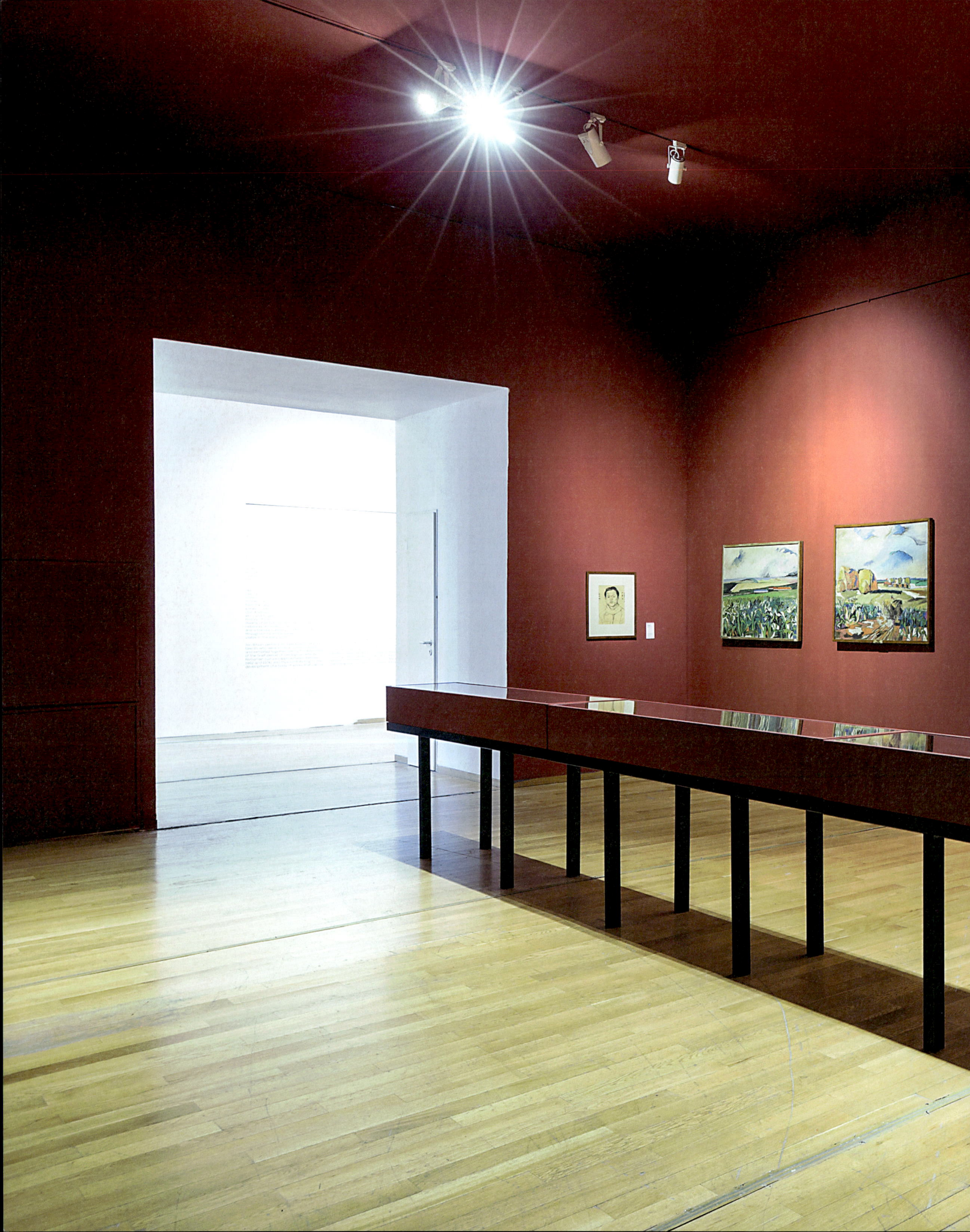

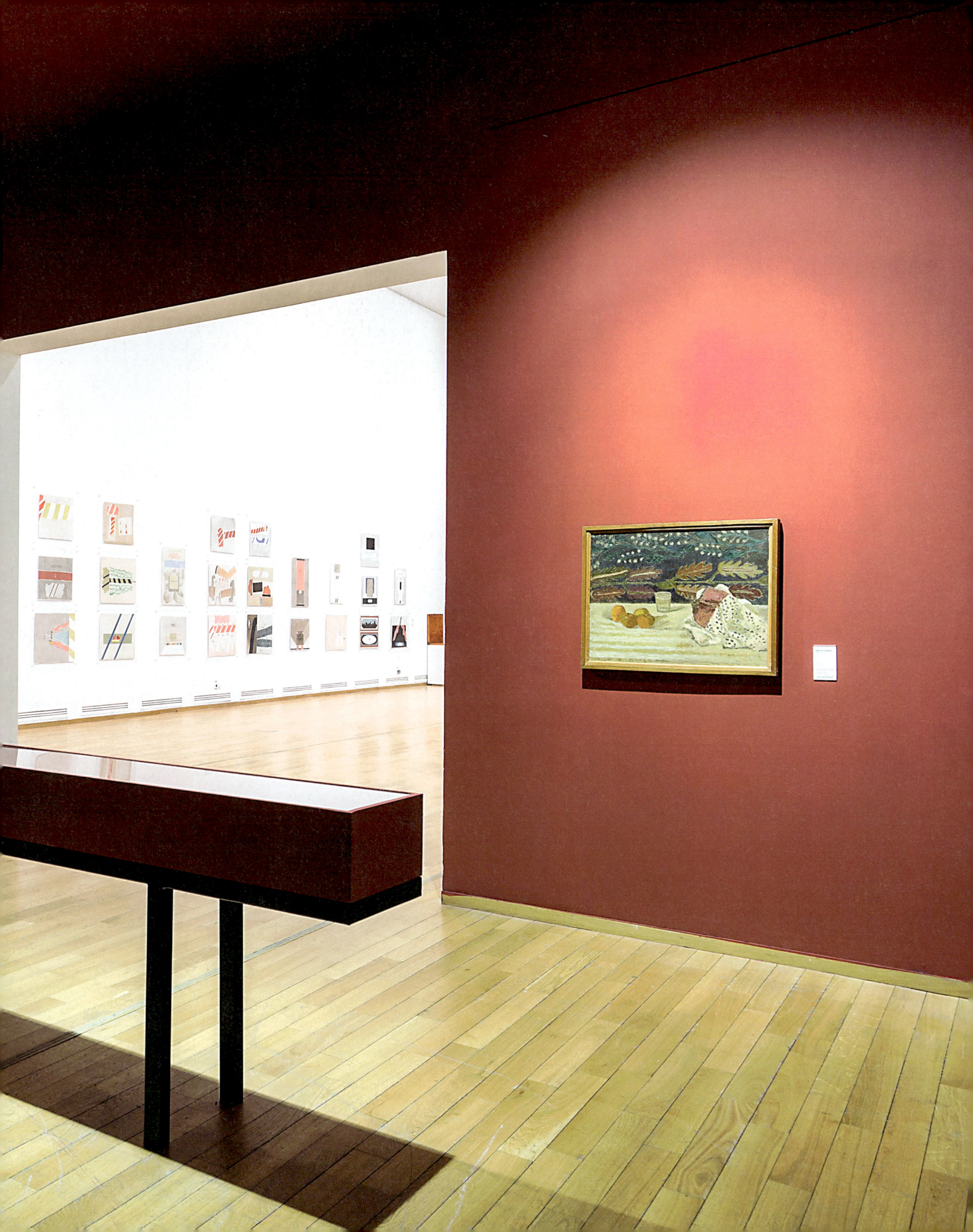

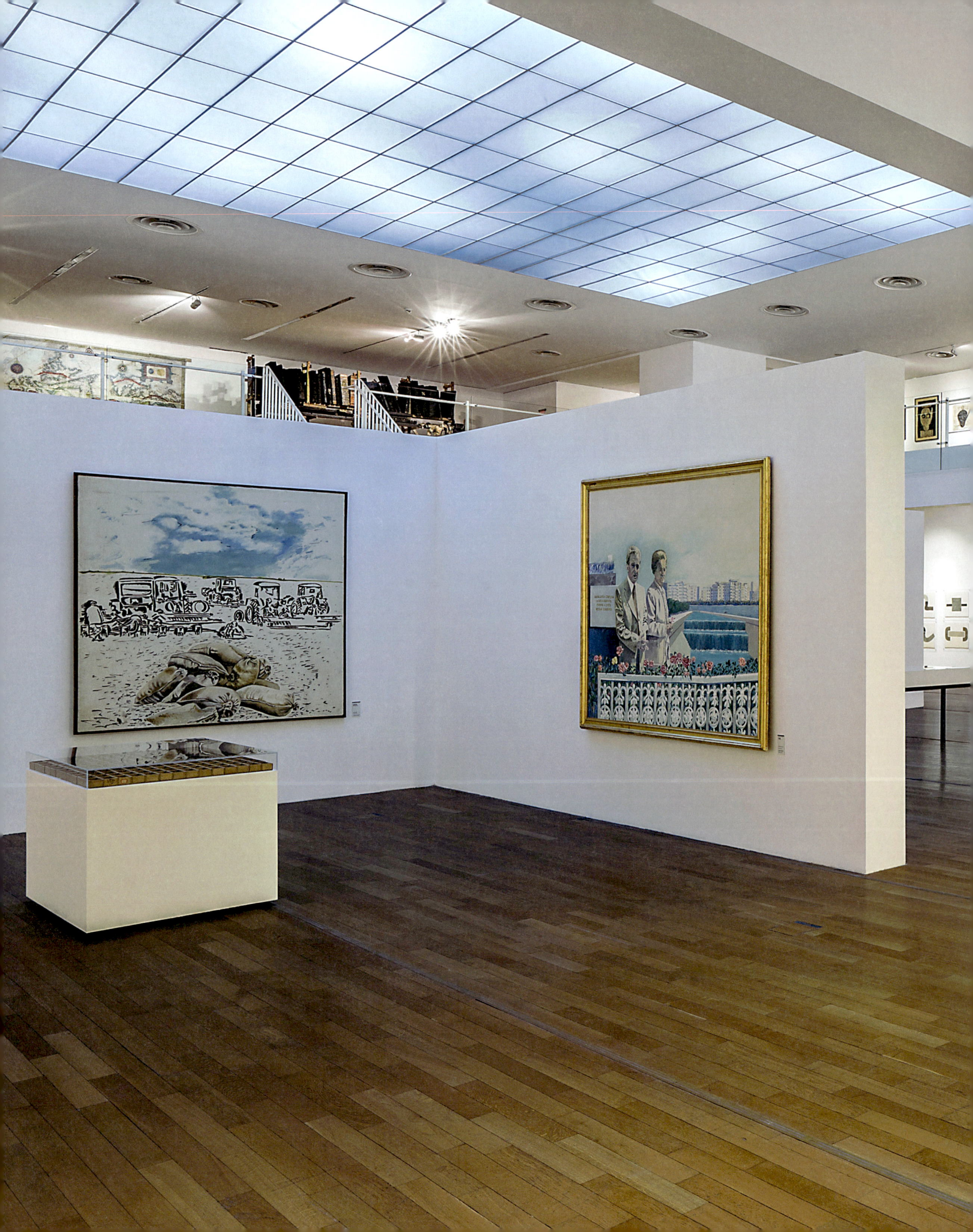

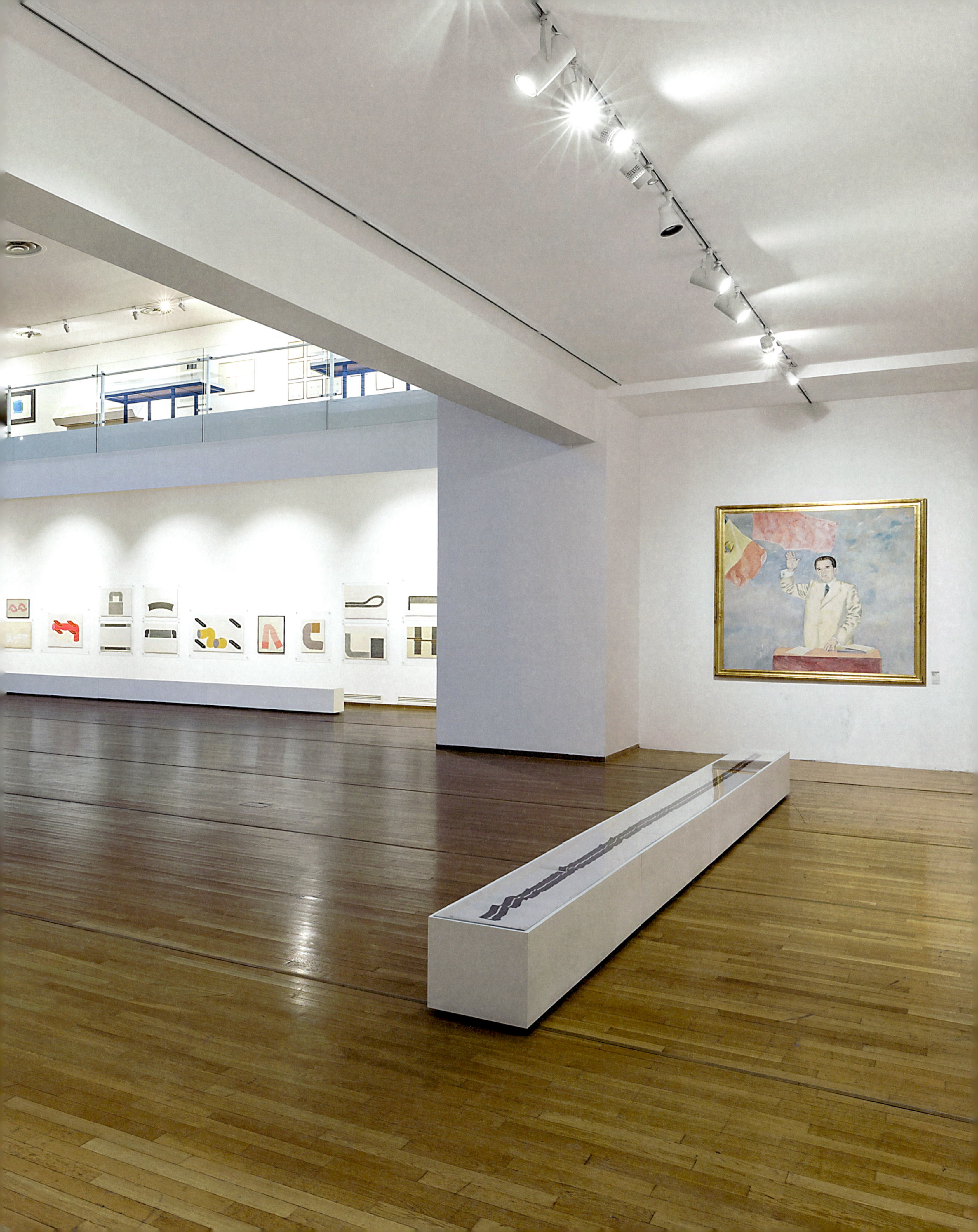

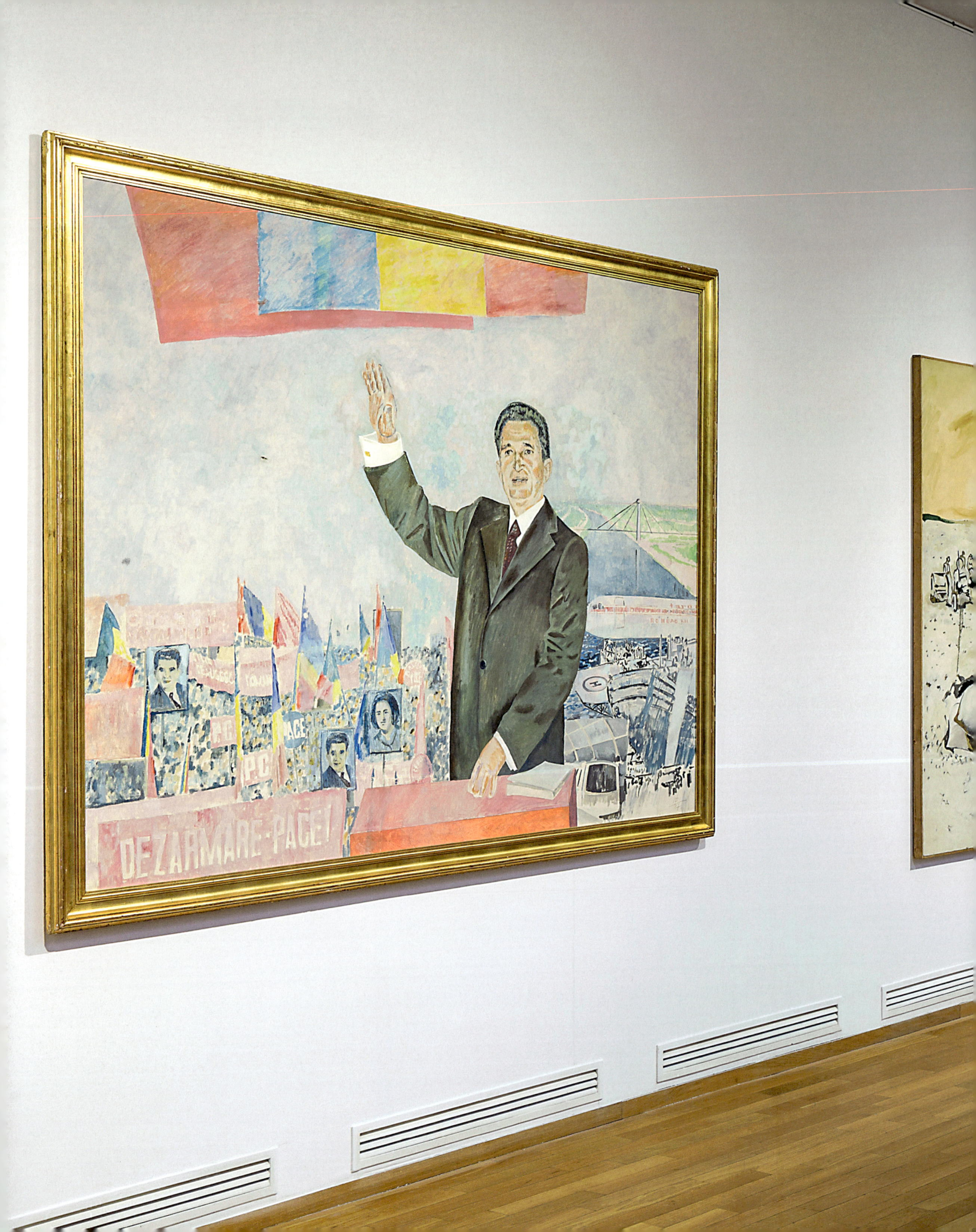
DEZARMARE-PACE!
PACE

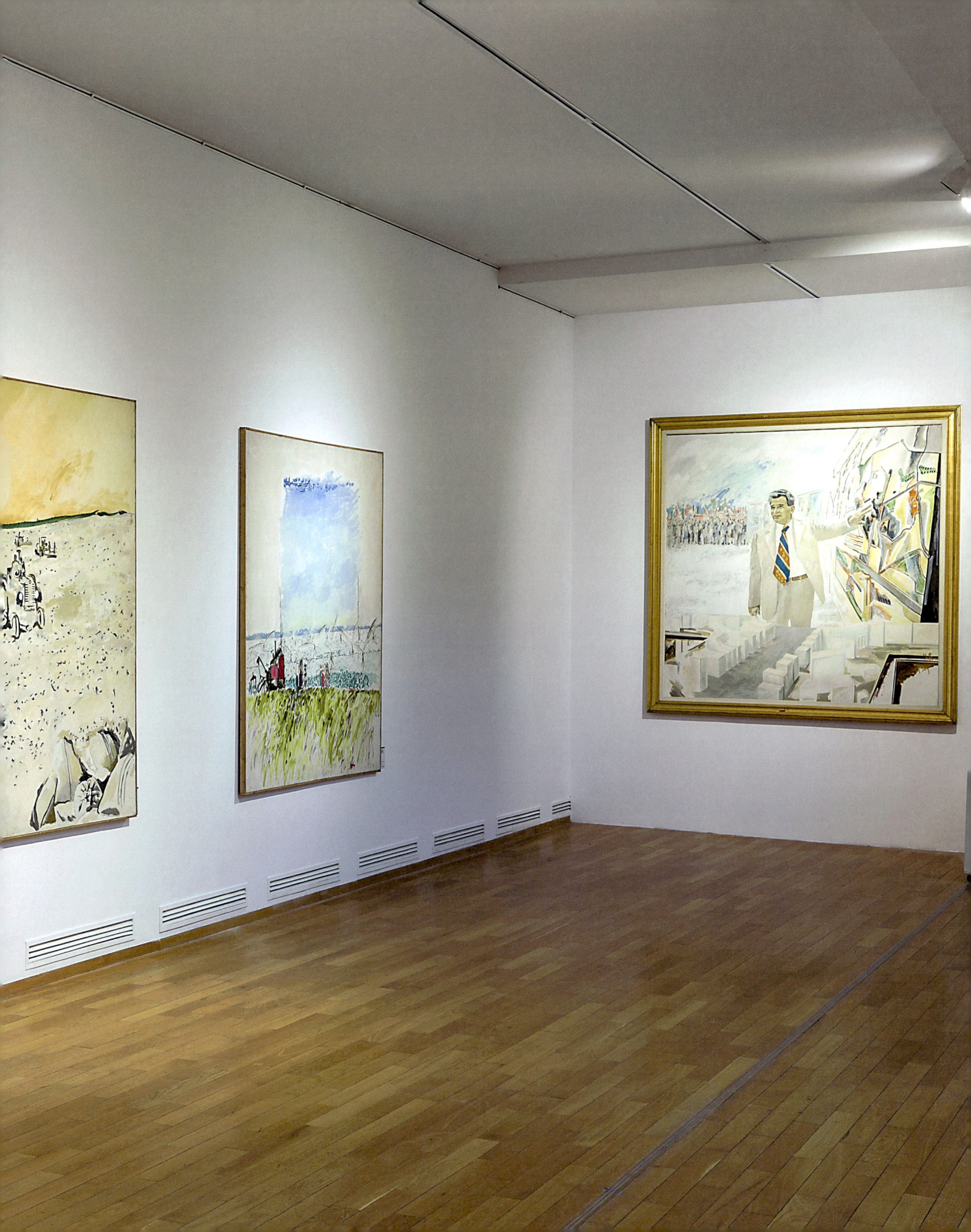

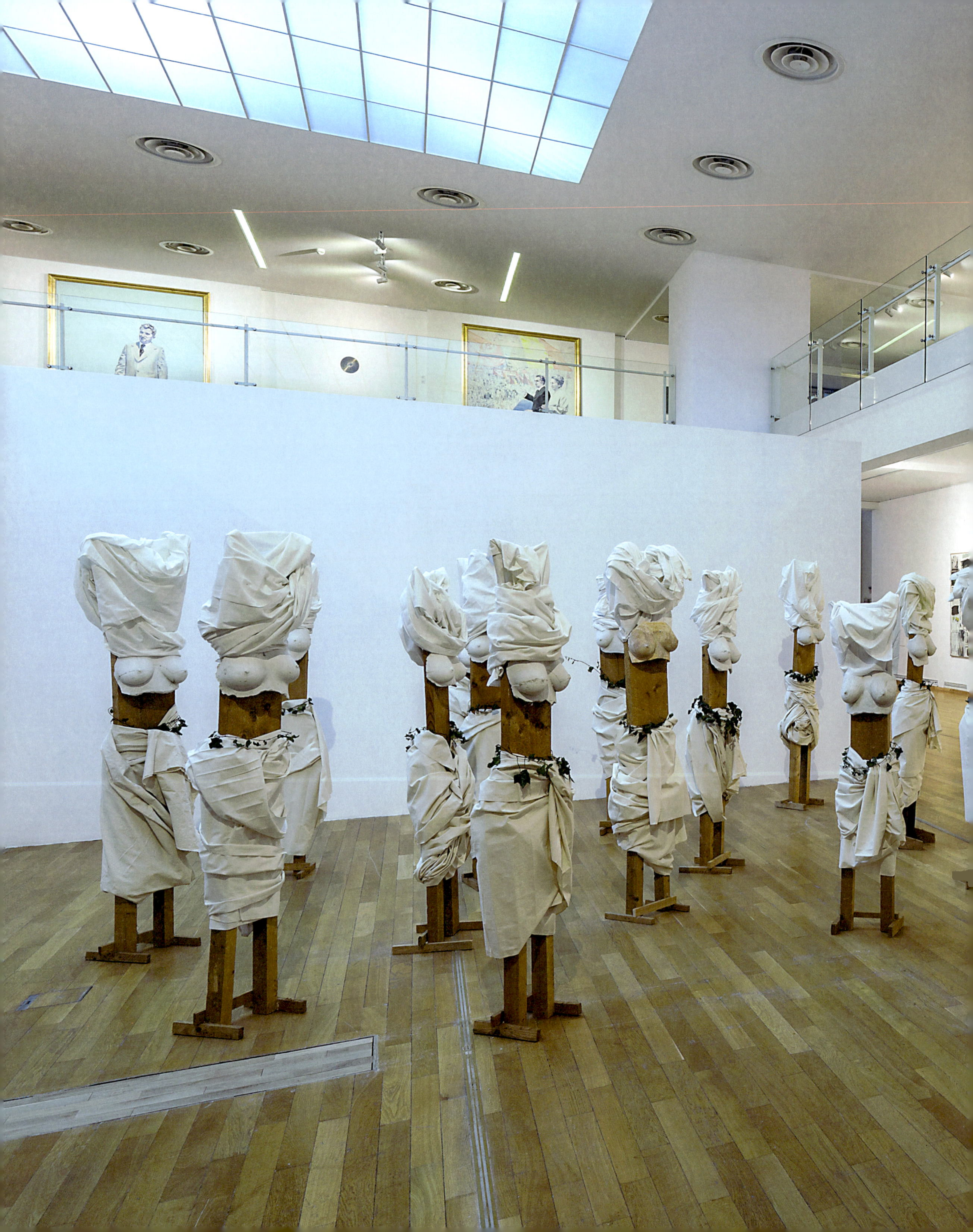

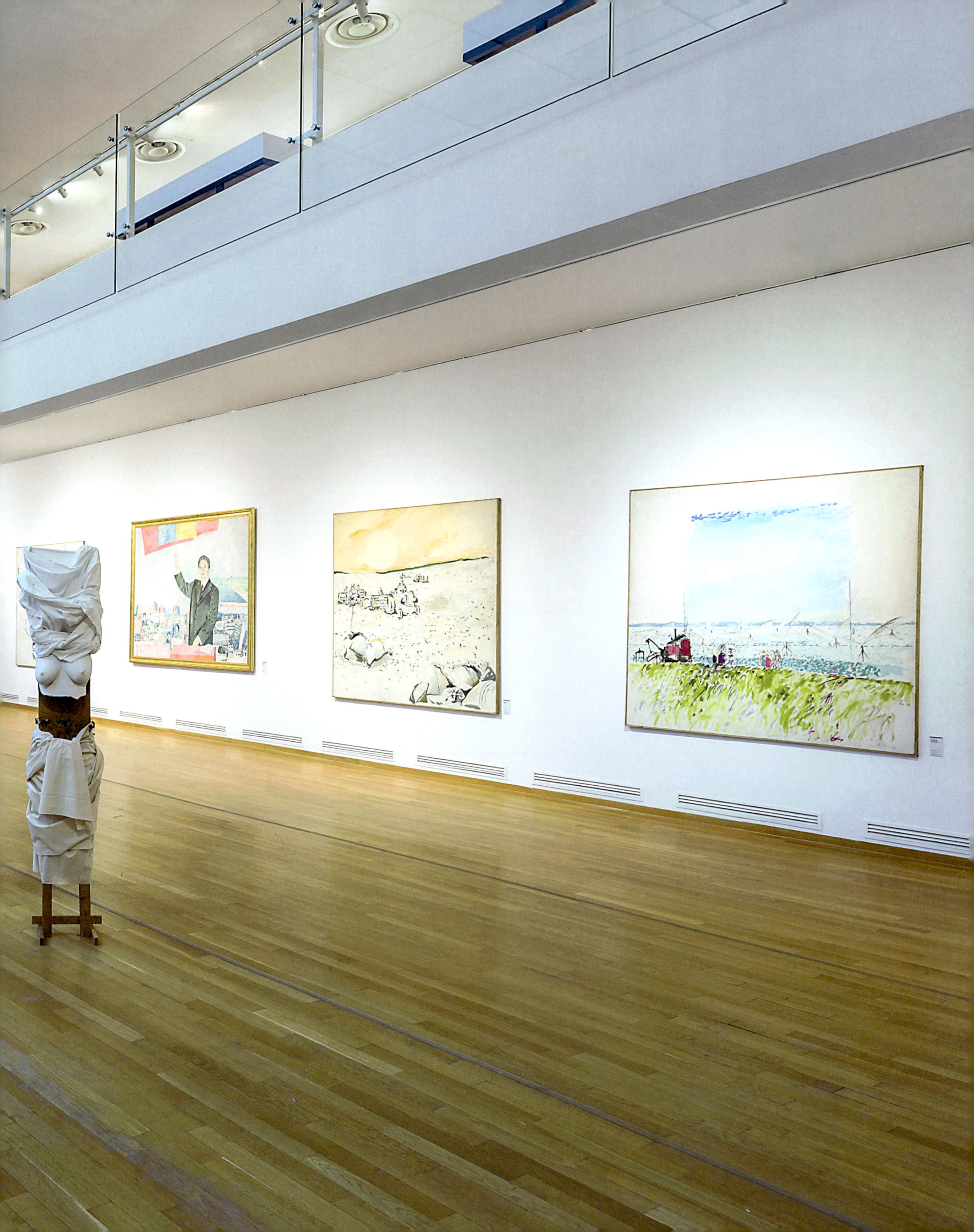

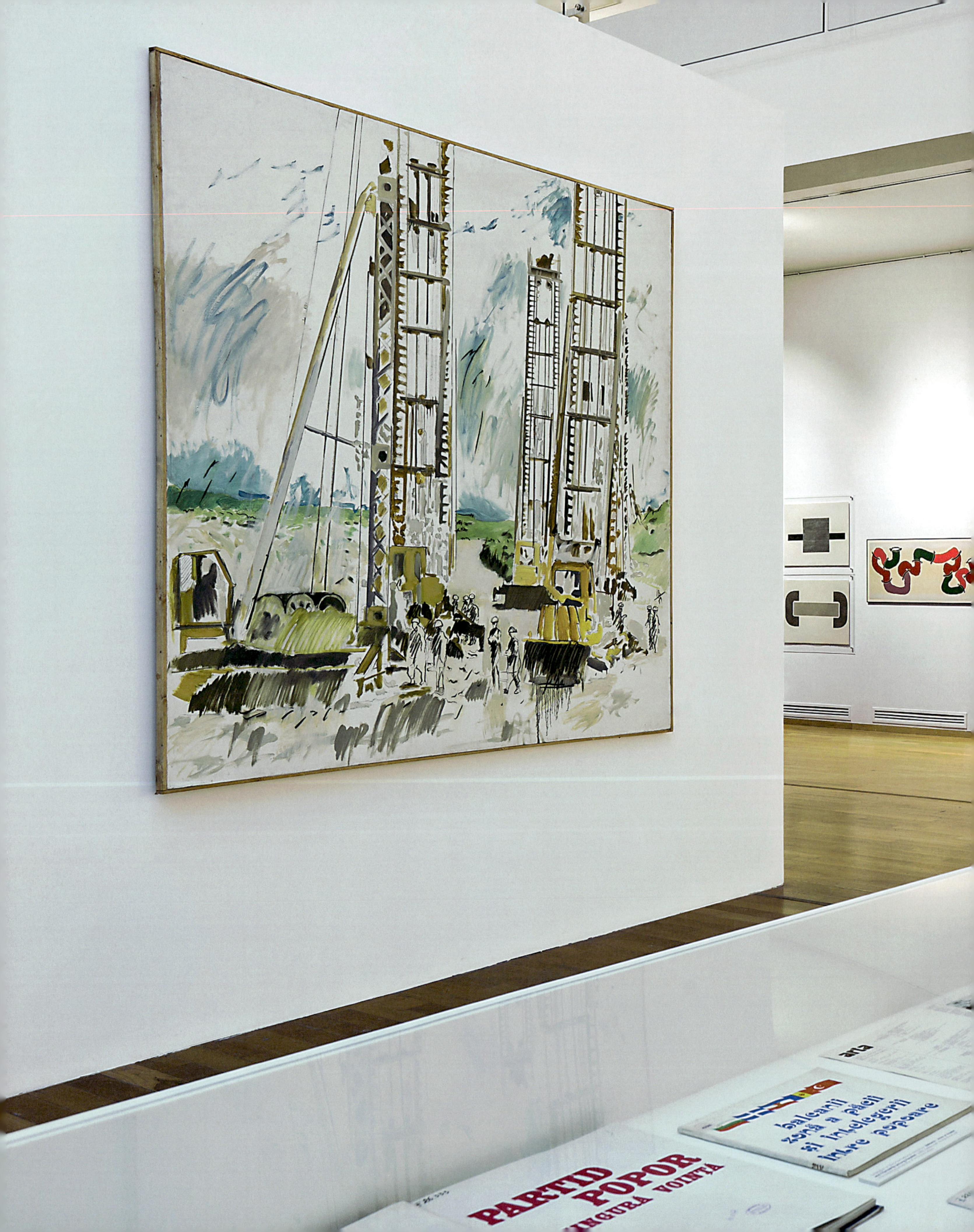
arta
balcanii
zonă a păcii
și înțelegerii
între popoare
PARTID
POPOR
VOINȚĂ

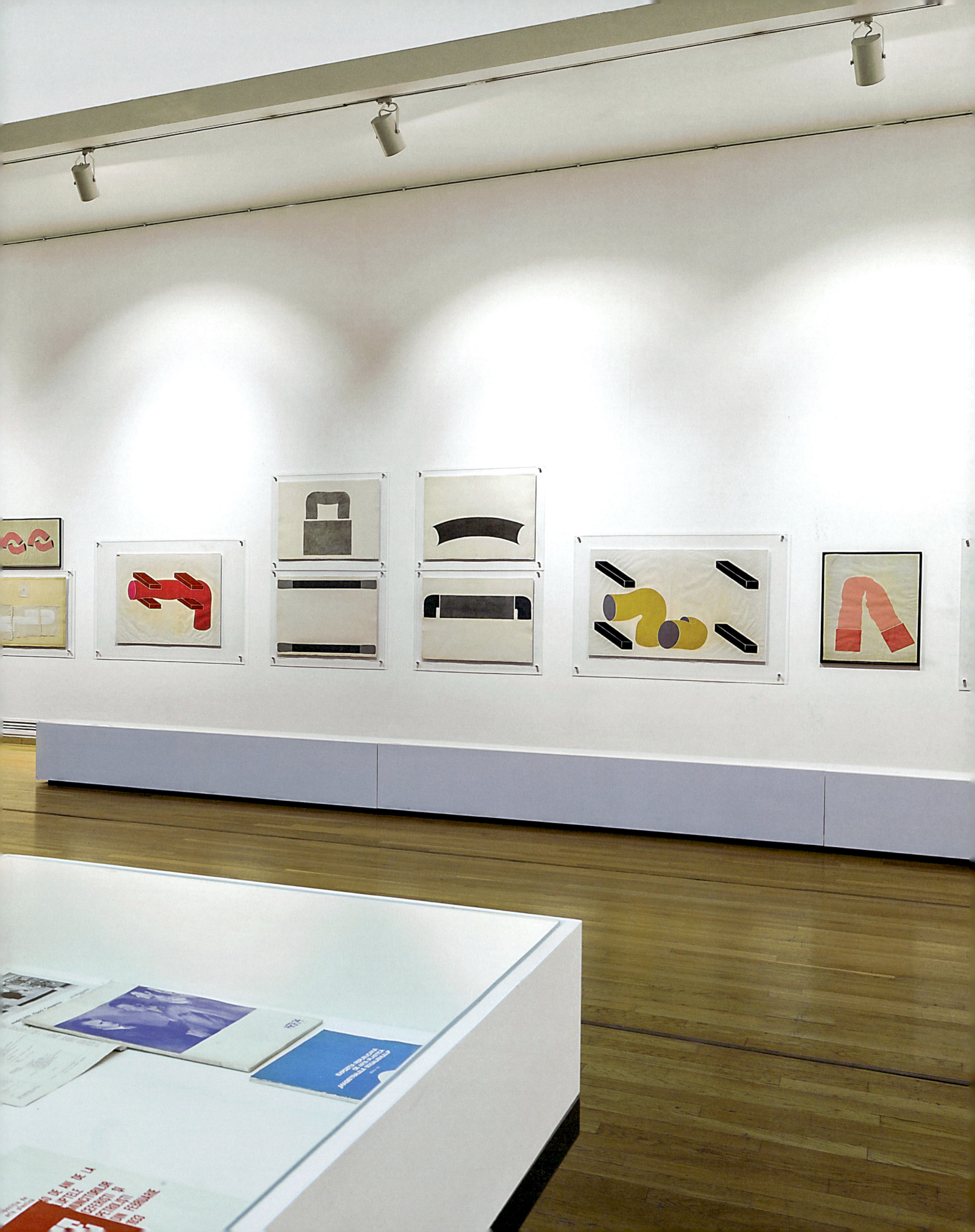

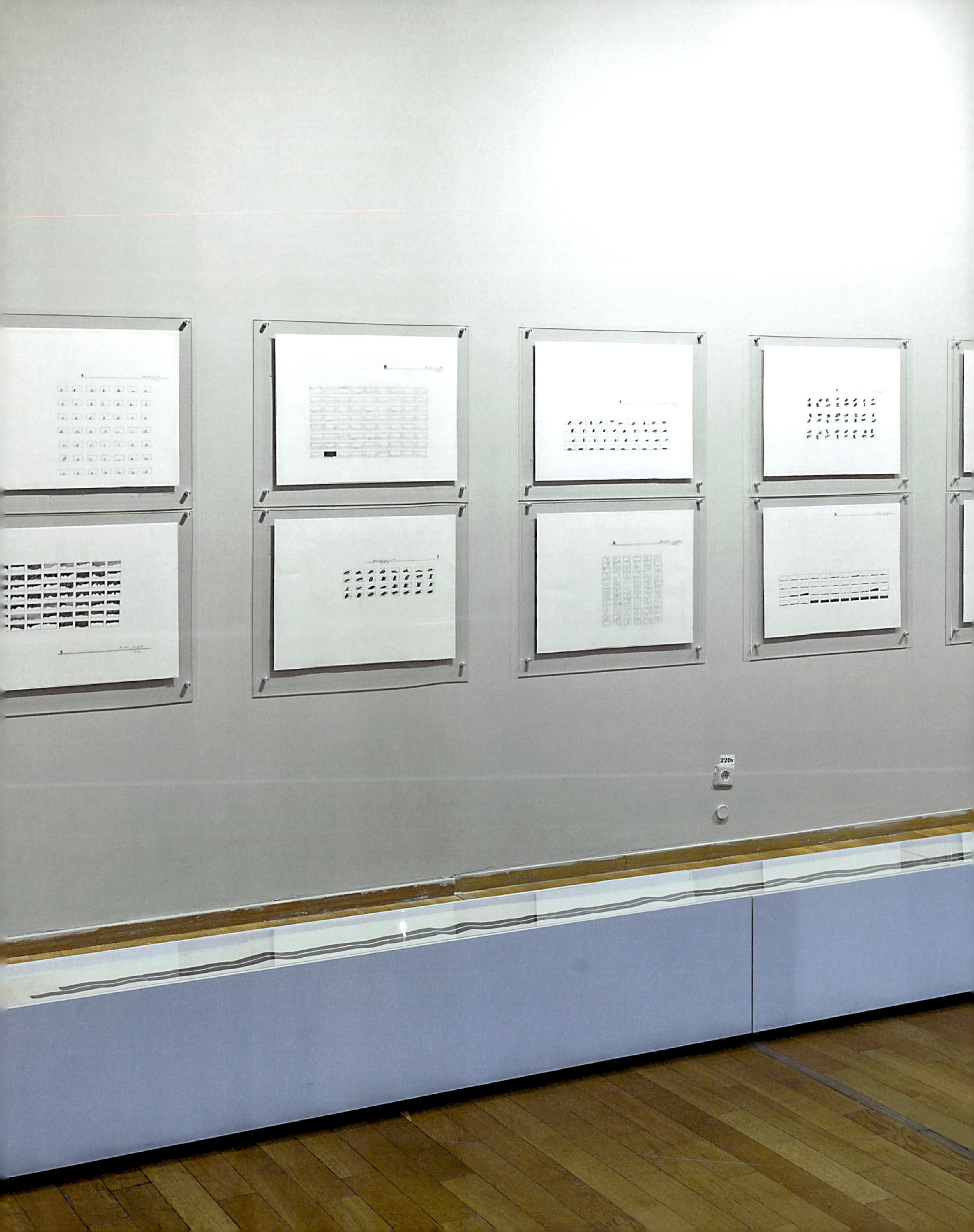
220v

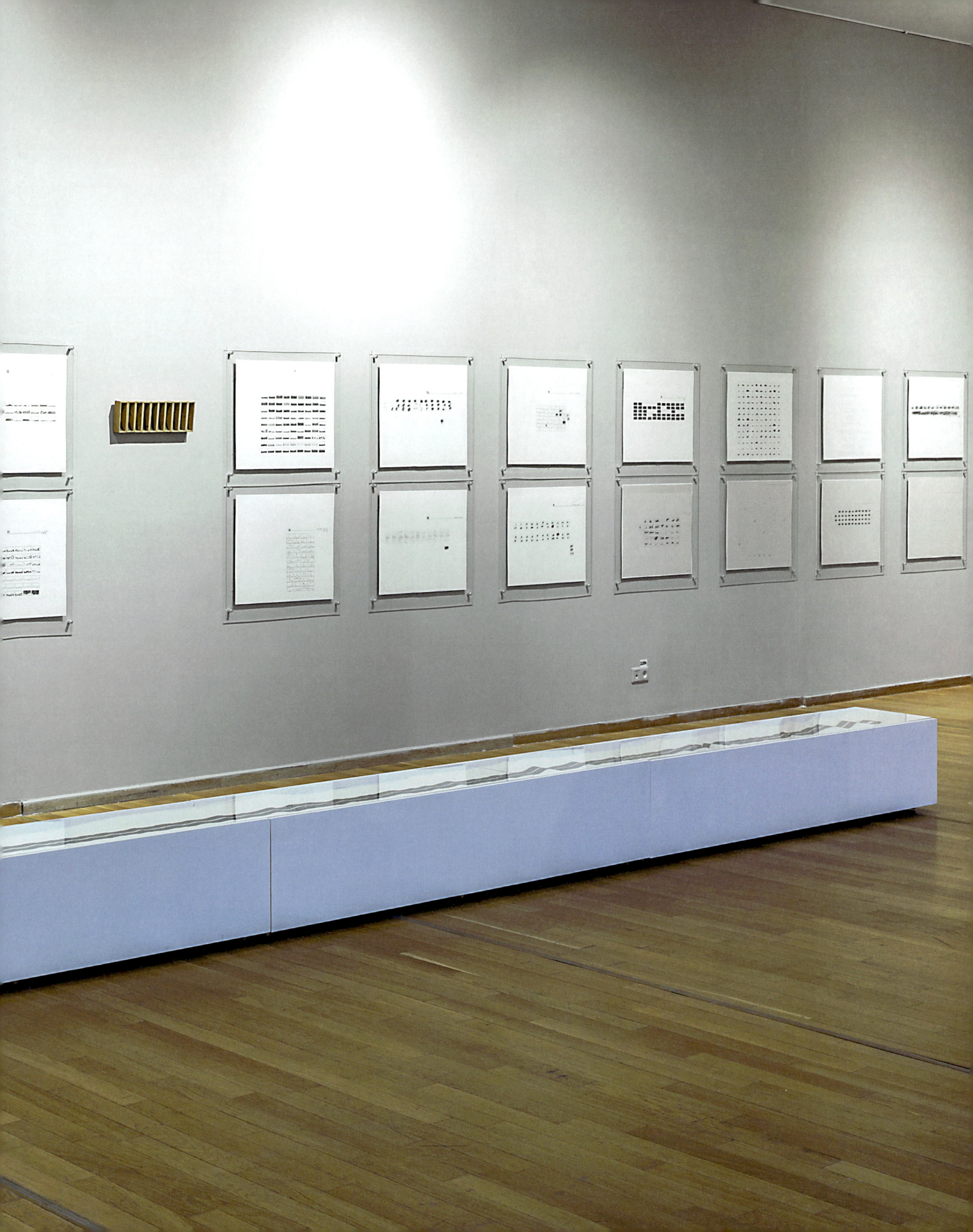

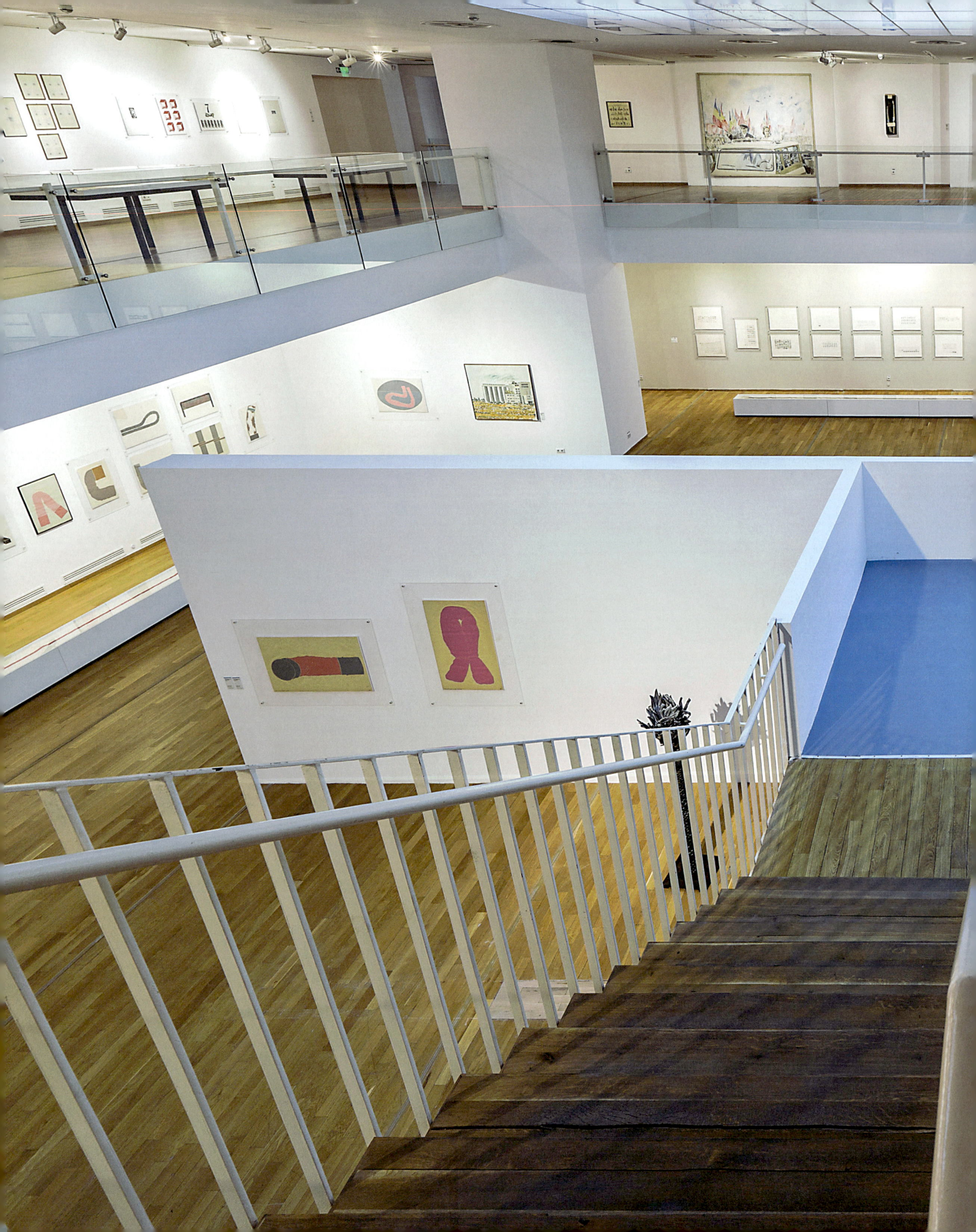

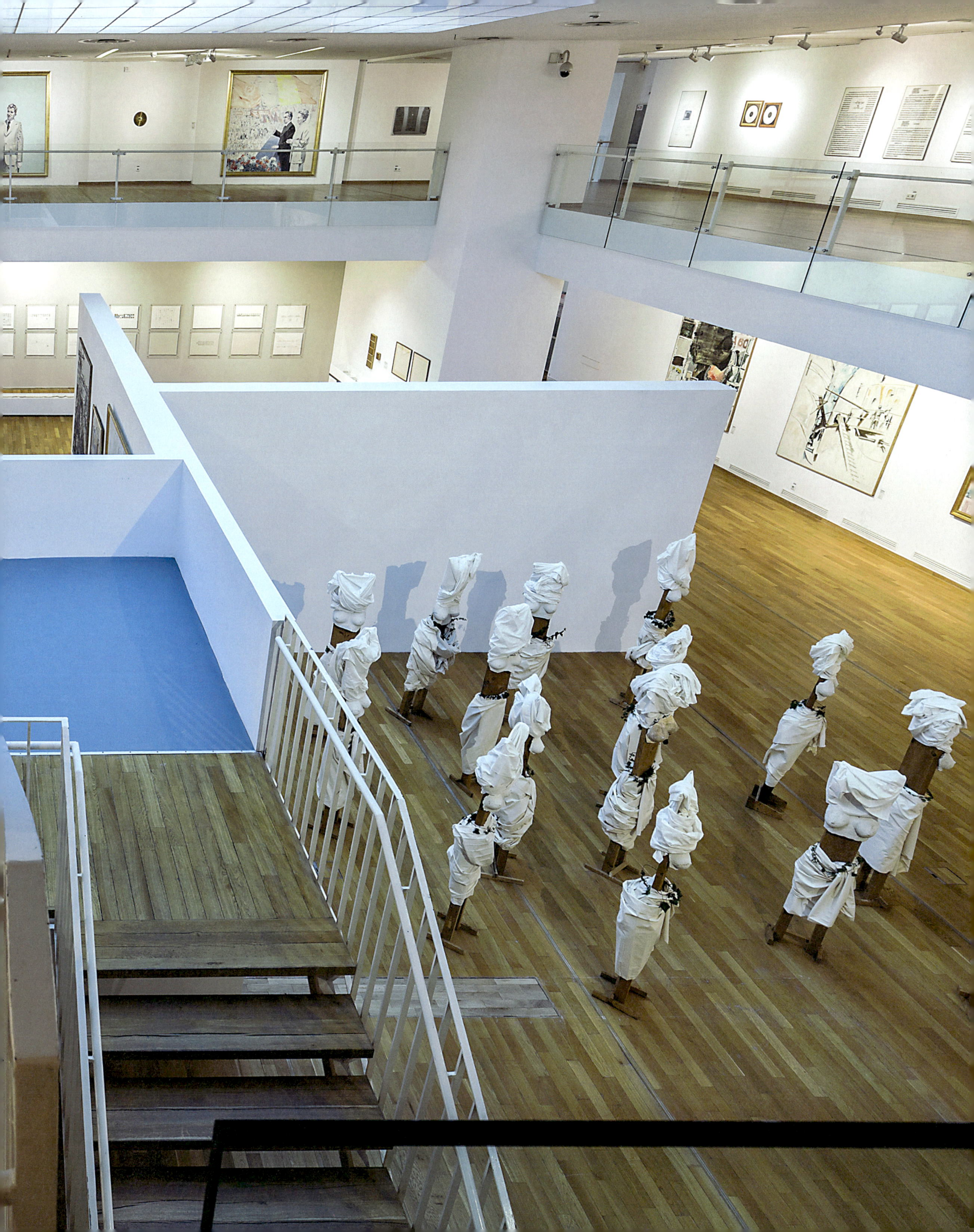

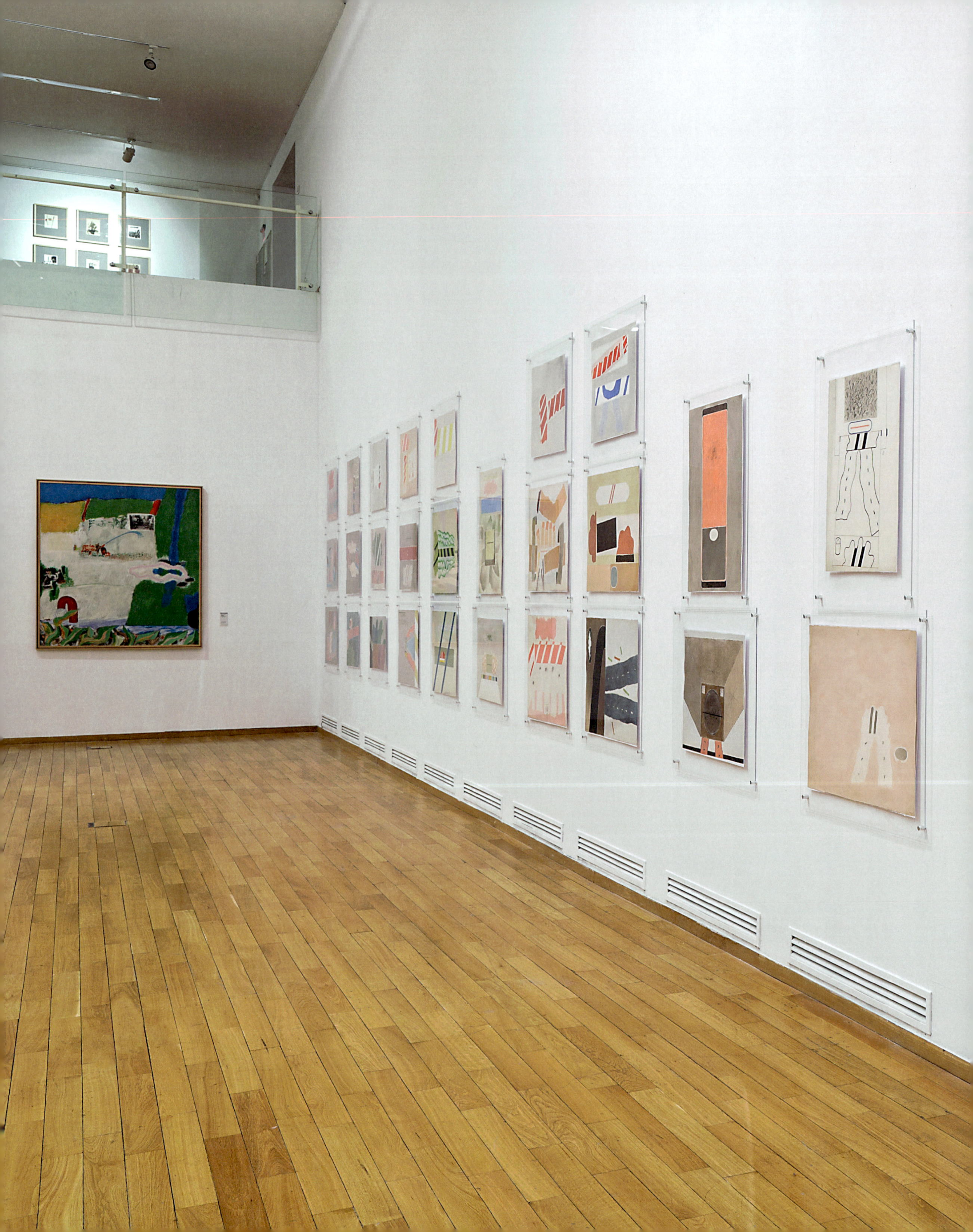

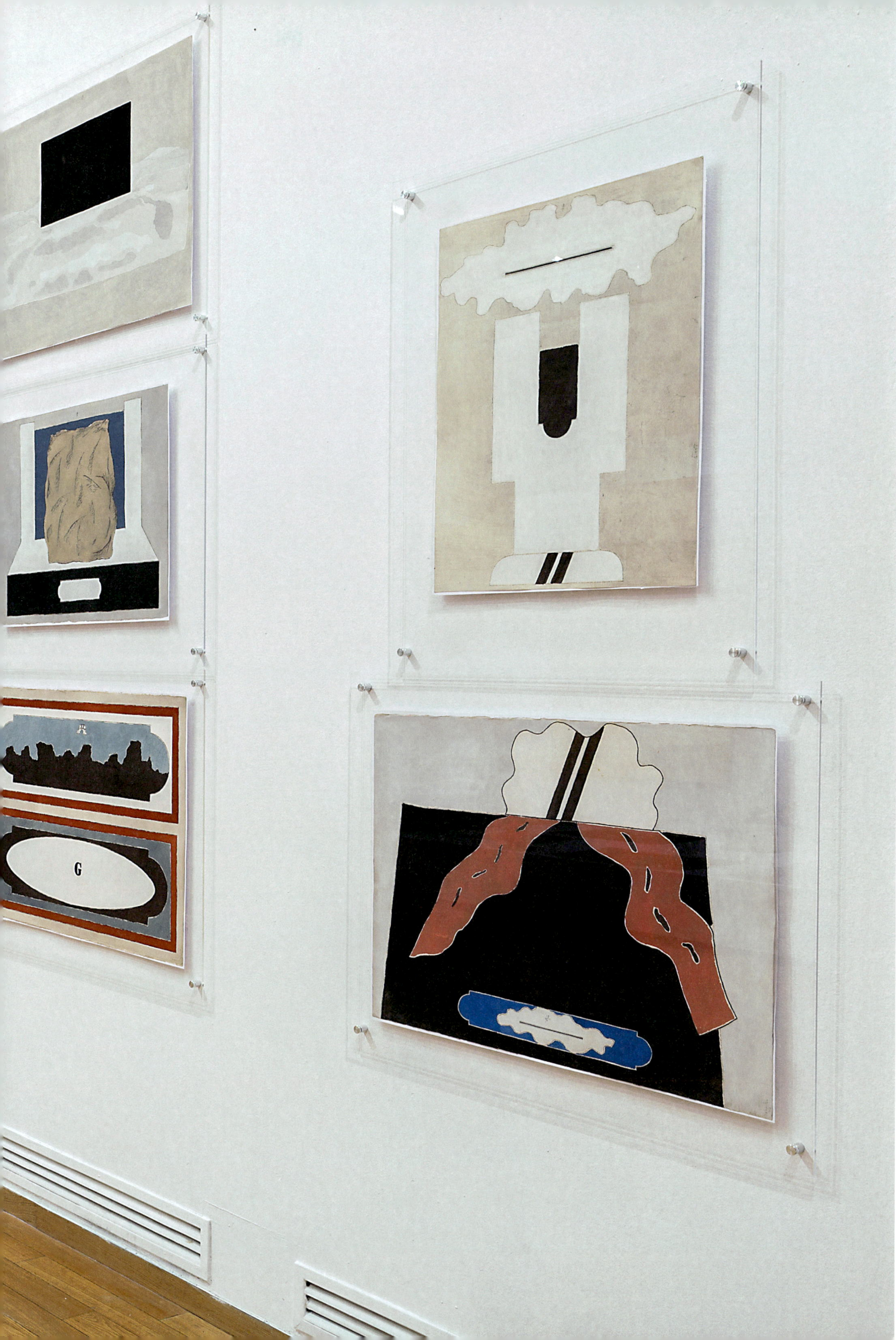

Prizonierii avangardei

Pentru o altă istorie a artei din lagărul comunist

The Prisoners of the Avant-Garde

For A Different History of Art in the Communist Bloc

Călin Dan

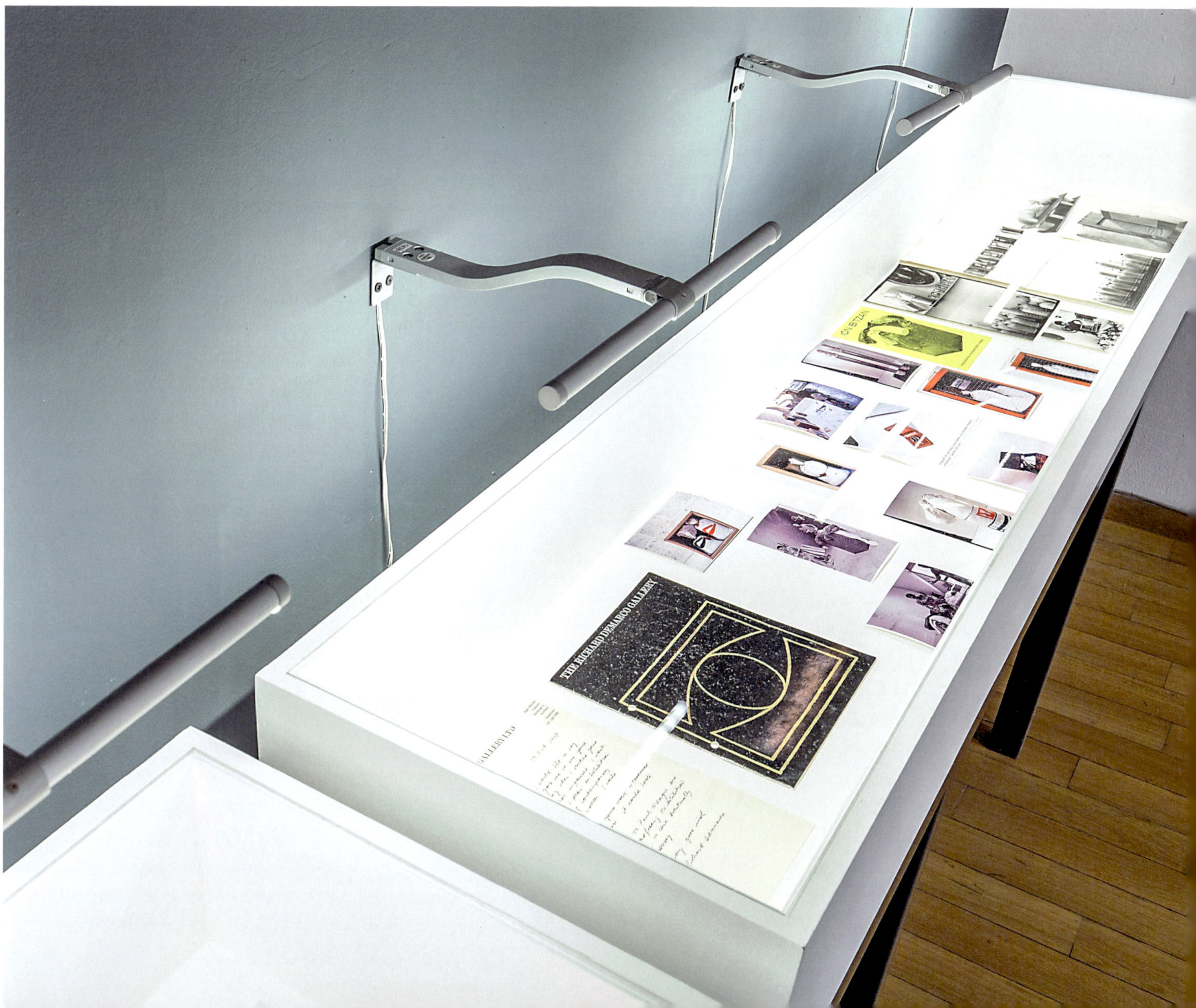

Aceste rânduri încheie un parcurs de cercetare istorică, curatorială și editorială care a debutat în anul 2017, odată cu pregătirea și lansarea expoziției *Prizonierii avangardei. O retrospectivă Ion Bitzan* (23.11.2017-27.05.2018), organizată la MNAC. Privind în urmă, remarc faptul că atenția de care s-a bucurat Ion Bitzan în activitățile Muzeului este una specială. Dincolo de accidentele de parcurs inerente în gestionarea unei instituții complicate, cum e MNAC, accidente care au extins intervalul în chestiune, Ion Bitzan a fost, pentru mai bine de șase ani, un reper în evaluările noastre asupra istoriei artelor vizuale din România. Faptul că expoziția retrospectivă a avut loc în spațiile unde în mod curent este prezentată colecția Muzeului, apoi organizarea în mai 2018 a unui simpozion dedicat artistului, iar în final munca laborioasă la acest volum demonstrează nu doar un interes subiectiv pentru opera unui artist din a doua jumătate a secolului trecut, ci și importanța sa în definirea perioadei respective.

Relația mea cu Ion Bitzan a fost întotdeauna prudentă. Omul era o celebritate pe vremea când eu îmi făceam mâna ca tânăr critic de artă, dar cu toate astea Bitzan era în orice întâlnire socială pe care am avut-o extrem de atent și protocolar, emanând o politețe neostentativă și – ceea ce s-a pierdut astăzi din regulile elementare ale interacțiunii – o curiozitate calmă față de interlocutor. Faptul că Bitzan era o fire curioasă se vede cu ochiul liber în opera sa, asupra căreia voi reveni. Această calitate îl făcea să fie atent la generațiile care se succedau sub privirea lui scrutătoare, să le cântărească posibilitățile, dintr-un un reflex critic dar și dintr-o propensiune pentru actul educațional. Bârfa mondenă a perioadei îl caracteriza cu umor pe Bitzan drept o persoană extrem de zgârcită, dar nimeni nu menționa generozitatea pedagogică a comportamentului său, la clasă dar și în afara ei, timpul pe care era dispus să îl acorde celor din jur, dându-le senzația că sunt importanți pentru el.

Ceea ce e mai puțin aparent la o primă privire asupra lucrărilor e atenția susținută acordată supraviețuirii. A omului și a operei, deopotrivă. Sau, poate, a omului cu ajutorul operei. Sau invers. Nu pot decât să speculez pe marginea unor date biografice sumare, care toate pledează pentru ideea că Ion Bitzan, crescut și format într-un context politic și economic foarte complicat, a fost toată viața adeptul unei strategii de auto-susținere, pe care a elaborat-o și ajustat-o constant, cu minuție. Originea socială modestă, geografia copilăriei petrecute într-o provincie (Dobrogea) aflată istoric la marginea identității și economiei nației, peregrinările de unul singur, de-a lungul și de-a latul țării, în timpul vulnerabil al adolescenței studioase, contextul politic extrem de volatil al perioadei când și-a format personalitatea, toate pledează pentru un profil de *self-made man*, o persoană care știe structural că nimic nu vine gratis sau de la sine. Prudența pe care o menționam anterior (și care era fără îndoială reciprocă) se datora în cazul meu și unei senzații de continuă încordare care emana dinspre Bitzan, de pândă pentru surprinderea oportunităților și identificarea primejdiilor. Prudență dublată desigur de confuzia pe care mi-o provocau strategiile sale politice din opresivii ani '80.

Pentru a înțelege de unde vine proiectul *Prizonierii avangardei*, e important să reconstituim atmosfera particulară a acelui deceniu, iar personalitatea lui Ion Bitzan poate fi un excelent studiu de caz. Adulat de către foștii studenți, care alcătuiau în mod informal un grup de influență conceptualist în viața artistică a perioadei, respectat fără rest (mi se părea mie atunci) de către ceilalți colegi, Ion Bitzan era o prezență obligatorie în toate expozițiile, evenimentele, întâlnirile speciale prin care corpusul profesional al artiștilor vizuali căuta cu tenacitate, dar și cu disperare, să conserve o autonomie câștigată iluzoriu în perioada 1962-1974, aflată din nou „în deceniul nouă" sub asediul constant al cenzurii politice. Simultan, Ion Bitzan era autorul (uneori co-autorul, împreună cu Vadimir Șetran) unei serii de imagini care glorificau cuplul Nicolae și Elena Ceaușescu de o manieră zgomotoasă și de maximă vizibilitate. Între aceste două extreme ale intervalului, opera sa se desfășura într-un șuvoi productiv continuu, care mă punea și acesta în expectativă, datorită unei senzații inflaționiste și formulaic-repetitive.

Ion Bitzan avea o înzestrare senzorială specială, echivalentul a ceea ce în domeniul muzical este numit urechea absolută (auzul absolut). Ochiul (văzul) absolut îi permitea lui Bitzan să detecteze toate nuanțele unui discurs plastic sau pur și simplu al unei forme perceptibile optic, să aprecieze soluțiile corecte și să diagnozeze gafele, oricât de subtile. Această calitate guverna întreaga sa abordare a profesiei de artist, ceea ce a constituit un mare avantaj, dar și o capcană. Avantajul e evident – Ion Bitzan avea capacitatea de a produce cu ușurință mozartiană șiruri și serii neîntrerupte de lucrări a căror calitate era constant bună. Capcana era cea a superficialității, a redundanței, a inflației de formulă care, odată stabilită, e reluată necontrolat, îndepărtându-se de substanța argumentului inițial.

În contextul leneș-opresiv al anilor '80, Ion Bitzan venea cu o efervescență creatoare egalată doar de câțiva colegi, cu o abundență a referințelor culturale alimentată de oportunitatea unor călătorii și contacte internaționale, cu un discurs proteic ce îi conferea o poziție de intangibilitate. Pe de o parte, ar fi fost imposibil să emiți o judecată critică la adresa operei sale non-politice, în lipsa accesului egal la informație asupra surselor de inspirație; ar fi fost și indecent să

The following lines conclude a historical, curatorial and editorial journey started in 2017, when MNAC opened *The Prisoners of the Avant-Garde. A Ion Bitzan Retrospective* (November 23, 2017 – May 27, 2018). Looking in retrospect, I must acknowledge that MNAC has given quite a special treatment to Ion Bitzan's body of work. Regardless of the minor mishaps that managing a complicated institution like the MNAC might ensue, mishaps that extended the interval in question, Ion Bitzan's oeuvre has been used by the museum, for more than six years, as a benchmark to assess the history of Romanian visual arts. Organising the retrospective in a space where we currently display our permanent collection, organizing a symposium dedicated to the artist in May 2018 and working arduoulsy to put together this volume are proof not only of a subjective interest in the creation of an artist from the second half of the XXth century, but also of how crucial he is when it comes to defining that period.

I always treated my relation with Ion Bitzan cautiously. He was a celebrity when I was just a rookie in art criticism but, nevertheless, whenever we crossed paths, Bitzan was extremely considerate and formal, demonstrating unostentatious politeness and also – something no longer observed in human interactions nowadays – some sort of calm curiosity towards his conversational partner. One can easily notice Bitzan was curious by nature when looking at his paintings, which will be referred to later on. This feature enabled him to carefully inspect the successive generations that came under his scrutinising eye, to weigh their chances with both critical reflex and a propensity for teaching. Socialite gossipers of those times used to joke about his stinginess but they failed to notice his academic generosity – both in class and outside it – , the time he willingly shared with anyone around, leaving the impression that each and every one was special to him.

Something less discernible at first glance is the attention he payed to survival. Survival of both the man and the oeuvre. Or perhaps survival of the man through his oeuvre. Or the other way round. I can only hypothesize over scarce biographical evidence arguing that Ion Bitzan, raised and educated in a very complicated political and economic environment, was, throughout his life, the advocate of a self-supporting strategy that he designed then constantly refined meticulously. A humble social background, the geography of a childhood spent in a province (Dobrogea) historically situated on the verge of the nation's identity and economy, his wandering across the country during the vulnerable period of studious adolescence, the tremendously volatile political context in which his personality was shaped, all of the above account for a self-made man, an individual who knows deep down that nothing should be taken for granted, that nothing is for free. The cautiousness I mentioned earlier (obviously mutual) was due, in my case, to a feeling of constant tension that Bitzan exuded, as if he would be prowling to identify threats and seize opportunities. Cautiousness amplified by my confusion with respect to his political strategy exhibited in the oppressive 1980's.

To understand the origins of *The Prisoners of the Avant-Garde* one must reproduce the specific atmosphere of that specific decade wherein the personality of Ion Bitzan can serve as an excellent case study. His former students, informally aggregated into a group under the influence of conceptualism, adored him, everyone in the branch respected him (or so I thought back then), therefore Ion Bitzan was a "must" in every exhibition, event or special meeting used by the visual artists community in order to preserve, tenaciously and desperately, the autonomy seemingly gained between 1962 and 1974 and once again lost under the ceaseless assault of political censorship during the ninth decade. At the same time Ion Bitzan authored (sometimes alongside Vladimir Șetran) a series of images that praised Nicolae and Elena Ceaușescu clamorously, and with great exposure. Between these two extremes his art was streaming unremittingly, raising again my cautiousness due to an overwhelming feeling of inflationistic, formula-repeating production.

Ion Bitzan was blessed with a special gift, an absolute visual acuity, the counterpart of perfect pitch in music. This perfect (eye)sight enabled Bitzan to detect all the nuances of an artistic proposal or those of a visually perceivable shape, to find the right solutions and spot the *faux pas*, no matter how subtle they were. This gift commanded integrally his approach as an artmaker and was both a blessing and a curse. The blessing is obvious: Ion Bitzan had the ability to yield, just like Mozart did, series after series of constantly good quality works. As for the curse, it was about redundancy: his production lacked depth, the form, once decided, was overcharged and repeated ceaselesssly until it got away from the initial core of the matter.

To the idle-oppressive context of the 1980's, Ion Bitzan opposed a creative ebullience matched only by a few fellow artists, a bounty of cultural references issued from the opportunities to travel abroad and meet foreigners, a Protean discourse that turned him into an untouchable figure of the art world. On the one hand, it would have been impossible to criticize his non-political work in the absence of equal access to data regarding his sources; it would have also been indecent to analyze those works otherwise than by implicitly acknowledging their opposition to the political regime,

analizezi lucrările respective altfel decât prin recunoașterea implicită a valorii lor de opoziție la regim, într-un context unde cenzura se concentra de regulă tocmai asupra producției neconforme cu regulile modernismului moale, instalat în *main-stream*-ul anilor '60. Pe de altă parte, producția sa de artă ideologic-propagandistică era și ea scutită de analiză: tehnic vorbind, era doar încă o formulă modernistă din arsenalul aparent inepuizabil al artistului – deci acceptabilă fără rezerve; moral, Bitzan avea *carte blanche* datorită unei reputații de agent al libertății creative, reputație consolidată în aproape două decenii de practică artistică și pedagogică.

O curioasă dublă cecitate a marcat felul cum Ion Bitzan a fost instalat (de către colegi, de către critica de artă, de către ideologi și cenzori, până la urmă și de către el însuși) în canonul artistic ce se forma spontan, dar inevitabil la acea vreme. Este meritul expoziției *Prizonierii avangardei* de a fi problematizat aceste dileme și contradicții, căutând să le aducă în atenția publică printr-o serie de juxtapuneri semnificative. Întâi de toate, *Prizonierii avangardei* depășește un tabu cu atât mai jenant cu cât el nu a fost formulat niciodată explicit și care l-a făcut – încă o dată, dar altfel – pe Ion Bitzan o figură intangibilă și indiscutabilă și în anii '90. „Lungii ani '90" au fost chiar mai lungi în România, unde complicitățile cu vechiul regim s-au ramificat în toate aspectele vieții sociale și culturale. Țin minte cu exactitate o conversație avută cu actori importanți ai politicilor și instituțiilor culturale ale vremii, pe care i-am întrebat despre evoluția (sau lipsa) analizei a ceea ce apărea retrospectiv drept colaboraționismul notoriu al lui Ion Bitzan. Mi s-a răspuns, oarecum mustrător pentru lipsa mea de *savoir faire*, că Bitzan și Vladimir Șetran erau niște oameni de bine, niște prieteni și că nu poți să îi supui pe prieteni unei judecăți publice, fie ea și simbolică.

Nu sunt adeptul discursurilor contra-factuale, dar rămân la convingerea că Bitzan ar fi avut capacitatea intelectuală și tăria de a trece printr-o discuție deschisă despre politicile sale personale în contextul politicilor mari ale României ceaușiste. Poate mă înșel. Dar *Prizonierii avangardei* a adus în spațiul Muzeului ambele categorii de lucrări ale artistului – cele de comandă oficială și cele a căror motivație aparține altor sfere. Reunirea fizică a unui catalog problematic de lucrări și teme a fost în sine însăși o victorie metodologică. Mai departe însă, ea a dus la o revelație absolut neașteptată: proiectate pe fundalul sofisticat, divers, compozit al creației sale „de avangardă", lucrările propagandistice ale lui Ion Bitzan capătă o dimensiune formală și, implicit, morală care le pune ca importanță istorică într-o netă poziție de superioritate față de restul operei. E interesant cum această ipoteză de lucru, extrasă din evidența factuală a expoziției de la MNAC și formulată limpede în broșura ce însoțea evenimentul, s-a bucurat de o tăcere jenată, atât între contributorii la prezentul volum, cât și între comentatorii din presă.

Argumentele care susțin teza mea sunt servite însă, indirect. Astfel, Magda Predescu face o recapitulare a influențelor/corespondențelor operei lui Ion Bitzan, stabilind un câștig impresionant prin amploare și diversitate: Renato Guttuso, Robert Rauschenberg, Nouveau Réalisme, Nouvelle Figuration, Alexander Rodchenko, El Lissitzky, Hans Hartung, Franz Kline, Julius Heinrich Bissier, Pierre Soulages, Piero Manzoni, William Tucker, Eva Hesse, Barry Flanagan, Richard Serra, Robert Morris, Hanne Darboven, Sol LeWitt, Henri Michaux, Juan Miró, Anselm Kiefer, Max Ernst. Lista confirmă capcana ochiului absolut, de care pomeneam mai sus, care îl face pe Ion Bitzan tributar în mod aproape spontan, fără interval, întâlnirilor elective (dar nu și selective), cu diverse personalități seducătoare ale istoriei contemporane a artelor. Puterea de seducție este, de altfel, una dintre însușirile (nu obligatoriu și calitățile) artistului nostru, și de aceea consumatorul avizat poate extinde lista Magdei Predescu practic mult dincolo de limita pe care cercetarea ei, altfel subtilă, și-o impune.

După un remarcabil parcurs analitic, la care obligă tocmai caracterul proteic al operei lui Bitzan (evidențiat în expoziția *Prizonierii avangardei* prin instrumentul ne-convențional al cronologiei curentelor la care artistul se afiliază), Magda Predescu trage concluzia că „natura cameleonică" a artistului își găsește împlinirea „cu adevărat în postmodernism". E și opinia lui Cătălin Gheorghe, al cărui text abordează opera lui Ion Bitzan din perspectiva factuală a modernismului socialist, preocupat de redarea unei realități obiective aflate în opoziție cu modernismul internațional, autorul constatând, totuși, o fisură doctrinară prin faptul că artistul „pare să fie în total acord cu aventura postmodernistă de a inventa o enciclopedizare fără intenția unei sistematizări, ci doar în interesul unei explorări." Pornind din direcții opuse, cei doi autori se întâlnesc, cu argumente diferite, pe teritoriul postmodernității, unde îi recunosc lui Ion Bitzan drept de reședință. Cum poate fi, până la urmă, legitimată bulimia citațională a lui Bitzan altfel decât în cheie postmodernă?

Problema unei atare concluzii este că Ion Bitzan nu citează *cu atitudine*, strategic și complice cu privitorul său, ci în mod spontan, conform nevoilor de moment ale unei compoziții. El face acest lucru cu consecvență, dar nu sistematic, deci suspiciunea de enciclopedism cade de la sine. Anca Arghir spune, cu dezinvoltura cuiva care a asistat perioadele de înflorire juvenilă și de maturizare ale artistului, că „Bitzan e un bricoleur pur sânge". Fără a coborî în derizoriu un termen atât de important pentru cultura vizuală cum e *le bricolage*,

especially then, when censorship usually focused right on those pieces that did not observe the rules of soft modernism set in the mainstream of the 1960's. On the other hand, his ideologically-propagandistic art production was exempt from being scrutinized: technically speaking, the artist just pulled one more modernist trick – accepted therefore unconditionally – out of his bottomless pockets; from a moral standpoint, Bitzan was given *carte blanche* due to his reputation as an agent of creative freedom, reputation he had thoroughly consolidated in almost two decades of pedagogical and artistic practice.

Some sort of bizarre double blindness marks the way Ion Bitzan was positioned (by his peers, by art critics, by ideologists and censors and eventually even by himself) in the artistic canon that was spontaneously but inevitably taking shape in those years. Praise must go to *The Prisoners of the Avant-Garde* exhibition, as it brought these dilemmas and contradictions to the public attention through a series of well-thought, significant juxtapositions. First and foremost, *The Prisoners of the Avant-Garde* rises above a taboo subject which is all the more embarrassing as it was never said out loud and which turned Bitzan – once more, but not in the same way – into an untouchable figure of the 1990's. The "long 1990s" seemed to last longer in Romania, where complicity with the former regime extended their tentacles in every aspect of social and cultural life. I vividly remember a conversation with prominent figures in the political and cultural institutions of those times on the topic of the analysis (or lack thereof) of what looked like – in retrospect – Bitzan's notorious collaborationism. I was almost scolded for my lack of *savoir-faire* and explained that both Bitzan and Vladimir Șetran were trustworthy, good friends, and that one cannot judge friends publicly, not even symbolically.

I am not particularly fond of counterfactual discourses, yet I am sure Bitzan would have been intellectually equipped and strong enough to face an open talk about his personal policies within the framework of the broad politics in Ceaușescu's Romania. I might be wrong. However, within the Museum space, *The Prisoners of the Avant-Garde* displayed both types of works produced by Bitzan: those commissioned by the regime as well as those created for a different reason. Binding together – physically – a catalogue containing problematic artworks and themes was an outstanding methodological triumph. Moreover, it also ensued an utterly unexpected revelation: set against the sophisticated, diverse and composite backdrop of his "avant-garde" creation, Bitzan's propaganda works acquire a formal and an implicitly moral scope that sets them, historically speaking, higher than the rest of his artistic oeuvre. Interestingly enough, this work hypothesis, extracted from the factual inventory of the MNAC exhibition and clearly stated in the accompanying brochure, resulted in abashed silence both from the contributors to this volume as well as from the press columnists.

Nevertheless, the reasoning behind my thesis is supported indirectly. Magda Predescu drew up a comprehensive review of all the influences/correspondences in Bitzan's body of work and the result is a collection of stars, impressive both in its magnitude and in its diversity: Renato Guttuso, Robert Rauschenberg, Nouveau Réalisme, Nouvelle Figuration, Alexander Rodchenko, El Lissitzky, Hans Hartung, Franz Kline, Julius Heinrich Bissier, Pierre Soulages, Piero Manzoni, William Tucker, Eva Hesse, Barry Flanagan, Richard Serra, Robert Morris, Hanne Darboven, Sol LeWitt, Henri Michaux, Juan Miró, Anselm Kiefer, Max Ernst. The list testifies for the aforementioned absolute visual acuity curse that made Ion Bitzan almost spontaneously dependent on his elective (but not equally selective) encounters with an assortment of seductive celebrities in contemporary art history. Seduction is, indeed, one of the powers held by Bitzan (though not one of his main qualities), therefore any well-informed art consumer can add to Magda Predescu's list way beyond the limits self-imposed by her subtle research.

After a remarkable analysis compelled by the Protean nature of Bitzan's production (highlighted in *The Prisoners of the Avant-Garde* by means of the unconventional timeline of art movements the artist affiliated to), Magda Predescu concludes that the artist's "chameleonic personality" found "most fulfillment in postmodernism". Cătălin Gheorghe also concurs in an essay where he chooses to look at Ion Bitzan's body of work from the factual perspective of socialist modernism, preoccupied to render an objective reality that antagonizes international modernism, although the author notices a crack in this doctrine, considering that the artist "seems to be in complete agreement with the postmodernist adventure of inventing encyclopedias with no attempt at a systematisation, in the sole interest of conducting various explorations". Starting from different points (of view) with different supporting arguments, the two contributors see eye to eye and reckon Bitzan has right of residence in the realm of postmodernism. Is there any better way to legitimize Bitzan's quotational bulimia than postmodernism?

The issue here is that Ion Bitzan does not quote *with an attitude*, strategically and in complicity with the viewer, but spontaneously, as particular needs of composition arise. He does it consistently, although not systematically, therefore the encyclopedic suspicion is overruled. Anca Arghir notes, with the ease of someone who closely witnessed the

trebuie să observăm că acest tip de abordare nu are nimic de a face cu demersul până la urmă distant, (auto)critic, (auto) ironic al postmodernismului, fiind, mai degrabă, o exploatare în folosul propriu a unui context saturat cultural, dar fără achitarea „notei de plată" prin asumarea citatului. De aici senzația subtilă de prizonierat pe care opera lui Ion Bitzan – și, alături de el a multor altor colegi de generație – o dă privitorului atent la surse.

Artiștii aparținând în mod generic lagărului ideologic comunist (folosesc termenul „lagăr" în sensul său literal și administrativ) nu practică o „critică a subsidiarității ideologiei culturale occidentale", nici nu „resetează relația dintre necesitatea reprezentărilor sociale și posibilitatea experimentării vizuale", cum formulează Cătălin Gheorghe. Asta pentru că într-un context opresiv, impregnat propagandistic, nu putem evalua coeficientul de sinceritate ideologică a artistului, nici gradul de necesitate resimțit de acesta în ceea ce privește reprezentarea socială în imagini. Acești artiști explorează „sursele eclectice ale modernității în lucrări cu un evident conținut ideologic" (Magda Predescu). Reținând că acest conținut ideologic nu e în mod necesar evident, trebuie să subliniem că dubla contaminare a creației – pe de o parte cu exigențele aparatului de propagandă, explicite, pe de alta cu presiunea subliminală, nu mai puțin importantă, de a fi și de a face conform marilor modele occidentale – creează acea premisă a prizonieratului ideologic, formal și moral, pe care l-au trăit anumite categorii de artiști în comunism.

Ion Bitzan nu face excepție de la acest model ontologic. Putem doar sesiza la el anumite nuanțe, legat de etapele istorice pe care le parcurge. Ca orice om de cultură format în perioada comunistă, Bitzan are un moment când adoptă tehnicile propagandistice ale modernismului istoric ce a dat, incontestabil, mari exemple formale, chiar dacă dubioase moral (constructivismul sovietic, tehnica citatului de presă, a colajului, a figurativului eroic-simplificator etc.). După această etapă, pe care o reia de-a lungul întregii cariere ca formulă pentru lucrările *soft-prop*, în care tematica ideologică și formula estetică sunt abordate cu un conformism discret, experimentat, Bitzan asimilează cu o viteză și adaptabilitate năucitoare diverse formule plastice pe care i le servește arta universală a momentului. În sfârșit, sub presiunea creșterii rapide a cultului personalității lui Nicolae Ceaușescu până la atingerea unui nivel nord-coreean, Bitzan intră în epoca marilor sale lucrări de compromis ideologic, unde recurge din nou la rețetarul oferit de diverse momente ale istorie artei – dar altfel.

Una dintre suprizele expoziției *Prizonierii avangardei* a fost caracterul de „armonică" a producției portretistice oficiale a lui Ion Bitzan. Să explic: există o categorie aparte de expoziții, unde percepția despre numărul, calitatea și relevanța lucrărilor se schimbă continuu, înainte de a se așeza într-o formulă finală. Lucrările sunt ba prea puține, ba prea multe, ba nu destul de relevante, corpusul de lucrări fiind în fapt ireversibil același; e un coșmar care nu poate fi depășit decât prin munca continuă de contextualizare a materialului. Oarecum asemănător, portretistica propagandistică a lui Bitzan părea, la timpul său, în anii '80, enormă. Am rămas marcat de abundența, pregnanța și tenacitatea cu care ea s-a impus în expozițiile timpului. Cu ocazia panotării de la MNAC, am constatat, însă, că numărul total al lucrărilor nu depășea 12, ceea ce – în ansamblul operei lui Ion Bitzan – e minor. Dar, ca și acum aproape 40 de ani, lucrările respective țâșneau de pe simeză, anihilau totul împrejur, aveau o viață proprie, diferită de a celorlalte imagini.

Întrebarea care se naște imediat se referă la autonomia percepției estetice a acestor lucrări. Sunt ele definite de conjuncturalul politic al realizării? Fără îndoială, da. E lectura lor influențată de contextul mai larg al operei lui Ion Bitzan? Aici intervine o nuanță, determinată de evoluția istorică a sensibilității colective. Așa cum menționam mai sus, în stricta contemporaneitate, opera experimentală a lui Bitzan caționa licențele operei sale impregnate ideologic. Valoarea culturală sigură a primei categorii o făcea tolerabilă pe a doua. La acel moment, apartenența portretelor oficiale la istoria în mers a artei din România nu era un subiect. Lucrările erau în mod subliminal condamnate la uitare. Moartea brutală a dictatorului Ceaușescu și a consoartei sale a răsturnat această tendință. Orice obiect cu caracter omagial, dar cu atât mai mult portretele oficiale, deveneau brusc documente despre o epocă ce a sfârșit tragic, fiind, însă, preluată de posteritate într-un corpus iconografic generator de adicție prin ilaritatea sa absurdă. Această distorsiune ciudată a sensului unui obiect de consum care oscilează între ideologie și comercialism, transformând propaganda (consum obligatoriu) în suvenir comic (consum de masă), e un fenomen ce poate fi asemănat spiralei consumerism / propagandă / anticonsumerism / neo-consumerism ce caracterizează revoluția culturală a artei Pop.

Ion Bitzan, un observator atent al artei Pop, a folosit în mod abil lecțiile unor Warhol sau Rauschenberg pentru a construi un discurs adaptat nevoilor propagandei de partid. Având în vedere versatilitatea remarcabilă a facturii sale de lucru, dublată de un gust infailibil pentru culoare și compoziție, putem avansa ipoteza că alegerea citatului Pop Art în lucrările cu tematică politică este calculată. „Urâțenia" și kitsch-ul, devenite acceptabile (și) datorită extraordinarei diseminări a acestui curent în fostul bloc comunist, au fost folosite în

artist bloom from his youth to his prime, that "Bitzan is an out-and-out bricoleur". Not meaning to belittle a term so dear to visual culture like *le bricolage*, one must acknowledge that this type of approach has nothing to do with the eventually distant, (self-)criticizing, (self-)ironic endeavour of postmodernism as it is rather an exploitation – for personal gain – of a culturally saturated context without "paying the bill" once the quote is taken and used. Hence that slight impression of captivity that Ion Bitzan's creation – and also that of his many peers who were part of the same generation – gives to any inquisitive viewer who cares to investigate the sources.

Artists belonging to – in broad terms – the communist ideological camp (in the literal, administrative meaning, as in "prisoner camp") neither practice a "critique of the far – Western cultural ideology's subsidiarity" nor do they reset "the relationship between the need to create social representation and the possibilities of visual experimentation", as per Cătălin Gheorghe. Why so? Because when you are part of an oppressive, propaganda-infused regime, you cannot estimate an artist's percentage of genuineness or how deeply they felt the need to visually represent society. Such artists explored "modernity's eclectic sources in works with an overtly ideological content" (Magda Predescu). Retaining that this ideological content is not necessarily obvious, we must point out that the double contamination of creation – on the one hand with the – explicit – requirements of the propaganda apparatus, on the other hand with the – no less important – subliminal pressure to be and to act as per the grand Western models, create the prerequisites of a formal and moral ideological imprisonment that some of the artists had to live in during Communism.

Ion Bitzan is no exception to this ontological model. We can only detect some subtle differences in close connection with the historical steps he takes. Like any other cultured person who was educated in communist times, Bitzan adopts, at one point, the propagandistic techniques of historical modernism which yielded, without a doubt, great formal although morally doubtful examples (the Soviet constructivism, the quotation from mass-media, the collage, the heroic-simplifying figurative art, and so on). This stage, reloaded throughout his career as a *soft-prop* activity where he approached ideological themes and aesthetic formulas with discreet, experienced conformism, is followed by one in which Bitzan assimilates with stunning speed and adaptability all sorts of artistic formulas from the universal art of the period. Under the pressure of Nicolae Ceaușescu's cult of personality that expanded until it reached its North Korean highest, he eventually starts the era of major ideologically compromised pieces of work using the recipe book offered by different moments in art history – with a twist.

One of the surprises in *The Prisoners of the Avant-Garde* was the "accordion"-like characteristic of Ion Bitzan's official portrait production. Let me explain: there is a certain type of exhibition where the perception regarding the amount, the quality and relevance of the artworks changes time and time again until the final formula is found. It's either not enough pieces or too many pieces or they aren't relevant enough, although the body of works is irreversibly finite; this nightmare can disappear only by thoroughly contextualizing the available inventory. Somehow similarly, Bitzan apparently painted a huge amount of propagandistic portraits back in the 1980's. I remember vividly that so many of them were constantly showcased and they were so present in every exhibition. While working on the exhibition dispay at MNAC, I noticed there were only 12 such works, which – for the whole of Ion Bitzan's yield – is insignificant. However, just like almost 40 years ago, those paintings were jumping off the rails crushing anything around, they had a life of their own, so different from any other image.

This immediately raises questions concerning the level of autonomy in the aesthetic perception of those images. Do the political circumstances of the time when they were painted define them? Yes, without the shadow of a doubt. Is their reading influenced by the broader context of Bitzan's body of works? Well, there's a nuance here and it comes from the historic evolution of collective sensitivity. Like I mentioned earlier, back in the day, Bitzan's experimental art acted as collateral for his ideologically imbued creation. The unequivocable cultural value of the first category made the second one bearable. In those years, the affiliation of his official portraits to the ongoing art history in Romania was not a topic. Those pieces were doomed to be forgotten. The brutal death of the dictator and his wife reversed the trend. Any object displaying even the slightest shadow of a tribute to the couple, all the more so their portraits, suddenly became records of an era that ended appallingly, but which was however handed down to posterity via an iconographic corpus that proves to be addictive in its ludicrous comicality. This peculiar distortion of the significant dimension of an object oscillating between ideology and commerce, transforming thus the propaganda (compulsory consumerism) in comically imbued memorabilia (mass consumerism) is a phenomenon comparable to the spiral consumerism / propaganda / anti-consumerism / neo-consumerism, characteristic to the cultural revolution installed by Pop Art.

mod subversiv de artist în lucrări menite a omagia puterea politică absolută. Paradoxul acestei decizii, imposibil de prevăzut în momentul respectiv, este că imaginile concepute astfel ca eșecuri ironice au căpătat de-a lungul timpului o forță de sugestie superioară multora dintre cele concepute ca exerciții de libertate creatoare, în recluziunea confortabilă a atelierului.

E sugestiv, însă, faptul că Ann Albritton rememorează o conversație în care Ion Bitzan insistă că nu a realizat nicio lucrare omagială în atelierul său, pe care îl izolează, astfel, mental de activitățile compromițătoare politic. Această afirmație, făcută post-factum și până la urmă neverificabilă, contrazice, pe de o parte, afirmațiile mele de mai sus, referitor la subminarea deliberată a discursului omagial, confirmând, pe de altă parte, cantonarea artistului în acel „prizonierat" estetic despre care vorbeam. Ion Bitzan creează, astfel, explicit o ierarhie valorică în interiorul operei sale și nu își asumă caracterul subversiv al portretisticii oficiale. Informații obținute din cercul apropiaților artistului dau și o explicație pragmatică acestei ieșiri deliberate din atelierul propriu. Se pare că cel puțin o parte dintre lucrările omagiale realizate de către Bitzan, cu certitudine cel puțin cele semnate împreună cu Vladimir Șetran, au fost concoctate în spațiul ocupat de acesta din urmă în complexul stalinist de ateliere din str. Ermil Pangratti – un fel de Olimp al artiștilor acceptați de către oficialitate. Spre deosebire de atelierul lui Bitzan din curtea Academiei de Artă – nu foarte spațios și literalmente ticsit cu lucrări – atelierul Șetran era generos și permitea realizarea proiecțiilor de diapozitive atât de importante în realizarea lucrărilor respective.

Această informație poate oferi și o explicație parțială la niciodată explicata colaborare dintre cei doi pentru realizarea lucrărilor cu caracter omagial (portrete, dar nu numai). O altă explicație ar putea ține de prietenia lor (complicitate intelectuală, aș numi-o), dar și de faptul că Vladimir Șetran avea, probabil, un temperament cinic și jovial, o nepăsare care l-ar fi putut sprijini mental pe Bitzan în baletul său dificil între avangarda (formală) și ariergarda (politică). Țin minte un moment din existența mea de muzeograf-conservator la Muzeul de Artă al Republicii Socialiste România, unde în anii '80 se realizau cu frecvență mare expoziții omagiale. La una dintre acestea, Bitzan-Șetran au realizat un montaj monumental pe peretele de intrare, reprezentând cuplul prezidențial într-un context celebrator. Tehnica era cea fotografică, cu intervenții de pictură, iar scara era gigantică. Studenții de la design ai celor doi roiau în jurul lucrării, se urcau pe schele, executau cu brio sub îndrumarea lui Șetran, care era dintre cei doi singurul vădit energizat de situație, percepută probabil de către el exclusiv ca un eveniment performativ, fără altfel de implicații morale.

Referitor la relația lui Ion Bitzan cu această activitate (în opinia sa) extra-curiculară, îmi amintesc un alt episod din aceeași perioadă și din același loc, pe care l-am simțit relevant în momentul derulării și pe care îl consider semnificativ și acum, fără a putea identifica cu exactitate motivul. Bitzan se retrăsese într-o sală nevizitată de la parterul muzeului și contempla absorbit, vădit nemulțumit, lucrarea *Omagiu* (1987), care trebuia inclusă în expoziția ce se pregătea. Trecând întâmplător pe acolo, i-am spus ironic „vedeți că mâneca stângă e prea lungă și îl face să pară handicapat". Bitzan s-a uitat bănuitor la mine, drept care am adăugat „mă pricep, bunică-mea, care m-a crescut, era croitoreasă". Am râs amândoi și eu am trecut mai departe. Revenind peste un timp, l-am surprins pe Bitzan verificând cu măști de hârtie colorată ca pielea lividă a dictatorului dacă ce spusesem eu era corect. Abordarea combinatorie, optic-tactilă era modul său obișnuit de a explora căile de realizare a unei lucrări. Cu toate acestea, lucrarea a rămas la fel de bizară, cu un Ceaușescu ce pare să sufere de o balonare incurabilă, care îl dezechilibrează și îi provoacă grimase de durere (a se vedea în această carte, sub numărul #268).

Dacă emfaza și pathosul lucrărilor omagiale dedicate cuplului Ceaușescu au fost în general purtătoarele unui comic involuntar, cu excepția notorie a unei lucrări semnate de Dan Hatmanu (*Aniversare*, 1983), la Bitzan comicul de situație și ironia ce îl însoțește sunt evident manipulate conștient de către artist într-o manieră care precipită semantica imaginii într-o direcție ambiguă. Magda Predescu remarcă pe drept faptul că „artistul introduce nenumărate posibilități de subminare a referentului", fără a analiza, însă, felul cum această metodă generează un nou tip de imagine. Abordarea portretului și compoziției omagiale cu mijloacele oferite de avangarda istorică (în special fotografia, imaginea mărită cu epidiascopul / proiectorul, mimarea colajului în câmpul picturii), cu asumarea unor premise de lucru tactice, subversive, îl ajută pe Ion Bitzan în crearea unei zone de autonomie plastică greu de acceptat azi datorită faptului că se aplică unui gen perceput ca fiind exclusiv encomiastic, celebrator.

Tehnicile de reproducere sunt distorsionate, după cum și bagajul citațional extras din modernismul timpuriu (impresionism, post-impresionism, expresionism), sau târziu (Pop Art, hiper-realism) este reinterpretat de manieră șarjată. Viteza de execuție devine un criteriu valoric, ceea ce se simte în felul cum detaliile sunt expediate „la vedere", compoziția e „epuizată" (în sens clinic, de *exhausted*), iar privitorul este abandonat unei interesante frustrări pe care aș asimi-

Ion Bitzan, by keeping a watchful eye on Pop Art, was able to incorporate what he learned from Warhol and Rauschenberg so as to craft a discourse adjusted to fit the Communist Party propaganda. Bearing in mind the remarkable versatility of his modus operandi and adding to it his impeccable taste in colour and composition, we can speculate that Bitzan made a calculated decision to quote Pop Art in his politically themed artwork. "Ugliness" and Kitsch, that had become acceptable (also) due to this remarkable diffusion of the movement in the former Communist bloc, were used in a subversive manner by the artist in a production that was meant to glorify absolute political power. This decision implied he paradox that no one could have foreseen: as time went by, the images conceived as ironic failures earned a suggestive force that proved superior to those produced as free artistic creations in the cozy confinement of the artist's studio.

However, it is suggestive that Ann Albritton recalls a conversation she had with Ion Bitzan in which he insisted that none of the tribute paintings had ever been executed in his "secret space", therefore mentally keeping the studio untouched by the politically compromising activities. This post-factum statement that cannot be verified is, on the one hand in contradiction with my remarks from above that refer to the deliberate undermining of the discourse glorifying Ceaușescu and, on the other hand it confirms the artist's choice to remain aesthetically "imprisoned", like I said before. Thus Ion Bitzan explicitly ranks his own works and does not take upon himself the subversive nature of his official portraits. Inside information gathered from the close circle surrounding the artist might explain why he deliberately painted outside his studio. Rumour has it that at least some of Bitzan's tribute art canvases, certainly those co-authored alongside Vladimir Șetran, had been concocted in the studio occupied by the last in the stalinist compound on Ermil Pangratti Street in Bucharest – some sort of an Olympus for the officially accredited artists. Unlike Bitzan's studio in the courtyard of the Fine Arts Academy – quite small and literally packed-out with artwork – Șetran's room offered plenty of space and allowed them to work with slide projectors, an instrumental element in their creative approach.

This information could also be used to partly account for the never-explained cooperation of the two artists in the production of tribute art (portraits but not only). Moreover, they were also friends (or rather intellectual accomplices, I dare say) and Vladimir Șetran had some sort of a cynical and jovial temperament, a kind of laxity that might have been a useful mental support in Bitzan's complicated ballet between the (formal) avant-garde and the (political) arriere-garde. I recall a scene from the past, when I used to work as a museographer-conservationist at the Art Museum of Socialist Republic of Romania where, in the 1980's, homage-paying exhibitions were frequently organized. On one of these instances, Bitzan and Șetran were making on the entrance wall a monumental montage representing the president and his wife in a celebratory context. They used a photographic technique with painting interventions, all on a colossal scale. The artists were surrounded by their design students who were swarming busily, climbing the scaffolding, successfully executing orders, but of the two only Șetran was visibly energized by the whole situation that he probably perceived as just another performance completely devoid of any moral implications.

Regarding Ion Bitzan's perception of this (according to him) extra-curricular activity, I remember yet another episode that occurred in the same place and around the same time; I felt it was revealing when I witnessed it and I still think it is emblematic although I cannot really tell why. Bitzan was hidden in an empty room on the ground floor, contemplating in visible discontent the piece entitled *Tribute* (1987) that was supposed be added to the exhibition due to be on soon. Passing by, I told him, tongue in cheek: "Beware that the left sleeve is longer than the right so he looks like a retard". Bitzan glanced at me in disbelief, so I went on: "I can tell for sure, I grew up at my grandma's, she was a seamstress". We both laughed and I left the room. When I returned, after a while, I found him checking, with some strips of coloured paper as pale as the bloodless skin of the dictator, if I was right.

He always used the joint visual-tactile approach when checking the level of accomplishment in a new work. And yet the painting was never altered, and the dictator still looked as if he suffered from an incurable bloating, unbalanced and with his face painfully distorted (you can find the reproduction at #268 in this book).

Provided that the grandiloquence and the pathos in the paintings dedicated to the two Ceaușescus were generally ingrained with involuntary comic, with the notorious exception of Dan Hatmanu's cynical *Anniversary* (1983), in Bitzan's case the situation comedy and ensuing irony are obviously manipulated by the conscious artist in such a way that it precipitates the image semantics into ambiguity. Magda Predescu is right when she says that the artist introduces "many diverse ways in which [he] challenged the referent" without analyzing how this method generates a new type of image. Painting homage-paying portraits and compositions by means belonging to historical avant-garde (using photography for the most part, magnifying images with an epidiascope / projector, imitating photo collage on the

la-o antipicturii, fenomenului *bad painting* (pictură „rea"). Resemantizarea actuală a contextului politic în care au fost produse aceste imagini validează autonomia parțială a lecturii. Lucrarea omagială nu este scutită de tarele sale morale, în schimb calitățile plastice care erau menite să servească unei absolviri de culpă prin șarjare capătă valențe estetice neașteptate.

Bitzan nu îl pictează pe Ceaușescu, ci îl folosește ca motiv compozițional și ca suport de experiment tehnic. Faptul că artistul nu încearcă să abordeze portretul dictatorului cu mijloacele picturii realiste, ci cu cele ale decalcului după o fotografie copiată din ziar și proiectată cu epidiascopul pe pânză e deja un salt ideologic și iconic îngrijorător. Acest decalc e umplut apoi cu o materie picturală decrepită, tușa vizibilă și cromatica descompun trăsăturile dictatorului într-un țesut cadaveric, Nicolae și Elena au aerul rătăcit, tragi-comic al unor păpuși dezarticulate. Tiranicidul e implicit în imagine, și chiar dacă suntem acum, la rândul nostru, prizonierii unei lecturi postume, rămâne uimirea unei întrebări generice: cum a fost posibil – dictatorul, regimul său, această imagine adulatoare, ironia ei devastatoare – totul?

Într-un mod pervers, desigur, arta lui Ion Bitzan evadează prin lucrările sale omagiale din prizonieratul avangardei, deoarece accentul se deplasează de la un hedonism plastic fără miză directă către o anti-estetică ce reflectă în mod nuanțat lipsa de aspirații și precaritatea unui regim politic criminal, dar mediocru. Această evadare poate fi pusă sub semnul reificării imaginii: dacă în opera secundă, de inspirație avangardistă, Ion Bitzan fetișizează obiectul artistic până la irelevanță, în lucrările politice și mai ales în cele omagiale obiectul este totemizat („produsul final ... se comportă ca totem" scrie Anca Arghir, privind însă la cu totul alt tip de lucrări) și capătă astfel o intensitate referențială proporțională.

Tot Anca Arghir ne oferă, involuntar, argumentul final referitor la prizonieratul în avangardă al artistului, atunci când vorbește despre faptul că în obiectele sale de inspirație Pop Art Bitzan „nu sfidează vreo prejudecată caduc elitistă despre artă". Ori asta e, de fapt, problema fundamentală a relației cu avangarda în Estul izolat al Europei. Decontextualizarea avangardelor prin preluarea lor de la distanță, la nivel formal, fără mizele teoretice și ideologice determinante pentru acele mutații în domeniul vizualului (mutații percepute din exteriorul culturilor respective drept „caduce"), este fenomenul care stă la baza unui prizonierat subtil, în care avangardele apărute în culturi dominante ca simptome / soluții ale unor crize structurale ale corpului socio-cultural sunt „emanații" adoptate de partea cealaltă a Războiului Rece ca elemente ale „jocului intelectual subtil, în așteptarea unui partener cu afinități pentru comportamentul ... creator" al artistului (Anca Arghir). Astfel este explicat – din interior, de către o autoritate a perioadei prizonieratului involuntar în cușca avangardei de gradul doi – fundamentul motivațional al experimentului vizual într-o cultură ca cea a României, unde vizualul în general și mai cu seamă experimentul nu au avut un rol istoric determinant.

Este șansa noastră de a fi putut lucra cu opera unui artist atât de special ca Ion Bitzan, ale cărui calități indiscutabile, combinate cu o fascinantă personalitate creatoare l-au transformat în indicatorul de turnesol (ca să folosesc o metaforă chimică) al acestui fenomen extrem de important în arta din spatele Cortinei de Fier – prizonieratul în mirajul avangardei. Ion Bitzan nu a avut nici preocupările teoretice, nici aspirațiile spirituale, nici deontologia tragică a unor colegi ca Horia Bernea, Ion Grigorescu sau Mihai Olos. Însă el rămâne o sursă inepuizabilă de informație despre o epocă plină de contradicții, dar și autorul unor lucrări memorabile, printre care trebuie să includem opera sa de propagandă politică.

canvas) while assuming tactical, subversive operating hypotheses help Ion Bitzan in creating a safe harbour of autonomy difficult to accept nowadays due to the fact that it applies to a genre perceived as exclusively encomiastic, celebratory.

The reproduction techniques are distorted just like the load of quotes from early modernism (be it impressionism, postimpressionism or expressionism) or its later manifestations (Pop Art and Hyperrealism) are reinterpreted in a cartoonish manner. The execution speed becomes a benchmark and this is obvious from the way details are hurriedly left "in plain sight", the composition is worn out (exhausted) and the viewer is marooned in a bizarre frustration I would link to anti-painting, to the phenomenon known as "bad painting". The current semantic key of reading the political circumstances in which these images were produced validates ther (partial) autonomy. The homage-paying paintings are not exempt from moral defects but their visual virtues intended to exonerate them are acquiring unexpected aesthetic value.

Bitzan did not paint Ceaușescu, he only used him as motif in his compositions and as a carrier when trying on different techniques. The artist did not paint the dictator's portraits by means of realism, he did it by transfer; projecting a cutout from a newspaper on the canvas and painting over it is already an alarming ideological and iconic leap. This decal is subsequently filled with ramshackle paint, the visible brushstrokes and the choice of colours decompose the dictator's features turning them into dead tissue, Nicolae and Elena have the lost, tragi-comic look of disarticulated dolls. The image silently screams tyrannicide and, even though we are, in our turn, prisoners of a posthumous reading, we can't help wondering: how was it all possible – the dictator, the regime, this worshipping image, its devastating irony?

In a perverse way, certainly, Ion Bitzan's art escapes the imprisonment of the avant-garde through his tribute-paying works because the focus shifts from an unsupported visual hedonism towards an anti-aesthetics that nuancedly reflects a mediocre, precarious political regime, a murderous one, but average. This escape can be explained through the object(ive) value of the image: if in his secondary, avant-garde inspired works Ion Bitzan fetishizes the art object until it gets irrelevant, in his political works, especially in the homage-paying ones, the object becomes a totem ("the final product [...] works like a totem" as per Anca Arghir, although she meant a completely different type of works), and therefore it gets a proportionally corresponding reference identity.

It is also Anca Arghir who unpromptedly presents us with the last reson why the artist was a prisoner of the avant-garde when she states that Bitzan's pop art inspired objects "do not challenge obsolete elitist preconceptions about art". She puts the finger right on the relation with avant-garde in an isolated Eastern Europe. Decontextualizing avant-gardes by replicating them incompletely and only formally, devoid of the theoretical and ideological stakes decisive with respect to those mutations in visual art (mutations that were perceived as "obsolete from outside those cultures) – this is a phenomenon that established a subtle imprisonment wherein avant-gardes that appeared in domineering cultures as symptoms / cures of / for the crises of the social-cultural body were just "emissions adopted on the other side of the Cold War as elements that "lend themselves to a subtle intellectual game and require a play partner with an eye for such refinements" (Anca Arghir). Here is the explanation – from inside, by an authority in the matter of accidental imprisonment in the cage of second-degree avant-garde – for the foundations of visual experiment in a culture such as the one in Romania, where the visual on the whole and the experiment for the most part have not been historically instrumental.

We had the chance to work with the oeuvre of such a special artist like Ion Bitzan, whose indisputable qualities, combined with a fascinating creative personality, turned him into the litmus solution (to use a chemical metaphor) of this phenomenon that was the centerpiece of art behind the Iron Curtain – being a prisoner of the avant-garde illusion. Ion Bitzan might have lacked the theoretical penchant, the spiritual propension or the tragic deontology of peers such as Horia Bernea, Ion Grigorescu or Mihai Olos. And yet he remains an endless source of information regarding a period full of contradictions as well as the author of unforgettable pieces of work, including the ones created for political propaganda purposes.

Polimorfismul operei lui Ion Bitzan

The Polymorphism of Ion Bitzan's Art

Magda Predescu

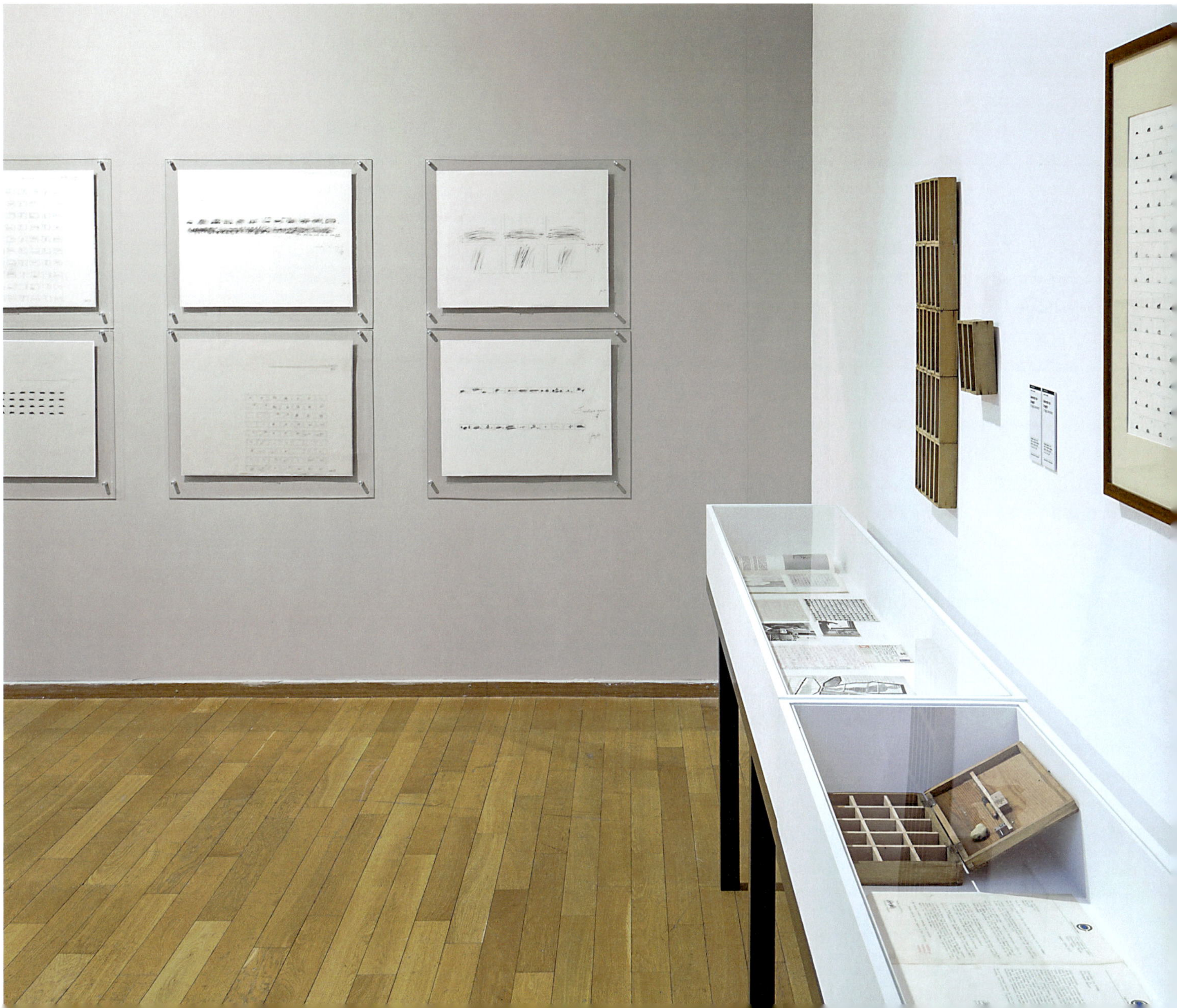

De la realism de factură interbelică la umanism socialist

Deși familiarizat în perioada studiilor universitare cu rețetarul tematic realist socialist și cu încercările de delegitimare a formelor de artă indezirabile, catalogate drept „formalism", „cosmopolitism" sau „artă decadentă", expresii curente în epocă, Ion Bitzan a debutat în 1953, la începutul unei perioade de relaxare ideologică. În câțiva ani, destalinizarea care a cuprins câmpul artei din România a condus la diminuarea controlului ideologic asupra subiectelor și a modurilor de reprezentare specifice realismului socialist. Aflat în căutarea unui stil individual, Ion Bitzan s-a îndepărtat în această perioadă de estetica oficială prin abordarea unei tematici minore, neimplicată ideologic: portret (nu neapărat al „omului nou"), peisaj (nu neapărat industrial), natură moartă. Alături de alți tineri pictori, identificați în epocă sub numele de „gruparea Ion Andreescu" (Paul Gherasim, Pavel Codiță, Virgil Almășanu, Camilian Demetrescu, Constantin Crăciun), Bitzan a încercat o împrospătare a mijloacelor de expresie plastică. Un puternic simț al formei care amintește de Cézanne, dar și de Theodor Pallady sau de Ștefan Dimitrescu, l-a condus la accentuarea structurilor în detrimentul coloritului. Lucrările au câștigat în rigoare compozițională, devenind mai sintetice, dominanta clasică a acestora întâlnind, uneori, un intimism în linia lui Giorgio Morandi. Influența coloriștilor nu a dispărut complet, fiind detectabilă în peisajele dobrogene invadate de lumină. În ciuda rolului pe care l-au jucat în procesul de modernizare stilistică, Ion Bitzan și alți tineri artiști au fost sancționați în perioada care a urmat anului 1956, moment marcat de agitații politice în blocul comunist. Un exemplu în acest sens sunt lucrările pregătite pentru expoziția comemorativă „1907" (1957), care au stârnit ample comentarii negative în ședințele Uniunii Artiștilor Plastici și în presa de specialitate: dovedind permisivitate la influențele nocive din perioada de relaxare ideologică de la jumătatea deceniului, tinerii ar fi neglijat tematica realist-socialistă și ar fi abordat eronat forma plastică.

Primul Congres unional al artiștilor sovietici, organizat în primăvara anului 1957, a stabilit noul cadru de acțiune culturală pentru statele din blocul comunist. Realismul socialist a rămas estetica oficială, dar tematica a început să fie tratată mult mai liber, fiind acceptate modalități de reprezentare tributare unor realisme internaționale. Sovieticii doreau promovarea unui front comun al realismului, privit ca stil al modernității socialiste, stil care putea să îmbrace nenumărate forme. Această estetică mai tolerantă la diversitate, dar marcată ideologic la nivel tematic, a fost cunoscută ulterior sub denumirea de „umanism socialist".

După 1957, în lucrările artiștilor români a devenit vizibilă atât reideologizarea care a marcat momentul post-Budapesta, cât și posibilitatea de a experimenta în limitele unui realism lărgit la nivelul mijloacelor formale. Ca majoritatea artiștilor, Ion Bitzan a participat în această perioadă la campaniile de documentare organizate de Uniunea Artiștilor Plastici în gospodării agricole colective și în zone industriale, realizând lucrări care respectau tematica impusă (orașul nou, campania de colectivizare, noile tehnologii industriale etc.), pentru care a găsit nenumărate rezolvări formale. Primenirea realismului socialist s-a realizat în primul rând cu modele din Est. De la Deineka, de exemplu, Bitzan a împrumutat elemente de compoziție, de construcție a formelor. Personajele supradimensionate în prim-plan, perspectiva în *contre-plongée* și modelajul de tonuri dau dinamism, forță și simplitate monumentală unor lucrări ca *Represiunea din 1907* (1957), *Teroare fascistă* (1960) sau *Țesătoare* (1959). Bitzan s-a numărat, de asemenea, printre artiștii care au cunoscut în mod direct neorealismul italian prin intermediul ediției de la București a Festivalului Mondial al Tineretului și Studenților (1953), prin personala „Renato Guttuso" (București, 1954) și prin expoziția „Pictori și sculptori italieni" (București, 1958).

Interesul artistului pentru limbajul figurativ a depășit, însă, zona realismelor asociate de ideologi cu mișcările politice de stânga. Estetica umanismului socialist a permis la începutul anilor 1960 un proces de recuperare a curentelor moderne. În acord cu spiritul timpului, Bitzan a integrat în lucrările sale elemente impresioniste, fauviste, suprematiste, constructiviste, scheme de stilizare suprarealistă. Respectând tematica impusă, artistul a portretizat o umanitate reprezentativă, în volume tăios conturate, cu tușe cubist-expresioniste sau a căutat efecte de materie în compoziții de factură neo-expresionistă, pe teme arheologice, încadrabile prin atmosfera ușor onirică într-un realism fantastic. Ion Bitzan a explorat sursele eclectice ale modernității în lucrări cu un evident conținut ideologic. A experimentat la nivel formal, dovedind un polimorfism confirmat în următoarea perioadă a creației. Deși aceste lucrări nu au fost validate întotdeauna de critica de artă, selectarea artistului pentru Bienala de la Veneția din 1964 a reprezentat o confirmare a statutului său artistic în plan național.

Pop comunist. Arta oficială și criza referentului

La jumătatea anilor 1960, contextul politic intern devenind favorabil unor schimbări de linie estetică, umanismul socialist a permis acomodarea a numeroase formule vizuale figurative, care soseau din zona realismelor occidentale

From Interwar Realism to Socialist Humanism

Well-acquainted ever since his university years with the set of prescribed socialist realist themes and the efforts to delegitimize unacceptable art forms – labeled "formalism", "cosmopolitism", or "decadent art," all of them usual phrases in the age – Ion Bitzan debuted in 1953, at the beginning of a period of ideological loosening. Within a few years, the destalinization at work in Romania's art field effectively loosened the ideological grip over socialist realist subjects and modes of representation. In search of his individual style, Ion Bitzan strayed from the official aesthetic of the age embracing minor, not ideologically engaged themes: the portrait (not necessarily of the "new man"), the landscape (not necessarily industrial), or still lifes. Alongside other young painters, known in the age as the "Ion Andreescu Group" (namely Paul Gherasim, Pavel Codiță, Virgil Almășanu, Camilian Demetrescu, Constantin Crăciun), Bitzan sought to renew the means of expression in the visual arts. A strong sense of form reminiscent of Cézanne, as well as Theodor Pallady or Ștefan Dimitrescu, led him to emphasize structure to the detriment of color. His compositions became more rigorous, more synthetic, their classical dominant feature sometimes making them akin to Giorgio Morandi's intimism. The influence of the colorists did not vanish altogether, still traceable in his Dobruja landscapes drenched in light. Despite their role in the process of modernizing style, Ion Bitzan and other young artists were penalized after 1956, the year that marked political unrest throughout the communist bloc. For example, the works prepared for the *1907* exhibition (1957) – commemorating the 1907 Peasant's Revolt – received ample negative reviews during the meetings of the Union of Visual Artists and in the specialized press: because of their alleged permissiveness to the toxic influences typical of the early 1950s ideological loosening, the young artists were accused of having neglected the socialist realist themes and erred in their approach to the visual form.

The first All-Union Congress of Soviet Artists, held in the spring of 1957, established a new framework for cultural action in the countries of the communist bloc. Socialist realism remained the official aesthetic, but the themes were approached with more liberty and means of representation derived from international realisms became acceptable. The Soviets wanted to promote a common front of realism that would be perceived as the style of socialist modernity, one that could accommodate a wide range of forms. This aesthetic more open to diversity, but ideological in its themes, came to be later known as "socialist humanism."

After 1957, the works of Romanian artists reflected both the re-ideologization turn – in the aftermath of the 1956 Budapest events – and the opportunity to experiment with formal means within the limits of a broadened realism. Like most artists, Ion Bitzan participated in the research campaigns organized by the Union of Visual Artists in collective farms and industrial facilities, producing works with mandatory themes – the new city, the collectivization campaign, the new industrial technologies, etc. – for which he devised a variety of formal solutions. This renewal of realism was achieved first of all with the help of Eastern models. From Deineka, for example, Bitzan borrowed elements of composition, ways to construct form. The oversized characters in the foreground, the low-angle shot perspective, and modeling tone impart dynamism, force, and monumental simplicity to works such as *Represiunea din 1907* [1907 Repression] (1957), *Teroare fascistă* [Fascist terror] (1960), or *Țesătoare* [Woman weaver] (1959). Bitzan was also among the artists who knew Italian neorealism first-hand thanks to the Bucharest World Festival of Youth and Students (1953), the "Renato Guttuso" solo exhibition (Bucharest, 1954), and the "Italian Painters and Sculptors" exhibition (Bucharest, 1958).

The artist's interest in figurative language exceeded however the scope of realisms that ideologists associated with political movements from the left. The aesthetic of socialist humanism allowed for a reclaiming of modernist currents in the early 1960s. In the spirit of that age, Bitzan integrated impressionist, fauvist, suprematist, and constructivist elements, as well as surrealist stylization techniques in his works. While observing the mandatory themes, the artist portrayed a representative humanity in boldly cut volumes and cubist and expressionist strokes; he also sought to obtain material effects in neoexpressionist compositions with archeological themes – which could be classified as fantastic realism due to their oneiric feel. Ion Bitzan explored the eclectic sources of modernity in evidently ideological works. His experimenting with form resulted in a polymorphism that would only be confirmed by the next phase of his art. Despite these works not receiving full approval from art critics, the artist's selection for the 1964 Venice Biennale came as confirmation of his status on the national art scene.

Communist Pop: Official Art and the Crisis of the Referent

In the mid-1960s, with a domestic political context now favorable to moderate changes in aesthetic, socialist humanism accommodated a whole range of figurative visual formulas coming from Western realisms, which had, until recently,

până nu de mult interzise. Bienala de la Veneția din 1964 a produs o schimbare fundamentală în cariera lui Ion Bitzan. Profund impresionat de lucrările lui Robert Rauschenberg, câștigătorul marelui premiu al Bienalei, dar și de ceea ce au expus artiștii belgieni, olandezi sau italieni[1], artistul a decis să renunțe la mijloacele tradiționale de expresie și a început să creeze picturi-colaj, realizate cu imagini *ready-made* preluate din presa vremii. Pop-ul comunist – noul figurativ de tip colaj, cu imagini din actualitate – prezenta numeroase asemănări cu tehnicile și strategiile vizuale utilizate de artiștii pop americani, a căror operă Bitzan a avut ocazia să o vadă nu doar la Veneția, ci și în țară, în cele câteva expoziții de artă americană organizate în perioada de liberalizare politică.[2] Bitzan a integrat în lucrările sale și strategii vizuale împrumutate din Nouveau Réalisme și Nouvelle Figuration Narrative, în mod evident fără implicațiile ideologice pe care aceste forme de artă le aveau în Occident. Noile tehnici au fost utilizate pentru realizarea unor lucrări din tematica impusă, lucrări pe care artistul le-a prezentat în cadrul marilor expoziții colective și pe care statul român le-a cumpărat prin intermediul diverselor instanțe de achiziție.

Utilizarea fotografiei ca sursă, în special a fotografiei preluate din presă, i-a permis lui Bitzan să restructureze reprezentarea și să-i confere, în același timp, un caracter documentar. Strategia este vizibilă în ciclul de lucrări *Pagini de istorie*, expus în 1971, cu ocazia centenarului Lenin. Bitzan a folosit moștenirea politică a colajului și fotomontajului, utilizate în perioada avangardelor de Alexander Rodchenko, El Lissitzky sau Serghei Senkin pentru construirea mitului Lenin.

Înăsprirea controlului ideologic după Tezele din iulie 1971 a fost dublată, odată cu diversificarea atributelor puterii liderului unic, de o consolidare a cultului personalității, având ca principal instrument în plan cultural Festivalul Național Cântarea României, care a debutat în 1976. A fost momentul în care omul obișnuit, fruntaș în producție, a părăsit scena în favoarea liderului suprem. Spre sfârșitul deceniului opt, în cadrul artei omagiale s-a dezvoltat o iconografie a lui Nicolae Ceaușescu, cu tematică și modalități de reprezentare specifice. Artiștii au folosit coduri vizuale recognoscibile, majoritatea provenind din tradiția locală, bizantină și folclorică, pentru a crea portrete hieratice, proiectate în atemporalitate.[3] În anii 1980, Ion Bitzan a participat la expozițiile omagiale și la câteva ediții ale Festivalului, unde a obținut distincții. O parte dintre aceste lucrări au fost realizate împreună cu Vladimir Șetran. Prin tematică (vizita de lucru a cuplului prezidențial, prinderea în horă, salutarea audienței după un discurs, vizitarea marilor șantiere socialiste: Canalul, amenajarea Dâmboviței, noul centru civic, metroul), Bitzan se încadrează în iconografia oficială. Prin modalitatea de reprezentare (mărirea la epidiascop a unor fotografii publicate în *Scânteia* și reproducerea lor pe pânză), artistul se îndepărtează de canon. Lucrările par să mimeze stilul reportajului și ancorează imaginea conducătorului în imediat. Utilizarea fotografiei ca sursă a eliminat, de asemenea, posibilitatea unor reprezentări schematice, după modelul portretului votiv, populare în epocă. Utilizând strategiile artei pop, Ion Bitzan a produs portrete omagiale atipice, lipsite de orice dimensiune mitică, de un realism crud, și de aceea degajând o anumită ambiguitate. Izolat și mărit la o anumită scară, Ceaușescu devine o prezență stranie și intrigantă. Alături de fotorealiștii și hiperrealiștii americani, o altă posibilă influență pentru lucrările lui Bitzan ar putea fi Isaac Brodsky, un artist preferat de Stalin în perioada de impunere a realismului socialist, care obișnuia să picteze după fotografii proiectate.

Ion Bitzan a acceptat politizarea practicilor artistice, în opera sa existând în mod constant o producție conotată ideologic, respectând tematica impusă, pe care a exprimat-o, în general, cu mijloacele unui realism lărgit. Ceea ce salvează estetic această producție este faptul că artistul introduce nenumărate posibilități de subminare a referentului. Realismul și umanismul socialist s-au construit pe relația organică dintre semn și referent. Începând din anii 1960, Ion Bitzan a utilizat diverse strategii prin care a bruiat această legătură. Tentația monocromului, pierderea profunzimii, senzația de bidimensionalitate au accentuat statutul de reprezentare al lucrărilor. Perturbarea relației cu realitatea a crescut sub influența artei pop. Fotografia și-a jucat rolul de document, dar pe de altă parte a fragmentat realitatea și a smuls referentul din context, transformându-l în semn vizual. Discontinuitatea spațiului suport din colaje și fotomontaje a accentuat eterogenitatea suprafeței, evidențiind fisurile din reprezentare. Procesul a culminat cu introducerea spațierii în zona artei omagiale pe care Bitzan a transformat-o în repetiție postmodernă. Artistul nu a ascuns faptul că imaginea inițială nu îi aparține, că este împrumutată din presă, iar rolul său este acela de a copia și de a multiplica o reprezentare. Bitzan nu a lucrat cu realitatea, ci cu un anumit mod de a reprezenta realitatea, care, în

1 Vezi răspunsul artistului la ancheta „Instalația în România", în *Arta*, nr. 1-2/1993, p.24.

2 „Grafică americană" (decembrie 1964, Sala Dalles, București; itinerată la Ploiești și Iași); „Dispariția și reapariția imaginii: pictura americană de după 1945" (ianuarie, 1969, Sala Dalles, București; itinerată la Timișoara și Cluj); „Jasper Johns" (iulie-august 1970, sala de expoziții de la Ateneul Român, București); „Forma și procesul de creație în pictura americană a secolului XX" (iunie 1972, Biblioteca americană din București).

3 Vezi Alice Carmen Rodica Mocanescu, *The leader cult in communist Romania 1965-1989: constructing Ceaușescu's uniqueness in painting*, PhD thesis, Durham University, 2007 (http://etheses.dur.ac.uk/2571/).

been forbidden. The 1964 Venice Biennale caused a profound change in Bitzan's career. Under the strong influence of the works of Robert Rauschenberg – the winner of the big Biennale prize – as well as of those exhibited by Belgian, Dutch, or Italian artists[1], Bitzan decided to give up traditional means of expression and to create instead collage paintings, with ready-made images from the press of that time. Communist pop – the new type of figurative collage that used news images – shared many of the visual techniques and strategies of American pop artists whose works Bitzan had the opportunity to see not only in Venice but also in Romania, in the few American art exhibitions organized during the period of political liberalization.[2] Bitzan also incorporated visual strategies borrowed from Nouveau Réalisme and Nouvelle Figuration Narrative in his works, without however retaining the ideological meanings that these art forms had in the West. He employed the new techniques to create works on approved themes that he then showed in large collective exhibitions and the Romanian state obtained through various acquisition channels.

The use of photography as source, especially of photographs from daily press, allowed Bitzan to restructure representation and, at the same time, give it a documentary dimension. The strategy is apparent in his *Pagini de istorie* [History pages] series of works, exhibited in 1971, on the occasion of Lenin's centenary. In doing so, Bitzan took up the avant-gardes' political tradition of collage and photomontage that artists such as Alexander Rodchenko, El Lissitzky, or Sergei Senkin had used to build the myth of Lenin.

The tightening of ideological control following Ceaușescu's July 1971 theses was accompanied by a strengthening of the cult of personality – as the sole leader expanded the scope of his powers and used the "Ode to Romania" National Festival, first held in 1976, to achieve that. This meant that the ordinary person and the highly productive worker left the stage, and the supreme leader entered it. In the late 1980s, as part of homage-paying art, an iconography of the political leader developed, equipped with its own specific themes and means of representation. Artists would use recognizable visual codes, most of them coming from local, Byzantine, and folklore tradition, to create timeless, hieratic portraits.[3] Ion Bitzan participated in homage-paying exhibitions and a few "Ode to Romania" editions in the 1980s, receiving prizes; some of these works were created together with Vladimir Șetran. In terms of the themes used – the work visits of the presidential couple, their joining in the *hora* dance, greeting the audience after a speech, visits to the grand socialist construction sites: the Danube-Black Sea Canal, the systematization of the Dâmbovița River, the new civic center, the underground – Bitzan fitted in the official iconography. In terms of the means of representation – magnifying photographs from *Scânteia* magazine with an epidiascope and copying them on canvas – the artist strayed from the canon. His works apparently mimicked the reportage, anchoring the leader's image in actuality. The use of photography as source also dismissed the possibility of schematic representations modeled after votive portraits, so popular at that time. With the help of pop art strategies, Bitzan produced atypical homage-paying portraits, which left no room for a mythical dimension in their crude realism, hence their perceived ambiguity. Isolated and scaled-up, Ceaușescu's figure had something eerie and intriguing. Alongside the American photorealists and hyperrealists, another possible influence on Bitzan's works could be Isaac Brodsky, an artist favored by Stalin during the early days of socialist realism, who used to paint after projected photographs.

Ion Bitzan accepted the politicization of artistic practices, as his production constantly included a share of ideologically-connoted works in line with official themes, for which he used, however, the means of a wide-ranging realism. The many diverse ways in which the artist challenged the referent somehow aesthetically salvaged this share of works. Socialist realism and humanism were built on the organic relation between the sign and the referent. In the 1960s, Ion Bitzan began using various strategies to interfere with this relation. His preference for the monochrome, the loss of depth, or the appearance of two-dimensionality pointed to the work's status as representation. This interfering with the relation with reality grew under the influence of pop art. Photography played its documentary role in this, while at the same time fragmenting reality and pulling the referent out of context, turning it into a visual sign. The discontinuity of the physical support space in his collages and photomontages accentuated the heterogeneity of the surface, revealing the cracks in the representation. This process culminated with the introduc-

1 See the artist's answer to the "Instalația în România" [Installation in Romania survey], *Arta*, no. 1–2 (1993):24.

2 "Grafică americană" [American Graphics] (December 1964, Sala Dalles, Bucharest, itinerant to Ploiești and Iași); "Dispariția și reapariția imaginii: pictura americană de după 1945" [The Disappearance and Reappearance of the Image: Post-1945 American Art] (January, 1969, Sala Dalles, Bucharest, itinerant to Timișoara and Cluj); "Jasper Johns" (July-August 1970, the exhibition hall at the Romanian Athenaeum in Bucharest); and "Forma și procesul de creație în pictura americană a secolului XX" [Form and Creative Process in 20th Century American Painting] (June 1972, American library in Bucharest).

3 See Alice Carmen Rodica Mocănescu, *The Leader Cult in Communist Romania 1965-1989: Constructing Ceaușescu's Uniqueness in Painting* (PhD diss., Durham University, 2007), http://etheses.dur.ac.uk/2571/.

mod evident, era unul ideologizat. Dublând mecanic imagini din presa oficială, Bitzan a introdus jocul semnificantului fără origine în zona de artă omagială.

Abstracție lirică și geometrică

Dacă în URSS umanismul socialist nu a găsit o modalitate de tolerare a abstracției, în România estetica oficială a permis acest lucru în urma unui proces îndelungat și anevoios. Spre sfârșitul deceniului șapte au apărut diverse forme de artă abstractă (neo-suprematism, neo-constructivism, expresionism abstract, artă optică și cinetică, artă concretă etc.), care au fost expuse în galerii cu program experimental și cu discurs critic, reprezentând o alternativă la Saloanele Oficiale și la Expozițiile de Stat: Apollo, Galeria Nouă, Amfora, Orizont. La jumătatea anilor 1960, în contextul unei politici de deschidere culturală spre Occident, Uniunea Artiștilor Plastici a încercat să readucă arta românească în circuitul artei internaționale. Ion Bitzan a făcut parte dintre artiștii care au beneficiat în acei ani de o oarecare mobilitate, fapt care l-a ajutat să-și completeze educația artistică. A văzut marile muzee ale lumii și a înțeles transformările stilistice ale timpului.

O accentuare a exercițiului abstractizant a devenit vizibilă în opera lui Bitzan încă de la începutul deceniului șapte, manifestându-se prin diluarea impresionistă a formelor, prin tendința de a lucra cu suprafețe plate de culoare și de a elimina perspectiva. La aceste transformări formale s-a adăugat, treptat, eliminarea conținutului narativ sau simbolic, ba chiar eliminarea referentului. În anii 1960 opera abstractă a lui Bitzan s-a dezvoltat pe două direcții: abstracție lirică și abstracție geometrică. În primul caz se simte influența lui Hans Hartung și Franz Kline. Dezorganizarea suprafeței tabloului, elementele de tașism, gestualism și informal au apărut în lucrările expuse în 1967 la Bienala de la São Paulo. Pensulațiile negre pe fond alb seamănă foarte mult cu *Shenandoah Wall*, lucrare expusă de Kline în 1969 la București.[4] Alte posibile influențe ar putea fi lucrările timpurii ale lui Julius Heinrich Bissier, mai precis desenele în tuș realizate de acest artist în perioada 1930-1960, sau pictura gestuală, spontană și intensă, în tușe groase, a lui Pierre Soulages.

În cazul abstracției geometrice a avut loc un proces de abstractizare aplicat formei concrete. Bitzan a plecat de la un figurativ încadrabil în tematica oficială (ciocane, chei, conducte de apă etc.), pe care l-a epurat treptat de orice conținut recognoscibil. Odată eliberate de context, elementele – forme geometrice sau organice (curbe, serpentine, tubulaturi) – au evoluat liber în spațiul tabloului. Culorile sunt cele din pictura suprematistă: alb pentru fundal, negru și culori primare pentru forme. Cea mai amplă punere în practică a acestor principii se regăsește în seria de xilogravuri colorate realizate începând din 1968, pe care le-a expus la Cracovia și Ljubljana și, în 1969, la Bienala de la São Paulo. Elementele au permis posibilități de variație vizuală, capacitatea combinatorie și serialitatea apropiindu-l de minimalism.

Formele și culorile din xilogravuri au fost reluate în colajele din seria *Inseparabile*. În acest caz artistul a încercat să obțină efecte de structură prin utilizarea unor materiale de o calitate artizanală superioară, cum ar fi hârtia japoneză. Chiar și atunci când materialele sunt umile, Bitzan reușește să le transfigureze, să le înnobileze, tratându-le la modul estetizant. Colajele din straturi suprapuse de foi transparente, expuse în 1969 la Edinburgh și São Paulo, creează, pe lângă efectul tactil, efecte vizuale de tip *sfumato*. Eleganța tonurilor amintește de lirismul acuarelelor lui Bissier.

În etapa abstractă a operei sale, Bitzan a ajuns la o puritate a limbajului plastic caracteristică în modul cel mai înalt modernității târzii. Preocuparea pentru valorile plastice a condus la o treptată golire de sens a figurativului și la afirmarea artei în elementele sale proprii, ca univers autonom, autotelic.

Obiecte specifice

Ion Bitzan a fost un deschizător de drumuri și un vârf în arta obiectuală din România, preferată de unii artiști tineri în cadrul experimentelor artistice de la jumătatea deceniului șapte.[5] Preocuparea artistului pentru obiect a debutat în 1965. Sub influența lui Robert Rauschenberg, Bitzan a început să încorporeze elemente străine de mediul picturii, conferind pânzelor densitate și volumetrie.

Evoluția spre tridimensional a avut loc în perioada în care artistul a extras anumite forme dintr-un context figurativ încărcat ideologic, declinându-le ulterior în diverse medii artistice – pictură, gravură, colaj. Semnificantul acesta epurat până la abstracție a migrat, la un moment dat, și spre zona artei obiectuale. *Cordonnet bien tendu* (1971) se desfășoară asemenea unui papirus, amintind de *Linea* lui Manzoni (1951),

4 Expoziția „Dispariția și reapariția imaginii: pictura americană de după 1945".

5 Regăsim această tendință în opera lui Paul Neagu, Pavel Ilie, Șerban Epure, François Pamfil, Barbu Nițescu, Ion Grigorescu, Geta Brătescu, Romul Nuțiu, Gabriel Popa, Ciprian Radovan, Luca Adalbert, Leon Vreme, Dorel Zaica, Adrian Maftei etc.

tion of spacing in his homage-paying art, transforming it into postmodern repetition. The artist never withheld the fact that the original image was not his own, that he had borrowed it from a newspaper, and that his role was to copy and multiply a representation. Bitzan did not work with reality but with a way of representing reality which, evidently, was imbued with ideology. By mechanically replicating images from the official press, Bitzan can be credited for introducing the play on the signifier without a referent in homage-paying art.

Lyrical Abstraction and Geometric Abstraction

While Soviet socialist humanism did not find a way to tolerate abstraction, Romanian official aesthetic accommodated it following a long and arduous process. Towards the late 1970s, various forms of abstract art (neosuprematism, neoconstructivism, abstract expressionism, optical and kinetic art, concrete art, etc.) were exhibited in galleries with an experimental program and critical discourse as an alternative to the Official Salons and State Exhibitions, such as Apollo, Galeria Nouă, Amfora, or Orizont. In the mid-1960s, in a period of cultural opening to the West, the Union of Visual Artists tried to bring back Romanian art into the circuit of international art. Ion Bitzan was one of the artists who enjoyed an increased mobility as a result, and was thus able to further his artistic training. He visited the great museums of the world and understood the stylistic transformations of that time.

In the early 1970s already, exercises in abstraction started to feature more prominently in Bitzan's work, reflected in the impressionist dilution of forms, the tendency to work with flat color surfaces and to do away with perspective. To these formal transformations, the elimination of the narrative or symbolic meaning, of the referent even, were added. In the 1960s, Ion Bitzan's abstract work developed along two lines: lyrical abstraction and geometric abstraction. As regards lyrical abstraction, he was influenced by Hans Hartung and Franz Kline. The disrupted surface of the painting, the elements of tachisme, gestural abstraction, and Art Informel appeared already in the works he exhibited at the São Paulo Art Biennial. The black strokes on a white background recall Kline's *Shenandoah Wall* exhibited in 1969 in Bucharest.[4] Other possible influences could be Julius Heinrich Bissier's early works, specifically the ink drawings he created from 1930 to 1960, or Pierre Soulages's gestural, spontaneous, intense painting that used thick brushstrokes.

As regards geometric abstraction, the concrete form underwent a process of abstraction in his painting. Bitzan started from figurative work aligned with the official themes – hammers, keys, water pipes, etc. – which he gradually refined until there was no recognizable meaning left. Freed from context, the elements – geometric or organic forms (curves, spirals, tubes) – evolved freely in the space of the painting. The colors are those of suprematist painting – white for the background, black and primary colors for the forms. These principles achieved their fullest expression in his series of color wood engravings created starting with 1968, which he exhibited in Cracow and Ljubljana and, in 1969, at the São Paulo Biennial. The elements allowed for visual variation, while the combinatorial capacity and seriality recalled minimalism.

Bitzan reworked the forms and colors of the wood engravings in his *Inseparabile* [Inseparable] series. This time Bitzan tried to achieve structure effects using higher quality materials such as hand-made Japanese paper. Even when working with humble materials, Bitzan managed to transfigure them, to ennoble them, through his aestheticizing approach. In addition to the tactile effect, the collages of overlapped transparent sheets, exhibited in 1969 in Edinburgh and São Paulo, achieved a *sfumato* visual effect. The elegance of the tones is reminiscent of the lyricism of Bissier's watercolors.

In the abstract phase of his art, Bitzan achieved a purity of the visual language characteristic of late modernity at its best. His preoccupation for visual values led to a gradual emptying of meaning of the figurative and an affirmation of art in its own element, as a self-sufficient, autotelic world.

Specific Objects

Ion Bitzan was a trailblazer and leader of the Romanian art object movement, which was popular with a number of young Romanian artists who experimented in the mid-1970s.[5] Bitzan first became interested in objects in 1965. Influenced by Robert Rauschenberg, he started to incorporate elements unrelated to the medium of painting, adding density and volume to the canvases.

4 The exhibition *Dispariția și reapariția imaginii: pictura americană de după 1945* [The Disappearance and Reappearance of the Image: Post-1945 American Art].

5 This tendency is identifiable in the works of Paul Neagu, Pavel Ilie, Șerban Epure, François Pamfil, Barbu Nițescu, Ion Grigorescu, Geta Brătescu, Romul Nuțiu, Gabriel Popa, Ciprian Radovan, Luca Adalbert, Leon Vreme, Dorel Zaica, Adrian Maftei, etc.

duchampiană în spirit și de *Automobile Tire Print*, colaborarea lui Robert Rauschenberg cu John Cage din 1953. Expuse la Galeria Apollo în 1969, seria *Inseparabilelor* cuprinde colaje și obiecte. Au urmat, în 1970, *Fastul lucrurilor inutile*, *Cutia cu splendori* și *Cutia magicianului*. Bitzan a construit obiecte care erau la fel de reale ca alte obiecte, rămânând, totuși, „specifice".

În cazul sculpturilor moi, din piele sau pânză - săculeți și conducte-tubulaturi -, interesul pentru formele organice și pentru calitățile tactile ale materialelor îl încadrează în tendința „antiformă", devenită faimoasă la sfârșitul deceniului șapte prin scrierile lui Robert Morris[6] și prin expoziția *When Attitudes become Form*, organizată de Harald Szeeman la Berna, în 1969. Solicitând privitorului contact fizic, lucrarea *Inseparabile-tactil* (1969) a reprezentat despărțirea lui Bitzan de minimalism și, implicit, de modernitate. În formele tubulare moi, alternând cu volume rectangulare rigide (serie expusă la Haga, în 1970) se simte influența lui William Tucker. Săculeții textili umpluți cu nisip sau pământ (1971) reprezintă forme care, sosind dintr-o etapă anterioară, nu s-au autonomizat complet de conținutul figurativ și nici de cel ideologic. Aceste lucrări sunt rezultatul unei neobișnuite contaminări între tematica umanismului socialist și postminimalism. Prin formele organice, seriale, săculeții amintesc de lucrările Evei Hesse și de *casb 1'67* a lui Barry Flanagan. Strategia de a miniaturiza obiectele și de a le amplasa în cutii trimite la Marchel Duchamp cu ale sale *boîtes-en-valise*. Asamblajul organic și haotic specific postminimalismului se manifestă în obiectele din piele și textil create la începutul anilor 1970, amintind de lucrările lui Richard Serra, *Belts* (1966-1967) și Robert Morris, *Wall Hanging* (1969-1970).

Sincronizarea cu contextul internațional și valoarea lucrărilor l-au adus în atenția criticilor de artă și a colecționarilor. Ion Bitzan a intrat în circuitul unor galerii din SUA, Germania, Franța, Marea Britanie și în colecțiile unor mari muzee. La începutul deceniului opt, artistul se bucura, deja, de capital simbolic la nivel internațional.

6 În 1968 Robert Morris a publicat în revista *Artforum* articolul „Anti Form" [reluat în Robert Morris, *Continuous project altered daily (the writings of Robert Morris)*, Cambridge Massachusetts MIT Press, New York, Solomon R. Guggenheim Museum, 1993], text prin care s-a desprins de estetica minimalistă prin rolul fundamental pe care l-a acordat materiei în determinarea formei.

Vizualitate și limbaj. Structura, semnul și jocul

Spre sfârșitul deceniului șapte se poate observa în creația lui Bitzan un efort de sistematizare a formulelor compoziționale. Tentativa nu este străină de efervescența structuralistă care se manifesta în acea perioadă în mediile intelectuale românești, seduse de acest demers anistoric, în evidentă contradicție cu modelul marxist istoricist. Ideea că orice sistem este autonom, cu reguli și operații în limitele acelui sistem, a apărut la Bitzan încă din perioada neo-suprematistă, când a combinat în diverse moduri un număr limitat de forme și culori.

Generatoarele de imagini [1972-1975] - în varianta desen și varianta tridimensională (dulăpioare din lemn, compartimentate, umplute cu ceară) - reprezintă o meditație asupra structurilor de profunzime care generează fenomene de suprafață. *Generatoarele* sunt dovada că Bitzan a explorat potențialul artei conceptuale fără să renunțe la obiectualitatea lucrărilor sale. Structurile alveolare reprezintă un suport concret, dar în același timp conțin o dimensiune virtuală, pur conceptuală, creată de ceara cu moliciuni translucide. Aceasta stimulează privitorul să proiecteze pe suprafața încă vidă de sens o nouă dimensiune vizuală. Căutarea unui *Ur-limbaj* al imaginii apropie demersul lui Bitzan de entitățile lui Horia Bernea. Ambele programe au în comun ideea de formă formantă, de imagine ca posibilitate iconică. Lui Bitzan îi lipsește, însă, fundalul metafizic. O altă posibilă conexiune culturală ar fi cu sistemele seriale, secvențiale, modulare inventate de Hanne Darboven, metaforă pentru arhitectura unui sistem de arhivare. Demersul este asemănător și cu cel al lui Sol LeWitt care, prin prezentarea unui sistem personal de permutări ale unor obiecte dintr-o serie, a sugerat numărul infinit de moduri în care realitatea s-ar putea manifesta.

Codul cromatic, elaborat de Bitzan în 1973, propune o altă cercetare asupra imaginii ca fenomen semiotic. De data aceasta artistul nu mai este interesat de mecanismul de formare a imaginilor, ci de interferențele dintre codurile vizuale și codurile lingvistice, precum și de posibilitatea interșanjabilității acestora. Culoarea nu mai este folosită doar pentru calitățile ei vizuale, ci devine citibilă prin echivalare cu un cod lingvistic. Inițial, Bitzan a alcătuit un repertoriu de semne-culoare corespunzător alfabetului latin. Ulterior, prin colaborarea cu Color Planning Center din Tokyo, artistul a reușit să traducă în culori alfabetul nipon, adăugând operei sale o dimensiune interculturală.[7] Demersul nu este unul singular. On Kawara a utilizat culoarea ca substitut pentru

7 Dan Cristian Popescu, „Laborator. Codul de culoare al lui Bitzan", în *Arta*, nr. 11/1980, p. 26.

His journey towards three-dimensional works started with him taking specific forms out of an ideologically-charged figurative context to later iterate them in a range of art media – painting, engraving, collage. This signifier stripped down to abstraction also reached the field of object art at some point. *Cordonnet bien tendu* (1971) unfolds like a papyrus, reminding of Manzoni's *Linea* (1951), Duchampian in spirit, and of Robert Rauschenberg's and John Cage's collaborative work *Automobile Tire Print* (1953). Exhibited at Bucharest's Apollo Gallery in 1969, the *Inseparabile* series included collages and objects. This was followed in 1970 by *Fastul lucrurilor inutile* [The Pomp of Useless Stuff], *Cutia cu splendori* [The Box of Splendors], and *Cutia magicianului* [The Magician's Box]. Bitzan built objects that were as real as other objects while remaining "specific".

As for his soft sculptures made of leather or fabric – sachets and pipe-tubes – his interest in organic forms and the tactile qualities of materials placed him in the "anti-form" trend, made famous in the late 1970s by Robert Morris's writings[6] and the exhibition *When Attitudes Become Form* (1969) organized by Harald Szeeman in Bern, in 1969. Requiring actual physical contact of the viewer, Bitzan's *Inseparabile-tactil* [Inseparables - tactile] (1969) marked his split with minimalism, and modernity implicitly. The soft tubular shapes alternating with rigid rectangular volumes (a series he exhibited in The Hague, in 1970) reflect some of William Tucker's influence. Coming from a previous phase, the textile sachets filled with sand or soil (1971) were forms not fully independent from both the figurative and the ideological contents. These works appear to be the uncanny result of a contamination between the themes of socialist humanism and postminimalism. With their organic, serial forms, the sachets are reminiscent of Eva Hesse's works and Barrt Flanagan's *casb 1 '67*. The strategy to shrink objects to miniature size and place them in boxes was a reference to Marchel Duchamp's *boîtes-en-valise*. The organic and random assemblage typical of postminimalism is apparent in the leather and textile objects he created in the early 1970s, reminding of Richard Serra's *Belts* (1966-1967) and Robert Morris's *Wall Hanging* (1969-1970).

The synchronization with the international scene and the value of his works earned him the attention of art critics and collectors. After entering the circuit of galleries in the US, Germany, France, or the UK and the collections of important museums, in the early 1980s, Ion Bitzan had already acquired international symbolic capital.

The Visual and Language: Structure, Sign, and Play

Towards the end of the 1970s, an effort to systematize compositional formulas transpires in Bitzan's work. This endeavor can be indeed traced back to the structuralist effervescence at work during that time in the milieus of Romanian intellectuals, seduced by the structuralist ahistorical approach in stark opposition with the historicist model of Marxism. The notion that every system is self-sufficient, with its own rules and operations within the limits of that system, can be observed in Bitzan's works as early as his neo-suprematist phase, when he worked with combinations of a limited number of forms and colors.

Generatoarele de imagini [Image Generators] [1972–1975] – both the drawings and the three-dimensional version consisting of small wooden cabinets, with compartments, filled with wax – can be seen as a meditation on the deep structures that generate surface phenomena. The *Generators* show that Bitzan explored the potential of conceptual art without foregoing the objectual nature of his works. The alveolar structures are a physical support but at the same time have a virtual, purely conceptual dimension to them, the result of the wax's translucent softness. This incites the viewer to project a new visual dimension on the surface so far devoid of meaning. Bitzan's search for an *ur-language* of the image resembles Horia Bernea's approach in creating his entities. The two programs share the notion of a forming form and of the image as iconic possibility. But Bitzan lacks Bernea's metaphysical background. Another possible cultural connection can be established with Hanne Darboven's serial, sequential, modular systems as metaphor for the architecture of an archiving system. Bitzan's endeavor also resembles Sol LeWitt's personal system of permutations of objects in a series to suggest the infinite number of manifestations reality can have.

The color code produced by Bitzan in 1973 proposed another type of inquiry into the image as semiotic phenomenon. No longer interested in how images are formed, the artist looked at the interferences between the visual and the linguistic codes, as well as their interchangeability. No longer used exclusively for its visual qualities, the color thus became legible through equivalence with a linguistic code. Bitzan started with a sign-color repertoire corresponding to the Latin alphabet and later, during his collaboration with Tokyo's Color Planning Center, translated the Japanese alphabet into colors

6 In 1968, Robert Morris published in *Artforum* his article "Anti Form" [republished in Robert Morris, *Continuous Project Altered Daily: The Writings of Robert Morris* (Cambridge, Massachusetts: MIT Press, 1993)], in which he was distancing himself from the minimalist aesthetic through the key role that he attributed to matter in determining the form.

simboluri lingvstice. Echivalând coduri vizuale și lingvistice sau folosind modelul operațiilor lingvistice pentru a defini imaginea ca posibilitate iconică, Bitzan a produs la începutul anilor 1970 cele mai conceptuale lucrări din întreaga sa carieră. În același timp, renunțarea la mimesis în favoarea meditației asupra codului și accentul pus pe semnificant în detrimentul semnificatului anticipează intrarea artistului în epistema postmodernă. Mutația este confirmată și de seria de manuscrise la care a început să lucreze în aceeași perioadă – un adevărat turn al lui Babel. Artistul a fost atent și la materialitatea manuscriselor sale, frumoase și intrigante ca obiecte.

Cu mici excepții, Bitzan a evitat încorporarea conținutului lingvistic în lucrările sale. Cu toate acestea, a utilizat elementele formale ale limbajului pentru a crea o nouă formă de artă conceptuală, prin care s-a desprins, încă o dată, de minimalism. Seria de manuscrise pare să fie un ecou al experimentelor letriste, al metagrafiilor și hipergrafiilor inventate de Isidore Isou. Este posibil să fi fost tentat, la fel ca Michaux, Miró, Kline, Soulages, Bissier, Tobey sau Klee, și de misterul criptogramelor. Însă în mod evident, nu a fost influențat de experiențele tipografice dadaiste. Lui Bitzan i-a lipsit subversiunea dadaistă, căutarea non sensului, a ironiei și a transgresiunii de dragul transgresiunii. Nu a fost tentat de distrugerea limbajului, ci, mai degrabă, de reproducerea acestuia într-o ordine secundă, care să conducă la ratarea sensului. Pentru că, deși manuscrisele sunt indescifrabile, Bitzan s-a apropiat de condiția scriiturii: ductul are o anumită expresivitate recognoscibilă cultural, seamănă cu aspectul formal al unor alfabete. Artistul a încorporat în manuscrisele sale, într-un mod sofisticat și rafinat, o mulțime de referințe culturale. Unele lucrări au aspect de palimpsest. Textul este șters, obliterat, parțial acoperit, tăiat, pus *sous rature*. Este „o scenă a scriiturii culturale" care face vizibilă pe deplin postmodernitatea lui Bitzan. În următorul deceniu, climatul intelectual din România a permis acomodarea unor modele culturale alimentate de textualism, o manifestare reprezentativă pentru noua sensibilitate artistică fiind expoziția *Scrierea*[8].

Din a doua jumătate a anilor 1970 o nouă ordine pare să guverneze universul operei lui Bitzan, împlinind acel spirit al curiozității pe care îl arătase încă de la începutul carierei. Rezultatul este un cabinet de curiozități postmodern, prin care artistul a dovedit, încă o dată, extraordinara capacitate de a se sincroniza cu spiritul timpului.

8 Expoziția a fost organizată de Wanda Mihuleac și Mihai Drișcu la Institutul de Arhitectură din București în iunie 1980.

Curiosul postmodern

Camere delle meraviglie, studioli, grotte, cabinets d'art et de merveilles, Kunst- und Wunderkammern s-au răspândit în întreaga Europă începând din a doua jumătate a secolului al XVI-lea. Cuprindeau *artificialia/mirabilia* (antichități, opere de artă, instrumente muzicale, arme, manuscrise), *naturalia* (elemente ale regnului mineral, animal sau vegetal), *scientifica* (instrumente științifice, automate) și *exotica* (plante și animale exotice, obiecte etnografice). Dincolo de valorile, gusturile și personalitatea colecționarului, aceste cabinete reflectau proiectul enciclopedic al Renașterii, o cultură sincretică, savantă, care nu separa gândirea magică de gândirea științifică. Sistemul conceptual al Renașterii a implicat legătura organică între semn și referent, între cuvinte și lucruri, imaginând universul ca o sumă de elemente prinse într-o rețea de corespondențe, similitudini, analogii.[9] Diversitatea era reunită, astfel, sub umbrela Identității absolute. Curiozitatea[10] îi îndemna pe colecționari să vadă și să aibă obiecte rare, noi, care să reprezinte principalele categorii de ființe și de lucruri și care, întreținând un raport privilegiat cu Întregul, prin sistemul corespondențelor, să le permită reconstrucția lumii în miniatură.

Din a doua jumătate a secolului al XVII-lea, odată cu revoluția științifică, rațiunea s-a separat de imaginație, știința a renunțat la miraculos, asemănarea a dispărut ca fundament al vreunei ordini posibile. Cunoașterea s-a fragmentat, iar cabinetul de minuni a fost înlocuit de un nou dispozitiv intelectual, care propunea o inventariere și o clasificare sistematică a lumii. Colecțiile s-au specializat, au apărut muzeul de istorie naturală, muzeul de artă, colecția etnografică.

Cabinetul de minuni nu mai putea să existe ca act de cunoaștere, dar și-a perpetuat existența ca experiență estetică. Evacuate din zona științifică, misterul, bizareria, ludicul, gândirea magică au reapărut în obiectele și asamblajele suprarealiste, care, prin juxtapunerea de elemente în combinații noi, neobișnuite, creau legături poetice între categorii de obiecte care în mod normal nu aveau nimic de-a face unele cu altele. Regăsim spiritul cabinetului de minuni în atelierul lui Breton, în colecția lui Picasso, în muzeul personal *boîte-en-valise* al lui Duchamp, în muzeul sentimental al lui Daniel Spoerri și în numeroase alte muzee de artist – Joseph Cornell, Robert Rauschenberg, Claes Oldenburg, Marcel Broodthaers, Herbert Distel.

9 Michal Foucault prezintă epistema Renașterii în capitolul „La prose du monde" din lucrarea *Les Mots et les Choses. Une archéologie des sciences humaines*, Paris, Gallimard, [1966] 1990.

10 Krysztof Pomian descrie această cultură a curiozității în *Collectionneurs, amateurs et curieux: Paris, Venise: XVIe-XVIIIe siècle*, Paris, Gallimard, 1987.

too, adding an intercultural aspect to his work.[7] He was not the only one to do it. On Kawara used color as substitute for language signs. In the early 1970s, Bitzan's use of visual codes for linguistic ones or of language operations to define image as iconic possibility produced the most conceptual works in his entire career. At the same time, his replacing mimesis with meditation on the code and his emphasizing the signifier to the detriment of the signified anticipated the artist's introduction in the postmodern episteme. The shift is confirmed by the series of manuscripts that he started working on around the same time – a genuine Tower of Babel. Bitzan did not overlook the materiality of his manuscripts either, creating beautiful and intriguing objects.

With very few exceptions, Bitzan kept from incorporating linguistic content into his works. Yet, he employed formal elements of language to create a new form of conceptual art that pushed him once more away from minimalism. The series of manuscripts is to an extent an echo of Lettrist experiments, of Isidore Isou's metagraphy and hypergraphy. Like Michaux, Miró, Kline, Soulages, Bissier, Tobey, or Klee, Bitzan might have been tempted by the mystery of cryptograms. He was however not influenced by the Dadaist typographic experiments; he lacked the Dadaist taste for subversion, the search for nonsense, for irony and transgression for the sake of transgression. He had no inclination towards destroying language preferring instead to reproduce it in a secondary order, aiming for a failure of meaning. For, illegible as they are, Bitzan's manuscripts resemble writing: the ductus has a certain culturally recognizable expressivity; its form resembles that of some alphabet(s). With sophistication and refinement, the artist integrated a multitude of cultural references in his manuscripts. Some of the works look like palimpsests. The text is erased, obliterated, partially covered, crossed out, or placed *sous rature*. This is a "scene of cultural writing" that makes Bitzan's postmodernity evident. Over the next decade, the Romanian intellectual climate allowed for the accommodation of cultural models inspired by textualism – an illustration of this new artistic sensitivity being the exhibition *Scrierea* [Writing].[8]

After 1975, a new order seems to govern the world of Bitzan's oeuvre, a culmination of that spirit of curiosity present ever since the beginning of his career. The result is a postmodern cabinet of curiosities that proved once more the artist's remarkable ability to be in synch with the spirit of his time.

Postmodern Curiosity

Camere delle meraviglie, studioli, grotte, cabinets d'art et de merveilles, Kunst- und Wunderkammern spread all over Europe starting with the second half of the sixteenth century. They were made up of several sections: *artificialia/mirabilia* (antiques, artworks, music instruments, weapons, manuscripts); *naturalia* (samples of the mineral, animal and plant kingdoms); *scientific* (science instruments, automatons); and *exotica* (exotic plants and animals, ethnographic objects). More than the collector's values, taste, and personality, the cabinets reflected the encyclopedic project of the Renaissance, a syncretic, scholarly culture that did not separate magical thinking from scientific thinking.[9] Built into the Renaissance conceptual system was the organic link between sign and referent, words and things, as it imagined the universe as the sum of elements caught in a web of correspondences, similarities, or analogies. Diversity was thus held together under the umbrella of ultimate Oneness. Curiosity[10] urged collectors to see and acquire rare, novel objects that represented the main categories of beings and things and that, through their privileged relation to the Whole via the system of correspondences, would allow for a miniature reconstruction of the world.

Starting from the end of the seventeenth century, with the rise of the Scientific Revolution, reason was split from the imagination, science abandoned the miraculous, and likeness was no longer perceived as the foundation of any possible order. Knowledge became fragmented, and the cabinet of curiosities was replaced by a new intellectual device that proposed a systematic inventory and classification of the world. Collections became specialized; this marked the advent of the natural history museum, the art museum, the ethnographic collection, etc.

The Wunderkammer could no longer function as an act of knowledge, instead it was perpetuated as an aesthetic experience. Driven out of the field of the sciences, the mysterious, the bizarre, the ludic, the magical thinking resurfaced in the surrealist objects and assemblages, which, through juxtaposing elements in new, unusual combinations, created poetic links between categories of objects that would otherwise have nothing in common. The spirit of the cabinet of curiosities is present in Breton's studio, Piccaso's

7 Dan Cristian Popescu, "Laborator. Codul de culoare al lui Bitzan" [Laboratory. Bitzan's Color Code], *Arta*, no. 11 (1980): 26.

8 The exhibition was organized by Wanda Mihuleac and Mihai Drișcu at Bucharest's Institute of Architecture in June 1980.

9 Michel Foucault presents the episteme of Renaissance in his chapter "La prose du monde," in *Les mots et les choses. Une archéologie des sciences humaines* (Paris: Gallimard, [1966] 1990).

10 Krysztof Pomian describes this culture of the curiosity in his *Collectionneurs, amateurs et curieux: Paris, Venise: XVIe-XVIIIe siècle* (Paris:Gallimard, 1987).

În anii 1980, după decenii de minimalism, în artă a revenit gustul pentru eteroclit și insolit, postmodernitatea anunțându-se ca o nouă cultură a curiozității. Au apărut spații de expunere gândite și configurate în maniera cabinetului de minuni renascentist: proiectul *Wunderkammer* al Adalgisei Lugli, prezentat la ediția din 1986 a Bienalei de la Veneția[11] a stabilit conexiuni între Renașterea târzie și avangarde; *Magiciens de la Terre* (Paris, 1989), expoziția lui Jean-Hubert Martin, a articulat artele occidentale și non-occidentale; proiectul Château d'Oiron (1993) al aceluiași Martin, a prezentat lucrări de artă contemporană în maniera cabinetului de curiozități. Relația dintre arta contemporană și *meraviglia* a devenit subiect de studiu pentru numeroși teoreticieni.[12] Sophie Calle, Miquel Barceló, Jake și Dino Chapman, Damien Hirst, Thomas Grünfeld, Jérôme Fortin, Claudie Gagnon și alți artiști au valorificat în opera lor moștenirea cabinetului de curiozități. Foarte cunoscut este Mark Dion, autorul unor instalații complexe, piese hibride inspirate atât din *Wunderkammern*, cât și din laboratoarele științifice.

Deși spiritul curiozității și tentația enciclopediei par transistorice, există o diferență esențială între cabinetele de minuni renascentiste și experimentele similare postmoderne: în cazul celor din urmă totalitatea nu se mai construiește prin asemănare, ci prin diferență absolută. Enciclopedia postmodernă este una borgesiană, proclamând asintaxia și absența oricărui sens totalizator. Neo-barocul contemporan este precum universul lui Don Quijote, expunând în negativ lumea Renașterii: asemănările și semnele există, dar nu mai împlinesc așteptările. Cosmosul renascentist și-a pierdut sensul, există doar ca literatură. Postmodernii mimează într-o repetiție cu diferență cabinetul de curiozități, în alcătuirea sa eteroclită, aleatorie, stranie, numai că sensul nu mai este cunoașterea, ci gratuitatea jocului, plăcerea estetică.

Ion Bitzan avea toate datele pentru a se înscrie cu succes în această nouă paradigmă culturală. Era în natura cameleonică a acestui artist ca *meraviglia* să i se potrivească mai mult decât minimalismul. În plus, cultura obiectului din perioada postminimalistă și acumulările culturale, rezultat al efortului de formare personală, îl pregătiseră pentru noul tip de estetică. Începând din a doua jumătate a anilor 1970 în atelierul său au început să se acumuleze manuscrise, cărți cu desene tehnice, lexicoane, hărți, insectare, bocaluri, instrumentar științific, fosile, ierbare, artistul dovedind același interes pentru bizar, miraculos, ludic și aceeași capacitate combinatorie ca proprietarii de *Wunderkammern*.

Bitzan s-a numărat printre artiștii români care au creat cărți-obiect[13] – prețioase, decorate, dar și calcinate, după modelul Anselm Kiefer. După bibliocidul de la Revoluție, artistul a fost obsedat de metafora cărții arse și a bibliotecii distruse.[14] *Insectarele* au continuat organic o etapă anterioară a operei. Având o structură serială, similară cu cea a *Generatoarelor*, par o resemantizare a acestora. Pe de altă parte, seamănă cu planșele entomologice din proto-muzeele de istorie naturală din Renașterea târzie. La fel ca acestea, mimează o taxonomie științifică. Nu conțin insecte, ci semne vizuale. Referințele din arta contemporană sunt *Desenele mescalinicene* (1959) de Henri Michaux, un fel de bestiar aflat la limita dintre semn lingvistic și semn pictural și *Pirografiile* (anii 1960) lui Henk Peeters, realizate prin afumarea și arderea hârtiei. Interesat de natura iconică a semnului vizual, dar nu ca legătură organică între semn și referent, ci ca *trompe-l'oeil*, Bitzan a arătat în mod clar că intenția sa nu a fost aceea de a colecționa natura, ci reprezentările culturale ale acesteia.

În propria lume artistică, în care era botanist, entomolog sau cartograf, Bitzan a introdus erosul, folosind geografia imaginară a portulanului într-o interpretare postmodernă a Bibliei. *Harta continentelor* (1993) o transformă pe frumoasa Sulamita în trup cercetat la nivelul epidermei, iar *Harta mâinilor* (1990) trasează zonele tradiționale de lectură a destinului. *Mirabilia* apar în instalații precum *Peștele din Leșnic* (1995), animal compozit având un corespondent contemporan în seria *Misfits*-ii a lui Thomas Grünfeld. Corpul anatomizat apare în instalația *Separanda* [1996] și în asamblajele din seria *Omagiu lui Max Ernst*. În 1991, plănuind să deschidă o

11 *XLII esposizione internazionale d'arte, la Biennale di Venezia: arte e scienza: general catalogue*, 1986.

12 Julie Belisle, „Du merveilleux, de l'insolite, de la contemplation: la résurgence de l'intérêt pour le cabinet de curiosités", *ETC*, nr. 86, 2009, pp.14-19; Christine Davenne, *Modernité du cabinet de curiosités*, Paris, L'Harmattan, 2004; Marion Endt, „Reopening the Cabinet of Curiosities: Nature and the Marvellous in Surrealism and Contemporary Art", University of Manchester, 2008; Adalgisa Lugli, *Naturalia et Mirabilia: il collezionismo enciclopedico nelle Wunderkammern d'Europa*, Milano, Gabriele Mazzotta, 1983; Jean-Hubert Martin, *Le Château d'Oiron et son cabinet de curiosités*, Paris, Ed. du Patrimoine, 2000;, Aurélie Michel, „Formes de cabinets de curiosités dans les productions contemporaines, questionner le temps de la collection", *Proteus*, nr. 11, septembre 2016, pp.73-80; Alizée de Vanssay, *Le cabinet de curiosités dans l'art contemporain, un renouvellement poétique de la fiction*, Faculté de philosophie, arts et lettres, Université catholique de Louvain, 2020.

13 O secțiune de la „documenta 6" (Kassel, 1977) a fost dedicată cărților-obiect, acestea devenind ulterior extrem de populare în România. La Muzeul Colecțiilor de Artă din București a fost organizată în 1991 expoziția „cARTe", expoziție-sinteză de carte-obiect, printre participanți numărându-se Ion Bitzan, Wanda Mihuleac, Decebal Scriba, Marin Gherasim, Alexandru Chira, Dan Perjovschi, Dan Mihălțianu, Ion Stendl, Paula Ribariu, Valeriu Oișteanu, Carmen Paiu, Geta Brătescu, Valeriu Mladin, Doina Simionescu, Roxana Trestioreanu, Nistor Coita, Ștefan Câlția, Ion Grigorescu, Octav Grigorescu, Gina Hora, Titu Toncian, Sorin Vreme etc.

14 Vezi Aurelia Mocanu, „Cartea-Obiect: reacția la bibliocid (The Object-Book: Reaction to Bibliocide)", în *Arta*, nr. 5/1991, p. 17.

collection, Duchamp's personal *boîte-en-valise* museum, Daniel Spoerri's sentimental museum, and in many artist's museums – Joseph Cornell, Robert Rauschenberg, Claes Oldenburg, Marcel Broodthaers, or Herbert Distel.

In the 1980s, after decades of minimalism, the taste for the heteroclite and the novelty made a comeback in art, and postmodernity was heralded as a new culture of curiosity. Exhibition spaces designed and laid out as Renaissance cabinets of curiosities appeared – Adalgisa Lugli's *Wunderkammer* project, showed at the 1986 Venice Biennale[11], established connections between late Renaissance and the avant-gardes; Jean-Hubert Martin's 1989 Paris exhibition *Magiciens de la Terre* articulated Western arts with non-Western arts; the *Château d'Oiron* (1993) project by the same Martin showed contemporary artworks in the manner of a cabinet of curiosities. The relationship between contemporary art and *meraviglia* was researched by many scholars.[12] Sophie Calle, Miquel Barceló, Jake and Dino Chapman, Damien Hirst, Thomas Grünfeld, Jérôme Fortin, Claudie Gagnon, and many other artists took up the heritage of the cabinet of curiosities in their works. Among them, Mark Dion is very well-known for his complex installations, hybrid pieces inspired by both Wunderkammern and science laboratories.

Although the spirit of curiosity and the encyclopedic temptation might seem transhistorical, there is an essential difference between Renaissance cabinets of curiosities and similar postmodern experiments: the latter, as opposed to the former, built totality out of absolute difference instead of similarity. The postmodern encyclopedia is Borgesian, as it claims asyntaxia and the lack of any totalizing meaning. Contemporary neo-Baroque resembles Don Quixote's world, as it exposes a negative of the Renaissance world; the correspondence and the signs are there but they no longer meet the expectations. The Renaissance cosmos has lost its meaning, it exists only as literature. The postmodern artists mimic the cabinet of curiosities with its heteroclite, random, uncanny composition, but this is a repetition with a difference – the aim is no longer knowledge, but the gratuitous play and aesthetic pleasure.

Ion Bitzan had all the data to successfully embrace this new cultural paradigm. *Meraviglia* were a better match for his chameleonic personality than minimalism. Moreover, the culture of the object from his postminimalist phase and the cultural accumulations, the result of his efforts to improve his training, had prepared him for a new type of aesthetic. After 1975, he began amassing manuscripts, technical drawing books, lexicons, maps, insect collections, glass jars, scientific instruments, fossils, and plant collections in his studio, proving an interest in the bizarre, the miraculous, and the ludic and combinatorial capacity similar to those of the old Wunderkammern owners.

Bitzan was one of the Romanian artists who created book-objects[13] – valuable, ornamented, as well as burnt à la Anselm Kiefer. After the bibliocide that occurred during the 1989 Revolution, the artist became obsessed with the metaphor of burning books and libraries.[14] *Insectare* [Insect Collections] were the natural continuation of a previous phase in his work. With their serial structure, reminding of his *Generatoare* series, they could be seen as giving a new meaning to the earlier series. On the other hand, they resemble the entomological exhibits in the proto-museums of natural history of the late Renaissance – like the latter, they mimic scientific taxonomy. They contain visual signs, not insects. The references to contemporary art are Henri Michaux's *Dessins mescaliniens* (1959) and Henk Peeters's *Pyrographics* (1960s) created by smoking and burning the paper. Interested in the iconic nature of the visual sign – not as organic relation between the sign and the referent but as *trompe-l'œil* – Bitzan showed clearly that his intention was not to collect nature but to collect its cultural representations instead.

In his artistic world, where he was a botanist, entomologist, or cartographer, Bitzan introduced Eros, using the imaginary

11 *XLII Esposizione Internazionale d'Arte, la Biennale di Venezia: Arte e Scienza: General Catalogue*, 1986.

12 Julie Belisle, "Du merveilleux, de l'insolite, de la contemplation: la résurgence de l'intérêt pour le cabinet de curiosités", *ETC*, no. 86 (2009): 14–19; Christine Davenne, *Modernité du cabinet de curiosités* (Paris: L'Harmattan, 2004); Marion Endt, "Reopening the Cabinet of Curiosities: Nature and the Marvelous in Surrealism and Contemporary Art" (PhD diss., University of Manchester, 2008); Adalgisa Lugli, *Naturalia et Mirabilia: il collezionismo enciclopedico nelle Wunderkammern d'Europa* (Milan: Gabriele Mazzotta, 1983); Jean-Hubert Martin, *Le Château d'Oiron et son cabinet de curiosités* (Paris: Ed. du Patrimoine, 2000); Aurélie Michel, "Formes de cabinets de curiosités dans les productions contemporaines, questionner le temps de la collection", *Proteus*, no. 11 (Sept. 2016): 73–80; Alizée de Vanssay, *Le cabinet de curiosités dans l'art contemporain, un renouvellement poétique de la fiction* (Faculté de philosophie, arts et lettres, Université catholique de Louvain, 2020).

13 A section of "documenta 6" (Kassel, 1977) was dedicated to book-objects, which subsequently became very popular in Romania. Bucharest's Museum of Art Collections organized an exhibition focusing on book-objects that featured artists such as Ion Bitzan, Wanda Mihuleac, Decebal Scriba, Marin Gherasim, Alexandru Chira, Dan Perjovschi, Dan Mihălțianu, Ion Stendl, Paula Ribariu, Valeriu Oișteanu, Carmen Paiu, Geta Brătescu, Valeriu Mladin, Doina Simionescu, Roxana Trestioreanu, Nistor Coita, Ștefan Câlția, Ion Grigorescu, Octav Grigorescu, Gina Hora, Titu Toncian, Sorin Vreme, etc.

14 See Aurelia Mocanu, "Cartea-Obiect: reacția la bibliocid [The Object-Book: Reaction to Bibliocide]", *Arta*, no. 5 (1991): 17.

expoziție cu ocazia centenarului Max Ernst, Bitzan a transpus în tridimensional romanele-colaj ale acestuia. Degetele străpunse din *Ubu Roi* (1991) sunt un comentariu la *Oedipus Rex* (1934), iar *Piciorul cu valiză* (1992) apare în *La Femme 100 têtes* (1929). Asamblajele sunt citate culturale, suprarealismul lui Bitzan fiind unul de grad secund.

În opera lui Bitzan, referentul este problematic. Cărțile sunt simple carcase, hărțile sunt portulane, insectarele au o natură pictografică. Bitzan citează ordinea vizuală a cabinetului de minuni, fără pretenția de a pune în scenă un mod de acumulare a cunoașterii. Citează doar urmele unei paradigme culturale de mult apuse din care a rămas doar forma, semnificantul. Încă de la începutul carierei a acumulat nenumărate coduri culturale într-o încercare de realizare a totalității.
În mod firesc, maturitatea artistică l-a condus către experiment textualist cu caracter livresc. Instalațiile conțin referințe biblice, mitologice, filozofice sau aluzii la experimente suprarealiste și dadaiste. Ca orice postmodern, Bitzan are plăcerea textului vizual nesfârșit, fiind interesat de citat, de intertextualitate, de dialogism. Arta sa nu mai are ca referent lumea, ci se oglindește pe sine, în procesul propriei plăsmuiri, dezvoltându-se într-un spațiu de pură ficțiune.

Spirit proteic, artistul și-a traversat epoca absorbind tot ceea ce îi era contemporan, distilând prin propria personalitate toate experiențele estetice întâlnite și reinventându-se ca nimeni altul. A epuizat codurile culturale – trecute sau contemporane – reușind să le integreze și să le bruieze într-o manieră absolut personală. A asimilat lecția avangardelor și neo-avangardelor, a avut disponibilitate pentru tehnicile hibride și pentru experiment, a fost autentic în propria scriitură vizuală, prolifică, polimorfă, împlinindu-se cu adevărat în postmodernism.

geography of the portolan charts in a postmodern reading of the Bible. In *Harta continentelor* [Map of the Continents] (1993), beautiful Shulammite became a body investigated at the level of the epidermis, while *Harta mâinilor* [Map of the Hands] (1990) drew the traditional areas of reading destiny. *Mirabilia* were featured in installations such as *Peștele din Leșnic* [The Leșnic Fish] (1995) – a composite animal with a contemporary correspondent in Thomas Grünfeld's *Misfits* series. The dissected body appeared in his installation *Separanda* [1996] and his assemblages in the *Omagiu lui Max Ernst* [Homage to Max Ernst] series. In 1991, planning to open an exhibition on Ernst's centenary, Bitzan made three-dimensional transpositions of Ernst's collage books. The pierced fingers in Bitzan's *Ubu Roi* (1991) are a commentary on Ernst's *Oedipus Rex* (1934), while *Piciorul cu valiză* [Leg with Suitcase] (1992) appeared in *La Femme 100 têtes* (1929). The assemblages are cultural quotations, just like Bitzan's surrealism is ironic.

In his work, it is the referent that appears to be problematic. The books are mere frames, the maps are portolan charts, and the insect collections have something pictographic about them. Bitzan references the visual order of the cabinet of curiosities, without however pretending to offer a model for knowledge accumulation. He only references the traces of a long-gone cultural paradigm, of which only the form, the signifier, is left. Ever since the early days of his career, he accumulated a multitude of cultural codes in an attempt to achieve totality. Naturally, artistic maturity led him to textualist experimentations, with a focus on books. His installations include biblical, mythological, or philosophical references or hints to surrealist and Dadaist experiments. Like any postmodern, Bitzan enjoys the endless visual texts, as he is interested in referencing, intertextuality, and dialogism. His art no longer takes the world as its referent, instead it mirrors itself, in the process of its own making, unfolding in a purely fictional space.

A Protean spirit, Bitzan lived through his epoch absorbing everything contemporary with him, using his own personality to distill the aesthetic experiences he came across, and reinventing himself like no other artist before him. He exhausted cultural codes – whether past or present – succeeding to integrate and interfere with them in a completely personal manner. He internalized the lesson of the avant-gardes and neo-avant-gardes, he was open to hybrid techniques and experiments, and he was true to his own visual, prolific, polymorph writing, finding true fulfillment in postmodernism.

Dincoace de lumea alternativă a modernismului socialist

Experiment, cercetare și estetică socială în arta lui Ion Bitzan

Beyond the Alternative World of Socialist Modernism

Experiment, Research and Social Aesthetics in the Art of Ion Bitzan

Cătălin Gheorghe

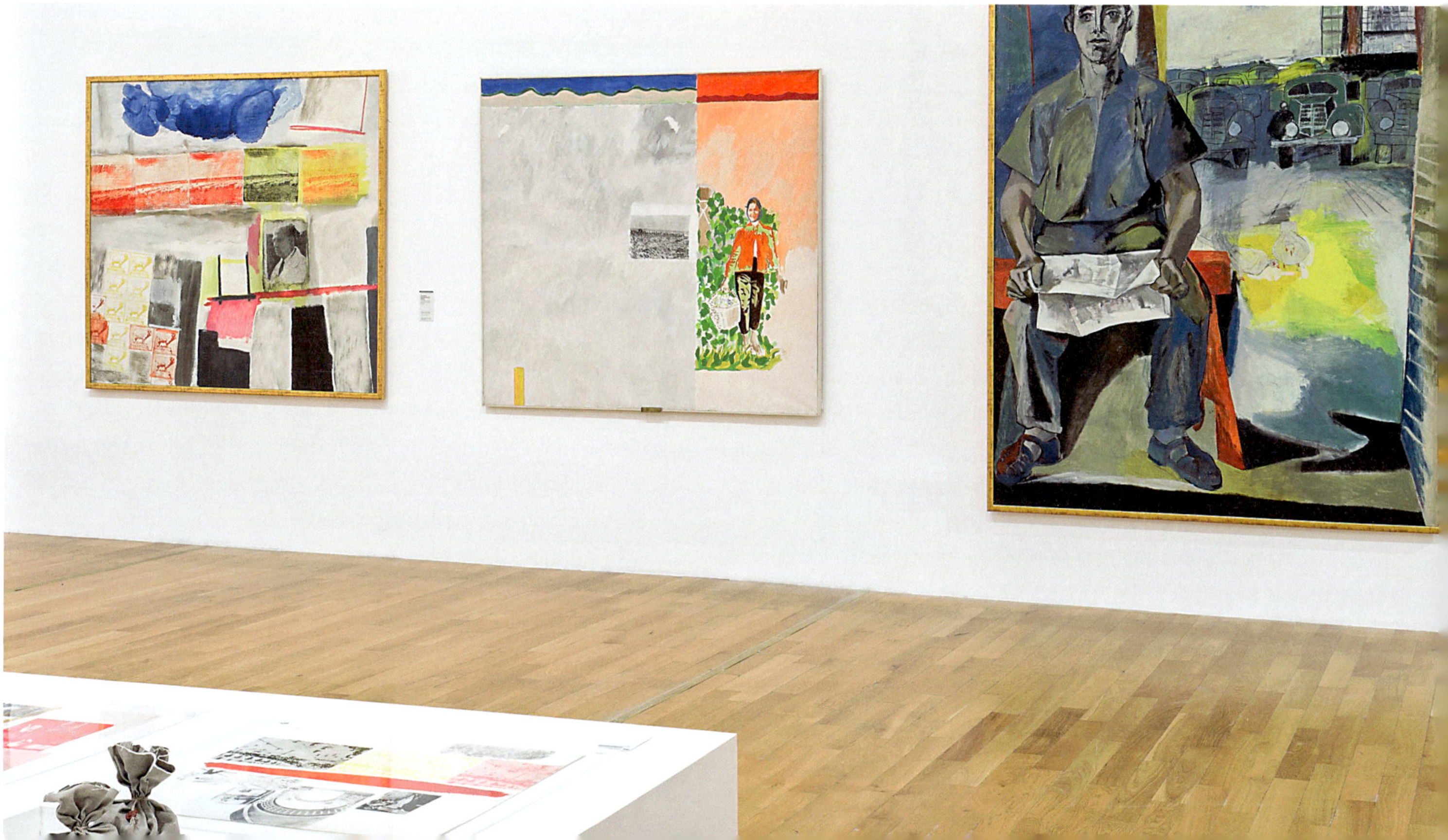

O premisă comună asumată în abordările contextuale și teoretice ale interpretării corpului de lucrări realizate de un artist, dintr-o perspectivă a istoriei critice, este aceea că nu ar mai fi cazul ca o instituție să fie aceea care decide, prin verificări documentare și confirmări factuale, configurarea conținutului unei istorii oficiale (a artei), ci că această funcție ar putea să fi fost substituită de istorici ai artei sau curatori independenți care ar putea scrie o istorie alternativă a artei utilizând metodologii tactice de a reconsidera interpretările care ar avea tendința de a închide cazul studierii operei unui artist într-un dosar clasificat. Pare a fi adevărat, într-o epocă a isteriei proliferării știrilor false, faptul că discursul istoriei artei nu se mai bazează într-un mod strict pe testarea încrucișată a faptelor și pe elaborarea piramidală a interpretărilor, ci și pe negocierea tensiunilor dintre autoritatea socială a unei instituții și poziția politică a unui istoric al artei sau curator care ar vrea să contribuie la remiterea unor noi înțelegeri ale istoriei sociale și politice, precum și a unor considerații estetice și critice.

Cu toate acestea, odată ce noua muzeologie ajunge să țină cont de deschiderea unei conversații compoziționiste, analizând diferite instanțe ale lecturărilor re-desenării grafurilor care ilustrează tendințele, contaminările și evenimentele de fugă „întâmplate" în istoria artei, atunci putem reconsidera tensiunea conflictuală dintre misiunea instituțională și reziliența unui individ ori a unei comunități opoziționale prin proiectarea unui travaliu de identificare a unor interese comune. Într-un context în care majoritatea expozițiilor care prezintă „figuri istorice" ale artei din ultimul secol din România încearcă să sugereze un gen de lectură istorică care privilegiază valorizarea calităților comerciale ale lucrărilor artiștilor, apare cu certitudine nevoia gândirii și realizării expozițiilor care ar fi mai curând preocupate de reflecția asupra întâlnirilor sociale și conceptuale decât de potențarea intereselor economice de a vinde lucrări la cea mai bună valoare speculativă a lor.

Expoziția *Prizonierii avangardei. O retrospectivă Ion Bitzan*, curatoriată de Călin Dan la Muzeul Național de Artă Contemporană din București, în perioada 23 noiembrie 2017 – 27 mai 2018, a prezentat o constelație de experiențe idiosincrasice generate de diversitatea expresiilor estetice, a formațiunilor cunoașterii și reprezentărilor sociale. Din perspectiva experienței publicului, poate s-au manifestat o serie de contrarieri – de resentimente politice și anxietăți estetice –, nu neapărat indignări, dar, probabil, și o serie de condensări de semnificații, aparent ca într-un proces de (auto)învățare. Evidentele reprezentări figurative ale unor scene și portrete ilustrative pentru descrierea vizuală și ideologică a perioadei socialiste din România erau contra-punctate de expresii abstracte ale unui tip de realitate atât de renegată în discursul doctrinar post-comunist.

Pentru mulți, ar fi considerată forțată explicarea reprezentării de către Ion Bitzan, în formatul unor abstracțiuni, a unor unelte utilizate în fabrici, uzine și combinate, a unor elemente infrastructurale utilizate pe șantierele muncitorești, a unor instrumente folosite în laboratoarele institutelor de cercetare. În compozițiile abstracte ale lui Ion Bitzan se pot, totuși, decoda formele unui ciocan, sau ale unui strung, ori ale unui cap de șurub, ori ale unui burghiu, precum și fragmente de fibră, cabluri electrice, conectori, magneți și instrumente de cercetare utilizate în lumea laboratoarelor științifice. Piesele industriale și cele de laborator formează un limbaj care descrie momentul critic al producției și cercetării în fabricile și institutele tehnologice care au construit realitatea brută în vremuri de reconsiderare a relațiilor sociale și a modurilor de existență.

Unele dintre lucrările lui Ion Bitzan ar putea fi văzute și ca dispozitive care ar declanșa formațiuni ale cunoașterii, atât din perspectiva unei organizări raționale controlate a spațiului, pe baza unor studii ale percepției, cât și din perspectiva unui joc irațional automat de afecte care ar instiga experiențe emoționale și curiozități optice. Fiind interesat de reprezentarea unor sisteme de organizare a cunoașterii și abordând diferite forme de investigare și mediere ale cunoașterii enciclopedice (făcând aluzie la filosofiile lui Umberto Eco și Jorge Louis Borges), Ion Bitzan a imaginat laboratoare în care sunt concepute ierbare, insectare și bestiare, cabinete cu hărți, biblioteci cu documente și cărți vechi. Din acest motiv, el pare să fie în total acord cu aventura postmodernistă de a inventa o enciclopedizare fără intenția unei sistematizări, ci doar în interesul unei explorări. În practica sa estetică expresivistă și cognitivistă, Ion Bitzan a generat imagini făcând uz de semne grafice, liniarități, condensări, secvențe statice specifice peliculei de film, tehnici de *close-in* și *close-up*, percepții ale ciclurilor zi-noapte, crochiuri de peisaje, urme, frecvențe, contraste formale, elemente geometrice și elemente organice. La rândul lor, reprezentările sociale ale muncii, pe șantierele de construcții, în industrie, în agricultură, în laboratoarele științifice, în biblioteci, sunt corelate cu puterea progresistă a artistului interesat de funcțiile emancipatoare ale explorărilor geografice, incursiunilor istorice, studiilor anatomice, desenelor tehnice, cercetărilor în științele naturale, în mecanică, în lumea cristalelor și a minereurilor, în arta prelucrării manuale a hârtiei și a realizării codurilor cromatice, sau în arta scrierii grafice (experimentale, automate, indescifrabile), similară uneori partiturilor muzicale șterse.

One common premise of contextual and theoretical approaches to interpreting the body of works created by an artist from the standpoint of critical history claims that it is no longer useful for an institution to decide, by documentary verifications and fact checks, on the content configuration of an official (art) history, as this function might have been superseded by independent art historians or curators who may write an alternative art history using tactical methodologies of reconsidering the interpretations which would have the tendency to close the case of studying an artist's work and put it in a classified file. In an age of fake news proliferation it only seems fair to think that the discourse of art history no longer relies solely on the cross-examination of facts and on the pyramidal elaboration of interpretations, but also on negotiating the tensions between the social authority of an institution and the political position of an art historian or curator who wishes to grant the remission of new ways of understanding social and political history, as well as of certain aesthetic and critical considerations.

However, as soon as the new museology starts to consider initiating certain compositional conversations by analysing the various instances of interpretation of how the graphs that illustrate the tendencies, contaminations and fugue events that occur in art history are redrawn, we may reconsider the conflicting tension between the mission of an institution and the resilience of an individual or of an oppositional community and initiate the laborious task of identifying common interests. In a context in which most exhibitions that present "historical figures" of Romanian art of the last century try to suggest a kind of historical reading that emphasizes the exploitation of the commercial qualities of said artists' works, there is definitely a need to conceive and put on exhibitions that are more interested in a reflection on the social and conceptual encounters than in promoting the economic interest of selling artworks at their highest speculative value.

The exhibition *Prizonierii avangardei. O retrospectivă Ion Bitzan* [The Prisoners of the Avant-garde. A Ion Bitzan Retrospective], curated by Călin Dan at the National Contemporary Art Museum [MNAC] in Bucharest, 23 November 2017 – 27 May 2018, presented a constellation of idiosyncratic experiences generated by a diversity of aesthetic expressions, cognitive formations and social representations. From the standpoint of the public's experience, certain vexations may have arisen - political resentments and aesthetic anxieties - not necessarily indignation, but probably a series of condensations of meaning, like in a process of (self)learning. The obvious figurative representations of scenes and portraits that were relevant for the visual and ideological description of the socialist period in Romania were counterbalanced by the abstract expressions of the type of reality that was intensely repudiated in the post-communist doctrine discourse.

Many would think it far-fetched to explain that, within the format of his abstractions, Ion Bitzan depicted tools used in factories and manufacturing plants, infrastructural elements used on construction sites and instruments used in the laboratories of research institutes. Nonetheless, in Ion Bitzan's abstract compositions one may make out the outline of a hammer or of a lathe, of a bolt head or a drill, as well as fragments of fibre, electric cables, connectors, magnets and research instruments used in scientific laboratories. The industrial items and the objects found in laboratories form a language that describes the critical moment of production and research in factories and technological institutes which built the raw reality of those times when social relationships and ways of life were being restructured.

Some of Ion Bitzan's works can also be seen as devices for mobilising cognitive formations, both from the standpoint of a rationally controlled organisation of space, based on perception studies, and from that of an automatic, irrational play of affects able to instigate emotional experiences and optical curiosity. Interested in the representation of knowledge organisation systems and delving into various forms of investigating and mediating encyclopaedic knowledge (alluding to the philosophy of Umberto Eco and Jorge Louis Borges), Ion Bitzan imagined laboratories in which herbaria, insect collections and bestiaries were created and displayed alongside map cabinets and bookcases full of old volumes and documents. In this respect, he seems to be in complete agreement with the postmodernist adventure of inventing encyclopaedias with no attempt at a systematisation, in the sole interest of conducting various explorations. In his expressivist and cognitivist aesthetic practice, Ion Bitzan generated images by appealing to graphic signs, linearities, condensations, static sequences specific to film, *close-in* and *close-up* techniques, suggestions of the day-night cycles, landscape sketches, traces, frequencies, formal contrasts, geometric elements and organic elements. In their turn, the social representations of work – on construction sites, in the industry, in agriculture, in scientific laboratories, or in libraries – are correlated with the progressive power of the artist who is interested in the emancipating functions of geographic explorations, of historic incursions, anatomic studies, technical drawings, research in the field of natural sciences, of mechanics, or in the world of crystals and ores, in the art of paper handcrafting and of creating chromatic codes, or in the art of graphic writing (experimental, automated, indecipherable), similar at times to effaced music sheets.

***

Dacă ar fi să se discute arta lui Ion Bitzan într-un context mai larg, la nivelul unei macro-analize culturale, se pot încă evalua efectele raportului opozițional dintre politica culturală a SUA și a aliaților săi și cea a URSS și a țărilor din Blocul Est-European, însă la o privire în detaliu, la nivelul practicii artistice imediate, influențate de efectele politicii sociale asupra vieții cotidiene, este cât se poate de posibil să se ia în considerare faptul că unii artiști ar fi ținut mai curând cont de un interes progresist de reprezentare angajată a actualității.

Tendința hegemonică a istorisirii contextuale a artei este aceea de a distinge, dualist spre maniheist, între o „cultură a libertății (inclusiv creatoare)" specifică Occidentului și o „cultură a închiderii (inclusiv ideologică)" specifică Estului Europei și altor regiuni aflate sub sfera de influență a politicilor URSS. Această accepțiune dualistă – de tipul „acolo era bine"-„aici a fost rău" sau „acolo se manifesta normalitatea"-„aici s-a instaurat devianța" – ar ține de o anumită retorică a demonizării sau patologizării socialismului chiar și dintr-o perspectivă a auto-colonizării discursului dominant (neo)liberal de către istorici de artă formați în Estul Europei. La o privire ironică, însă, raportul critic ar putea fi ușor inversat dacă s-ar psihanaliza faptul că modernismul american (promovat ca forță de expresie a ideologiei capitaliste) a fost preocupat de o formă de „auto-conștientizare / personalizare / subiectificare / auto-referențializare" a spațiului pictural în-cadrat (închis) în propria sa specificitate, în vreme ce modernismul socialist a fost interesat de reprezentarea spațiului social deschis posibilităților de dezvoltare alternativă a vieții economice pe baza unei articulări planificate (dovedite în timp inadecvate la presiunile pieței mondiale) între fapte concrete (construirea unei infrastructuri industriale și agrare, sistematizarea urbană, realizarea infrastructurii energetice și de transporturi etc.) și idealuri utopice (accesul comun la resurse, eliminarea conflictelor dintre clasele sociale, bunăstarea economică generală, egalitatea de șanse, inovarea tehnologică permanentă, cooperarea în interesul solidar al tuturor etc.).

La nivelul realității istorice, resorturile urmăririi idealurilor socialiste au fost, pentru mulți, în practică, atroce, deși, într-un mod paradoxal, distorsiunile inumane create de un sistem nomenclaturist, care a malformat structuri diferențiale ale vieții sociale, nu au fost atât de mult cât ar fi fost necesar abordate în producțiile artistice (de re-memorare critică) post-socialiste. În discursul public, pentru unii impresia generală a rămas aceea că faptele de colectivizare, urbanizare, industrializare etc. ar fi fost accelerate și forțate ca și cum totul trebuia să se întâmple într-un „acum" care ar fi fost necesar să li se întâmple spontan tuturor celor care credeau în alternativa socialistă, iar pentru alții activarea puterii bio-politice pe fondul unor decizii de control irațional de raționalizare a vieții tuturor, sabotând astfel mecanismul deciziei pe marginea agonisticii comune, ar fi fost o „crimă împotriva umanității", indiferent cât de diferit poate fi astăzi definită „umanitatea". Dincolo de disputele ideologice, în multe situații susținute just cu argumente ale istoriei faptelor recente, ideea comunismului a rămas, în schimb, o idee a unui tip de umanism egalitar, solidar și mutual care însă se resimte a fi pentru totdeauna pierdut în societățile în care a triumfat ideea capitalismului.

La nivelul practicii artistice, perioada de maximă redefinire a modernismului ca formă de rearticulare a compoziției sociale din perspectiva implementării ideii socialismului prin crearea unor cadre concrete de funcționalizare ale imaginației politice a corespuns cu necesitatea unei instrumentalizări a imaginației artistice care ar fi funcționat ca un laborator de experimentare a unor noi forme de reprezentare a socialității ca un nou câmp de producere a co-existenței. În acest context de redefinire a acțiunii artistice, artistul ajunge să se auto-conștientizeze ca un antropolog (fie el și cultural) al epocii în care trăiește (așa cum a fost suspectat și de mulți alți critici de artă occidentali, de la Hal Foster – artistul ca etnograf – la Nicolas Bourriaud – artistul ca antropolog și sălbatic). Din perspectiva acestei paradigme identitare, artistul operează prin observație, descoperire, dar și inventare a unor noi forme de potențare a percepției realității care, în multe cazuri, se află la distanță față de o cunoaștere imediată și simultană și astfel e necesar să fie mediată, adusă în atenția proximă, și chiar augmentată în prefigurarea atingerii unui ideal.

***

În această cheie de interpretare a poziționării unui artist, arta lui Ion Bitzan ar putea fi înțeleasă și din perspectiva experimentării construirii comune, în epocă, a unei culturi a modernismului socialist care a corespuns legitimării valorilor socialismului în raport cu potențialul modernismului progresist internațional.

Modernismul este interpretat astăzi ca o mișcare globală în societate și cultură datorată transformărilor economice și existențiale care ar fi creat condițiile configurării unei noi contextualități a înțelegerii și trăirii vieții. În istoria modernismului, mulți artiști au receptat influxurile moderniste din perspectiva șansei unei internaționalizări a valorizării trăirii în comun prin productivitate și solidaritate. Tendințele de experimentare, de căutare a unor noi formule de reprezentare

***

If we were to discuss the art of Ion Bitzan in a wider context, at the level of a cultural macro analysis, the effects of the oppositional relationship between the cultural policies of the USA and their allies and those of the Soviet Union and the countries from the East-European Block can still be assessed. However, taking a closer look at the level of the immediate artistic practice, influenced by the effects of social policies over daily life, it is quite possible to consider that some artists may have been driven more by a progressist interest to depict the present in an engaged manner.

The hegemonic tendency of a contextual style of narrating art is to discern in a dualist, if not downright Manichean fashion, between a "culture of freedom (including the freedom of creation)" typical of the West and a "culture of isolation (including ideological isolation)" typical of Eastern Europe and of other regions that were in the influence sphere of Soviet politics. This dualist approach - the "things were good over there" / "things were bad back here" or "normalcy reigned there" / "deviance took over here" type of discourse – pertains to a certain rhetoric of demonising or pathologizing socialism, even from the point of view of an auto-colonisation of the dominant (neo)liberal discourse of art historians formed in Eastern Europe. Upon ironic scrutiny, however, the critical relation could easily be reversed if one were to psychoanalyse the fact that American modernism (promoted as an expressive force of the capitalist ideology) was interested in a form of "self-awareness / internalisation / subjectification / self-referencing" of the pictural space framed by (closed in) its own specificity, whereas socialist modernism was interested in the representation of a social space open to the alternative development of possibilities of economic life, based on a planned articulation (which in time proved unable to withstand the pressures of the global market) between concrete actions (building an industrial and agricultural infrastructure, urban systematisation, creating an energy and transportation infrastructure etc.) and utopian ideals (shared access to resources, eliminating conflicts between social classes, general economic abundance, equal opportunities, permanent technological innovation, cooperation in the solidary interest of all men and women, etc.).

Seen through the lens of historic reality, the mechanisms of pursuing the socialist ideals in practice were, to many, utterly atrocious, although, paradoxically, the inhuman distortions created by a nomenclature-based system, which malformed the differential structures of social life, were not taken on as much as they should have been in post-socialist artistic productions (of critical remembrance). In public discourse, for some, the general impression is that the efforts of collectivisation, urbanisation, industrialisation etc. were sped-up and forced, as if everything had to happen at once, in a "now" that needed to spontaneously manifest for all those who believed in the socialist alternative. For others, the activation of bio-political power against the backdrop of irrational decisions to rationalise and control the lives of everybody, thus sabotaging the mechanism of decision-making based on common agonistics, constituted a "crime against humanity", no matter how differently "humanity" can be defined nowadays. Beyond ideological disputes, in many instances justly supported by arguments from recent history, the idea of communism remains, nonetheless, an idea of an egalitarian, solidary and mutual humanism, which seems forever lost to societies where the idea of capitalism triumphed.

At the level of artistic practice, the period of the highest redefining of modernism as a form of rearticulation of the social tissue from the standpoint of implementing the socialist idea via the creation of concrete frameworks for making the political imagination a functional one, corresponded to the period when it was most necessary to instrumentalise artistic imagination, which was to function as a laboratory for conducting experiments with new forms of representation of the social, as a new field of achieving co-existence. In this context of redefining artistic action the artist develops a self-representation as an anthropologist (albeit cultural) of the era in which he lives (as suggested by many Western art critics, from Hal Foster – the artist as an ethnographer – to Nicolas Bourriaud – the artist as an anthropologist and a savage). From the viewpoint of this identity paradigm, the artist operates by observation and discovery, as well as by inventing new forms for a stronger perception of reality, which, in many cases, is somewhat removed from the possibility of being immediately and simultaneously known and therefore needs to be mediated, brought into focus and even augmented, so as to make reaching an ideal possible.

***

In this reading of an artist's positioning, the art of Ion Bitzan could also be understood through the lens of experimenting with the construction, common in that era, of a culture of socialist modernism which corresponded to the legitimation of socialism values in relationship to the potential of international progressist modernism.

Modernism is interpreted nowadays as a global cultural and social movement due to economic and existential transformations that had made it possible to configure a new context for understanding and living life. Throughout the history

bazate pe noi forme de conceptualizare, au devenit o normă în alb pe care fiecare artist o putea rescrie, chiar și prin aderența la o familie de alianțe de convingeri și de abordări stilistice.În faza sa mai târzie de auto-reflecție critică, modernismul-ca-postmodernism a presupus o nouă șansă de reînnoire, de evitare a blocajului în ceea ce se constituise deja ca arhivă a modernismului, însă fără pretenția de precizie a construirii unei realități funcționale pe baza operaționalizării unei gândiri utopice.

Din perspectiva formei de contemporaneitate pe care o trăim, este facil să se emită judecăți moralizatoare de condamnare culturală a deciziilor unui artist de a realiza lucrări de artă cu caracter realist socialist fără a se ține cont de complexitatea condițiilor, nu doar politice și psihologice, în care lucrau artiștii în perioada (modernist) socialistă. Dintr-un anumit unghi al privirii retrospective, este posibil ca ideologia comunistă, prin anunțarea perpetuă a unei noi lumi care ar urma să vină, să fi folosit tehnologiile intime ale formării și fixării credinței religioase care funcționează ca un văl inocent sub care totul ține de consecvență în urmărirea unui ideal. Dintr-un alt unghi, se poate considera că (auto)compromiterea unui sistem politic datorită unei abordări autoritariste, ierarhizate și represive nu ar trebui să presupună, în mod automat, activarea unei tendințe de compromitere a tuturor celor care au aderat la anumite valori reificate prin intermediul unor construcții reale ale sistemului în anumite perioade de dezvoltare a lui.

Din perspectiva practicii artistice a lui Ion Bitzan, se poate constata modalitatea în care se resetează relația dintre necesitatea reprezentărilor sociale și posibilitatea experimentării vizuale, temele convenționale ale realismului socialist fiind abordate și din perspectiva noilor tendințe stilistice specifice neo-avangardei, înțelegând stilistica dincolo de obținerea unui efect estetic (așadar de influențare a percepției și trăirii) prin intervenția tehnică, respectiv ca modalitate de exprimare a unei poziții culturale. Astfel, de exemplu, modul de reprezentare al scenelor de lucru de pe șantiere sau din mediul agrar nu e strict realist, ci, într-adevăr, figurativ, însă în multe situații este clar expresionist, ori post-impresionist, ori constructivist. Astfel, elemente de cultură vizuală socialistă se intersectează cu elemente ale culturii vizuale asociate „lumii liberei exprimări artistice". Ion Bitzan integrează reprezentările sociale în matrici vizuale specifice De Stijl-ului, Suprematismului și Pop-Art-ului, nu într-un mod estetic gratuit, ci într-un mod angajat, racordat într-un registru partizan la asemănările de familie ideologică, dar și, într-un mod paradoxal, la o critică a subsidiarității ideologiei culturale îndepărtat occidentale. Astfel, de pildă, structurile plastice de referință constructivistă și neo-plasticistă se suprapun coincident reprezentărilor infra-structurilor de pe șantierele de construcții. În acest mod iese în evidență și accentul pus pe experimentarea fizică și vizuală cu noi materiale prin intermediul operaționalizării unor noi tehnici care ar avea drept rezultate înregistrări subiective ale unor noi procese de gândire și de lucru.

***

În unele serii de compoziții abstracte, elementele utilizate în asamblarea construcțiilor pe șantiere, de la șuruburi și cabluri la țevi și plăci de beton, sunt reprezentate fenomenologic în spațiul alb specific încadrării artistice. Reprezentările abstracte ale materialelor de infrastructură, văzute parcă printr-o percepție radiografică, sunt tratate deopotrivă analitic și sintetic. Totodată, de pildă, într-o singură imagine sunt asociate, în contradicție ori în comparație, secvențe impulsiv-gestuale cu forme rațional-geometrice, semne grafice și simboluri eliptice.

În alte cazuri, abstractizarea peisajului natural presupune utilizarea unui cod al reprezentării în care cerul e redat prin formele neregulate ale norilor, iar pământul e sugerat prin formele precise ale unei geometrizări specifice vizualizării construcțiilor industriale ori urbane suprapuse peste formele relativ organizate ale intervențiilor în peisajele rurale. O astfel de abordare ar presupune performarea unui interes de a reprezenta integralitatea unei viziuni de ansamblu asupra modului în care se intersectează efectivitatea operațională a simbolismului secerei și ciocanului cu convenționalitatea reflecției artistice asupra utilizării unei stilistici în reprezentarea unui gen anume.

Remarcabile sunt *Generatoarele de imagini*, realizate fie sub forma matricelor de cutii de lemn, în care s-a intervenit cu ceară și cerneală pentru a simula diferite percepții din unghiuri și în situații de zi diferite ale unui peisaj abstractizat, fie sub forma unor lucrări grafice serialiste, realizate în creion, în care sunt schițate momente ale receptării mișcării observaționale în spațiul abstract al formulării unei cunoașteri prin intermediul vizualității și al transpunerii sale bi-dimensionale.

Aceste mecanisme experiențiale (căci parțial retinale, parțial tactile, parțial conceptuale ș.a.) ar putea fi înțelese, într-un registru retroactiv, ca experimente de percepție serială ale unei cercetări artistice de arhivare a diferitelor temporalități ale sensibilității. Totodată, simularea unor cadre-casetă în precizia lor geometrică reflectă o formă de organizare constitutivă informării epistemologice a autonomismului modernist. Pentru a chestiona, chiar și intuitiv, dacă nu în mod

of modernism, many artists took in the modernist inflows through the lens of a chance at internationalising a positive outlook on shared living through productivity and solidarity. The tendencies toward experimenting and searching for new formulas of representation based on new forms of conceptualisation became a blank norm that any artist could rewrite, even by adhering to a family of convictions and stylistic approach alliances. In its later phase of critical self-reflection, modernism-as-postmodernism offered a new opportunity for renewal, for avoiding being stuck in what had already been built as a modernist archive, but without pretending to achieve a precise construction of a functional reality, based on rendering operational a line of utopian thinking.

From the perspective of our current time it is easy to morally judge and culturally condemn the artists' choice to create works of realist-socialist art without considering how complex were the conditions, both politically and psychologically, in which the artists of the (modernist)socialist era worked. In hindsight, if seen from a particular angle, it is possible to construe that, by always heralding that a new world was coming, the communist ideology might have employed the intimate technologies of creating and fixing religious beliefs which operate as a faultless screen under which everything had to do with being consistent in pursuing an ideal. From another angle, one may affirm that when a political system becomes (self-)compromised through authoritarian, hierarchical and repressive approaches, this should not automatically activate the tendency to compromise all those who adhered to specific values that were embodied in certain real constructions of the system in its different development stages.

From the perspective of Ion Bitzan's artistic practice, one may notice how the relationship between the need to create social representations and the possibilities of visual experimentation is reset, in that the conventional themes of socialist realism are examined through the lens of the new tendencies ushered in by the neo-avant-gardes, which understand stylistics beyond the obtention of a particular aesthetic effect (therefore influencing perception and feeling) through technical intervention, namely as a means to express a cultural stance. As such, the way in which he depicts workmen on construction sites or in collective farming settings is not strictly speaking realistic, instead it is truly figurative; in many instances, however, it is clearly expressionist or post-impressionist or constructivist. Thus, elements of the socialist visual culture intersect elements of the visual culture associated with the world of "free artistic expression". Ion Bitzan integrates social representations in visual matrixes specific of De Stijl, of suprematism and of Pop Art, not in a complimentary aesthetic way, but in an engaged way that is connected in a partisan register to ideological family affinities, but also, paradoxically, to a critique of the far-Western cultural ideology's subsidiarity. That is how, for example, the constructivist and neo-plasticism-oriented visual structures coincidentally overlap the depiction of construction-site infrastructures. Hence, the emphasis placed on the physical and visual experiments with new materials, done by making operational new techniques that would result in subjective records of new processes of thinking and working, is thrown into sharp relief.

***

In some series of abstract compositions, the elements used for putting together construction site scenes, from bolts and cables to pipes and concrete slabs, are represented phenomenologically in the white space typical of artistic framing. The abstract representations of infrastructure materials, seemingly seen through a radiographic perception, are treated both analytically and synthetically. At the same time, a single image associates, in contradiction or in comparison, impulsive-gestural sequences and rational-geometric forms, graphic signs and elliptic symbols.

In other cases, rendering the natural landscape in an abstract key involves the use of a representation code in which the sky is depicted through the irregular shapes of the clouds, while the earth is suggested through the precise shapes of a geometric arrangement, representing industrial or urban constructions superposed on the relatively organised shapes of the human intervention in rural landscapes. Such an approach entails taking an active interest in representing, in its totality, a comprehensive vision of the way in which the operational effectiveness of the scythe and hammer as symbols intersects the conventionality of artistic reflections about the use of a certain stylistic language in representing a particular genre.

Quite remarkable are "Generatoarele de imagini" [Image Generators], either as wooden-box matrices, in which the artist intervened with wax and ink in order to simulate various perceptions from different angles and in different moments of the day in an abstract landscape, or as serial graphic works, done in pencil, in which the sketches are moments in the reception of the observational movement in the abstract space of achieving a specific type of cognition through visuality and through its bi-dimensional transposition.

These experiential mechanisms (that are partly retinal, partly tactile, partly conceptual, etc.) could be understood, in a

clar intenţional, această determinare elementară a asocierii modului de mediere al imaginii cu gestualitatea reprezentării unei observaţii naturale, Bitzan inserează imagini indeterminabile în cadre determinate, negând apoi dialectic aleatoriul reprezentării prin crearea unei structuri liniare ori matriceale de cadre-secvenţă. Oricât de relevantă ar fi această reflecţie, în contextul formării unei gândiri post-picturale, nu putem avea certitudinea că *Generatoarele de imagini* realizate în creion nu ar fi fost chiar o modalitate de urmărire a efectelor de desenare - fină sau texturată, automată sau controlată - obţinute prin reflexul sau abilitatea manualităţii de a opera cu un instrument specific de producere a imaginii relativ imprevizibile într-un spaţiu absolut canonizat în practica artistică.

Într-o altă cheie de lectură, *Generatoarele de imagini* în creion par a fi „transcripturi" schematic-ilustrativ-observaţionale ale unor experimente foto-cinemato-grafice, în tehnica *close-up*, de detaliere, şi *zoom-out*, de luare a unei distanţe faţă de subiectul vizat. Această practică defineşte experimentalismul său cognitiv şi intermedial care, prin declanşarea dispozitivelor de tip cadru, cutie, imagine-în-imagine, serie, colaj, obiect, instalaţie, vizează crearea unor noi forme de cunoaştere. Astfel, de pildă, în cazul cărţii-obiect avem de-a face nu doar cu un mediu purtător de cunoaştere, ci şi cu un mediu producător de noi semnificaţii. Neutralitatea obiectuală a cărţii îi permite să fie utilizată în diferite sisteme de documentare, arhivare şi semnificare. La Ion Bitzan, obiectul-carte conţine ideea-de-carte. Materialitatea, accesibilă prin vizualitate, susţine idealitatea, accesibilă prin gândire. Vorbind despre posibilitatea existenţei unei „Cărţi a infinitelor cărţi" (*Arta* 5 / 1991), Bitzan se auto-proiectează într-o lume ideală în care cărţile religioase, lexicoanele, mapele, atlasele, cărţile de botanică, hărţile ş.a. susţin posibilitatea cunoaşterii într-o lume care se solicită a fi construită pe baza unei cunoaşteri de tip modernist.

În complementaritate, interesul artistului pentru dezvoltarea tehnologiilor de lucru, performarea unor experimente cu materialitatea, care uneori devine auto-referenţială, abordarea unor subiecte specifice discursului ştiinţific, conturează un profil al unui artist interesat de potenţialul cercetării artistice.

***

Chiar dacă estetica socială a fost asociată, încă din anii 1960, mai curând activismului, feminismului ori criticii instituţionale, iar în sensul ei restrâns ar presupune producerea unei experienţe inter-relaţionale bazate pe un gen de practică artistică comunicaţională, se poate identifica şi un alt înţeles care ar viza atât descrierea intenţiei estetice implicate în procesul producţiei artistice cât şi evaluarea receptării estetice a efectelor reprezentărilor cu caracter social. În acest fel, dacă una dintre premisele forte ale esteticii sociale este aceea de a disemina într-un mod cât mai larg diferite forme de expresie ale discursului şi schimbărilor sociale, atunci se poate considera faptul că arta lui Ion Bitzan implică o reflecţie deliberativă asupra funcţiei colective a experienţei estetice sociale.

Pe măsură ce artiştii neoavangardişti au continuat să creadă în reintroducerea artei în *praxis*-ul vieţii, pentru a descoperi noi posibilităţi de a ne înţelege co-existenţa sub jocurile incontrolabile de putere ori sub regimurile politice opresive, ne putem întreba dacă am ajuns să trăim într-un timp în care am putea proceda la dezvăţarea istoriei universale oficiale, nu neapărat vorbind în limbajul dezobedienţei de-coloniale, ci scriind din perspectiva recunoaşterii muncii artistului ca un mod de a trăi în parametrii geo-temporali specifici ai unei lumi vag posibile care a cutremurat lumea Realului.

retroactive register, as experiments of serial perception of an artistic research aiming at creating an archive of the various temporalities and sensitivities. At the same time, the simulation of certain box-frames in their geometric precision reflects a form of constitutive organisation of the epistemic information of modernist autonomism. In order to question, if only intuitively if not clearly intentionally, this elementary determination of the association of the image mediation mode with the gestural nature of the representation of a natural observation, Bitzan inserts indeterminable images into determined frames, then dialectically denies the randomness of the representation by creating linear or matricial structures of sequence-frames. No matter how relevant this reflection might be, in the context of the formation of a post-pictorial thinking, we cannot be certain the "image generators" in pencil were not a means to pursue the drawing effects – fine or textured, automatic or controlled – obtained through the manual reflex or ability to operate with a specific instrument for the production of relatively unpredictable images in a hallowed space of artistic practice.

Read in a different key, "Generatoarele de imagini" [Image Generators] in pencil seem to be schematic-illustrative-observational "transcripts" of "photo-cinematic-graphic" experiments with the *close-up* which details and with the *zoom-out* which puts some distance between the observing subject and the observed object. This practice defines his cognitive and intermedial experimentalism which, by activating devices like frames, boxes, picture in picture constructions, series, collages, objects, installations, aims at creating new forms of cognition. Thus, for instance, in the case of book-objects, we are dealing not just with a medium that bears knowledge, but also with a medium that produces new significations. The objectual neutrality of the book allows it to be used in various systems of documenting, archiving and signifying. For Ion Bitzan, the book-object contains the "idea-of-a-book". The material, accessible through the visual, supports the ideal accessible through thinking. Supposing that a "Book of Endless Books" might exist (*Arta* 5 / 1991), Bitzan projected himself in an ideal universe in which religious books, lexicons, maps, atlases, botany books and the like carry knowledge as a possibility in a world that asks to be built on a modernist type of cognition.

In complementarity, the interest of the artist for the development of work technologies, for conducting experiments with materials, which at times became self-referential, taking on subjects that are typical of scientific discourse, sketches out the portrait of an artist interested in the potential of artistic research.

***

Even though the social aesthetic was associated, as early as the Sixties, more to activism, feminism or institutional criticism, and in its narrower meaning it would entail the production of interrelational experiences based on a communication type of artistic practice, a different meaning can also be identified, one that would aim both at describing the aesthetic intention involved in the process of artistic production and at assessing the aesthetic reception of the effects of social representations. Thus, if one of the strongest premises of social aesthetics is the fact of disseminating as widely as possible various forms of expression of the social discourse and transformations, then it could be said that the art of Ion Bitzan involves a deliberation on the collective function of the social aesthetic experience.

As the neo-avantgarde artists continued to believe in the reintroduction of art in the *praxis* of life so as to discover new possibilities for understanding our co-existence under incontrollable games of power or under oppressive political regimes, we may ask ourselves whether the time is ripe for us to start to unlearn the official universal history, not necessarily in the sense of de-colonizing disobedience, but in that of writing from such a perspective that we would recognise an artist's work as a way of living within the specific geo-temporal parameters of a vaguely possible world which quaked the Real world.

Ion Bitzan și ars combinatoria

Ion Bitzan and the Ars Combinatoria

Anca Arghir

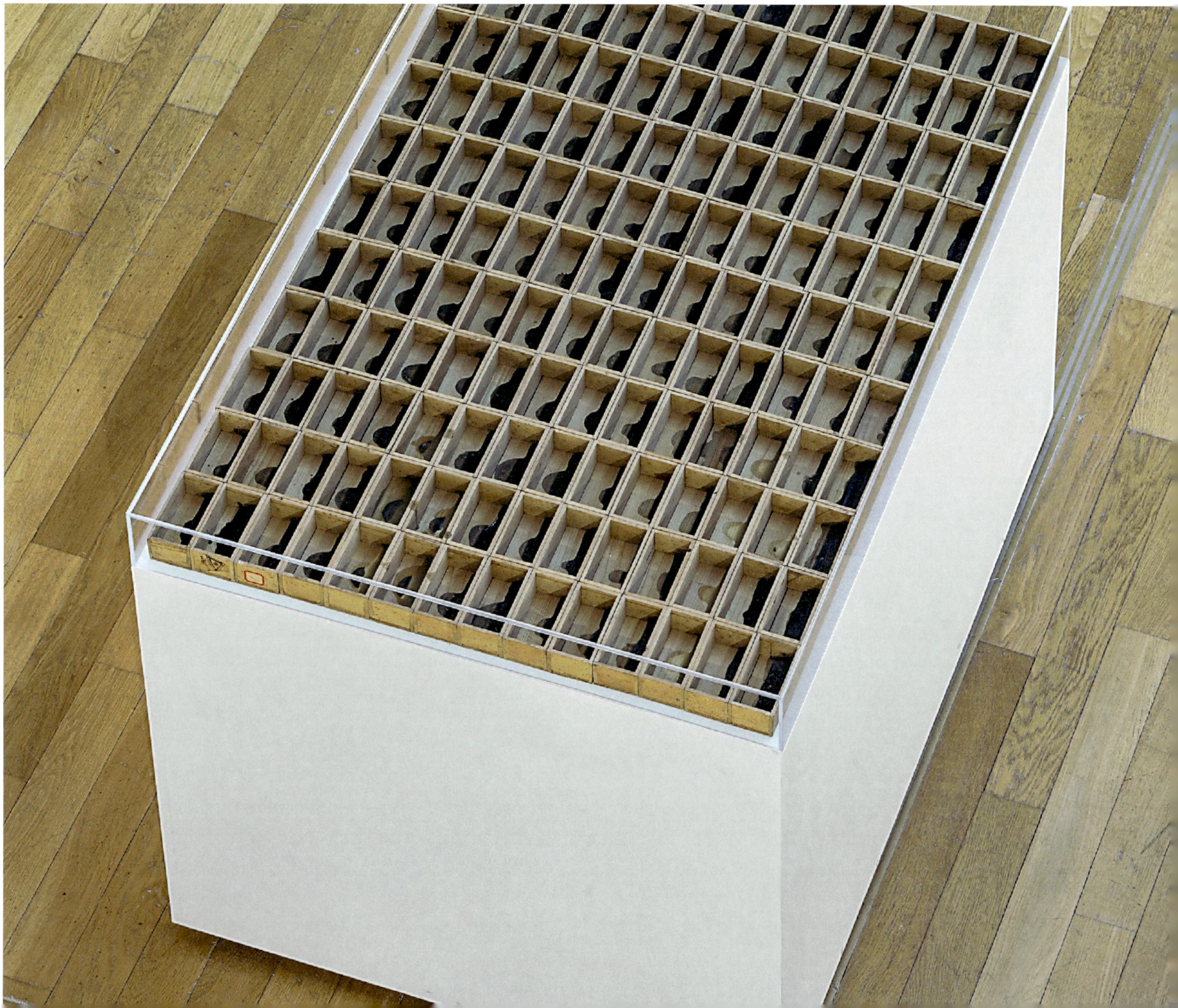

Opera lui Bitzan, privită în diversitatea ei capricioasă, care i-a atras calificativul echivoc de „proteic", pare a se baza pe investigația pragmatică a lucrurilor. Altfel spus, el percepe lumea ca sumă de *objets trouvés*, în sensul originar al sintagmei lansate de Duchamp, și printre acestea, nu ierarhic, ci în rând cu toate corpurile concrete din sfera obiectelor, se află și ansamblul operelor de artă.

Bitzan nu procedează însă precum Elaine Sturtevant, artista americană taxată de comentatori drept tipică reprezentantă a postmodernismului (și faptul că e strict contemporană cu Bitzan, 1924–2014, pare simptomatic pentru starea de spirit a generației de artiști confruntate cu inflația artefactelor în habitatul cotidian): Sturtevant adoptă și reproduce opera selectată din patrimoniul muzeal împreună cu numele creatorului integrat apoi ca atribut în titlul lucrării ei (de exemplu *Pasăre Măiastră, Brâncuși* expusă sub semnătura auctorială Sturtevant). Operele propuse au un destin ambiguu, ele își păstrează identitatea conceptuală și formală, dar sunt mental reciclate, pentru a fi lansate pe altă orbită a circuitului cultural decât aceea în care le-a plasat inițial creatorul. Reevaluarea lor are loc prin simplul fapt al mutării din sfera percepției directe în sfera apercepției, adică a unei percepții reflectate, care introduce o distanță critică între obiect și privitor. Sub deviza „Remake, reuse, reassemble, recombine – that's the way to go", Elaine Sturtevant subscrie la principiul bricolajului ca metodă elementară de creație, așa cum e definit de antropologul Claude Lévi-Strauss. Din punct de vedere antropologic, în actul bricolajului se manifestă spiritul ingineresc – *ingenium* tehnic – caracteristic pentru *homo faber*. Argumentul antropologic conferă bricolajului o legitimitate general umană, care poate explica favoarea de care se bucură această disciplină nu numai la creatorul, dar și la consumatorul de artă. (Să ne gândim la puterea de seducție a colajelor și asamblajelor unui Kurt Schwitters).

Am făcut acest ocol pentru a ajunge să subliniez evidența: Bitzan e un bricoleur pur-sânge, aplicând o strategie combinatorie producătoare de structuri formale cărora le găsim drept referent felurite constructe, materiale, procedee, clișee iconice, dar și sensuri abstracte, observații sociologice, criterii de evaluare, într-un cuvânt modele preexistente, incitante. Lucrurile renasc din cenușa banalității lor, scuturate de zgura lăsată de rutină și validate ca dovezi ale instinctului creator. Peste ele plutește apoftegma brâncușiană: „Privește până vei vedea".

Școlit ca pictor, Bitzan va conduce mai târziu catedra de design, pentru care îl predestina curiozitatea pentru aventura formelor în laboratorul constructiv. În anul de studii pregătitor al școlii Bauhaus găsim programul de valorificare estetică a formelor și materiilor banale, iar multe dintre aceste arpegii plastice și-au găsit un loc în muzee, fără a se putea deosebi cu ochiul liber de configurațiile deliberat estetice pe care aveau să le livreze mai târziu foștii învățăcei.

Dacă Bitzan își însușise această experiență pur didactică nu știm, dar și în repertoriul lui descoperim numeroase piese de studiu, care – întâi lui însuși, apoi privitorului – îi revelează potențialul estetic al materialelor și formelor îmbinate după o lege discretă ca legea latentă în structura fulgului de zăpadă.

Seriile de *Cărți* demonstrează spectaculos felul în care la Bitzan lucruri de uz curent și universal pot fi sustrase funcției lor naturale și recondiționate ca simbol al ei. În instanța comună, „cartea" e numită printr-o metaforă unanim acceptată „volum", cuprinzător de mesaje spirituale. La Bitzan, „volumul" e restituit geometriei în spațiu și emite mesaje nu prin sublimarea concretului în unități abstracte, discursiv-spirituale, ci dimpotrivă, prin hipertrofierea condiției fizice. Suntem abordați – nu fără acea emfază zeflemitoare inerentă oricărei exagerări – cu o întrebare socratică: *știti ce e aceea o carte?* și provocați să ne îndoim că ea este ceea ce credeam noi a ști că este (cam așa cum se întîmplă cu biblioteca în parabola lui Jorge Luis Borges – pe care artistul îl pomenește în unele titluri).

Prin ce mecanism determină cărțile lui Bitzan reflecția asupra acestui obiect? În virtutea unei absolutizări a condiției materiale: artistul exacerbează fiecare componentă a artefactului „volum": dimensiunea optică, tactilă, signaletică, până când produsul final al acestor factori ni se impune ca un agregat de stimuli, cu impact asupra imaginației, încât obiectul redefinit în noul cod se colorează cu o tentă magică, se comportă ca totem, nu ca suport de comunicare rațională, mediază o experiență inițiatică.

Textul în aceste „cărți" e simulat, nu există prin alfabet tipărit ci printr-un simulacru grafic al scriiturii – e ca atare o entitate pur morfologică – marcat ostentativ de acea eleganță a ductului pe care o prezintă aspectul incunabulelor medievale caligrafiate în scriptoriile mănăstirești. Lucrul familiar „carte" își schimbă paradigma, devine esoteric, promite revelații de ordinul unui metalimbaj.

Bitzan se dedă bricolajului cu o conștiință ludică și cu o dexteritate care, așa cum desigur s-a mai observat, evocă prestidigitația. Un exemplu elocvent oferă ciclul de „cutii": micile recipiente din lemn cu săculeți plini și înnodați ca pentru conservare ori transport mimează nașterea sensului din prelucrarea materiei (ceea ce, cum se știe, e o condiție elementară a artei). Comparate cu seria cutiilor de conserve

Bitzan's oeuvre, seen in its whimsical diversity which earned it the ambivalent epithet of "Protean", seems to be based on a pragmatic investigation of objects. In other words, for Bitzan the world is a collection of *objets trouvés*, in the genuine meaning of Duchamp's phrase; not hierarchical, but in line with the concrete aspects of the artefacts, resulting in an aggregate of objects of art.

However, Bitzan took a different approach than, say, Elaine Sturtevant, the American artist whom critics labelled a typical representative of postmodernism. Their concurrent life spans (1924–2014) cover a generation of artists whose mindset was shaped by an inflation of artefacts around their daily habitat. The titles Sturtevant gave the works of art she picked for reproduction in museums include their original authors' names as an attribute (for instance, *Magic Bird, Brancusi*, shown under Sturtevant's own signature). The resulting compositions become ambiguous: they keep their conceptual and formal identity while being submitted to a mental recycling process which places them on a different orbit in the cultural circuit than their original creator had chosen for them. Their reassessment is a mere consequence of a shift in scope from direct perception to apperception – a reflected perception which adds critical distance between the object and onlooker. Under the motto "Remake, reuse, reassemble, recombine – that's the way to go", Elaine Sturtevant's approach appears to go along the principle of *bricolage*, which according to anthropologist Claude Lévi-Strauss is the elementary method of creation. Anthropologically speaking, the act of *bricolage* embodies the engineering spirit - the technical *ingenium* distinctive for the *homo faber*. Anthropological reasoning thus lends bricolage a broader human legitimacy, which may explain why it finds favour with art creators as well as art consumers (consider the power of seduction in Kurt Schwitters' collages and assemblages, for instance).

This detour allows me to just point out the obvious: Bitzan is an out-and-out *bricoleur* as he applies a combinatory strategy that produces formal structures relying on a multitude of references to diverse constructs, materials, techniques, and iconic cliches, as well as to abstract meanings, sociological interpretations, and judgment criteria: in sum, any pre-existing models which may have grabbed his attention. Things are born again from the ashes of their own banality; the dross of routine is shaken off and they are accredited as proof of creative instinct. "Look until you see!", Brancusi's apophthegm, comes to mind.

Educated as a painter, Bitzan later chaired the design faculty, an appointment he was predestined for as evidenced in his curiosity for the adventure of forms in his artist's workshop. In the foundational year of study at the Bauhaus we find the aesthetic development of commonplace shapes and materials; many of these visual arpeggios ended up in museums, and are at first glance undistinguishable from deliberately aesthetic creations that former students would later deliver.

Whether Bitzan himself went through this purely educational experience we can't be sure, but his later portfolio does include quite a few such explorations which reveal – to himself first, then to the onlooker – the aesthetic potential of materials and shapes combined according to inconspicuous tenets, not unlike the hidden rules that govern the shape of a snowflake.

The series of "Books" spectacularly reveals how Bitzan could do away with the natural function of ubiquitous common objects and recycle them as symbols. Following a generally accepted metaphor, a "book" is called a "volume", a receptacle of spiritual messages. In Bitzan's work, the "volume" is reassigned to its three-dimensional geometry and it speaks to us not by sublimation of the tangible into abstract units of discourse, but, quite the contrary, by overdoing its own material condition. We are asked – not without the irony of all exaggeration – the Socratic question, "Do you know what a book is?", and challenged to question what we thought we knew about books (much like in Jorge Luis Borges' parable of the library, an author Bitzan mentioned a few times in the titles of his "Books").

By what device do Bitzan's books prompt reflecting on the concept of *book*? No doubt by overplaying its material condition: the artist overstates every component of the item called a "volume" – its visual dimension, its tactile aspect, its function as a sign – until the final product of overemphasis imposes itself as a collection of stimuli which sways the imagination, so that there-coded thing gets an enchanted touch, works like a totem, and, rather than just serving as vehicle for rational communication, it mediates an early magical experience.

The text in these "Books" is make-believe, it is not transported by an alphabet of printed glyphs, but epitomised as a graphic simulacrum of writing – it is therefore a purely morphological entity, restricted to the outstanding elegance of writing as seen in mediaeval incunabula calligraphed in monastery scriptoria. The familiar object, "book", changes paradigm, becomes esoteric and promises disclosures at a metalanguage level. As often noted, Bitzan handles *bricolage* with playful self-awareness and dexterity reminiscent of prestidigitation. The cycle of "Boxes" provides an eloquent illustration: small wooden containers house small satchels, tied shut as for conservation or transportation purposes, which simulate the birth of meaning from the processing of

„Brillo" ieșite din „uzina" lui Andy Warhol, „cutiile" lui Bitzan, altfel decât piesele care mobilează biotopul consumistic interpretat de Pop Art, nu sfidează vreo prejudecată caduc elitistă despre artă ci, dimpotrivă, se pretează jocului intelectual subtil, în așteptarea unui partener cu afinități pentru comportamentul său creator.

De pildă, sub lupa unui gînditor precum Gaston Bachelard, o „cutie" de Bitzan ar reprezenta un caz tipic al fenomenului conținut-conținând și ca atare ar luneca din câmpul epistemei în câmpul reveriei metafizice. „Le philosophe, avec le dedans et le dehors pense l'être et le non-être." (apud *La dialectique du dehors et du dedans*). Nu știu dacă Bitzan ar lua în serios această ipoteză. Numai că filozoful nu glumește, el se referă la continuitatea de sensuri care circulă în tot cuprinsul inteligibil al lumii.

O importantă secțiune a operei combinatorii constă din proiectarea în plan a unor structuri formale care, fie că sunt lucrate și pentru spațiul real ca asamblaje tridimensionale, fie că sunt gândite bidimensional ca scheme de inspirație formală, au drept calitate intrinsecă sugestia de artefact, implicând gestul bricolajului. Din această categorie, într-un moment de relaxare ideologică, reprodusesem un exemplar pe coperta revistei *Arta* (nr. 5/1972).

Înlănțuirea unor astfel de sugestii asociative (care pot fi uneori efectul autonom al compoziției), declanșate de jocul lui Bitzan cu virtualitatea artistică a lucrurilor, latentă în forma și substanța oricărui *objet trouvé*, deschide perspectiva hermeneutică asupra aspectelor celor mai originale ale operei sale.

Recepția critică a lui Ion Bitzan surprinde adesea. Printre altele, în ciuda plasticității cultivate sistematic, viziunea lui a putut fi asimilată conceptualismului. Alteori, cu toată bogăția detaliilor formale evidentă în creația lui, am întâlnit și plasarea ei în zona minimalismului. Nu am găsit și argumentele acestor încadrări istoriografice.

Opulența și diversitatea operei lui Bitzan însă îngăduie varii norme de departajare și tot atâtea teme pentru fantezia taxonomică.

Neuss, 2018-2021

matter (this of course is an elementary prerequisite of art). Compared to the series of the "Brillo" boxes produced in Andy Warhol's "factory", Bitzan's "boxes", unlike the works which fill the consumerist biotope decoded by Pop Art, do not challenge obsolete elitist preconceptions about art, quite the opposite, they lend themselves to a subtle intellectual game and require a play partner with an eye for such refinements.

Under the magnifying glass of a thinker like Gaston Bachelard, a "Box" by Bitzan would be found to embody a typical case of the content-container phenomenon and would therefore shift from the epistemic field into the realm of metaphysical reverie. "*Le philosophe, avec le dedans et le dehors pense l'être et le non-être.*" (ap. *La dialectique du dehors et du dedans*). Whether Bitzan would take such a hypothesis seriously I cannot know. But the philosopher Bachelard was not joking, he hinted at the continuity of meaning which flows through all of the understandable world.

An important segment of Bitzan's combinatory oeuvre consists of the planar projection of structures which, whether built as three-dimensional assemblages, or conceived as bi-dimensional outlines of matching formal patterns, include the suggestion that they are artefacts, a result of *bricolage*. At a time of relative ideological détente, I chose to print such a work on the cover of the magazine *Arta* (no. 5/1972).

The chain-sequence of such associative suggestions (which may arise as the autonomous effect of a composition) triggered by Bitzan's play with the artistic potential of things which inhabits any *objet trouvé*, opens a hermeneutic avenue toward some of the most original aspects of Bitzan's work.

Critical approaches to Ion Bitzan's oeuvre are often quite surprising. For instance, despite its systematically refined plasticity, his vision has been placed in the vicinity of the conceptualist movement. Also, despite the rich formal details so prominent in his creation, some art critics have described Bitzan's work as minimalist. The reasons for such historic classifications elude me.

However, the opulence and diversity of Bitzan's work will bear as many such taxonomic games as classificatory fantasy may summon.

Neuss, 2018-2021

Ion Bitzan și scena de artă americană

Ion Bitzan and the American Art Scene

Ann Albritton

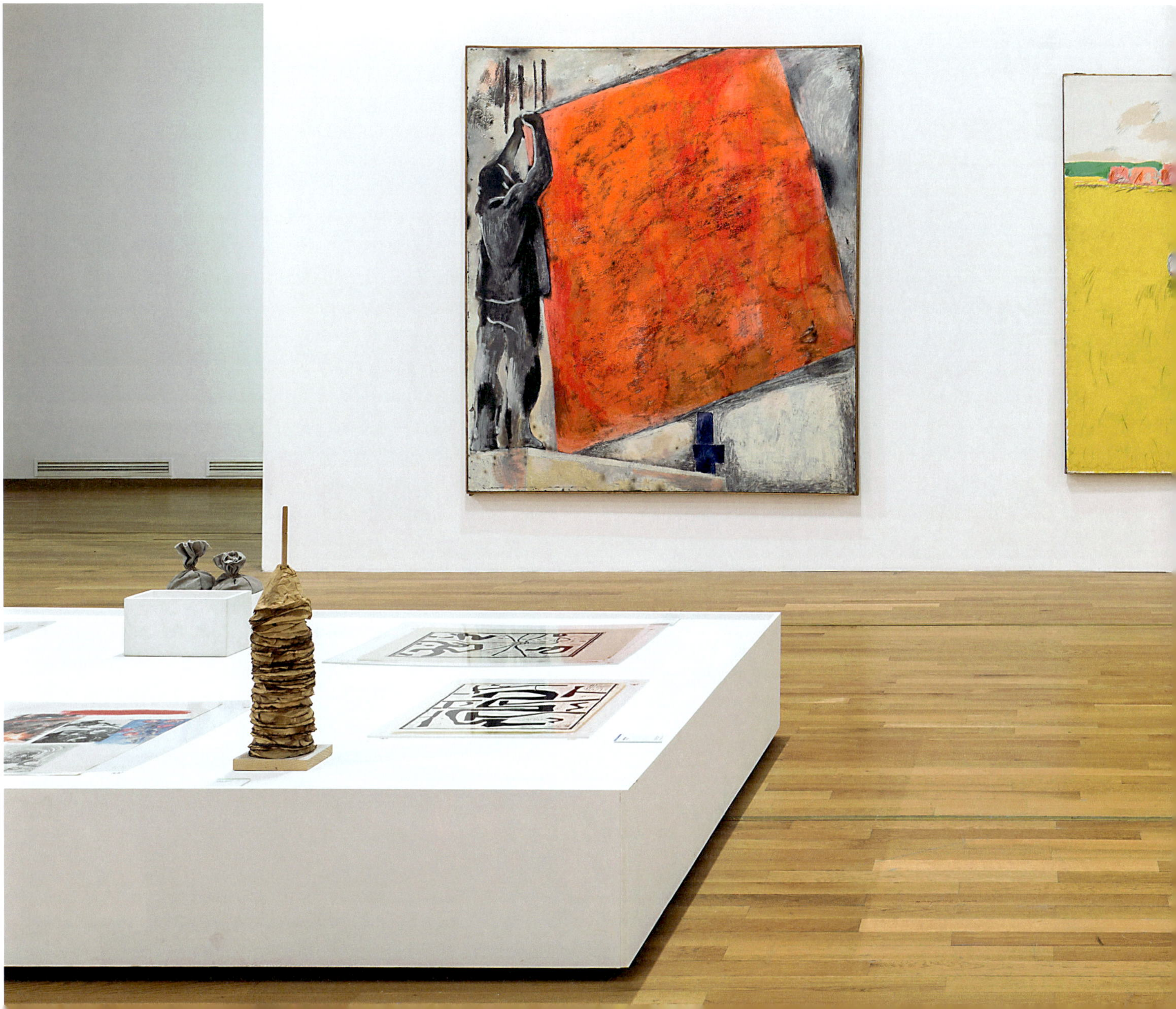

[„Pur și simplu debordez de bucurie că faceți o expoziție de anvergură cu lucrări de Bitzan. Cred că este unul dintre cei mai importanți și mai puțin cunoscuți artiști abstracți din lume.”][1]

În scrisoarea datată 26 februarie 1985, Alanna Heiss, președinte și director executiv al Institute for Art and Urban Resources din New York, i se adresează lui Kent Dur Russell, manager de galerie în cadrul Arts Council of Northern Ireland, felicitându-l pentru o expoziție Ion Bitzan:

„[Cartea *Herbarium* este senzațională. Sper să o puteți expune.]”

Ion Bitzan a luat cunoștință de arta contemporană americană pe când lucra în România. La vremea aceea nu era foarte cunoscut pe scena artistică internațională din afara Europei. Fiind unul dintre artiștii expuși în pavilionul României de la Bienala de la Veneția din 1964, i s-a permis să participe la acest eveniment, alături de ceilalți artiști implicați – Boris Caragea, Ion Gheorghiu și Ion Pacea. Prezent a fost și criticul de artă Mircea Deac, al cărui articol din catalogul expoziției explica:

“[Deși numărul artiștilor și al lucrărilor nu este mare, sperăm, desigur, să putem arăta ceva din temperamentul plastic al românilor, manifestat prin lumina caldă, culorile splendide și sinceritatea simțirii. Nu încape îndoială că această formă specifică face parte din dezvoltarea generală a artelor, ca și din determinarea specifică a acestei țări, în care arta și artiștii au deplină apreciere și iubire pentru stat și pentru public.]”[2]

Mai târziu, într-o discuție pe care am avut-o cu Ion Bitzan pe când eram bursieră a *Civic Education Project* și colegă a artistului la Academia de Arte din București, acesta mi-a mărturisit că a fost foarte jenat să își vadă lucrările la Veneția alături de cele ale lui Robert Rauschenberg și ale altor artiști americani sau vest-europeni.[3] Vederea lucrărilor lui Rauschenberg la ediția a XXXII-a a Bienalei de la Veneția din 1964 au fost pentru el o revelație și o experiență esențială. Scandalul legat de faptul că Rauschenberg nu doar că a expus foarte puține lucrări, dar a și câștigat Marele Premiu pentru pictură a fost trâmbițat în ziare, la știri și a fost intens dezbătut prin cafenelele aglomerate. Era o controversă. La vremea aceea Rauschenberg era cel mai tânăr artist care primise vreodată Marele Premiu. Dintre toate lucrările expuse în pavilionul Statelor Unite ale lui atrăseseră cel mai mult atenția și, în plus, Rauschenberg crease și costumele pentru spectacolul de dans al lui Merce Cunningham pe muzică de John Cage, prezentat publicului cu o seară înainte de anunțarea câștigătorului Marelui Premiu. Pentru prima dată în istoria Bienalei, pavilionul american și artiștii expuși acolo au fost subiectul principal al tuturor discuțiilor și au primit mai multă atenție decât oricare alții. Lui Bitzan momentul acesta i-a schimbat complet perspectiva asupra lumii artistice.

Opera lui Rauschenberg începuse să fie cunoscută în Europa chiar și înaintea Bienalei. În 1963 Rauschenberg a expus de două ori în galeria pariziană a Ilenei Sonnabend, iar Sonnabend era româncă. De asemenea, Calvin Tompkins a scris despre faptul că tinerii artiști italieni îl adulau pe Rauschenberg.[4] Este posibil ca Bitzan să fi așteptat momentul cu nerăbdare, dacă se vorbea despre tânărul artist american și în Europa de Est la vremea aceea. În 1964 pavilionul Statelor Unite a fost destul de mic și a mai cuprins câțiva artiști americani în afară de Rauschenberg. Consulatul american, cu acordul Comitetului Bienalei, a expus câteva lucrări de Rauschenberg la sediul instituției și este foarte probabil ca Bitzan să le fi văzut și pe acelea: *Tree Frog, Winter Pool, Traces, Kite, Buffalo* și *Coca-Cola Project*. Cele mai multe erau picturi abstracte și serigrafii (în *Buffalo* artistul a inclus o fotografie de ziar a lui John F. Kennedy), cu excepția lucrărilor *Winter Pool*, la care fusese atașată o scară adevărată și *Coca-Cola Project*, compusă din sticle de Coca-Cola, cu aripi de metal fixate pe o structură alungită din lemn și cu desene în creion reprezentând celebrele *combines*, tehnicile mixte create de artist la începutul carierei. Este important de spus că un alt tânăr artist expus în pavilionul american era Jasper Johns. Hărțile lui Johns ne vin imediat în minte când ne gândim la fascinația ulterioară a lui Bitzan pentru hărți. Ceilalți artiști americani, în afară de Johns și Rauschenberg, erau Andy Warhol, Jim Dine, Roy Lichtenstein, Claes Oldenburg și John Chamberlain. În mod sigur, Bitzan a fost foarte atent la toți,

1 „I am absolutely out of my skin with joy that you are doing an extensive exhibition of Ion Bitzan's work. I think he is one of the most important and least known abstract artists in the world.” (fragment din scrisoarea Alannei Heiss către Kent Dur Russell, 26 februarie 1985, arhiva Fundației Ion Bitzan).

2 „Benché il numero degli artisti e delle loro opere non è grande, ci auguriamo, benintenso, di mostrare qualche cosa del temperamento plastico romeno tipico, che si è manifestato nella luce calda, nel splendore dei colori, nella sincerità dei sentimenti. Non è nessun dubbio che questo specifico si forma giorno nell'ambito del generale sviluppo delle arti, nonce nelle determinazioni specifiche del nostro paese, un paese nel quale l'arte e gli artisti godono di un pieno apprezzamento e di amore da parte dello Stato e del grande pubblico.” Mircea Deac, text în catalogul *Ion Bițan. Ion Gheorghiu. Ion Pacea. Boris Caragea* [catalogul participarii românești la Bienala de la Veneția, 1964]

3 Conversații Ann Albritton – Ion Bitzan între toamna anului 1993 și primăvara anului 1995.

4 Calvin Tompkins, *Off the Wall: A Portrait of Robert Rauschenberg,* chapter 1: „Venice 1964”, New York: Picador, 2005.

> "I am absolutely out of my skin with joy that you are doing an extensive exhibition of Bitzan's work. I think he is one of the most important and least known abstract artists in the world."[1]

In this letter of February 26, 1985 Alanna Heiss, President and Executive Director of The Institute for Art and Urban Resources, New York, writes to Kent Dur Russell, Gallery Manager, Arts Council of Northern Ireland, congratulating him on a Bitzan exhibition:

> "The flower/color book is a knock-out. I hope you get it for you[r] show."

Ion Bitzan became well acquainted with art that developed in the United States while he was working in Romania. At that time, he was not well-known on the international art scene outside Europe. As one of the Romanian pavilion artists in 1964, Bitzan was allowed to attend. Other artists included Boris Caragea, Ion Gheorghiu, and Ion Pacea and attending also was Romanian art critic, Mircea Deac. Deac's article in the accompanying booklet for the exhibition explained:

> "[Although the number of artists and their works is not large, we hope, of course, to show something of the typical Romanian plastic temperament, which is manifested in the warm light, the splendor of the colours, in the sincerity of the feelings. It is not any doubt that this specific form is part of the general development of the arts, as well as in the specific determination of our country, a country where the art and the artists have a full appreciation and love for the state and the general public.]"[2]

Later, in discussions with the artist when I was a Fellow of the Civic Education Project and Bitzan's colleague at the Art Academy in Bucharest, he expressed to me that he felt acute embarrassment at his work shown there in comparison with Robert Rauschenberg's and other Americans and Western Europeans.[3] Seeing Rauschenberg's work at the 1964 XXXII Venice Biennale was a revelation and life-changing experience for him. The uproar over Rauschenberg not only exhibiting few works but winning the Grand Prize for painting, was splashed over the newspapers, the news, and discussed in the crowded cafés. It was controversial. At that time, Rauschenberg was the youngest artist to receive the Grand Prize, plus he did not exhibit many works. Not only did Rauschenberg's work draw the most attention in the United States pavilion, he also designed sets and costumes for Merce Cunningham's dance performance, with music by John Cage, the night before the winner for the Grand Prize was announced. For the first time at the Venice Biennale, the U.S. pavilion and artists were the most talked-about and getting the most attention of any other. To Bitzan this was a sea-change in the art world as he knew it. Even before the Biennale, Rauschenberg's work was becoming known in Europe. In 1963 in Paris he exhibited twice at Ileana Sonnabend's gallery – and Sonnabend was Romanian. Calvin Tompkins also writes of the young Italian artists' "hero worship" of Rauschenberg.[4] It's possible Bitzan was looking forward in anticipation, if word of this young American artist was spreading through Eastern Europe at that time. In 1964 the United States pavilion was quite small and several American artists were included besides Rauschenberg. The U.S. Consulate, with the agreement of the Biennale Committee agreed to also install several Rauschenberg paintings there and Bitzan most likely was able to view them all: *Tree Frog, Winter Pool, Traces, Kite, Buffalo,* and *Coca-Cola Project.* Most of these were abstract paintings and silkscreen (in *Buffalo* the artist included a newspaper photograph of John F. Kennedy) except *Winter Pool*, to which was attached an actual ladder, and *Coca-Cola Project,*composed of Coca-Cola bottles, metal wings in an elongated wood structure with pencil drawings of the famous early "combines" created by this artist. It is important to note that another of the young American artists exhibiting was Jasper Johns. Johns' maps come to mind in connection with Bitzan's later fascination with maps. Other artists from the U.S. besides Johns included Andy Warhol, Jim Dine, Roy Lichtenstein, Claes Oldenburg, and John Chamberlain. Assuredly, Bitzan paid great attention to them all, even though Rauschenberg remained the one most stamped in his memory. In correspondence with Sean McCrum, Bitzan also referred to Rauschenberg:

> "Rauschenberg and the American school gave me the understanding that there was another way to

1 Letter from the archive of Ion Bitzan Foundation.

2 „Benché il numero degli artisti e delle loro opere non è grande, ci auguriamo, beninteso, di mostrare qualche cosa del temperamento plastico romeno tipico, che si è manifestato nella luce calda, nel splendore dei colori, nella sincerità dei sentimenti. Non è nessun dubbio che questo specifico si forma giorno nell'ambito del generale sviluppo delle arti, nonce nelle determinazioni specifiche del nostro paese, un paese nel quale l'arte e gli artisti godono di un pieno apprezzamento e di amore da parte dello Stato e del grande pubblico." Mircea Deac, text in *Ion Bițan. Ion Gheorghiu. Ion Pacea. Boris Caragea* [the catalogue of the Romanian participation at the Venice Biennale, 1964]

3 Discussed in conversations with Ann Albritton several times between Fall 1993 and Spring 1995.

4 From Calvin Tompkins, *Off the Wall: A Portrait of Robert Rauschenberg,* "Venice 1964," New York: Picador, 2005.

chiar dacă Rauschenberg este cel care a lăsat urma cea mai adâncă în memoria lui. Bitzan s-a referit la Rauschenberg și în corespondența cu Sean McCrum:

> „[Rauschenberg și școala americană m-au făcut să înțeleg că există un alt fel de a lucra. Începusem deja să expun colaje când am făcut expoziția cu Richard Demarco la Edinburgh în 1969.]".[5]

În același interviu, Bitzan a subliniat impactul lui Brâncuși asupra operei sale și a artei contemporane din România.

După ce a văzut curajoasele experimente radicale ale lui Rauschenberg, Bitzan s-a simțit eliberat și, la întoarcerea în România, și-a inițiat propriile experimente, dar fără să copieze stilul artistului american. Acesta a rămas pentru el un reper care i-a amintit faptul că posibilitățile sunt nelimitate. În discuțiile noastre din 1994 și 1995, Bitzan l-a menționat în mai multe rânduri pe Rauschenberg și efectele pe care arta acestuia le-a avut asupra lui, dar a declarat că artistul pe care l-a admirat cel mai mult întreaga viață a fost Brâncuși. Într-un interviu mi-a spus că se ducea adesea la Târgu Jiu, duminica, să vadă *Masa tăcerii, Poarta sărutului* și *Coloana fără sfârșit*. A povestit că la un moment dat s-a ținut un iarmaroc în jurul *Coloanei*, cu vaci, porci și alte animale. Dincolo de Brâncuși, Bitzan cunoștea bine arta modernă; îi admira pe Malevici și Tatlin și era nedumerit de adeziunea lui Picasso la comunism – a spus că acest fapt era derutant pentru artiștii români. În perioada anterioară venirii lui Ceaușescu la putere fusese interzis să citești cărți despre Picasso, dar la începutul regimului ceaușist lucrurile s-au îmbunătățit pentru o vreme și cărțile au devenit mai accesibile.

Încă din 1968, corespondența lui Bitzan cu Andrew Stasik, directorul Pratt Center for Contemporary Printmaking, anunța o expoziție cu printuri de Bitzan, care urma să aibă loc în ianuarie 1969. O scrisoare din noiembrie 1968 menționează că printurile donate de artist pentru un eveniment de strângere de fonduri în beneficiul Pratt Center sosiseră în stare bună. O scrisoare de recepție pentru seria numită *Tentație*, în tiraj de 100 de exemplare, portofoliu pentru Europa de Est, este datată 19 septembrie 1969. Aceste expoziții de grup cu printuri marchează începutul relației lui Bitzan cu Pratt Center, fiind și primele expoziții ale artistului în Statele Unite.

În 12 martie 1971, Stasik scria că, în ciuda unei scăderi a pieței de artă din Statele Unite,

> „[Sunt încântat să vă informez că unul dintre seturi se află acum în colecția Muzeului de Artă Modernă de la New York. Portofoliul este însoțit de un articol pregătit de mine și publicat în *Artist's Proof Annual*. Un exemplar al acestui volum va pleca spre dumneavoastră peste câteva zile, cu vaporul. Cum cartea abia acum este distribuită, în următoarele câteva luni ar trebui să atragă atenția colecționarilor din sfera publică și privată asupra lucrărilor dumneavoastră.]"[6]

În acea perioadă creația lui Bitzan devenise tot mai abstractă și mai înclinată spre experiment. Și, deși începuse „noul îngheț cultural", atâta vreme cât explorările sale în zona experimentului nu erau anti-comuniste, i s-a permis să continue. Într-o conversație mi-a explicat că artiștii aveau libertate în atelier. Vorbind despre faptul că a pictat portretul lui Nicolae Ceaușescu, secretarul general al Partidului Comunist Român, Bitzan mi-a explicat că nu l-a pictat niciodată în spațiul său secret, adică în atelier. Artistul proiecta fotografii cu Ceaușescu, apoi, pe baza proiecției, picta tabloul în două zile, apoi îl expunea sau i-l dădea lui Ceaușescu.[7] Prin pictarea acestor portrete Bitzan a asigurat și continuarea finanțării Uniunii Artiștilor Plastici din București, instituția oferind artiștilor acces la fonduri, cărți și burse pentru călătorii. De asemenea, prin crearea de lucrări în stilul realismului socialist, acceptat de regim, a avut posibilitatea să își expună lucrările de artă experimentală în alte țări și să obțină un venit din vânzarea acestora.

În 1973 Bitzan a creat *Codurile cromatice*, iar spre sfârșitul deceniului începuseră să prindă contur și hărțile sale magice.

5 „Rauschenberg and the American school gave me the understanding that there was another way to work. I had already started to do collages when I showed with Richard Demarco in Edinburgh în 1969." („Ion Bitzan. An interview with Sean McCrum", în catalogul expoziției *Ion Bitzan*, 4 September – 3 October, 1990, Narrow Water Gallery, United Kingdom: Freehold Press, September 1990).

6 „I am delighted to inform you that one of the sets is now in the collection of the Museum of Modern Art in New York. The entire suite is illustrated with a short article prepared by myself in a recent issue of *Artist's Proof Annual*. A copy of the book will be sent to you in a few days by ship. As the book is just now being distributed, the next few months should draw attention to this work by both private and public collectors. " (fragment din scrisoarea lui Andrew Stasik, director al Pratt Graphics Center din New York, către Ion Bitzan, 18 martie 1971, arhiva Fundației Ion Bitzan) Andrew Stasik se referă la *Eastern European Prints (1966-1970)*, portfolio of eight etchings, one plaster relief and one wood engraving (collaborating artists Janez Bernik, Ion Bitzan, Marcel Chirnoaga, Arnold Gross, Jiří John, Béla Kondor, Danuta Leszczynska-Kluza, Ryszard K. Otreba, Marjan Pogačnik, Jaroslav Šerých), Pratt Graphics Center, New York, 1970, gift of Andrew and Mary Stasik for MoMA.

7 Conversații Ann Albritton – Ion Bitzan (1995).

work. I had already begun to show collages when I showed with Demarco in Edinburgh in 1969."[5]

In the same interview Bitzan stressed the importance of Brancusi on his work and on contemporary art in Romania.

The impact of seeing Rauschenberg's audacious, radical experiments in art-making gave Bitzan the freedom to return to Romania where he began his own experiments, not in the style of Rauschenberg, but with Rauschenberg as a benchmark to remind him of possibilities. In our discussions in 1994 and 1995 in Bucharest Bitzan several times mentioned Rauschenberg and the effects of seeing his work but also professed that the artist he had most admired all his life was Brancusi. In the interview he told me about visiting Târgu Jiu many times on Sundays to see the *Table of Silence*, *The Gate*, and *The Endless Column*. He recounted that a market was held around the column with cows, pigs, and other animals. Besides Brancusi, Bitzan knew modern art well; he admired Malevich and Tatlin and wondered about Picasso becoming a Communist – he said that that was confusing to artists in Romania. Before Ceausescu it was forbidden to look at a book about Picasso but at first with Ceausescu things improved for a time and books became more plentiful.

As early as 1968 letters in the Bitzan Archives show that Andrew Stasik, director of The Pratt Center for Contemporary Printmaking, was discussing an upcoming exhibition where Bitzan's prints would be shown in January 1969. A letter from November 1968 states that prints donated by the artist for a special benefit for the Pratt Center arrived in good condition. A receipt for a series entitled *Tentație*, edition of 100, portfolio for Eastern Europe is dated September 19, 1969. These group exhibitions of prints mark the beginning of Ion Bitzan's relationship with the Pratt Center and with exhibitions in the United States.

On March 12, 1971 Stasik writes that despite a decline in the art market in the United States at that time,

> "I am delighted to inform you that one of the sets is now in the collection of the Museum of Modern Art in New York. The entire suite is illustrated with a short article prepared by myself in a recent issue of "Artist's Proof Annual." A copy of the book will be sent to you in a few days by ship. As the book is just now being distributed, the next few months should draw attention to this work by both private and public collectors."[6]

By this time Bitzan's work became increasingly experimental and abstract. Even though the "cultural revolution" had begun, as long as his experimental work was not anti-communist, he was allowed to continue. In one conversation he explained to me that artists had freedom in their studios. In discussing painting portraits of Nicolae Ceausescu, the general secretary of the Romanian Communist Party, he explained that he never painted him in his "secret space," i.e, his studio. Instead he projected a photograph, painted in it two days, and exhibited the portrait or gave it to Ceausescu.[7] By painting these portraits he also assured continued funding for the Artists' Union in Bucharest which helped artists with funding, and also to obtain books and travel grants. Also, by creating the accepted social realist art, he was able to exhibit his experimental works in other countries offering the possibility of income through his art.

In 1973 Bitzan was creating *Chromatic Codes* and by the late 'seventies his magical maps were taking shape. A few other Romanian artists were experimenting as well. He increasingly experimented, perhaps in competition with artists he began to observe in his travels outside Romania.

When Alanna Heiss invited Bitzan to show his work at P.S.1 in 1980, he explained to her that P.S.1 must send him a legal invitation for the Artists' Union in order for him to travel:

> "In order to be able to solve in due time all the problems concerning my passport and the taking out of the country of my art world and also in order to be able to organize my program of activities at the end of 1981, I kindly ask you to let me know the exact date of the exhibition."[8]

This was normal procedure at that time to enable artists and others to leave the country. This exhibition and Bitzan's travel to the United States in connection with it, opened doors

5 „Ion Bitzan. An interview with Sean McCrum", in the catalogue of the exhibition *Ion Bitzan*, 4 September – 3 October, 1990, Narrow Water Gallery, United Kingdom: Freehold Press, September 1990.

6 From the letter sent by Andrew Stasik, director of Pratt Graphics Center New York, to Ion Bitzan, March 18, 1971, archive of the Ion Bitzan Foundation. Andrew Stasik refers to *Eastern European Prints (1966-1970)*, portfolio of eight etchings, one plaster relief and one wood engraving (collaborating artists Janez Bernik, Ion Bitzan, Marcel Chirnoaga, Arnold Gross, Jiří John, Béla Kondor, Danuta Leszczynska-Kluza, Ryszard K. Otreba, Marjan Pogačnik, Jaroslav Šerých), Pratt Graphics Center, New York, 1970, gift of Andrew and Mary Stasik for MoMA.

7 Conversations with Ann Albritton, Bucharest, 1995.

8 From the letter sent to Per Haubro Jensen, Institute for Art and Urban Resources New York, June 15, 1981, archive of the Ion Bitzan Foundation.

Nu era singurul artist care experimenta în acea perioadă în România. Experimenta din ce în ce mai mult – poate că se simțea în concurență cu artiștii pe care îi vedea în călătoriile sale în străinătate.

Când, în 1980, Alanna Heiss l-a invitat pe Bitzan să expună la P.S.1, artistul i-a explicat că P.S.1 trebuie să îi trimită o invitație pe adresa Uniunii Artiștilor Plastici pentru ca el să poată călători.

> „[Ca să îmi pot rezolva din timp problemele legate de pașaport și de scoaterea din țară a lucrărilor, ca și pentru a-mi putea organiza programul de activități de la sfârșitul anului 1981, vă rog să-mi comunicați data exactă a expoziției.]"[8]

Aceasta era procedura normală prin care artiștii vremii puteau părăsi țara. Expoziția aceasta și călătoria asociată cu ea i-au deschis multe uși, punându-l în legătură cu artiști, curatori, galerii și muzee importante. Mediul distinct pe care îl reprezenta P.S.1 i-a permis lui Bitzan să expună în Statele Unite la zenitul artei contemporane.

Greutatea galeriei new-york-eze ar fi trebuit să îi deschidă și mai multe uși lui Bitzan pe plan internațional. Dar în 1980 nu i se permitea să călătorească decât ocazional, iar lumea artei avea să se schimbe pentru el abia după 1989, când, după dispariția lui Ceaușescu, i s-au oferit oportunități cum nu cunoscuse niciodată înainte.

În interviul pe care mi l-a acordat, Bitzan a continuat mărturisirile:

> „Înainte de 1989 îmi tratam creația ca pe un hobby. După 1989 m-am devotat cu adevărat artei. Simțeam că ceva s-a schimbat dramatic. Aproape că am încercat să recuperez lucruri pe care nu le făcusem cu ani în urmă. Înainte credeam că nu aveam să pot vreodată să lucrez la nivelul la care aspiram. Așa că nu dădeam tot ce puteam. Acum lucrez, în general, cu altă energie. Am o expoziție în aprilie, la Paris și alta la Bath, în mai."

Am observat că părea entuziasmat în legătură cu aceste două expoziții:

> „Am emoții, mai ales în legătură cu cea de la Paris. Sunt mulți studenți și mulți artiști români la Paris."

Continuând discuția despre lumea artistică, l-am întrebat ce artiști admiră:

> „Am văzut o retrospectivă Tàpies la Londra. Guernica la muzeul Reina Sofía și Brâncuși. Pare un răspuns foarte simplu, dar am trăit ani întregi lângă operele sale."

Bitzan a devenit celebru nu doar la Paris și Bath, ci și la Bienala de la Veneția. O scrisoare din arhiva Bitzan, datată cam din perioada interviului nostru, îi transmite lui Ion Bitzan felicitări pentru faptul de a fi fost admis în Consiliul Internațional al Decanilor Facultăților de Arte Plastice, însoțite de speranța unor întâlniri viitoare cu alți decani din toată lumea.[9]

8 „In order to be able to to solve in due time all the problems concerning my passport and the taking out of the country of my art works and also in order to be able to organize my program of activities at the end of 1981, I kindly ask you to let me know the exactly date of the exhibition." (fragment din scrisoarea lui Ion Bitzan către Per Haubro Jensen, Institute for Art and Urban Resources New York, 15 iunie 1981, arhiva Fundației Ion Bitzan).

9 Scrisoarea lui John E. Green, director executiv al ICFAD, către Ion Bitzan, din 11 ianuarie 1994, arhiva Fundației Ion Bitzan.

for him by connecting him with artists, curators, and important galleries and museums. In New York, P.S. 1's distinctive milieu allowed Bitzan to begin showing in the U.S. at the zenith of contemporary art at that time.

The powerful venue of PS 1 should have opened even more doors for Bitzan internationally. But in 1980, though he was allowed to travel occasionally, it was only by 1989 that the art world changed for him. With the death of Ceausescu opportunities such as never in his lifetime expanded the possibilities.

In the interview he went further:

> "Before 1989 I approached work as a hobby. After 1989 I worked passionately on my art. It felt dramatically changed. I almost tried to recover things I hadn't done years before. Before I believed that I would never work to the level of my aspirations. I held back; I have a different appetite for work, in general. I'm showing my work in Paris in April and in Bath in May."

I commented that he seemed excited about these shows:

> "Mostly about Paris... nervous. There are many Romanian students in Paris and many Romanian artists."

Talking further about the art world, I asked which artists he liked now:

> "I saw a Tàpies retrospective in London. The Guernica at the Reina Sofía, and Brâncuși. Sounds like a simple answer but I lived for years near his work."

Not only in Paris and Bath, but the Venice Biennale again, Bitzan was becoming well-known. In fact, another letter in the Bitzan Archives around the time of my interview with him, welcomes Bitzan to the International Council of Fine Arts Deans and at the same time looks forward to meetings in the future with other deans from around the world.[9]

9 Letter from John E. Green, Executive Director ICFAD, January 11, 1994, archive of Ion Bitzan Foundation.

Catalog
Catalogue

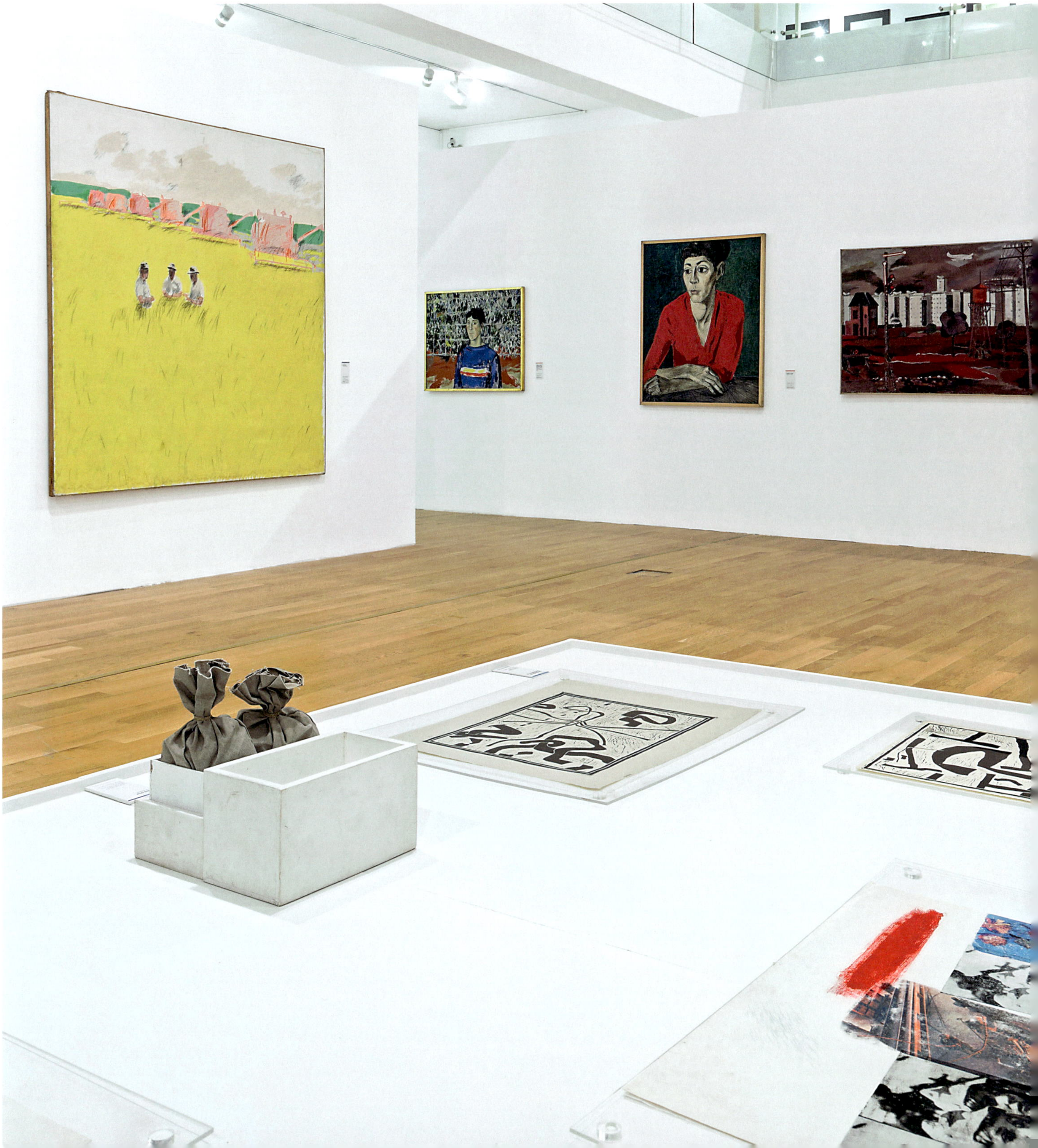

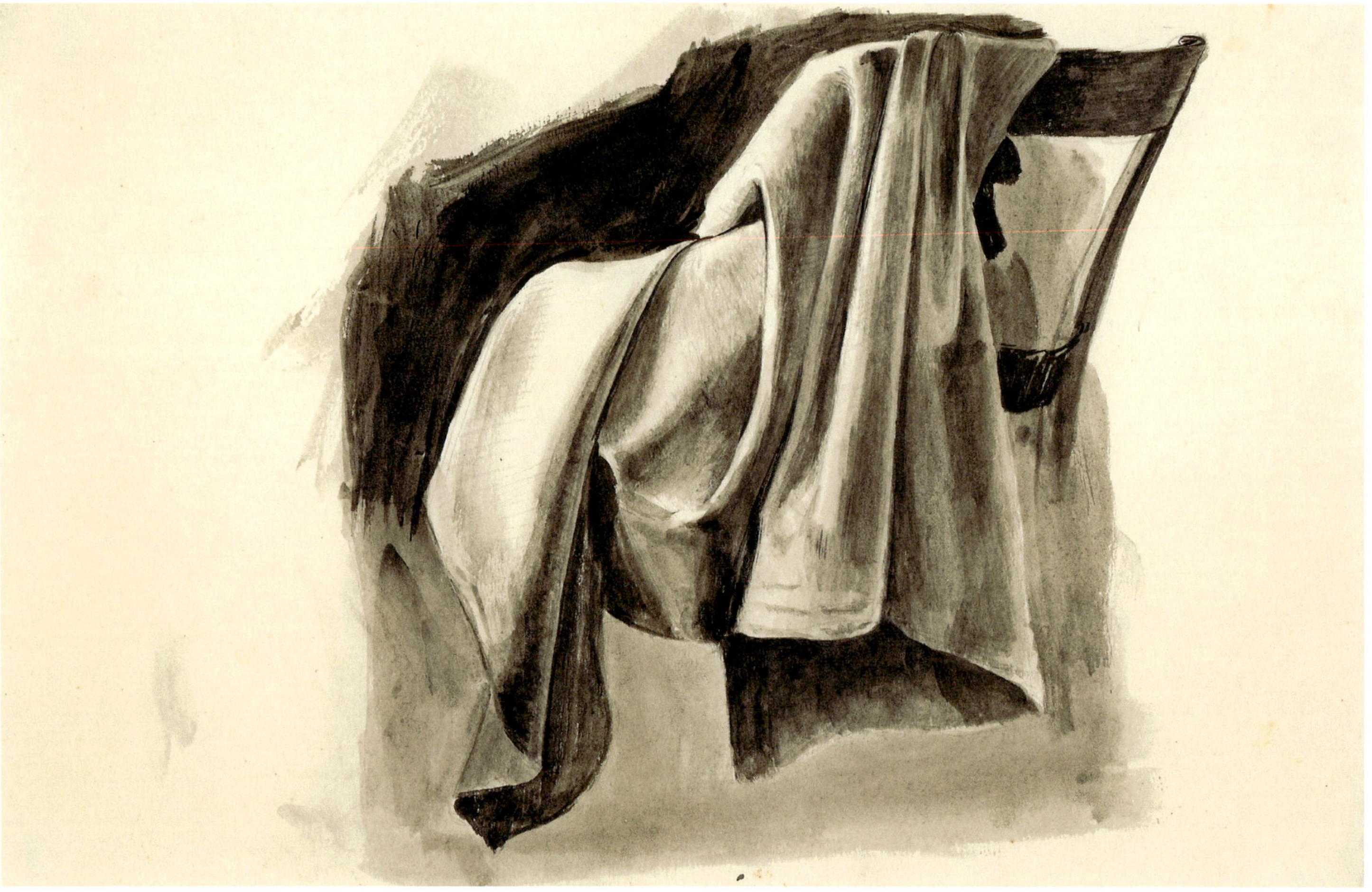

#1 **Studiu de draperie**

Tuş pe hârtie, 30,5×20,6 cm, c. 1945-1950, nesemnat, nedatat, CP

#1 **Curtain – a study**

Ink on paper, 30.5×20.6 cm, circa 1945-1950, unsigned, undated, PC

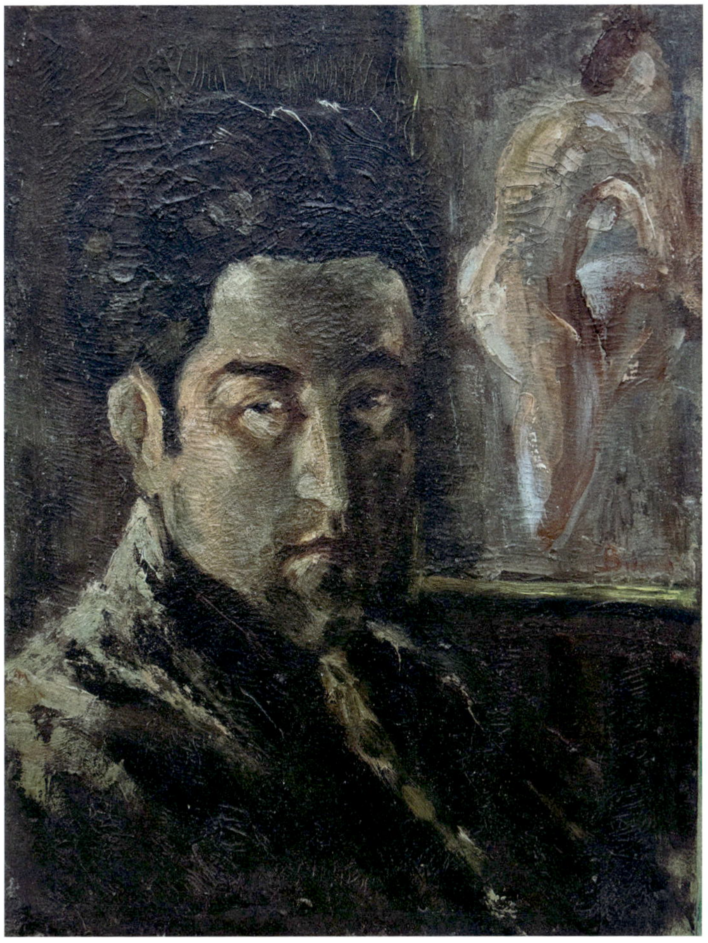

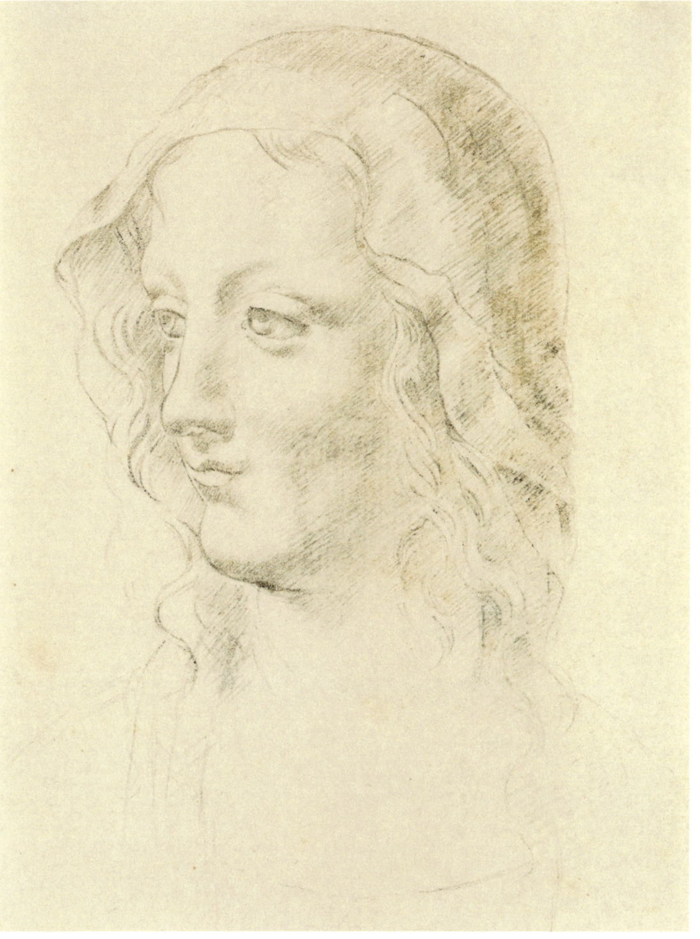

#2 Portret de bărbat [Autoportret]
Ulei pe pânză lipită pe carton, 43,5×32 cm, 1949,
semnat, datat „Bițan 49", CP, România

#3 Schiță (după Leonardo da Vinci)
Cărbune pe hârtie, 21,2×14 cm, c. 1952-1953, nesemnat, nedatat, CP

#2 Portrait of a Man [Self-portrait]
Oil on canvas glued on cardboard, 43.5×32 cm, 1949,
signed, dated "Bițan 49", PC, Romania

#3 Sketch (after Leonardo da Vinci)
Charcoal on paper, 21.2×14 cm, circa 1952-1953, unsigned, undated, PC

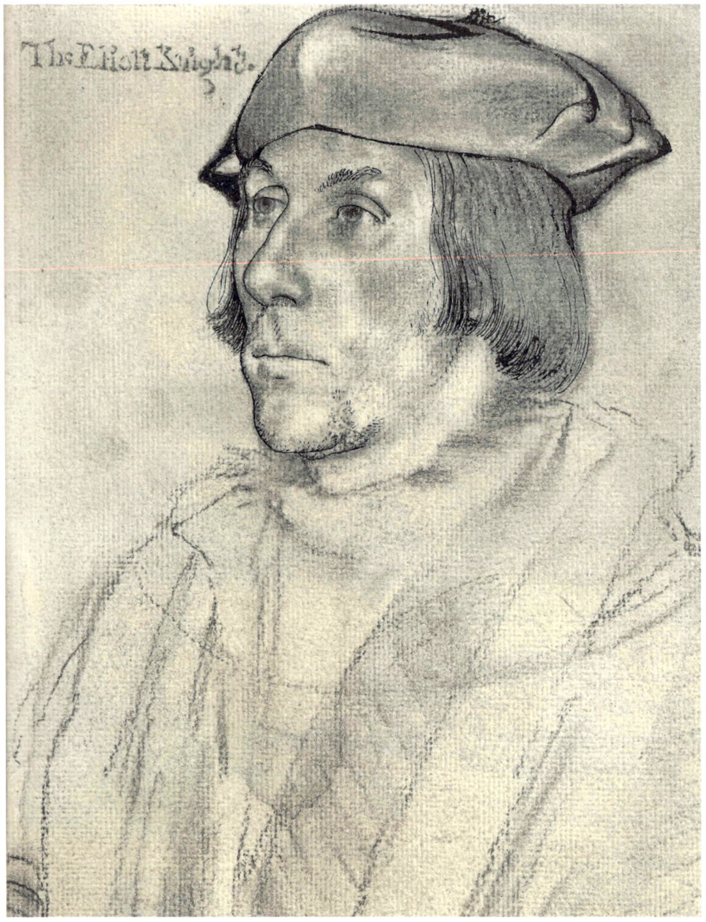

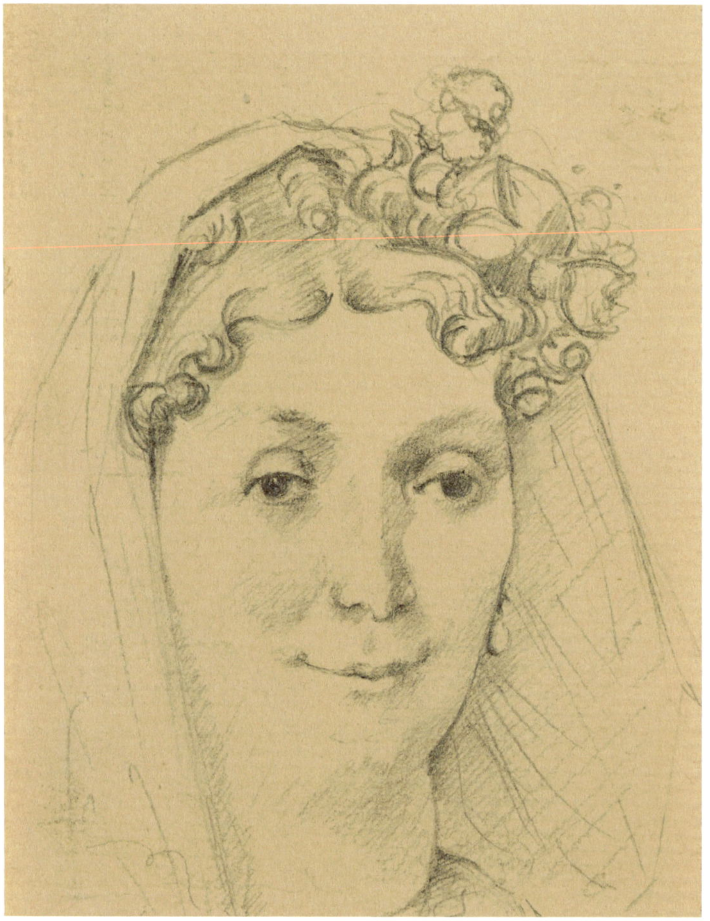

#4 Schiță de portret (după Hans Holbein cel Tânăr, The Eliott Knight)
Cărbune, tuș pe hârtie, 24,3×19 cm, c. 1952-1953, nesemnat, nedatat; pe verso: studiu după capitel antic, CP

#5 Potoroacă Maria – Poiana Mare
Creion pe hârtie, 10,3×7,3 cm, c. 1952-1953, nesemnat, nedatat, CP

#6 Portret de coreean
Conté pe hârtie galbenă cu linii de apă, 33×23 cm, 1954, semnat, datat pe verso „Ion Bițan", „5 feb 1954", MNAR

#4 Sketch for a portrait (after Hans Holbein the Younger, The Eliott Knight)
Charcoal, ink on paper, 24.3×19 cm, circa 1952-1953, unsigned, undated; on the back: study of antique column capital, PC

#5 Potoroacă Maria – Poiana Mare
Pencil on paper, 10.3×7.3 cm, circa 1952-1953, unsigned, undated, PC

#6 Portrait of a Korean Man
Conté on yellow watermark paper, 33×23 cm, 1954, signed, dated on the back "Ion Bițan", "5 feb 1954", MNAR

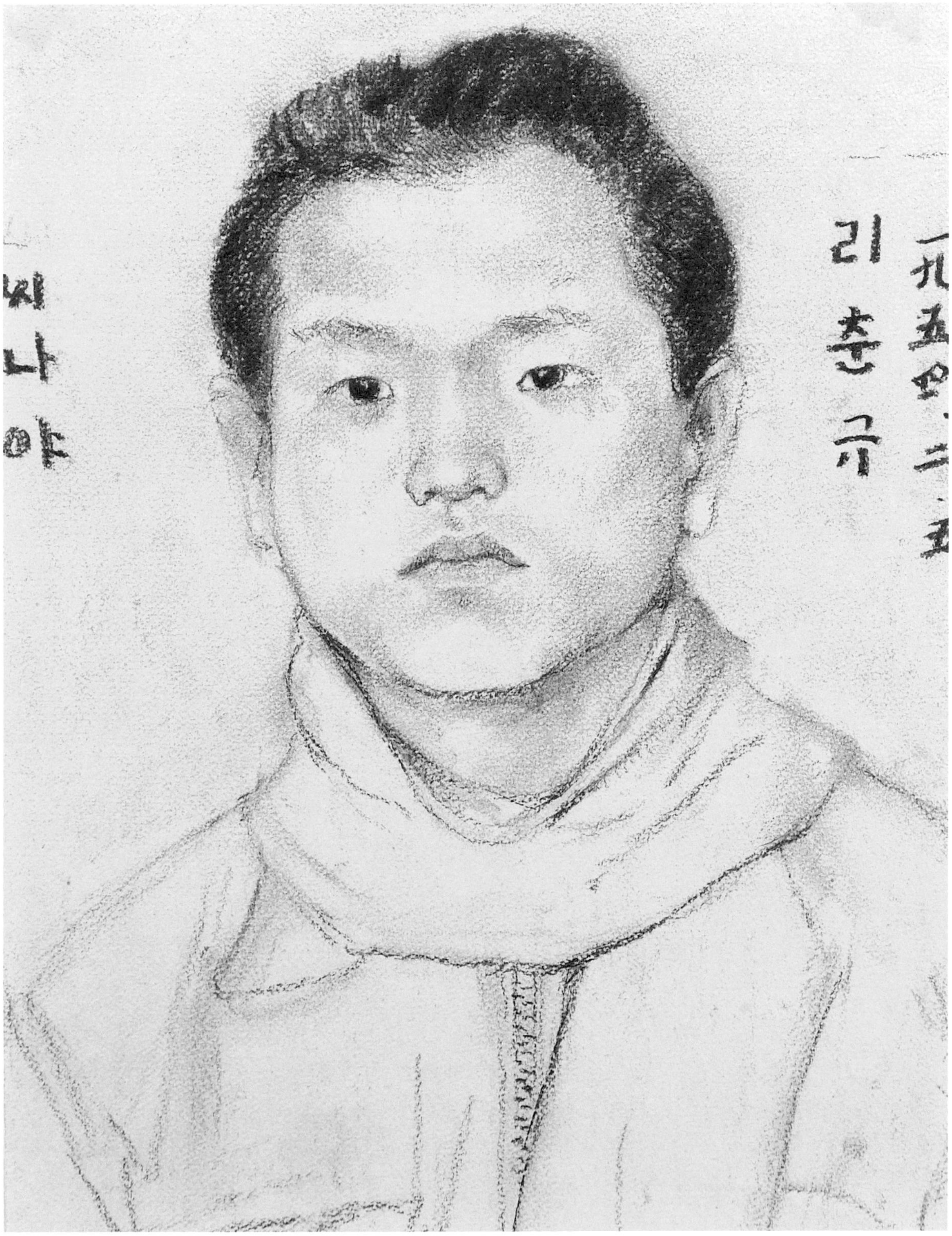
리 춘 규

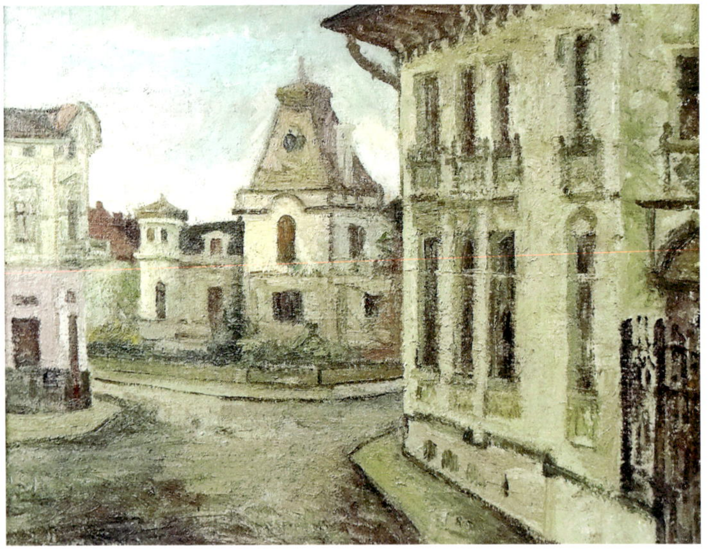

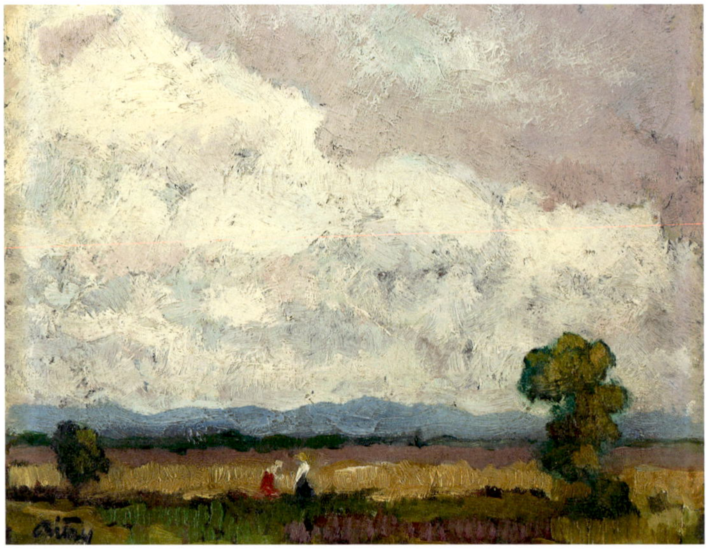

#7 **Strada Armenească**
Ulei pe pânză, 50×61 cm, 1954, semnat, datat pe verso „Ion Bițan 54", CP

#8 **Peisaj**
Ulei pe carton, 20,2×25 cm, c. 1954-1955, semnat „Bițan", nedatat,
Colecția Dana Postolache & Ioan Darida, România

#9 **Schiță de portret pentru „Distribuirea vinului la G.A.S.*"**
Tuș pe hârtie, 16,8×13,5 cm, [1956], nesemnat, nedatat, CP
* G.A.S. = Gospodăria Agricolă de Stat, formă de organizare a activităților agricole pe terenuri expropriate abuziv de către statul comunist, după model sovietic.

#7 **Armenească Street**
Oil on canvas, 50×61 cm, 1954, signed, dated on the back "Ion Bițan 54", PC

#8 **Landscape**
Oil on cardboard, 20.2×25 cm, circa 1954-1955, signed "Bițan",
undated, Dana Postolache & Ion Darida collection, Romania

#9 **Sketch of a portrait for the composition entitled "Distributing Wine at the G.A.S.*"**
Ink on paper, 16.8×13.5 cm, [1956], unsigned, undated, PC
* G.A.S. = State Agricultural Unit, way of organizing agricultural activities on lands abusively expropriated by the communist state, according to the Soviet model.

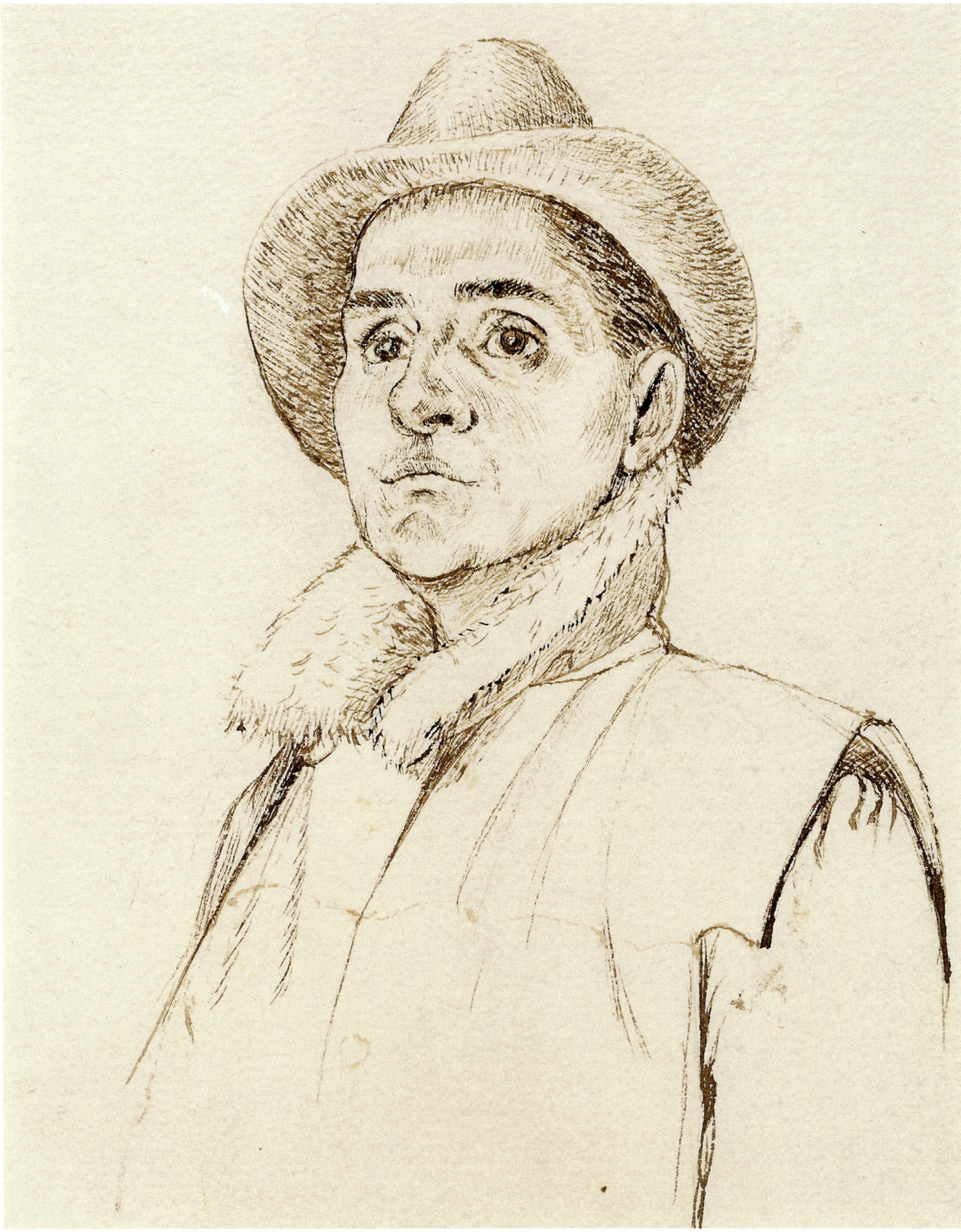

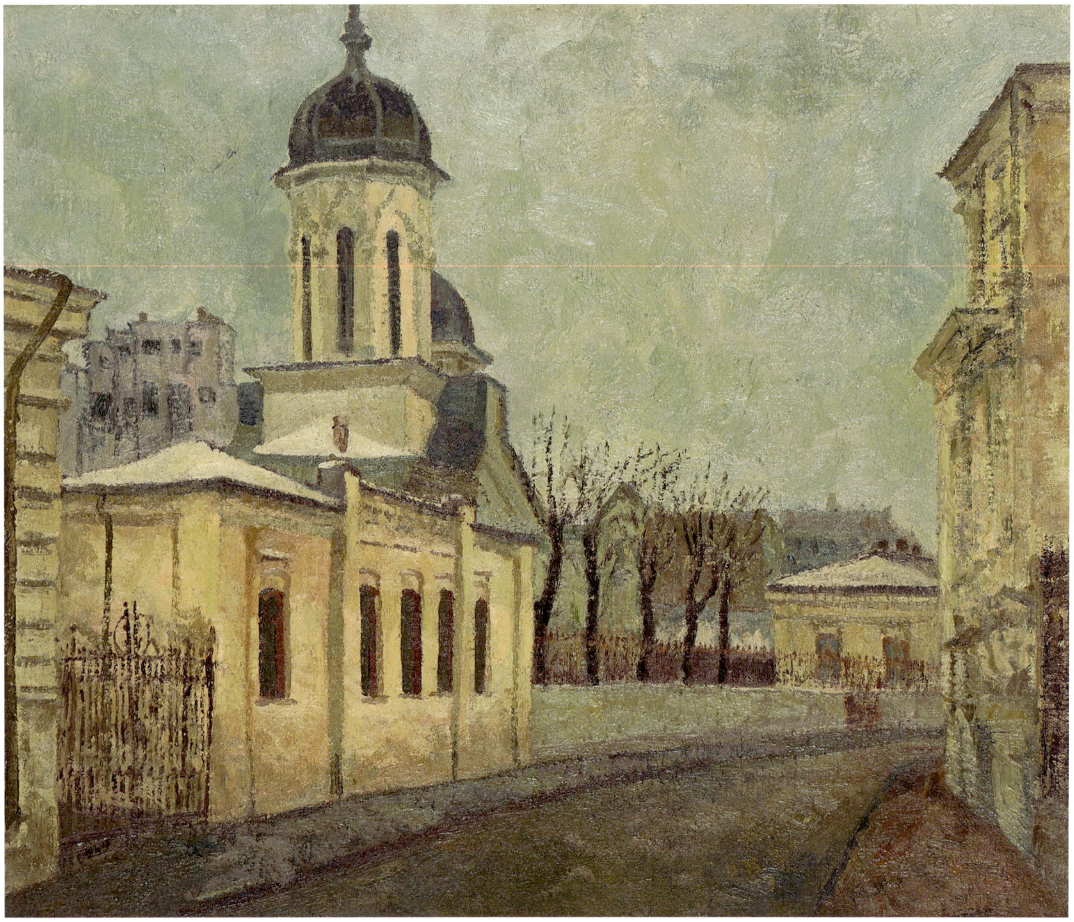

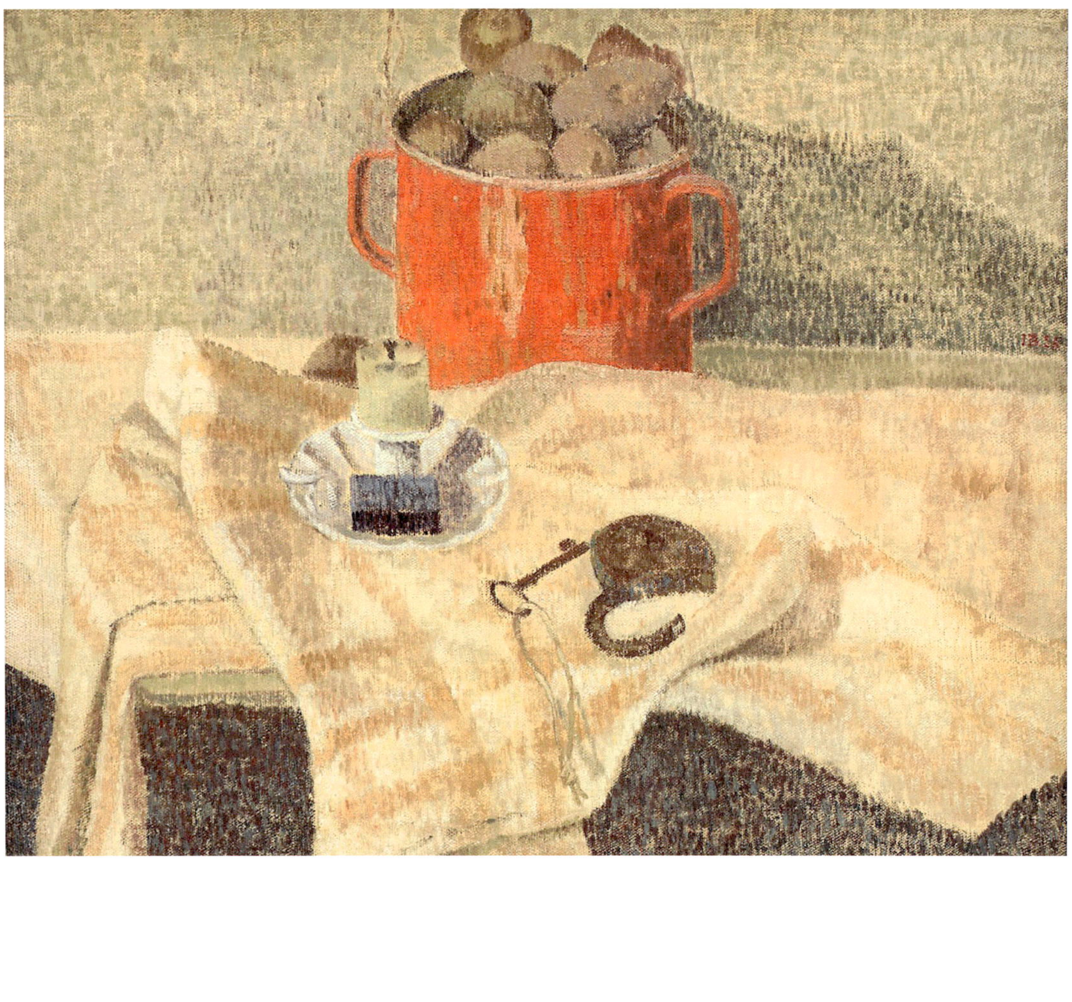

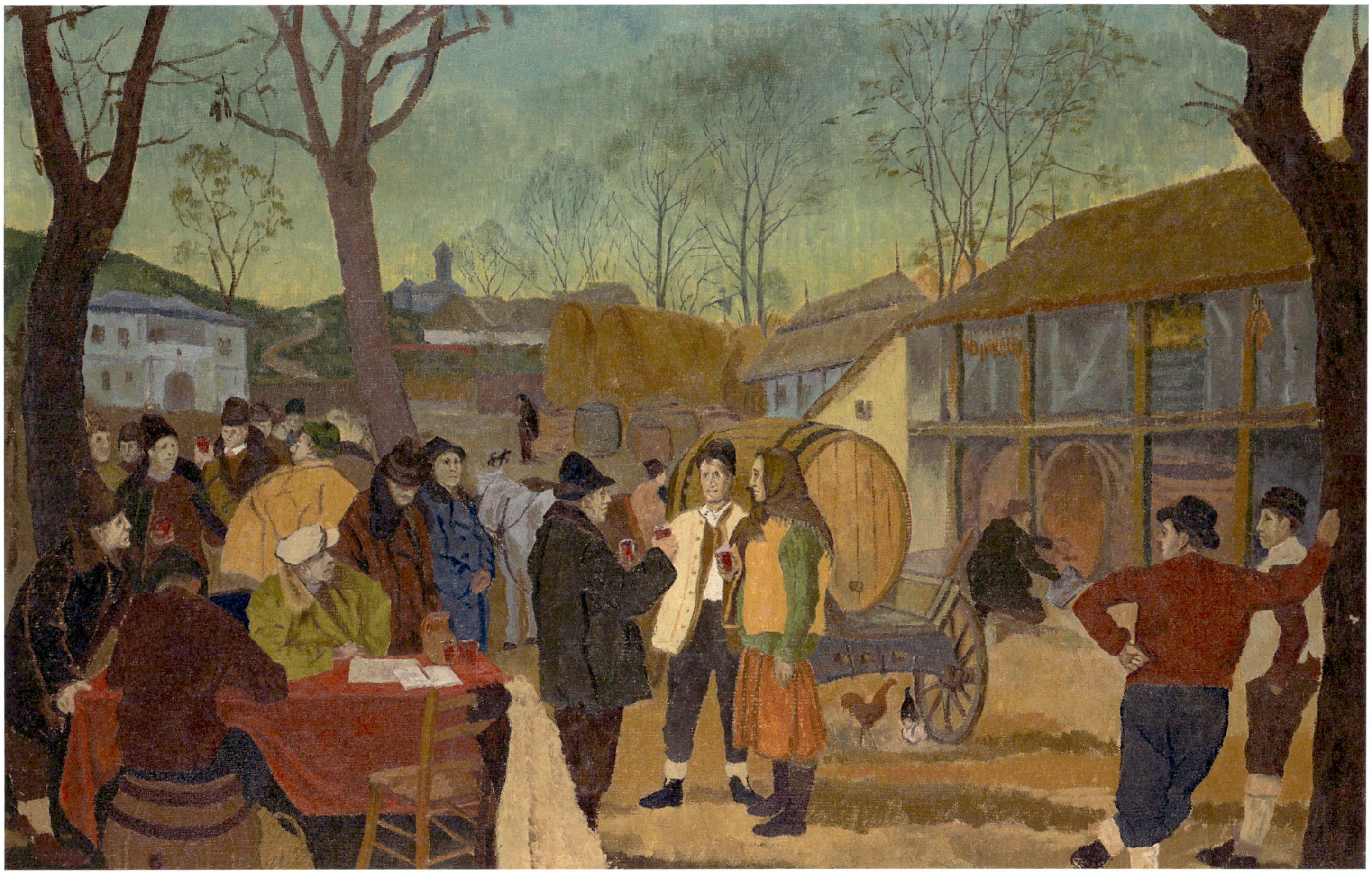

#10 **Peisaj din București**
Ulei pe pânză, 55,5×66,5 cm, [1956], semnat „I. Bițan" pe verso, nedatat, MNAR

#11 **Natură moartă**
Ulei pe pânză, 54,5×64,5 cm, 1956, semnat, datat „IB56", Colecția Sineva, România

#12 **Distribuirea vinului la G.A.S.**
Ulei pe pânză, 73×105 cm, 1956, semnat, datat „I. Bițan 56",
Complexul Muzeal Arad, Muzeul de Artă

#10 **Bucharest view**
Oil on canvas, 55.5×66.5 cm, [1956], signed on the back "I. Bițan", undated, MNAR

#11 **Still life**
Oil on canvas, 54.5×64.5 cm, 1956, signed, dated "IB56", Sineva Collection, Romania

#12 **Distributing Wine at the G.A.S.**
Oil on canvas, 73×105 cm, 1956, signed, dated "I. Bițan 56",
Arad Museum Complex, Art Museum

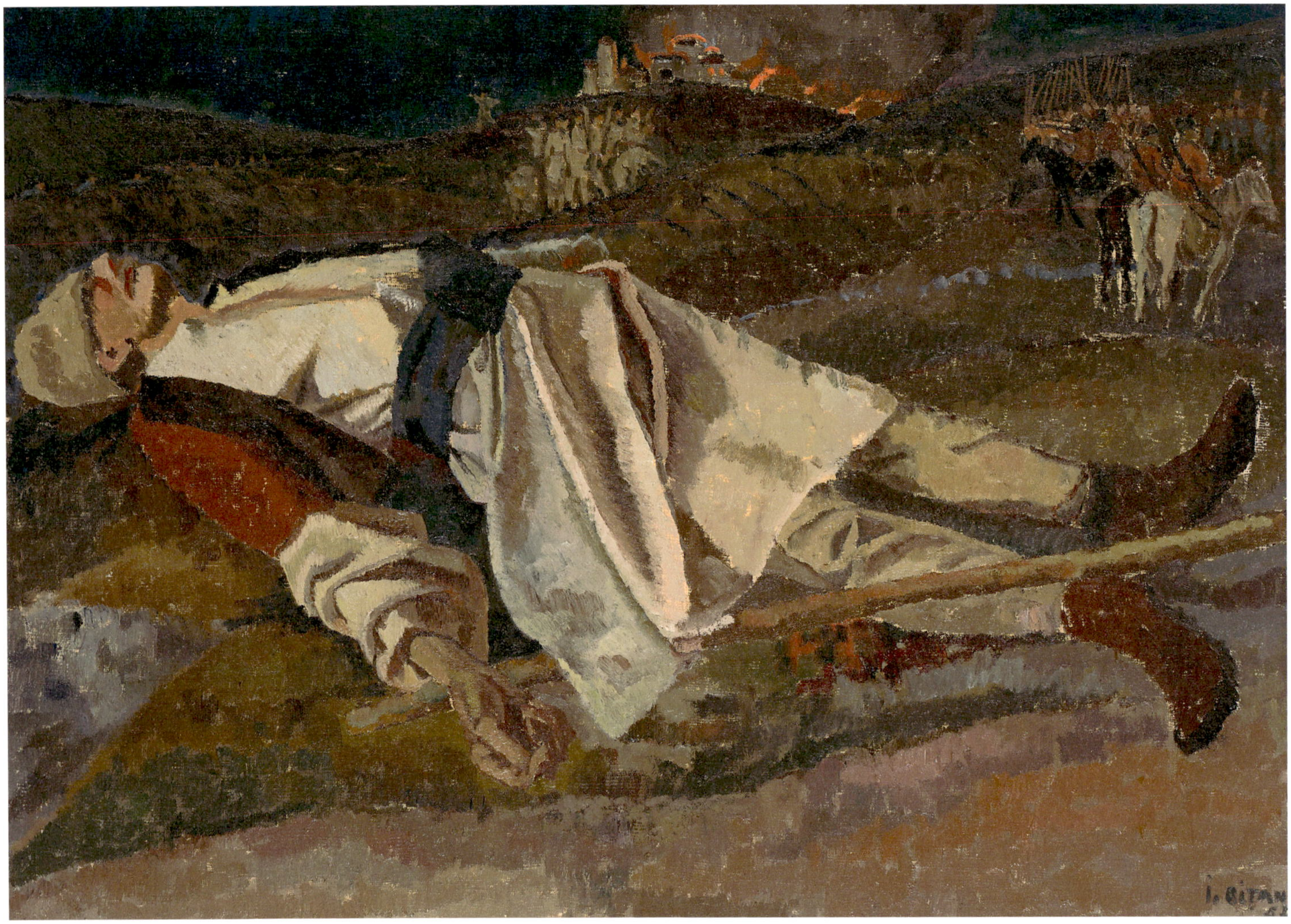

#13 **Represiunea din 1907**
Ulei pe pânză, 65×92 cm, 1957, semnat, datat „I. Bițan 57”,
Muzeul Național de Artă Timișoara

#13 **The 1907 Repression**
Oil on canvas, 65×92 cm, 1957, signed, dated “I. Bițan 57”,
The National Museum of Art Timișoara

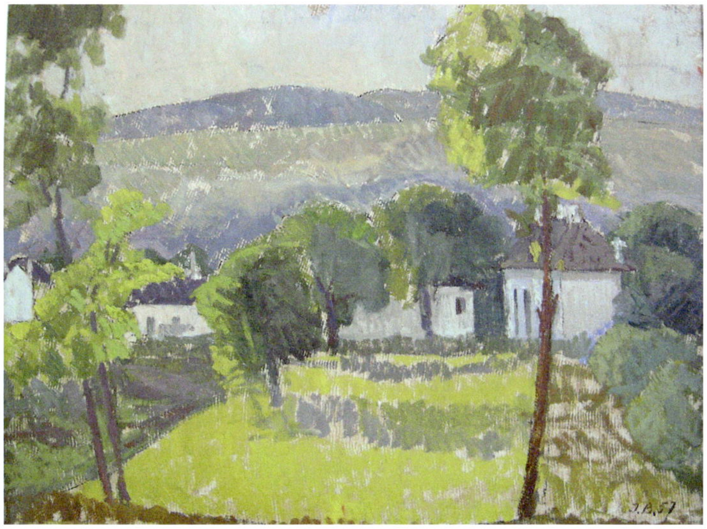

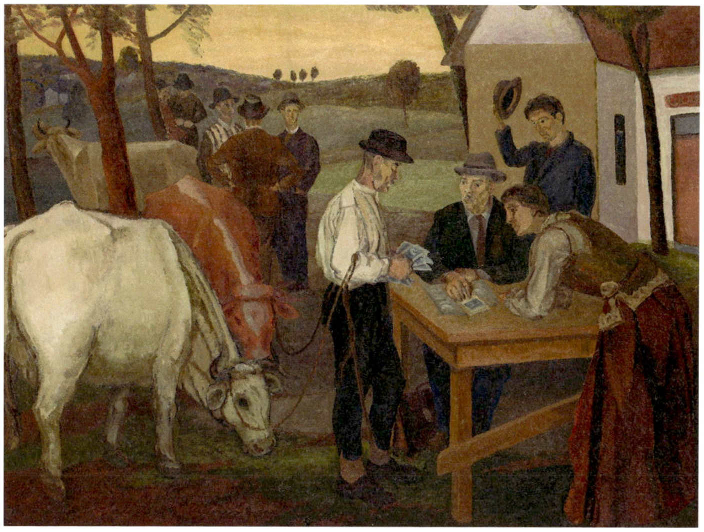

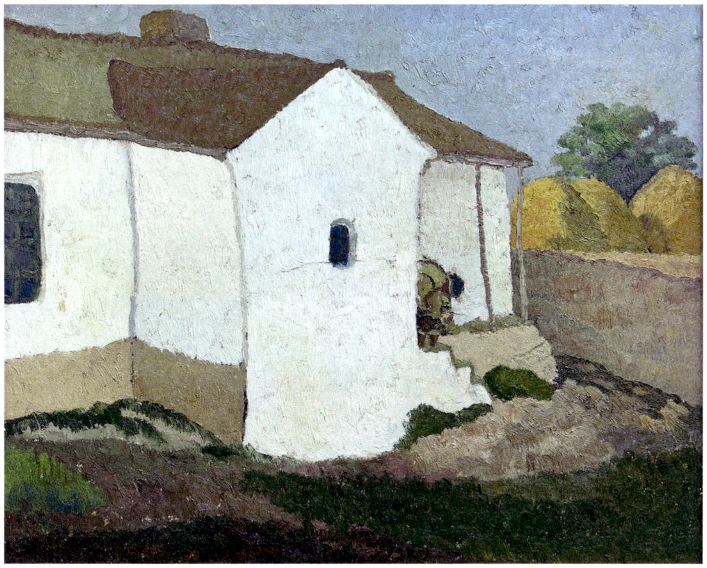

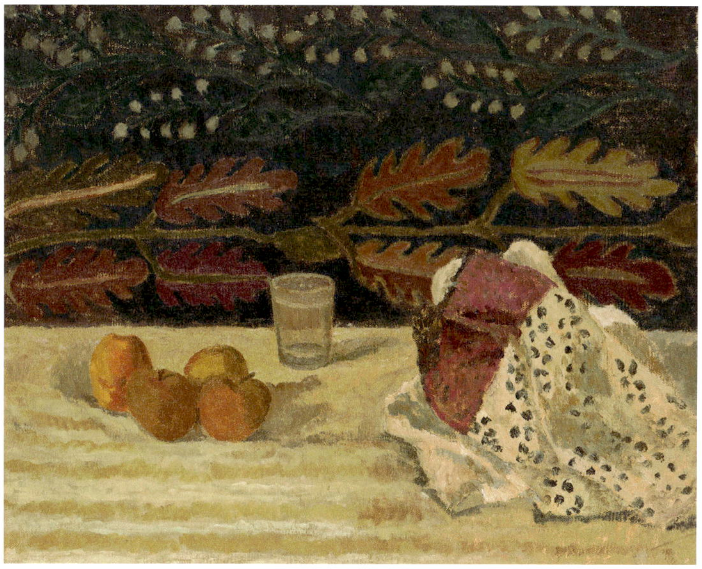

#14 **Peisaj din Babadag**
Ulei pe carton, 50×65 cm, 1957, semnat, datat „IB57”, MAC, Muzeul de Artă „Dinu și Sevasta Vintilă”, Topalu

#15 **Contractări de animale la O.R.A.C.A.***
Ulei pe pânză, 97×130,5 cm, 1957, semnat, datat „I. 1957 B”, MNAR
* O.R.A.C.A. = Oficiul Regional de Achiziții și Colectare de Animale, instituție creată în cadrul organizării agriculturii după principiile economice socialiste importate din Rusia sovietică.

#16 **Casa lui Mubin Ali**
Ulei pe carton, 50×61 cm, [1957], semnat pe verso „I. Bițan”, nedatat, MNAR

#17 **Natură moartă cu covor oltenesc**
Ulei pe pânză, 54×65,5 cm, [1957], semnat pe verso „I. Bițan”, nedatat, CMIA

#14 **Babadag landscape**
Oil on cardboard, 50×65 cm, 1957, signed, dated “IB57”, MAC, “Dinu and Sevasta Vintilă” Art Museum in Topalu

#15 **Purchasing Livestock at the O.R.A.C.A.***
Oil on canvas, 97×130.5 cm, 1957, signed, dated “I. 1957 B”, MNAR
* O.R.A.C.A. = Regional Office for Purchasing and Collection of Livestock, created within the organization of the agriculture according to the socialist economic principles imported from Soviet Russia.

#16 **Mubin Ali‘s house**
Oil on cardboard, 50×61 cm, [1957], signed on the back “I. Bițan”, undated, MNAR

#17 **Still life with rug from Oltenia**
Oil on canvas, 54×65.5 cm, [1957], signed on the back “I. Bițan”, undated, CMIA

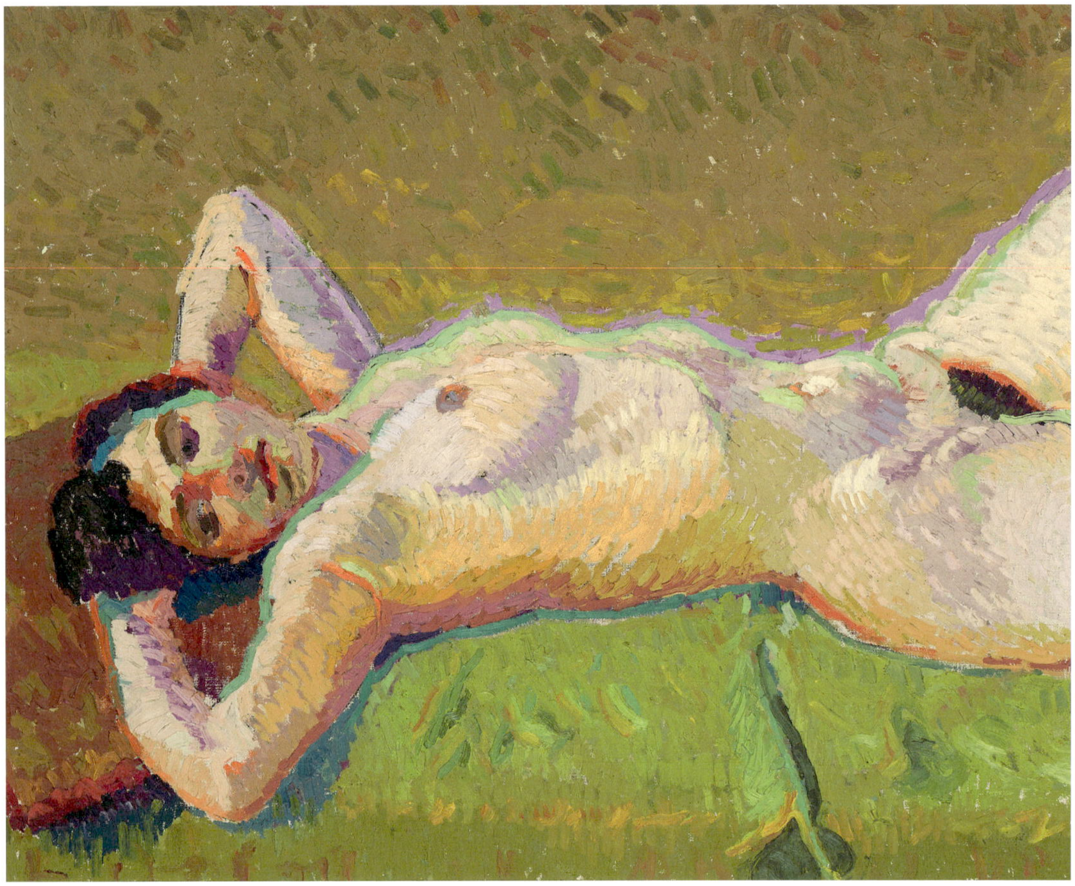

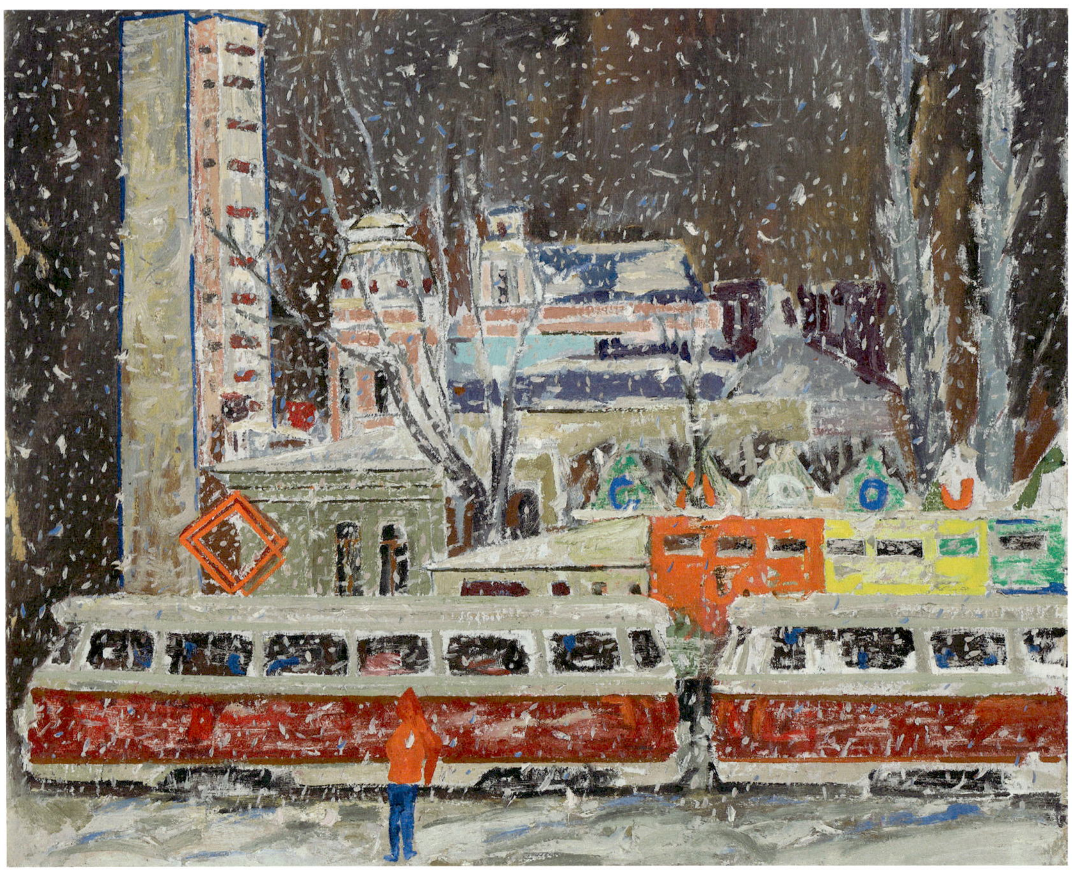

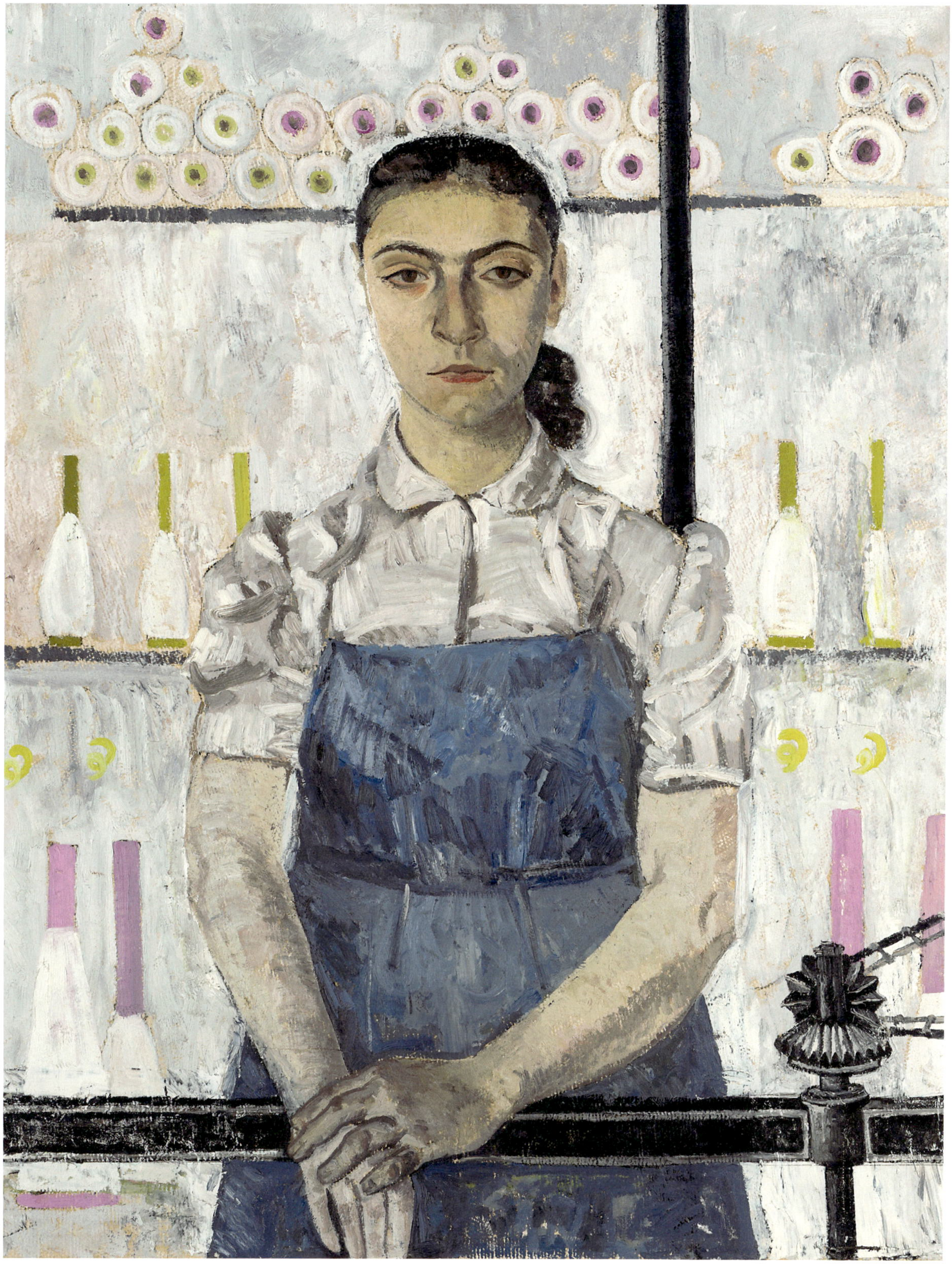

#18	Nud culcat

Ulei pe pânză, 64×91 cm, 1958, semnat, datat „IB58", CP, România

#19	Peisaj din București

Ulei pe carton, 72,5×90,5 cm, c. 1958-1960, semnat „IB", nedatat; pe verso, lucrare nefinalizată (portret de muncitoare), MAC

#20	Țesătoare

Ulei pe carton, 91,5×73 cm, [1959], nesemnat, nedatat, CMIA

#18	Reclining nude

Oil on canvas, 64×91 cm, 1958, signed, dated "IB58", PC, Romania

#19	Bucharest view

Oil on cardboard, 72.5×90.5 cm, c. 1958-1960, signed "IB", undated; on the back, an unfinished piece (portrait of a working woman), MAC

#20	Weaver

Oil on cardboard, 91.5×73 cm, [1959], unsigned, undated, CMIA

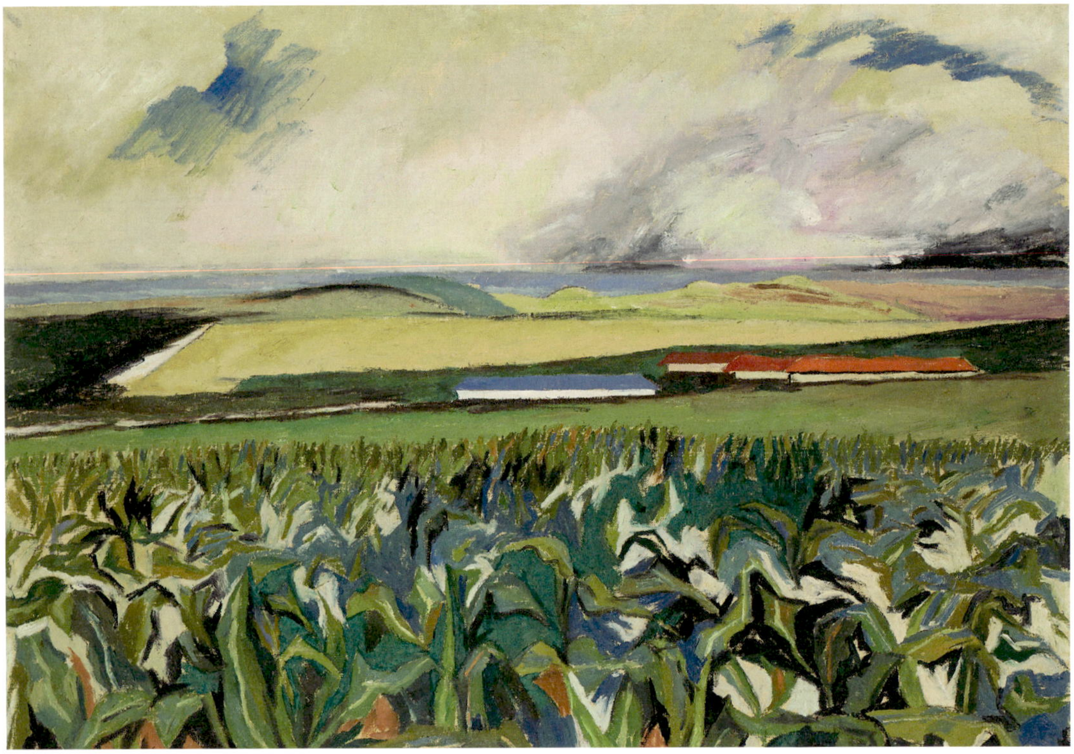

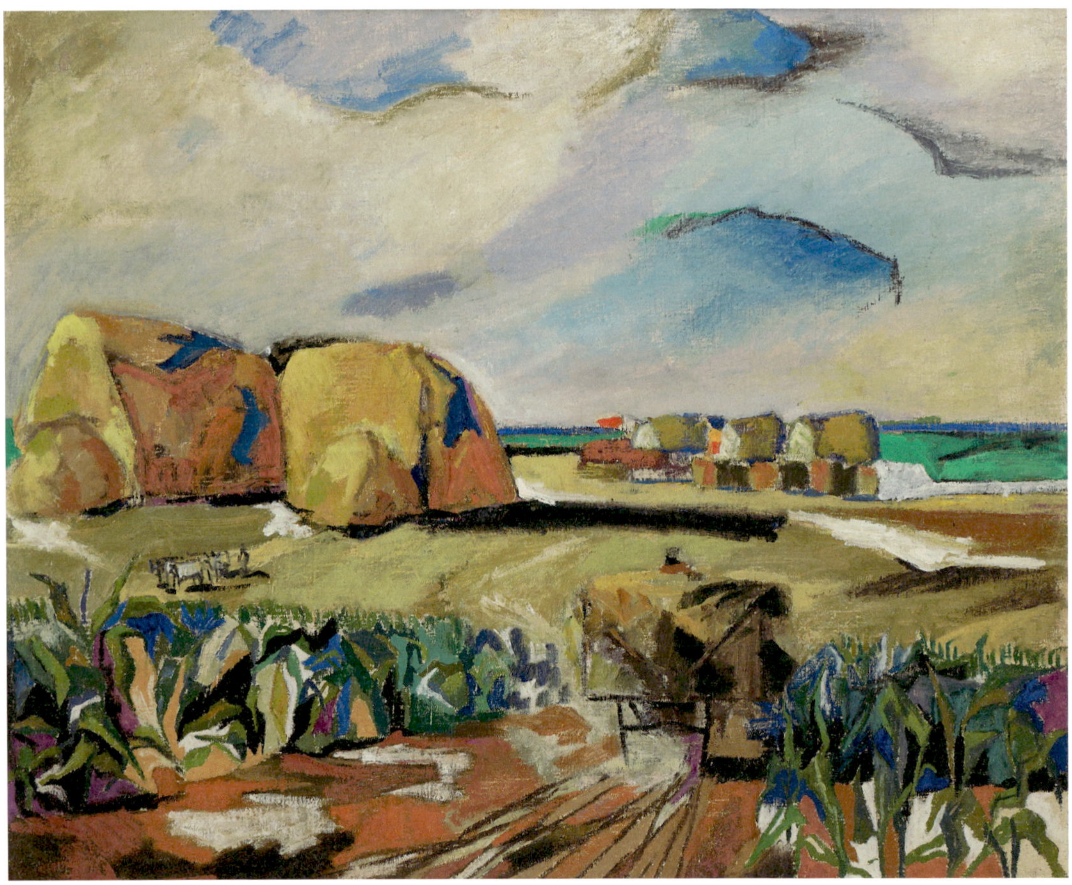

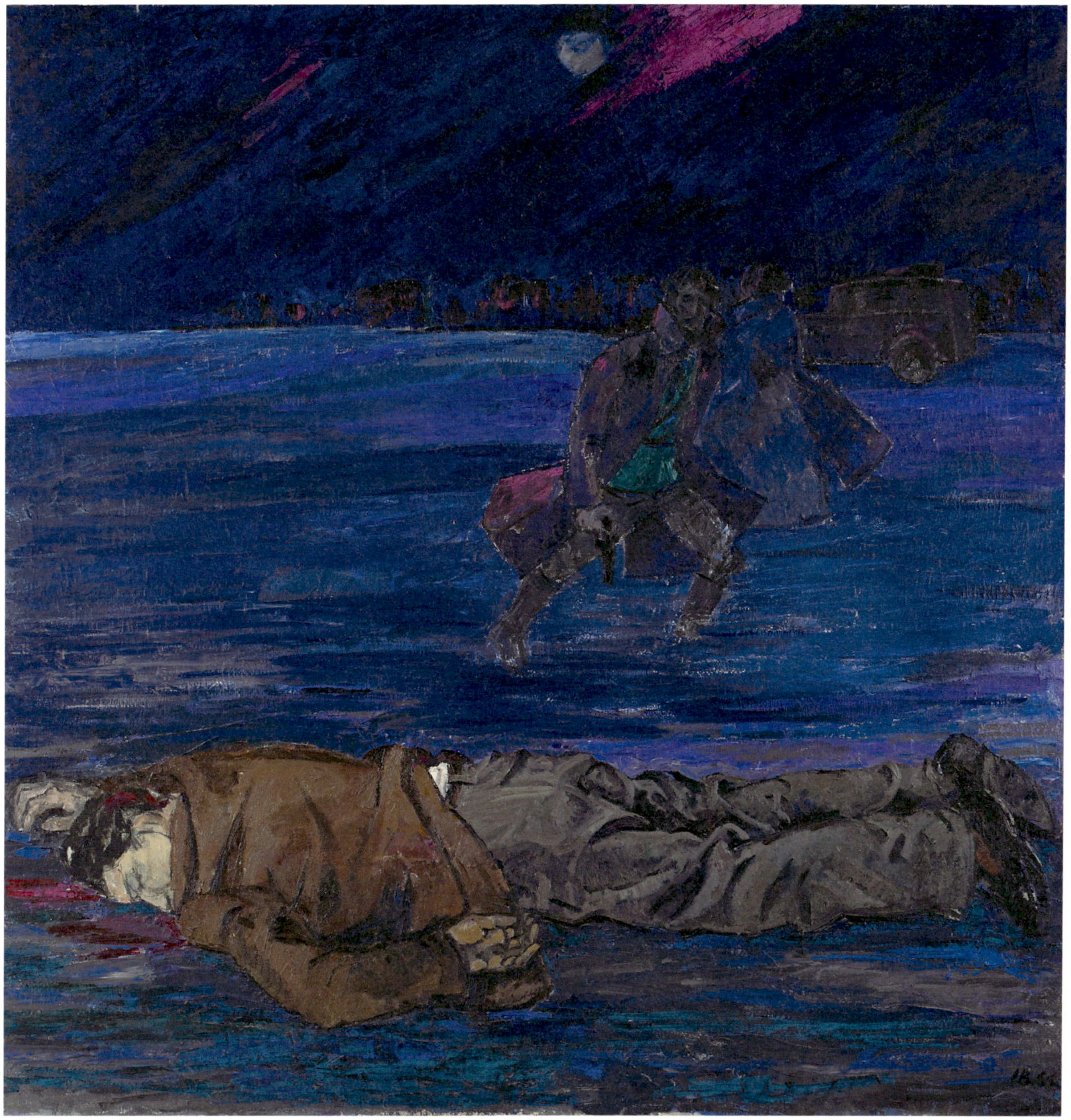

#21 Peisaj G.A.C.* Limanu
Ulei pe pânză, 72,5×100 cm, [1959], nesemnat, nedatat, PMMB
* G.A.C. = Gospodăria Agricolă Colectivă, formă de organizare a activităților agricole pe terenuri expropriate abuziv de către statul comunist, după model sovietic, unde administrarea era făcută de către țăranii expropriați.

#22 Aria nr. 3, Comuna Limanu
Ulei pe pânză, 81×100 cm, [1960], nesemnat, nedatat; pe verso schiță de peisaj, MAC

#23 Așa a murit Constantin David, executat
Ulei pe pânză, 181×180 cm, 1960, semnat, datat „IB60", Complexul Muzeal Național „Moldova", Iași

#21 Landscape at G.A.C.* Limanu
Oil on canvas, 72.5×100 cm, [1959], unsigned, undated, PMMB
* G.A.C. = Collective Agricultural Farm, organization of agricultural activities on lands abusively expropriated by the communist state, according to the Soviet model, run by the expropriated peasants.

#22 Plot no. 3, Limanu commune
Oil on canvas, 81×100 cm, [1960], unsigned, undated; on the back, the sketch of a landscape, MAC

#23 This is how Constantin David Died, Shot to Death
Oil on canvas, 181×180 cm, 1960, signed, dated "IB60", "Moldova" National Museum Complex, Iași

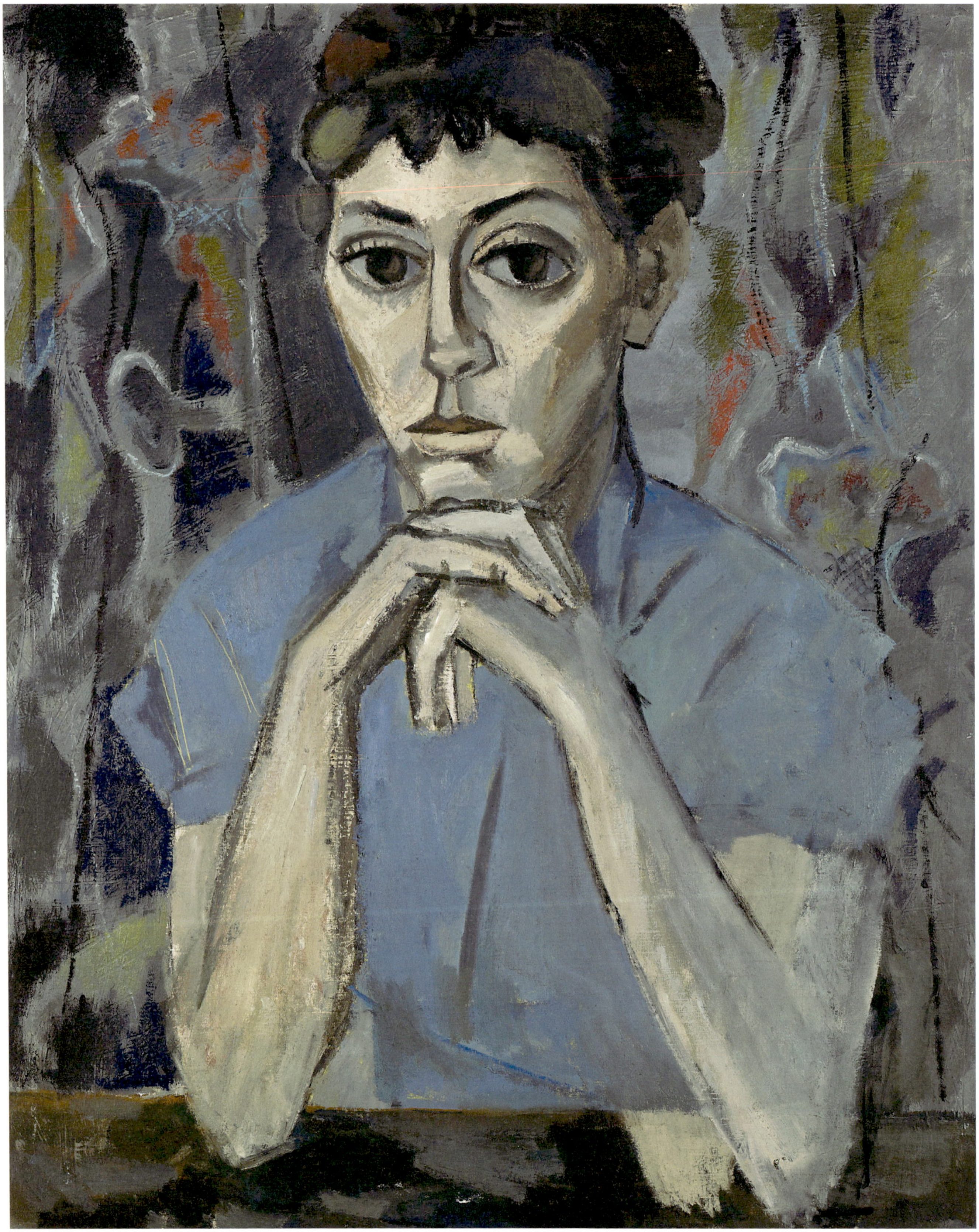

#24 **Portret**
Ulei pe pânză, 120×100,5 cm, c. 1961, nesemnat, nedatat, PMMB

#24 **Portrait**
Oil on canvas, 120×100.5 cm, c. 1961, unsigned, undated, PMMB

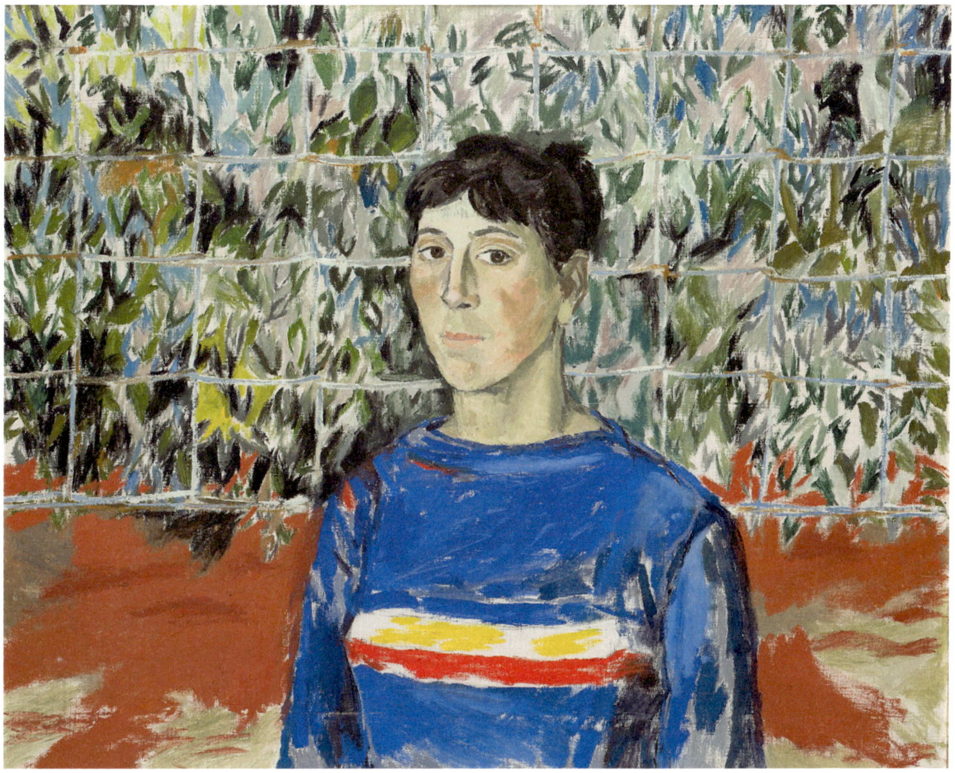

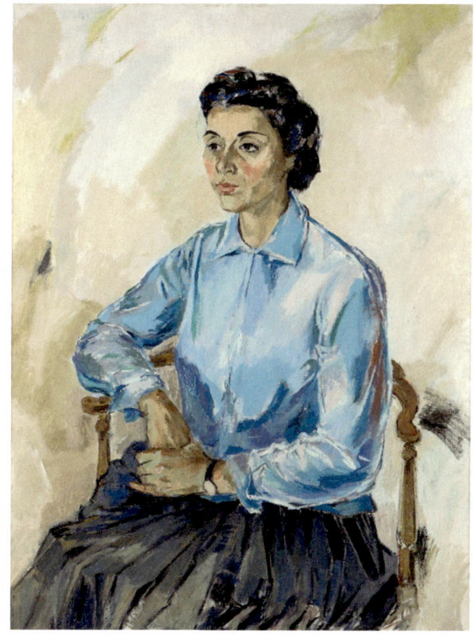

#25 **Portret de sportivă**
Ulei pe pânză, 81×100 cm, [1961], nesemnat, nedatat, MNAR

#26 **Eleonora Diaconu, profesoară**
Ulei pe pânză, 116×88,5 cm, [1961], nesemnat, nedatat, MNAR

#25 **Portrait of a sportswoman**
Oil on canvas, 81×100 cm, [1961], unsigned, undated, MNAR

#26 **Eleonora Diaconu, teacher**
Oil on canvas, 116×88.5 cm, [1961], unsigned, undated, MNAR

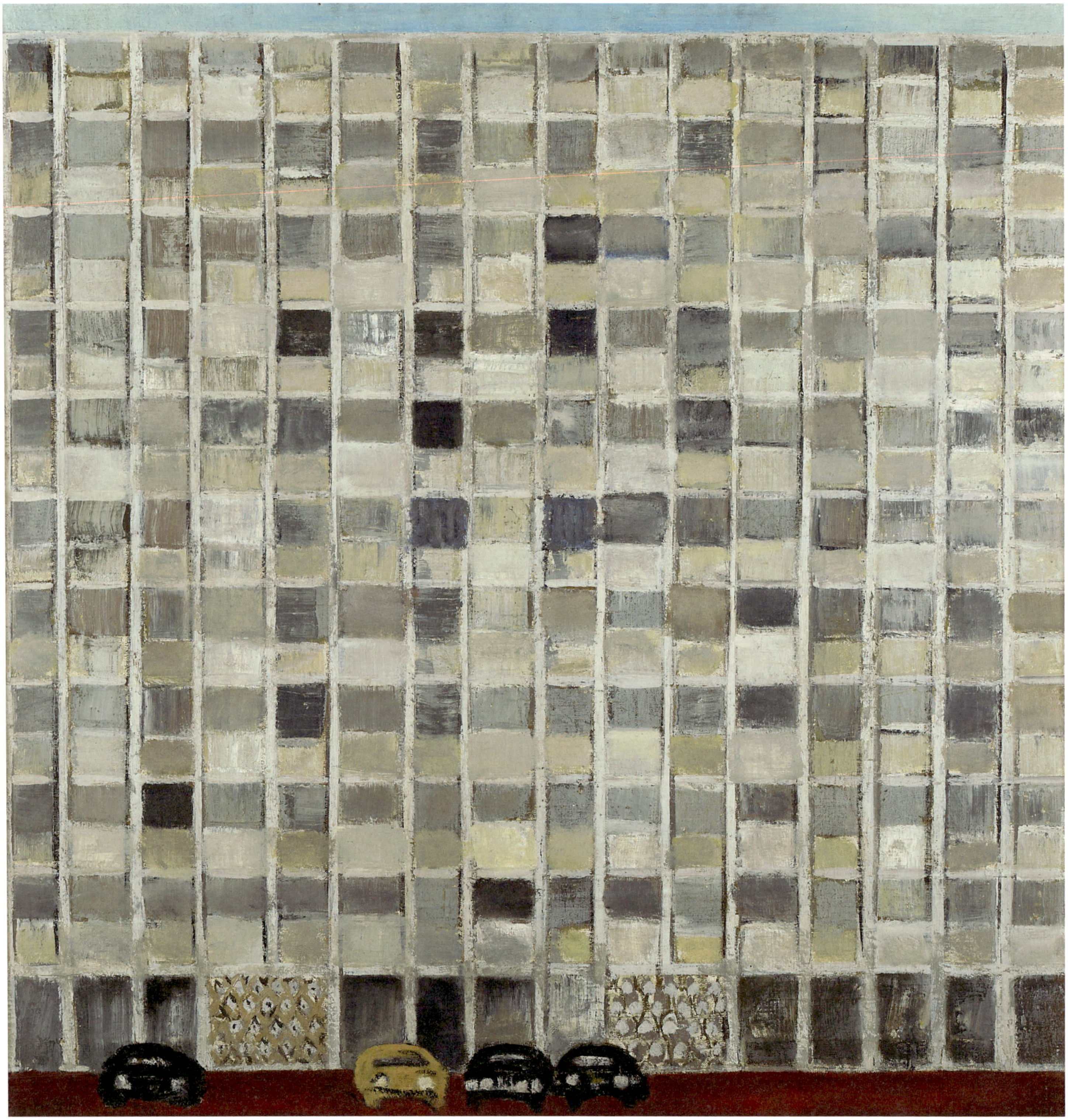

#27 **Construcții noi pe Bulevardul Muncii**

Ulei pe pânză, 100×100 cm, c. 1961, nesemnat, nedatat, MAC

#27 **New buildings on Muncii Boulevard**

Oil on canvas, 100×100 cm, circa 1961, unsigned, undated, MAC

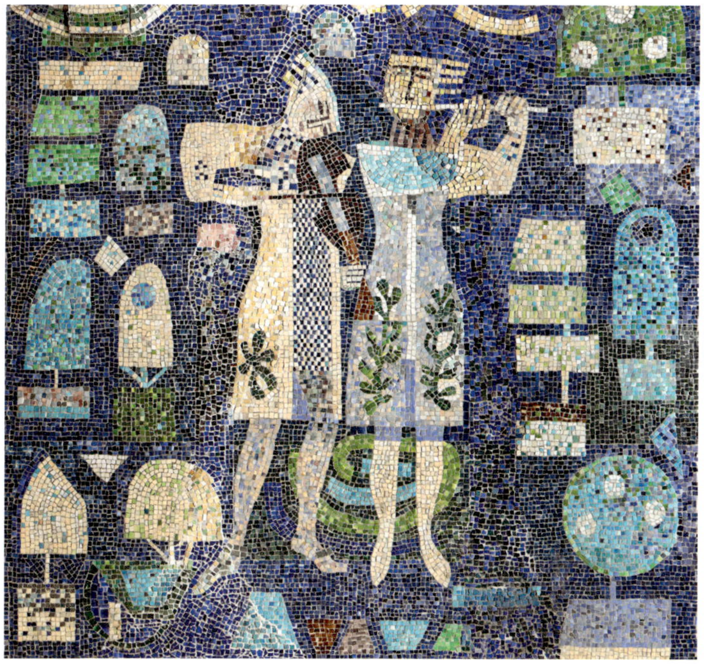

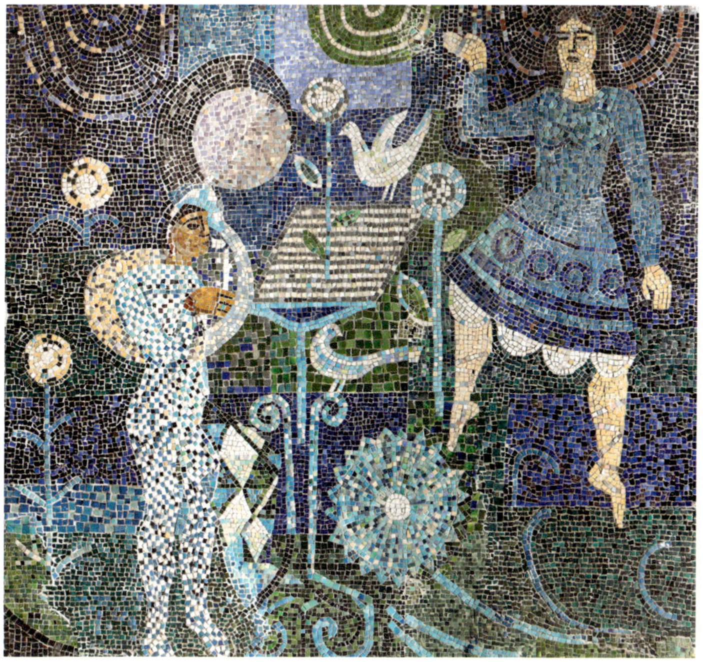

#28 [Muzica clasică], lucrare realizată în colaborare cu Virgil Almășanu
Mozaic ceramic, 300×300 cm, 1962, Magazinul „Muzica", București

#29 [Muzica de promenadă], lucrare realizată în colaborare cu Virgil Almășanu
Mozaic ceramic, 300×300 cm, 1962, Magazinul „Muzica", București

#28 [Classical Music], co-authored with Virgil Almășanu
Ceramic mosaic, 300×300 cm, 1962, "Muzica" store, Bucharest

#29 [Brass Band], co-authored with Virgil Almășanu
Ceramic mosaic, 300×300 cm, 1962, "Muzica" store, Bucharest

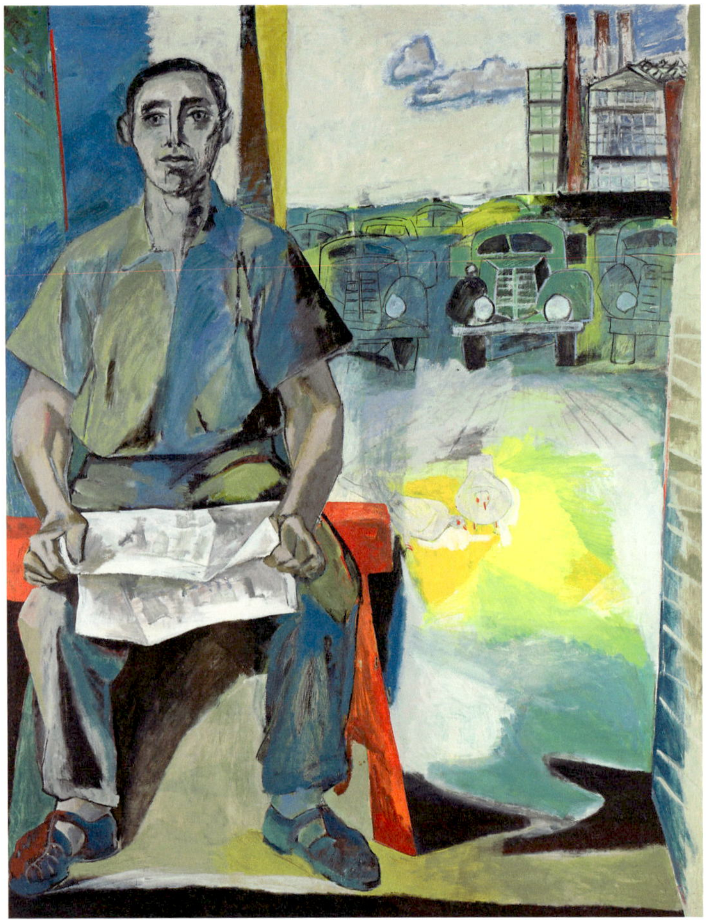

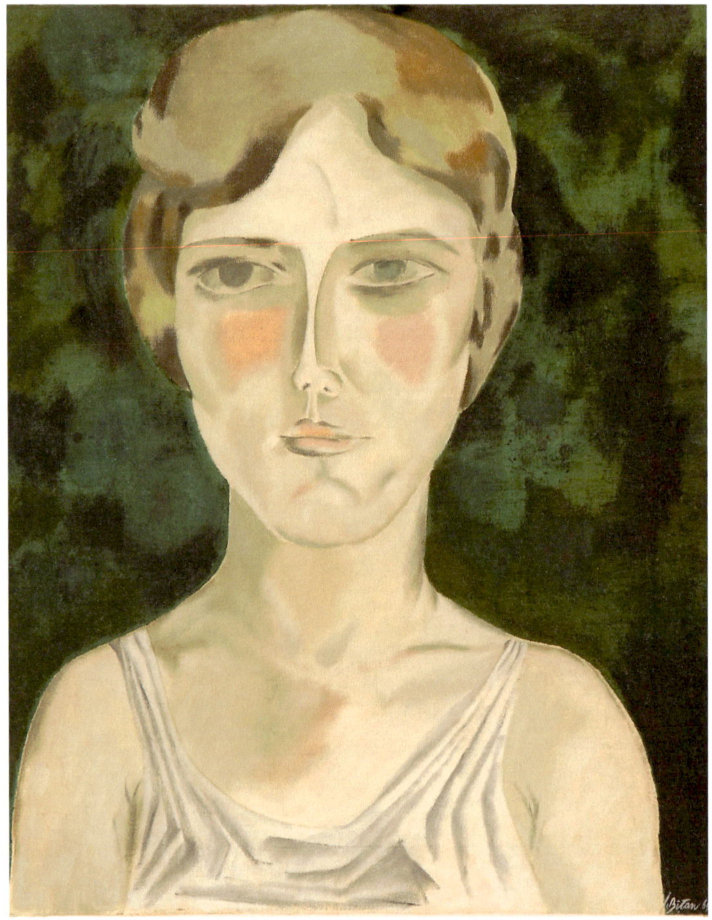

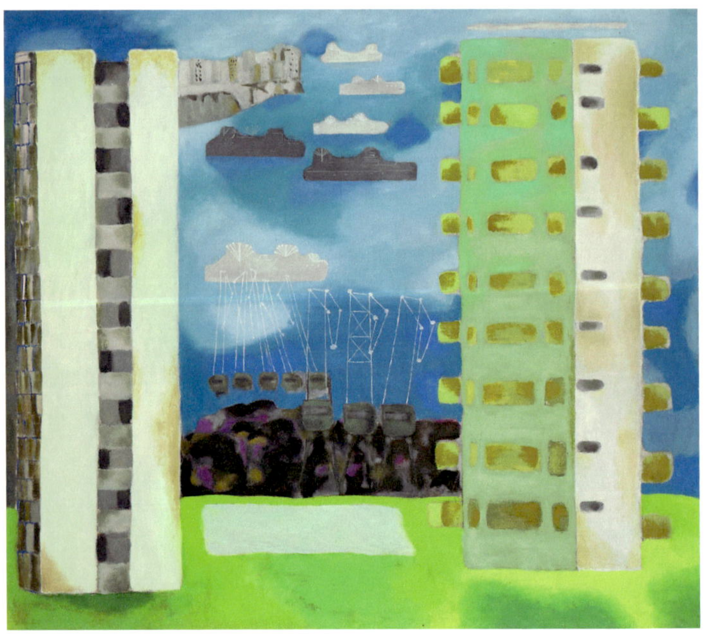

#30 **Odihnă**
Ulei pe pânză, 219,5×171,5 cm, [1962], nesemnat, nedatat, MAV

#31 **Portret**
Ulei pe pânză, 99,5×81 cm, 1964, semnat, datat „I.Bițan 64", Muzeum Památníku Lidice / Lidice Memorial, Republica Cehă

#32 **Peisaj din Constanța**
Ulei pe pânză, 125×143 cm, 1963, semnat, datat pe verso „IB63", MAC

#30 Rest
Oil on canvas, 219.5×171.5 cm, [1962], undated, unsigned, MAV

#31 Portrait
Oil on canvas, 99.5×81 cm, 1964, signed, dated "I.Bițan 64", Muzeum Památníku Lidice / Lidice Memorial, Czech Republic

#32 View from Constanța
Oil on canvas, 125×143 cm, 1963, signed, dated on the back "IB63", MAC

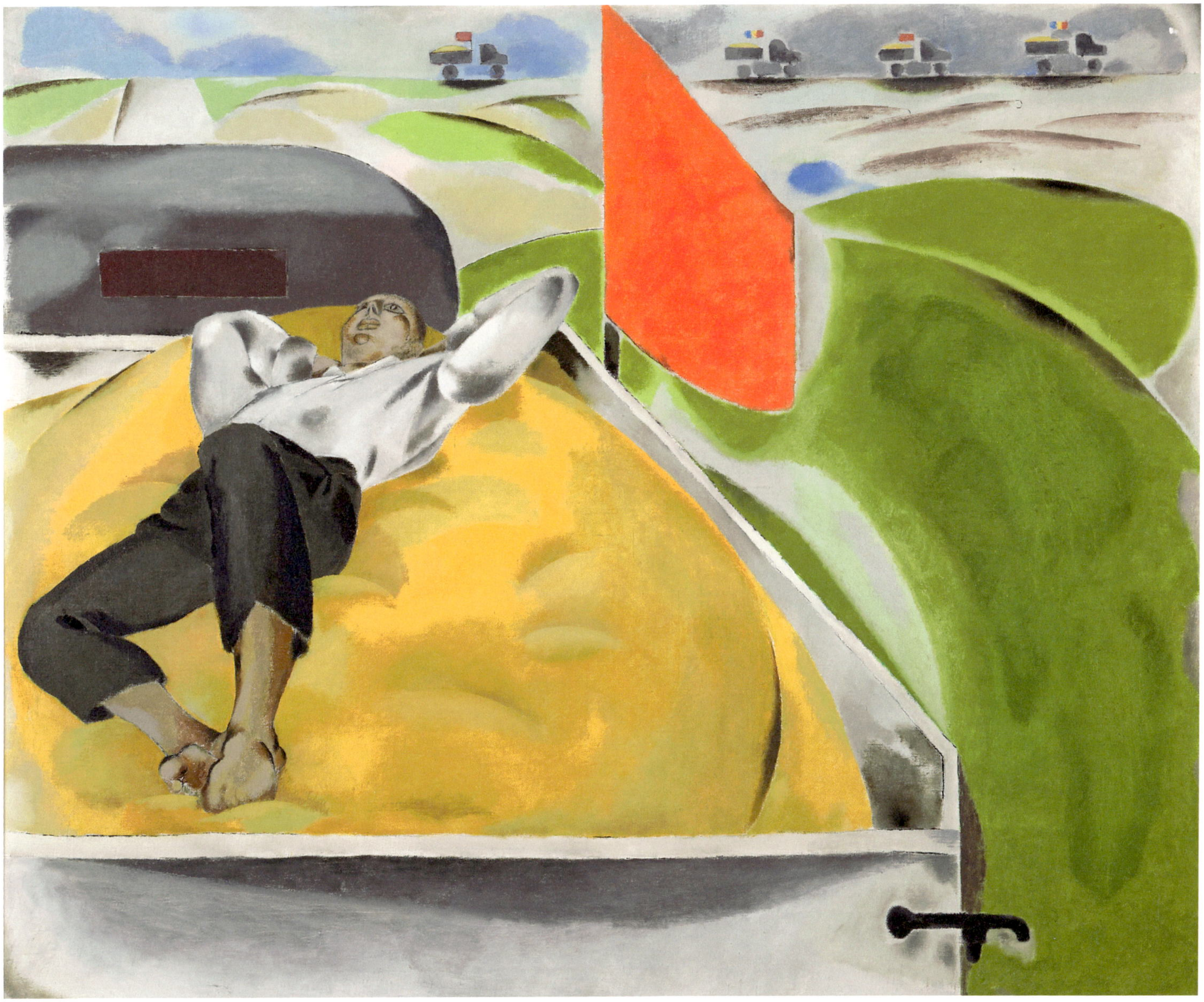

#33 **Recolta**
Ulei pe pânză, 121×149,5 cm, 1963, semnat, datat pe verso „I.B. 63", MAC

#33 **The Yield**
Oil on canvas, 121×149.5 cm, 1963, signed, dated on the back "I.B. 63", MAC

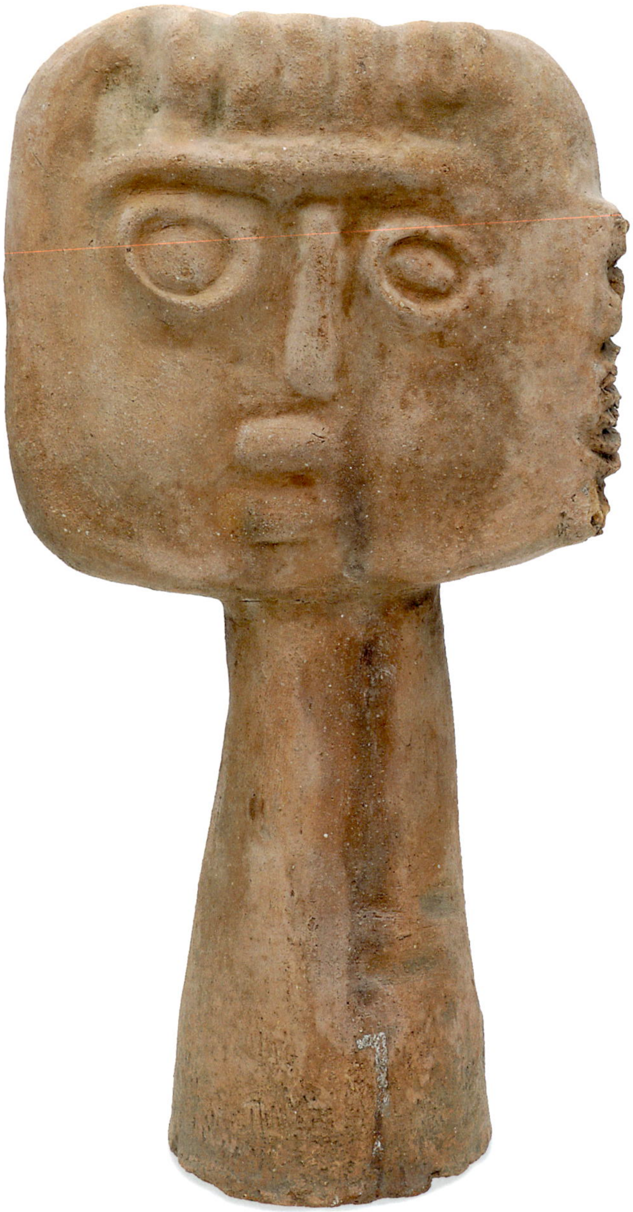

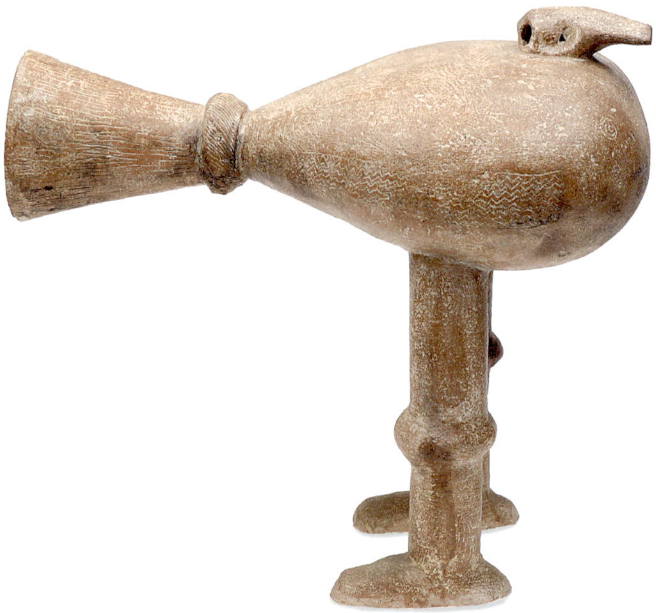

#34 **Cap / Portret**
Ceramică (gresie roșie, biscuit modelat), 43 (h)×23×13 cm, 1964, nesemnat, nedatat, Musée Ariana, Ville de Genève /Muzeul Ariana, Geneva

#35 **Pasăre**
Ceramică (gresie roșie, biscuit modelat și gravat), 41 (h)×44×28 cm, 1964, nesemnat, nedatat, Musée Ariana, Ville de Genève / Muzeul Ariana, Geneva

#34 **Head / Portrait**
Ceramics (red sandstone, moulded biscuit), 43 (h)×23×13 cm, 1964, unsigned, undated, Musée Ariana, Ville de Genève

#35 **Bird**
Ceramics (red sandstone, moulded and engraved biscuit), 41 (h)×44×28 cm, 1964, unsigned, undated, Musée Ariana, Ville de Genève

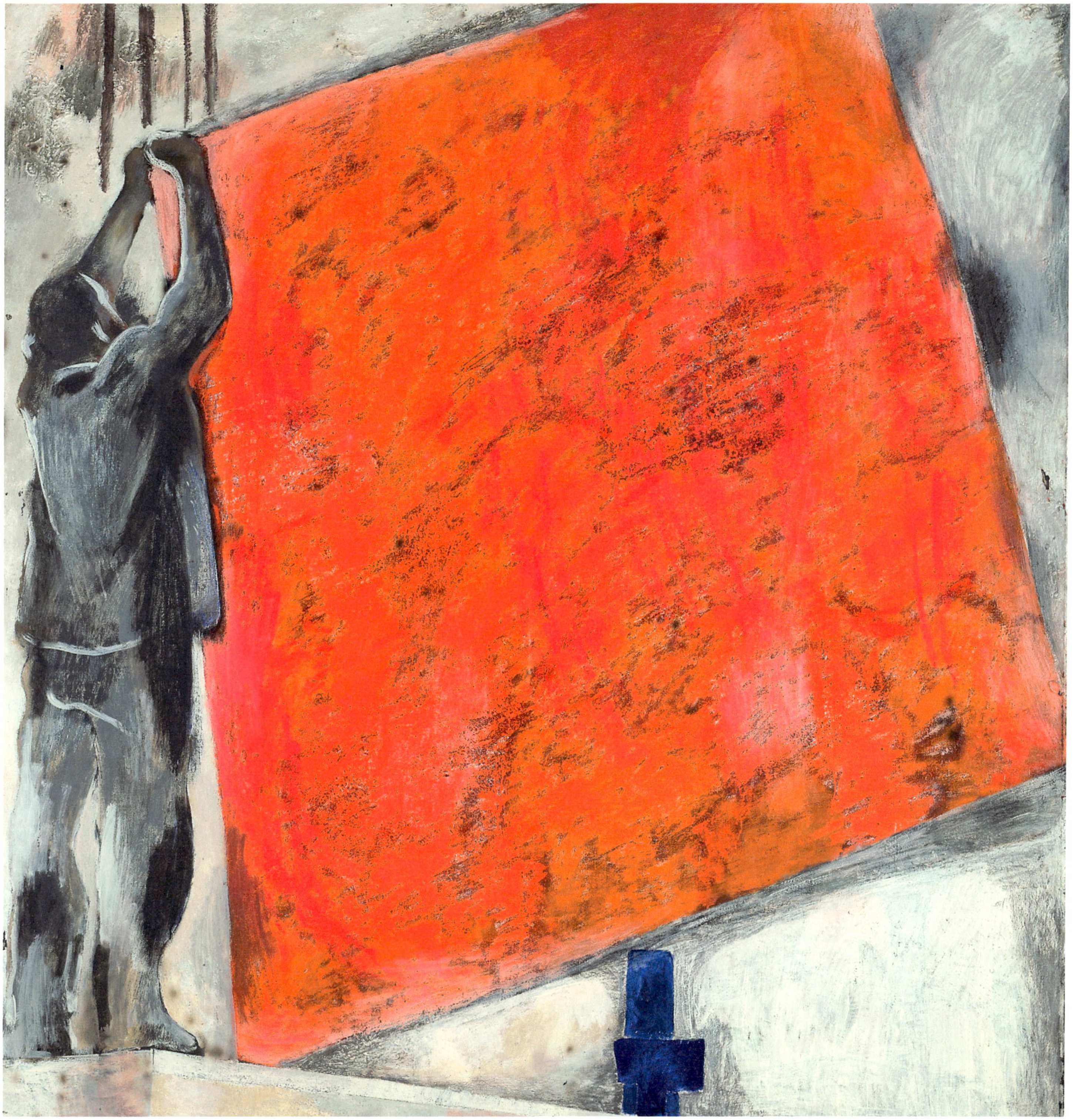

#36 **Steagul victoriei**
Ulei pe pânză, 219×201 cm, c. 1964-1965, nesemnat, nedatat, MNAR

#36 **Victory Banner**
Oil on canvas, 219×201 cm, circa 1964-1965, unsigned, undated, MNAR

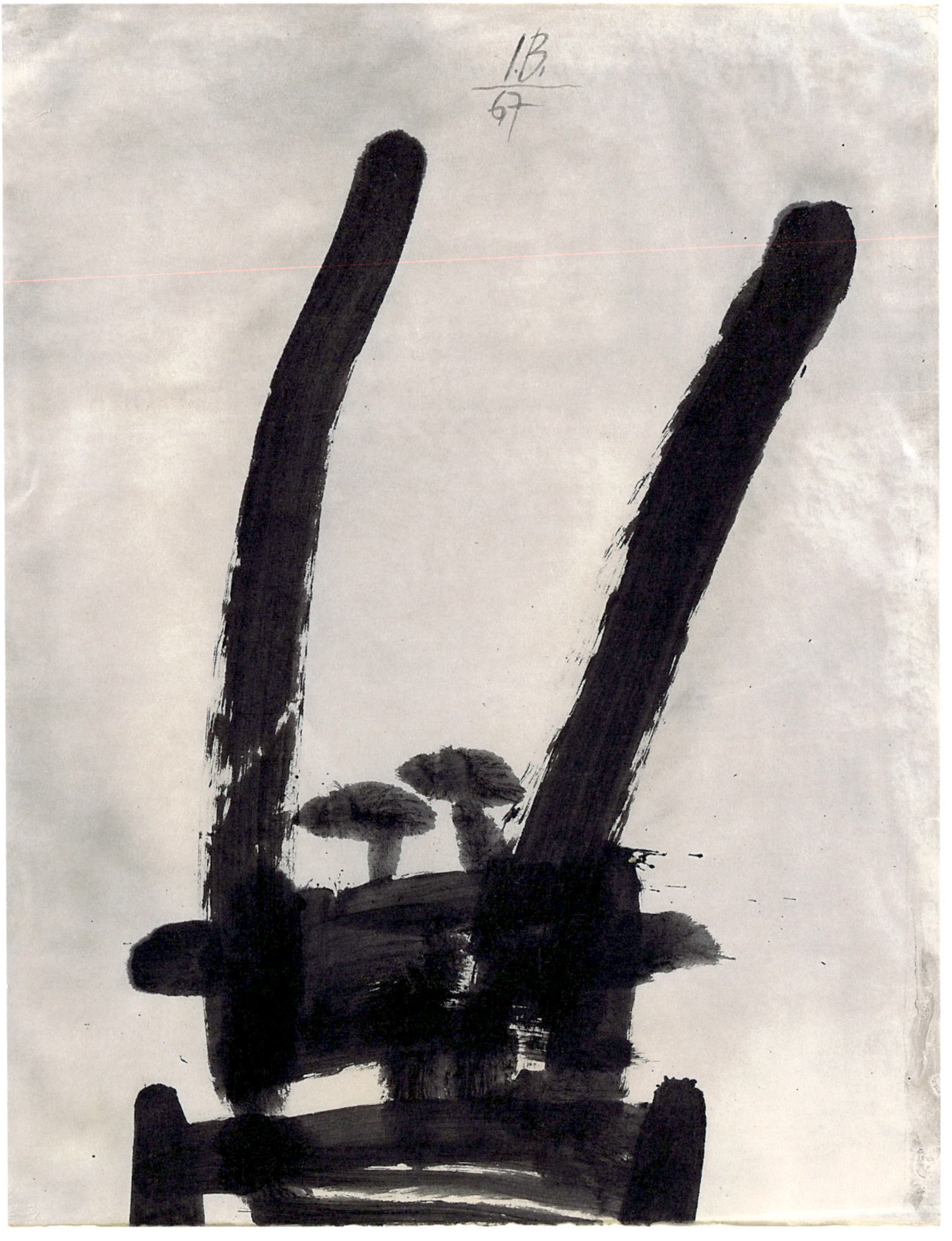

#37 **Desen / Tentacule**
Tuş pe hârtie, 67,4×54,9 cm, 1967, semnat, datat „IB67”, Museum of Modern Art, New York (MoMA).

#37 **Drawing / Tentacles**
Ink on paper, 67.4×54.9 cm, 1967, signed, dated “IB67”, Museum of Modern Art, New York (MoMA).

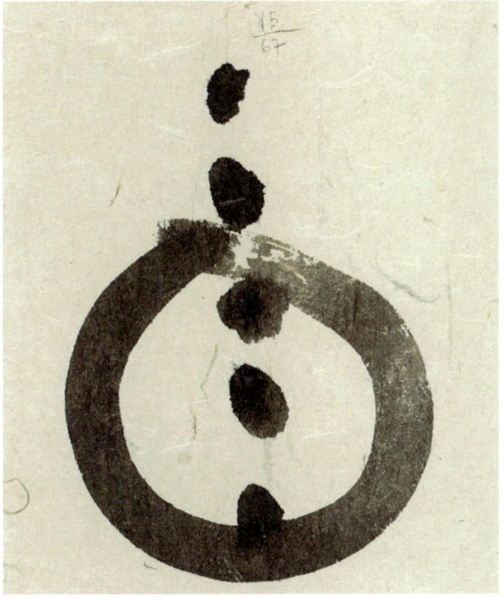

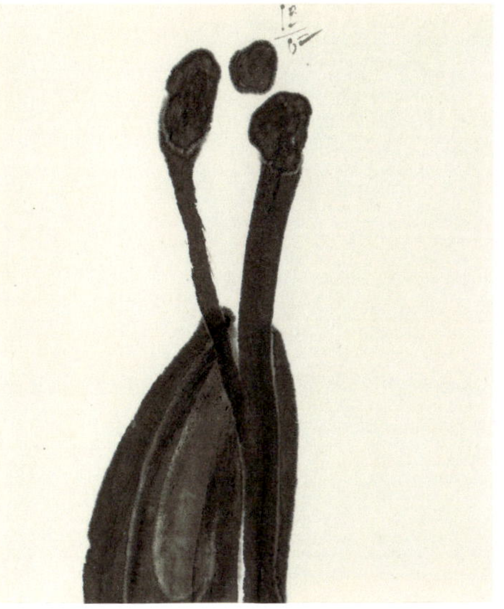

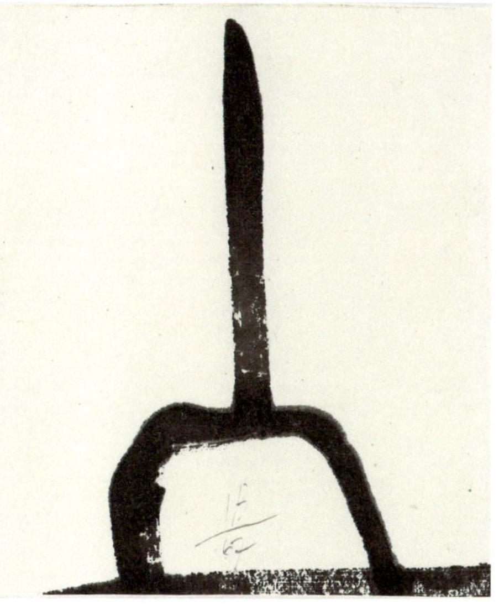

#38 **Desen**
Tuş pe hârtie cu fire, lipită pe hârtie, 17,3×15,1 cm, 1967, semnat, datat „IB/67”, CP

#39 **Desen**
Tuş pe hârtie lipită pe hârtie, 17,1×14,9 cm, 1967, semnat, datat „IB/67”, CP

#40 **Desen**
Tuş pe hârtie lipită pe hârtie, 17,2×15,2 cm, 1967, semnat, datat „IB/67”, CP

#38 **Drawing**
Ink on handmade paper glued on paper, 17.3×15.1 cm, 1967, signed, dated “IB/67, PC

#39 **Drawing**
Ink on paper glued on paper, 17.1×14.9 cm, 1967, signed, dated “IB/67, PC

#40 **Drawing**
Ink on paper glued on paper, 17.2×15.2 cm, 1967, signed and dated “IB/67”, PC

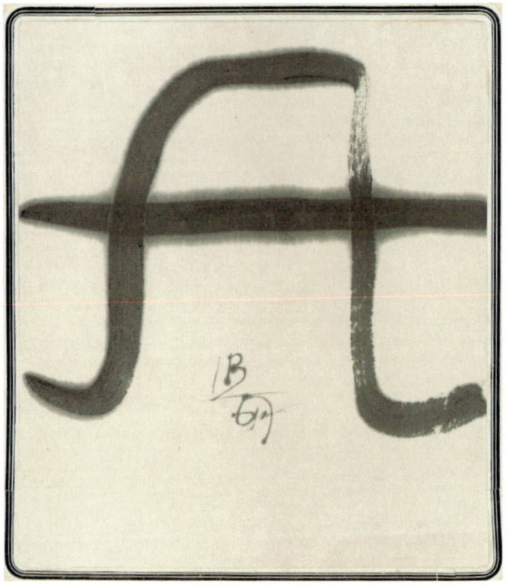

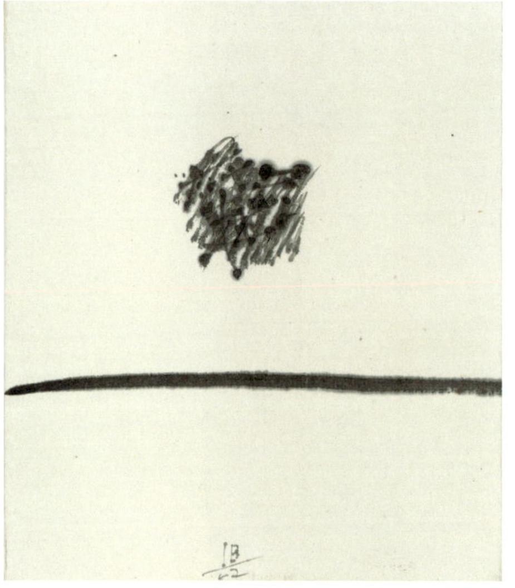

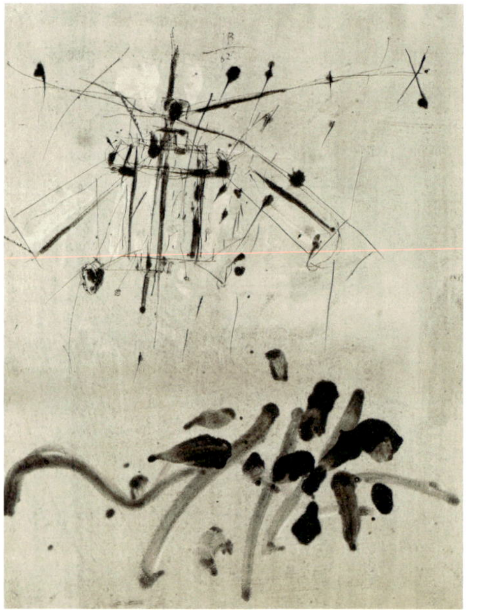

#41 **Desen**
Tuş pe hârtie lipită pe hârtie, colaj chenar tipărit,
18,1×16,5 cm, 1967, semnat, datat „IB67", CP

#42 **Desen**
Tuş pe hârtie lipită pe hârtie, 17,4×15,2 cm, 1967, semnat, datat „IB/67", CP

#43 **Desen**
Tuş pe hârtie, 56,3×43 cm, 1967, semnat, datat „IB67", CP

#41 **Drawing**
Ink on paper glued on paper, printed collage frame,
18.1×16.5 cm, 1967, signed, dated "IB67", PC

#42 **Drawing**
Ink on paper glued on paper, 17.4×15.2 cm, 1967, signed, dated "IB/67", PC

#43 **Drawing**
Ink on paper, 56.3×43 cm, 1967, signed, dated "IB67", PC

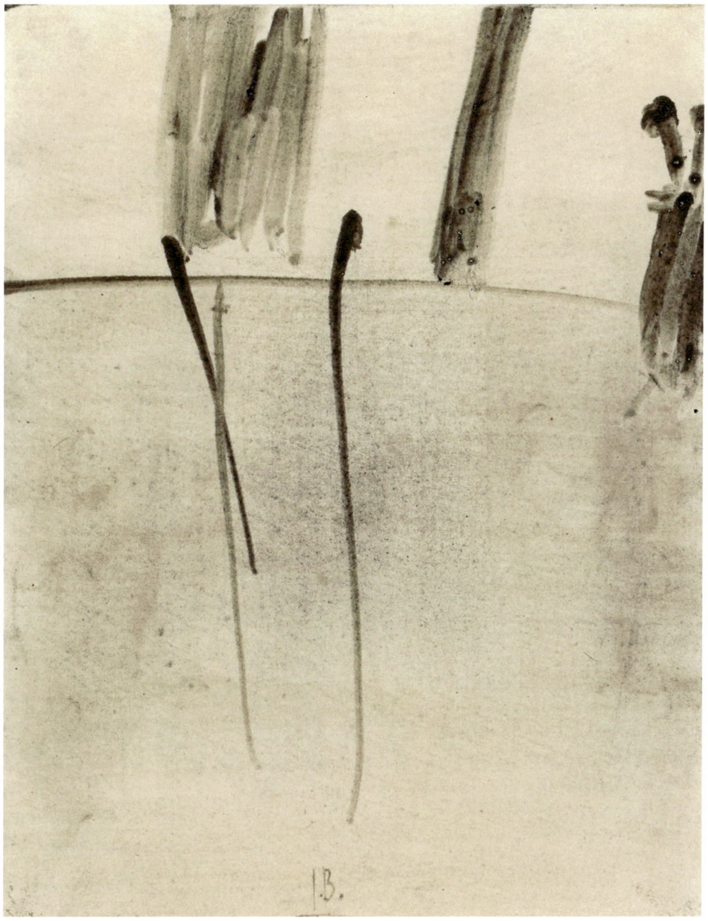

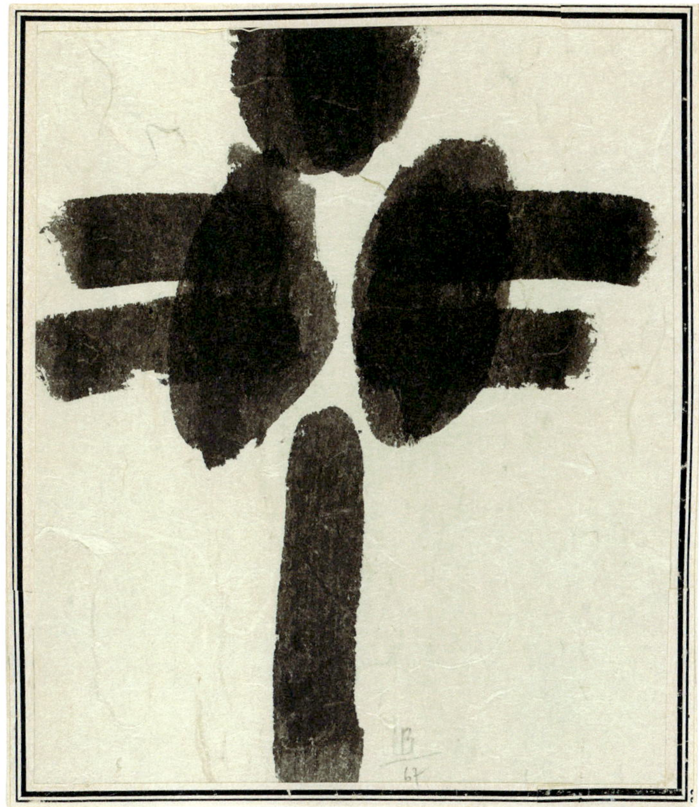

#44 **Desen**
Tuş pe hârtie, 55,5×43 cm, 1967, semnat, datat „IB67", CP

#45 **Desen**
Tuş pe hârtie cu fire de apă, lipită pe hârtie, chenar colaj din hârtie tipărită, 18×16 cm, 1967, semnat, datat „IB/67", CP

#44 **Drawing**
Ink on paper, 55.5×43 cm, 1967, signed, dated "IB67", PC

#45 **Drawing**
Ink on handmade paper glued on paper, collage frame made of printed paper, 18×16 cm, 1967, signed, dated "IB/67", PC

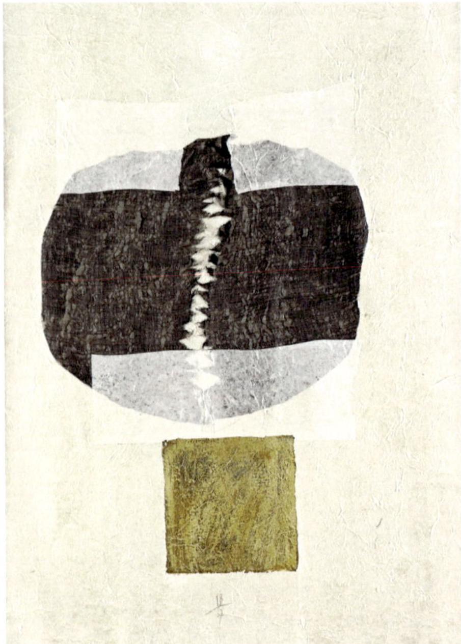

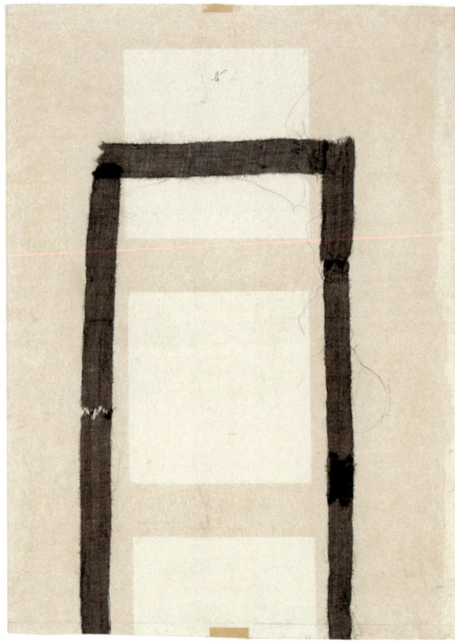

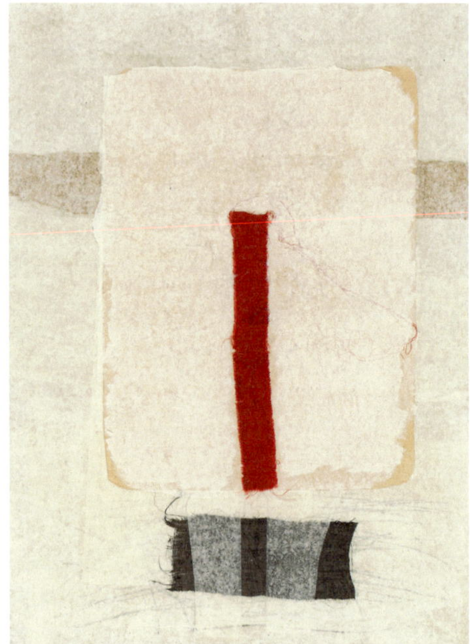

#46 **Compoziție / [Secretul întregului]**
Colaj de material textil, hârtie și foiță de aur pe pânză, 82×63,5 cm, 1967, semnat, datat „IB/67", Galeria Națională de Artă Modernă, Edinburgh

#47 **Compoziție**
Colaj textil și hârtie pe carton, 79×61 cm, 1967, semnat, datat „IB/67", CP

#48 **Compoziție**
Hârtie, hârtie japon, material textil colat pe carton, 79,5×62,5 cm, [1967], nesemnat, nedatat, CMP, România

#46 **Composition / The Secret of Wholeness**
Fabric, paper and gold leaf collage on canvas, 82×63.5 cm, 1967, signed and dated "IB/67", National Gallery of Modern Art, Edinburgh

#47 **Composition**
Fabric and paper collage on cardboard, 79×61 cm, 1967, signed, dated "IB/67", PC

#48 **Composition**
Paper, handmade paper, fabric glued on cardboard, 79.5×62.5 cm, [1967], unsigned, undated, CMP, Romania

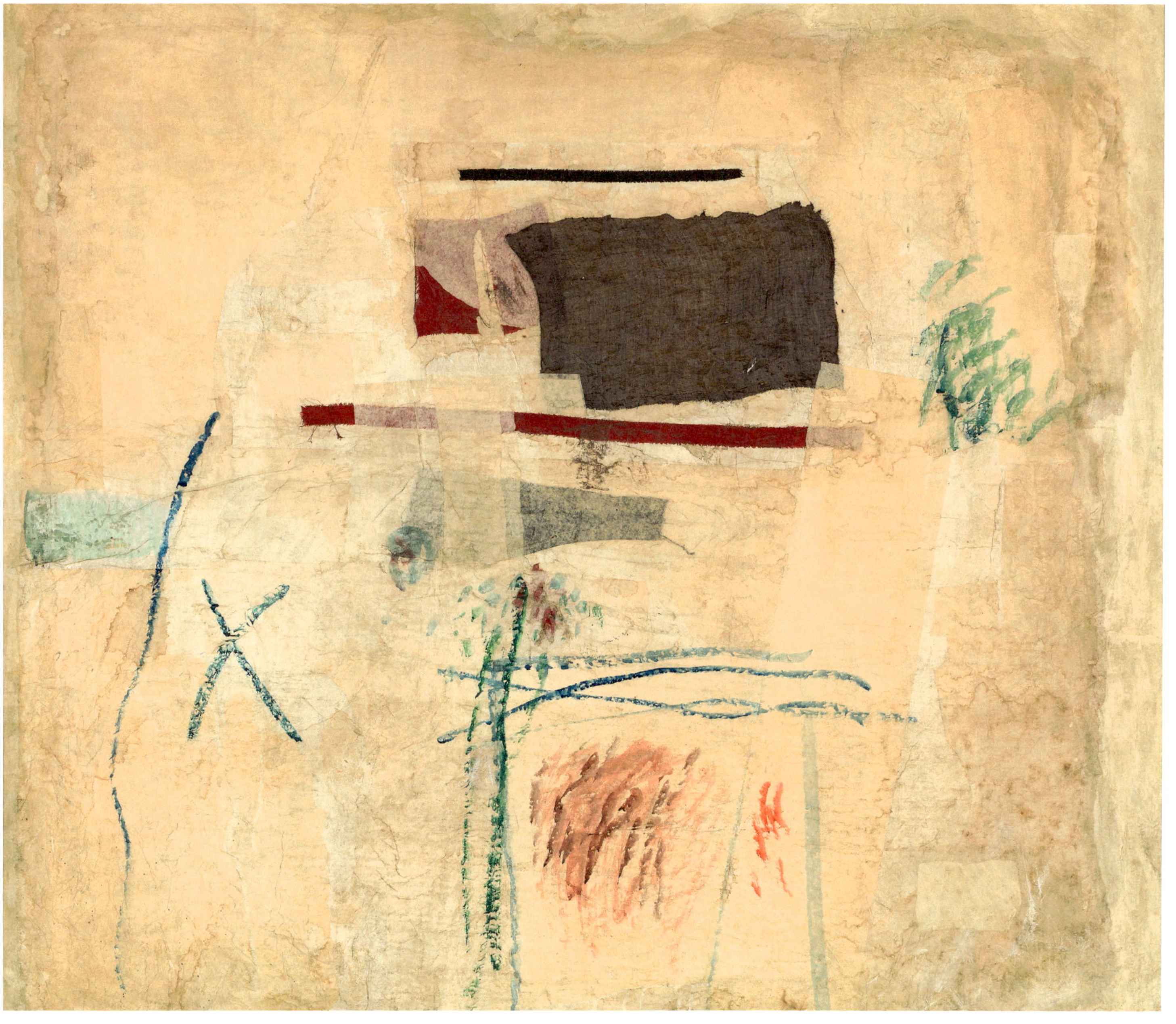

#49 **Compoziție**

Colaj hârtie și textil (bumbac) pe pânză, tempera și praf de mică pe hârtie, 140,5×155,5 cm, c. 1967, semnat „IB/", nedatat, CIC, România

#49 **Composition**

Paper and fabric (cotton) collage on canvas, tempera and mica powder on paper, 140.5×155.5 cm, circa 1967, signed "IB/", undated, CIC, Romania

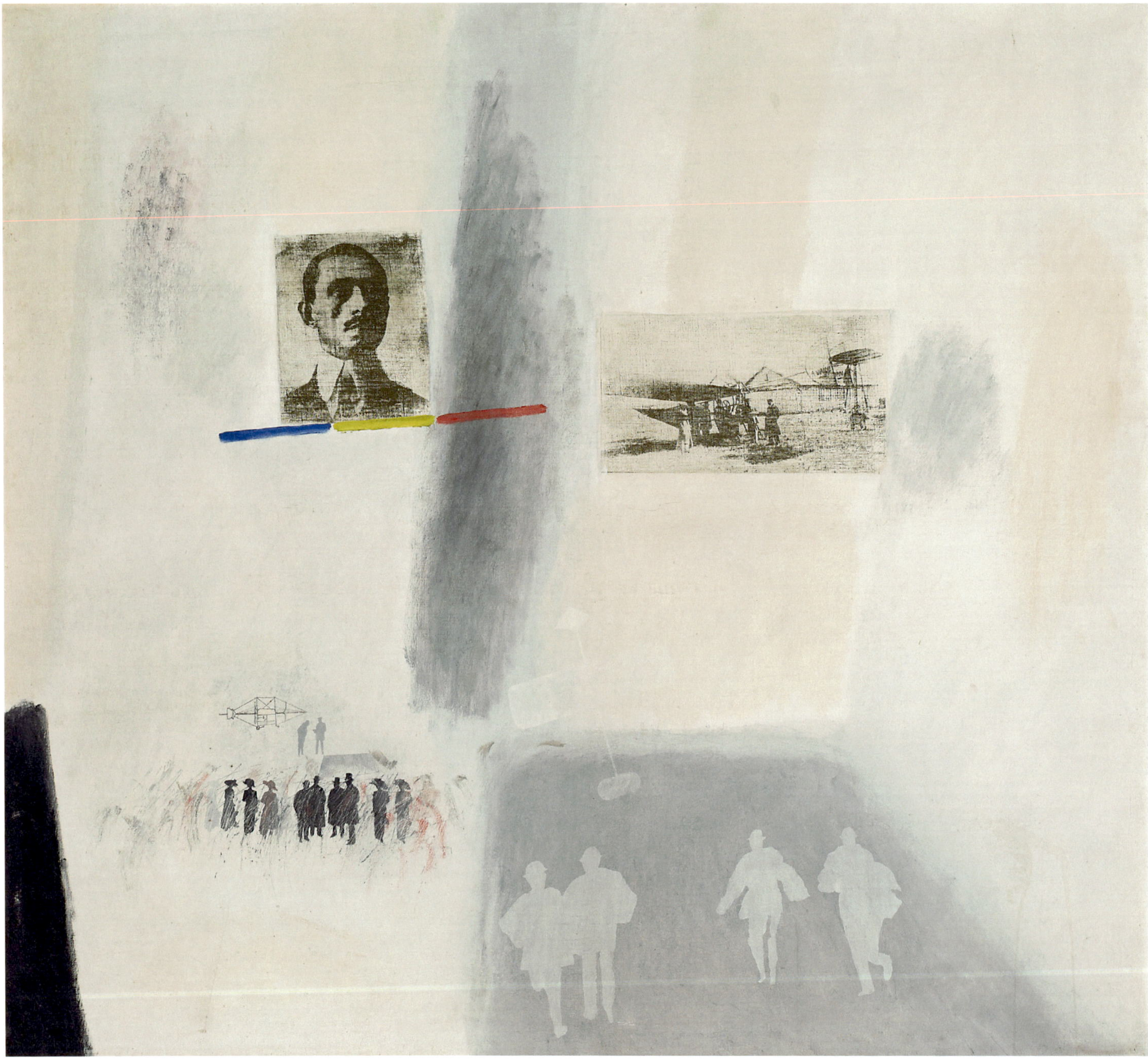

#50 Aurel Vlaicu
Ulei, serigrafie pe pânză, 140,5×155,5 cm, c. 1967, nesemnat, nedatat, MAV

#50 Aurel Vlaicu
Oil, silkscreen on canvas, 140.5×155.5 cm, circa 1967, unsigned, undated, MAV

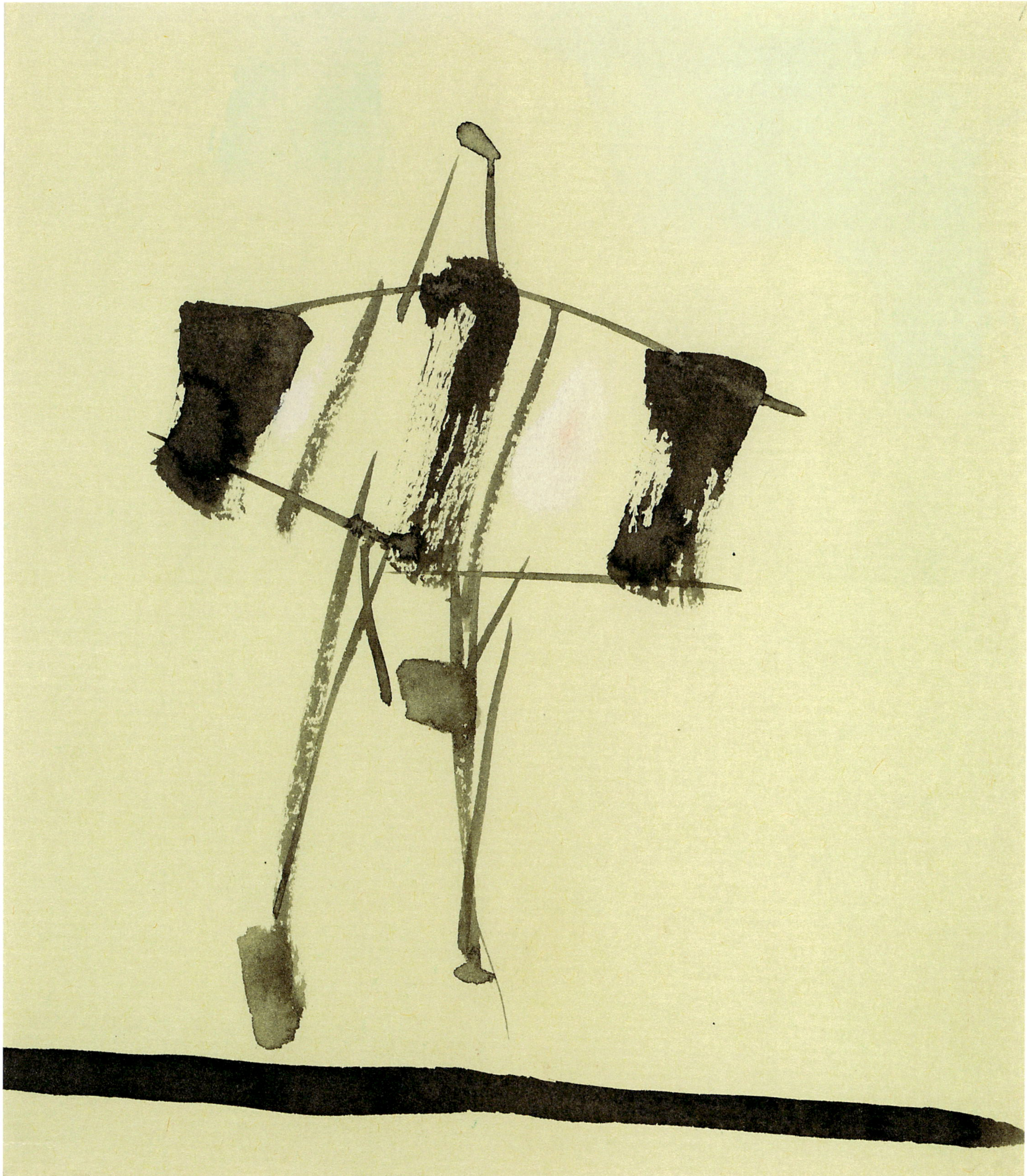

#51 **Desen**
Tuș, acuarelă pe hârtie galbenă lipită pe carton, 16,8×15 cm, c. 1967-1968, nesemnat, nedatat, CP

#51 **Drawing**
Ink, watercolour on yellow paper glued on thin cardboard, 16.8×15 cm, circa 1967-1968, unsigned, undated, PC

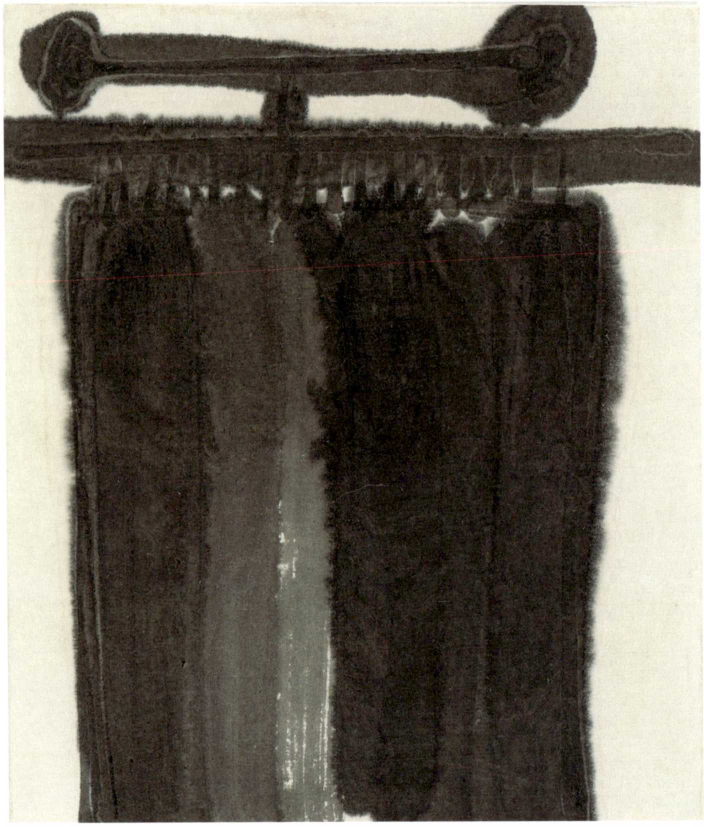

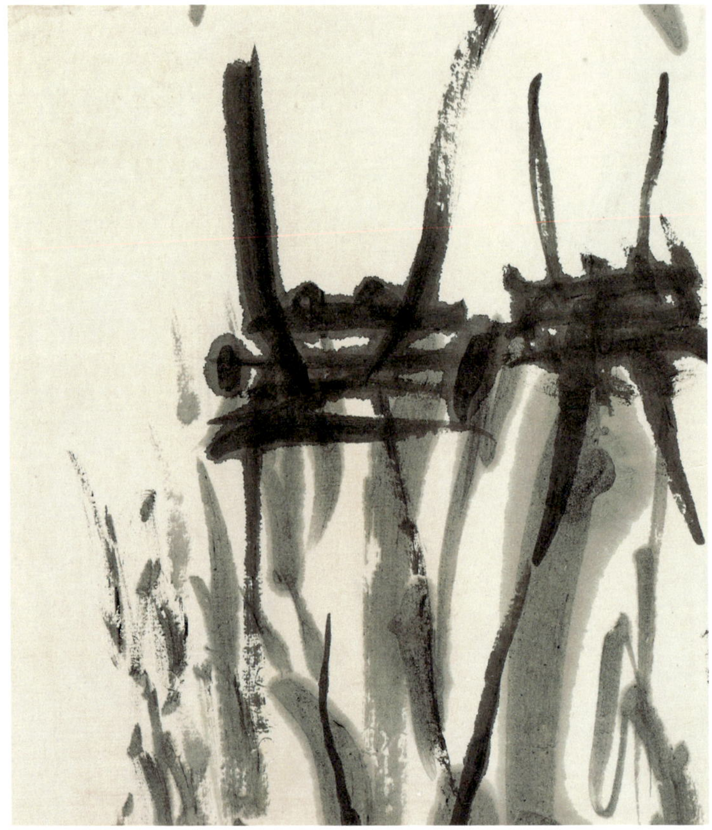

#52 **Desen**
Tuş pe hârtie lipită pe hârtie, 17,2×14,8 cm, c. 1967-1968, nesemnat, nedatat, CP

#53 **Desen**
Tuş pe hârtie lipită pe hârtie, 17,3×15,1 cm, c. 1967-1968, nesemnat, nedatat, CP

#52 **Drawing**
Ink on paper glued on paper, 17.2×14.8 cm, circa 1967-1968, unsigned, undated, PC

#53 **Drawing**
Ink on paper glued on paper, 17.3×15.1 cm, circa 1967-1968, unsigned, undated, PC

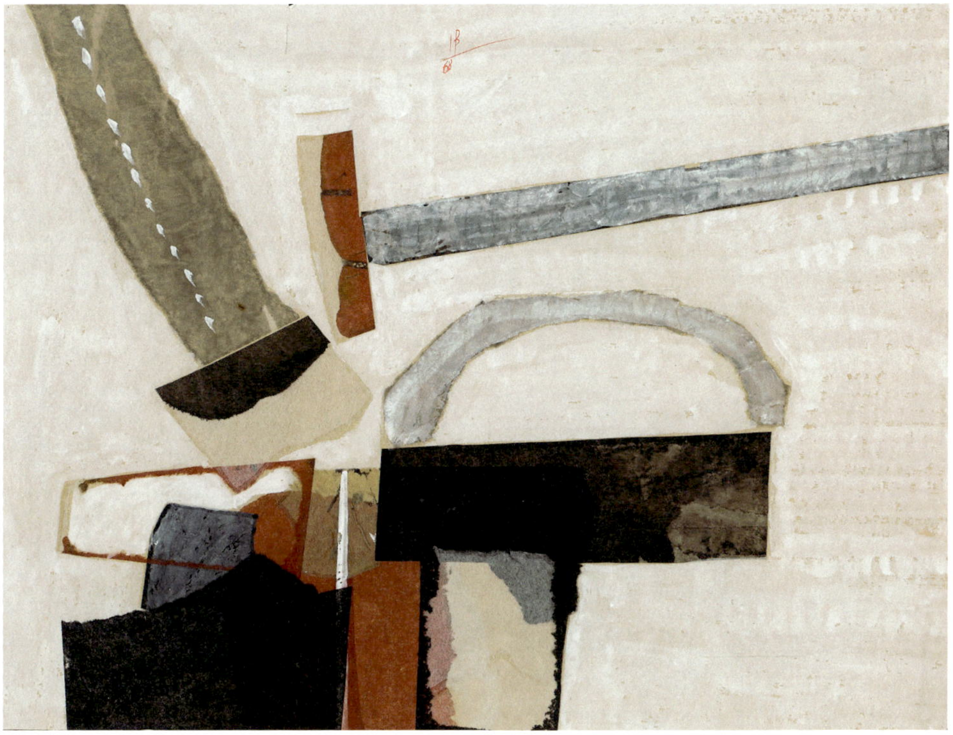

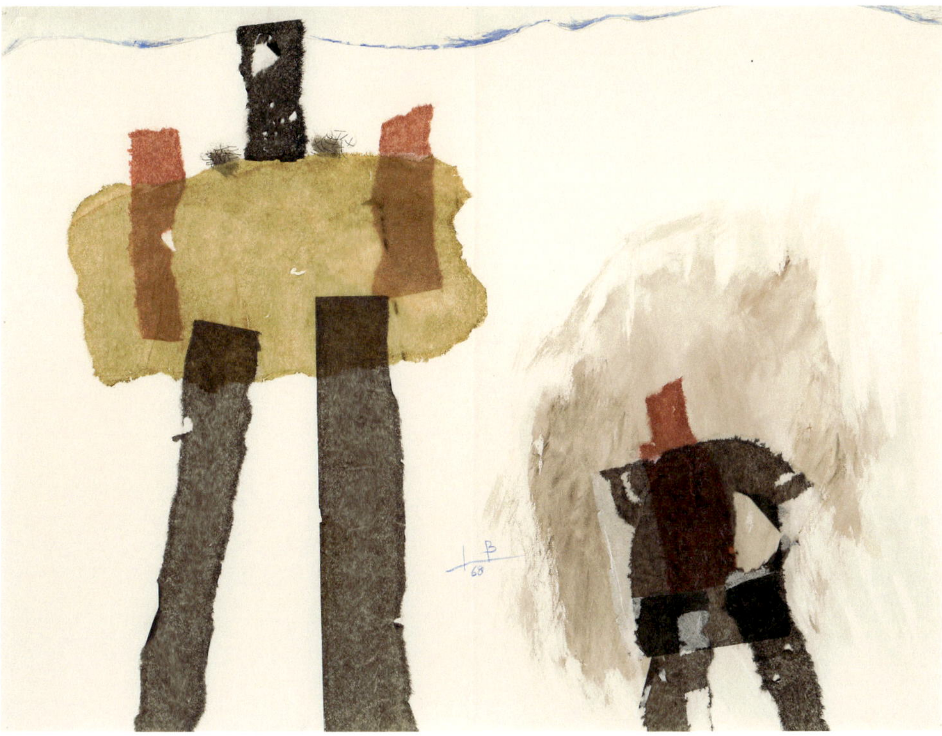

#54 **Armonie în roșu și brun**
Colaj de foiță japon colorată, tempera, tuș pe hârtie, 46×61,5 cm, 1968, semnat, datat „IB68", CP, România

#55 **Fără titlu**
Acuarelă, creion, tuș, colaj de hârtie japon colorată pe hârtie lipită pe hârtie, 46,4×61,8 cm, 1968, semnat, datat „IB68", CP

#54 **Harmony in Red and Brown**
Collage on Japan paper, tempera and ink on paper, 46×61.5 cm, 1968, signed, dated "IB68", PC, Romania

#55 **Untitled**
Watercolour, pencil, ink, collage of Japan paper glued on paper, 46.4×61.8 cm, 1968, signed, dated "IB68", PC

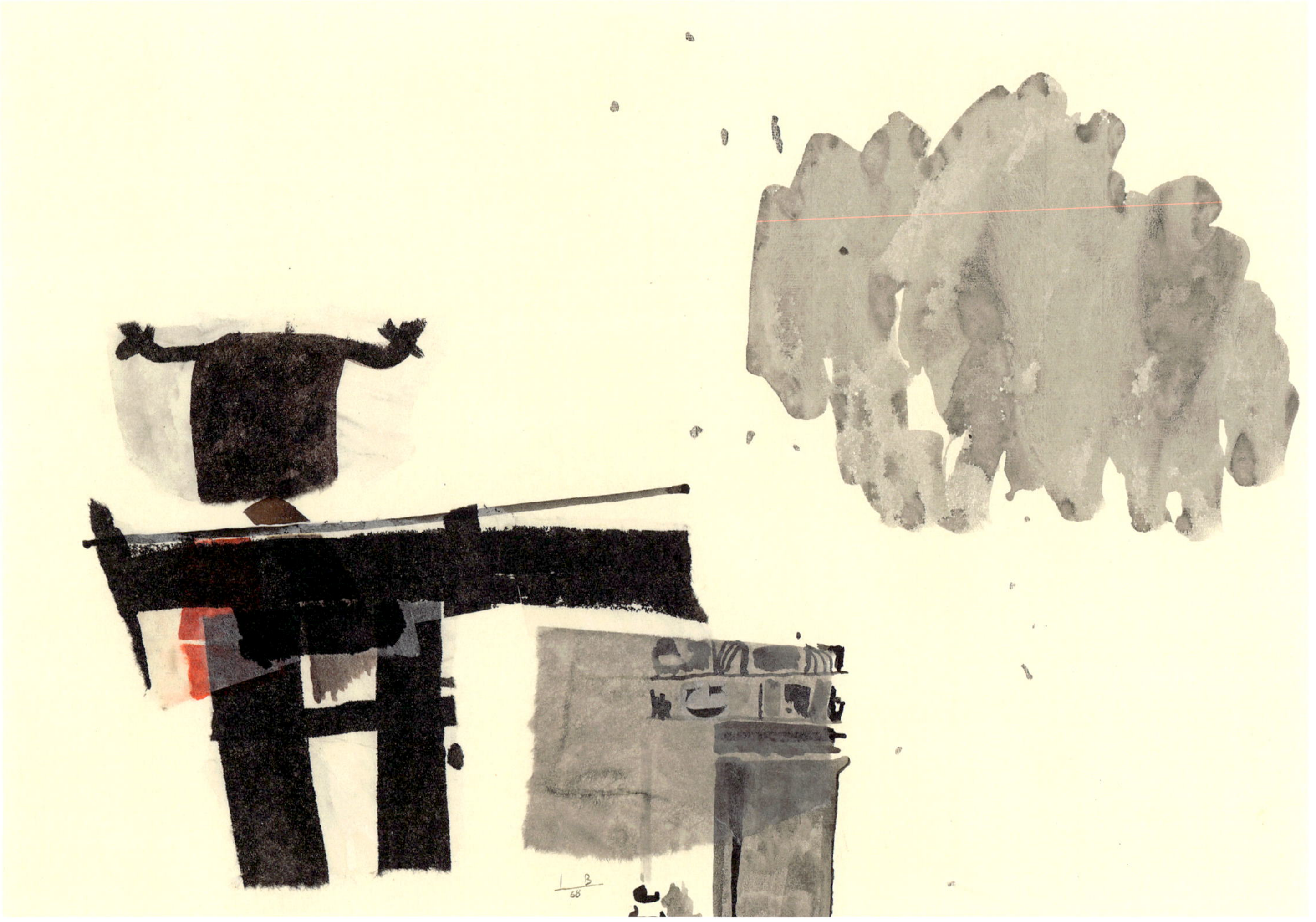

#56 **Prezența literei G**
Colaj de hârtie japon, acuarelă pe hârtie, 45×58,8 cm, 1968, semnat, datat „IB68", Hamburger Kunsthalle / Kunsthalle Hamburg

#56 **The Existence of the Letter G**
Japan paper collage, watercolour on handmade paper, 45×58.8 cm, 1968, signed, dated "IB68", Hamburger Kunsthalle / Kunsthalle Hamburg

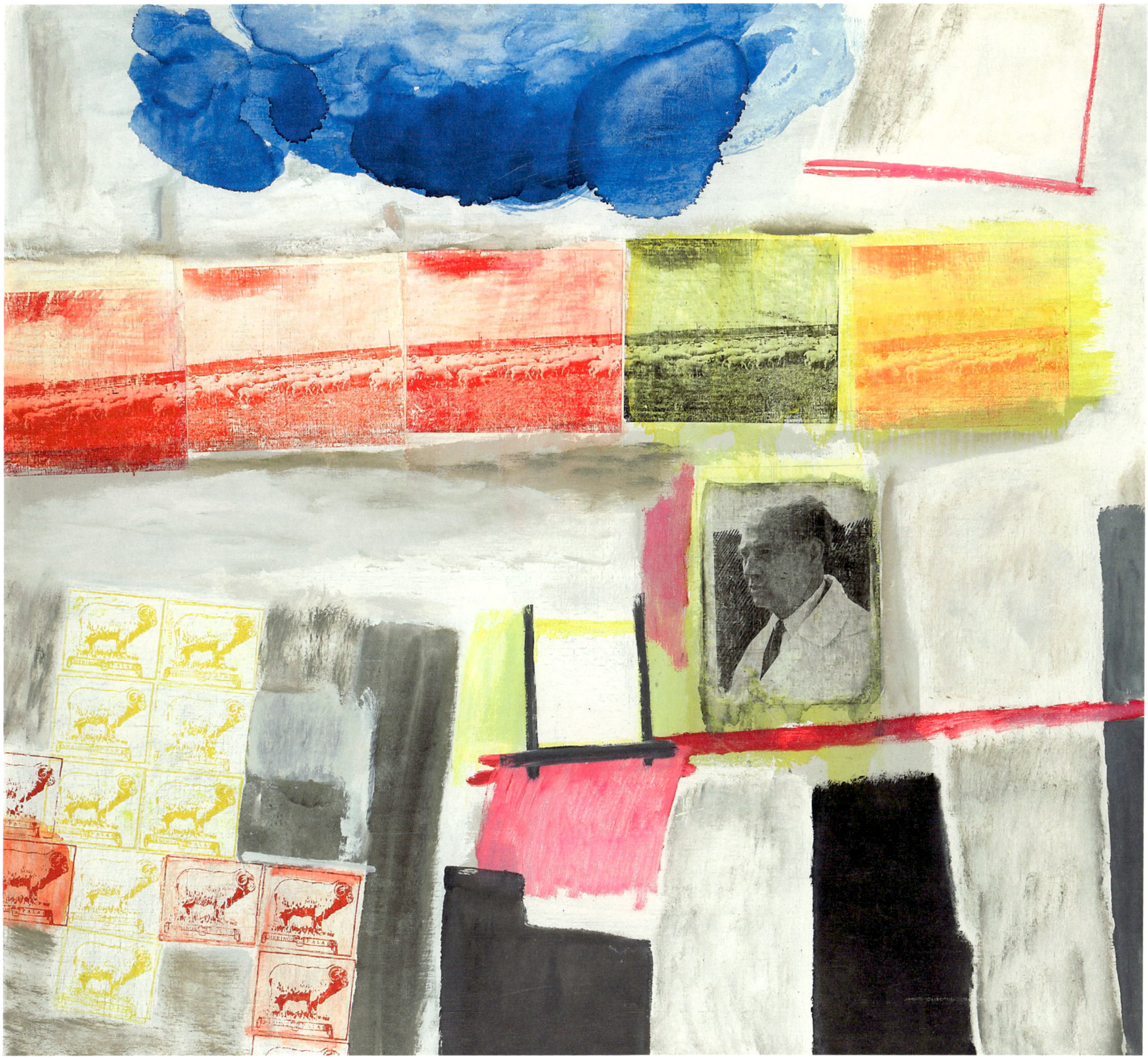

#57 **Portretul zootehnistului Timar**
Acrilic, serigrafie pe pânză, 140,5×155,5 cm, 1968, semnat, datat „IB68", MAV

#57 **Portrait of Timar the Stock Raiser**
Acrylic paint, silkscreen on canvas, 140.5×155.5 cm, 1968, signed, dated "IB68", MAV

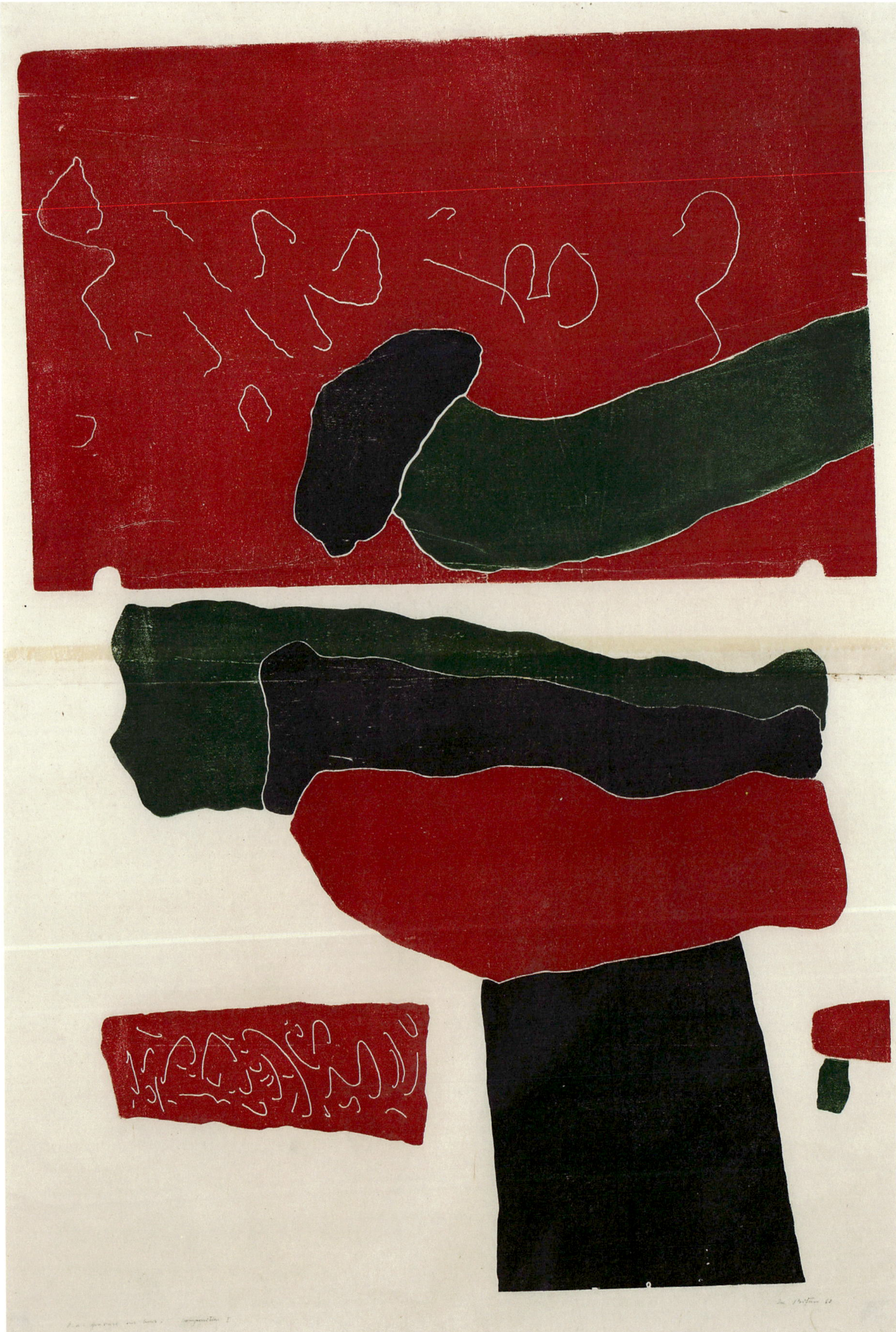

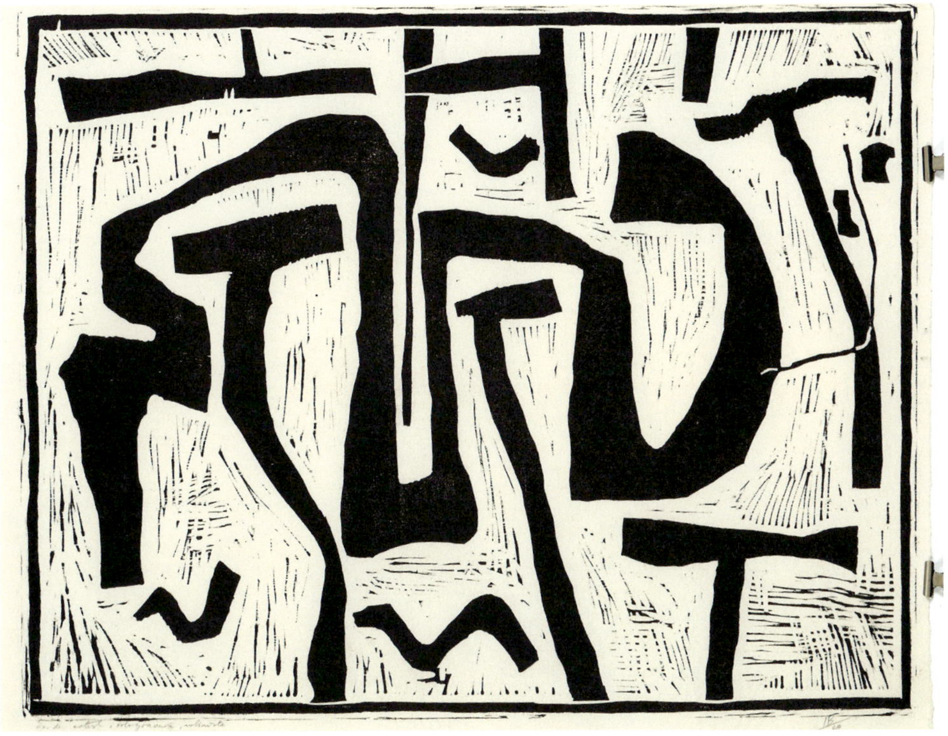

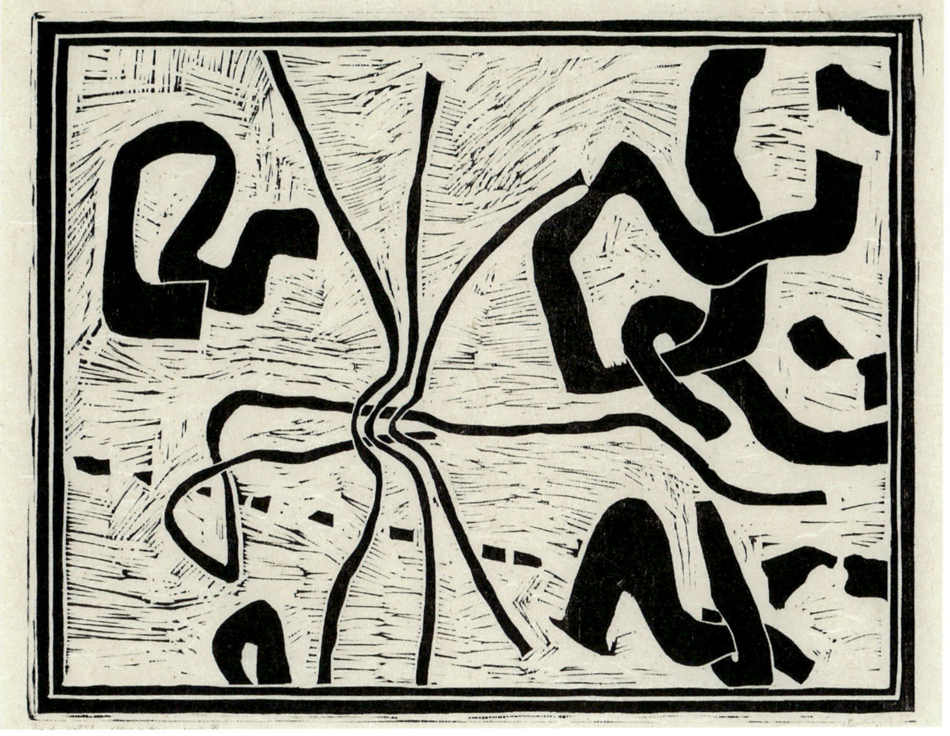

#58 **Cadențe. Compoziția nr. I**
Xilogravură pe hârtie din două jumătăți încleiate central, pe axul orizontal, 113,5×79,5 cm, 1968, exemplar de artist, semnat, datat „Ion Bițan 68", CP, România

#59 **Neliniște**
Xilogravură pe hârtie, 43×56 cm, 1968, exemplar de artist, semnat, datat „IB/68", MNAR

#60 **Compoziție III**
Xilogravură pe hârtie cu fire de apă, 54×70 cm, 1968, exemplar de artist, semnat, datat „IB/68", MNAR

#58 **The Cadenzas series. Composition number I**
Woodcut on paper, consisting of two halves glued in the middle on the horizontal axis, 113.5×79.5 cm, 1968, signed, dated "Ion Bițan 68", PC, Romania

#59 **Restlessness**
Woodcut on paper, 43×56 cm, 1968, artist's proof, signed, dated "IB/68", MNAR

#60 **Composition III**
Woodcut on watermark paper, 54×70 cm, 1968, artist's proof, signed, dated "IB/68", MNAR

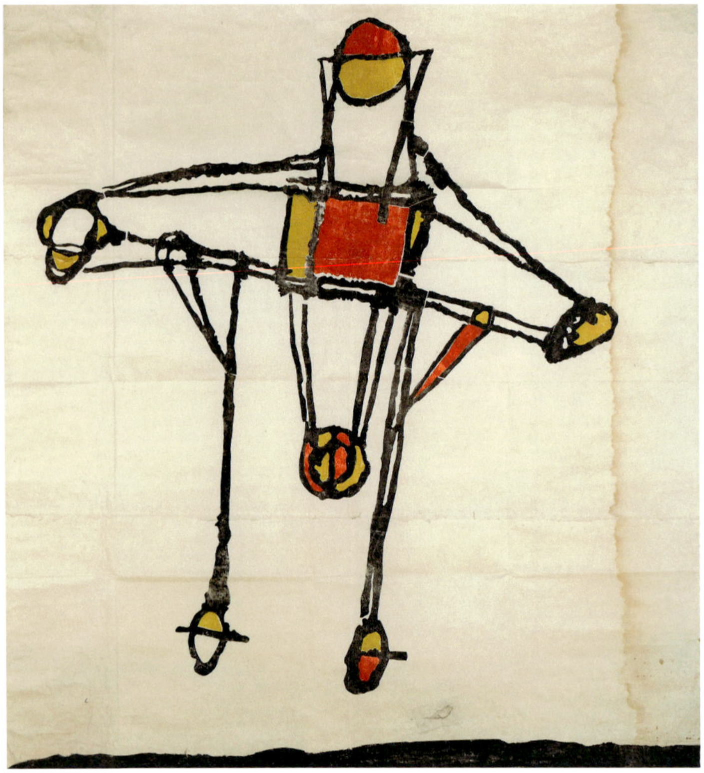

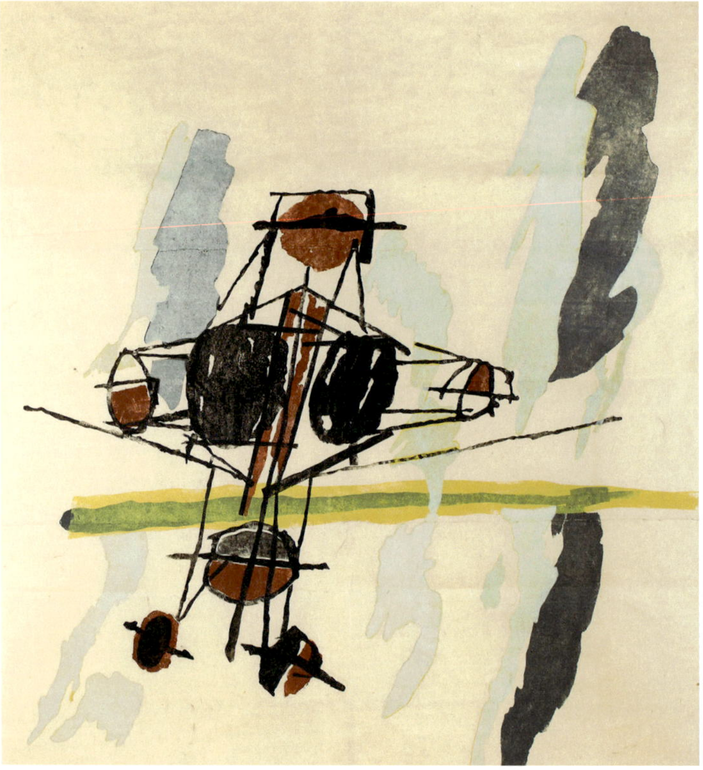

#61 **Zborul**
Monotip pe hârtie, 169×157 cm, [1968], nesemnat, nedatat, CP

#62 **Zborul**
Monotip pe hârtie cu fire de mătase / gravură cu șablonul, 152×133 cm, [1968], exemplar de artist, semnat „I. Bițan gravură cu șablonul, exemplar unic", nedatat, CP

#61 **The Flight**
Monotype on paper, 169×157 cm, [1968], unsigned, undated, PC

#62 **The Flight**
Monotype on paper with silk strands / engraving with stencil, 152×133 cm, [1968], artist's proof, signed "I. Bițan gravură cu șablonul, exemplar unic" [I. Bițan stencil engraving, unique proof], undated, PC

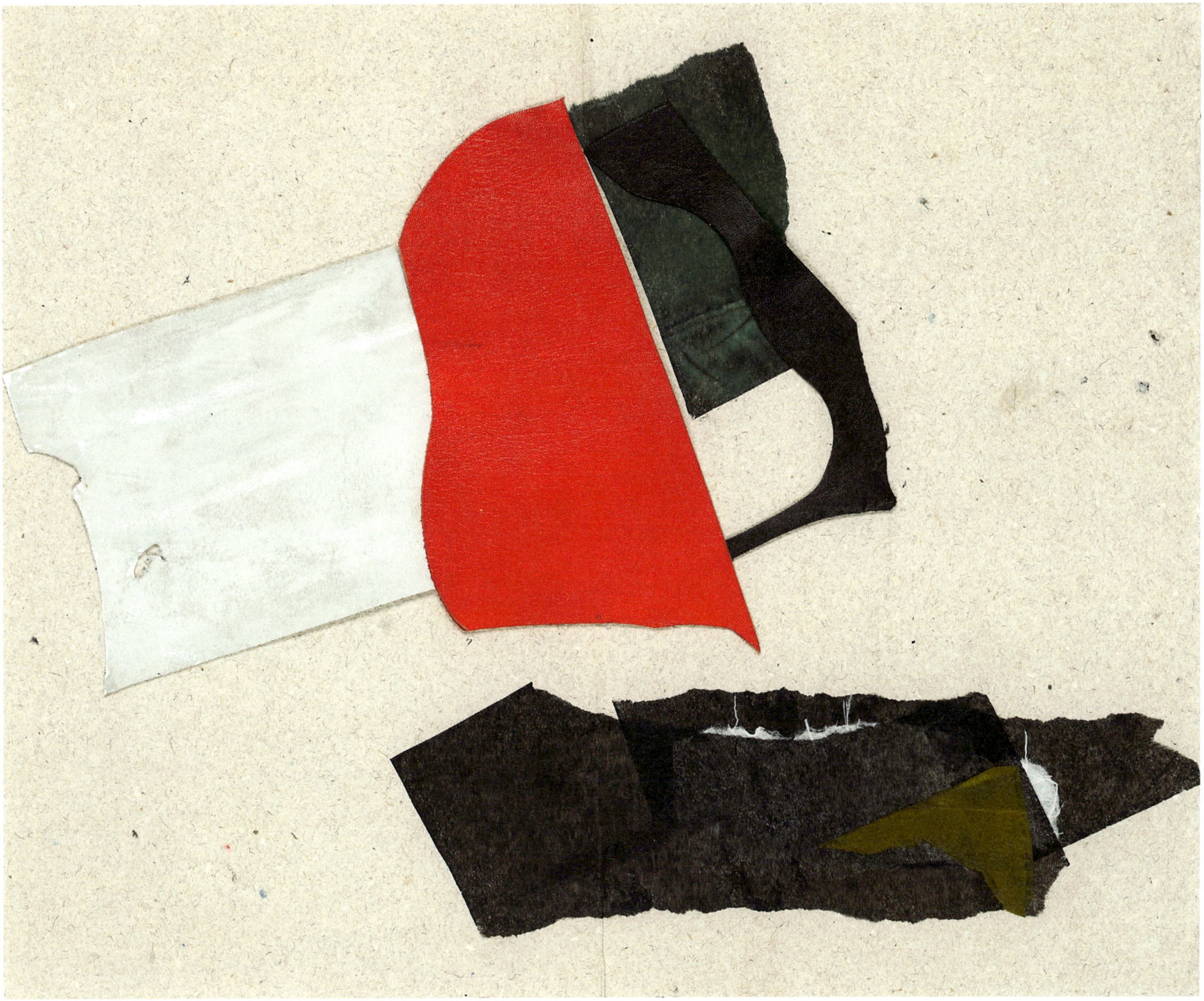

#63 **Fără titlu**
Colaj de piele și hârtie japon colorată pe hârtie prelucrată manual, 40×49 cm, [1968], nesemnat, nedatat, CP

#63 **Untitled**
Collage with leather and Japan paper glued on handcrafted paper, 40×49 cm, [1968], unsigned, undated, PC

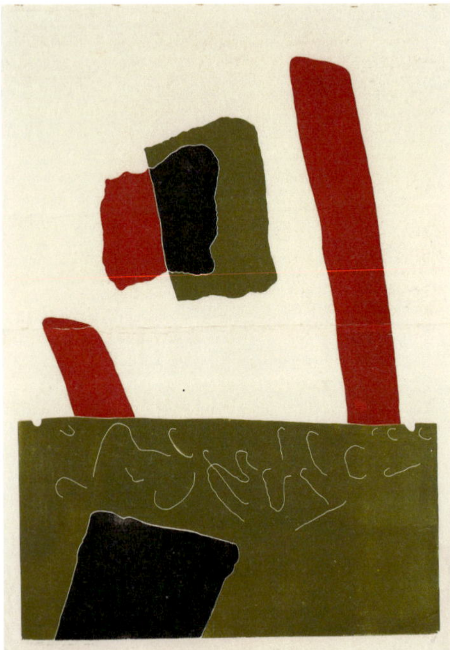

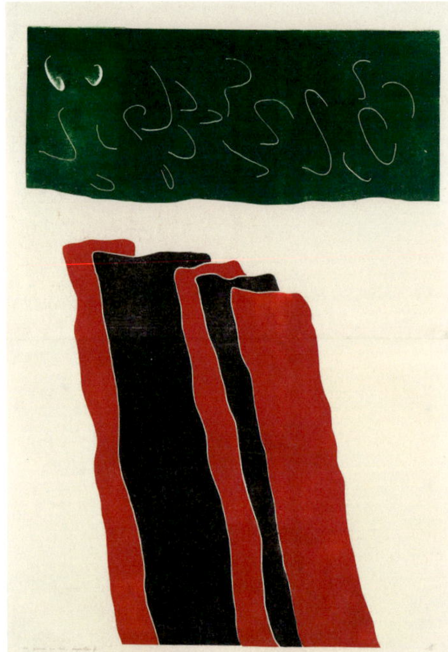

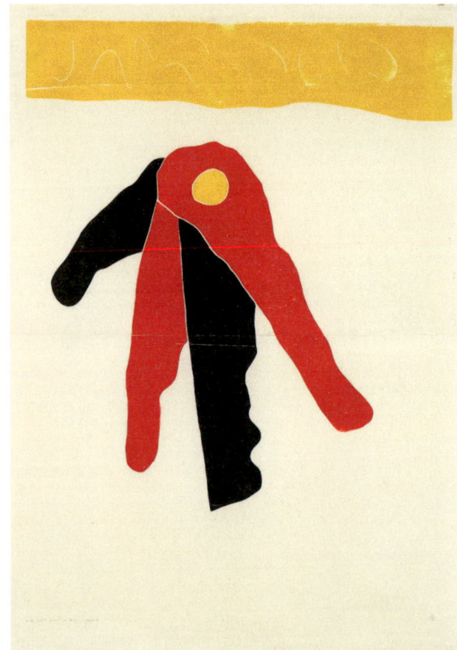

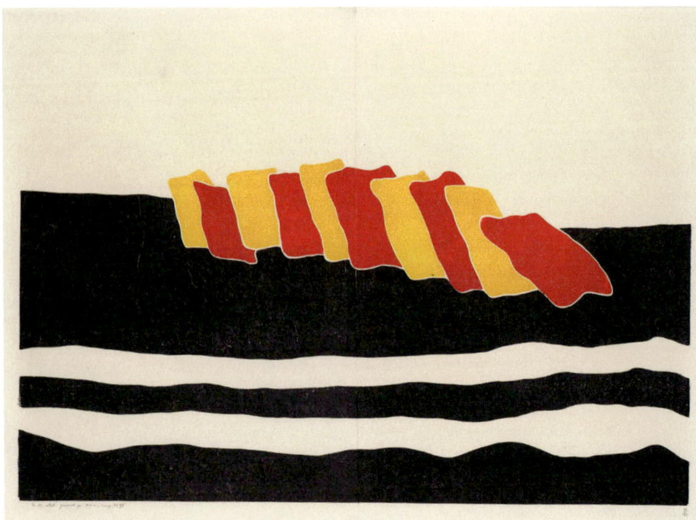

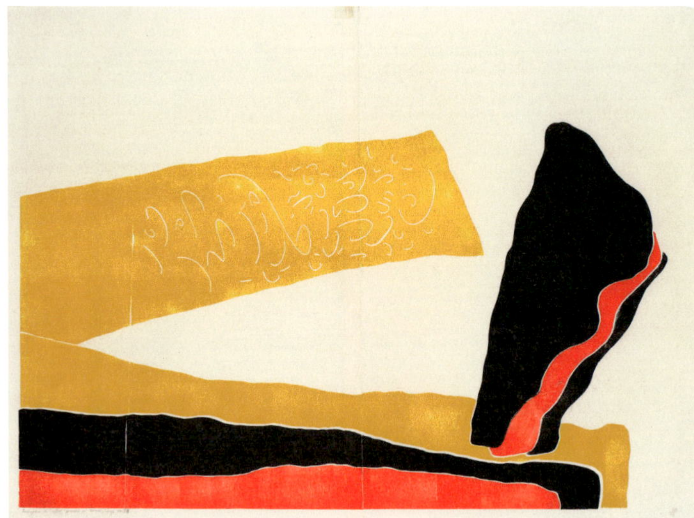

#64 **Cadențe. Compoziția nr. III**
Xilogravură pe hârtie din două jumătăți încleiate central, pe axul orizontal, 114×79,5 cm, 1968, exemplar de artist, semnat, datat „IB/68", CP

#65 **Cadențe. Compoziția nr. VII**
Xilogravură pe hârtie din două jumătăți încleiate central, pe axul orizontal, 117×80 cm, 1968, exemplar de artist, semnat, datat „IB/68", CP

#66 **Cadențe. Compoziția nr. XI**
Xilogravură pe hârtie din două jumătăți încleiate central, pe axul orizontal, 113,5×80 cm, 1968, exemplar de artist, semnat, datat „IB/68", CP

#67 **Cadențe. Compoziția nr. XIII**
Xilogravură pe hârtie din două jumătăți încleiate central, pe axul vertical, 80,5×117 cm, 1969, exemplar de artist, semnat, datat „IB/69", CP

#68 **Cadențe. Compoziția nr. XVII**
Xilogravură pe hârtie din două jumătăți încleiate central pe axul vertical, 80×114 cm, 1969, exemplar de artist, semnat, datat „IB/69", CP

#64 **The Cadenzas series. Composition number III**
Woodcut on paper, consisting of two halves glued in the middle on the horizontal axis, 114×79.5 cm, 1968, artist's proof, signed, dated "IB/68", PC

#65 **The Cadenzas series. Composition number VII**
Woodcut on paper, consisting of two halves glued in the middle on the horizontal axis, 117×80 cm, 1968, artist's proof, signed, dated "IB/68", PC

#66 **The Cadenzas series. Composition number XI**
Woodcut on paper, consisting of two halves glued in the middle on the horizontal axis, 113.5×80 cm, 1968, artist's proof, signed, dated "IB/68", PC

#67 **The Cadenzas series. Composition number XIII**
Woodcut on paper, consisting of two halves glued in the middle on the vertical axis, 80.5×117 cm, 1969, artist's proof, signed, dated "IB/69", PC

#68 **The Cadenzas series. Composition number XVII**
Woodcut on paper, consisting of two halves glued in the middle on the vertical axis, 80×114 cm, 1969, artist's proof, signed, dated "IB/69", PC

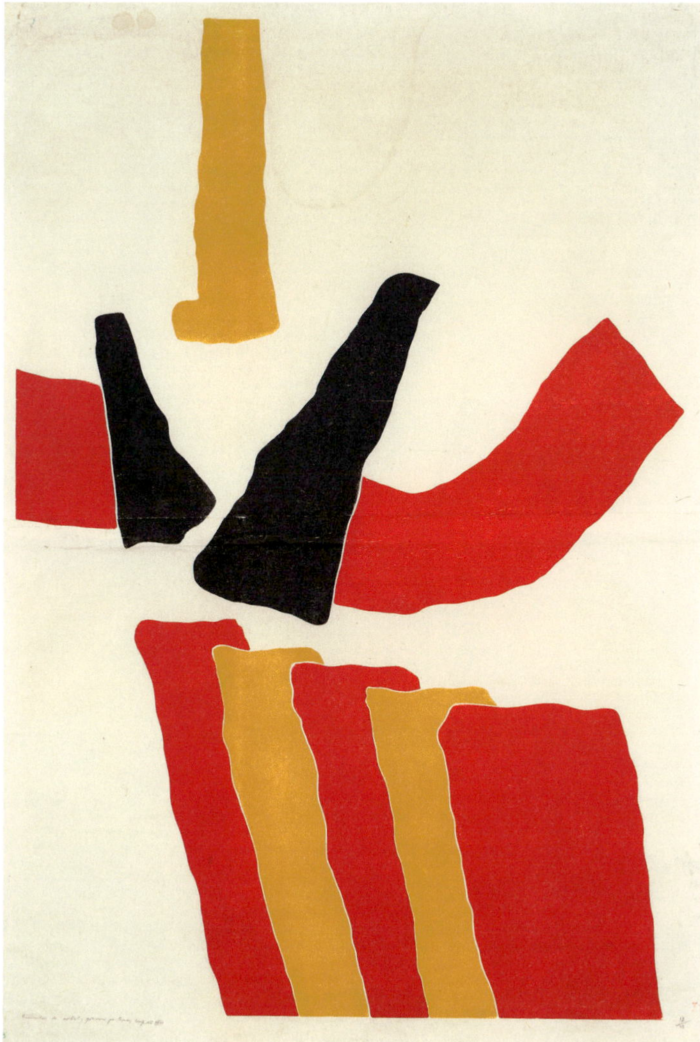

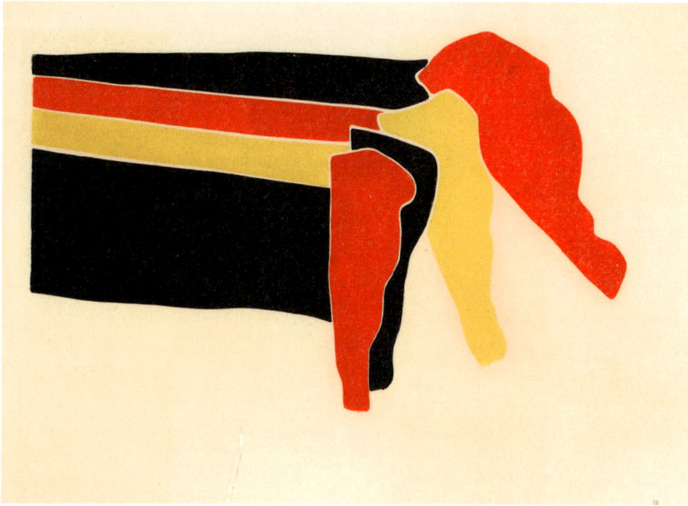

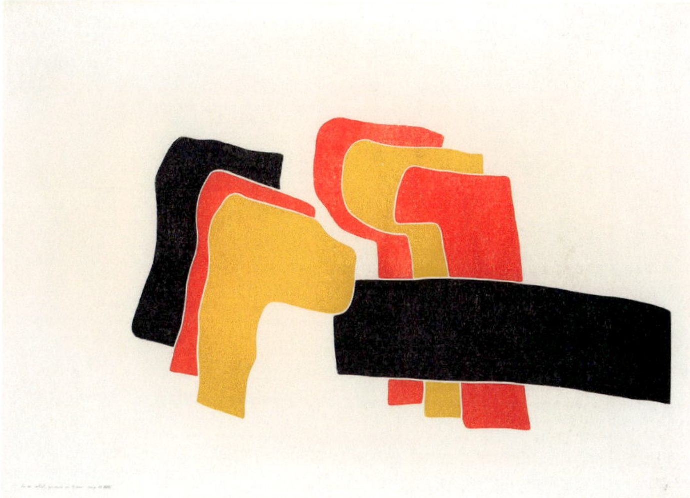

#69 **Cadențe. Compoziția nr. XVIII**
Xilogravură pe hârtie din două jumătăți încleiate central pe axul orizontal, 113,5×79,5 cm, 1969, exemplar de artist, semnat, datat „IB/69", CP

#70 **Cadențe. Compoziția nr. XXII / Temptation (Tentație) from Eastern Europe Prints**
Xilogravură pe hârtie, 43×56 cm, 1969, semnat, datat „IB/69, Museum of Modern Art (MoMA), New York.
Digital Image © 2020 Museum of Modern Art, New York, SUA

#71 **Cadențe. Compoziția nr. XXVII**
Xilogravură pe hârtie din două jumătăți încleiate central pe axul vertical, 70×100,6 cm, 1969, exemplar de artist, semnat, datat „IB/69", CP

#69 **The Cadenzas series. Composition number XVIII**
Woodcut on paper, consisting of two halves glued in the middle on the horizontal axis, 113.5×79.5 cm, 1969, artist's proof, signed, dated "IB/69", PC

#70 **The Cadenzas series. Composition number XXII / Temptation (Tentatie) from Eastern Europe Prints**
Woodcut on paper, 43×56 cm, 1969, signed, dated "IB/69", Museum of Modern Art (MomA), New York.
Digital Image © 2020 Museum of Modern Art, New York, USA

#71 **The Cadenzas series. Composition number XXVII**
Woodcut on paper, consisting of two halves glued in the middle on the vertical axis, 70×100.6 cm, 1969, artist's proof, signed, dated "IB/69", PC

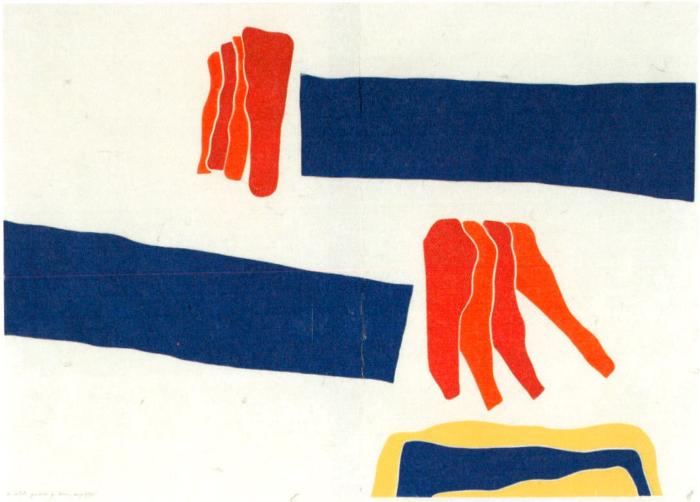

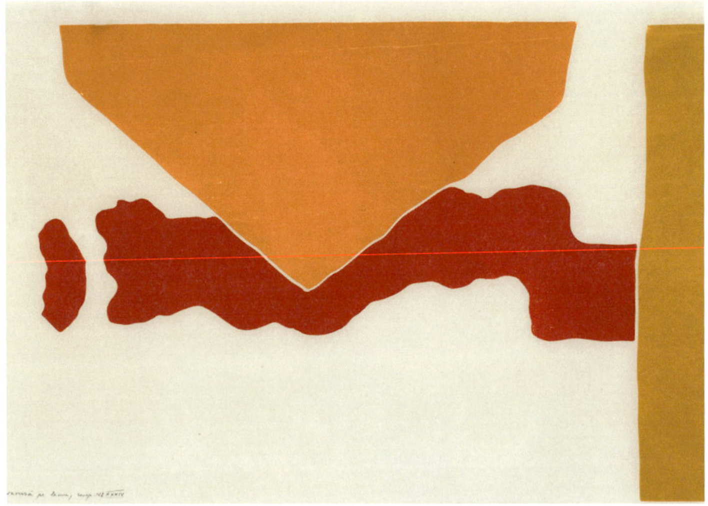

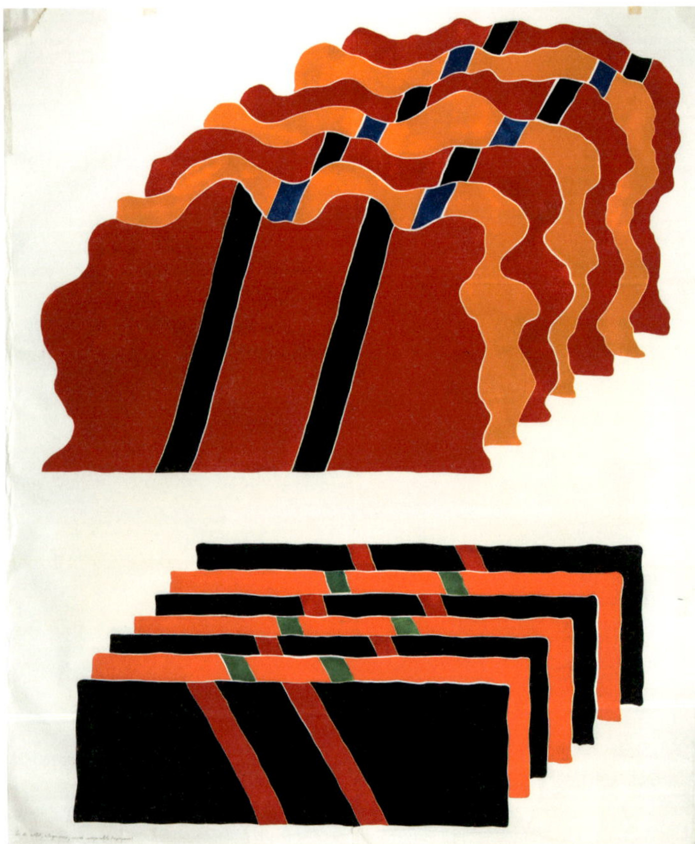

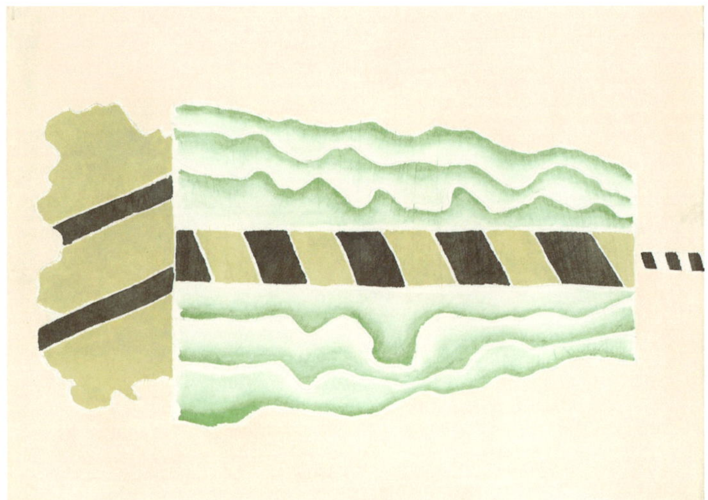

#72 **Cadențe. Compoziția nr. XXXII**
Xilogravură pe hârtie din două părți încleiate la mijloc, 67,3×99, 6 cm, 1969, exemplar de artist, semnat, datat „IB/69", Muzeul Stedelijk, Amsterdam

#73 **Cadențe. Compoziția nr. XXXIV**
Xilogravură pe hârtie, 38×61 cm, 1969, exemplar de artist, semnat, datat „IB/69", CP

#74 **Inseparabile suprapuse. Compoziția nr. XXXVII**
Xilogravură pe hârtie, 120×110 cm, 1969, exemplar de artist, semnat, datat „IB/69", Muzeum Narodowe w Poznaniu / Muzeul Național Poznań, Polonia

#75 **Inseparabile**
Monotip, guașă, tuș pe hârtie, 57×76,5 cm, 1969, semnat, datat „IB/69", CP

#72 **The Cadenzas series. Composition number XXXII**
Woodcut on paper, consisting of two halves glued in the middle, 67.3×99.6 cm, 1969, artist's proof, signed, dated "IB/69", Stedelijk Museum, Amsterdam

#73 **The Cadenzas series. Composition number XXXIV**
Woodcut on paper, 38×61 cm, 1969, artist's proof, signed, dated "IB/69", PC

#74 **Composition number XXXVII / Superposed Inseparables**
1969, Woodcut on paper, 120×110 cm, 1969, artist's proof, signed, dated "IB/69", Muzeum Narodowe w Poznaniu / The National Museum in Poznań, Poland

#75 **Inseparables**
Monotype, gouache, ink on paper, 57×76.5 cm, 1969, signed, dated "IB/69", PC

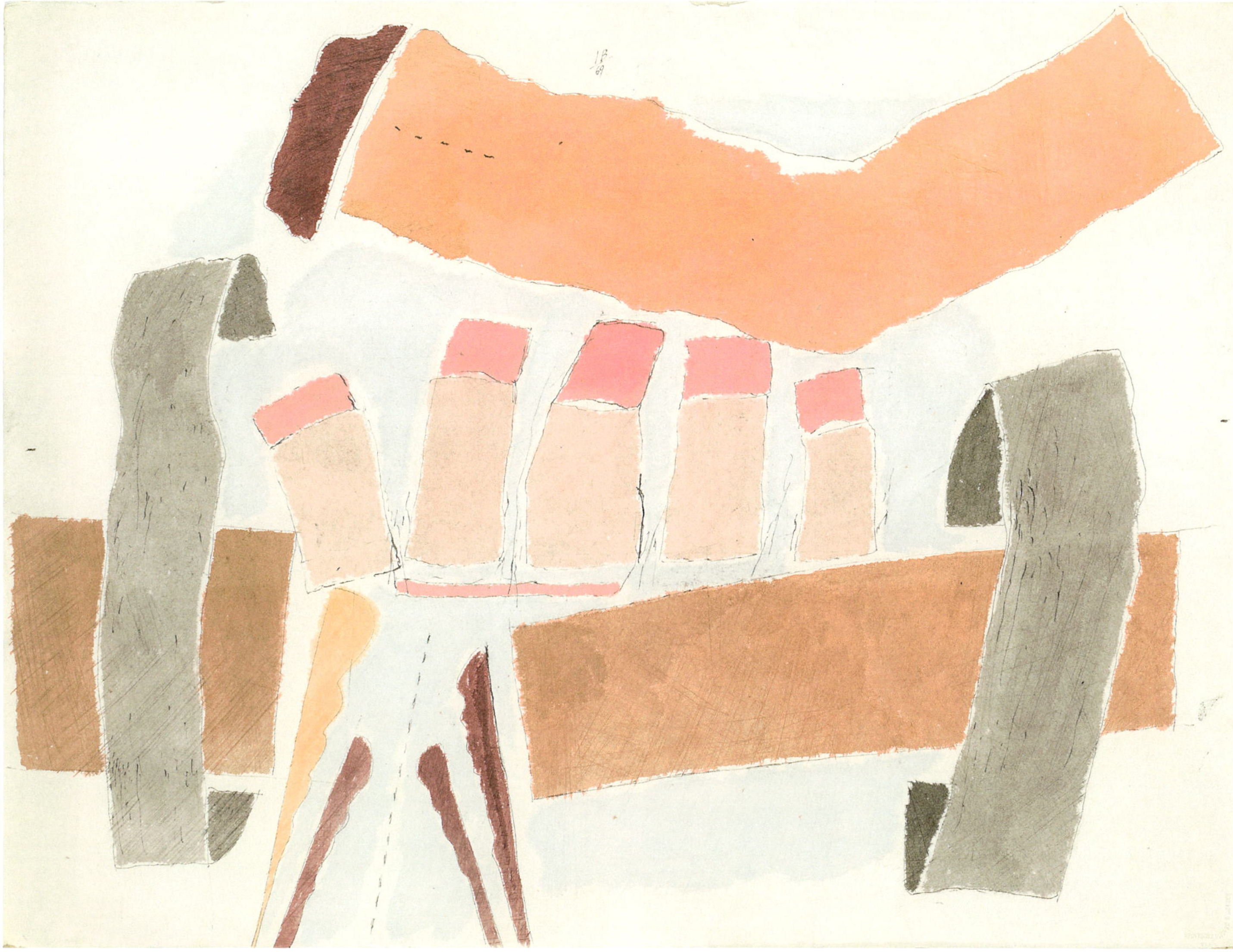

#76 **Inseparabile**

Monotip, guașă, tuș pe hârtie, 57×76,3 cm, 1969, semnat, datat „IB/69", CP, România

#76 **Inseparables**

Monotype, gouache, ink on paper, 57×76.3 cm, 1969, signed, dated "IB/69", PC, Romania

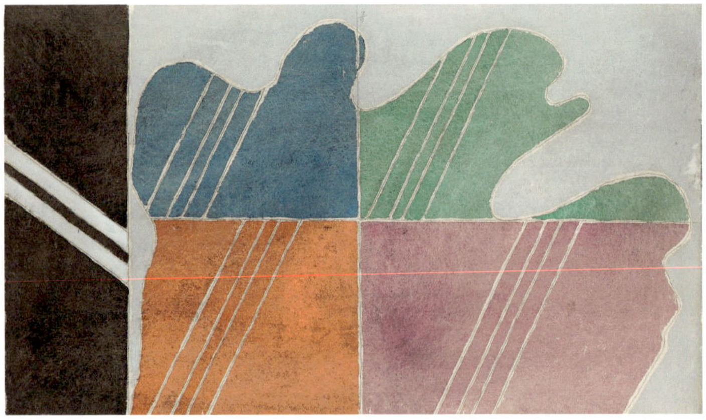

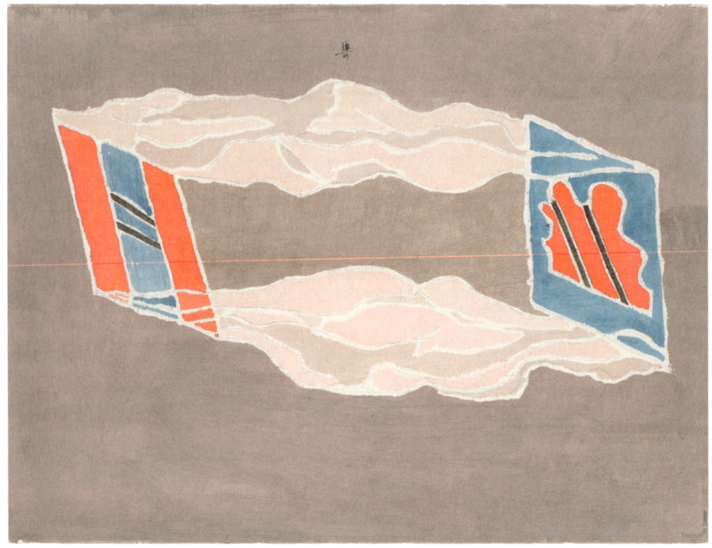

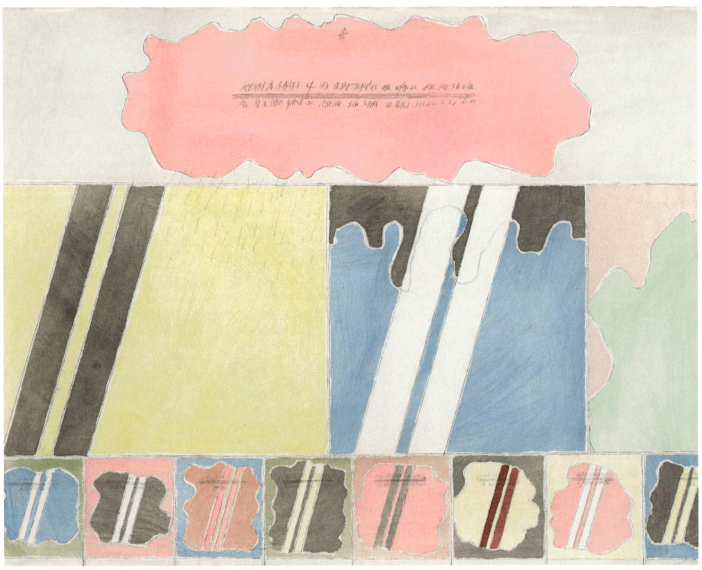

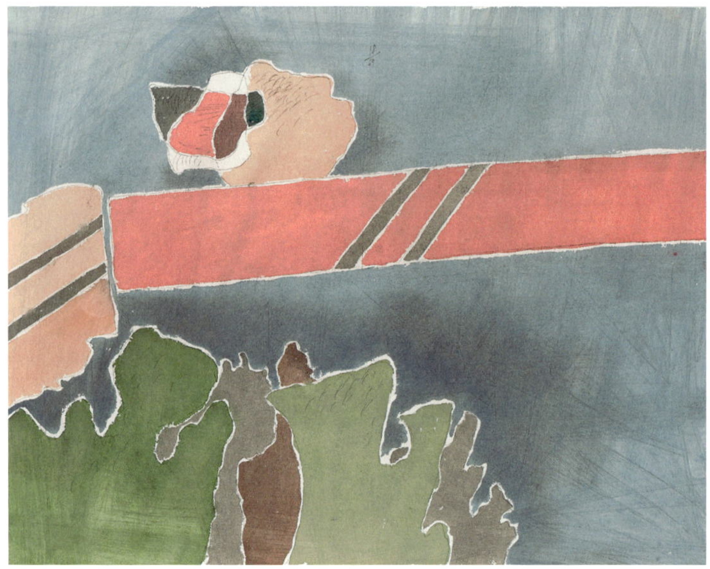

#77 **Inseparabile**
Monotip, guașă, tuș pe hârtie, 44,5×76 cm, 1969, semnat, datat „IB/69", CP

#78 **Inseparabile**
Monotip, guașă, tuș pe hârtie, 56,5×75,5 cm, 1969, semnat, datat „IB/69", CP

#79 **Inseparabile**
Monotip, guașă, tuș pe hârtie, 57×76 cm, 1969, semnat, datat „IB/69", CP

#80 **Inseparabile**
Monotip, guașă, tuș pe hârtie, 50×65 cm, 1969, semnat, datat „IB/69", CP

#77 **Inseparables**
Monotype, gouache, ink on paper, 44.5×76 cm, 1969, signed, dated "IB/69", PC

#78 **Inseparables**
Monotype, gouache, ink on paper, 56.5×75.5 cm, 1969, signed, dated "IB/69", PC

#79 **Inseparables**
Monotype, gouache, ink on paper, 57×76 cm, 1969, signed, dated "IB/69", PC

#80 **Inseparables**
Monotype, gouache, ink on paper, 50×65 cm, 1969, signed, dated "IB/69", PC

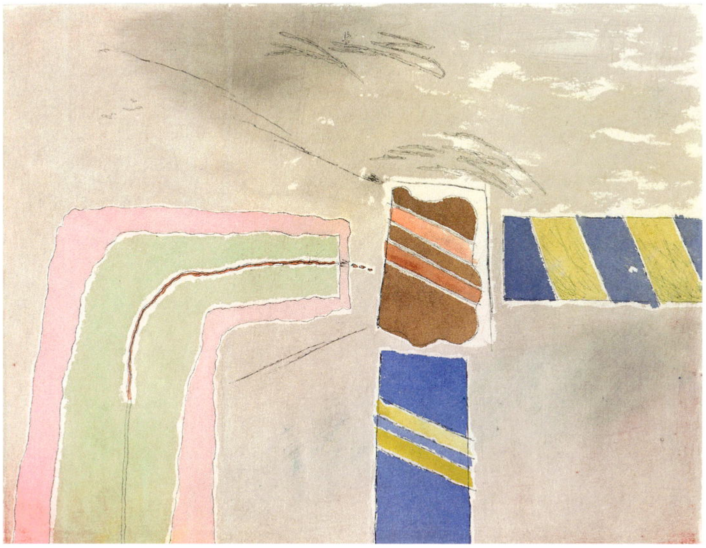

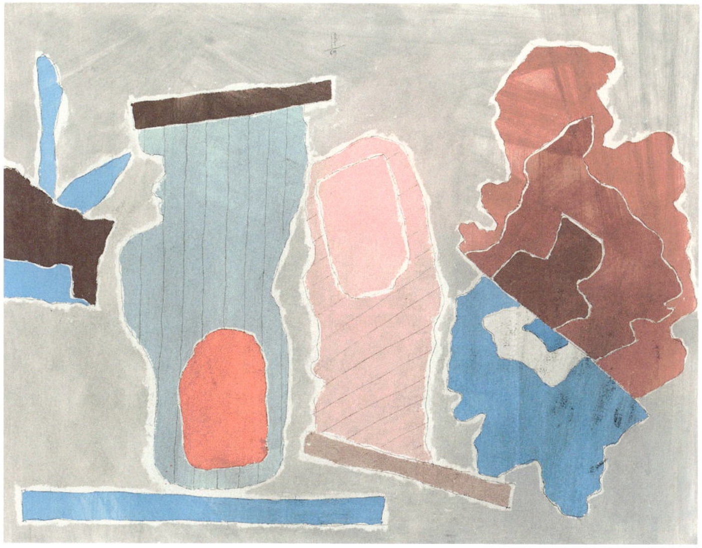

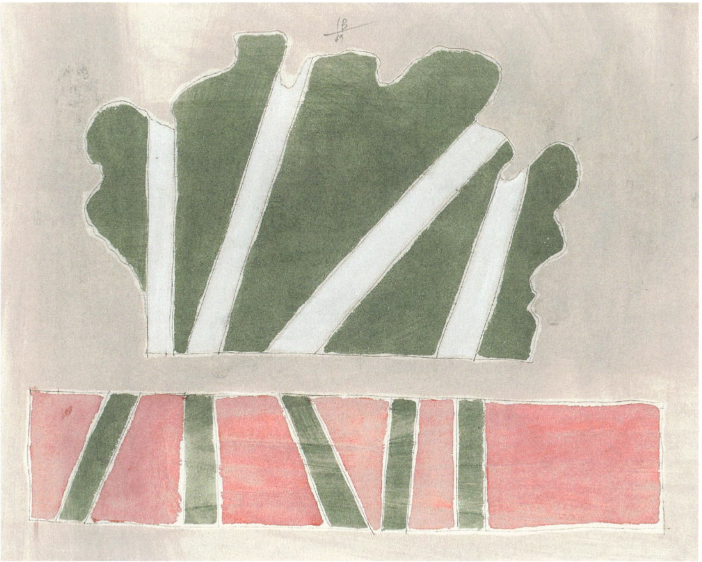

#81 **Inseparabile**
Monotip, guașă, tuș pe hârtie, 50×65 cm, 1969, semnat, datat „IB/69”, CP

#82 **Inseparabile**
Monotip, guașă, tuș pe hârtie, 50×65 cm, 1969, semnat, datat „IB/69”, CP

#83 **Inseparabile**
Monotip, guașă, tuș pe hârtie, 50,7×65,7 cm, 1969, semnat, datat „IB/69”; pe verso schiță în tuș, CP

#81 **Inseparables**
Monotype, gouache, ink on paper, 50×65 cm, 1969, signed, dated “IB/69”, PC

#82 **Inseparables**
Monotype, gouache, ink on paper, 50×65 cm, 1969, signed, dated “IB/69”, PC

#83 **Inseparables**
Monotype, gouache, ink on paper, 50.7×65.7 cm, 1969, signed, dated „IB/69”; on the back a sketch in ink, PC

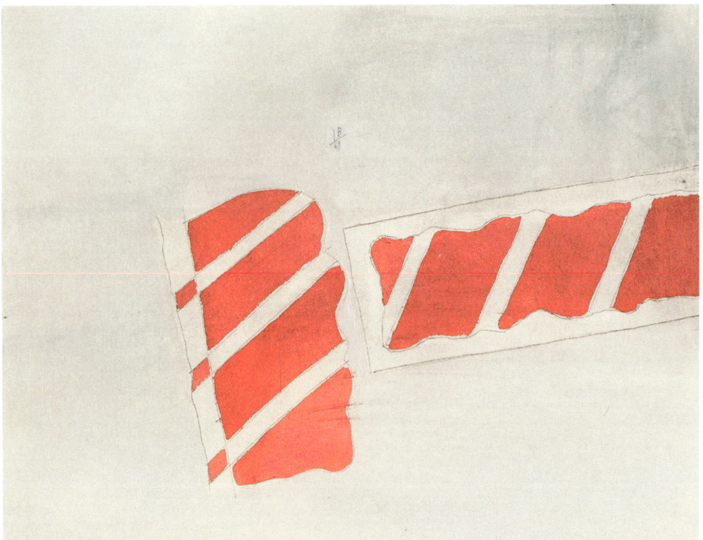

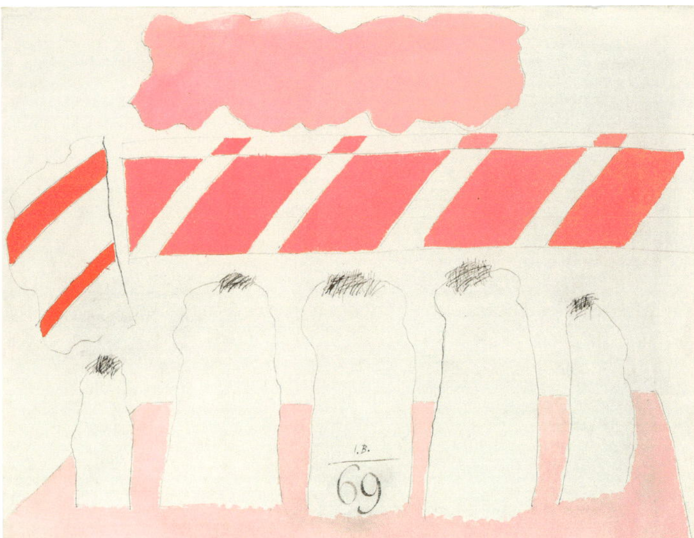

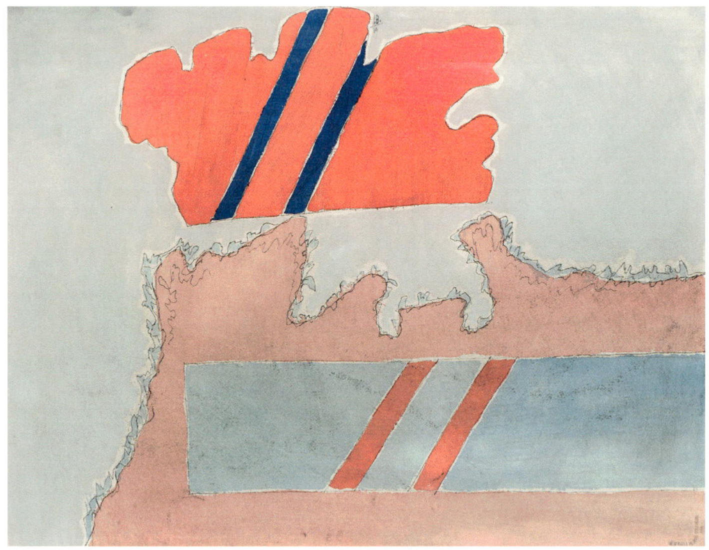

#84 **Inseparabile**
Monotip, guașă, tuș pe hârtie, 49,5×65 cm, 1969, semnat, datat „IB/69”, CP

#85 **Inseparabile**
Monotip, guașă, tuș pe hârtie, 50×65 cm, 1969, semnat, datat „IB/69”, CP

#86 **Inseparabile**
Monotip, guașă, tuș pe hârtie, 57×76 cm, 1969, semnat, datat „I.B./69”, CP

#87 **Inseparabile**
Monotip, guașă, tuș pe hârtie, 50×66 cm, 1969, semnat, datat „IB/69”, CP

#84 **Inseparables**
Monotype, gouache, ink on paper, 49.5×65 cm, 1969, signed, dated “IB/69”, PC

#85 **Inseparables**
Monotype, gouache, ink on paper, 50×65 cm, 1969, signed, dated “IB/69”, PC

#86 **Inseparables**
Monotype, gouache, ink on paper, 57×76 cm, 1969, signed, dated “I.B./69”, PC

#87 **Inseparables**
Monotype, gouache, ink on paper, 50×66 cm, 1969, signed, dated “IB/69”, PC

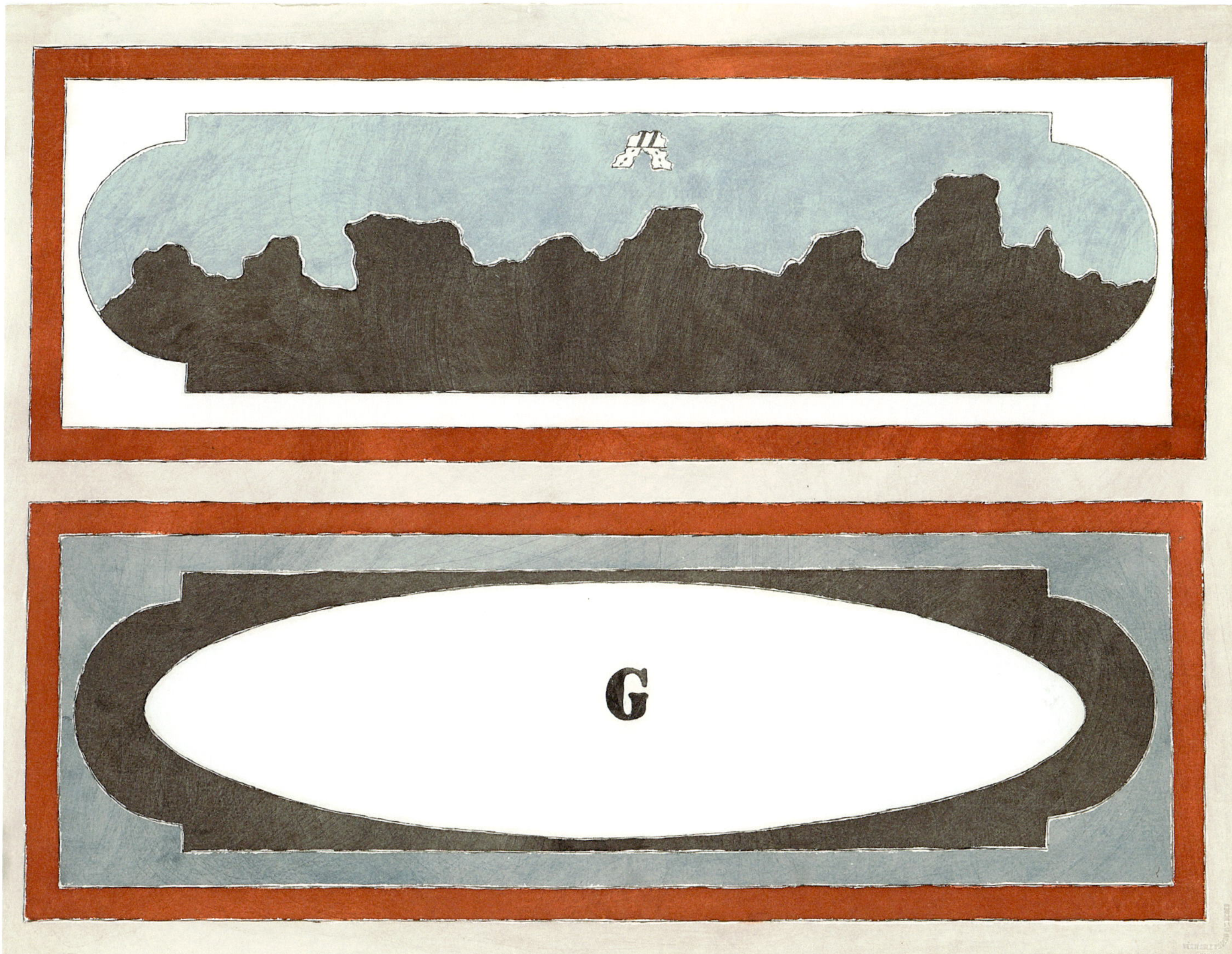

#88 **Inseparabile**
Monotip, guașă, tuș pe hârtie, 57×76,5 cm, [1969], nesemnat, nedatat, CP

#88 **Inseparables**
Monotype, gouache, ink on paper, 57×76.5 cm, [1969], unsigned, undated, PC

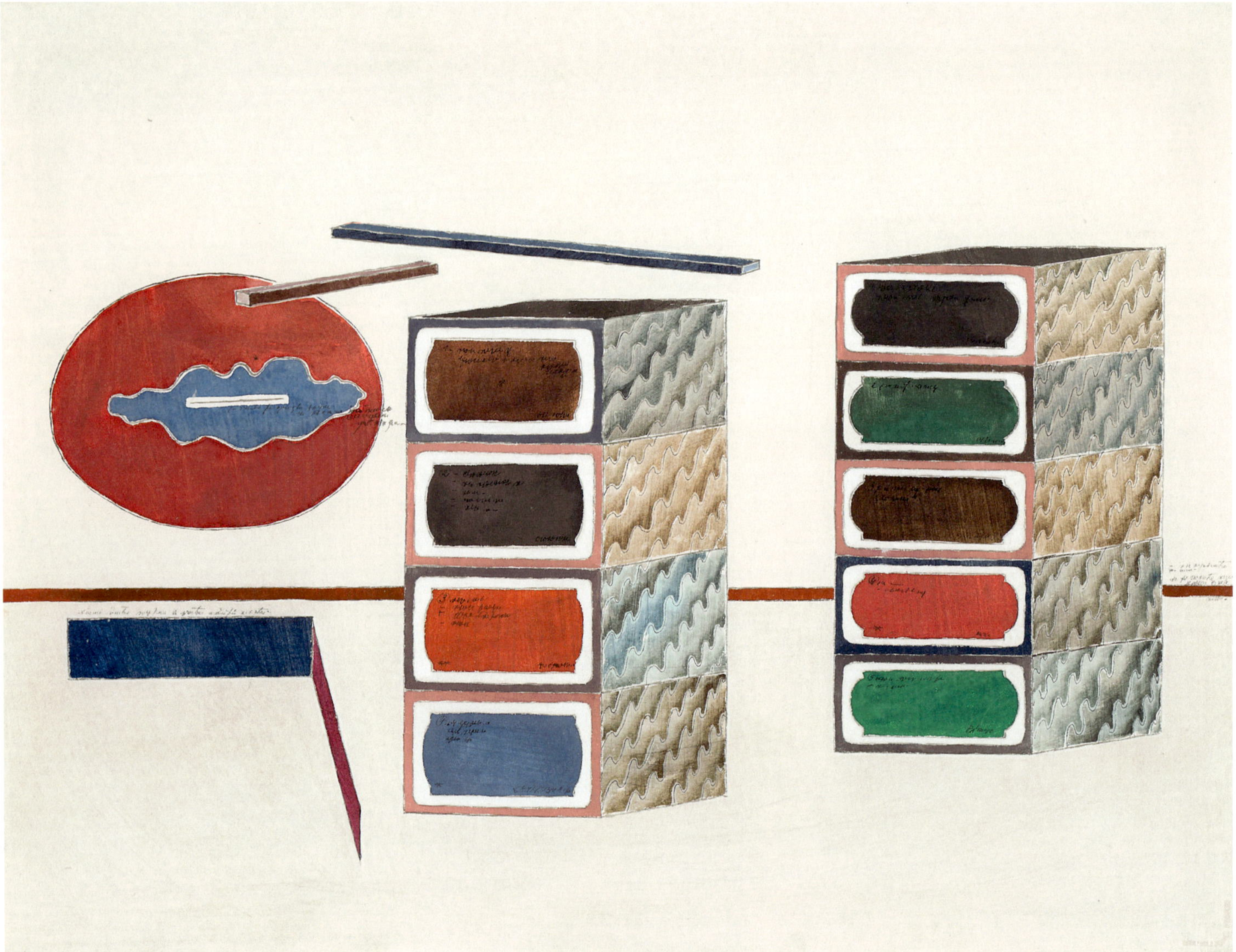

#89 **Inseparabile**
Monotip, guașă, tuș pe hârtie, 57×76 cm, [1969], nesemnat, nedatat, CP

#89 Inseparables
Monotype, gouache, ink on paper, 57×76 cm, [1969], unsigned, undated, PC

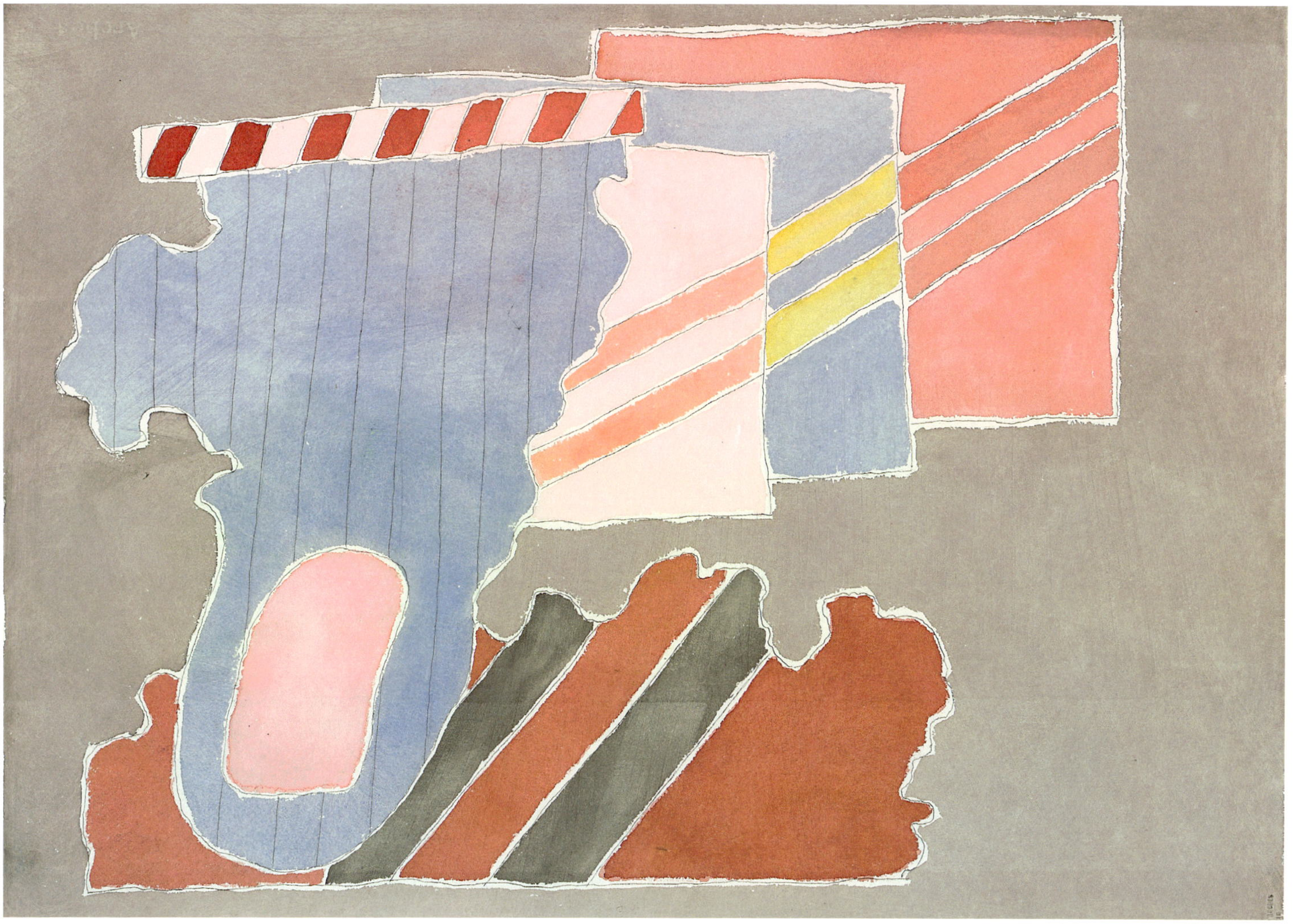

#90 **Inseparabile**
Monotip, guașă, tuș pe hârtie, 57×76 cm, [1969], nesemnat, nedatat, CP

#90 **Inseparables**
Monotype, gouache, ink on paper, 57×76 cm, [1969], unsigned, undated, PC

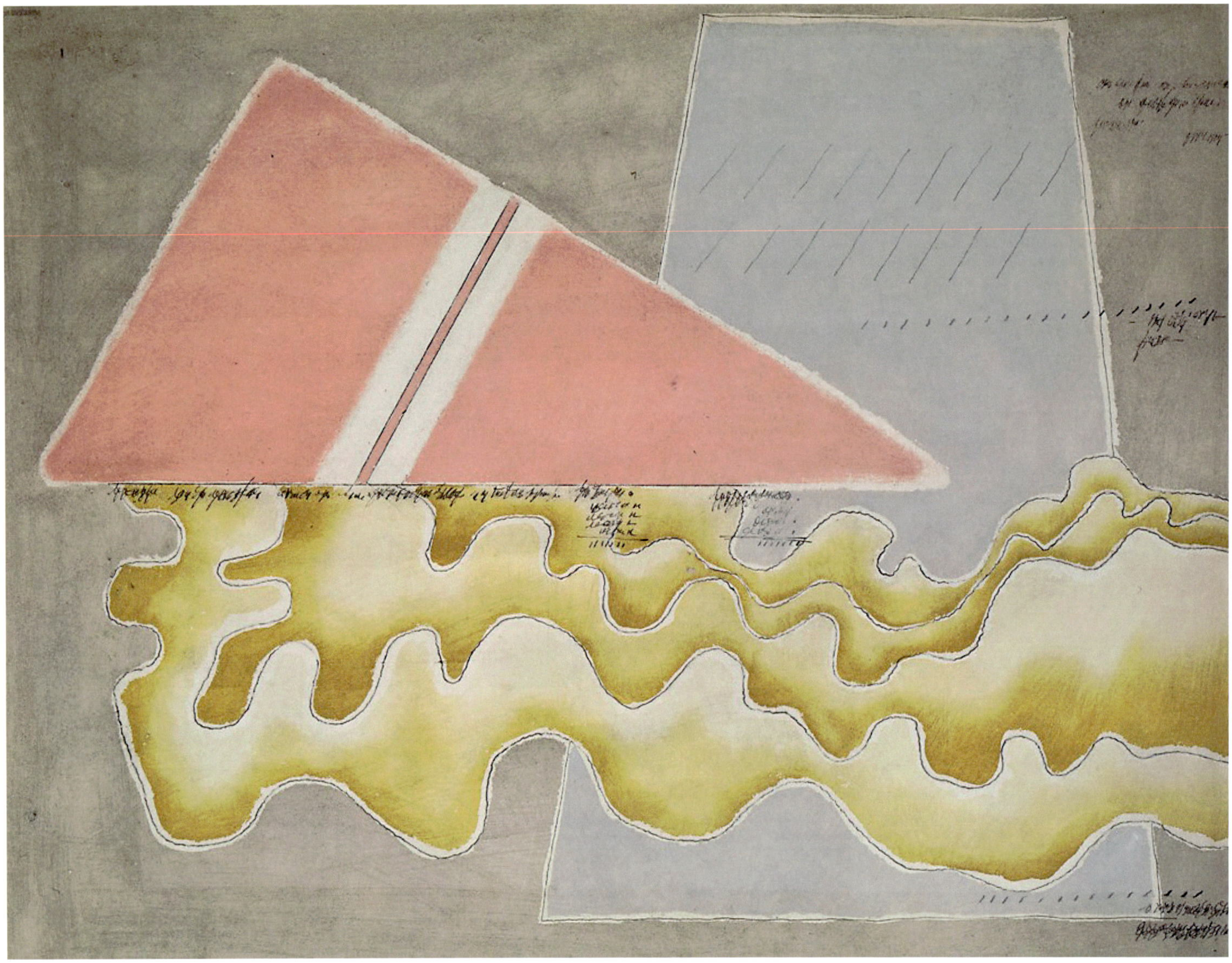

#91 **Inseparabile**
Monotip, guașă, tuș pe hârtie poroasă marca Arches, 57×76,4 cm, [1969], nesemnat, nedatat, PMMB

#91 **Inseparables**
Monotype, gouache, ink on Arches® Aquarelle paper, 57×76.4 cm, [1969], unsigned, undated, PMMB

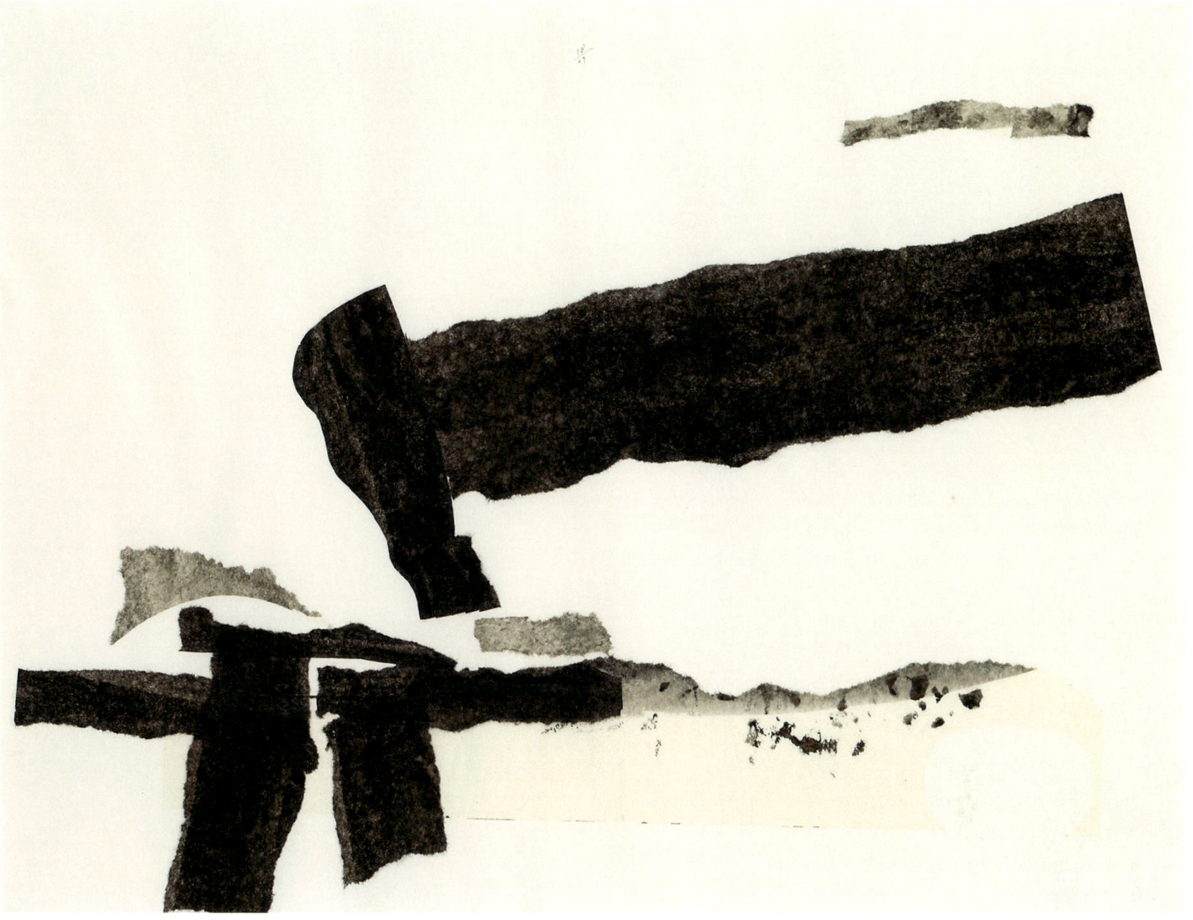

#92 **Fără titlu**
Colaj de hârtie japon albă, neagră, gri, tuş pe hârtie, 49,7×64,5 cm, 1969, semnat, datat „IB/69”, Colecția Pavel Şuşară, România

#92 **Untitled**
Collage of white, black and grey Japan paper, ink on paper, 49.7×64.5 cm, 1969, signed, dated “IB/69”, Pavel Şuşară collection, Romania

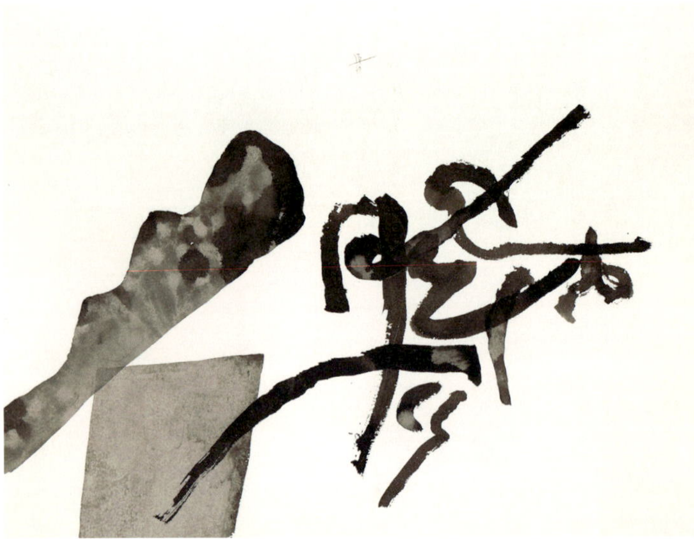

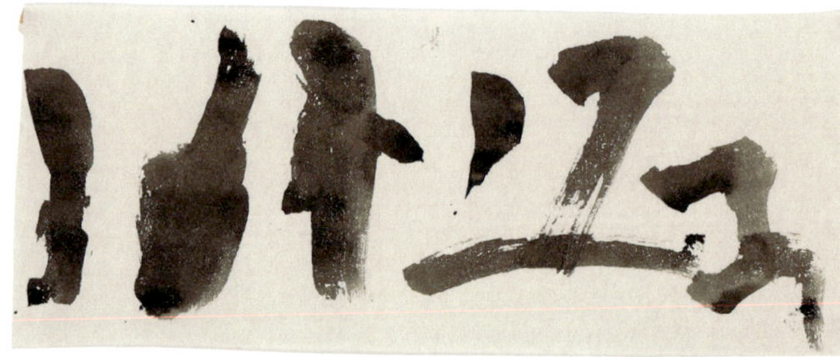

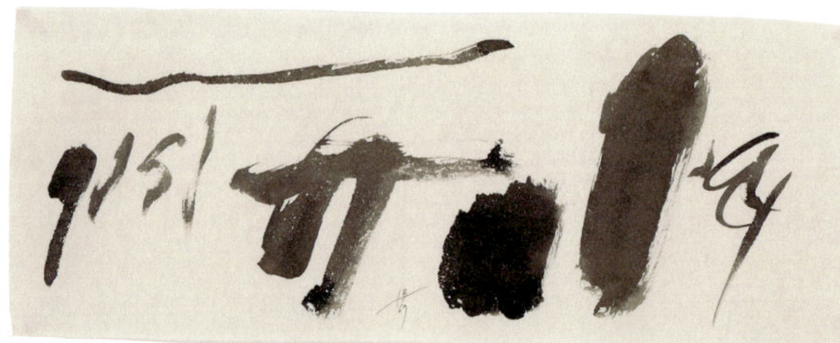

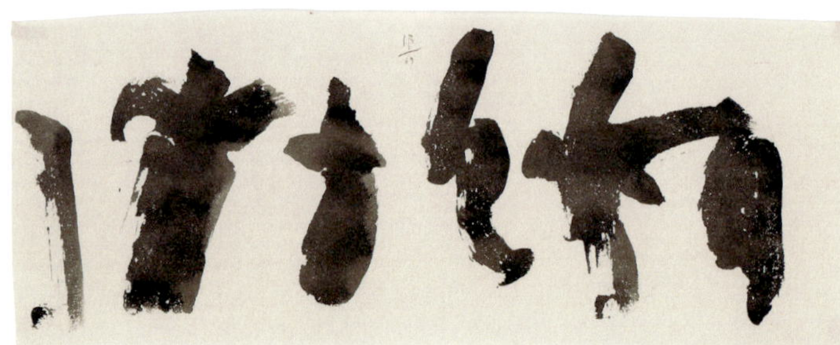

#93 **Inscripție**
Tuș, laviu de tuș pe hârtie, 50×65 cm, 1969, semnat, datat „IB69”, CP

#94 **Fără titlu**
Laviu de tuș pe hârtie, 18,5×46,2 cm, 1969, semnat, datat, „IB/69”, CP

#95 **Fără titlu**
Laviu de tuș pe hârtie, 17,8×47 cm, 1969, semnat, datat „IB/69”, CP

#96 **Fără titlu**
Laviu de tuș pe hârtie, 18×46,5 cm, 1969, semnat, datat „IB/69”, CP

#93 **Inscription**
Ink, ink wash on paper, 50×65 cm, 1969, signed, dated “IB69”, PC

#94 **Untitled**
Ink wash on paper, 18.5×46.2 cm, 1969, signed, dated “IB69”, PC

#95 **Untitled**
Ink wash on paper, 17.8×47 cm, 1969, signed, dated “IB69”, PC

#96 **Untitled**
Ink wash on paper, 18×46.5 cm, 1969, signed, dated “IB69”, PC

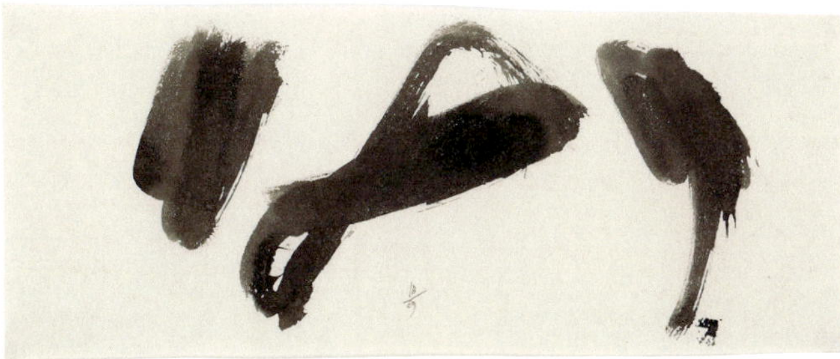

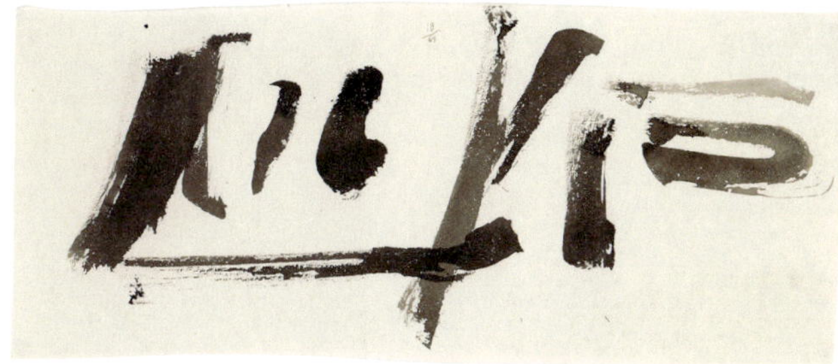

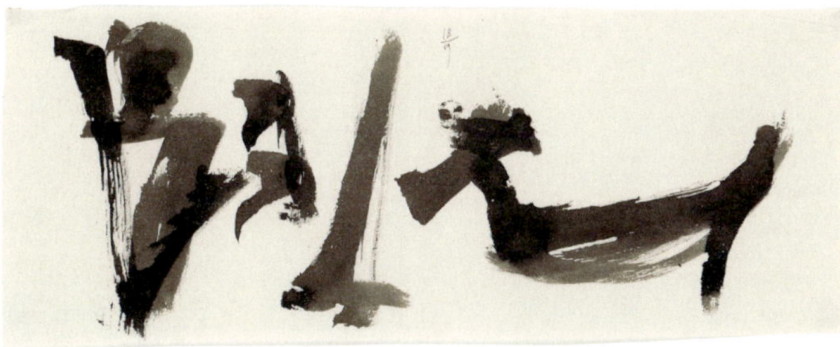

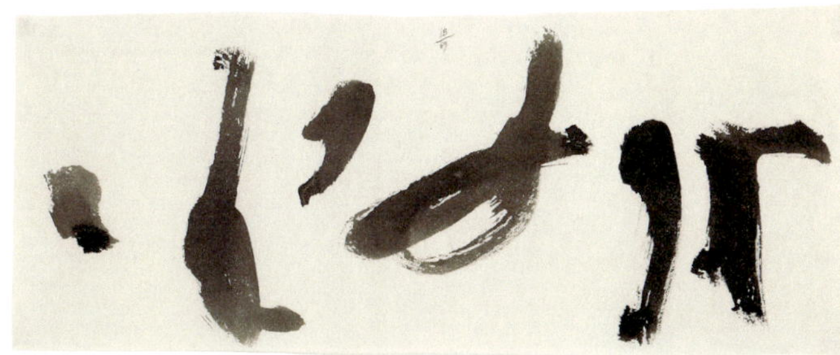

#97 **Fără titlu**
Laviu de tuș pe hârtie, 19×46 cm, 1969, semnat, datat „IB/69", CP

#98 **Fără titlu**
Laviu de tuș pe hârtie, 19,5×47 cm, 1969, semnat, datat „IB/69", CP

#99 **Fără titlu**
Laviu de tuș pe hârtie, 18×46,3 cm, 1969, semnat, datat „IB/69", CP

#100 **Fără titlu**
Laviu de tuș pe hârtie, 19×46,5 cm, 1969, semnat, datat „IB/69", CP

#97 **Untitled**
Ink wash on paper, 19×46 cm, 1969, signed, dated "IB69", PC

#98 **Untitled**
Ink wash on paper, 19.5×47 cm, 1969, signed, dated "IB69", PC

#99 **Untitled**
Ink wash on paper, 18×46.3 cm, 1969, signed, dated "IB69", PC

#100 **Untitled**
Ink wash on paper, 19×46.5 cm, 1969, signed, dated "IB69", PC

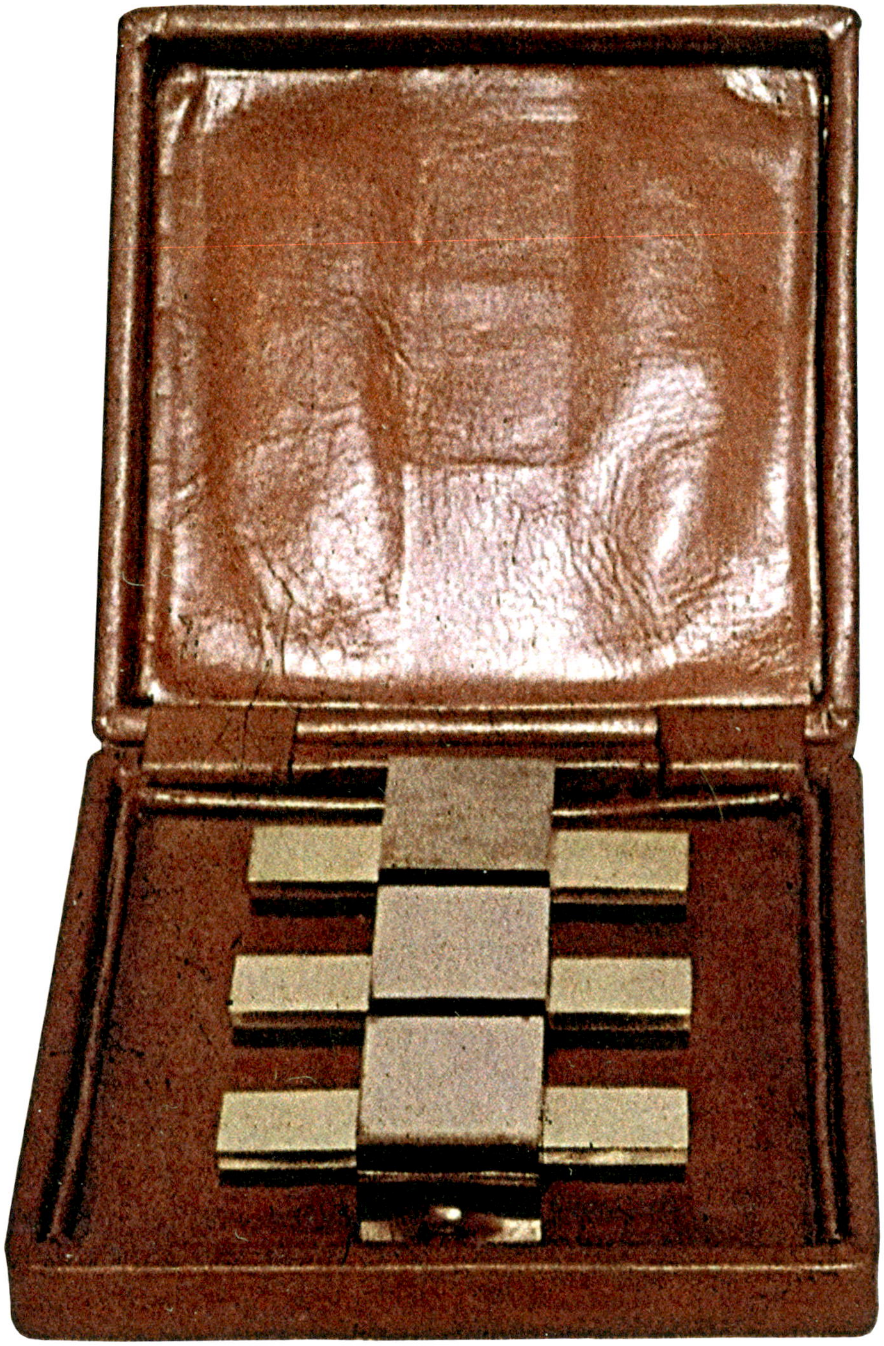

#101 Fastul obiectelor desuete. Trei determinatoare fine
Alamă, piele, lemn, dimensiuni necunoscute, 1969, lucrare neidentificată, probabil dispărută.
Foto: AFIB

#101 The Pomp of Obsolete Objects. Three Fine Determinators
Brass, leather, wood, unknown dimensions, 1969, unidentified work, probably lost.
Photo: AFIB

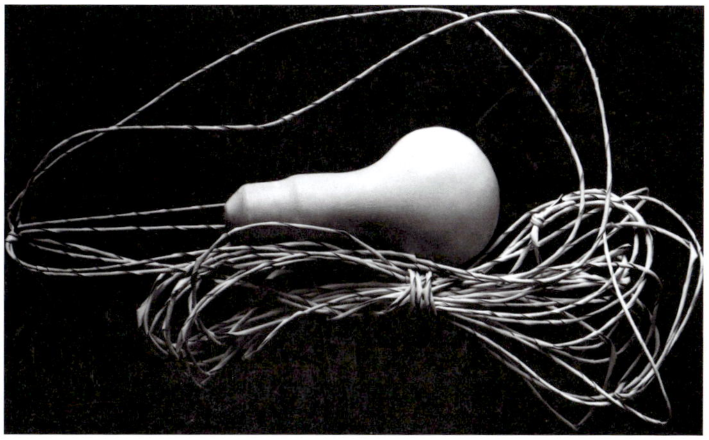

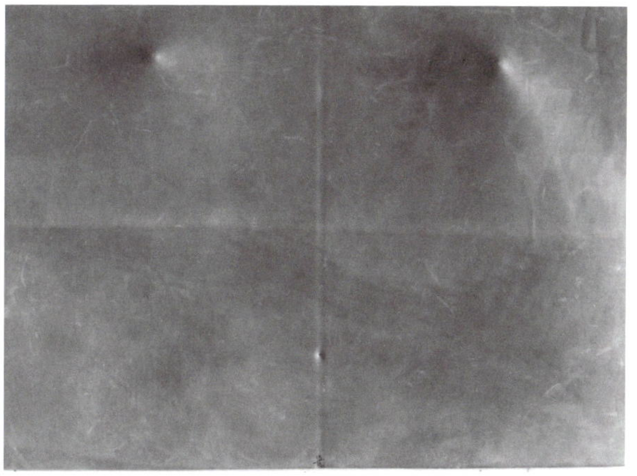

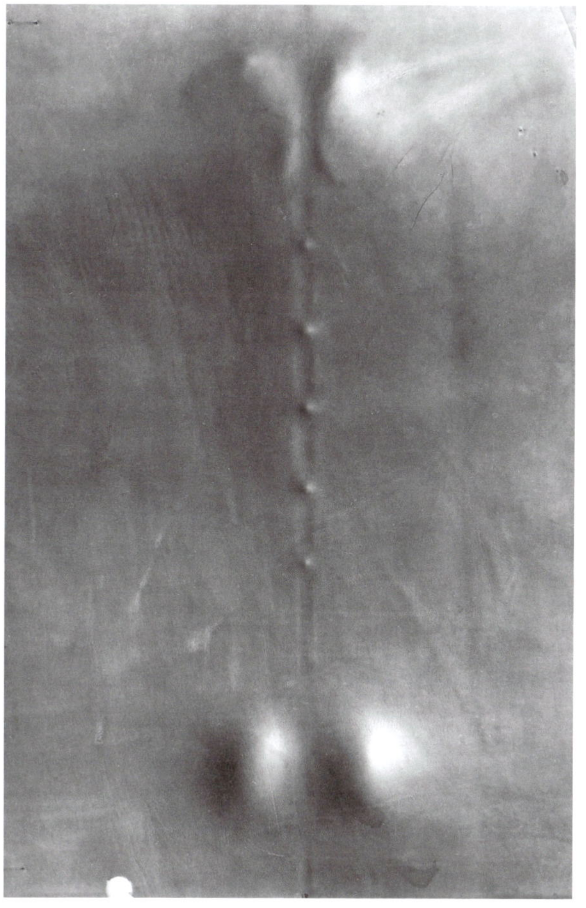

#102 **Substituție**
Lemn (?), hârtie, 21×11 cm+800 cm de fir, 1969, lucrare neidentificată, probabil dispărută.
Foto: Clișoteca MNAC

#103 **Tors / Dimineață**
Piele, lemn, 70×100 cm, 1969, semnat, datat „IB/69”, CP.
Foto: AFIB

#104 **Relief**
Piele, lemn, 100×70 cm, [1969], semnat „IB”, nedatat, lucrare neidentificată, probabil dispărută.
Foto: AFIB

#102 **Substitution**
Wood (?), paper, 21×11 cm+800 cm of thread, 1969, unidentified work, probably lost.
MNAC photo archives

#103 **Torso / Morning**
Leather, wood, 70×100 cm, 1969, signed, dated “IB/69”, PC.
Photo: AFIB

#104 **Relief**
Leather, wood, 100×70 cm, [1969], signed “IB”, undated, unidentified work, probably lost.
Photo: AFIB

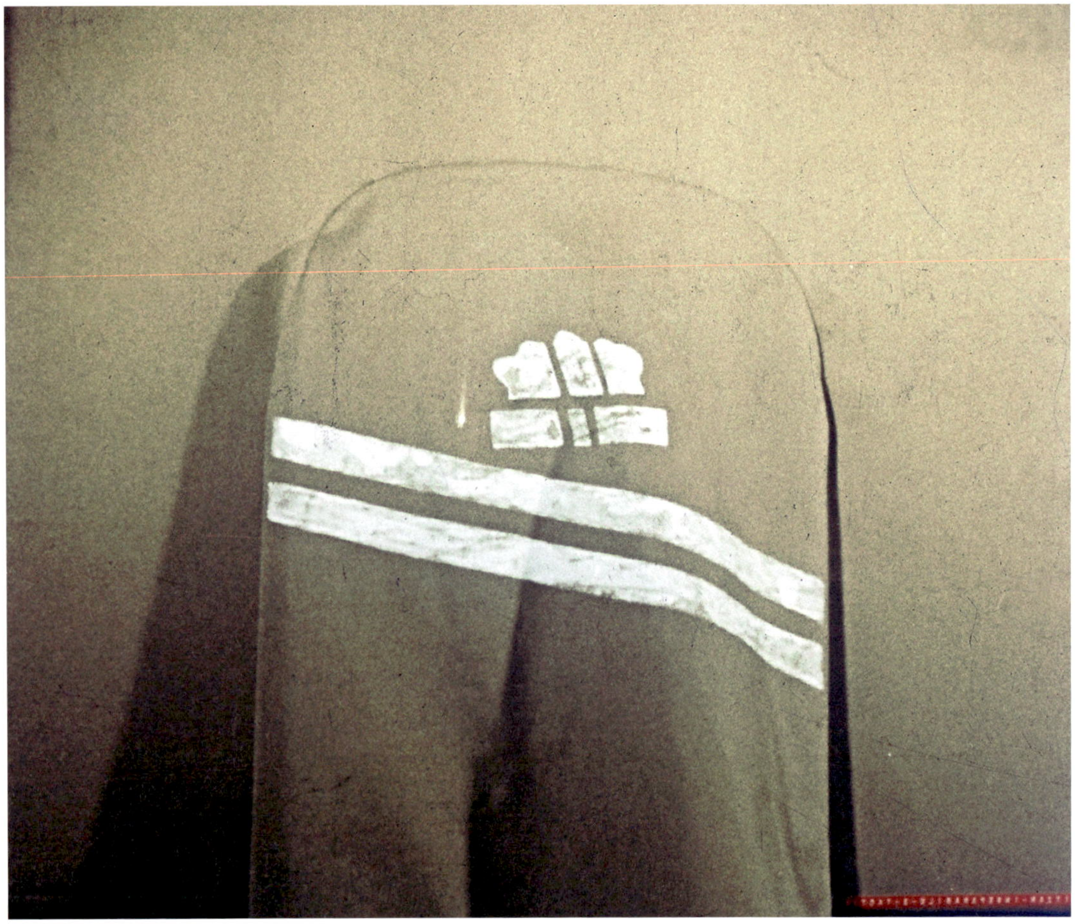

#105 **Inseparabile – tactil**
Pânză, vopsea textilă, dimensiuni necunoscute, [1969], lucrare neidentificată, probabil dispărută.
Foto: AFIB

#105 **Inseparables – tactile**
Canvas, fabric paint, unknown dimensions, [1969], unidentified work, probably lost.
Photo: AFIB

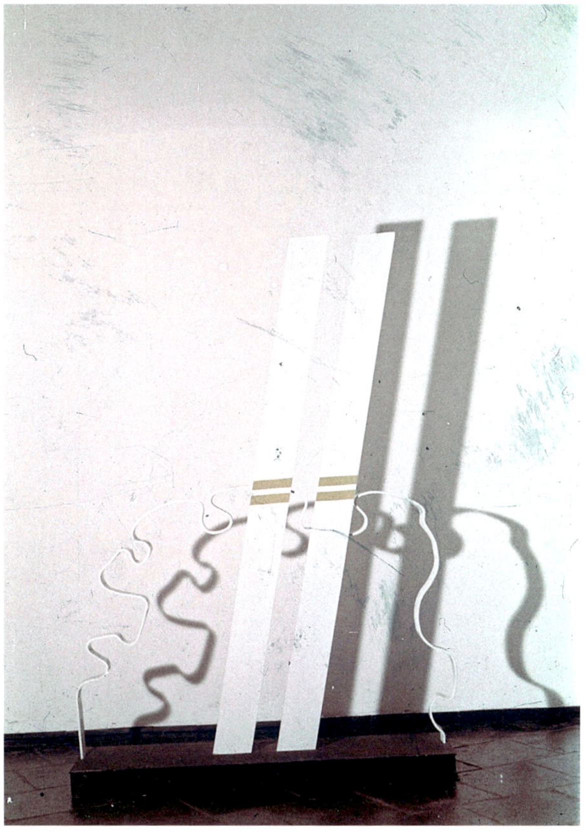

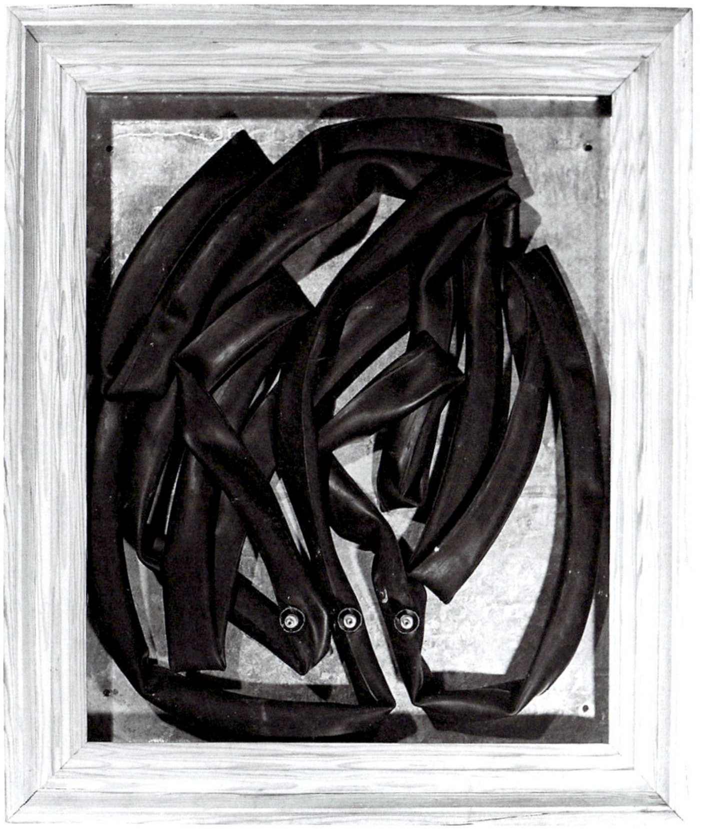

#106 **Inseparabile – spațial**
Lemn, metal, vopsea, dimensiuni necunoscute, [1969], lucrare neidentificată, probabil dispărută.
Foto: AFIB

#107 **Piesa rectangulară 2**
Cameră de bicicletă, ramă de lemn, zinc, sticlă, 58×68 cm, c. 1969-1971, lucrare neidentificată, probabil dispărută.
Foto: Eugeniu Lupu, AFIB

#106 **Inseparables – spatial**
Wood, metal, paint, unknown dimensions, [1969], unidentified work, probably lost.
Photo: AFIB

#107 **Rectangular Piece 2**
Bicycle tyre, wood frame, zinc, glass, 58×68 cm, circa 1969-1971, unidentified work, probably lost.
Photo: Eugeniu Lupu, AFIB

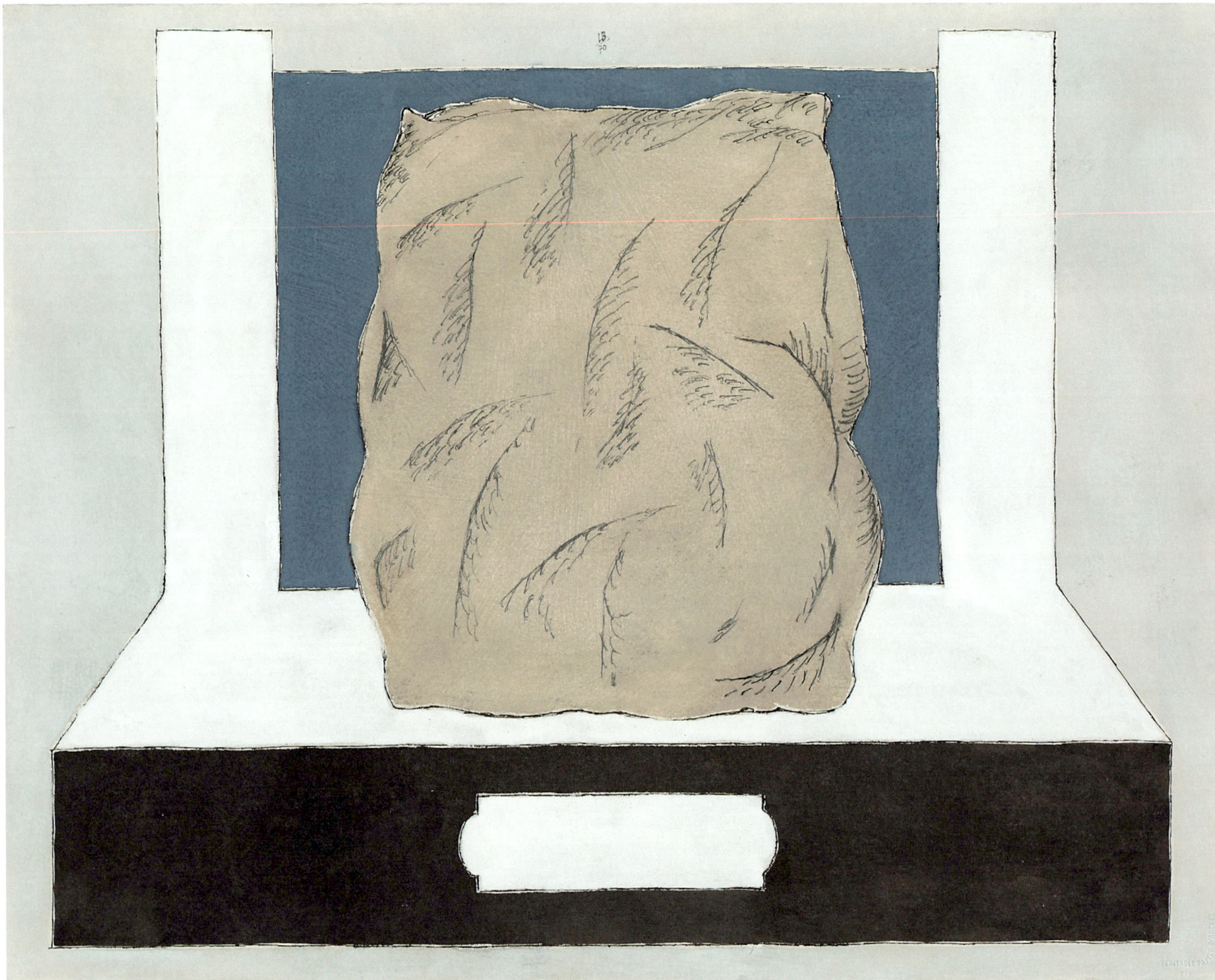

#108 **Inseparabile**
Monotip, guașă, tuș pe hârtie, 50,5×64,8 cm, 1970, semnat, datat „IB/70”, CP

#108 **Inseparables**
Monotype, gouache, ink on paper, 50.5×64.8 cm, 1970, signed, dated “IB/70”, PC

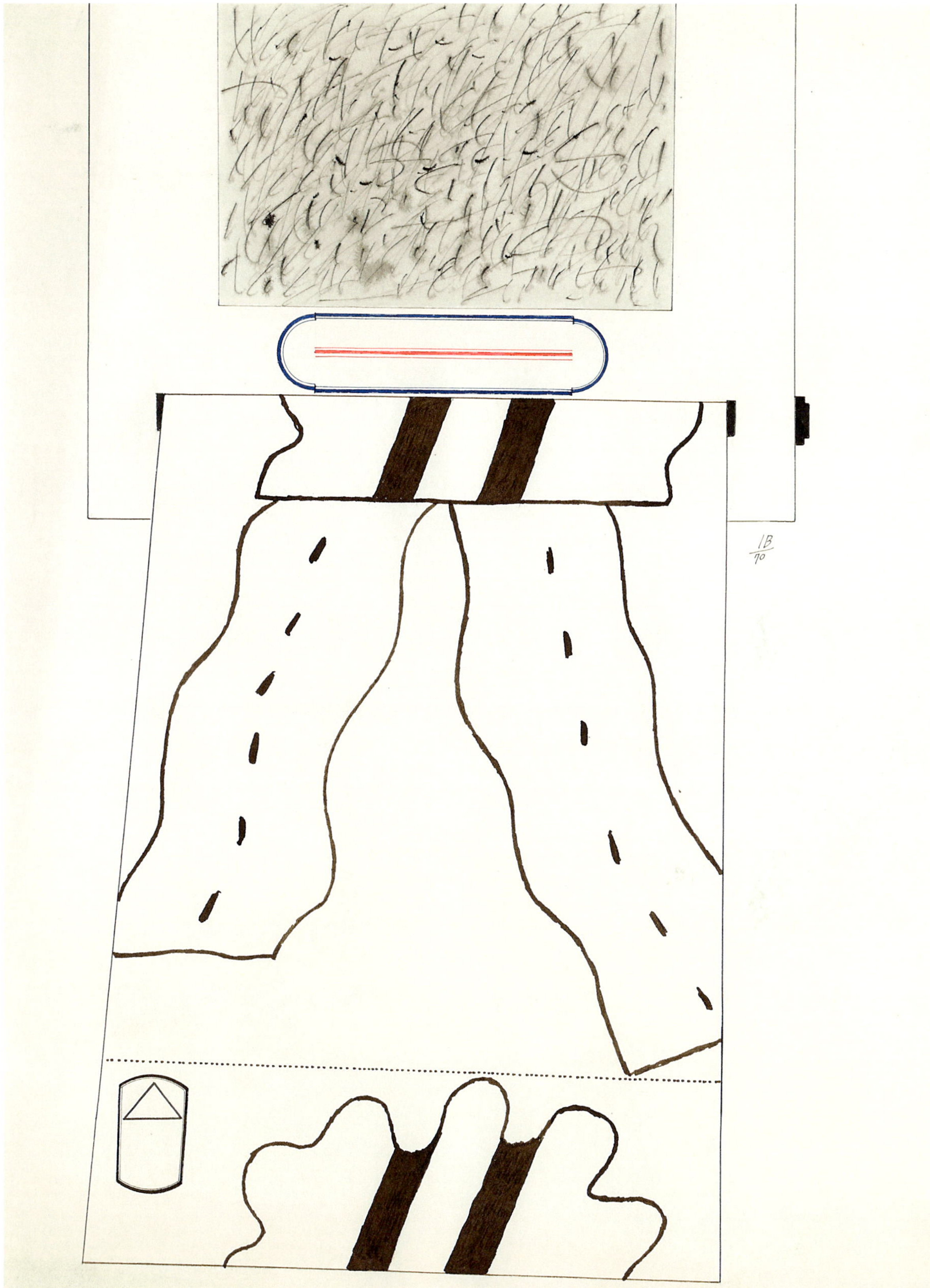

#109 **Inseparabile**
Monotip, guașă, tuș pe hârtie, 65×50 cm, 1970, semnat, datat „IB/70", CP

#109 **Inseparables**
Monotype, gouache, ink on paper, 65×50 cm, 1970, signed, dated "IB/70", PC

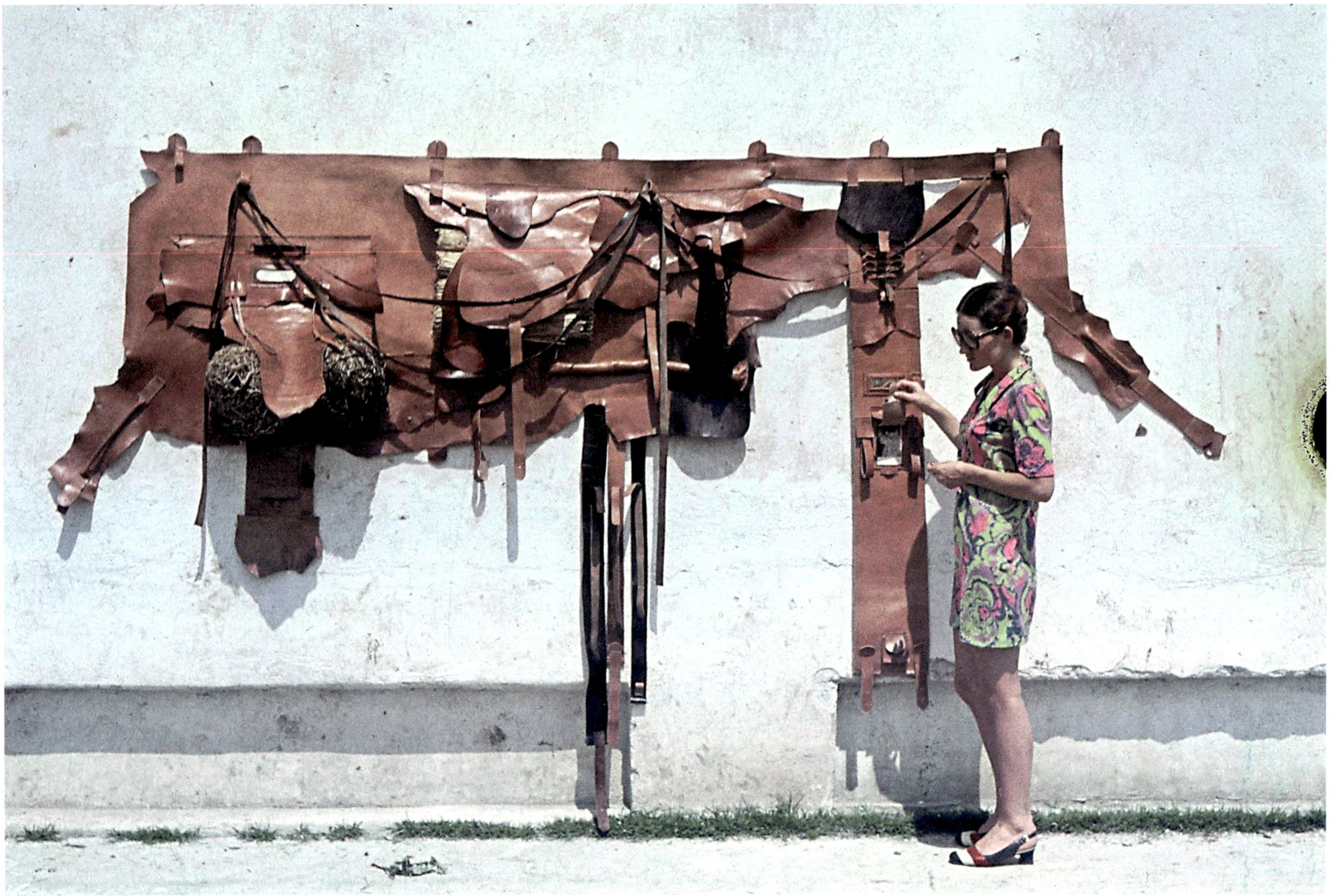

#110 **[Vaca]**
Piele, hârtie, sfoară, material textil, metal, fotografie,
cca. 160×300 cm, 1970, semnat, datat „IB70", CP, România

#110 [The Cow]
Leather, paper, cord, fabric, metal, photograph, circa
160×300 cm, 1970, signed, dated "IB70", PC, Romania

#111 Inseparabile. Bocal matinal
Monotip, guașă, tuș pe hârtie, 64×50,5 cm, 1970, semnat, datat „IB/70”, Colecția Ovidiu Șandor, România

#111 Inseparables. The Morning Cup
Monotype, gouache, ink on paper, 64×50.5 cm, 1970, signed, dated “IB/70”, Ovidiu Șandor collection, Romania

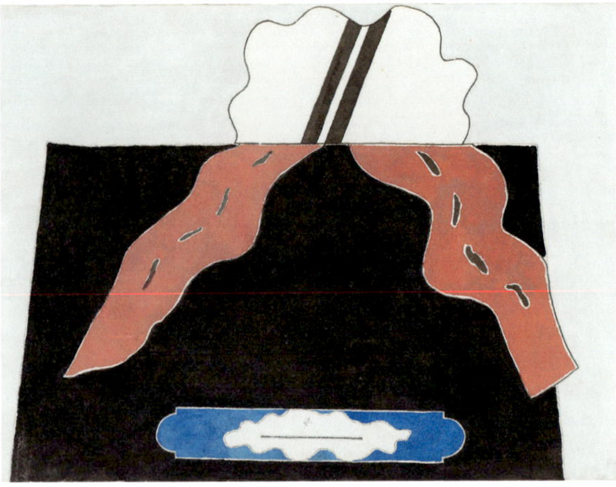

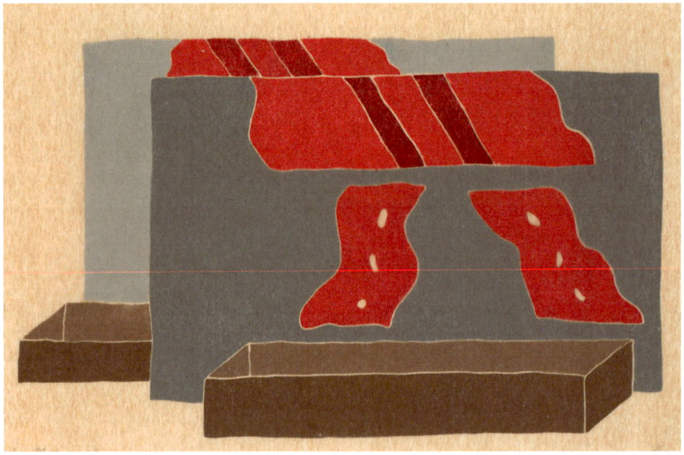

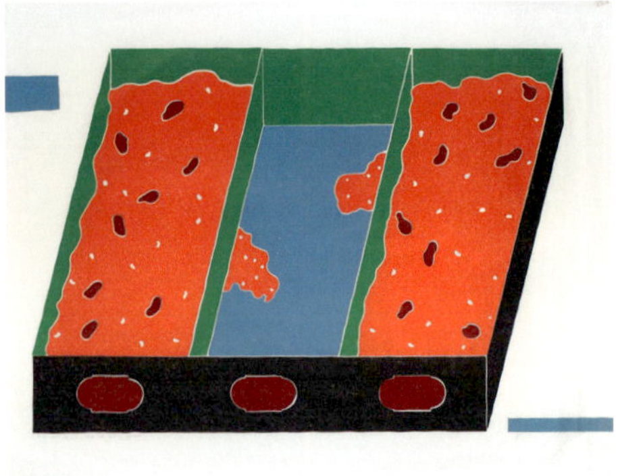

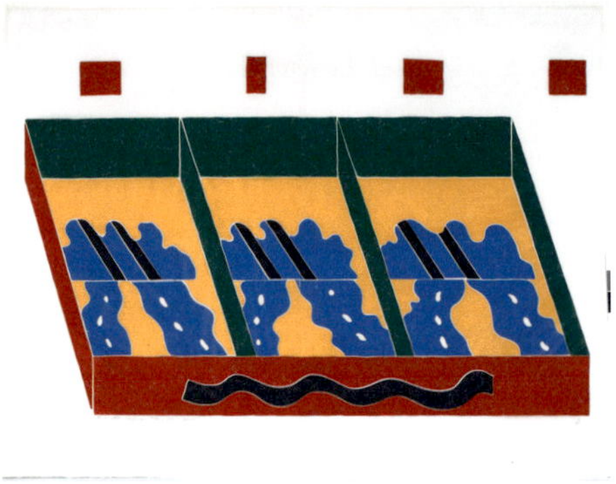

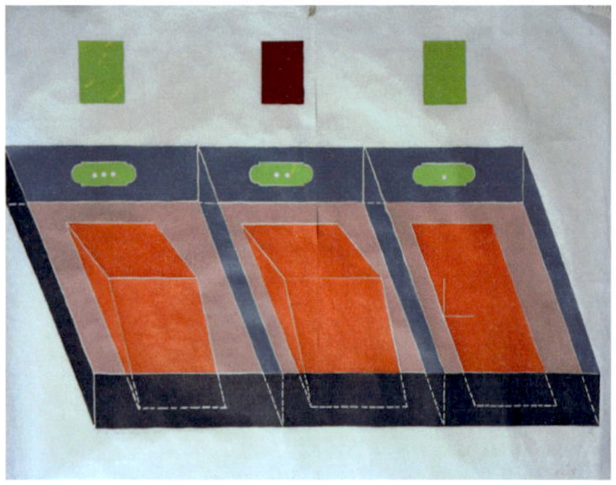

#112 **Inseparabile. Fin de la journée**
Monotip, guașă, tuș pe hârtie, 56×76 cm, 1970, semnat, datat „IB70”, Colecția Ovidiu Șandor, România

#113 **Compoziția nr. 40**
Xilogravură pe material textil, 50×74,5 cm, 1970, exemplar de artist, semnat, datat „IB/70”, MNAC

#114 **Compoziția nr. 41. La boîte à ferments**
Xilogravură pe hârtie, 91×115,6 cm, 1970, exemplar de artist, semnat, datat „IB/70”, MNAC

#115 **Compoziția nr. 42. Cutia cu splendori**
Xilogravură pe hârtie japon îmbinată la mijloc, 90×116 cm, 1970, exemplar de artist, semnat, datat „IB/70”, MNAR

#116 **Compoziția nr. 43**
Xilogravură pe hârtie din două jumătăți, încleiate central pe axul vertical, 89×118 cm, 1970, exemplar de artist, semnat, datat „IB/70”, MAC

#112 **Inseparables. Fin de la journée / The End of the Day**
Monotype, gouache, ink on paper, 56x76 cm, 1970, signed, dated “IB70”, Ovidiu Șandor collection, Romania

#113 **Composition number 40**
Woodcut on fabric, 50×74.5 cm, 1970, artist’s proof, signed, dated “IB/70”, MNAC

#114 **Composition number 41. La boîte à ferments / Box of Ferments**
Woodcut on paper, 91×115.6 cm, 1970, artist’s proof, signed, dated “IB/70”, MNAC

#115 **Composition number 42. Box of Splendors**
Woodcut on Japan paper joined in the middle, 90×116 cm, 1970, artist’s proof, signed, dated “IB/70”, MNAR

#116 **Composition number 43**
Woodcut on paper, two halves joined in the middle on the vertical axis, 89×118 cm, 1970, artist’s proof, signed, dated “IB/70”, MAC

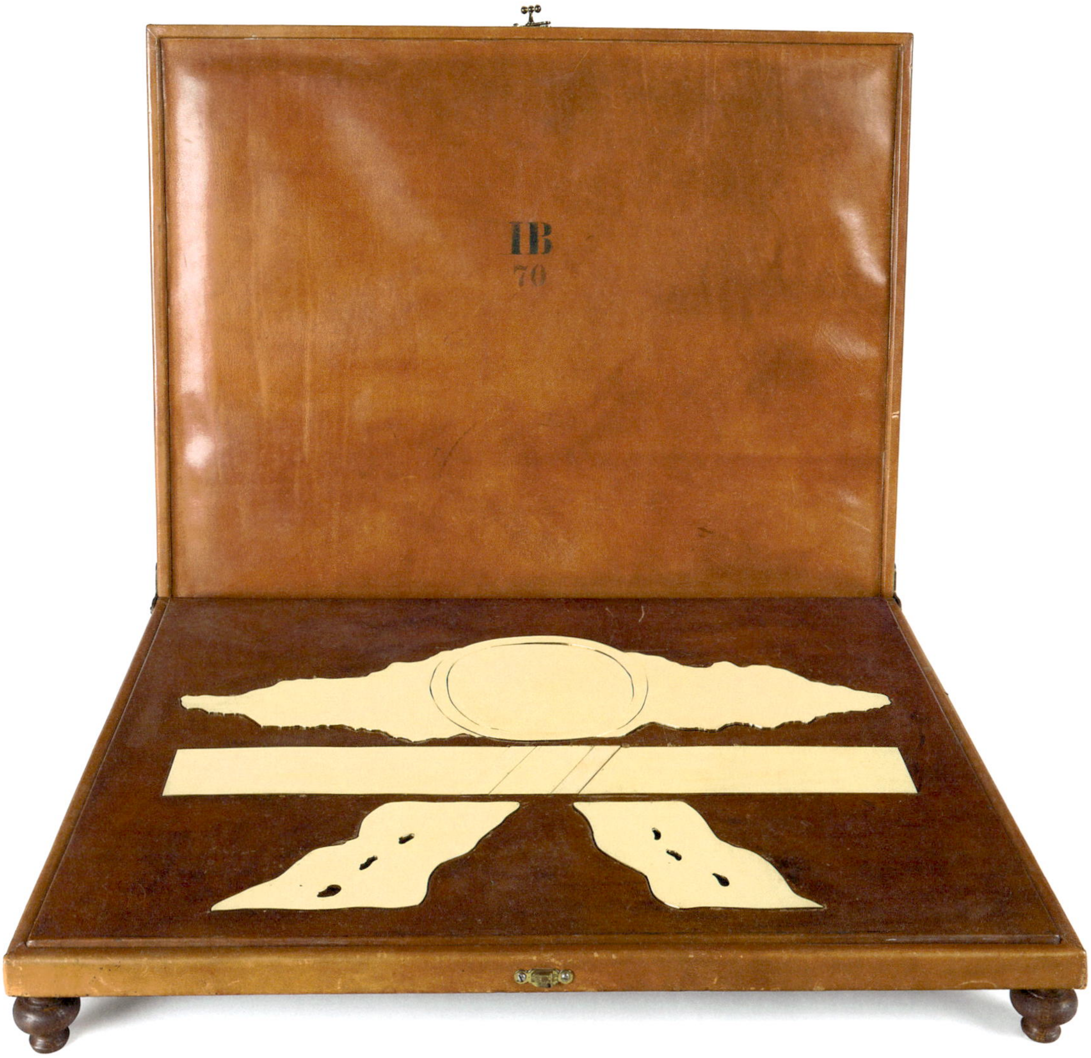

#117 **Fastul lucrurilor inutile**
Lemn, piele, alamă, hârtie, tuș, tempera, 59,3×74,5×11,5 cm (închis), 61×74,5×64,5cm (deschis), 1970, semnat, datat „IB70", Colecția De Ying Foundation

#117 **The Pomp of Useless Things**
Wood, leather, brass, paper, ink, tempera, 59.3×74.5×11.5 cm (closed), 61×74.5×64.5cm (open), 1970, signed, dated "IB70", De Ying Foundation collection

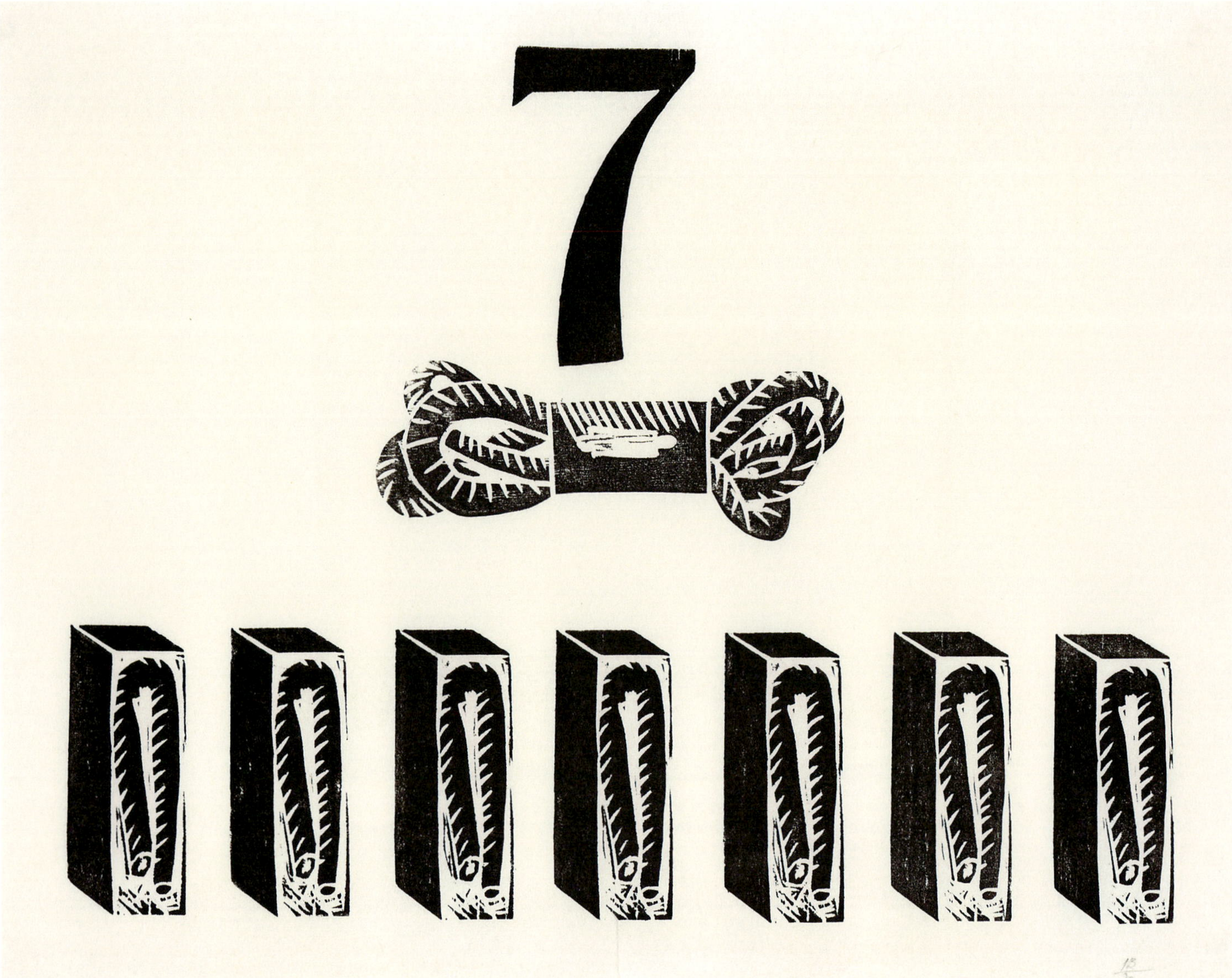

#118 **Fără titlu**
Xilogravură pe hârtie, 40,5×52,4 cm, 1970, semnat, datat „IB/70", CP

#119 **Fără titlu**
Xilogravură pe hârtie, 52,4×40,6 cm, 1970, semnat, datat „IB/70", CP

#118 Untitled
Woodcut on paper, 40.5×52.4 cm, 1970, signed, dated "IB/70", PC

#119 Untitled
Woodcut on paper, 52.4×40.6 cm, 1970, signed, dated "IB/70", PC

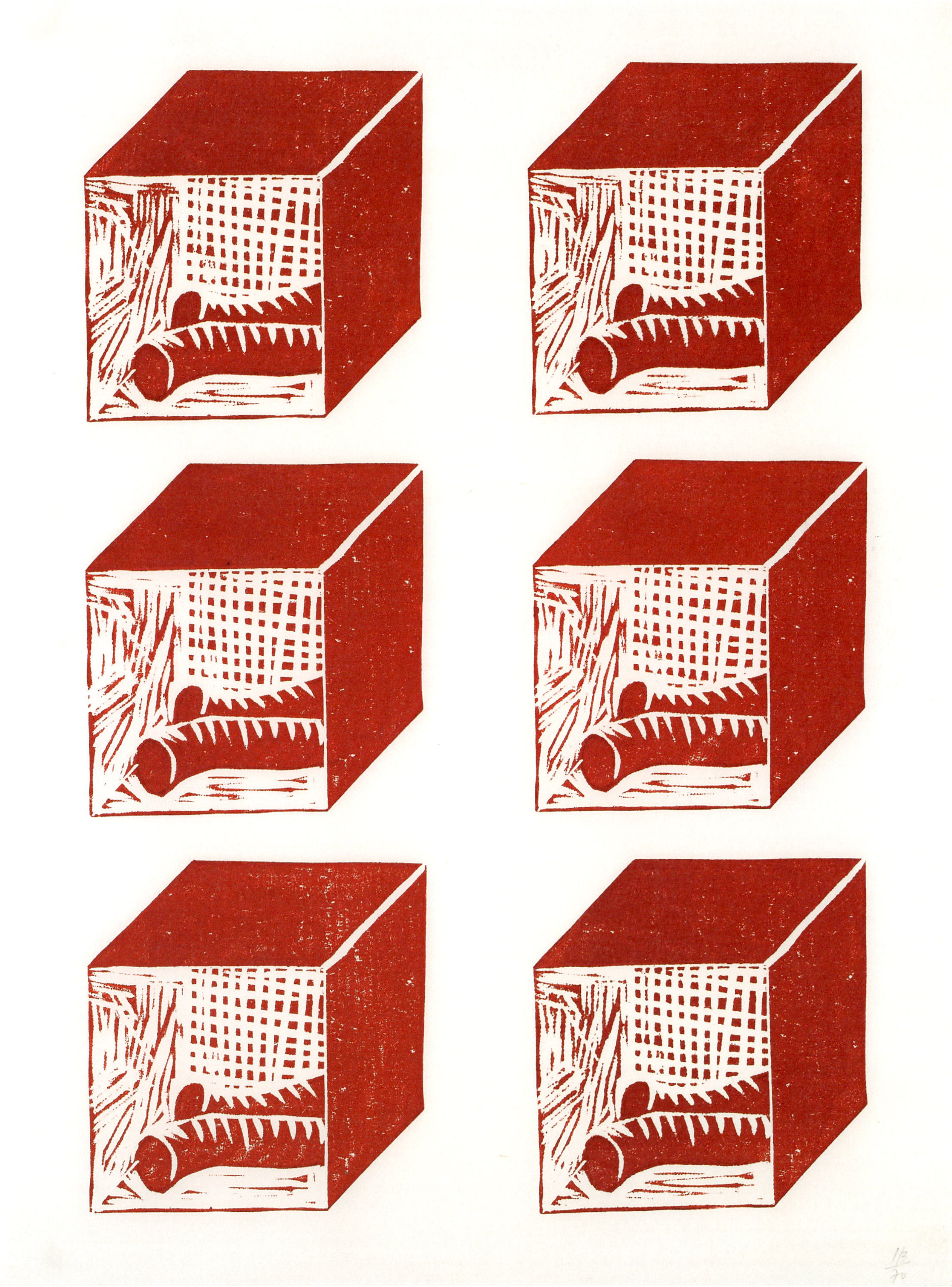

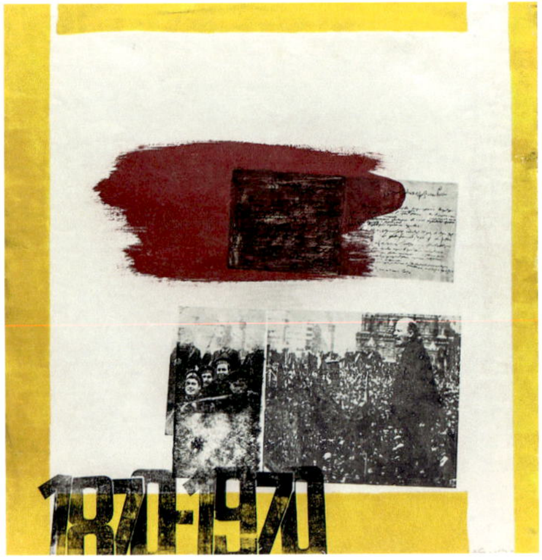

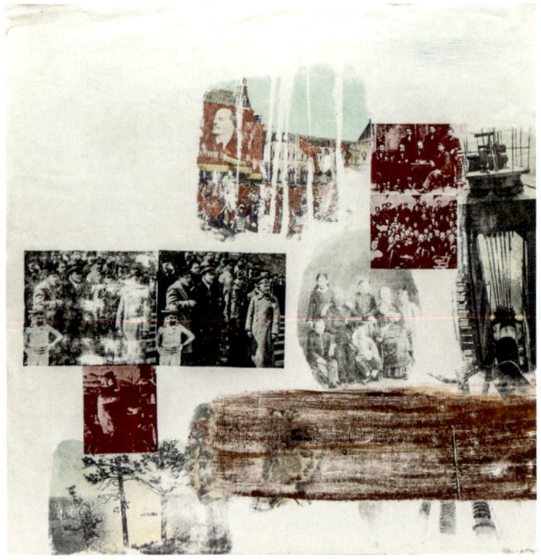

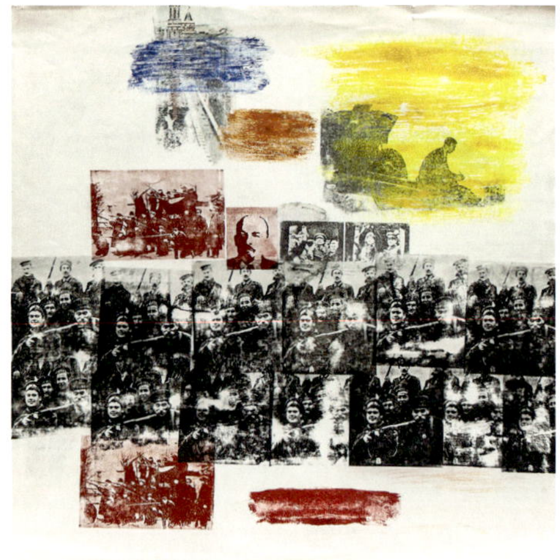

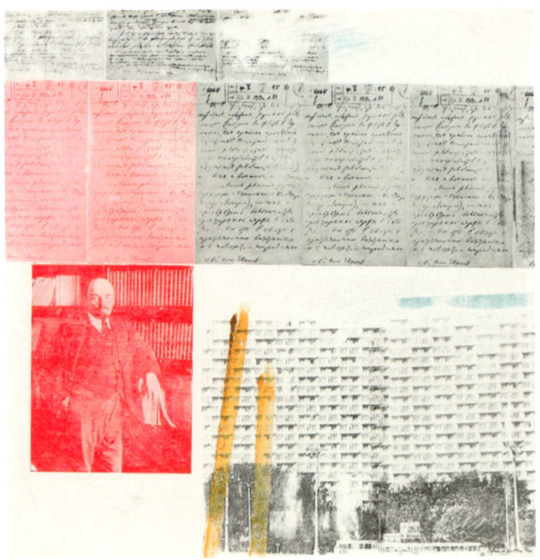

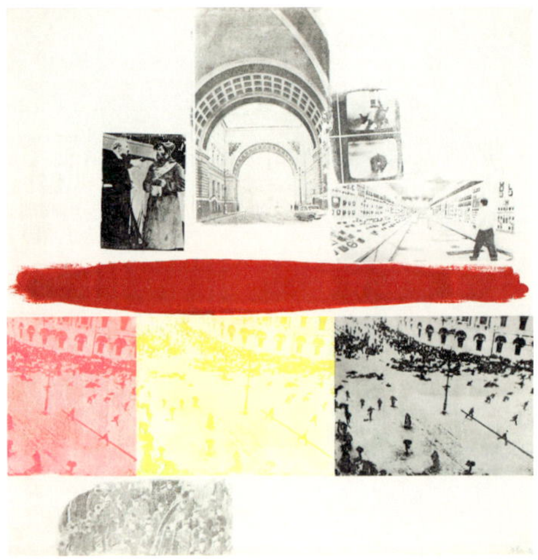

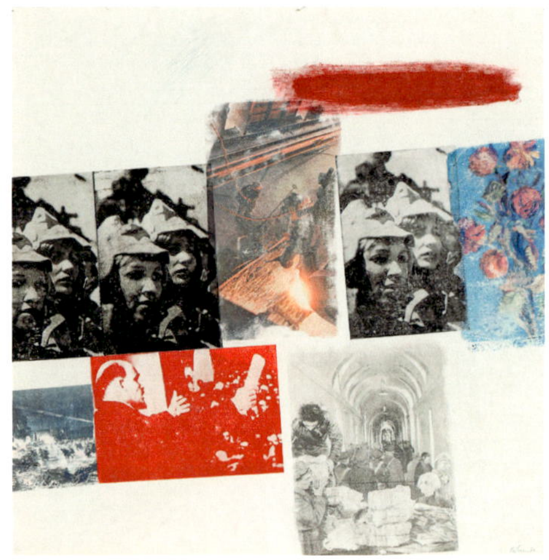

#120 **Pagini de istorie I, lucrare realizată în colaborare cu Vladimir Șetran**
Serigrafie pe carton lucios, 70×68,2 cm, 1970, semnat, datat „Bitzan – Șetran 70", ICEM, Muzeul de Artă Tulcea

#121 **Pagini de istorie II, lucrare realizată în colaborare cu Vladimir Șetran**
Serigrafie pe carton lucios, 70×70 cm, 1970, semnat, datat „Bitzan – Șetran 70", ICEM, Muzeul de Artă Tulcea

#122 **Pagini de istorie III, lucrare realizată în colaborare cu Vladimir Șetran**
Serigrafie pe carton lucios, 70×70 cm, 1970, semnat, datat „Bitzan – Șetran 70", ICEM, Muzeul de Artă Tulcea

#123 **Pagini de istorie IV, lucrare realizată în colaborare cu Vladimir Șetran**
Serigrafie, creion, creion colorat, tuș tipografic pe hârtie lucioasă încleiată pe ambele părți, 69,8×70 cm, 1970, semnat, datat „Bițan-Șetran 70", MNAR

#124 **Pagini de istorie V**
Serigrafie, creion grafit, tuș tipografic pe hârtie lucioasă încleiată pe ambele părți, 69,9×70 cm, 1970, semnat, datat „Bițan 70", MNAR

#125 **Pagini de istorie VI**
Serigrafie, creion, creion colorat, tuș tipografic pe hârtie lucioasă încleiată pe ambele părți, 70×70,1 cm, 1970, semnat, datat „Bițan – 70", MNAR

#120 Pages of History I, co-authored with Vladimir Șetran
Silkscreen on glossy cardboard, 70×68.2 cm, 1970, signed, dated "Bitzan – Șetran 70", ICEM, Tulcea Art Museum

#121 Pages of History II, co-authored with Vladimir Șetran
Silkscreen on glossy cardboard, 70×70 cm, 1970, signed, dated "Bitzan – Șetran 70", ICEM, Tulcea Art Museum

#122 Pages of History III, co-authored with Vladimir Șetran
Silkscreen on glossy cardboard, 70×70 cm, 1970, signed, dated "Bitzan – Șetran 70", ICEM, Tulcea Art Museum

#123 Pages of History IV, co-authored with Vladimir Șetran
Silkscreen, pencil, coloured pencil, typographical ink on glossy cardboard glued on both sides, 69.8×70 cm, 1970, signed, dated "Bitzan – Șetran 70", MNAR

#124 Pages of History V
Silkscreen, graphite pencil, typographical ink on, glossy cardboard glued on both sides, 69.9×70 cm, 1970, signed, dated "Bitzan 70", MNAR

#125 Pages of History VI
Silkscreen, graphite pencil, typographical ink on glossy cardboard glued on both sides, 70×70.1 cm, 1970, signed, dated "Bitzan – 70", MNAR

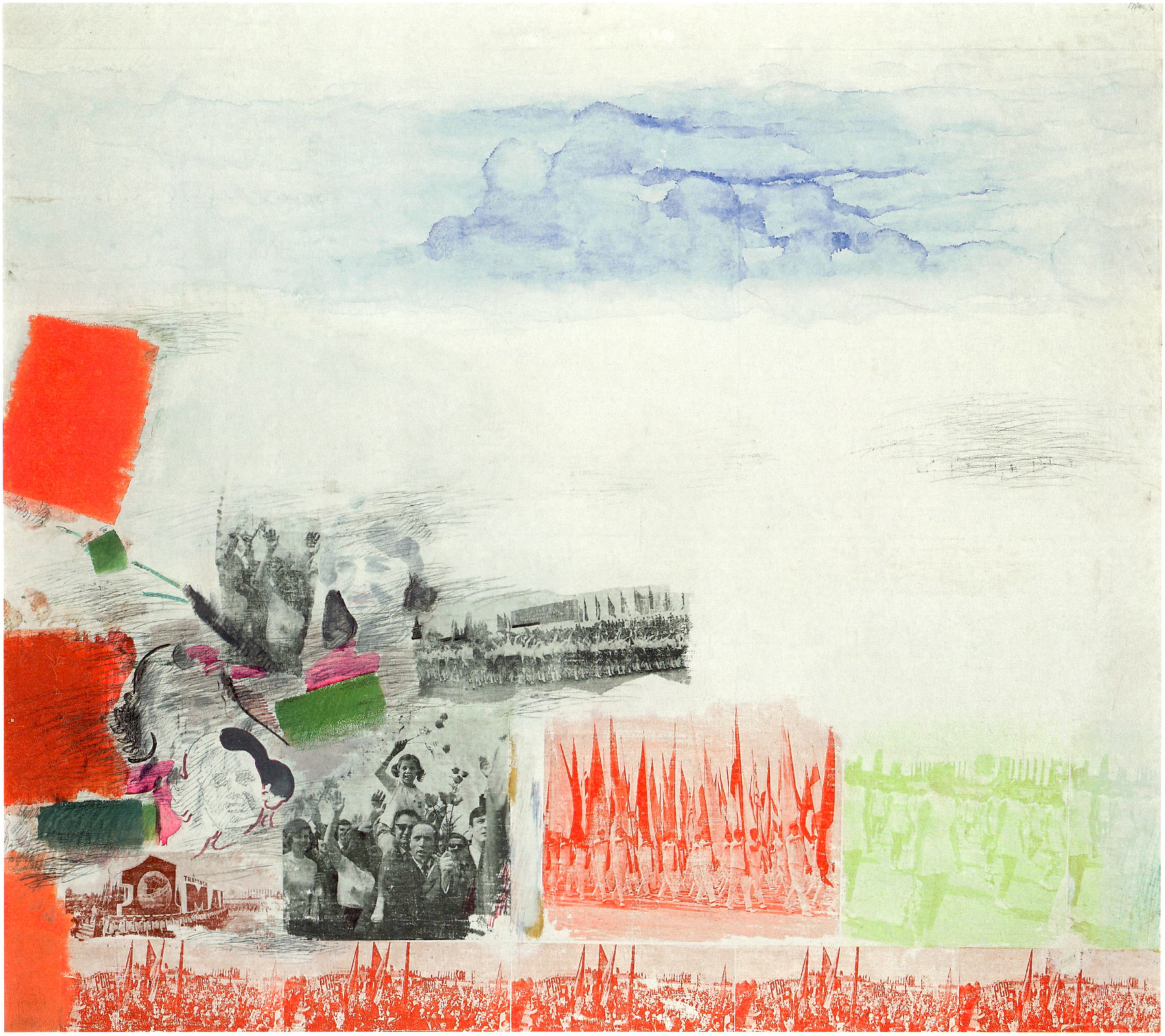

#126 **1 Mai**
Acrilic, ulei, serigrafie pe pânză, 136×155,5 cm, 1970, semnat, datat „Bițan/70", MAV

#126 May 1st
Acrylic, oil, silkscreen on canvas, 136×155.5 cm, 1970, signed, dated "Bițan/70", MAV

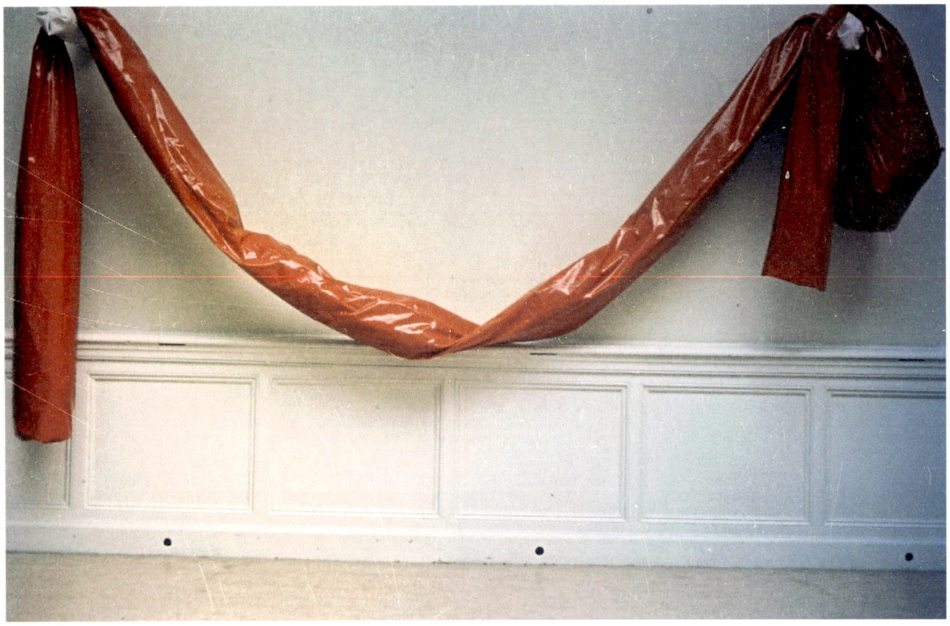

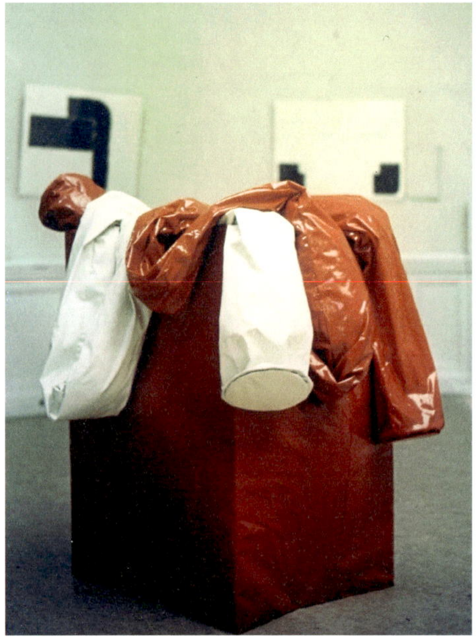

#127 **Soft Machine**
Scai (PVA), paie, dimensiuni necunoscute, c. 1970, lucrare neidentificată, probabil dispărută.
Foto: AFIB

#128 **Soft Machine**
Scai (PVA), paie, dimensiuni necunoscute, c. 1970, lucrare neidentificată, probabil dispărută.
Foto: AFIB

#129 **Soft Machine**
Scai (PVA), paie, dimensiuni necunoscute, c. 1970, lucrare neidentificată, probabil dispărută.
Foto: AFIB

#130 **Soft Machine**
Scai (PVA), paie, dimensiuni necunoscute, c. 1970, lucrare neidentificată, probabil dispărută.
Foto: AFIB

#127 **Soft Machine**
Faux leather (PVA), straw, unknown dimensions, circa 1970, unidentified work, probably lost.
Photo: AFIB

#128 **Soft Machine**
Faux leather (PVA), straw, unknown dimensions, circa 1970, unidentified work, probably lost.
Photo: AFIB

#129 **Soft Machine**
Faux leather (PVA), straw, unknown dimensions, circa 1970, unidentified work, probably lost.
Photo: AFIB

#130 **Soft Machine**
Faux leather (PVA), straw, unknown dimensions, circa 1970, unidentified work, probably lost.
Photo: AFIB

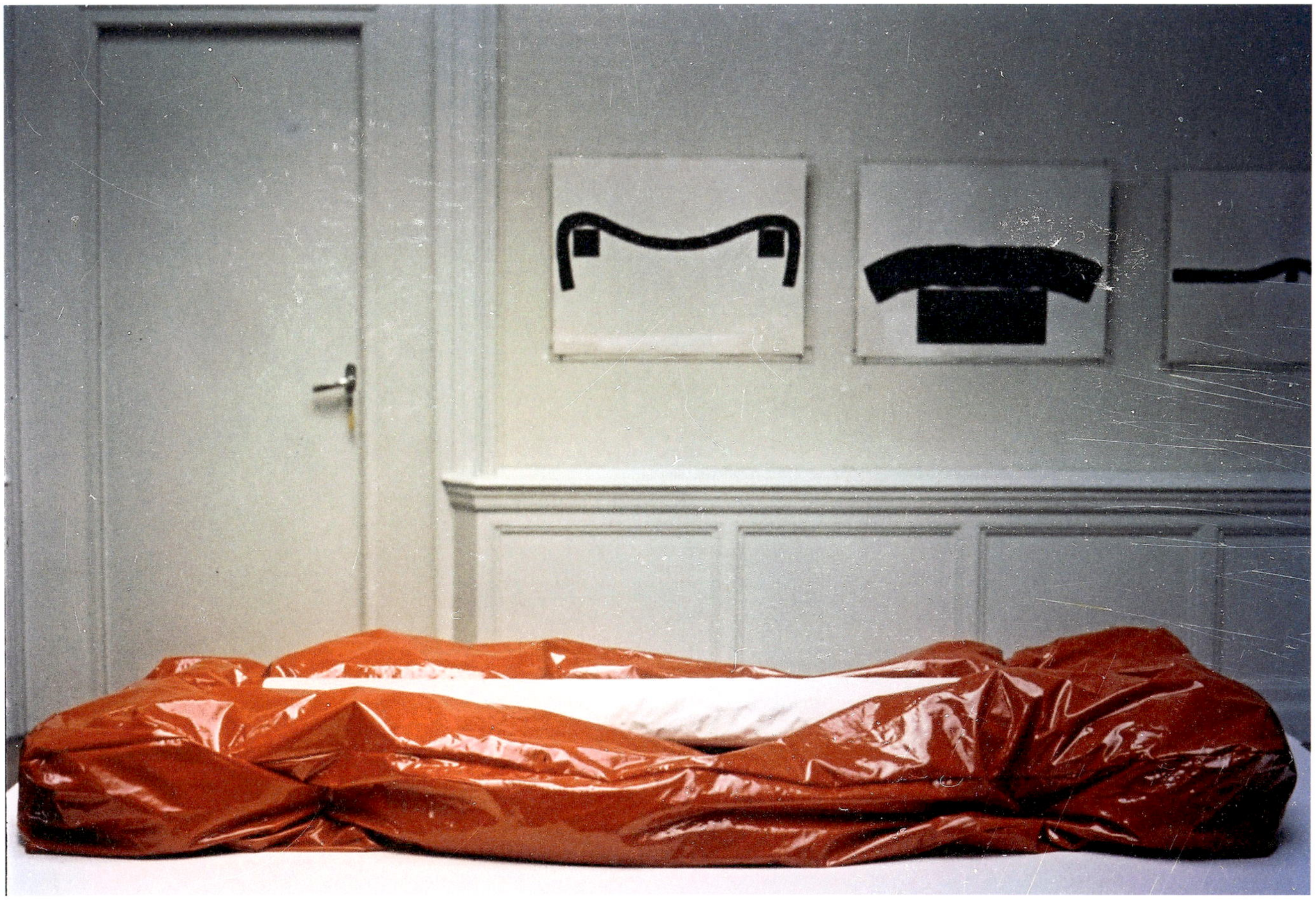

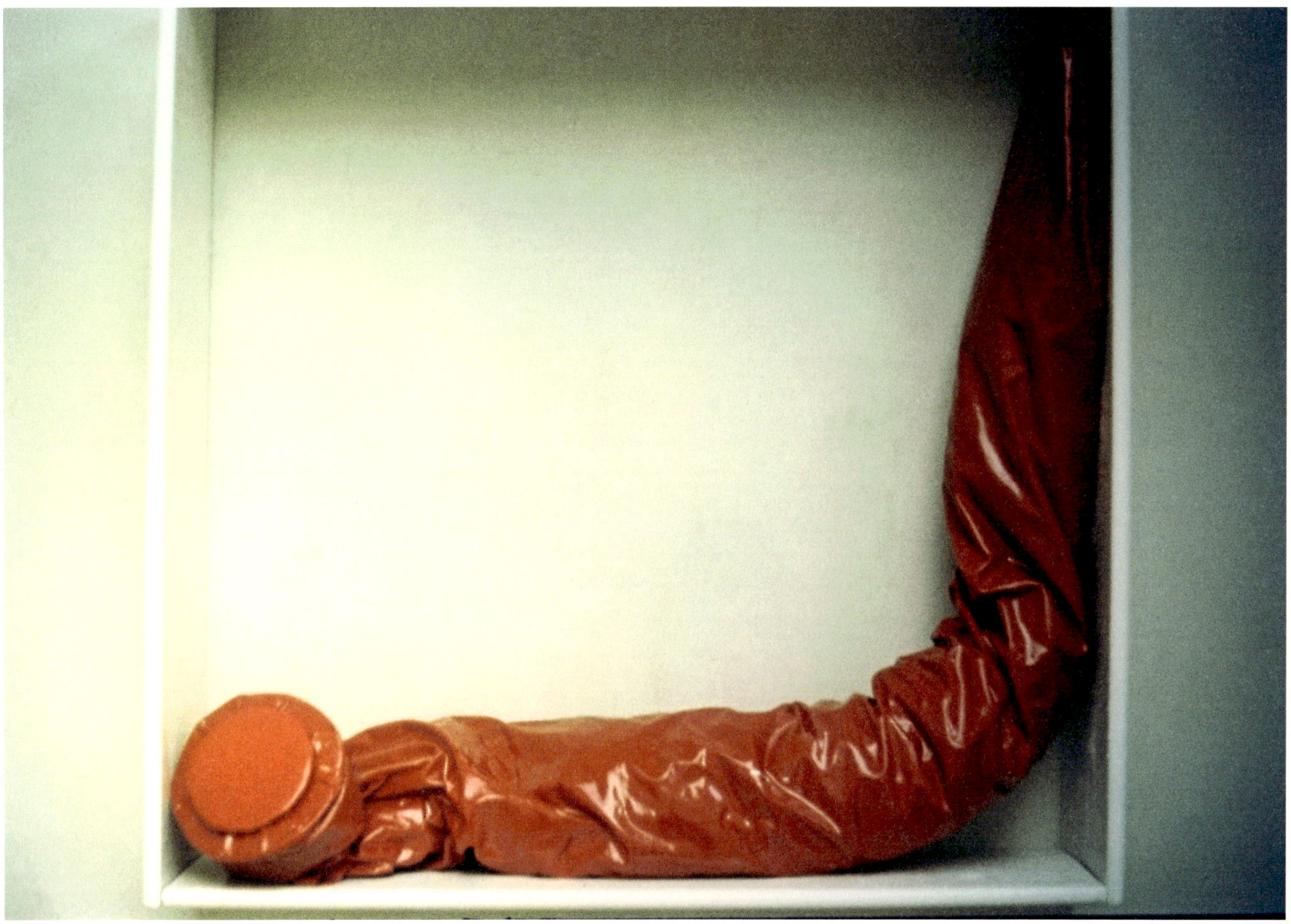

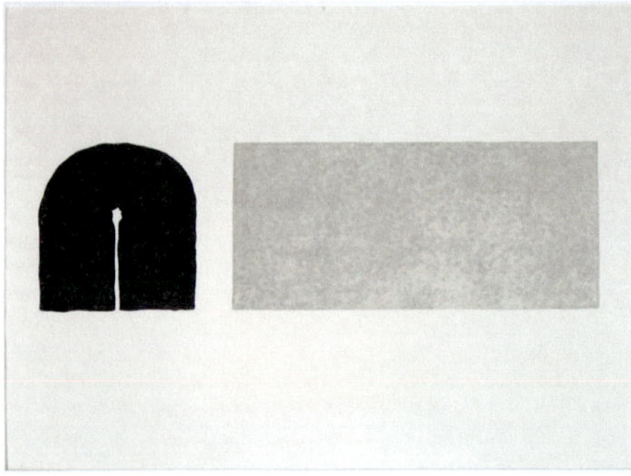

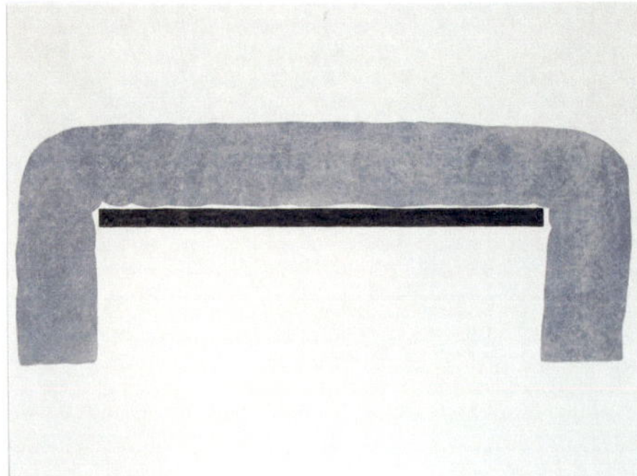

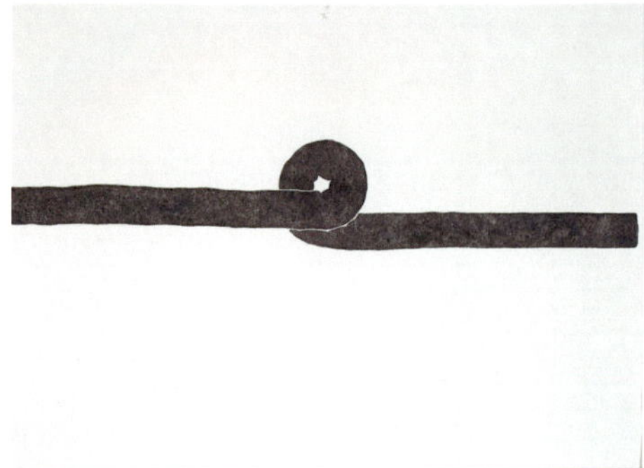

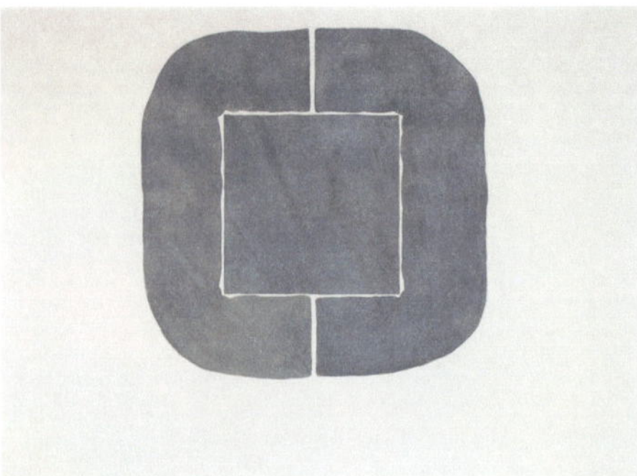

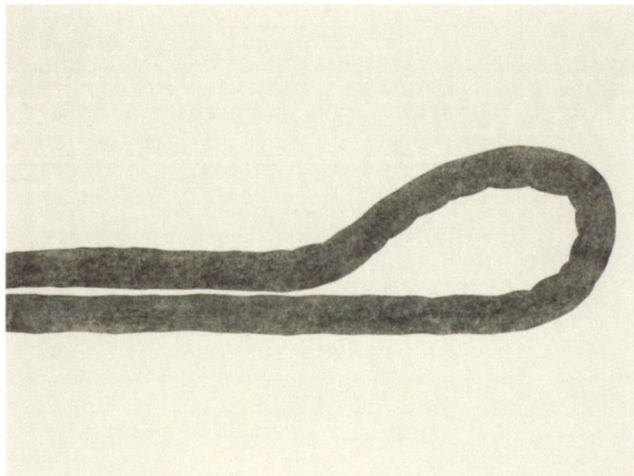

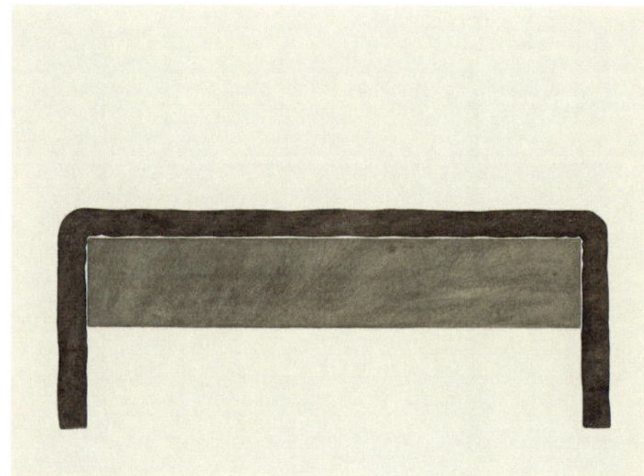

#131 **Desen / Kompositie**
Guașă pe hârtie, 56,5×65,7 cm, 1970, nesemnat, datat „/70”, Muzeul Stedelijk, Amsterdam

#132 **Desen / Kompositie**
Guașă pe hârtie, 56,5×76,3 cm, 1970, semnat, datat „IB/70”, Muzeul Stedelijk, Amsterdam

#133 **Desen / Kompositie**
Guașă pe hârtie, 56,5×76,3 cm, 1970, semnat, datat „IB/70”, Muzeul Stedelijk, Amsterdam

#134 **Desen / Kompositie**
Guașă pe hârtie, 56,5×76,3 cm, 1970, nesemnat, nedatat, Muzeul Stedelijk, Amsterdam

#135 **Desen**
Monotip, guașă pe hârtie, 56,6×76,5 cm, 1970, semnat, datat „IB/70”, CP

#136 **Desen**
Monotip, guașă pe hârtie cu filigran Lavis J. Perrigot Arches® Special MBM France Tiart, 56,6×76,4 cm, 1970, semnat, datat „IB/70”, CP

#131 **Drawing / Kompositie**
Gouache on paper, 56.5×65.7 cm, 1970, unsigned, dated “/70”, Stedelijk Museum, Amsterdam

#132 **Drawing / Kompositie**
Gouache on paper, 56.5×76.3 cm, 1970, signed, dated “IB/70”, Stedelijk Museum, Amsterdam

#133 **Drawing / Kompositie**
Gouache on paper, 56.5×76.3 cm, 1970, signed, dated “IB/70”, Stedelijk Museum, Amsterdam

#134 **Drawing / Kompositie**
Gouache on paper, 56.5×76.3 cm, 1970, unsigned, undated, Stedelijk Museum, Amsterdam

#135 **Drawing**
Monotype, gouache on paper, 56.6×76.5 cm, 1970, signed, dated “IB/70”, PC

#136 **Drawing**
Monotype, gouache on watermark paper from Lavis J. Perrigot Arches® Special MBM France Tiart, 56.6×76.4 cm, 1970, signed and dated “IB/70”, PC

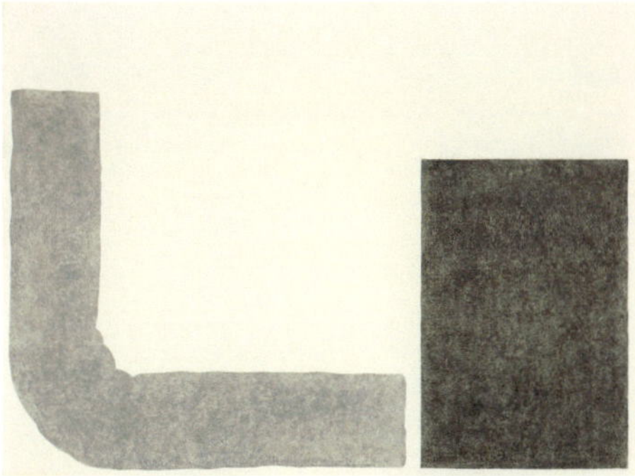

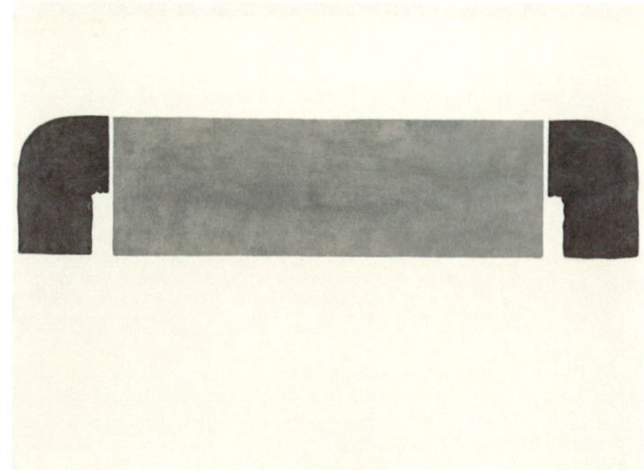

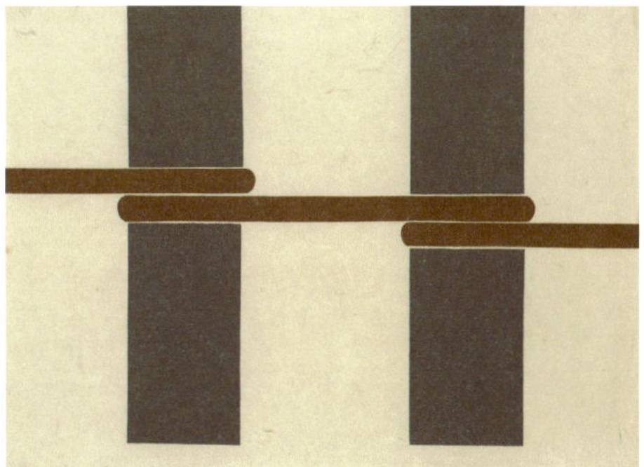

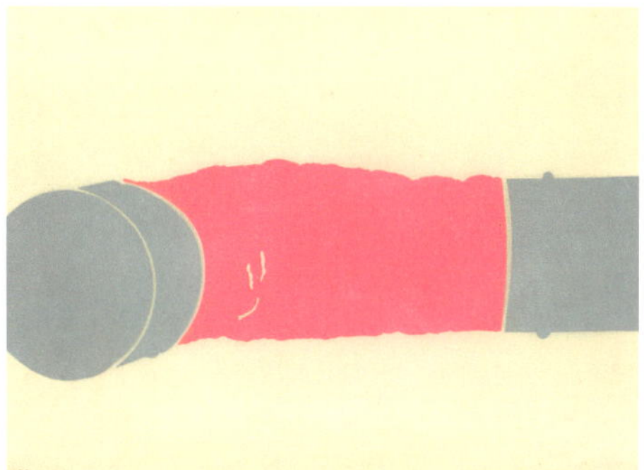

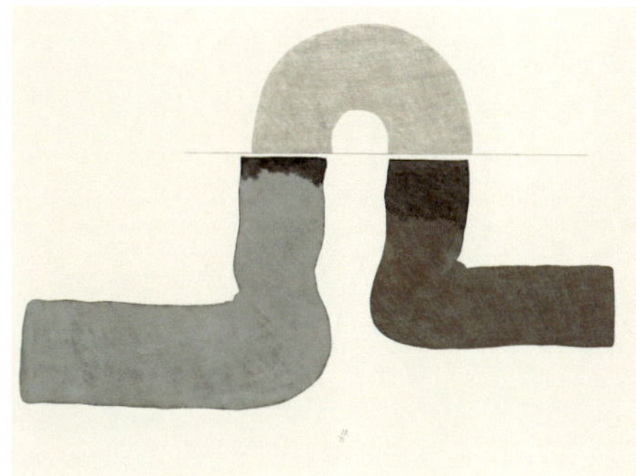

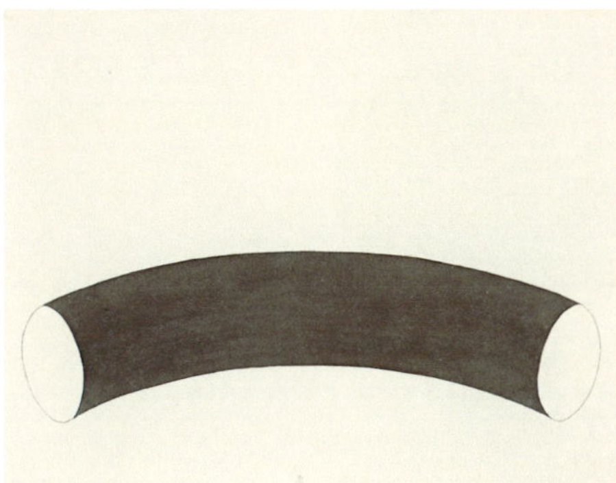

#137 **Desen**
Monotip, guașă pe hârtie, 56,8×76,4 cm, 1970, semnat, datat „IB/70", CP

#138 **Desen**
Monotip, guașă, tuș pe hârtie, 56,5×76,3 cm, 1970, semnat, datat „IB/70", CP

#139 **Desen**
Monotip, guașă pe hârtie, 56,6×76,3 cm, 1970, semnat, datat „IB/70", CP

#140 **Compoziția nr. 50**
Xilogravură pe hârtie cu fire de mătase, 52×67,5 cm, 1970, exemplar de artist, semnat, datat „IB/70", MNAC

#141 **Compoziția nr. 61**
Xilogravură pe hârtie subțire, 58,4×94,5 cm, 1970, exemplar de artist, semnat, datat „IB/70", CP

#142 **Desen**
Monotip, guașă pe hârtie, 57×76,3 cm, 1971, semnat, datat „IB/71", CP

#143 **Desen**
Monotip, guașă, tuș pe hârtie cu filigran Arches® Aquarelle, 57×76,2 cm, 1971, semnat, datat „IB/71", CP

#137 **Drawing**
Monotype, gouache on paper, 56.8×76.4 cm, 1970, signed and dated "IB/70", PC

#138 **Drawing**
Monotype, gouache, ink on paper, 56.5×76.3 cm, 1970, signed, dated "IB/70", PC

#139 **Drawing**
Monotype, gouache on paper, 56.6×76.3 cm, 1970, signed, dated "IB/70", PC

#140 **Composition number 50**
Woodcut on handmade paper, 52×67.5 cm, 1970, artist's proof, signed, dated "IB/71", MNAC

#141 **Composition number 61**
Woodcut on thin paper, 58.4×94.5 cm, 1970, artist's proof, signed, dated "IB/70", PC

#142 **Drawing**
Monotype, gouache on paper, 57×76.3 cm, 1971, signed, dated "IB/71", PC

#143 **Drawing**
Monotype, gouache, ink on Arches® Aquarelle paper, 57×76.2 cm, 1971, signed, dated "IB/71", PC

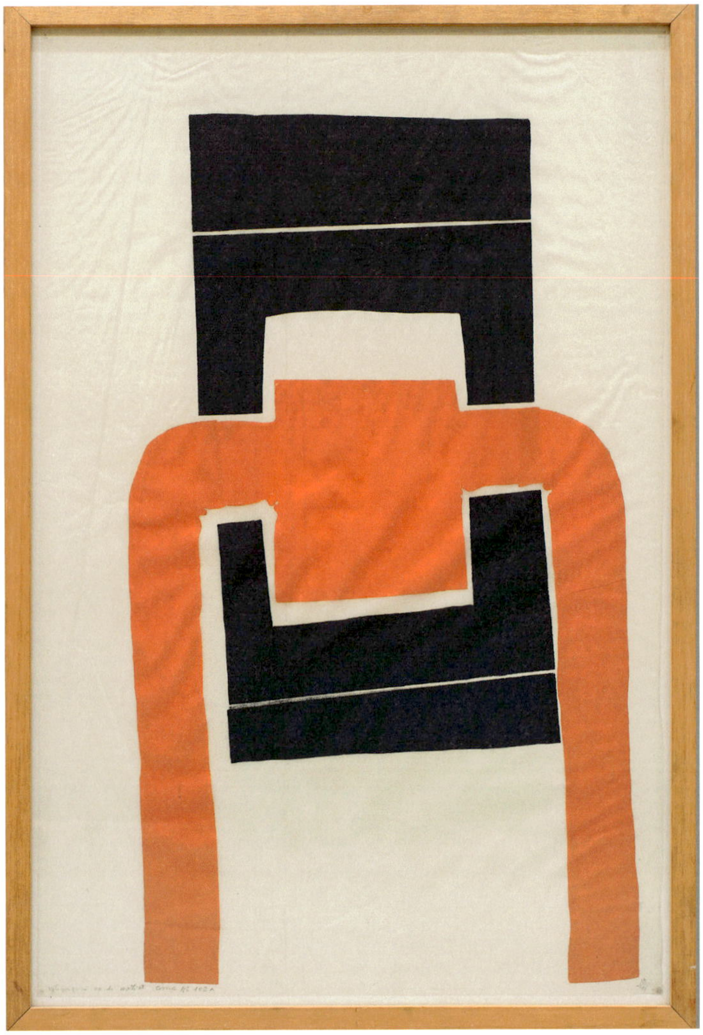

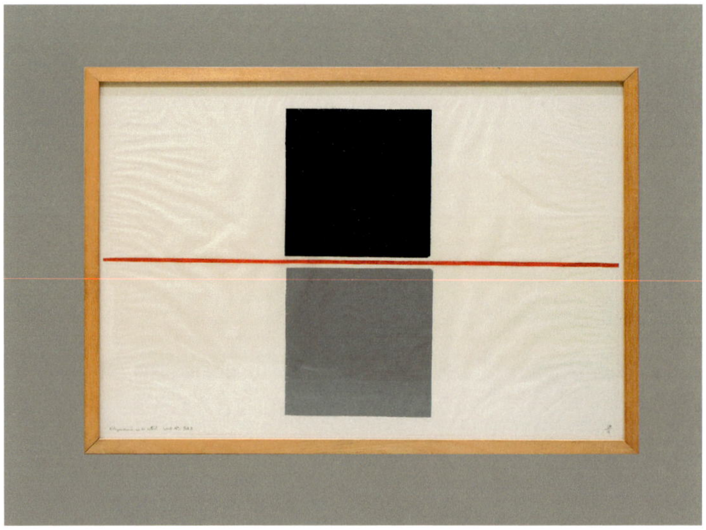

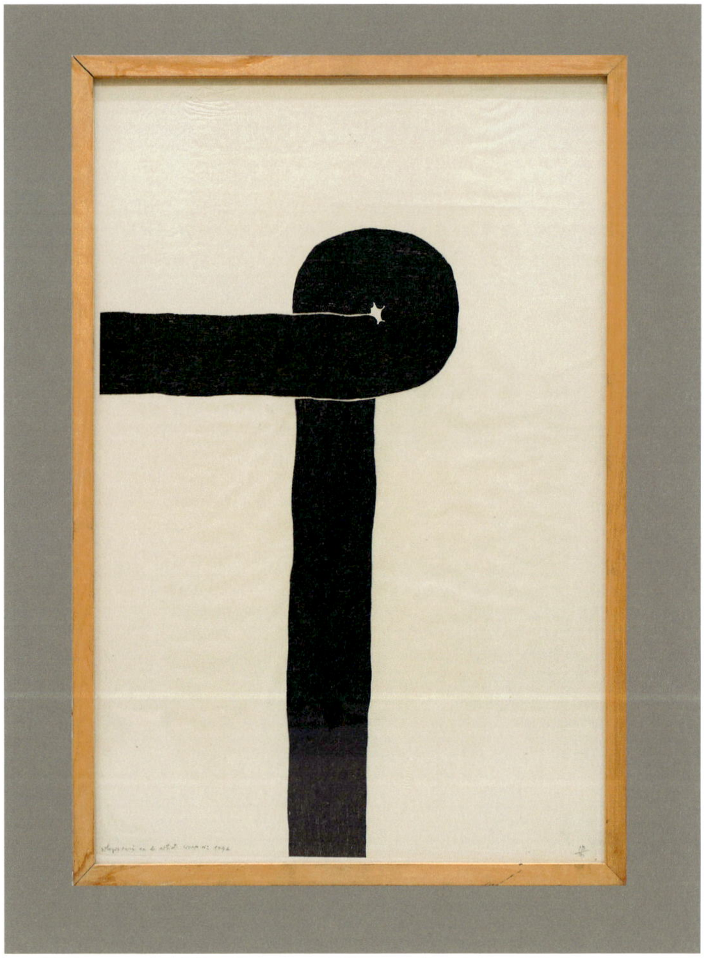

#144 **Compoziția nr. 102 A**
Xilogravură, 76×51 cm, 1971, exemplar de artist, semnat, datat „IB/71", CRD, Edinburgh

#145 **Compoziția nr. 108 A**
Xilogravură, 76×51 cm, 1971, exemplar de artist, semnat, datat „IB/71", CRD, Edinburgh

#146 **Compoziția nr. 109 A**
Xilogravură, 76×51 cm, 1971, exemplar de artist, semnat, datat „IB/71", CRD, Edinburgh

#144 **Composition number 102 A**
Woodcut, 76×51 cm, 1971, artist's proof, signed, dated "IB/71", CRD, Edinburgh

#145 **Composition number 108 A**
Woodcut, 76×51 cm, 1971, artist's proof, signed, dated "IB/71", CRD, Edinburgh

#146 **Composition number 109 A**
Woodcut, 76×51 cm, 1971, artist's proof, signed, dated "IB/71", CRD, Edinburgh

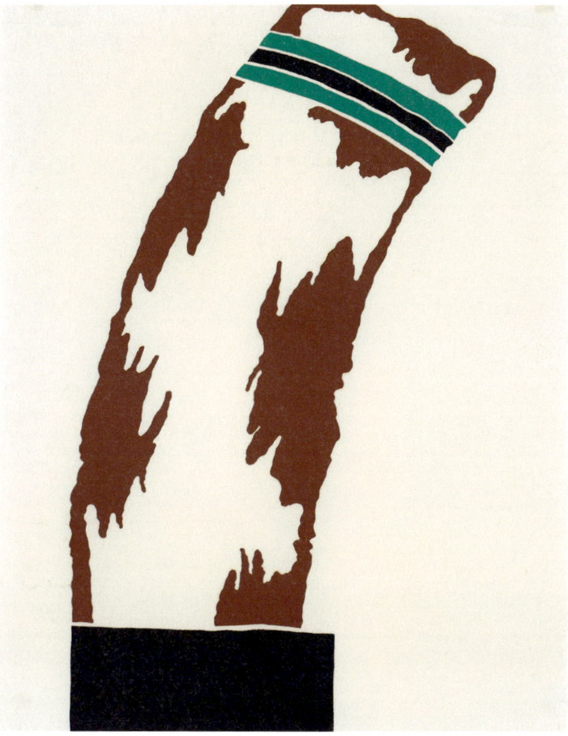

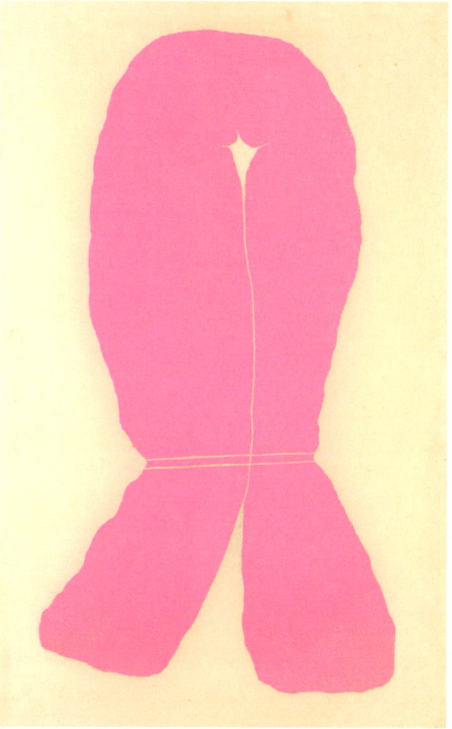

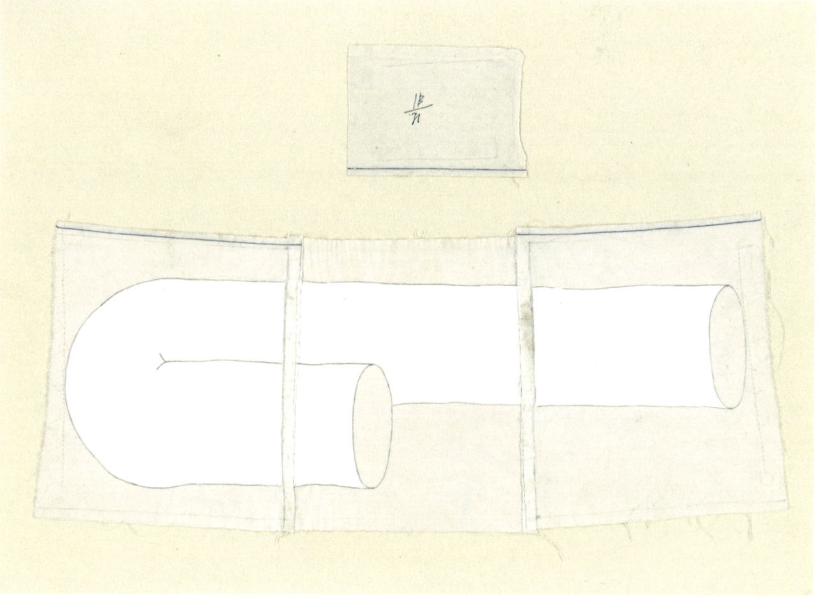

#147 **Compoziția nr. 58**
Xilogravură pe hârtie, 58,6×44,7 cm, 1971, exemplar de artist, semnat, datat „IB71", CP

#148 **Compoziția nr. 62**
Xilogravură pe hârtie subțire, 94,5×58,4 cm, 1971, exemplar de artist, semnat, datat „IB/71", CP

#149 **Tub alb / Tube blanc**
Tuș, pix, creion, guașă pe pânză lipită pe hârtie, 53,4×73, 8 cm, 1971, semnat, datat „IB71", Hamburger Kunsthalle / Kunsthalle Hamburg

#147 **Composition number 58**
Woodcut on paper, 58.6×44.7 cm, 1971, artist's proof, signed, dated "IB71", PC

#148 **Composition number 62**
Woodcut on thin paper, 94.5×58.4 cm, 1971, artist's proof, signed, dated "IB/71", PC

#149 **White Tube / Tube blanc**
Ink, ballpoint, pencil, gouache on canvas glued on paper, 53.4×73.8 cm, 1971, signed, dated "IB71", Hamburger Kunsthalle / Kunsthalle Hamburg

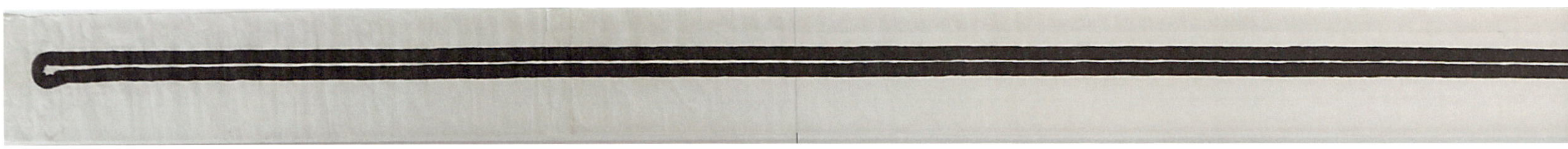

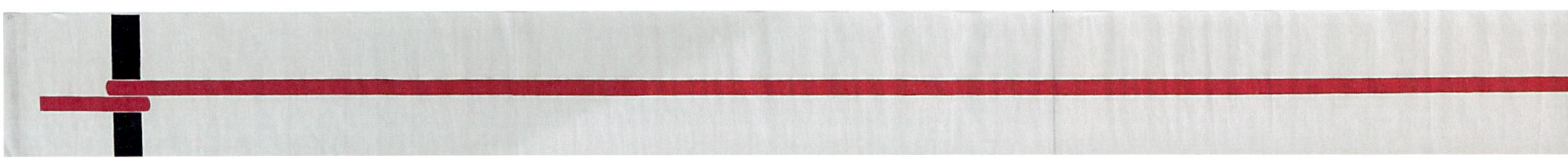

#150 **Cordonnet non tendu**
Xilogravură unicat pe hârtie, lipită din mai multe părți, 31×805 cm, 1971, semnat, datat „IB/71”, CP

#151 **Cordonnet bien tendu**
Xilogravură unicat pe hârtie, lipită din mai multe părți, 31×676,5 cm, 1971, semnat, datat „IB/71”, CP

#150 **Cordonnet non tendu**
Unique copy of woodcut on paper consisting of several pieces glued together, 31×805 cm, 1971, signed, dated “IB/71”, PC

#151 **Cordonnet bien tendu**
Unique copy of woodcut on paper consisting of several pieces glued together, 31×676.5 cm, 1971, signed, dated “IB/71”, PC

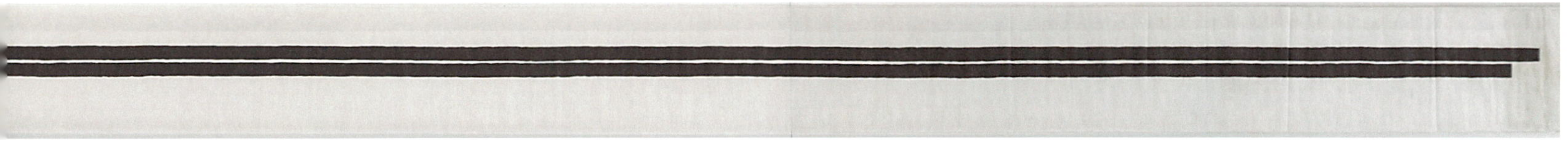

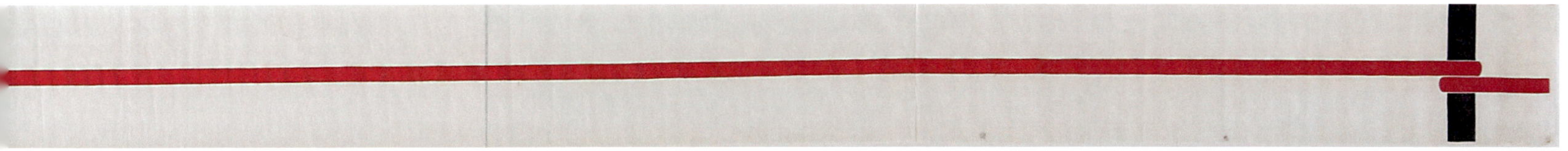

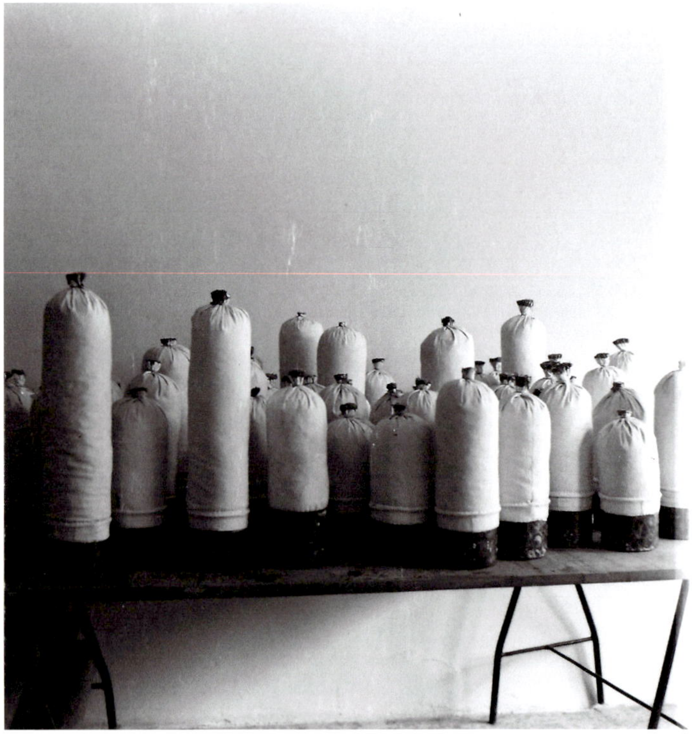

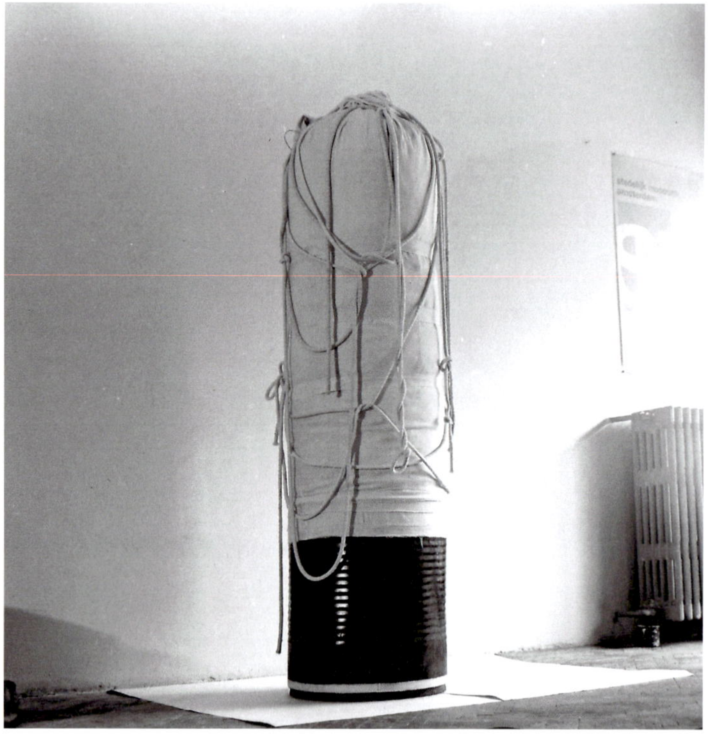

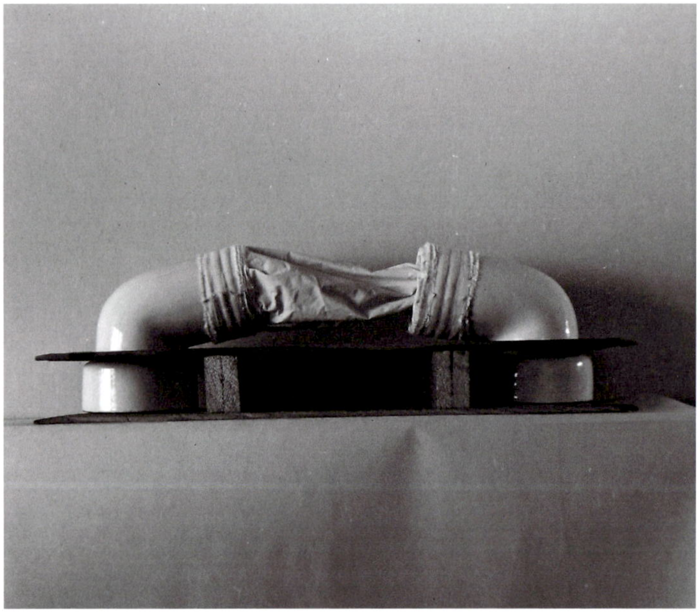

#152 **Once upon time, in my childhood, in a sunny garden, a man was sealing a lot of little bags like this one... [sic!]**
Pene, bumbac colorat, metal emailat, sfoară, ceară roșie, 35–f65 cm (h)×12 cm (diametru), c. 1971, lucrare neidentificată, probabil dispărută.
Foto: Eugeniu Lupu, AFIB

#153 **Decor pentru un portal paladian**
Paie, lemn, bumbac, sfoară, 175 cm (h)×45 cm (diametru), c. 1971, lucrare neidentificată, probabil dispărută.
Foto: Eugeniu Lupu, AFIB

#154 **Gura lacomă**
Lemn, faianță, pânză, 20×67×24 cm, c. 1971, Lucrare neidentificată, probabil dispărută.
Foto: Eugeniu Lupu, AFIB

#152 **Once upon time, in my childhood, in a sunny garden, a man was sealing a lot of little bags like this one... [sic!]**
Feathers, coloured cotton, enamelled metal, string, red wax, 35–65 cm height×12 cm in diameter, circa 1971, unidentified work, probably lost.
Photo: Eugeniu Lupu, AFIB

#153 **Decoration for a Palladian Portal**
Straw, wood, cotton, twine, 175 cm height×45 cm in diameter, circa 1971, unidentified work, probably lost.
Photo: Eugeniu Lupu, AFIB

#154 **Hungry Mouth**
Wood, stoneware / ceramic tile, canvas, 20×67×24 cm, circa 1971, unidentified work, probably lost.
Photo: Eugeniu Lupu, AFIB

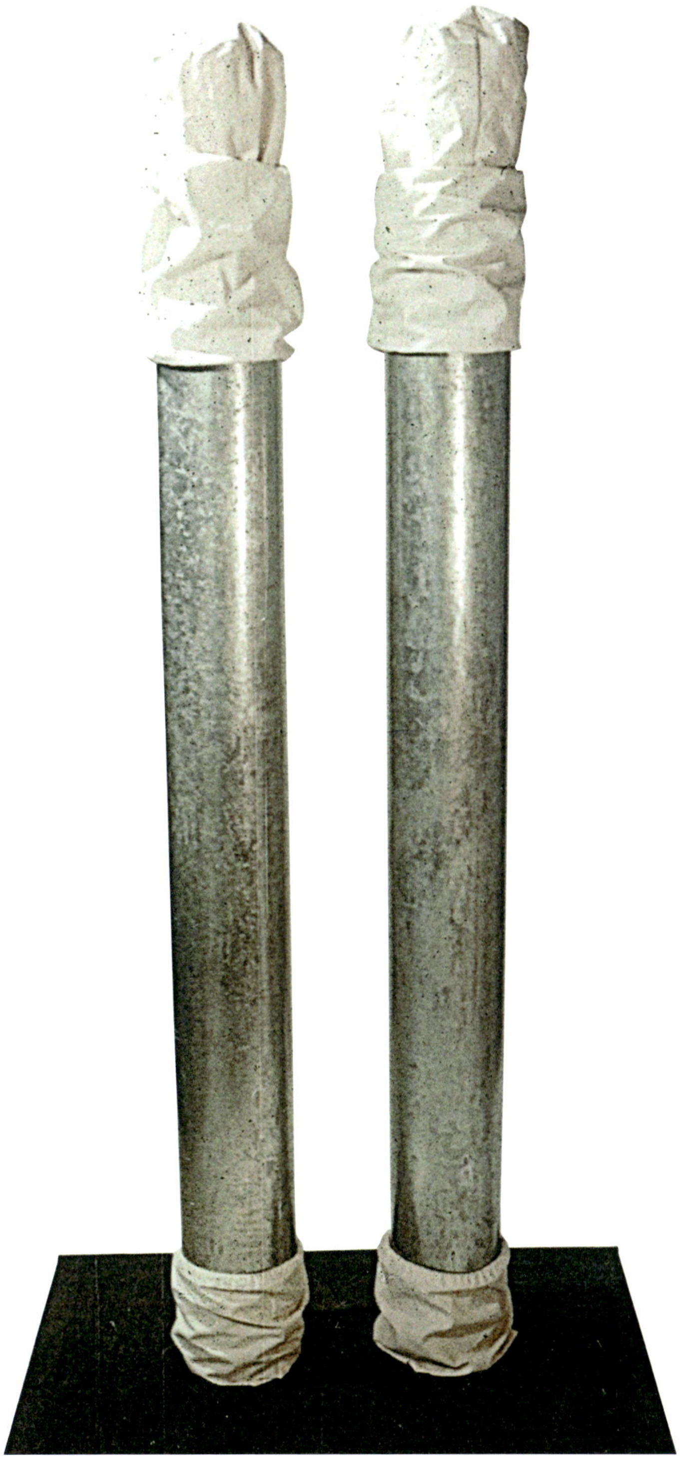

#155 **Două coloane cu capiteluri moi**
Lemn, metal, pânză, 100×18 cm, c. 1971, lucrare neidentificată, probabil dispărută.
Foto: Eugeniu Lupu, AFIB

#155 **Two Columns with Soft Capitals**
Wood, metal, canvas, 100×18 cm, circa 1971, unidentified work, probably lost.
Photo: Eugeniu Lupu, AFIB

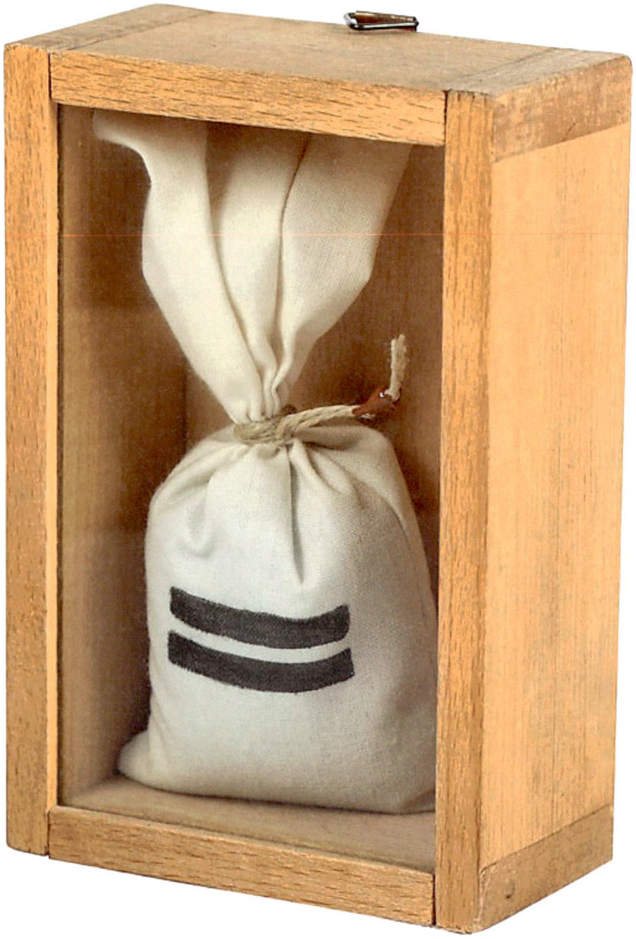

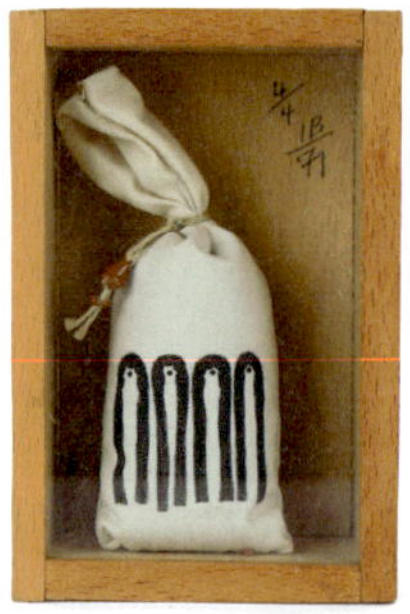

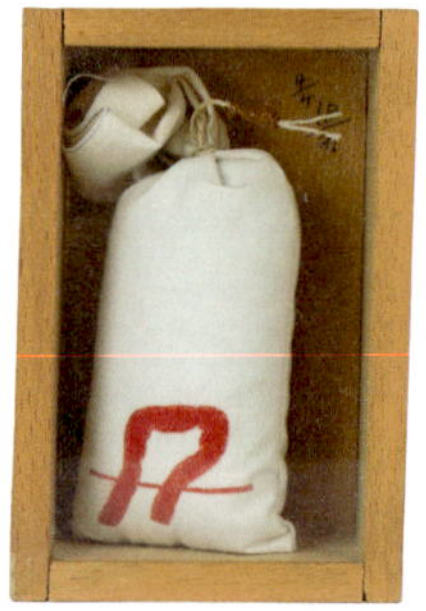

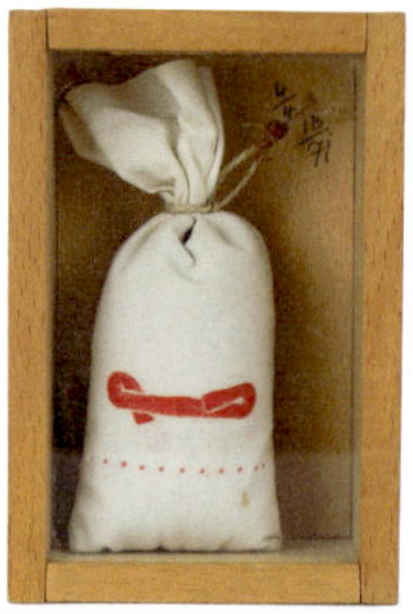

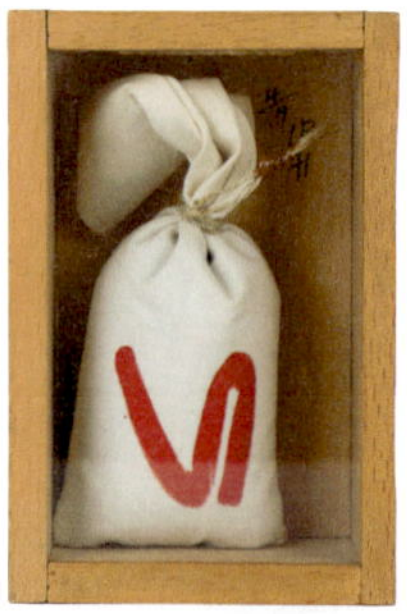

#156 **Once I slept in a foreign room...**
Material textil, lemn, sticlă, nisip, ceară roșie, 12×8,4 cm (piesă dintr-o serie de 12 – seria II), 1971, semnat, datat „IB71" și numerotat „2/4" pe fiecare piesă, Colecția Dana & Lorenzo Tincoca, Canada

#157 **Once I slept in a foreign room...**
Lemn, sticlă, pânză de bumbac, sfoară, ceară, vopsea textilă, cuie metalice, bandă de lipit, 12×8,2×4,5 cm (4 piese dintr-o serie de 12 – seria IV), 1971, semnat, datat „4/4 IB/71" pe fiecare piesă, CP, Franța

#156 **Once I slept in a foreign room...**
Fabric, wood, glass, sand, red wax, 12×8.4 cm (a piece out of a series of 12 – 2nd series), 1971, signed, dated "IB/71" and numbered "2/4" each piece, Dana & Lorenzo Tincoca collection, Canada

#157 **Once I slept in a foreign room...**
Wood, glass, cotton fabric, twine, wax, fabric paint, metal nails, adhesive tape, 12×8,2×4,5 cm (4 pieces out of a series of 12 – 4th series), 1971, signed, dated on each piece "4/4 IB/71", PC, France

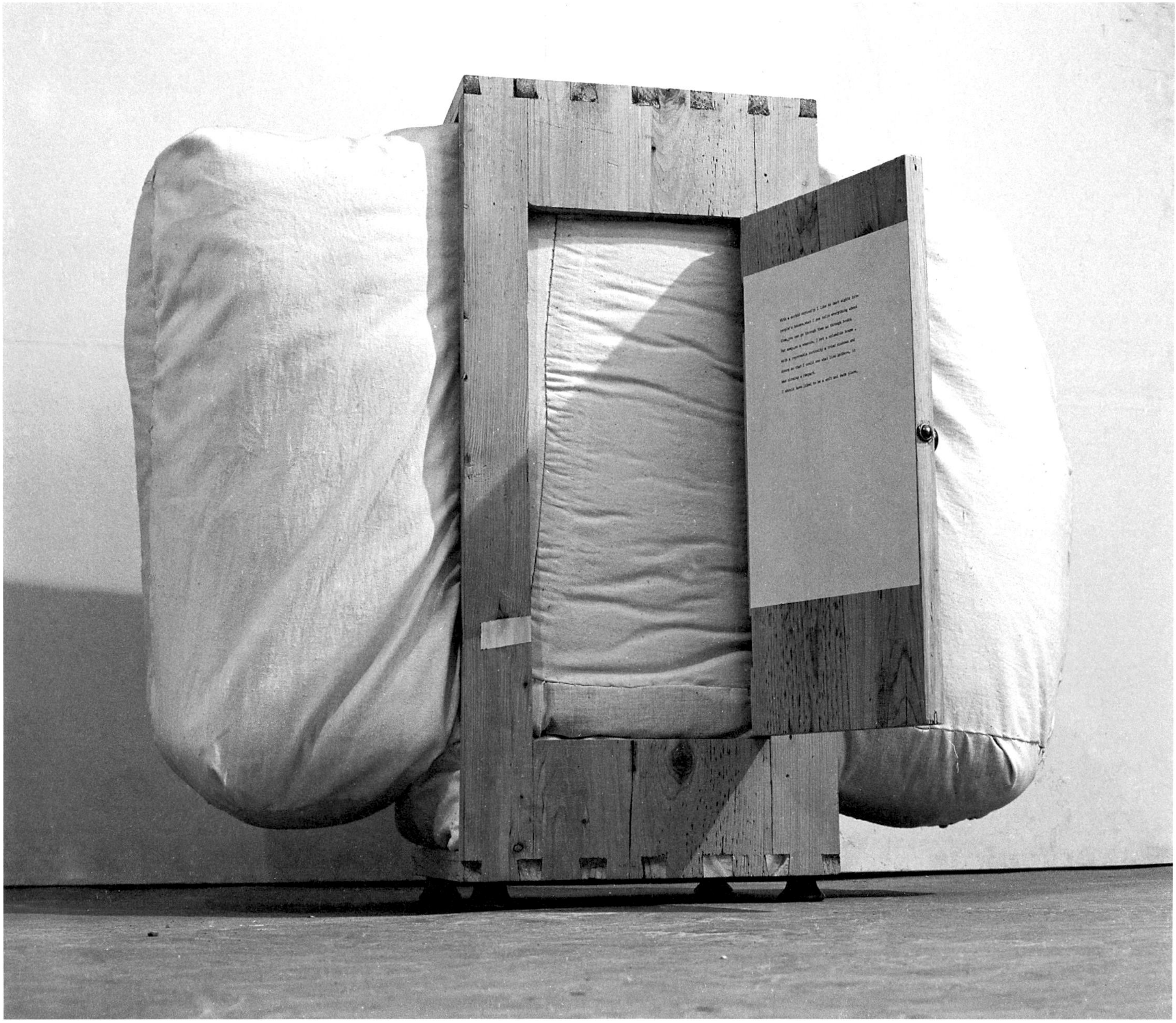

#158 **Obiect poetic / With a morbid curiosity I like to look into people's houses…**
Tehnică și dimensiuni necunoscute, c. 1971, lucrare neidentificată, probabil dispărută.
Foto: Eugeniu Lupu, AFIB

#158 **Poetic Object / With a morbid curiosity I like to look into people`s houses…**
Unknown technique and dimensions, circa 1971, unidentified work, probably lost.
Photo: Eugeniu Lupu, AFIB

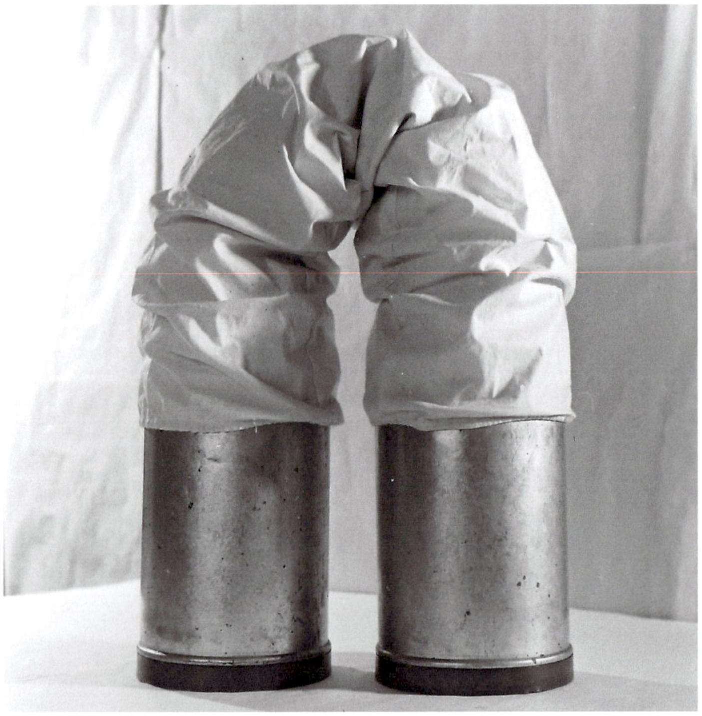

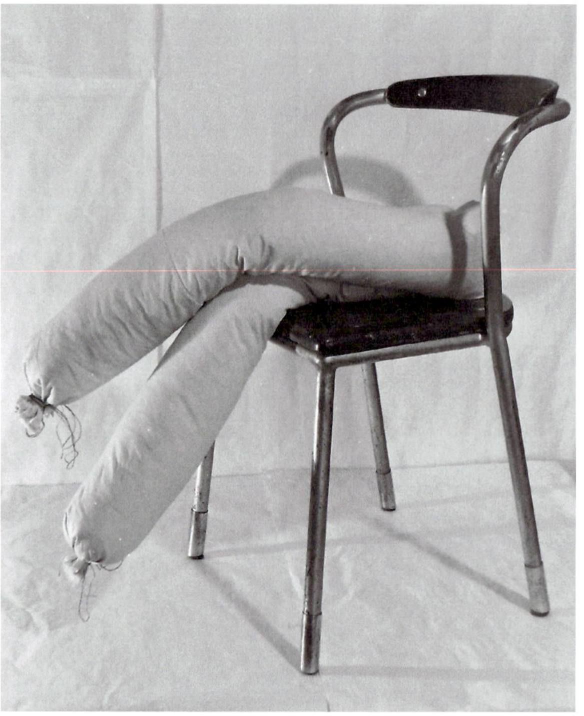

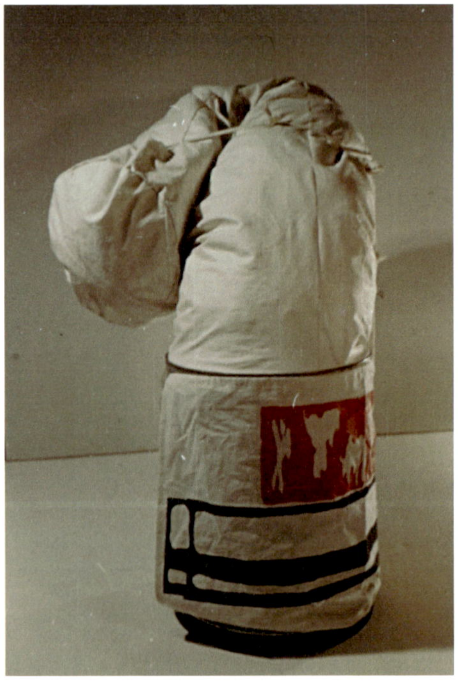

#159 **Fără titlu**
Metal, material textil, pene, dimensiuni necunoscute, c. 1971, lucrare neidentificată, probabil dispărută.
Foto: Eugeniu Lupu, AFIB

#160 **Fără titlu**
Tehnică și dimensiuni necunoscute, c. 1971, lucrare neidentificată, probabil dispărută.
Foto: Eugeniu Lupu, AFIB

#161 **Fără titlu**
Tehnică și dimensiuni necunoscute, c. 1971, lucrare neidentificată, probabil dispărută.
Foto: Eugeniu Lupu, AFIB

#159 **Untitled**
Metal, fabric, feathers, unknown dimensions, circa 1971, unidentified work, probably lost.
Photo: Eugeniu Lupu, AFIB

#160 **Untitled**
Unknown technique and dimensions, circa 1971, unidentified work, probably lost.
Photo: Eugeniu Lupu, AFIB

#161 **Untitled**
Unknown technique and dimensions, circa 1971, unidentified work, probably lost.
Photo: Eugeniu Lupu, AFIB

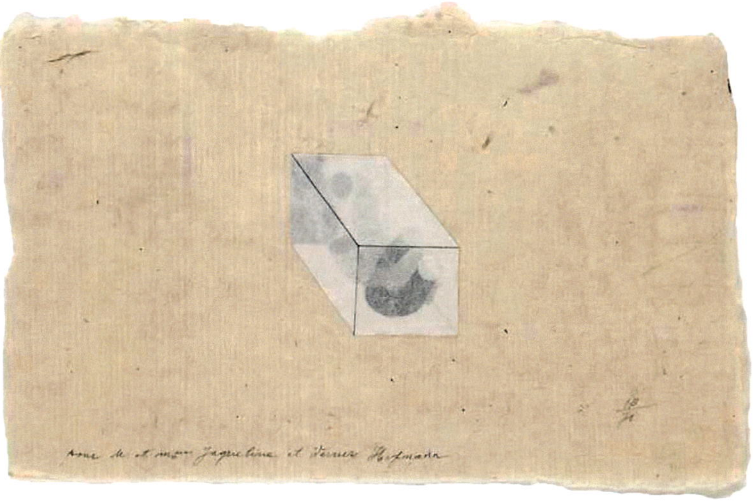

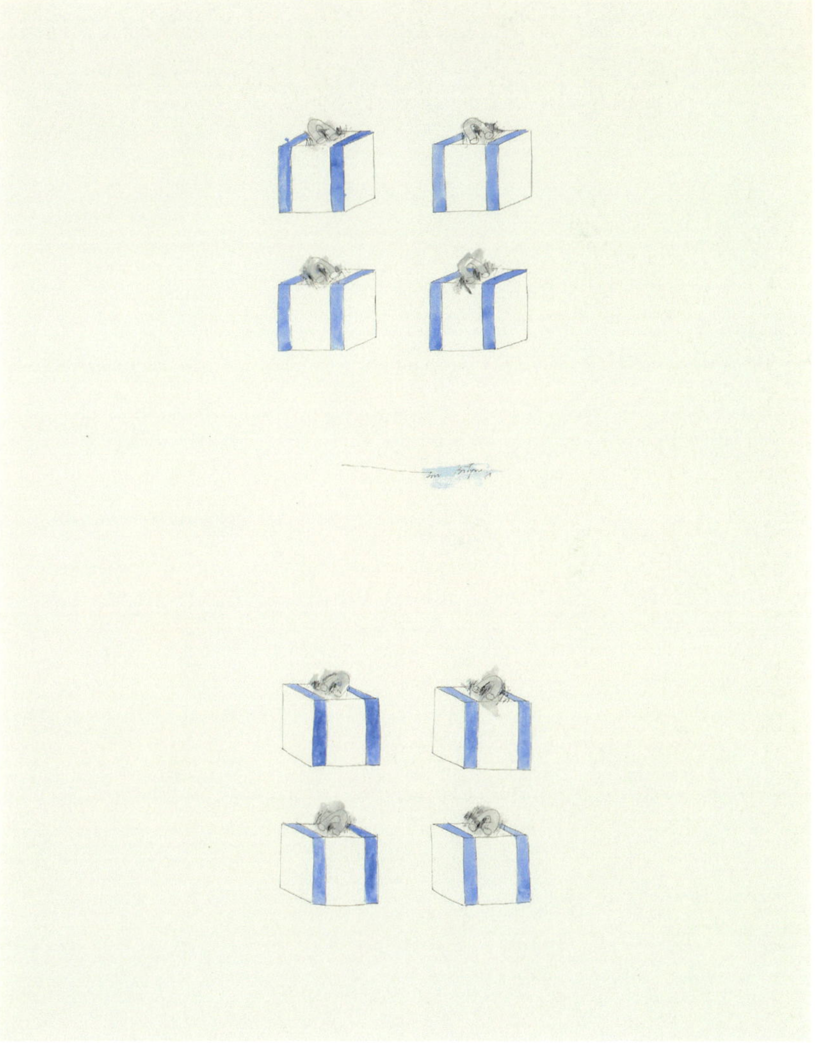

#162 **Abstraktion**
Colaj de hârtie japon pe hârtie manuală cu fibre vegetale și fire de apă, creion pe hârtie, 16,7×26,5 cm, 1971, semnat, datat „IB/71", dedicație „pour M. et mme Jaqueline et Werner Hofmann", CP.
Dăruită de artist istoricului de artă Werner Hofmann

#163 **Fără titlu**
Tuș, guașă pe hârtie, 65,3×50 cm, 1971, semnat, datat „Ion Bitzan 71", CP

#162 **Abstraktion**
Collage of handmade paper on handcrafted paper with strings and watermark, pencil on paper, 16.7×26.5 cm, 1971, signed, dated "IB/71", inscribed "pour M. et mme Jaqueline et Werner Hofmann", PC.
A gift from the artist to art historian Werner Hofmann.

#163 **Untitled**
Ink, gouache on paper, 65.3×50 cm, 1971, signed, dated "Ion Bitzan 71", PC

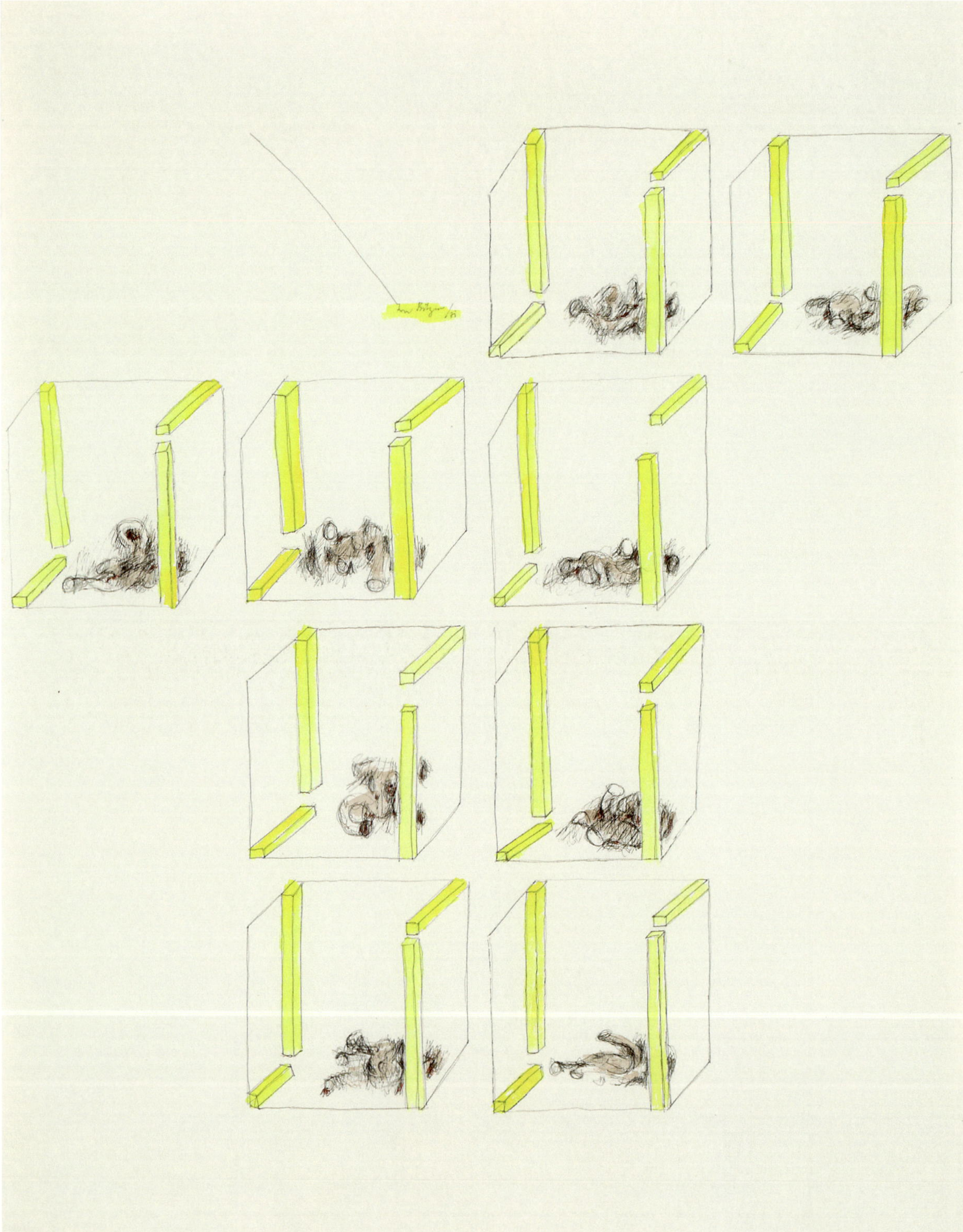

#164 **Fără titlu**
Tuș, acuarelă, creion, creion colorat pe hârtie, 65,5×50 cm, 1971, semnat, datat „Ion Bitzan/71", CP

#164 **Untitled**
Ink, watercolour, pencil, coloured pencil on paper, 65.5×50 cm, 1971, signed, dated "Ion Bitzan/71", PC

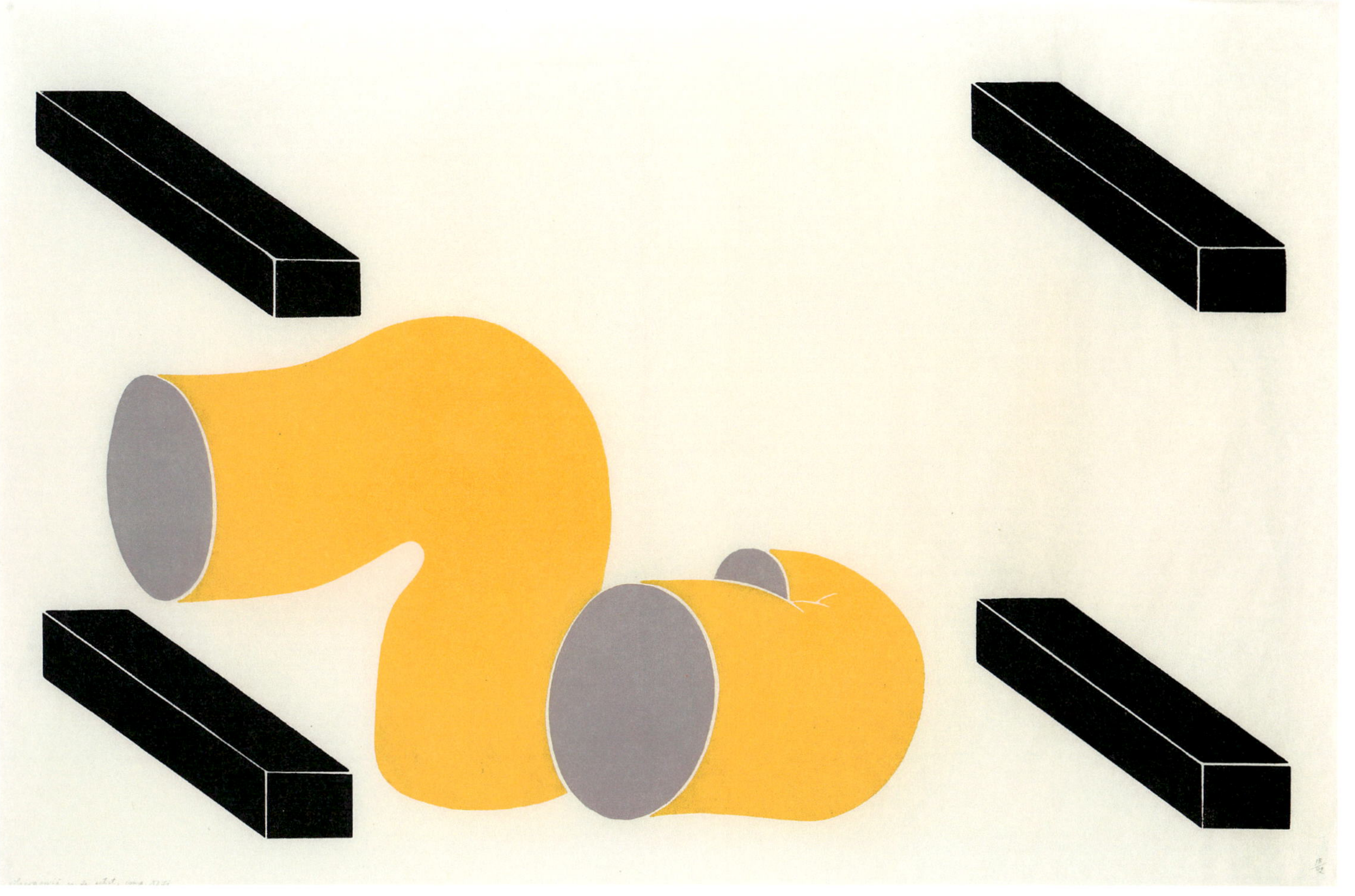

#165 **Compoziția nr. 71**
Xilogravură pe hârtie, 69,6×107,3 cm, 1972, exemplar de artist, semnat, datat „IB/72”, MNAC

#165 **Composition number 71**
Woodcut on paper, 69.6×107.3 cm, 1972, artist's proof, signed, dated "IB/72", MNAC

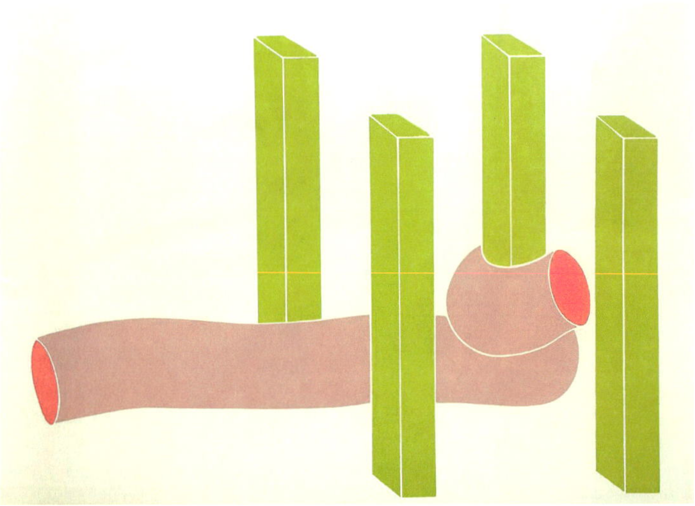

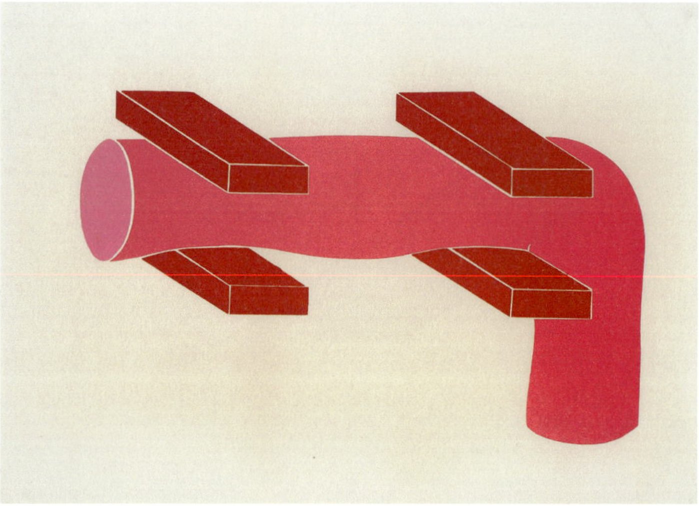

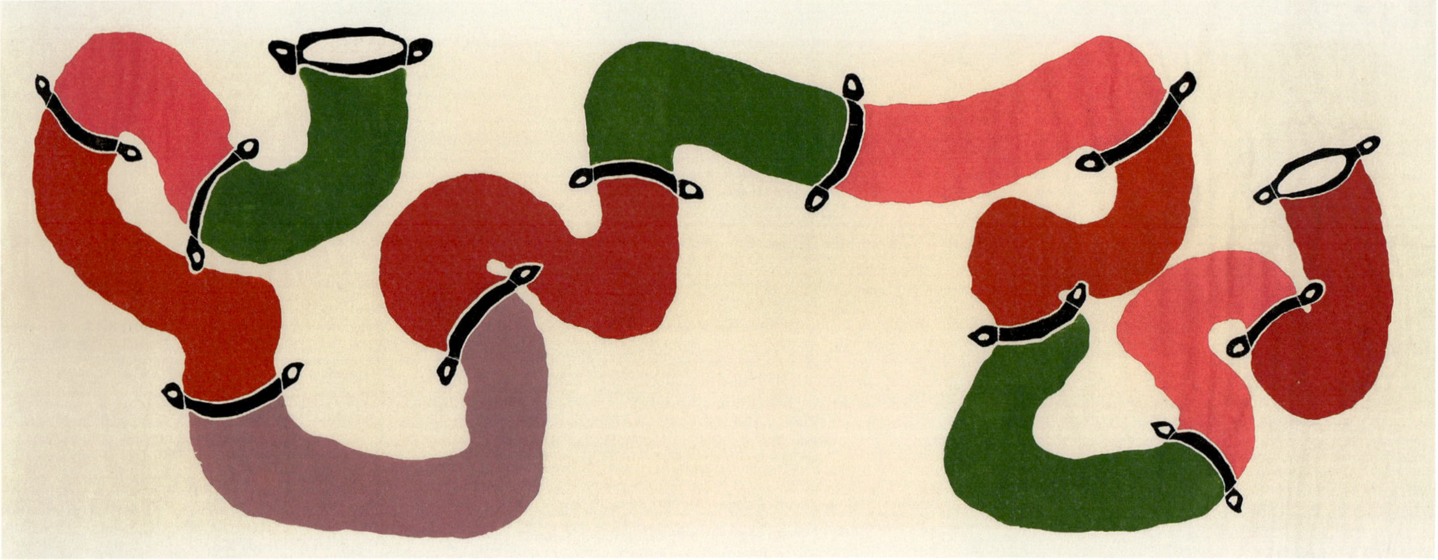

#166 **Compoziția nr. 73**
Xilogravură pe hârtie, 70×91 cm, 1972, semnat, datat „IB72", CP

#167 **Compoziția nr. 74**
Xilogravură pe hârtie, 69,5×90,5 cm, 1972, exemplar de artist, semnat, datat „IB/72", CP

#168 **Compoziția nr. 75**
Xilogravură pe hârtie, 50×120,5 cm, 1972, exemplar de artist, semnat, datat „IB72", CP

#166 **Composition number 73**
Woodcut on paper, 70×91 cm, 1972, signed, dated "IB72", PC

#167 **Composition number 74**
Woodcut on paper, 69.5×90.5 cm, 1972, artist's proof, signed, Dated "IB/72", PC

#168 **Composition number 75**
Woodcut on paper, 50×120.5 cm, 1972, artist's proof, signed, Dated "IB72", PC

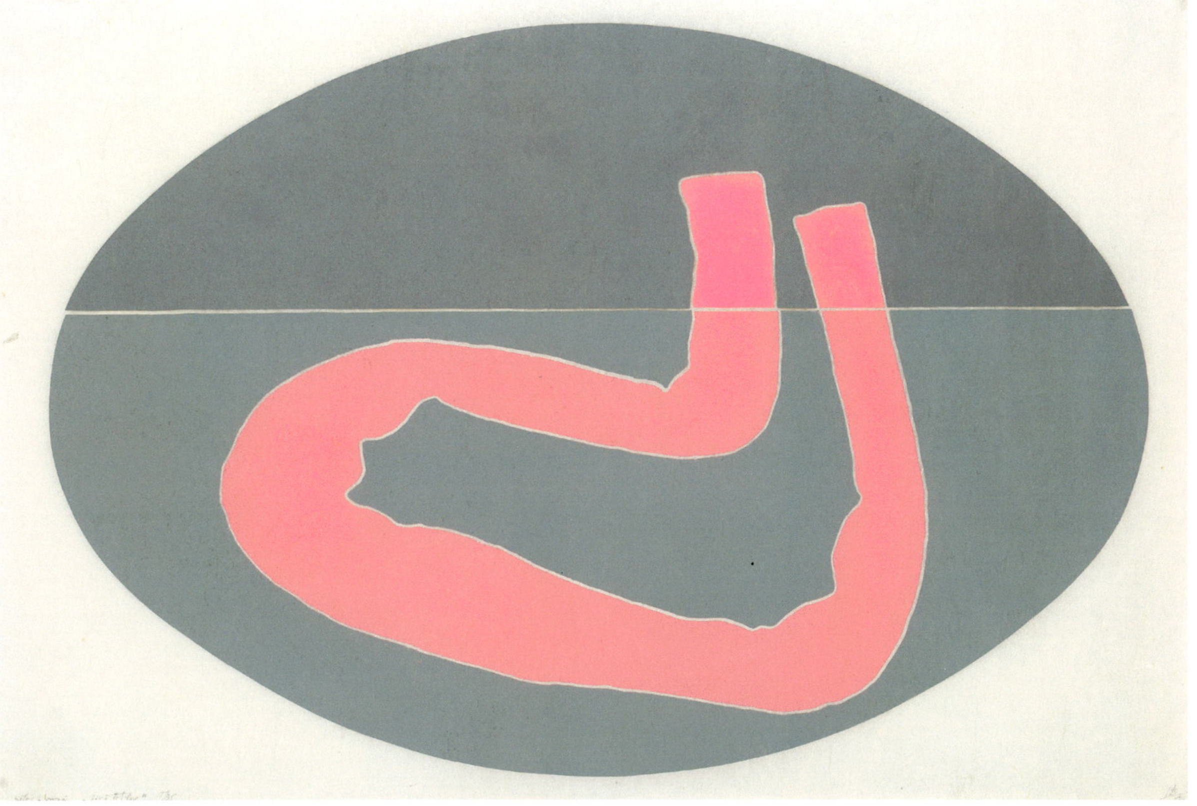

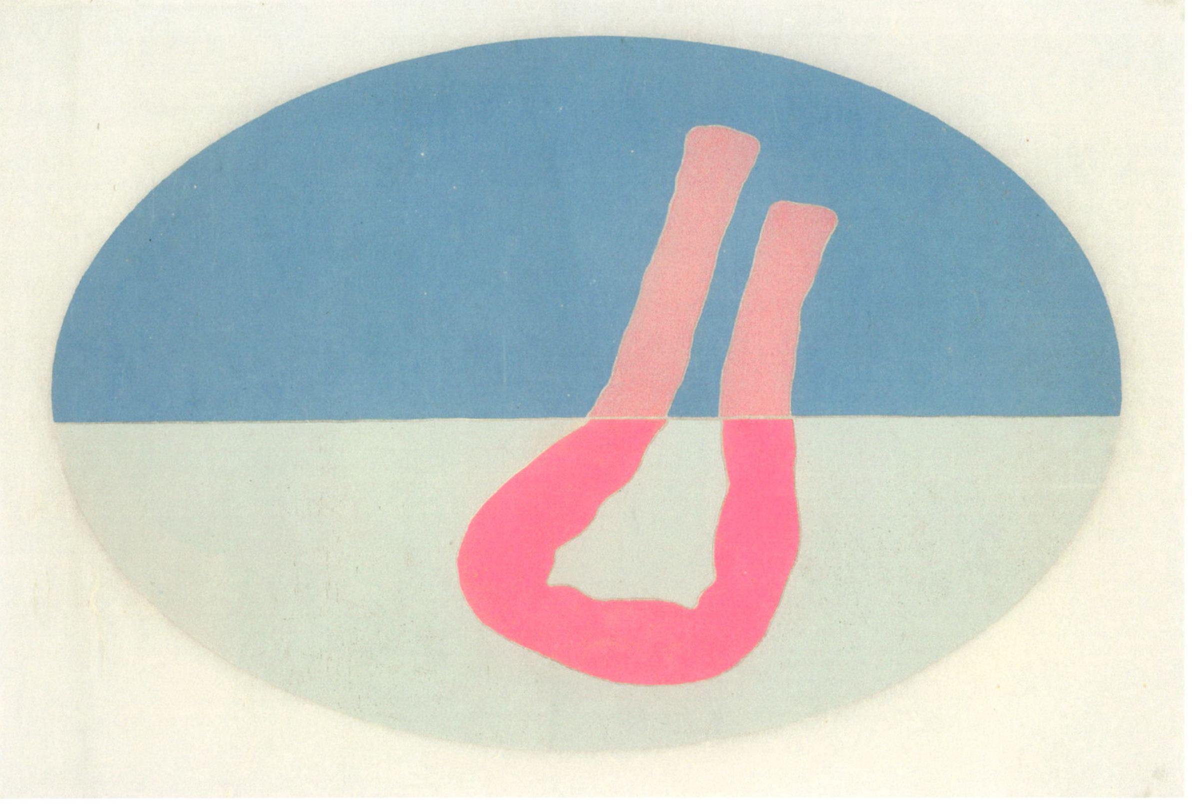

#169 **Fără titlu**
Xilogravură pe hârtie cu fire textile, 62×92 cm, 1972, semnat, datat „IB/72”, exemplarul 15/35, CP

#170 **Fără titlu**
Xilogravură pe hârtie cu fire textile, 62×92,5 cm, c. 1972, nesemnat, nedatat, CP

#169 **Untitled**
Woodcut on handmade paper with fabric strings, 62×92 cm, 1972, signed, dated “IB/72”, 15/35, PC

#170 **Untitled**
Woodcut on handmade paper with fabric strings, 62×92.5 cm, circa 1972, unsigned, undated, PC

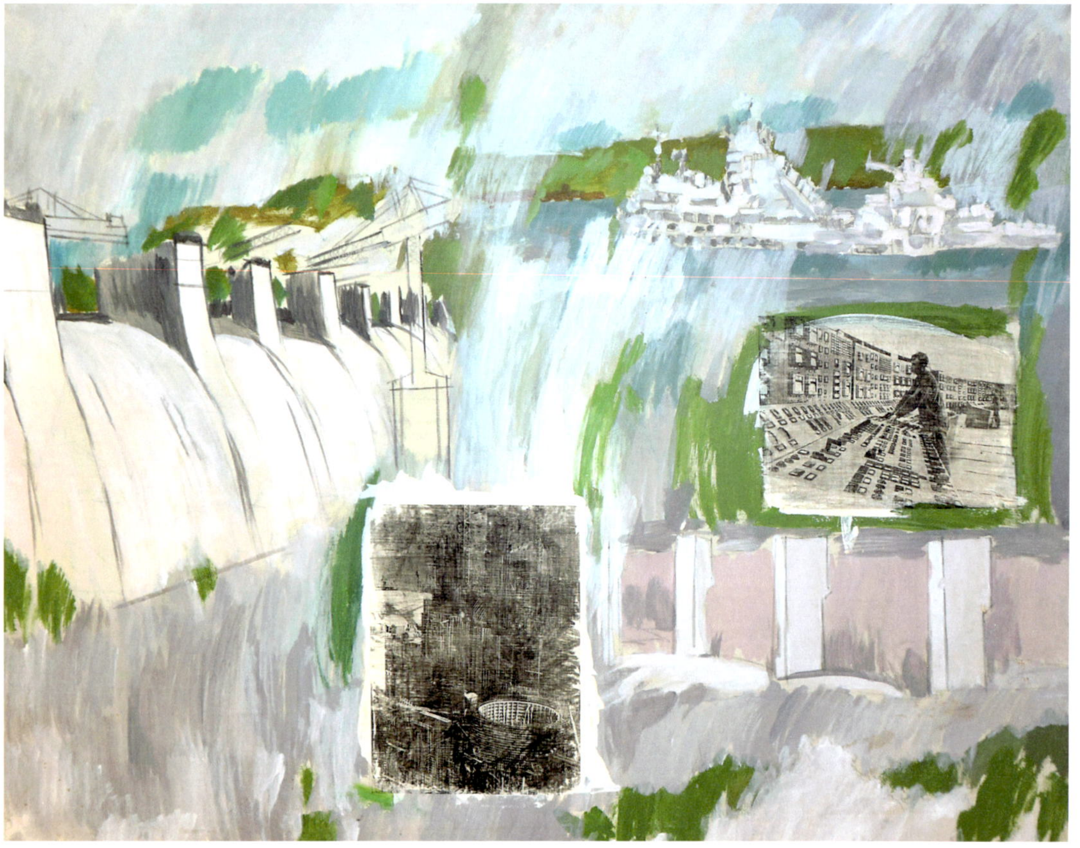

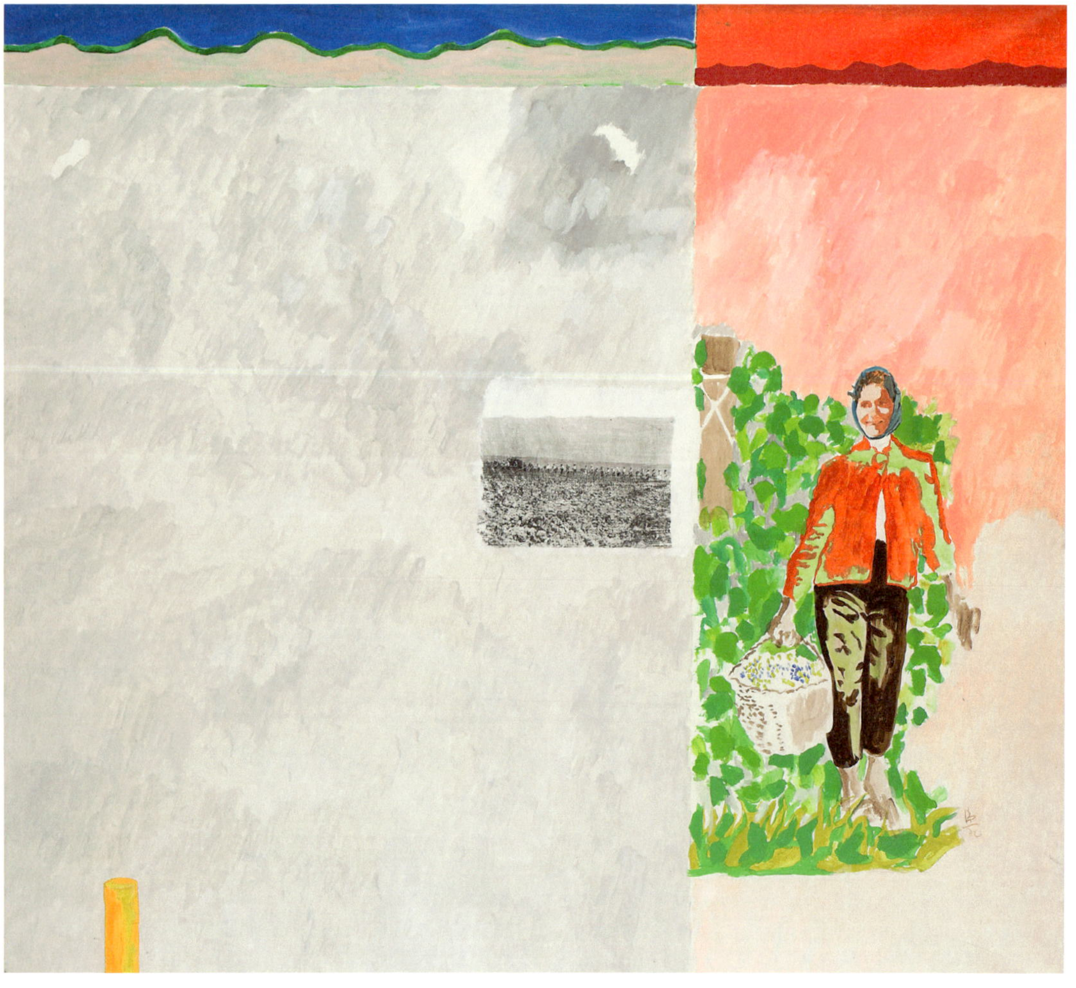

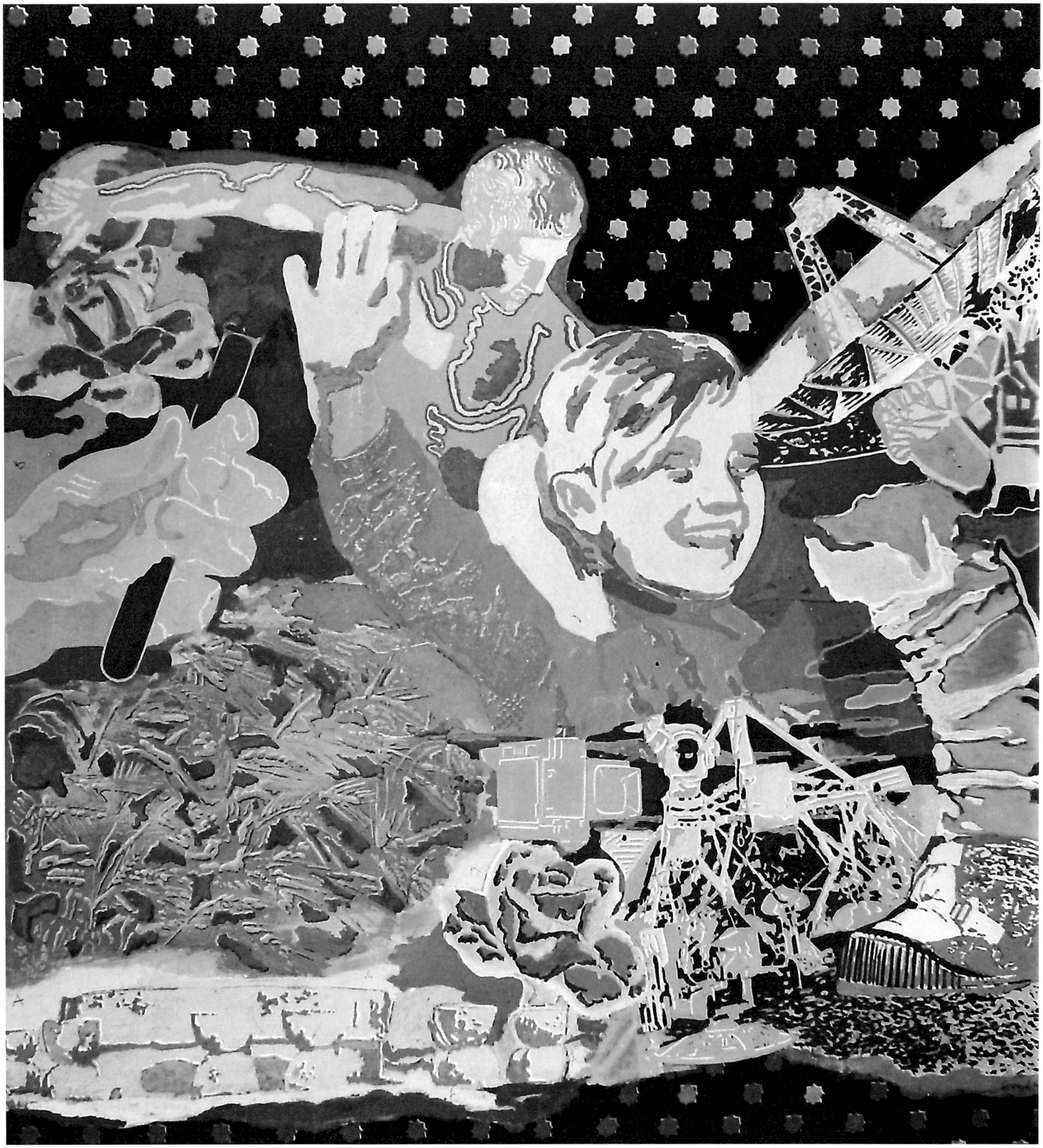

#171 **Porțile de Fier**
Ulei, serigrafie pe pânză, 89,4×116,5 cm, 1972, Muzeul de Artă Craiova

#172 **Rodul muncii**
Acrilic, ulei, serigrafie pe pânză, 140,5×157 cm, 1972, semnat, datat „IB72", MAC

#173 **Omagiu / Omul în cosmos (?), lucrare realizată în colaborare cu Vladimir Șetran**
Tapiserie haute-lisse, [32 m²], 1972, lucrare dispărută.
Foto: Eugeniu Lupu, AFIB

#171 **The Iron Gates**
Oil, silkscreen on canvas, 89.4×116.5 cm, 1972, Craiova Art Museum

#172 **The Fruit of Labour**
Acrylic, oil, silkscreen on canvas, 140.5×157 cm, 1972, signed, dated: "IB72", MAC

#173 **Tribute / Man in Space (?), crafted together with Vladimir Șetran**
Haute-lisse tapestry, [32 m²], 1972, work lost.
Photo: Eugeniu Lupu, AFIB

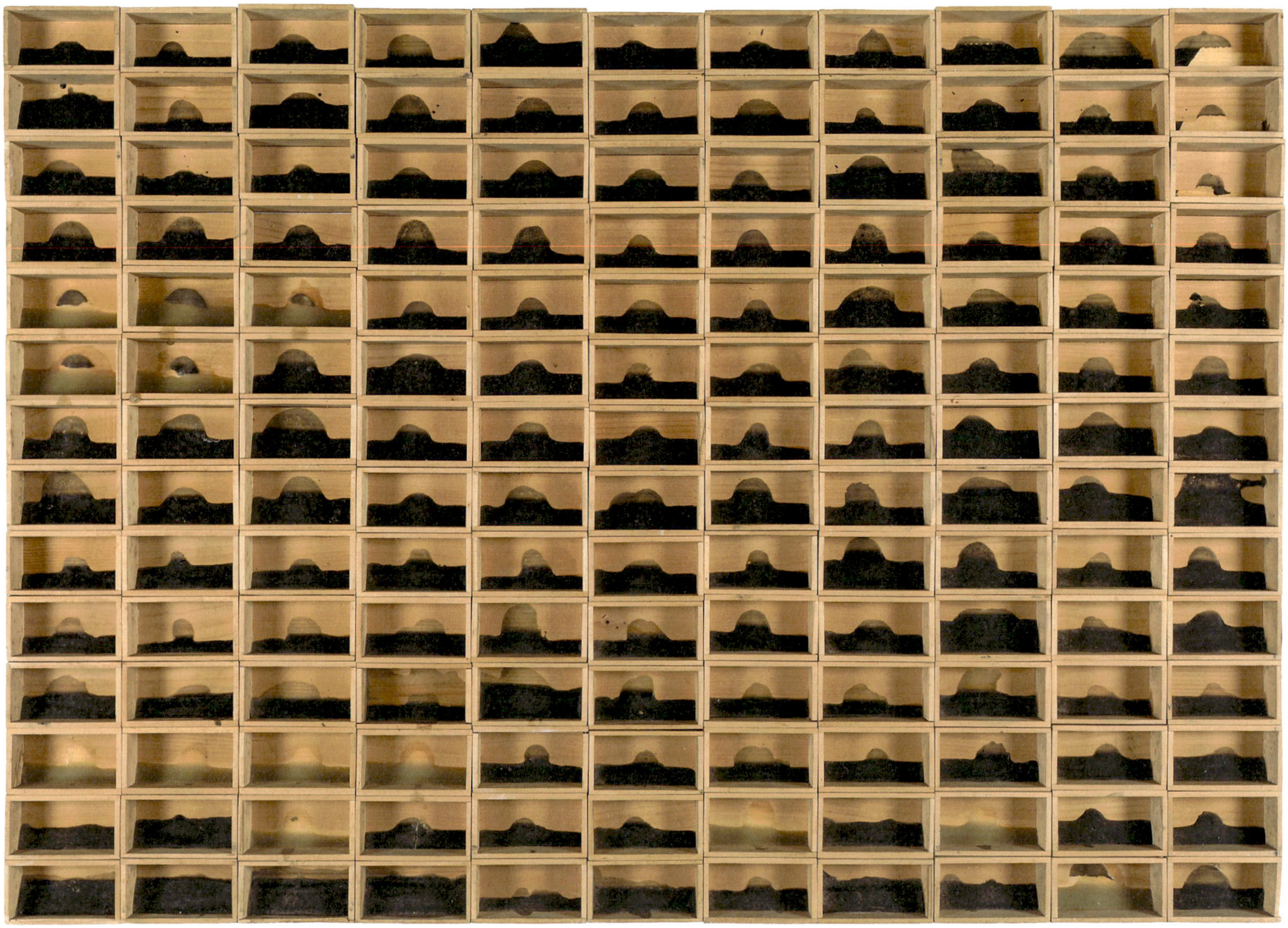

#174 **Structură 1 / Generator 1**
Lemn, ceară de albine, cuie metalice, 85,5×123×4 cm, 154 casete, c. 1972, nesemnat, nedatat, Muzeul Orășenesc „Molnár István", Cristuru Secuiesc

#174 **Structure 1 / Generator 1**
Wood, beeswax, metal nails, 85.5×123×4 cm, 154 boxes, circa 1972, unsigned, undated, "Molnár István" City Museum, Cristuru Secuiesc

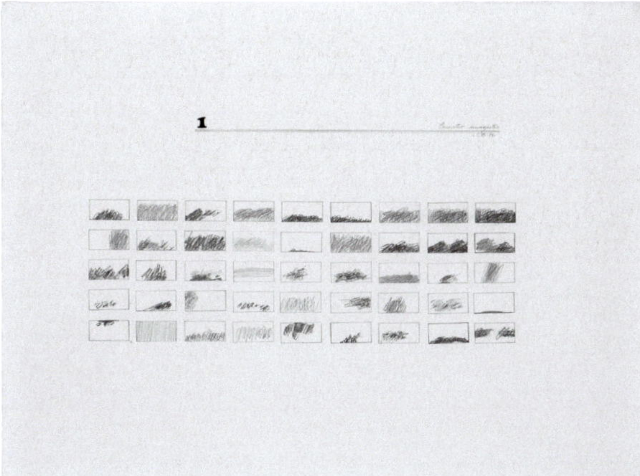

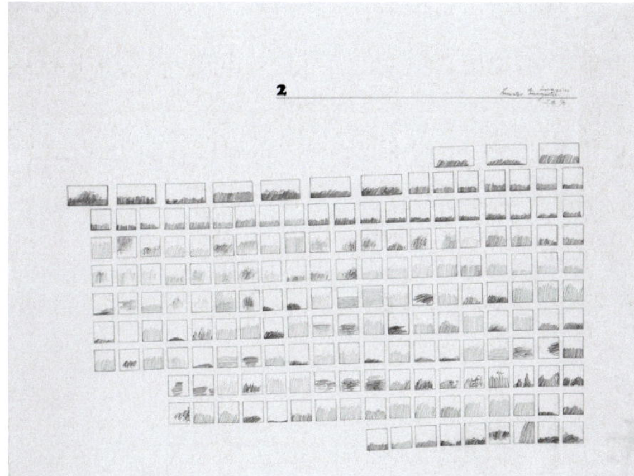

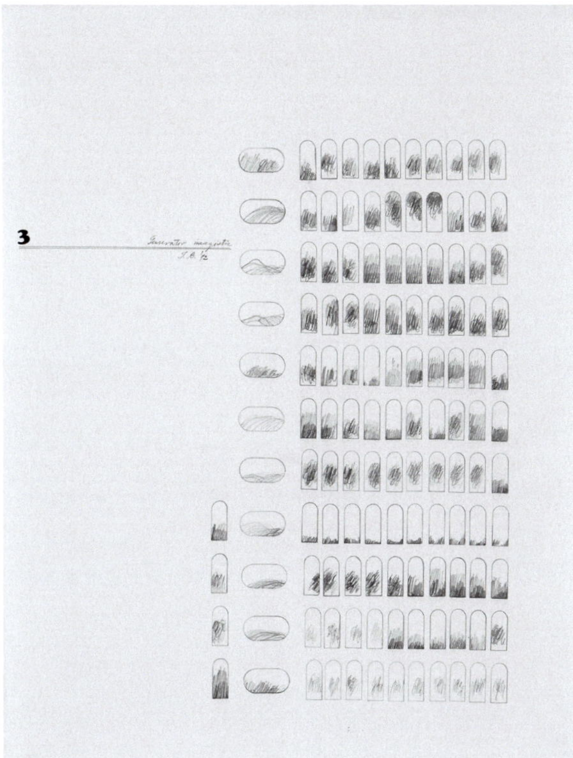

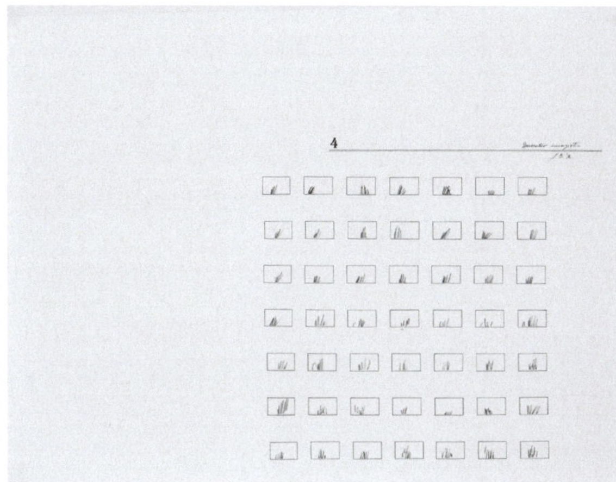

#175 **Generator imagistic 1**
Creion, tuş, letraset pe hârtie, 50×65,3 cm, 1972, semnat, datat „Generator imagistic/I.B.72”, CP

#175 **Image generator 1**
Pencil, ink, letters decal on paper, 50×65.3 cm, 1972, signed, dated “Generator imagistic / I.B.72” [Image Generator / I.B.72], PC

#176 **Generator imagistic 2**
Creion, tuş, letraset pe hârtie, 50,2×65,5 cm, 1972, semnat, datat „Generator imagistic de imagini/I.B.72”, CP

#176 **Image generator 2**
Pencil, ink, letters decal on paper, 50.2×65.5 cm, 1972, signed, dated “Generator imagistic de imagini / I.B.72” [Image Generator / I.B.72], PC

#177 **Generator imagistic 3**
Creion, tuş, letraset pe hârtie, 65,5×50,2 cm, 1972, semnat, datat „Generator imagistic/I.B.72”, CP

#177 **Image generator 3**
Pencil, ink, letters decal on paper, 65.5×50.2 cm, 1972, signed, dated “Generator imagistic / I.B.72” [Image Generator / I.B.72], PC

#178 **Generator imagistic 4**
Creion, tuş (ştampilă) pe hârtie, 50×65,5 cm, 1972, semnat, datat „Generator imagistic/I.B.72”, CP

#178 **Image generator 4**
Pencil, ink (stamp) on paper, 50×65.5 cm, 1972, signed, dated “Generator imagistic / I.B.72” [Image Generator / I.B.72], PC

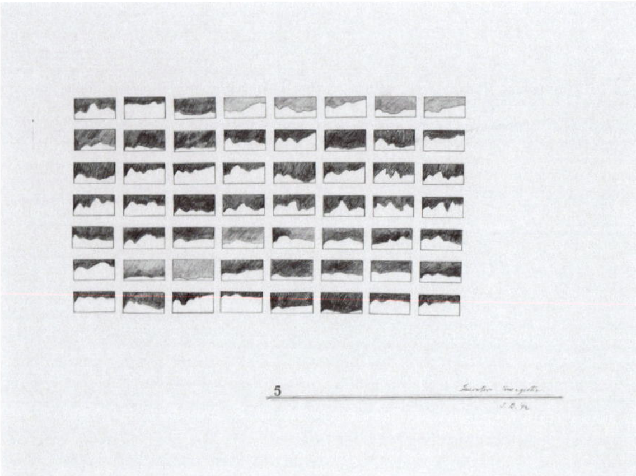

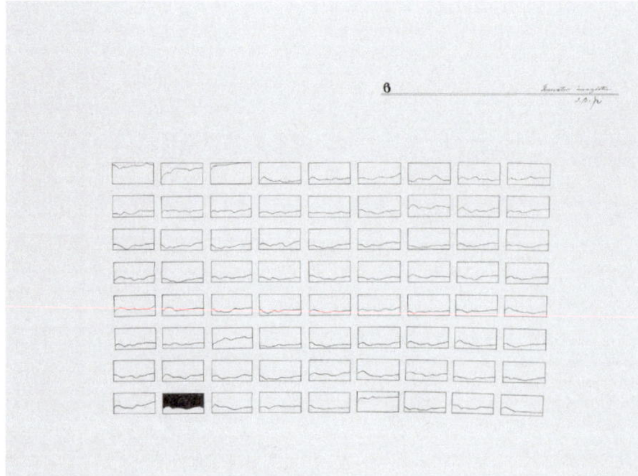

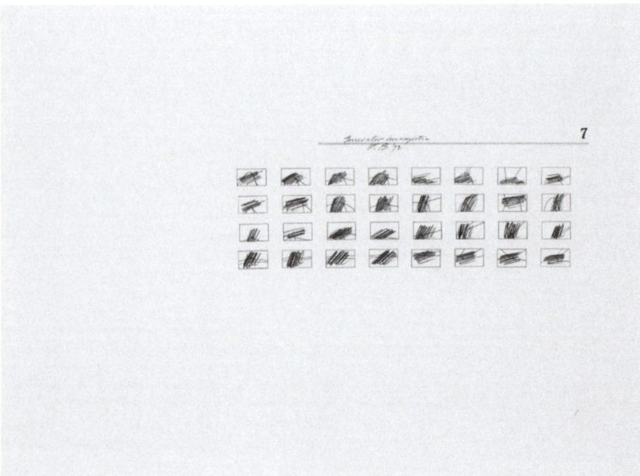

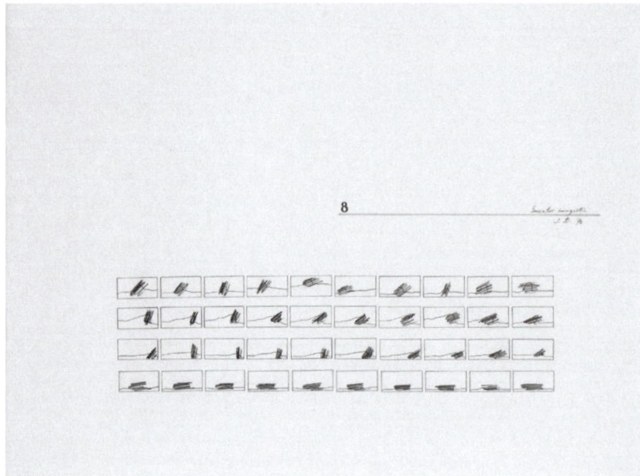

#179 **Generator imagistic 5**
Creion, tuş (ştampilă) pe hârtie, 50×65,5 cm, 1972, semnat, datat „Generator imagistic/I.B.72", CP

#180 **Generator imagistic 6**
Creion, tuş (ştampilă) pe hârtie, 50×65,5 cm, 1972, semnat, datat „Generator imagistic/I.B.72", CP

#181 **Generator imagistic 7**
Creion, tuş (ştampilă) pe hârtie, 50×65,5 cm, 1972, semnat, datat „Generator imagistic/I.B.72", CP

#182 **Generator imagistic 8**
Creion, tuş (ştampilă) pe hârtie, 50×65,5 cm, 1972, semnat, datat „Generator imagistic/I.B.72", CP

#179 **Image Generator 5**
Pencil, ink (stamp) on paper, 50×65.5 cm, 1972, signed, dated "Generator imagistic / I.B.72" [Image Generator / I.B.72], PC

#180 **Image Generator 6**
Pencil, ink (stamp) on paper, 50×65.5 cm, 1972, signed, dated "Generator imagistic / I.B.72" [Image Generator / I.B.72], PC

#181 **Image Generator 7**
Pencil, ink (stamp) on paper, 50×65.5 cm, 1972, signed, dated "Generator imagistic / I.B.72" [Image Generator / I.B.72], PC

#182 **Image Generator 8**
Pencil, ink (stamp) on paper, 50×65.5 cm, 1972, signed, dated "Generator imagistic / I.B.72" [Image Generator / I.B.72], PC

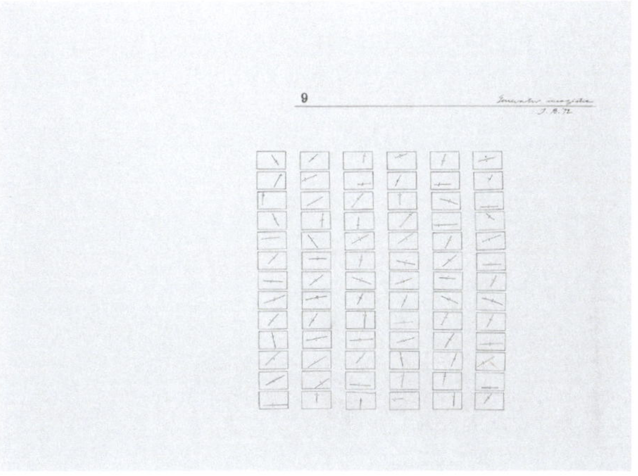

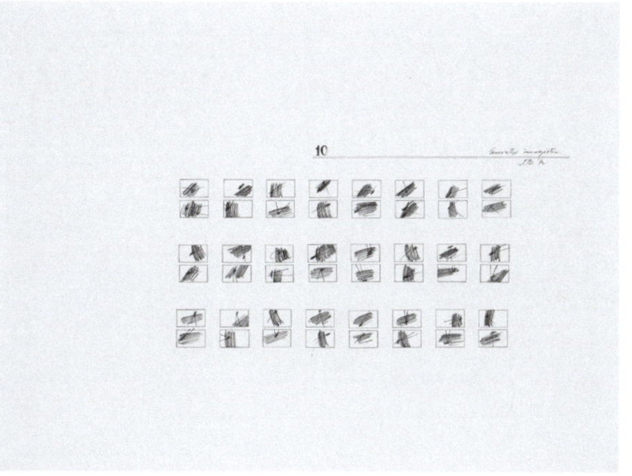

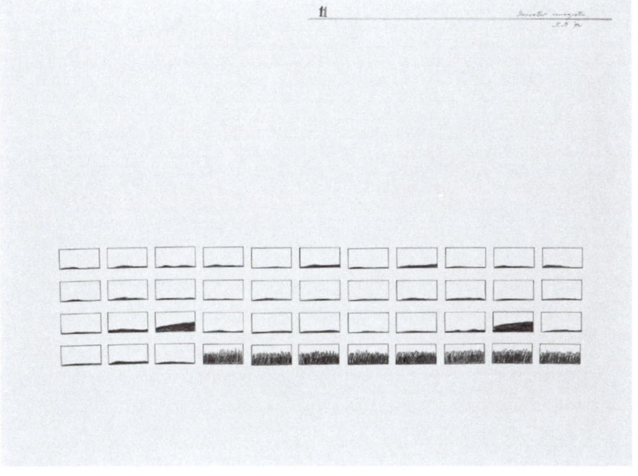

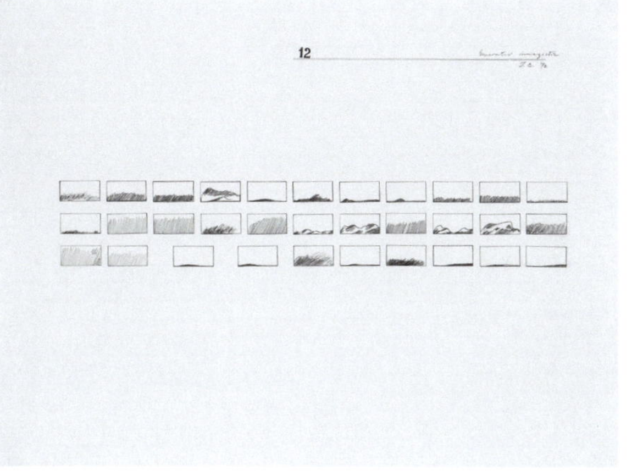

#183 **Generator imagistic 9**
Creion, tuș (ștampilă) pe hârtie, 50×65,5 cm, 1972, semnat, datat „Generator imagistic/I.B.72”, CP

#184 **Generator imagistic 10**
Creion, tuș (ștampilă) pe hârtie, 50×65,5 cm, 1972, semnat, datat „Generator imagistic/I.B.72”, CP

#185 **Generator imagistic 11**
Creion, tuș (ștampilă) pe hârtie, 50×65,5 cm, 1972, semnat, datat „Generator imagistic/I.B.72”, CP

#186 **Generator imagistic 12**
Creion, tuș (ștampilă) pe hârtie, 50,2×65,5 cm, 1972, semnat, datat „Generator imagistic/I.B.72”, CP

#183 **Image Generator 9**
Pencil, ink (stamp) on paper, 50×65.5 cm, 1972, signed, dated “Generator imagistic / I.B.72” [Image Generator / I.B.72], PC

#184 **Image Generator 10**
Pencil, ink (stamp) on paper, 50×65.5 cm, 1972, signed, dated “Generator imagistic / I.B.72” [Image Generator / I.B.72], PC

#185 **Image Generator 11**
Pencil, ink (stamp) on paper, 50×65.5 cm, 1972, signed, dated “Generator imagistic / I.B.72” [Image Generator / I.B.72], PC

#186 **Image Generator 12**
Pencil, ink (stamp) on paper, 50.2×65.5 cm, 1972, signed, dated “Generator imagistic / I.B.72” [Image Generator / I.B.72], PC

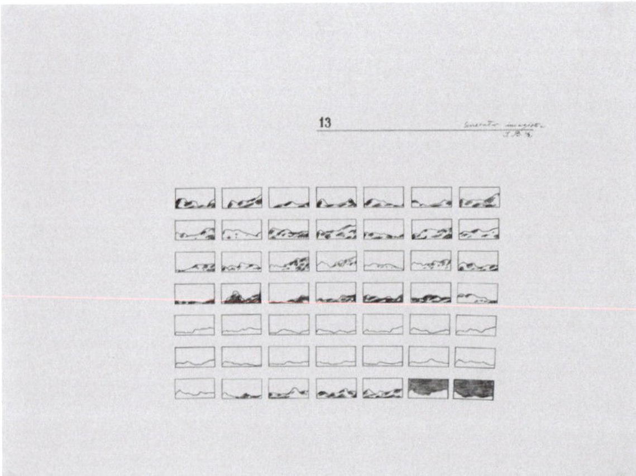

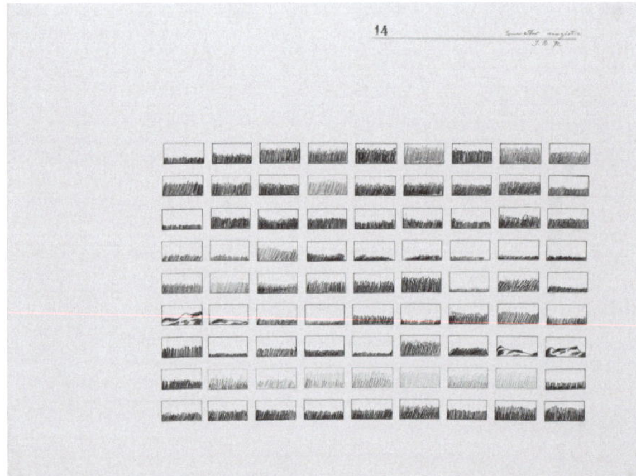

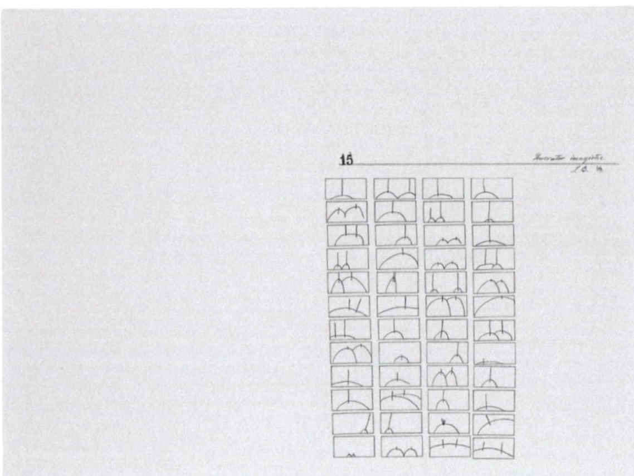

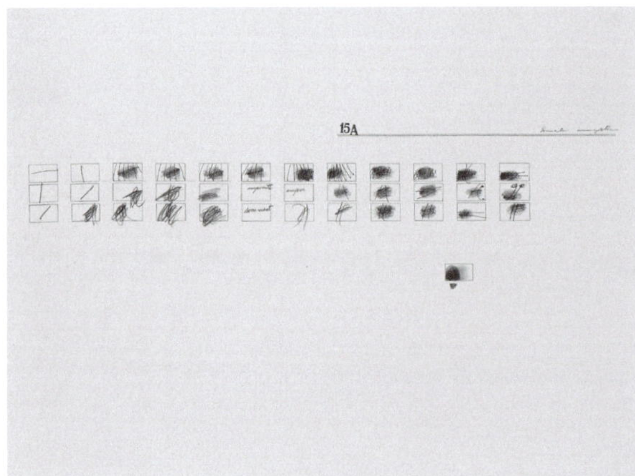

#187 **Generator imagistic 13**
Creion, tuș (ștampilă) pe hârtie, 50×65,5 cm, 1972, semnat, datat „Generator imagistic/I.B.72”, CP

#188 **Generator imagistic 14**
Creion, tuș (ștampilă) pe hârtie, 50×65,5 cm, 1972, semnat, datat „Generator imagistic/I.B.72”, CP

#189 **Generator imagistic 15**
Creion, tuș (ștampilă) pe hârtie, 50×65,5 cm, 1972, semnat, datat „Generator imagistic/I.B.72”, CP

#190 **Generator imagistic 15A**
Creion, cărbune, tuș (ștampilă) pe hârtie, 50×65,5 cm, [1972], nesemnat, nedatat, CP

#187 **Image Generator 13**
Pencil, ink (stamp) on paper, 50×65.5 cm, 1972, signed, dated "Generator imagistic / I.B.72" [Image Generator / I.B.72], PC

#188 **Image Generator 14**
Pencil, ink (stamp) on paper, 50×65.5 cm, 1972, signed, dated "Generator imagistic / I.B.72" [Image Generator / I.B.72], PC

#189 **Image Generator 15**
Pencil, ink (stamp) on paper, 50×65.5 cm, 1972, signed, dated "Generator imagistic / I.B.72" [Image Generator / I.B.72], PC

#190 **Image Generator 15A**
Pencil, charcoal, ink (stamp) on paper, 50×65.5 cm, [1972], unsigned, undated, PC

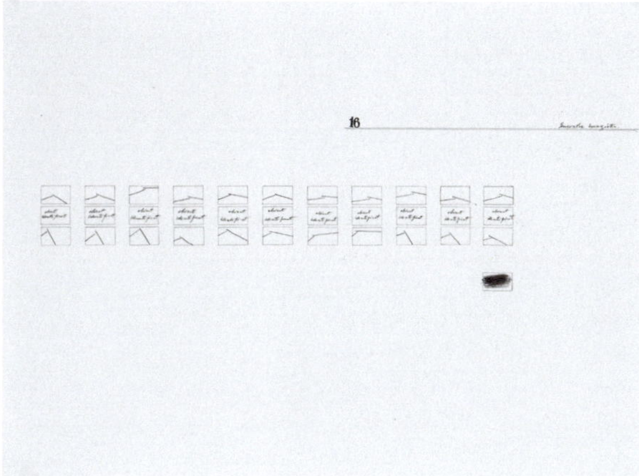

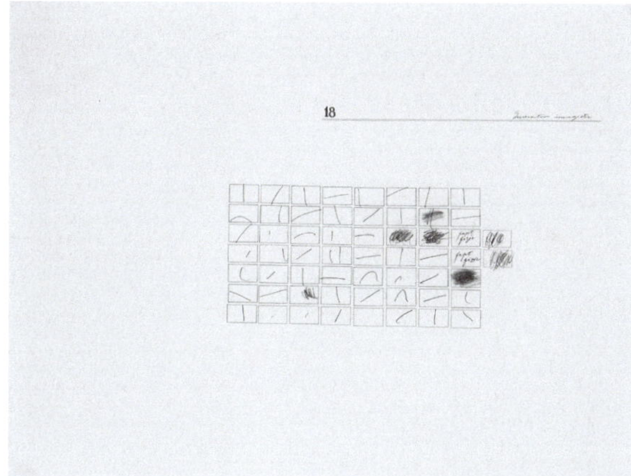

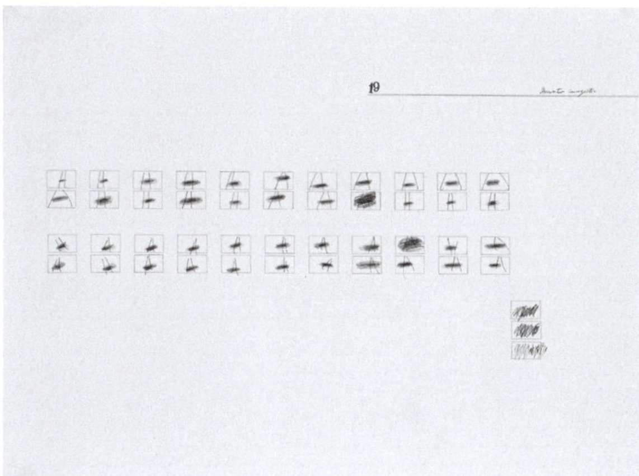

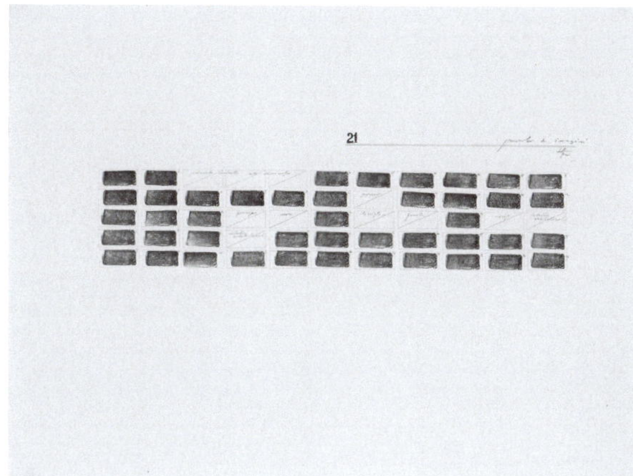

#191 **Generator de imagini 16**
Creion, tuş (ştampilă) pe hârtie, 50×65,3 cm, [1972], nesemnat, nedatat, CP

#192 **Generator de imagini 18**
Creion, tuş (ştampilă) pe hârtie, 50×65,5 cm, [1972], nesemnat, nedatat, CP

#193 **Generator de imagini 19**
Creion, tuş (ştampilă) pe hârtie, 50×65,5 cm, [1972], nesemnat, nedatat, CP

#194 **Generator de imagini 21**
Creion, tuş (ştampilă), tuş, cerneală pe hârtie, 50×65,5 cm, 1972, semnat, datat „Generator de imagini/IB/72", CP

#191 **Image Generator 16**
Pencil, ink (stamp) on paper, 50×65.3 cm, [1972], unsigned, undated, PC

#192 **Image Generator 18**
Pencil, ink (stamp) on paper, 50×65.5 cm, [1972], unsigned, undated, PC

#193 **Image Generator 19**
Pencil, ink (stamp) on paper, 50×65.5 cm, [1972], unsigned, undated, PC

#194 **Image Generator 21**
Pencil, ink (stamp), ink on paper, 50×65.5 cm, 1972, signed, dated "Generator de imagini/IB/72" [Image Generator/IB/72], PC

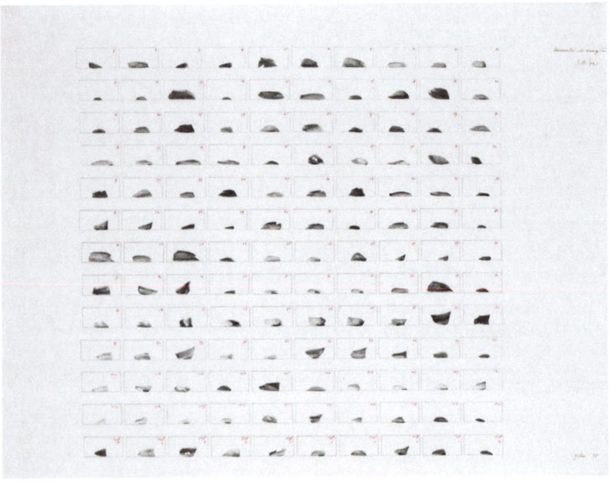

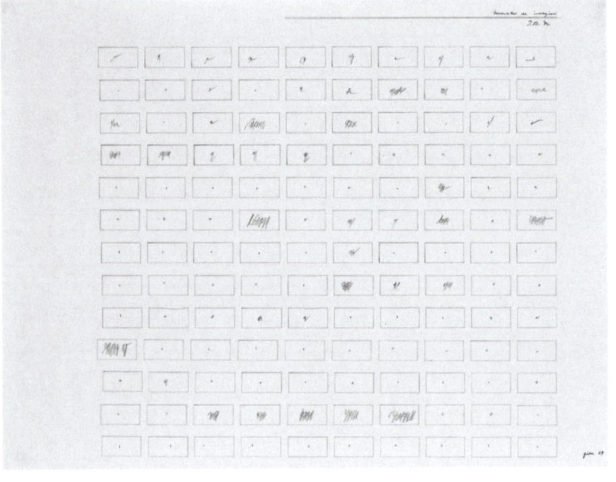

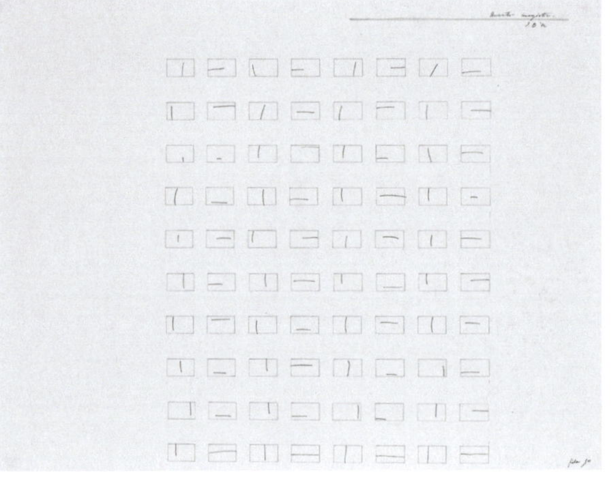

#195 **Generator de imagini 25**
Creion, tuş (ştampilă), tuş, cerneală pe hârtie, 50×65,5 cm, 1972, semnat, datat „Generator de imagini /I.B.72", CP

#196 **Generator de imagini 28**
Creion, tuş pe hârtie, 50×65,3 cm, [1972], nesemnat, nedatat, CP

#197 **Generator de imagini 29**
Creion, tuş pe hârtie, 50×65 cm, 1972, semnat, datat „Generator de imagini/I.B.72", CP

#198 **Generator imagistic 30**
Creion, tuş pe hârtie, 50×65,5 cm, 1972, semnat, datat „Generator imagistic/I.B.72", CP

#195 **Image Generator 25**
Pencil, ink (stamp), ink on paper, 50×65.5 cm, 1972, signed, dated "Generator de imagini/IB/72"[Image Generator/IB/72], PC

#196 **Image Generator 28**
Pencil, ink on paper, 50×65.3 cm, [1972], unsigned, undated, PC

#197 **Image Generator 29**
Pencil, ink on paper, 50×65 cm, 1972, signed, dated "Generator de imagini / I.B.72" [Image Generator/I.B.72], PC

#198 **Image Generator 30**
Pencil, ink on paper, 50×65.5 cm, 1972, signed, dated "Generator imagistic / I.B.72" [Image Generator / IB/72], PC

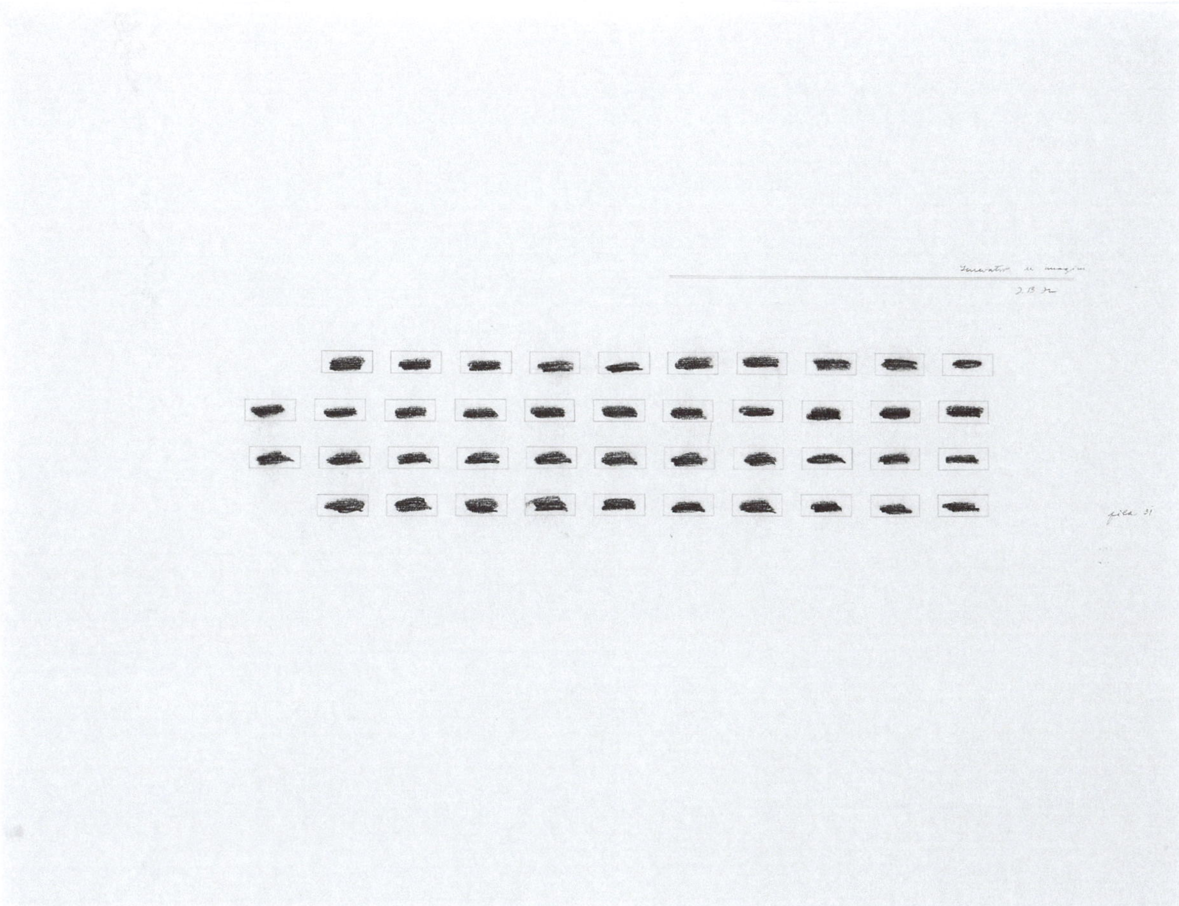

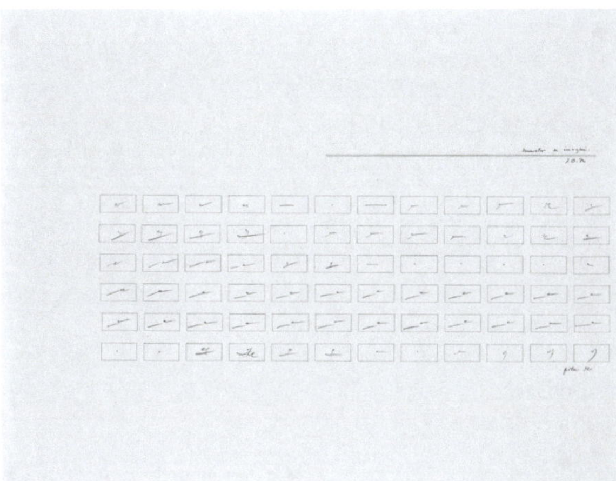

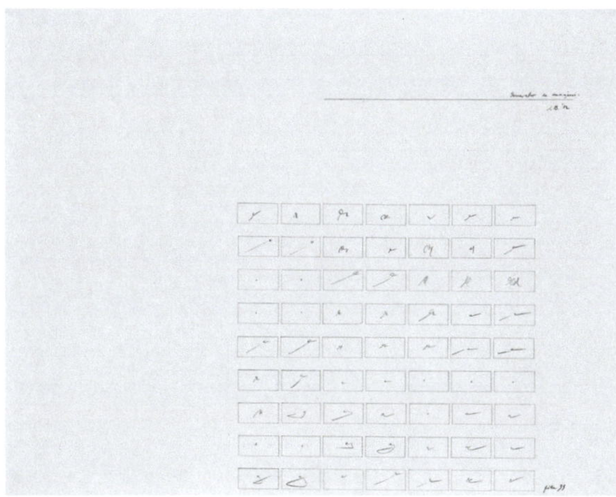

#199 **Generator de imagini 31**
Creion, sepia, tuş pe hârtie, 50×65 cm, 1972, semnat, datat „Generator de imagini/I.B.72", CP

#200 **Generator de imagini 32**
Creion, tuş pe hârtie, 50×65 cm, 1972, semnat, datat „Generator de imagini/I.B.72", CP

#201 **Generator de imagini 33**
Creion, tuş pe hârtie, 50×65 cm, 1972, semnat, datat „Generator de imagini/I.B.72", CP

#199 **Image Generator 31**
Pencil, sepia ink, ink on paper, 50×65 cm, 1972, signed, dated "Generator de imagini / I.B.72" [Image Generator / I.B.72], PC

#200 **Image Generator 32**
Pencil, ink on paper, 50×65 cm, 1972, signed, dated "Generator de imagini / I.B.72" [Image Generator / I.B.72], PC

#201 **Image Generator 33**
Pencil, ink on paper, 50×65 cm, 1972, signed, dated "Generator de imagini / I.B.72" [Image Generator / I.B.72], PC

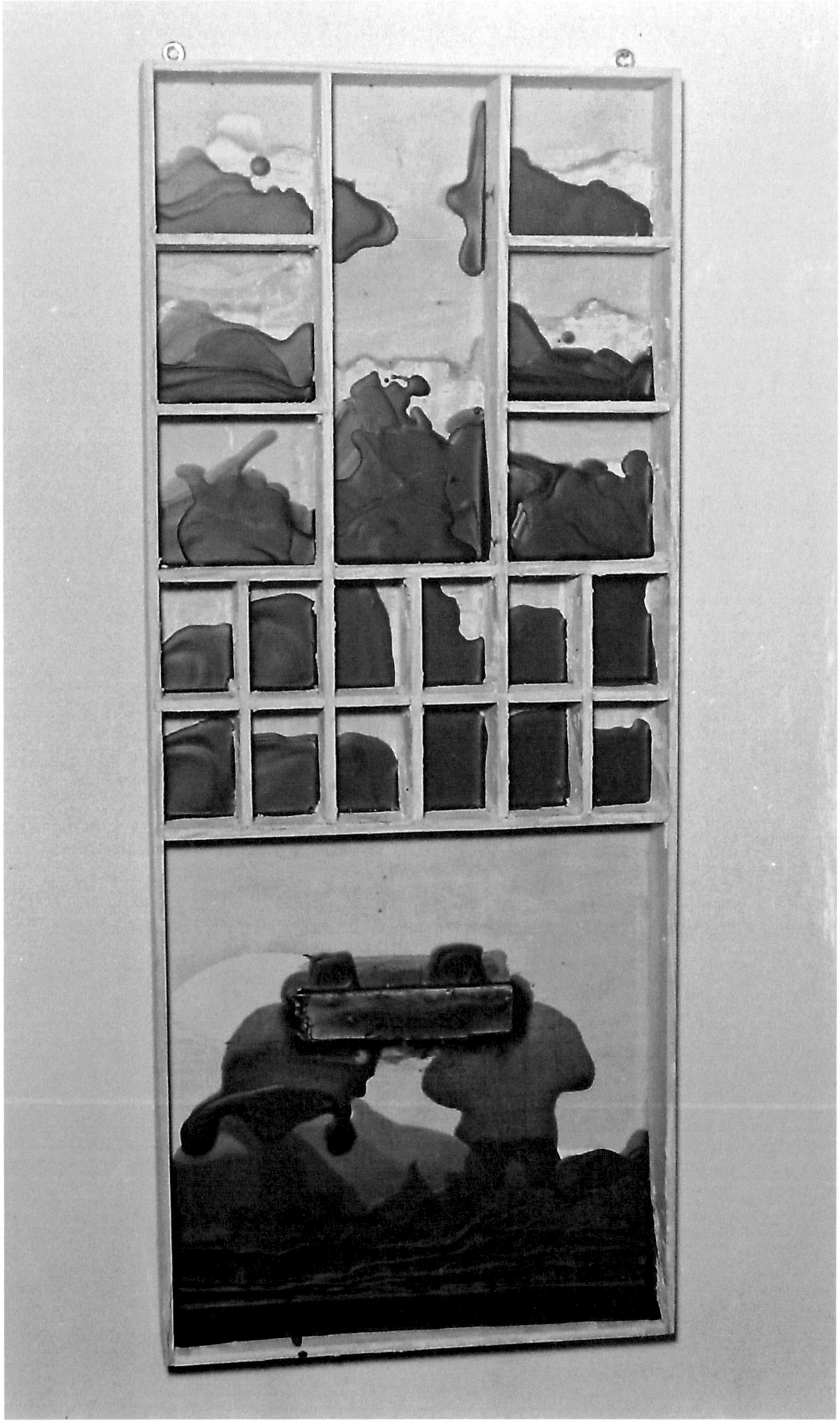

#202 **Generator**

Lemn, ceară de albine, dimensiuni necunoscute, c. 1972-1973, lucrare neidentificată, probabil dispărută.

Foto: Eugeniu Lupu, AFIB

#202 Generator

Wood, beeswax, unknown dimensions, circa 1972-1973, Unidentified work, probably lost.

Photo: Eugeniu Lupu, AFIB

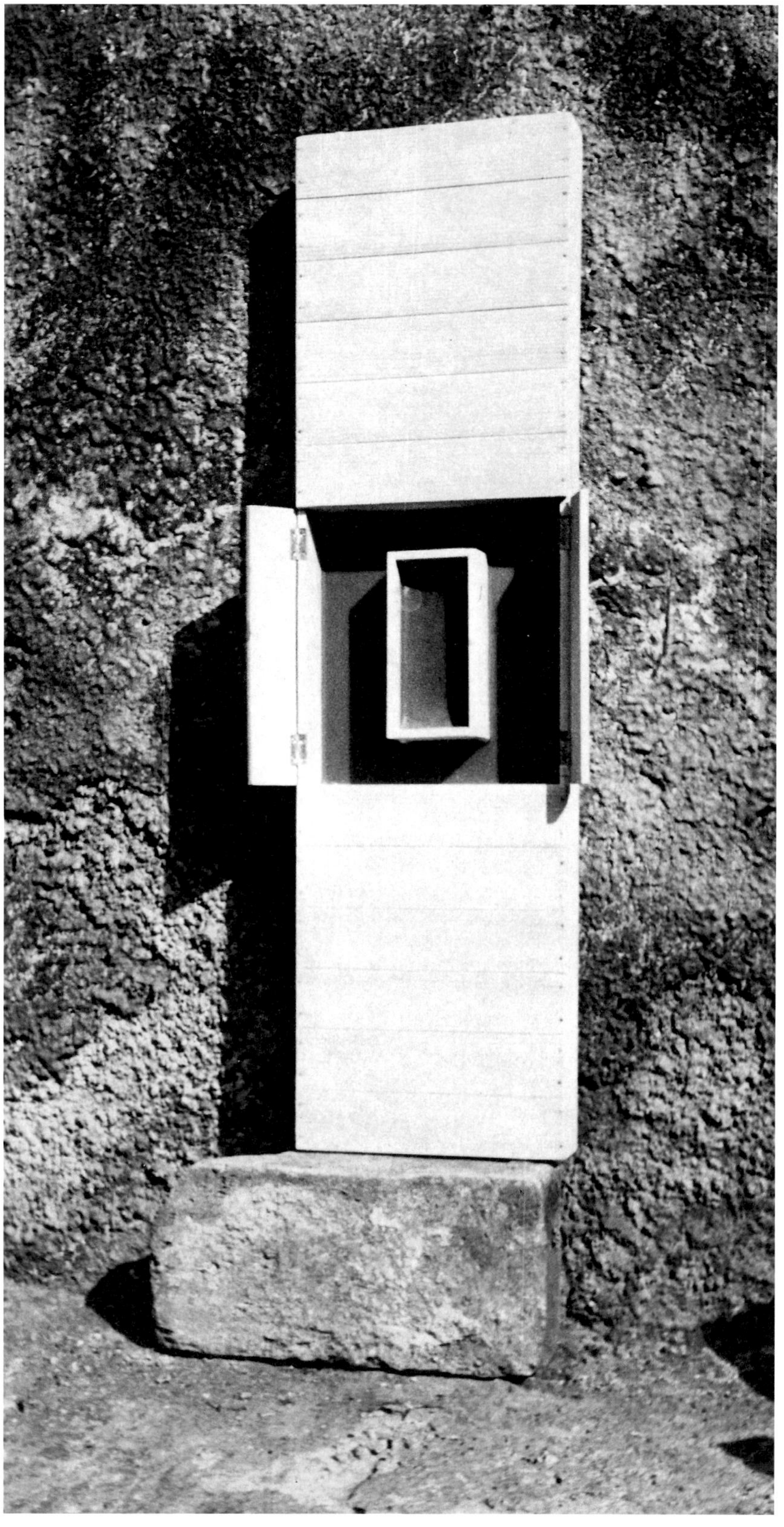

#203 **Generator**

Lemn, ceară de albine, 65×18×5 cm, c. 1972-1973, lucrare neidentificată, probabil dispărută.

Foto: AFIB

#203 **Generator**

Wood, beeswax, 65×18×5 cm, circa 1972-1973, unidentified work, probably lost.

Photo: AFIB

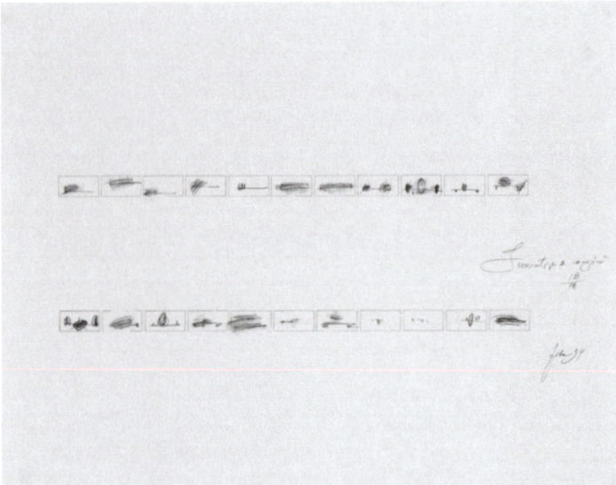
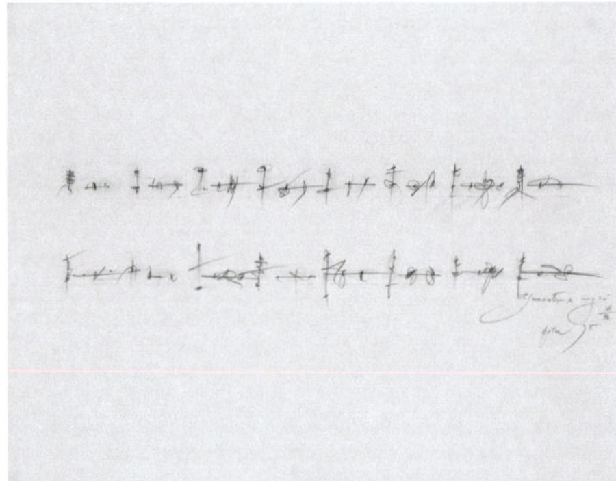
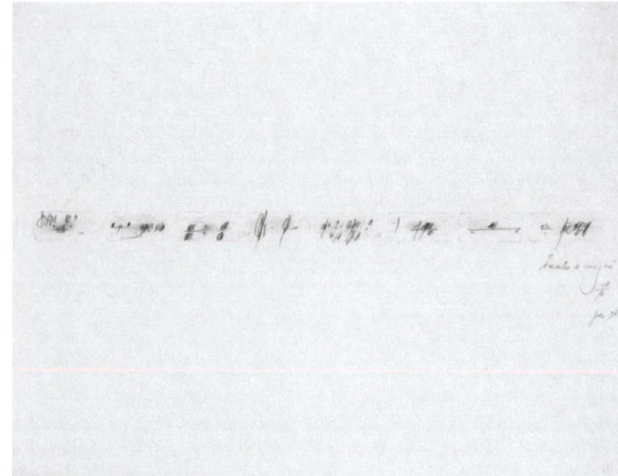
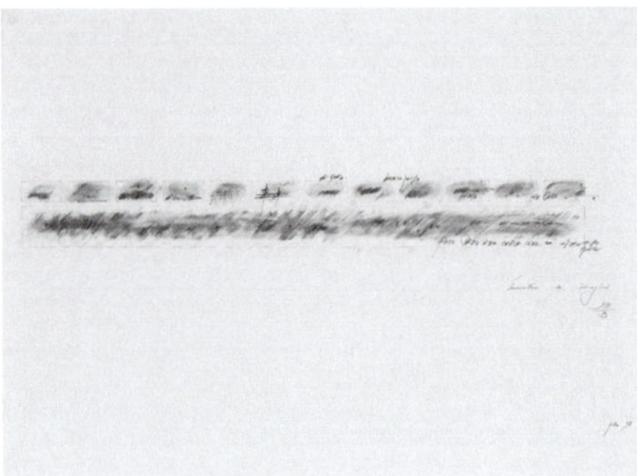
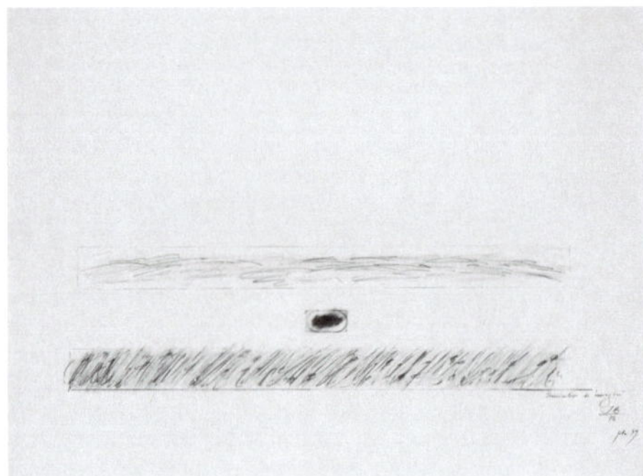
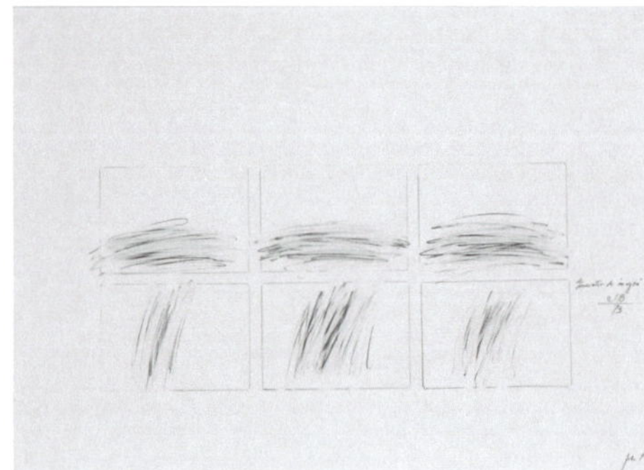

#204 **Generator de imagini 34**
Creion, conté pe hârtie, 50×65,5 cm, 1973, semnat, datat „Generator de imagini IB/73", CP

#205 **Generator de imagini 35**
Creion, radieră pe hârtie, 50×65,3 cm, 1973, semnat, datat „Generator de imagini IB73 fila 35", CP

#206 **Generator de imagini 36**
Creion, radieră pe hârtie, 50×65,5 cm, 1973, semnat, datat „Generator de imagini IB73 fila 36", CP

#207 **Generator de imagini 38**
Creion, conté pe hârtie, 50×65,5 cm, 1973, semnat, datat „Generator de imagini IB/73", CP

#208 **Generator de imagini 39**
Creion, conté pe hârtie, 50×65,5 cm, 1973, semnat, datat „Generator de imagini IB/73 fila 39", CP

#209 **Generator de imagini 40**
Creion, conté pe hârtie, 50×65,5 cm, 1973, semnat, datat „Generator de imagini IB/73", CP

#204 **Image Generator 34**
Pencil, Conté on paper, 50×65.5 cm, 1973, signed, dated "Generator de imagini IB/73" [Image Generator IB/73], PC

#205 **Image Generator 35**
Pencil, eraser on paper, 50×65.3 cm, 1973, signed, dated "Generator de imagini IB73 fila 35" [Image Generator IB73 sheet 35], PC

#206 **Image Generator 36**
Pencil, eraser on paper, 50×65.5 cm, 1973, signed, dated "Generator de imagini IB73 fila 36" [Image Generator IB73 sheet 36], PC

#207 **Image Generator 38**
Pencil, Conté on paper, 50×65.5 cm, 1973, signed, dated "Generator de imagini IB/73" [Image Generator IB/73], PC

#208 **Image Generator 39**
Pencil, Conté on paper, 50×65.5 cm, 1973, signed, dated "Generator de imagini IB/73 fila 39" [Image Generator IB/73 sheet 39], PC

#209 **Image Generator 40**
Pencil, Conté on paper, 50×65.5 cm, 1973, signed, dated "Generator de imagini IB/73" [Image Generator IB/73], PC

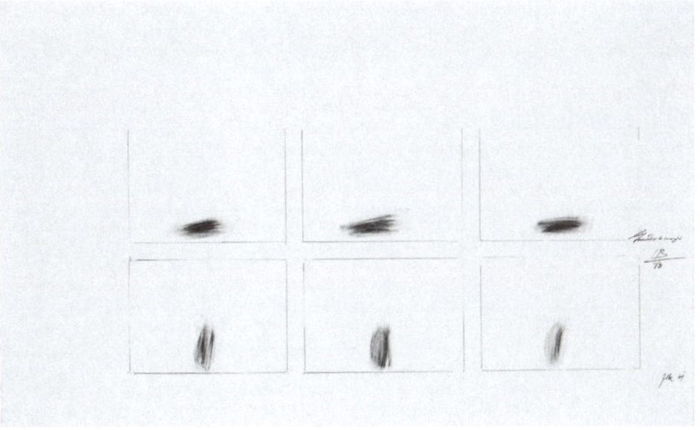

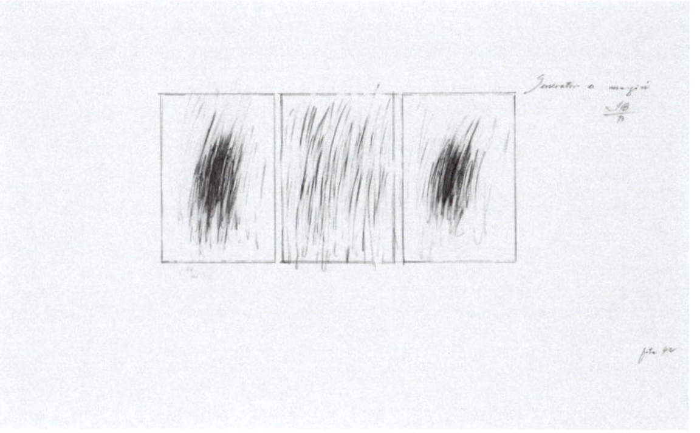

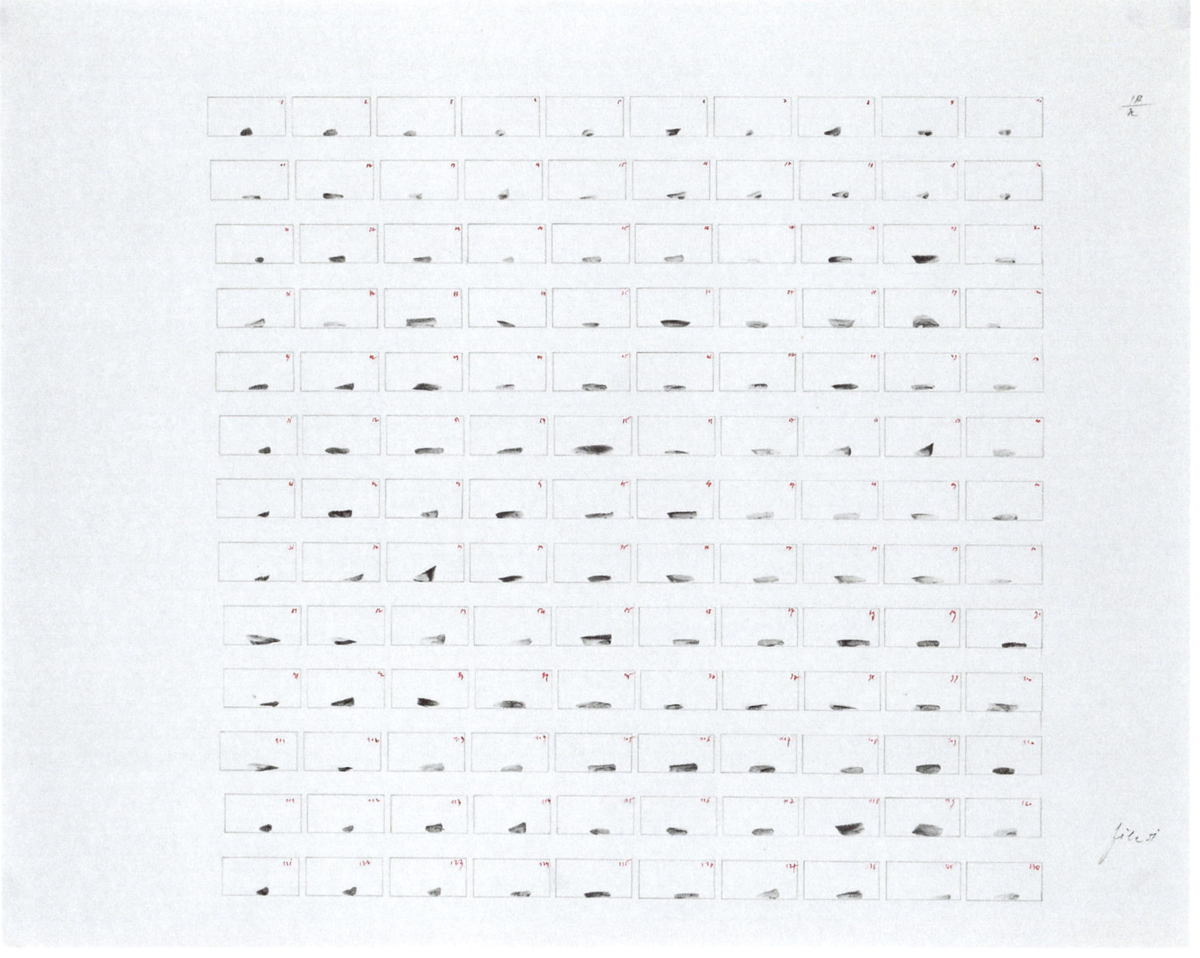

#210 **Generator de imagini 41**
Creion, conté, radieră pe hârtie, 50×65,5 cm, 1973, semnat, datat „Generator de imagini IB/73", CP

#211 **Generator de imagini 42**
Creion, radieră pe hârtie, 50×65,5 cm, 1973, semnat, datat, pe latura dreaptă, sus, în creion „Generator de imagini IB/73", CP

#212 **Generator de imagini 51**
Creion, tuș roșu și negru (ștampilă) pe hârtie, 50×65,5 cm, 1973, semnat, datat „IB/73", CP

#210 **Image Generator 41**
Pencil, Conté, eraser on paper, 50×65.5 cm, 1973, signed, dated "Generator de imagini IB/73" [Image Generator IB/73], PC

#211 **Image Generator 42**
Pencil, eraser on paper, 50×65.5 cm, 1973, signed, dated "Generator de imagini IB/73" [Image Generator IB/73], PC

#212 **Image Generator 51**
Pencil, red and black ink (stamp) on paper, 50×65.5 cm, 1973, signed, dated "IB/73", PC

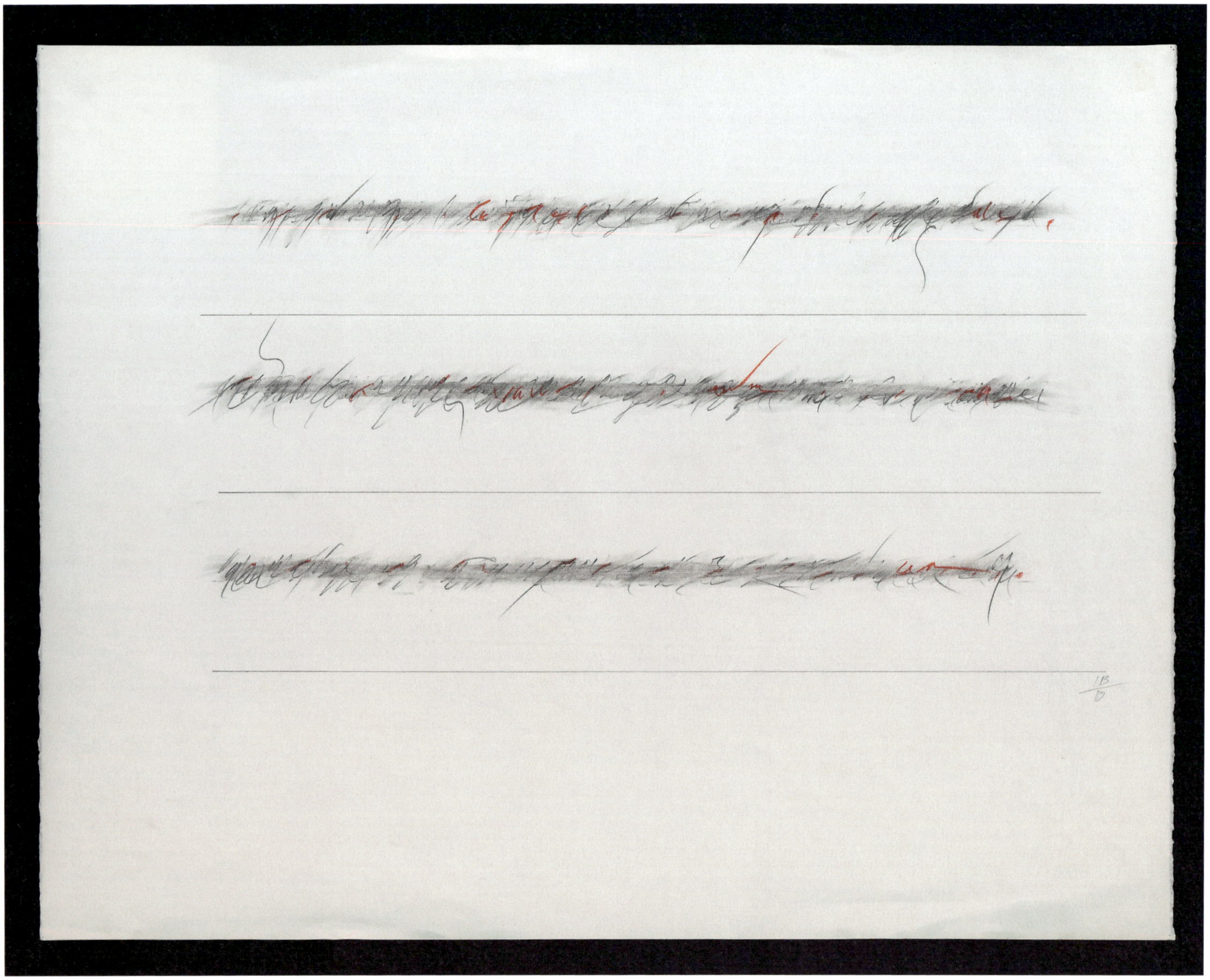

#213 **Indescifrabil III**
Creion, cretă roșie pe hârtie, 49,9×65 cm, 1973, Muzej suvremene umjetnosti / Muzeul de Artă Contemporană, Zagreb

#213 **Indecipherable III**
Pencil, red chalk on paper, 49.9×65 cm, 1973, Muzej suvremene umjetnosti / The Museum of Contemporary Art, Zagreb

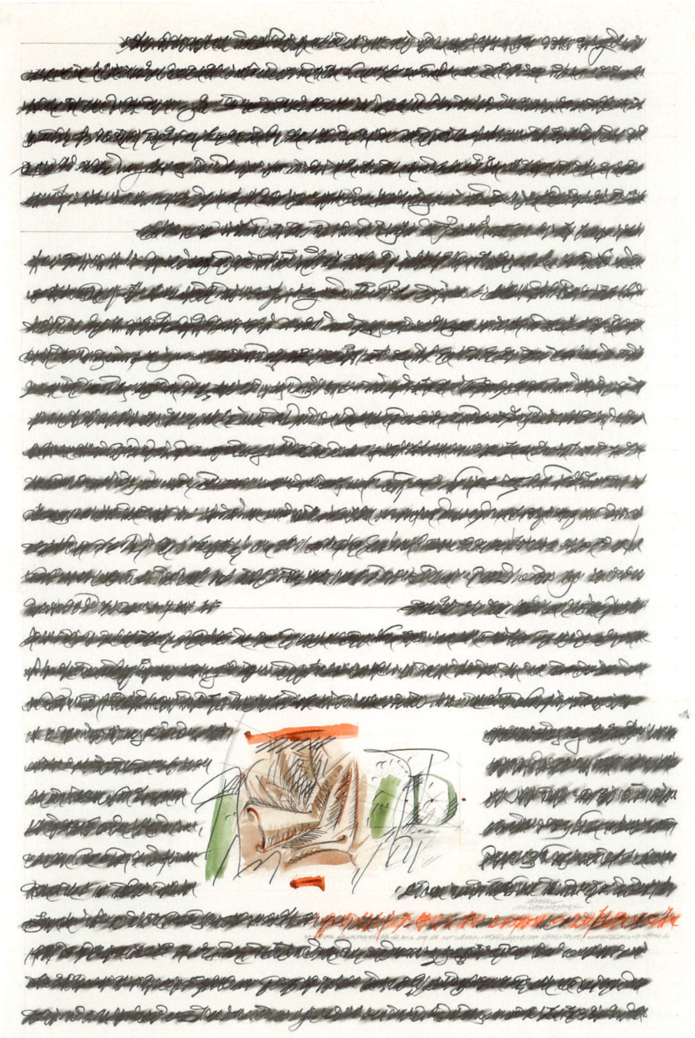

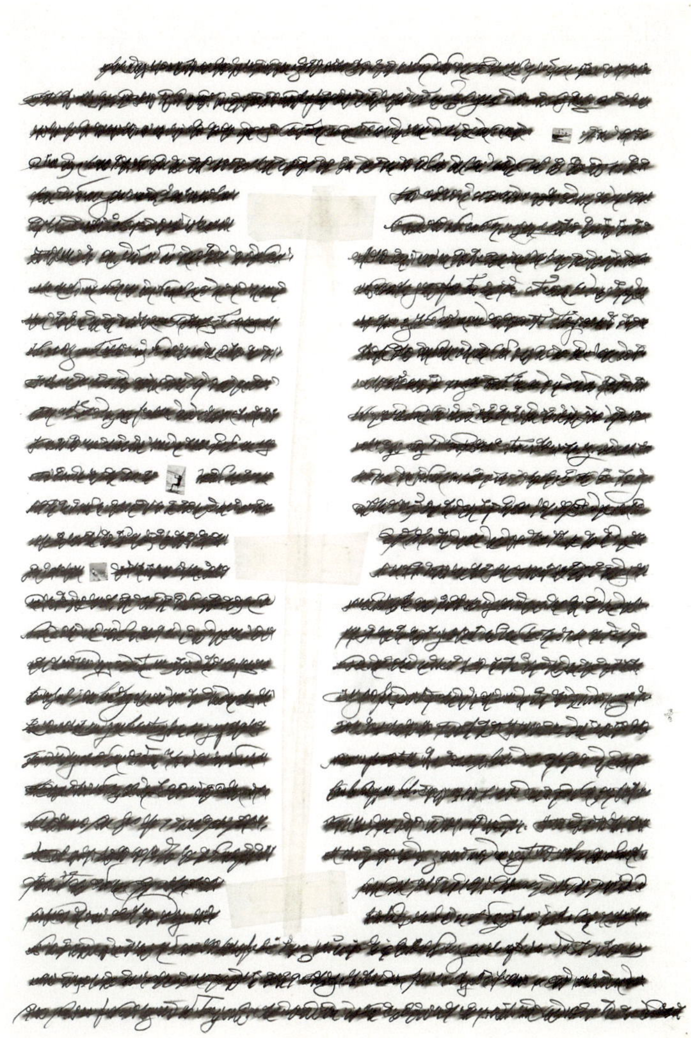

#214 **Manuscris 2**
Grafit, creion, conté, creion colorat, acuarelă pe hârtie, 100×70 cm, 1973, semnat, datat „IB/73", MNAC

#215 **Manuscris 4**
Grafit, conté, creion, colaj textil și hârtie tipărită pe hârtie, 100×70 cm, 1973, semnat, datat „IB/73", CP

#214 **Manuscript 2**
Graphite, pencil, Conté, watercolour on paper, 100×70 cm, 1973, signed, dated "IB/73", MNAC

#215 **Manuscript 4**
Graphite, Conté, fabric and printed paper collage on paper, 100×70 cm, 1973, signed, dated "IB/73", PC

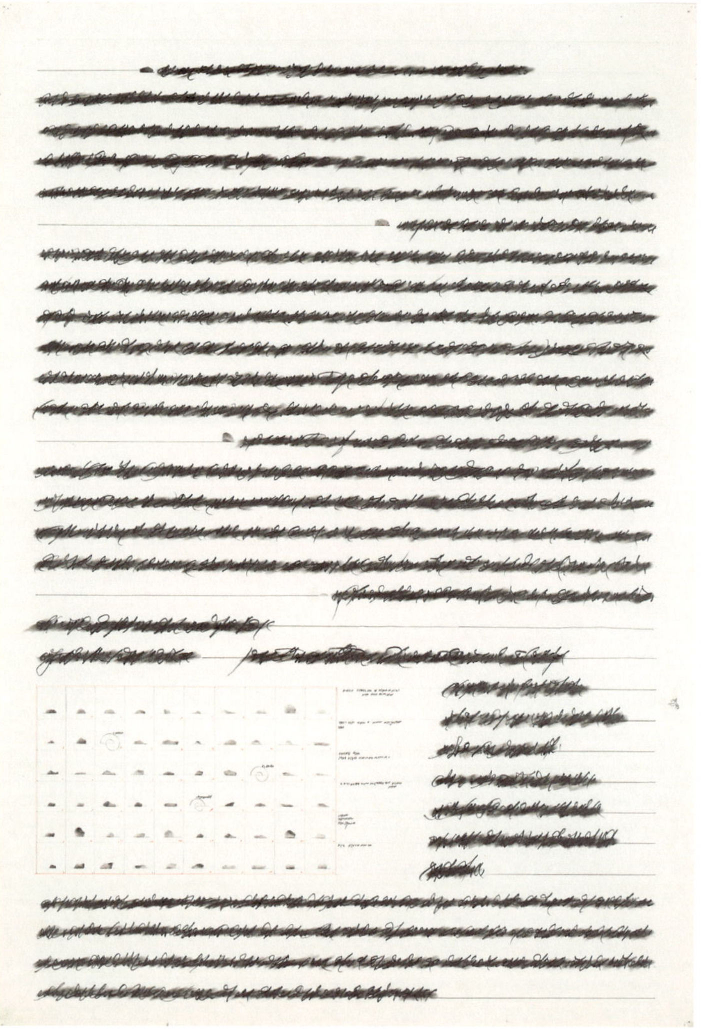

#216 **Manuscris 7**
Grafit, conté, creion, acuarelă pe hârtie, 100×70 cm, 1973, semnat, datat „IB/73", CP

#217 **Manuscris 8**
Grafit, conté, creion, creion colorat, tuș pe hârtie,
100×70 cm, 1973, semnat, datat „IB/73", CP

#216 **Manuscript 7**
Graphite, Conté, pencil, watercolour on paper
100×70 cm, 1973, signed, dated "IB/73", PC

#217 **Manuscript 8**
Graphite, Conté, pencil, coloured pencil, ink on paper,
100×70 cm, 1973, signed, dated "IB/73", PC

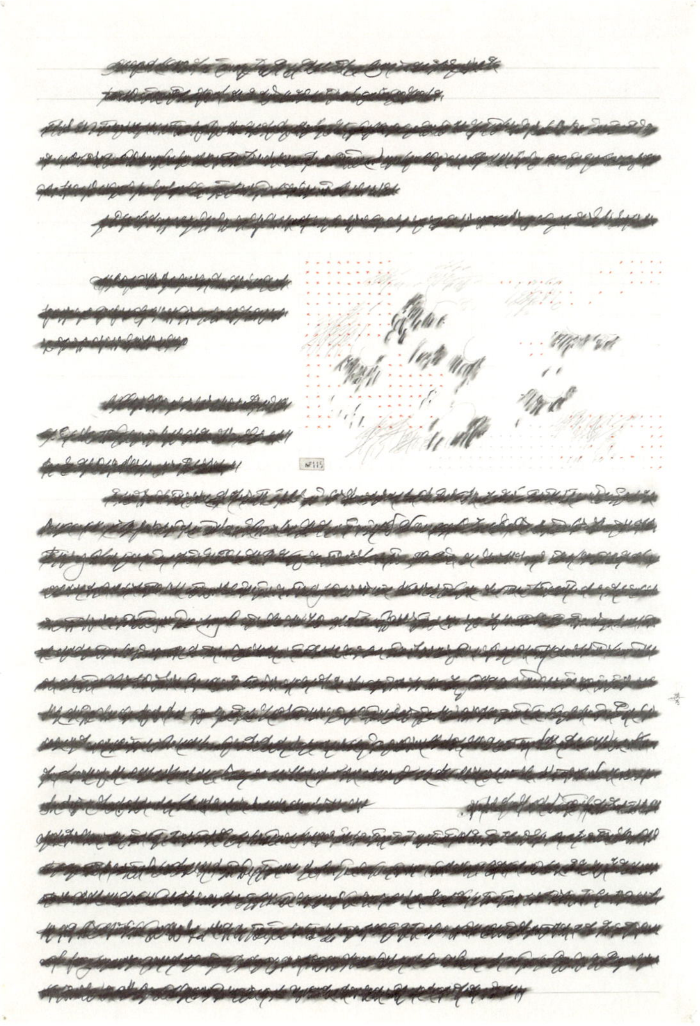

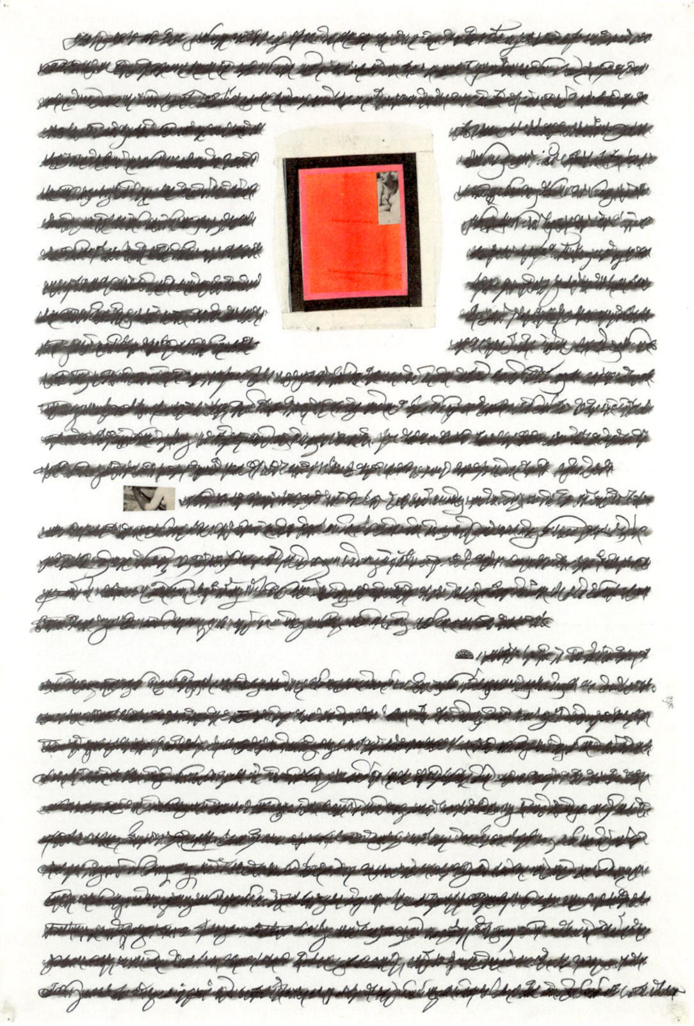

#218 **Manuscris 14**
Grafit, creion, conté, creion colorat, autocolant textil (leucoplast) pe hârtie, 100×70 cm, 1973, semnat, datat „IB/73", MNAC

#219 **Manuscris 15**
Grafit, creion pe hârtie, colaj de hârtie tipărită și bandă adezivă de hârtie, 100×70 cm, 1973, semnat, datat „IB/73", CP

#218 **Manuscript 14**
Graphite, pencil, Conté, coloured pencil, self-adhesive (fabric patch) on paper, 100×70 cm, 1973, signed, dated "IB/73", MNAC

#219 **Manuscript 15**
Graphite, pencil on paper, collage of printed paper and adhesive paper, 100×70 cm, 1973, signed, dated "IB/73", PC

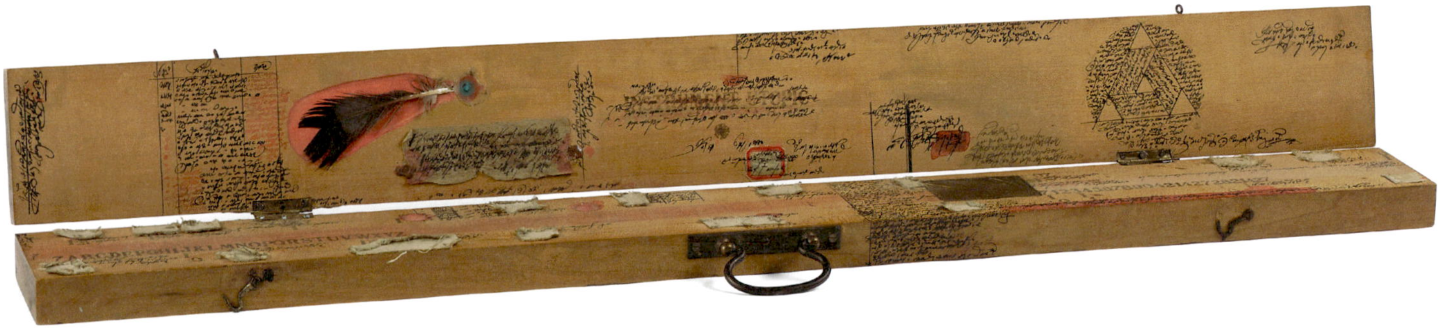

#220 **Instrument utopic**
Lemn, tuș, creion pe lemn, alamă, colaj textil (bumbac) și hârtie pe lemn, ceară, pană de porumbel, 15×98,5×5 (h) cm închis, 25,5×98,5×3 cm deschis, 1973, semnat, datat „IB73", CIC, România

#220 **Utopian Instrument**
Wood, ink, pencil on wood, brass, fabric (cotton) and paper collage on wood, wax, a pigeon's feather, 15×98.5×5 (h) cm closed, 25.5×98.5×3 cm open, 1973, signed, dated "IB73", CIC, Romania

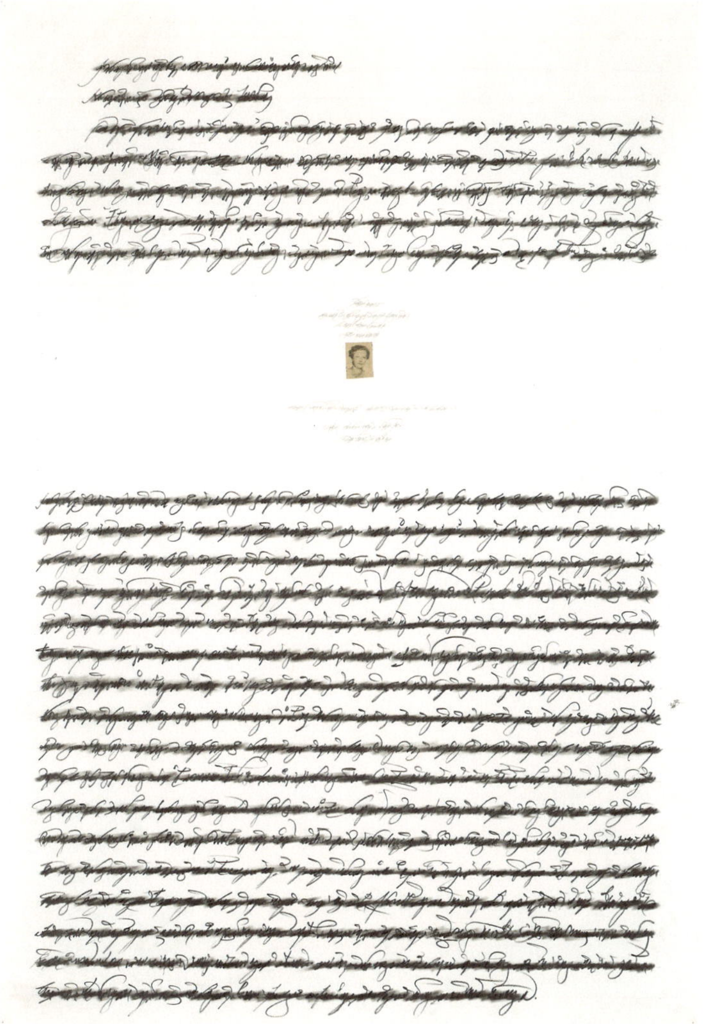

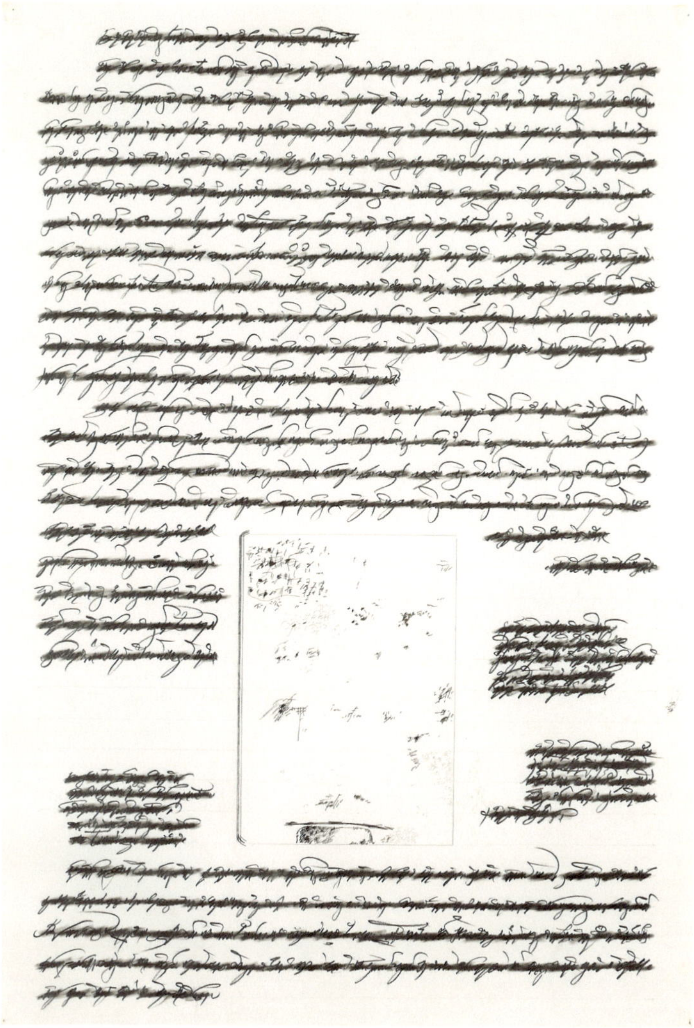

#221 **Manuscris 46**
Grafit, creion, conté, colaj de hârtie tipărită pe hârtie,
100×70 cm, 1974, semnat, datat „IB/74", MNAC

#222 **Manuscris 47**
Grafit, creion, conté, tuș pe hârtie, 100×70 cm, 1974, semnat, datat „IB74", MNAC

#221 **Manuscript 46**
Graphite, pencil, Conté, printed paper collage on paper,
100×70 cm, 1974, signed, dated "IB/74", MNAC

#222 **Manuscript 47**
Graphite, pencil, Conté, ink on paper, 100×70 cm, 1974, signed, dated "IB74", MNAC

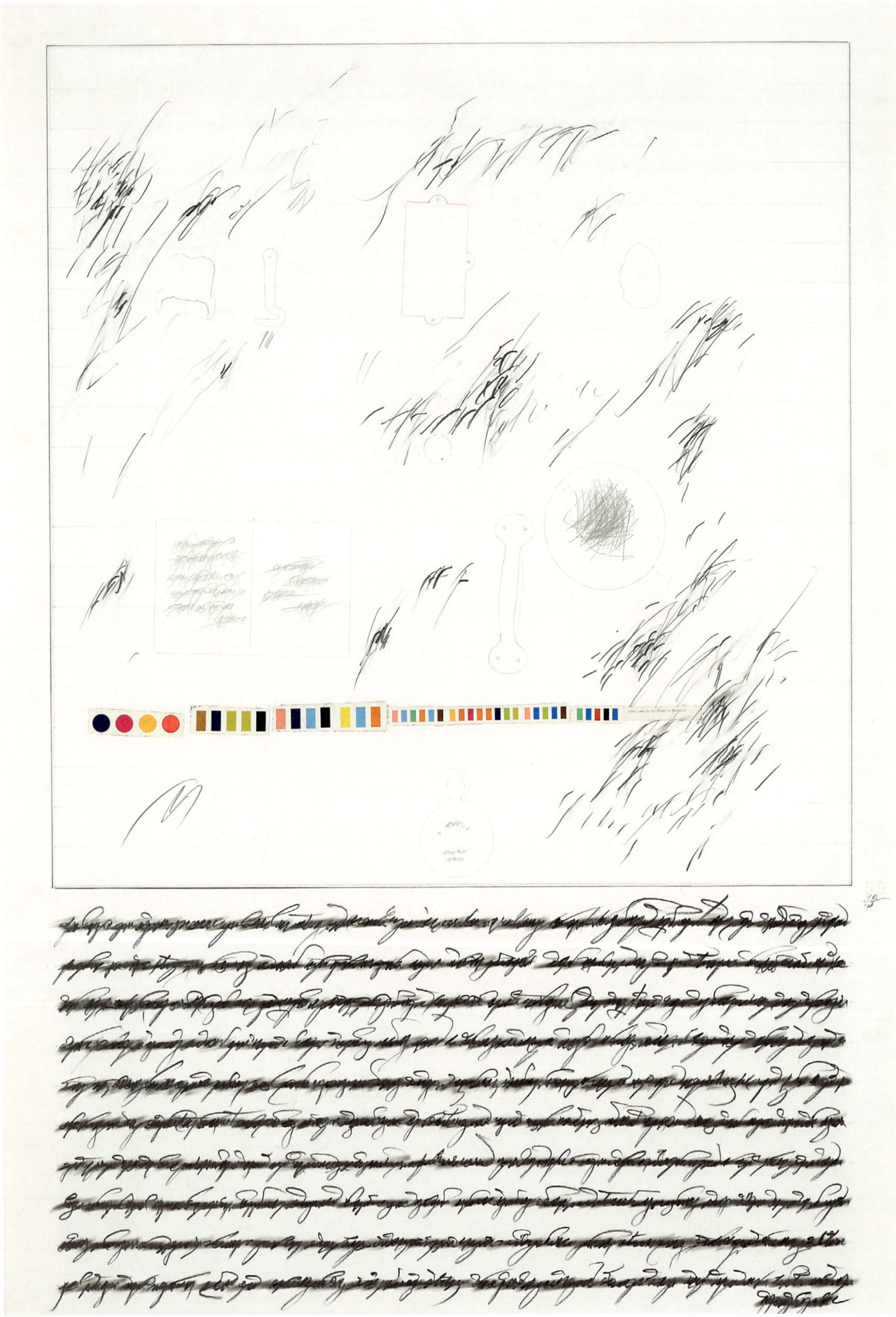

#223 **Manuscris 50**
Grafit, conté, creion, colaj de carton tipărit pe hârtie, 100×70 cm, 1974, semnat, datat „IB/74", CP

#223 **Manuscript 50**
Graphite, Conté, pencil, printed paperboard collage on paper, 100×70 cm, 1974, signed, dated "IB/74", PC

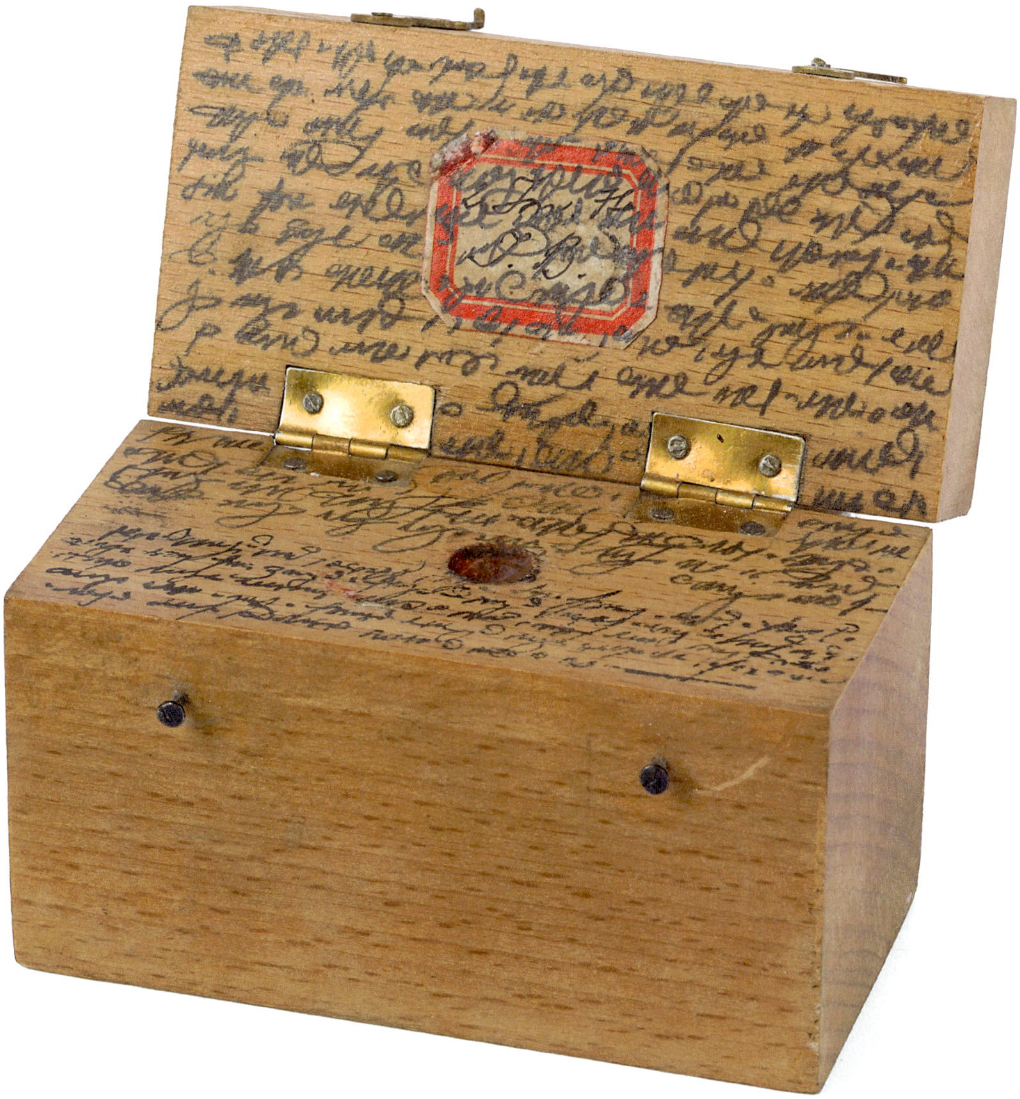

#224 **Fără titlu**

Lemn, tuș, creion pe lemn, ceară, metal, etichetă de hârtie, dimensiuni necunoscute, 1974, semnat, datat „2 ian 74 IB", CP, România

#224 **Untitled**

Wood, ink, pencil on wood, wax, metal, paper label, unknown dimensions, 1974, signed, dated "2 ian 74 IB" [January 2 1974 IB], PC, Romania

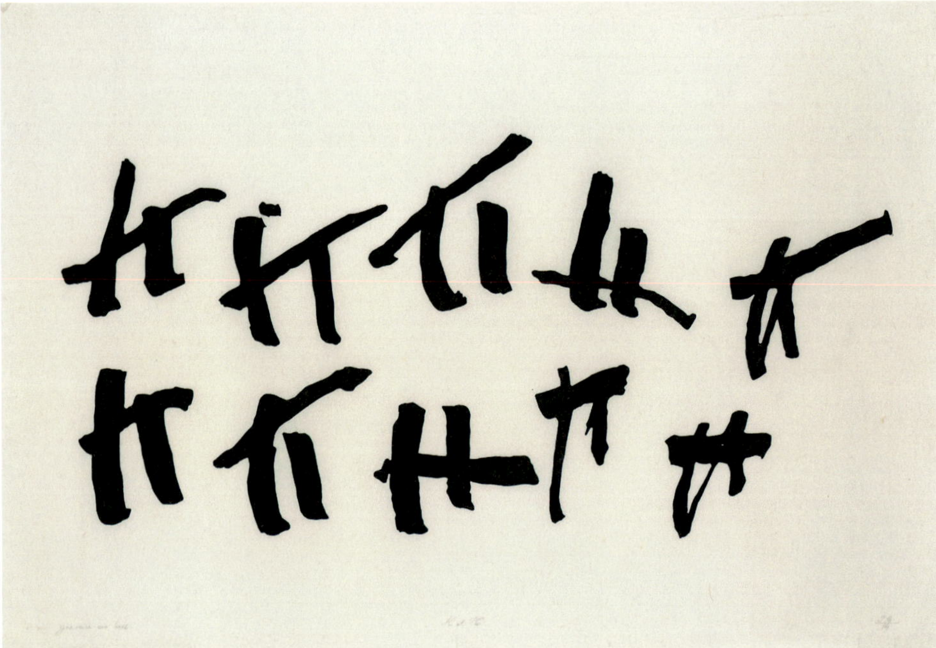

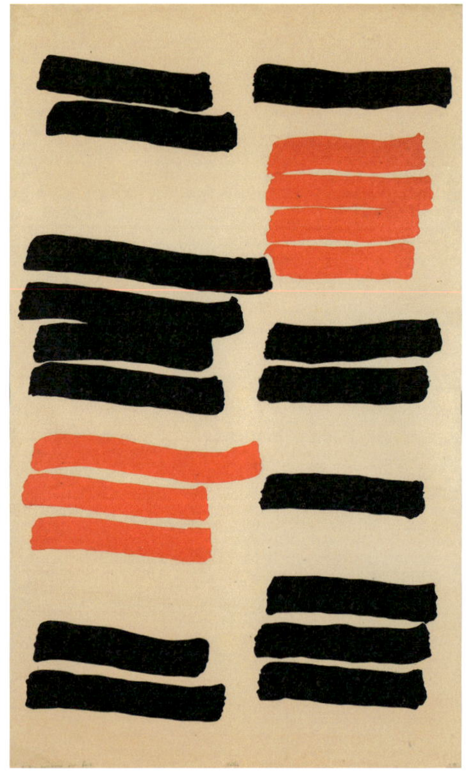

#225 **K și H / K et H**
Xilogravură pe hârtie, 63,5×93,5 cm, 1974, exemplar de artist, semnat, datat „I.B./74”, CP

#226 **Note / Notes**
Xilogravură pe hârtie, 98,8×61 cm, 1974, exemplar de artist, semnat, datat „IB/74”, Colecția Universității Naționale de Arte, București

#225 **K and H**
Woodcut on soft paper, 63.5×93.5 cm, 1974, artist's proof, signed, dated “I.B./74”, PC

#226 **Notes**
Woodcut on paper, 98.8×61 cm, 1974, signed, dated “IB/74”, National University of Arts in Bucharest collection

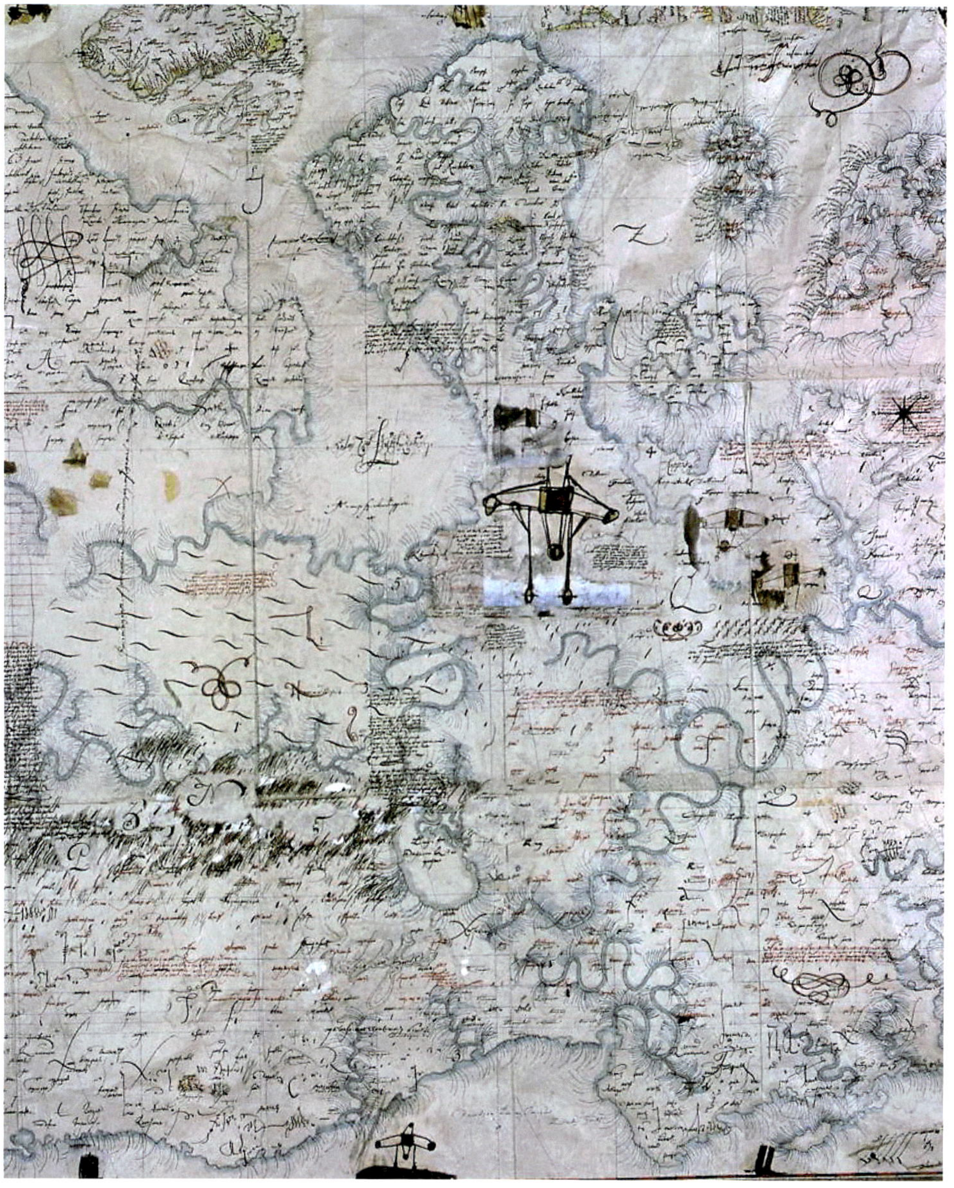

#227 **Lucrare pentru cartograf**
Tempera, tuș pe hârtie, 117×196,5 cm, 1975, CP, Regatul Unit

#227 **The Work of the Mapmaker**
Tempera, ink on paper, 117×196.5 cm, 1975, PC, UK

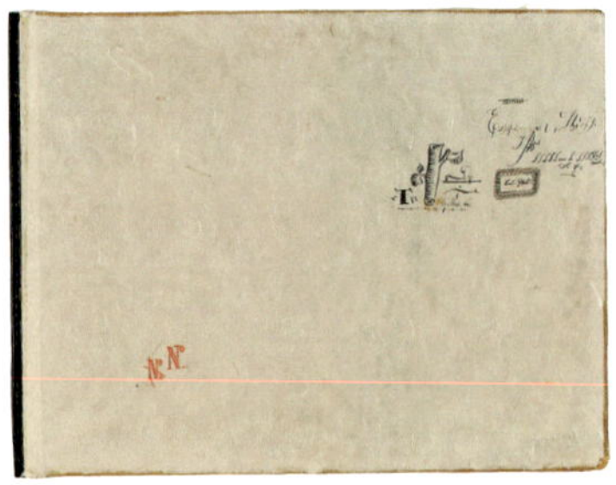

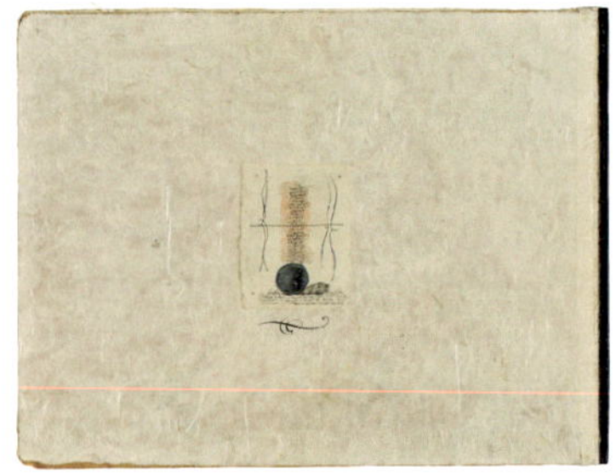

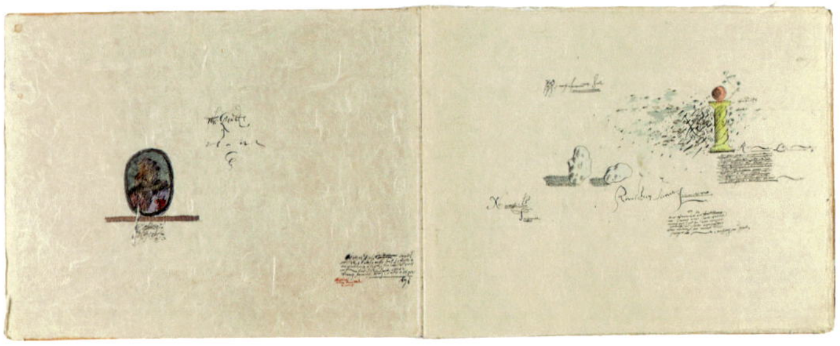

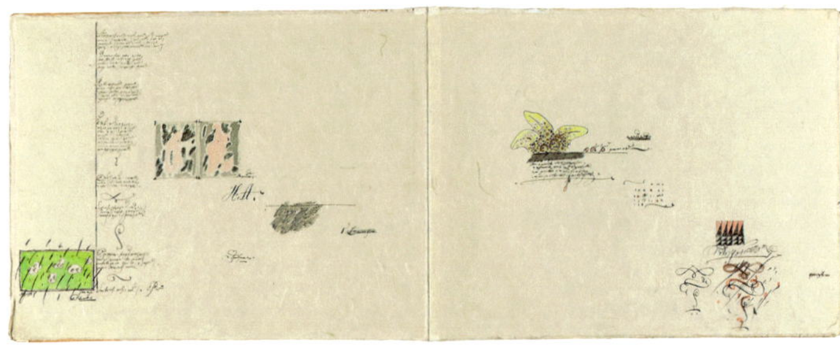

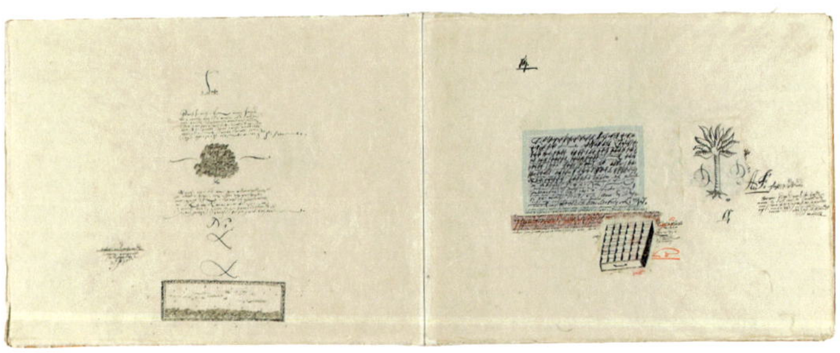

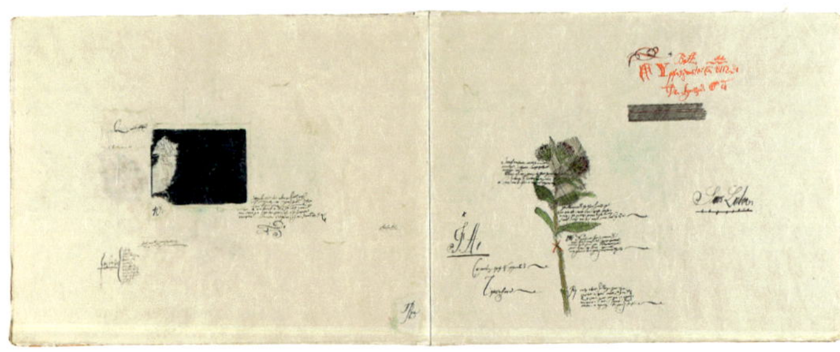

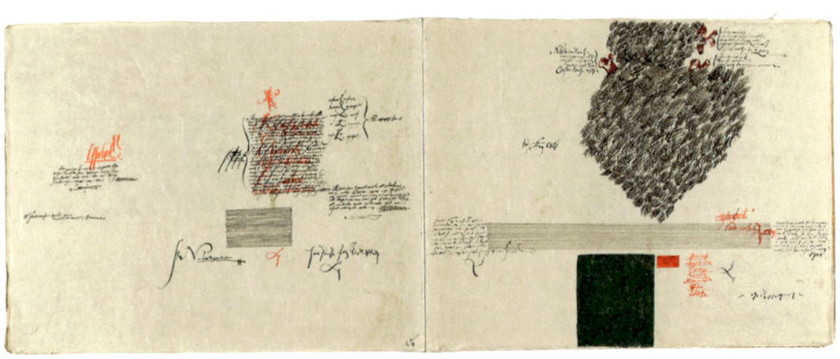

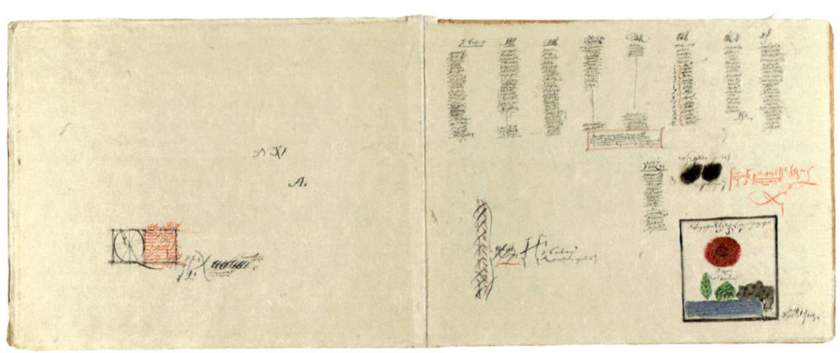

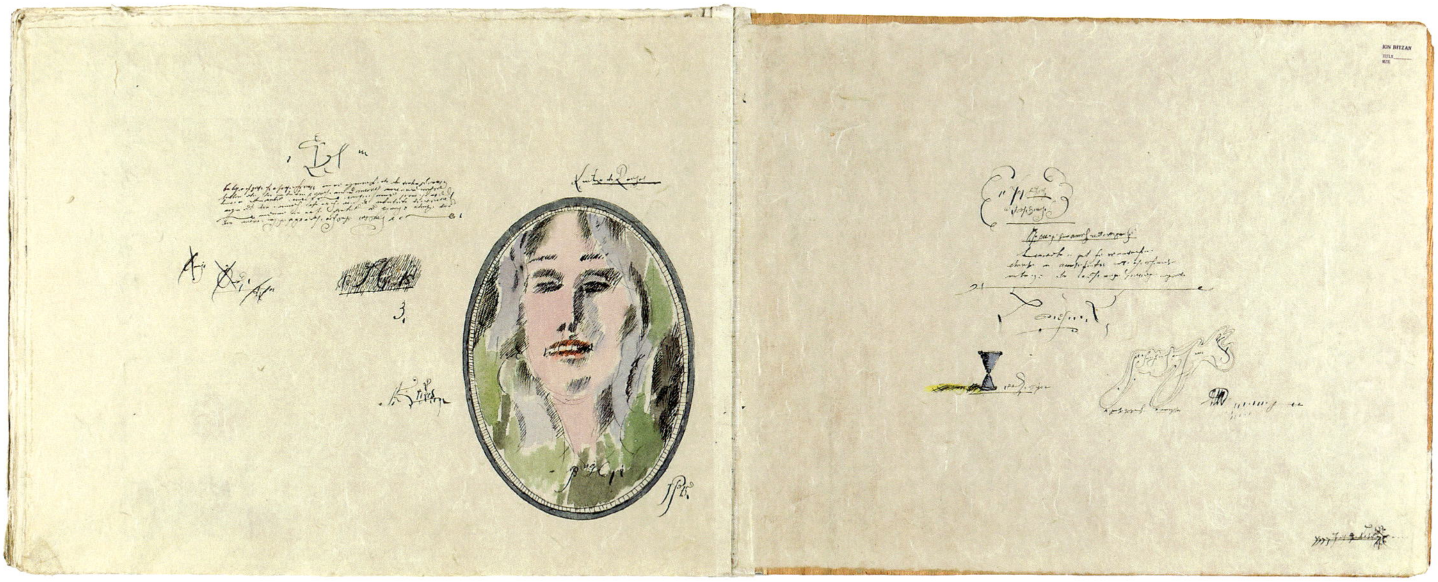

#228 **[Album]**
Carte-obiect; placaj furniruit, hârtie cu fire textile, piele, pânză, tuș, acuarelă, tempera, cerneală pe hârtie, colaj de hârtie, 53×70 cm, 53×137,5 cm deschis, 1975, semnat, datat „IB75", CMP, România

#228 **[Album]**
Book-object; plywood, handmade paper, leather, canvas, ink, watercolour, tempera, ink on paper, paper collage, 53×70 cm, 53×137.5 cm when open, 1975, signed, dated "IB75", CMP, Romania

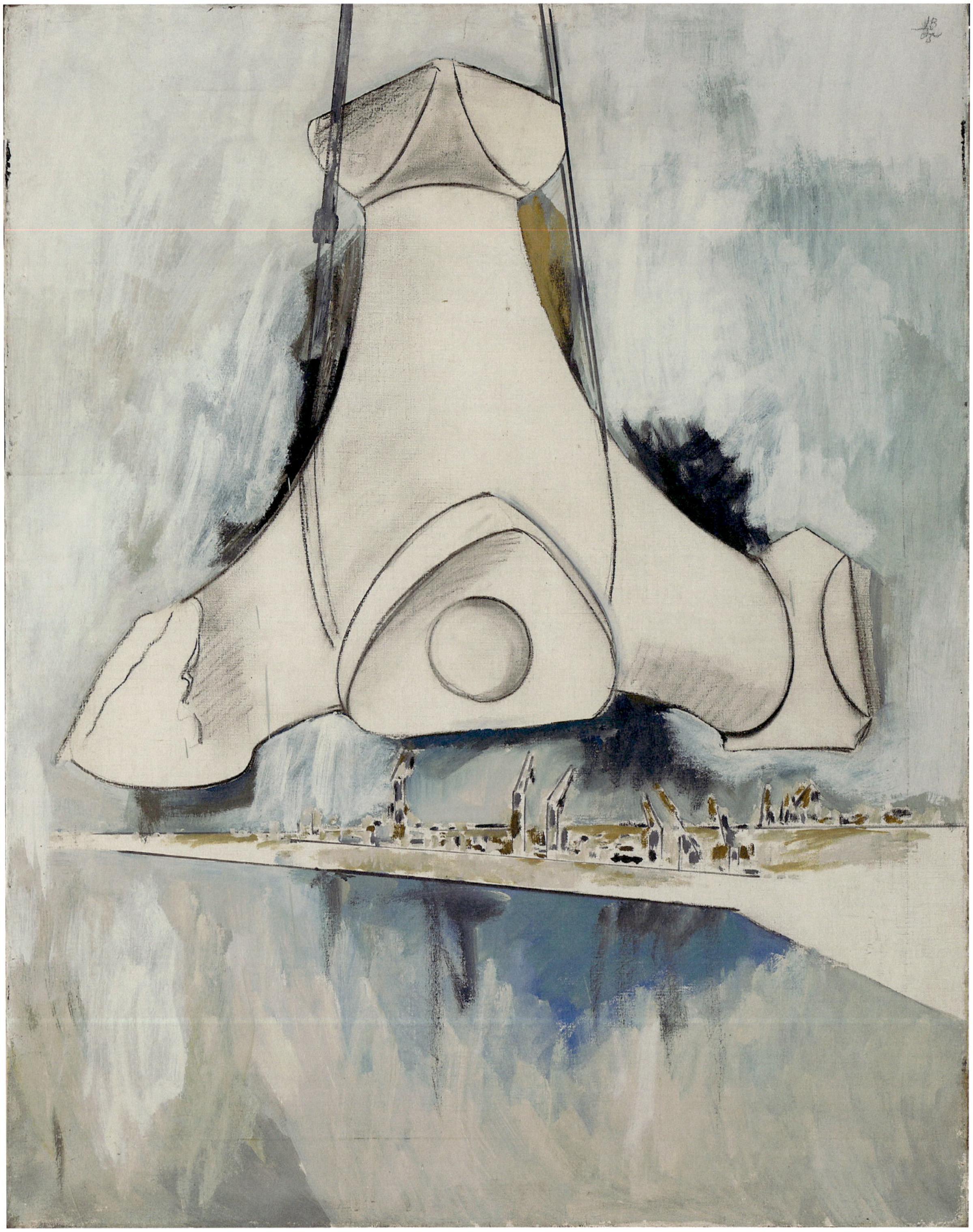

#229 **Stabilopod**

Ulei și cărbune pe pânză, 100×81 cm, 1975, semnat, datat „IB/75”, MAC

#229 **Tetrapod**

Oil and charcoal on canvas, 100×81 cm, 1975, signed, dated “IB/75”, MAC

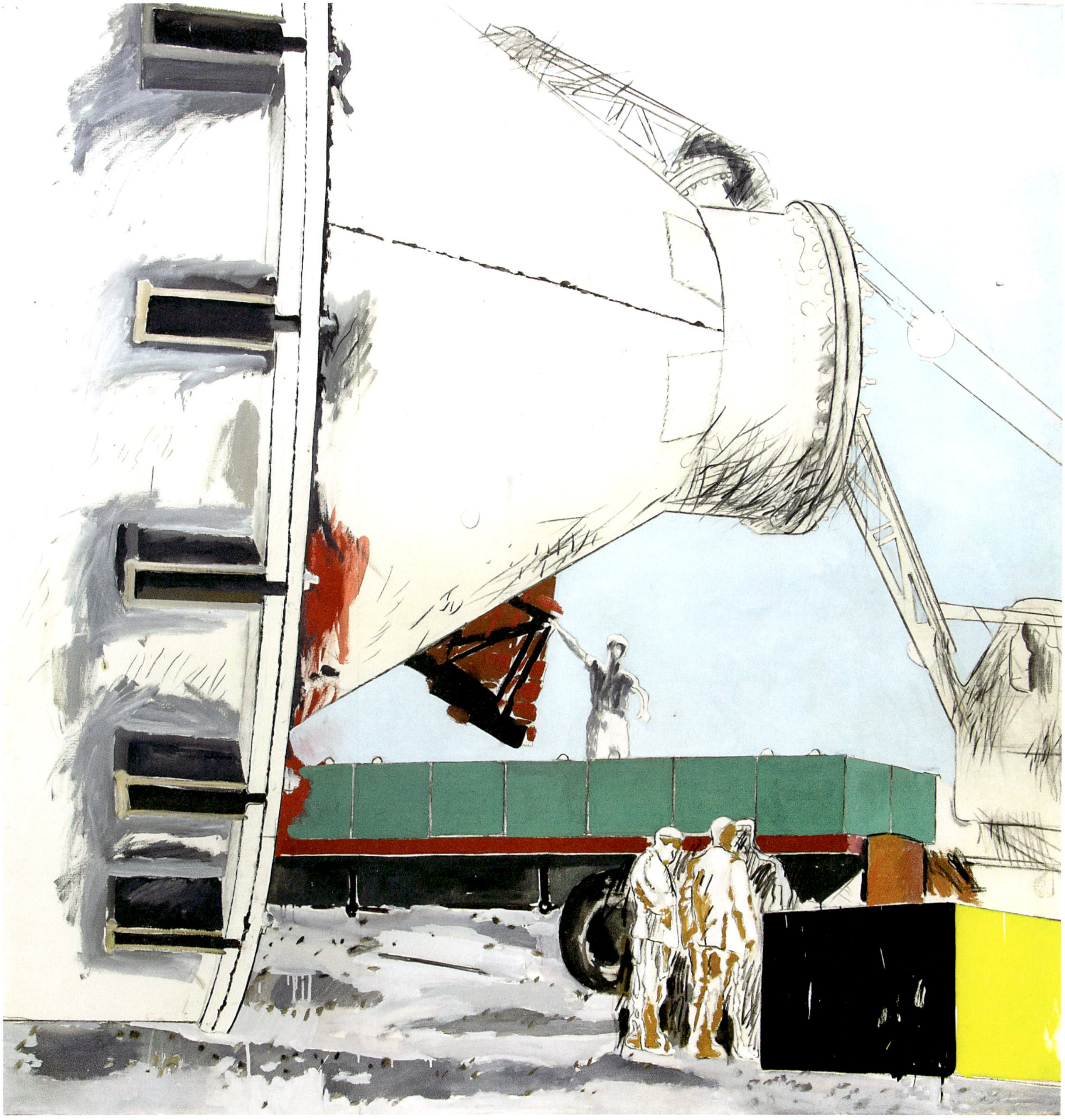

#230 **Utilaj greu**
Ulei, acrilic, cărbune pe pânză, 195×195 cm, 1975, nesemnat, nedatat, MNAR

#230 **Heavy Machine**
Oil, acrylic, charcoal on canvas, 195×195 cm, 1975, unsigned, undated, MNAR

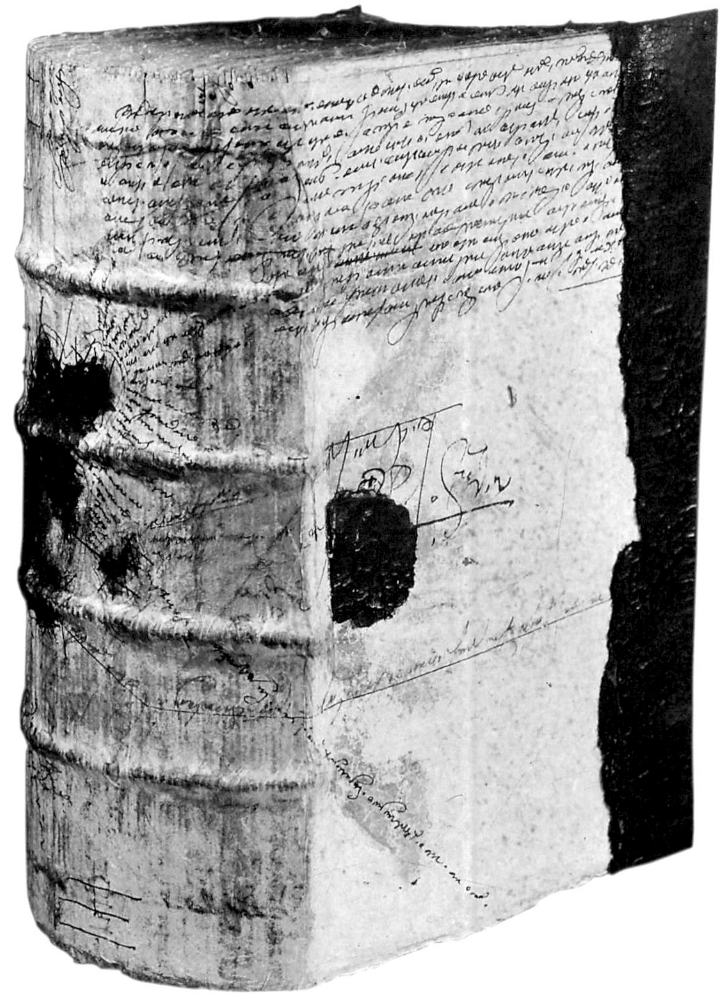

#231 **Cartea mare a infinitului / Cartea infinită II**
Tuș pe hârtie japoneză, 27×17 cm, 988 pagini, 1975, lucrare neidentificată, probabil dispărută, Foto: AFIB

#231 The Big Book of Infinity / Endless Book II
Ink on Japan paper, 27×17 cm, 988 pages, 1975, unidentified work, probably lost, Photo: AFIB

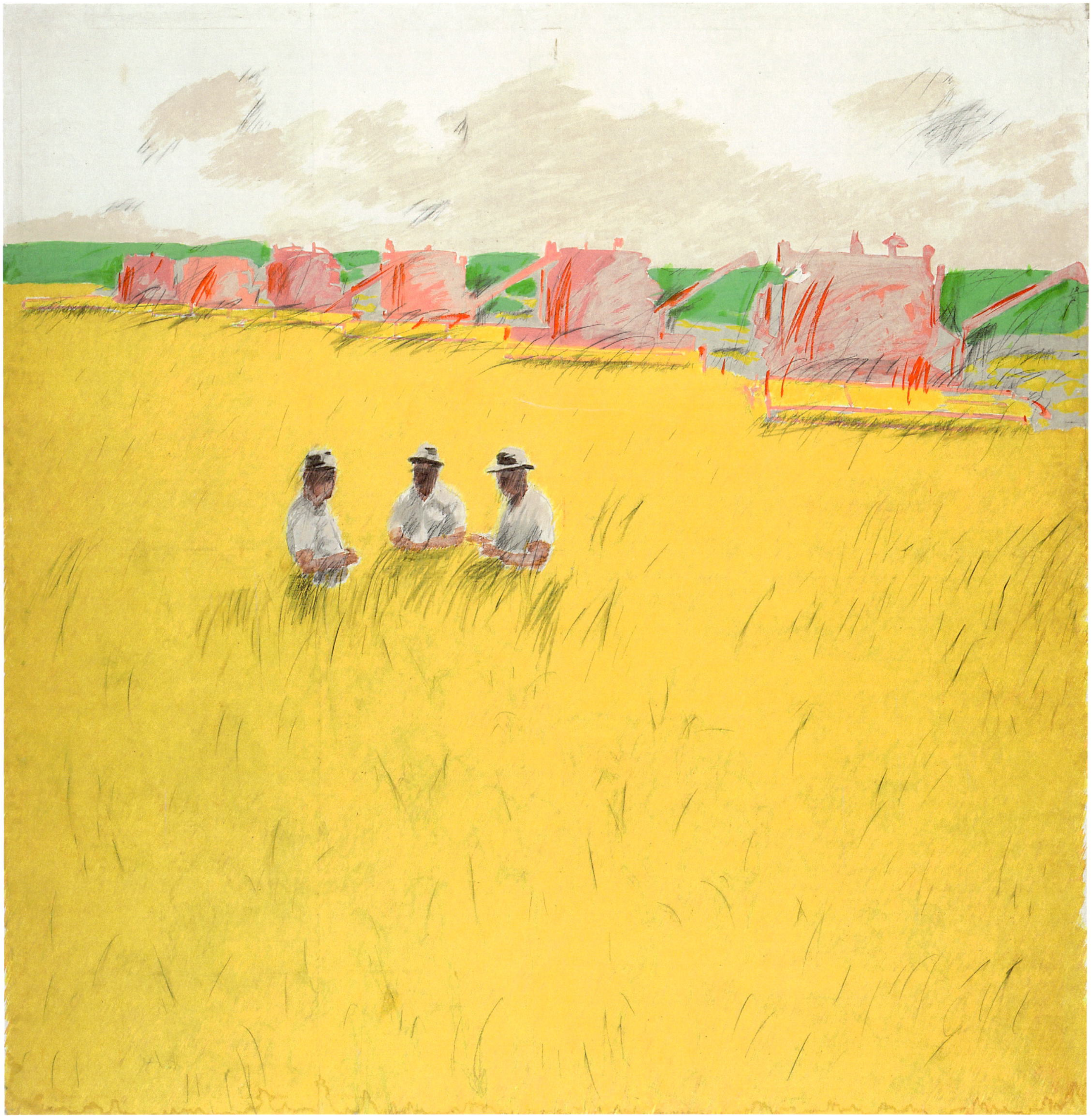

#232 **Secerișul**
Acrilic, creion pe pânză, 195,5×195,5 cm, 1976, semnat, datat „IB/76", MNAR

#232 **The Harvesting**
Acrylic, pencil on canvas, 195.5×195.5 cm, 1976, signed, dated "IB/76", MNAR

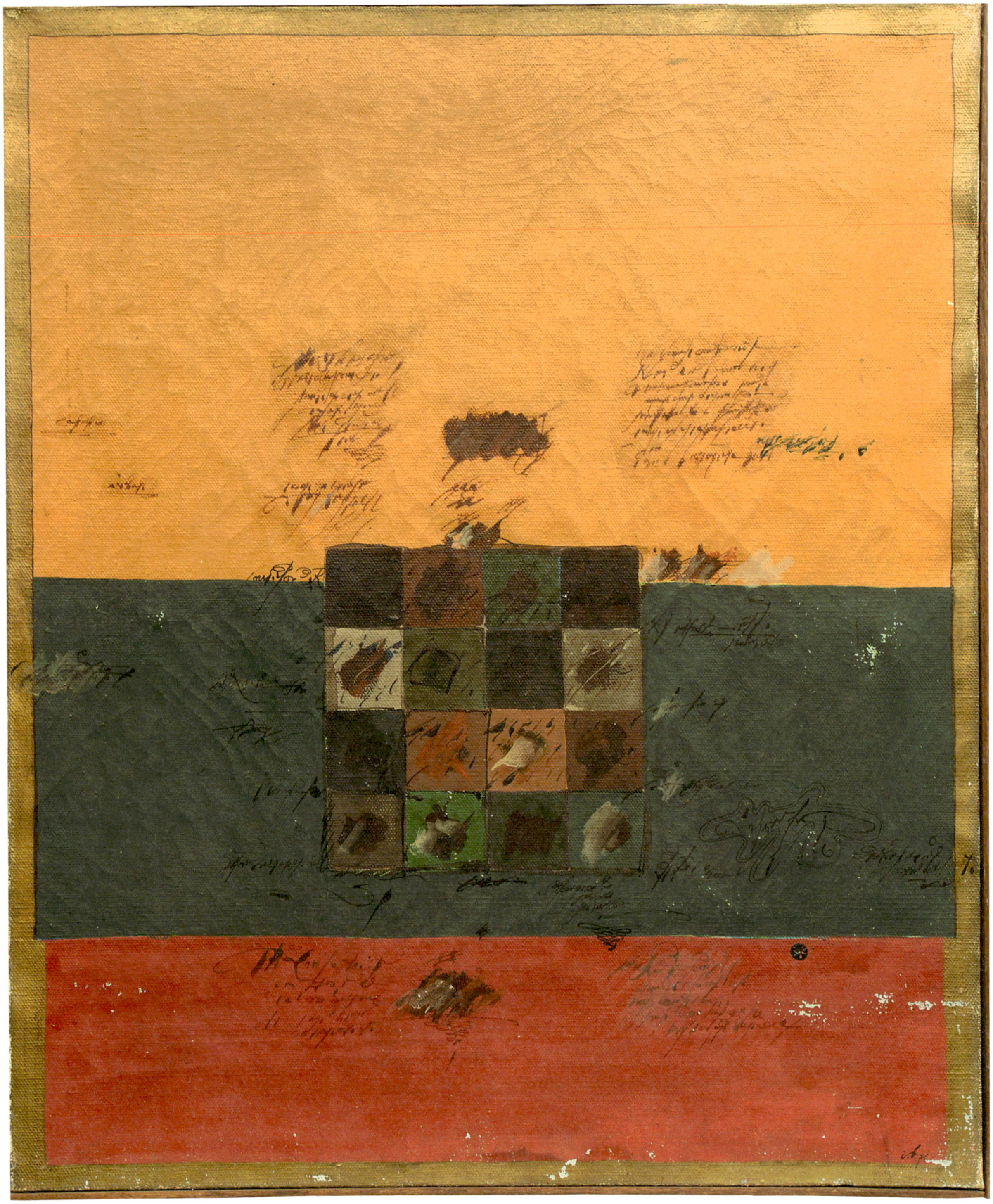

#233 **Pătratul magic / Indescifrabil II**
Ulei, acrilic auriu, tuș (?) pe pânză, 73×61 cm, 1976, semnat, datat „i.b. 76", Colecția I. Alexandru Boanchiș, România

#233 **The Magic Square / Indecipherable II**
Oil, golden acrylic, ink (?) on canvas, 73×61 cm, 1976, signed, dated "i.b. 76", I. Alexandru Boanchiș collection, Romania

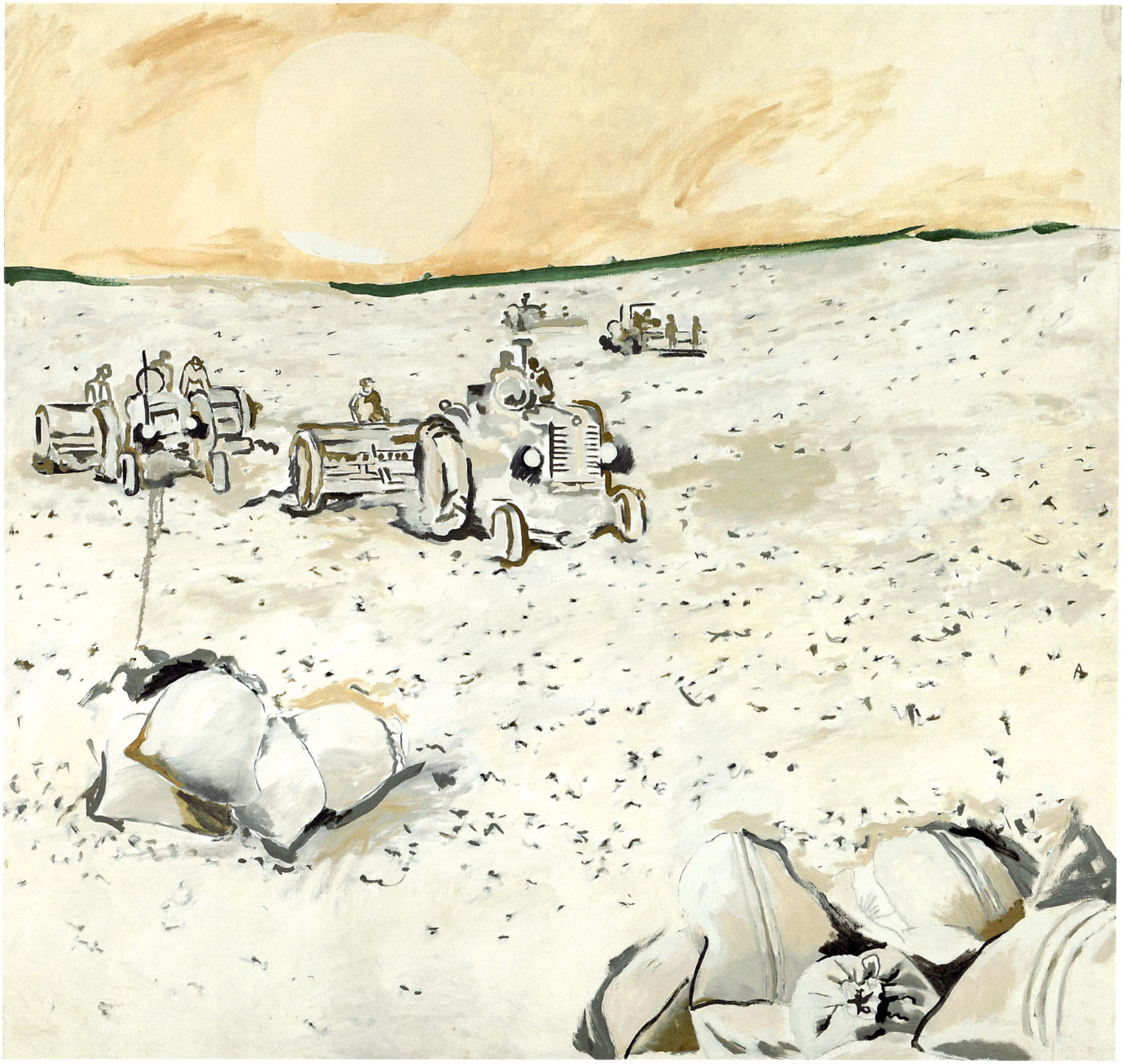

#234 **Sămânța**
Ulei, cărbune pe pânză, 200×200 cm, 1978, semnat, datat „IB/78", Muzeul Județean Satu Mare, Muzeul de Artă

#234 **The Seed**
Oil, charcoal on canvas, 200×200 cm, 1978, signed, dated "IB/78", Satu Mare County Museum, Art Museum

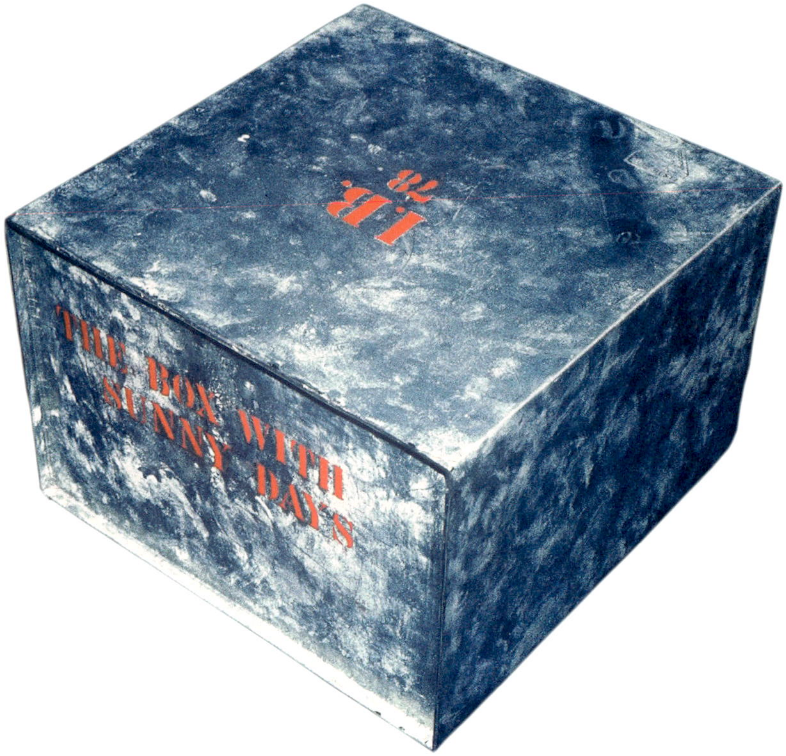

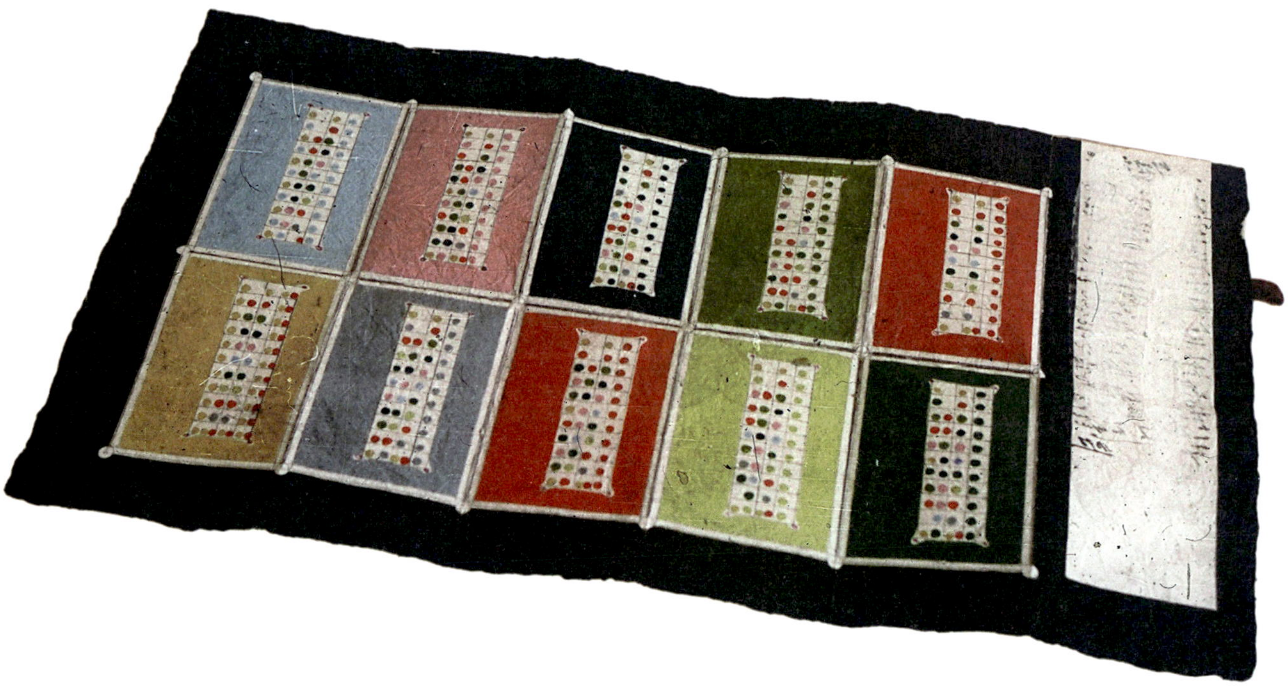

#235 **Cutia cu zile însorite / La boîte à jours ensoleillés**
Cutie metalică, fotografii, obiecte, 19×30×30 cm, 1978, lucrare neidentificată, probabil dispărută.
Foto: AFIB

#236 **Tabla înmulțirii (cod colorat)**
Tempera, tuș, creion pe hârtie, 37×65 cm, 1978, lucrare neidentificată, probabil dispărută.
Foto: AFIB

#235 **The Box with Sunny Days / La boîte à jours ensoleillés**
Metal box, photographs, objects, 19×30×30 cm, 1978, unidentified work, probably lost.
Photo: AFIB

#236 **Multiplication Table (colour code)**
Tempera, ink, pencil on paper, 37×65 cm, 1978, unidentified work, probably lost.
Photo: AFIB

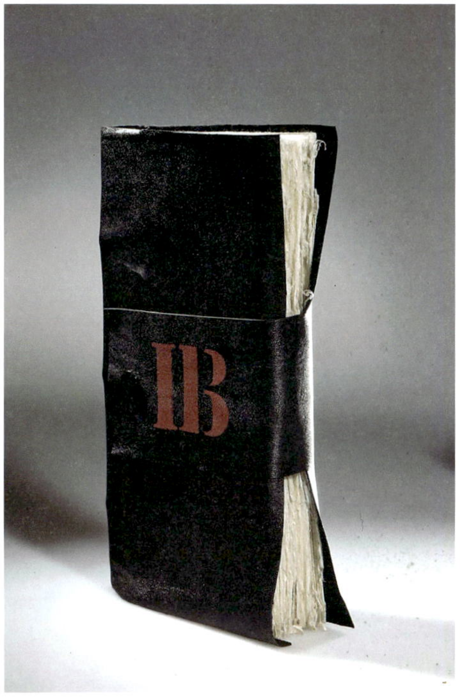

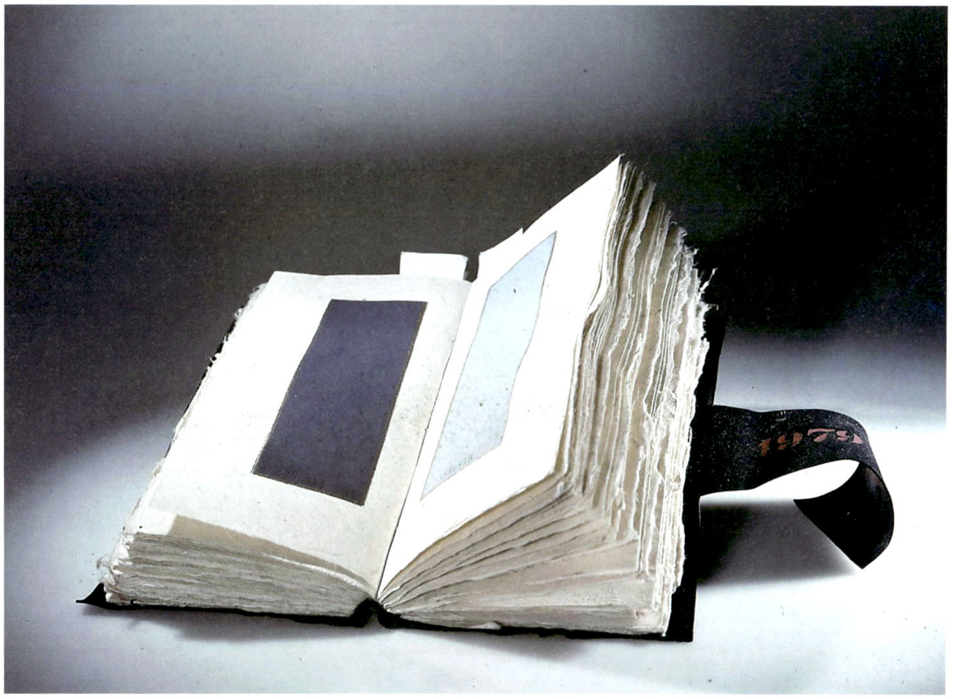

#237 **Cartea perechilor**

Tehnică și dimensiuni necunoscute, 1979, lucrare neidentificată, probabil dispărută.
Foto: AFIB

#237 The Book of Pairs

Unknown technique and dimensions, 1979, unidentified work, probably lost.
Photo: AFIB

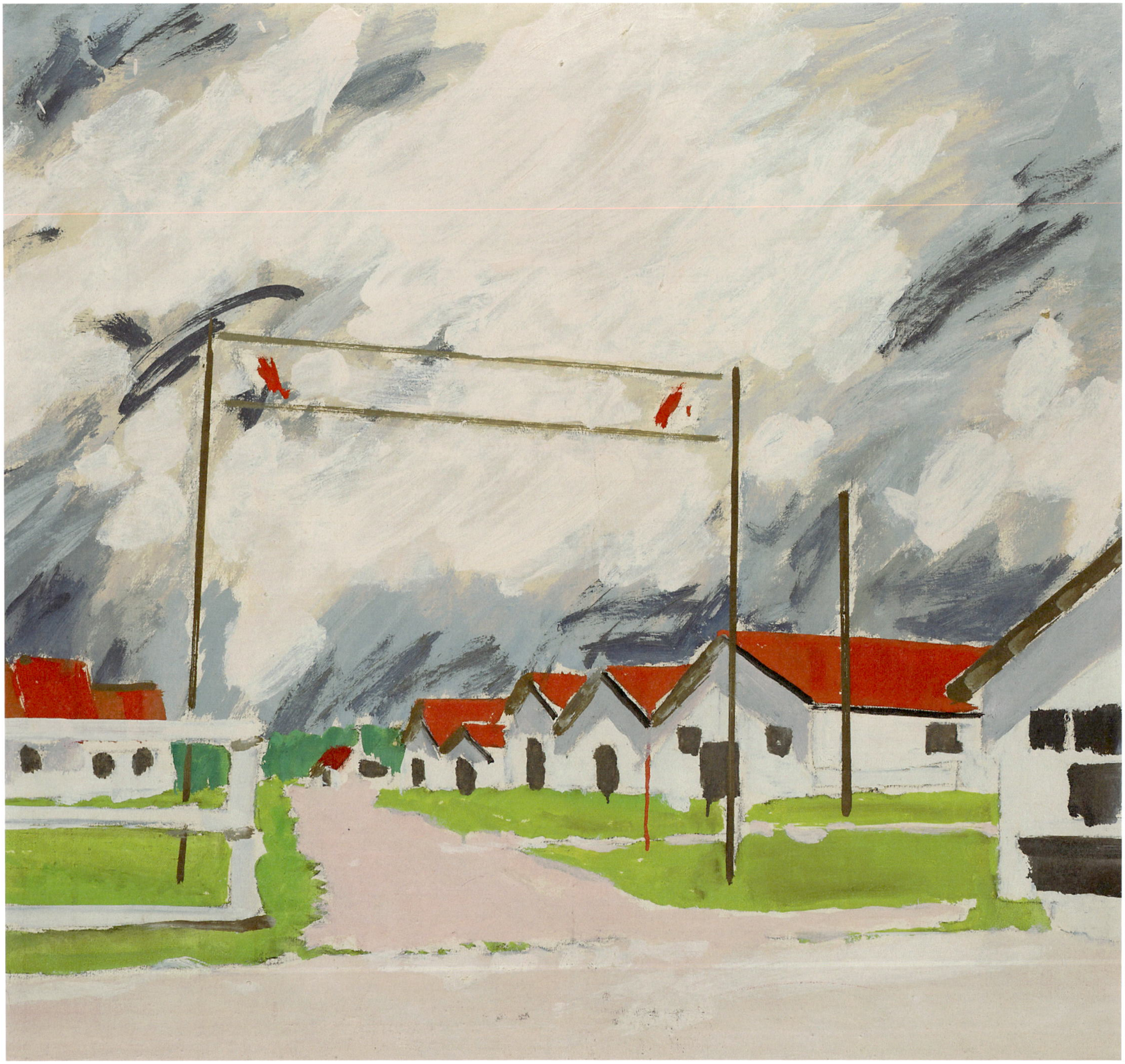

#238 **Peisaj / Revoluția agrară**
Ulei pe pânză, 81×100 cm, 1979, semnat, datat „IB79”, Muzeul „Vasile Pârvan”, Bârlad

#238 **Landscape / Agricultural Revolution**
Oil on canvas, 81×100 cm, 1979, signed, dated "IB79", "Vasile Pârvan" Museum in Bârlad

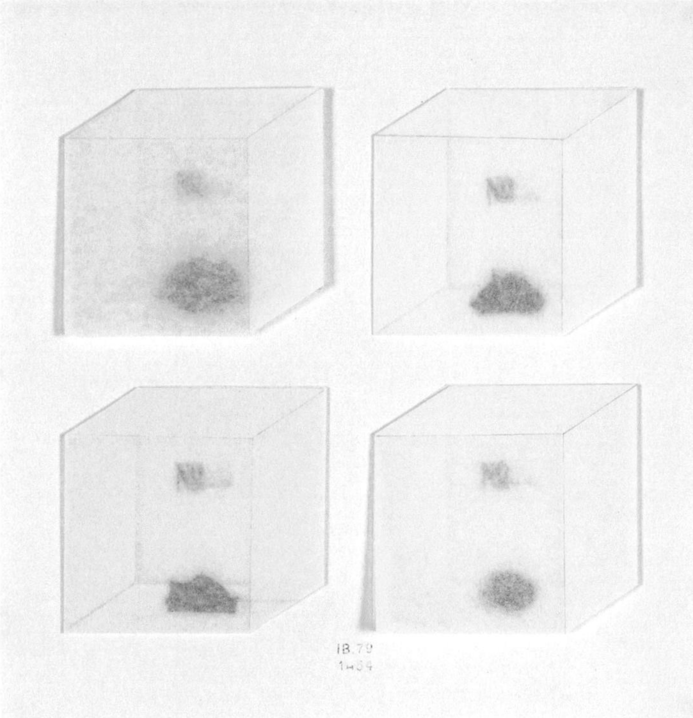

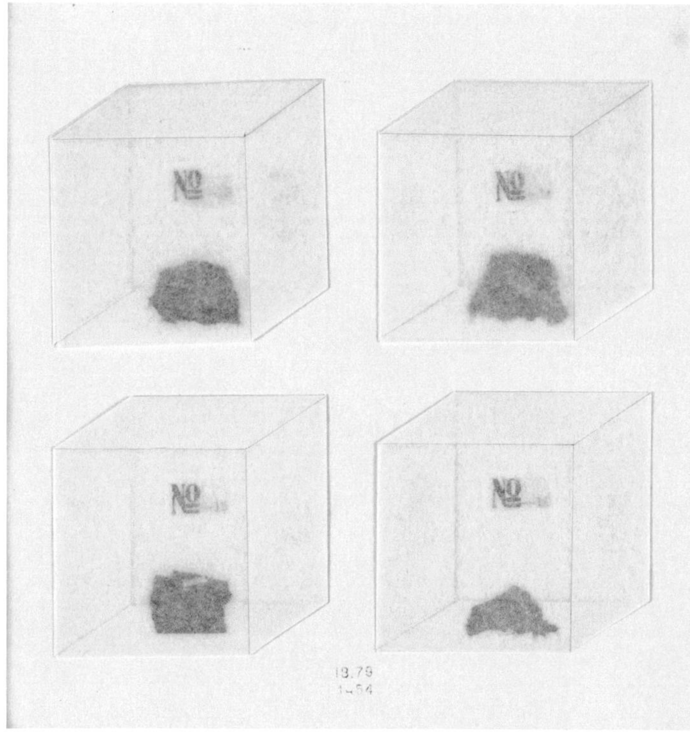

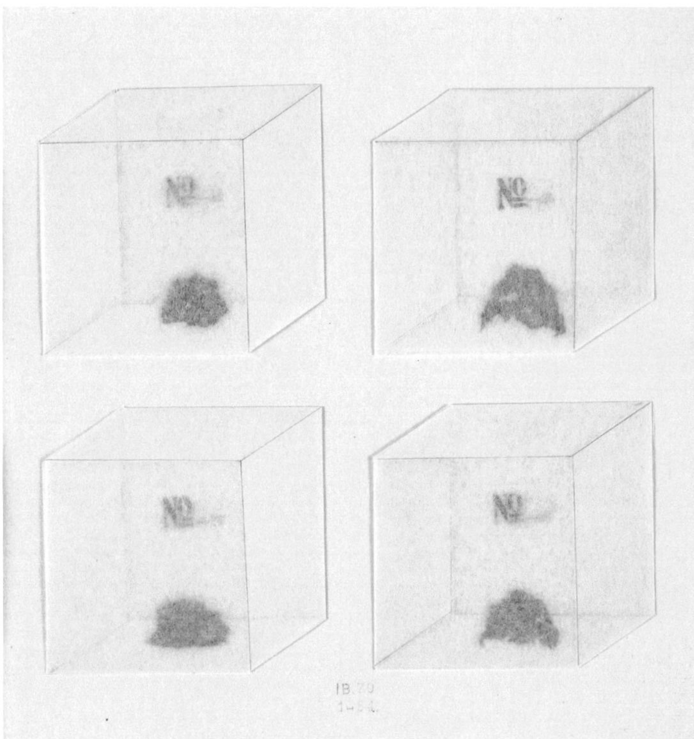

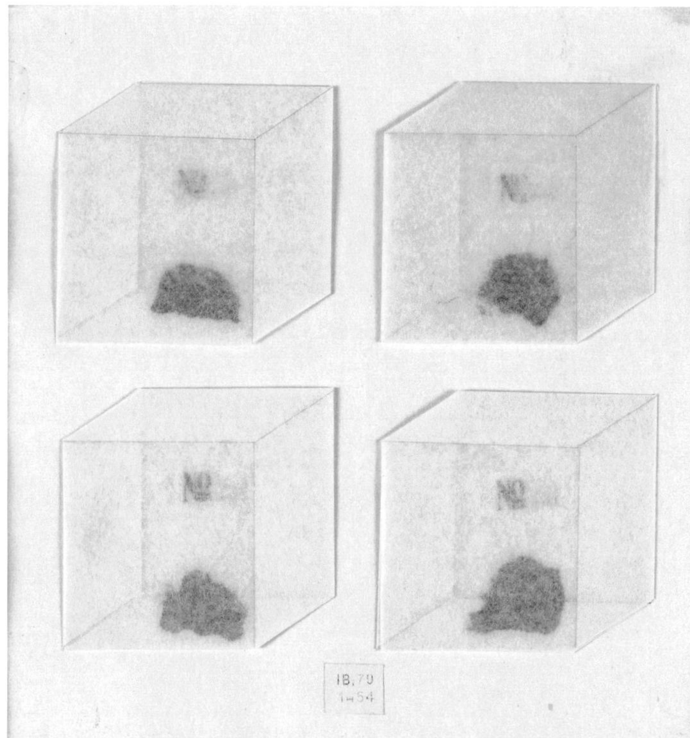

#239 Studii de laborator (continuat pe p. 204)

Colaj de hârtie japon albă și neagră pe hârtie, creion, ștampilă cu cerneală, ramă de lemn băițuit, carton, 14 piese de 30×30 cm, cu rama originară a artistului 32×32 cm, 1979, semnat și datat pe fiecare piesă „IB79 1-54", CIC, România

#239 Lab Research (continued on p. 204)

White and black handmade paper collage on paper, pencil, ink stamp, tinted wood frame, cardboard, 14 pieces of 30×30 cm; 32×32 cm with original frame crafted by the artist, 1979, signed and dated on every piece "IB79 1-54", CIC, Romania

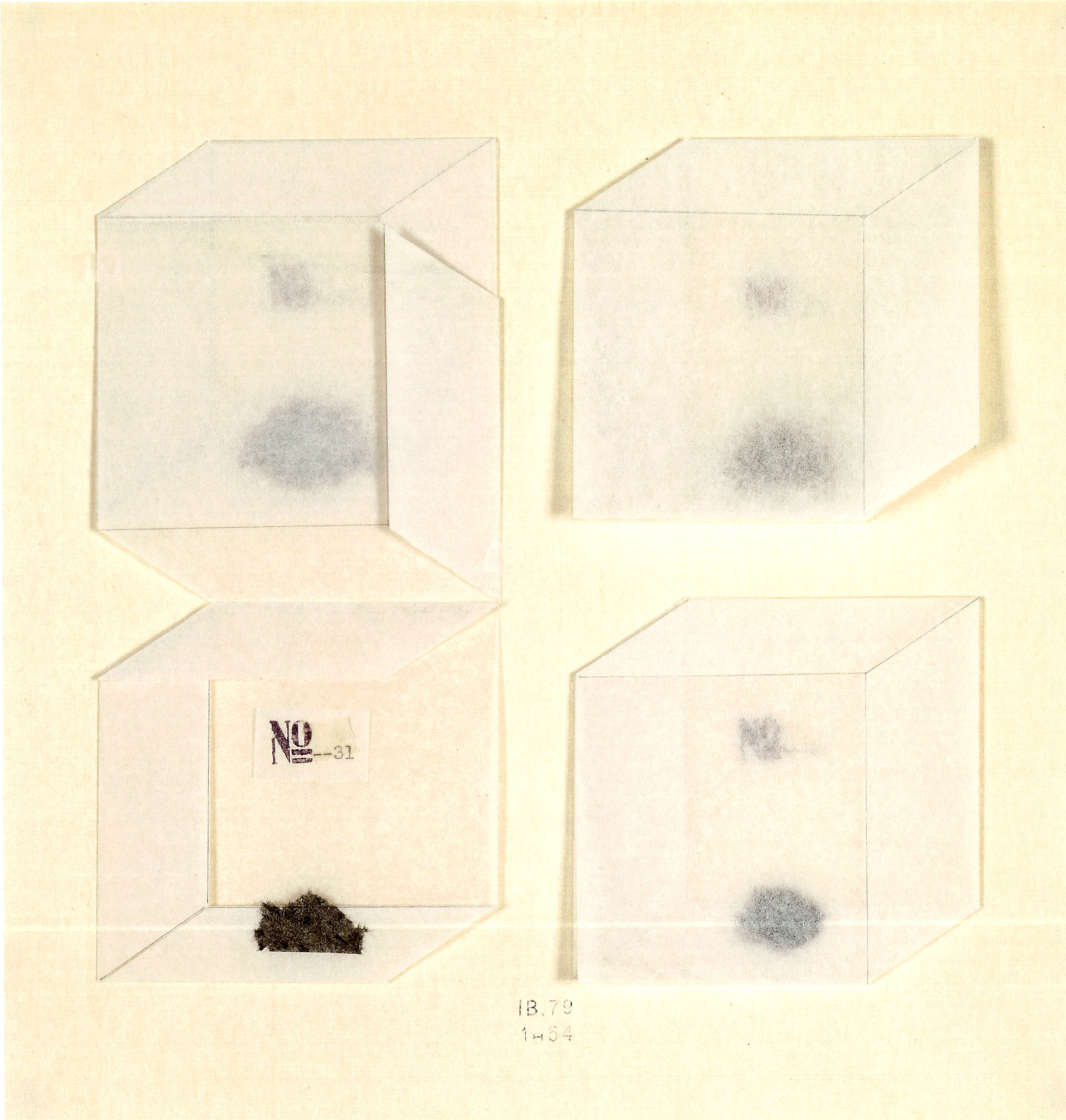
№--31
IB.79
1-64

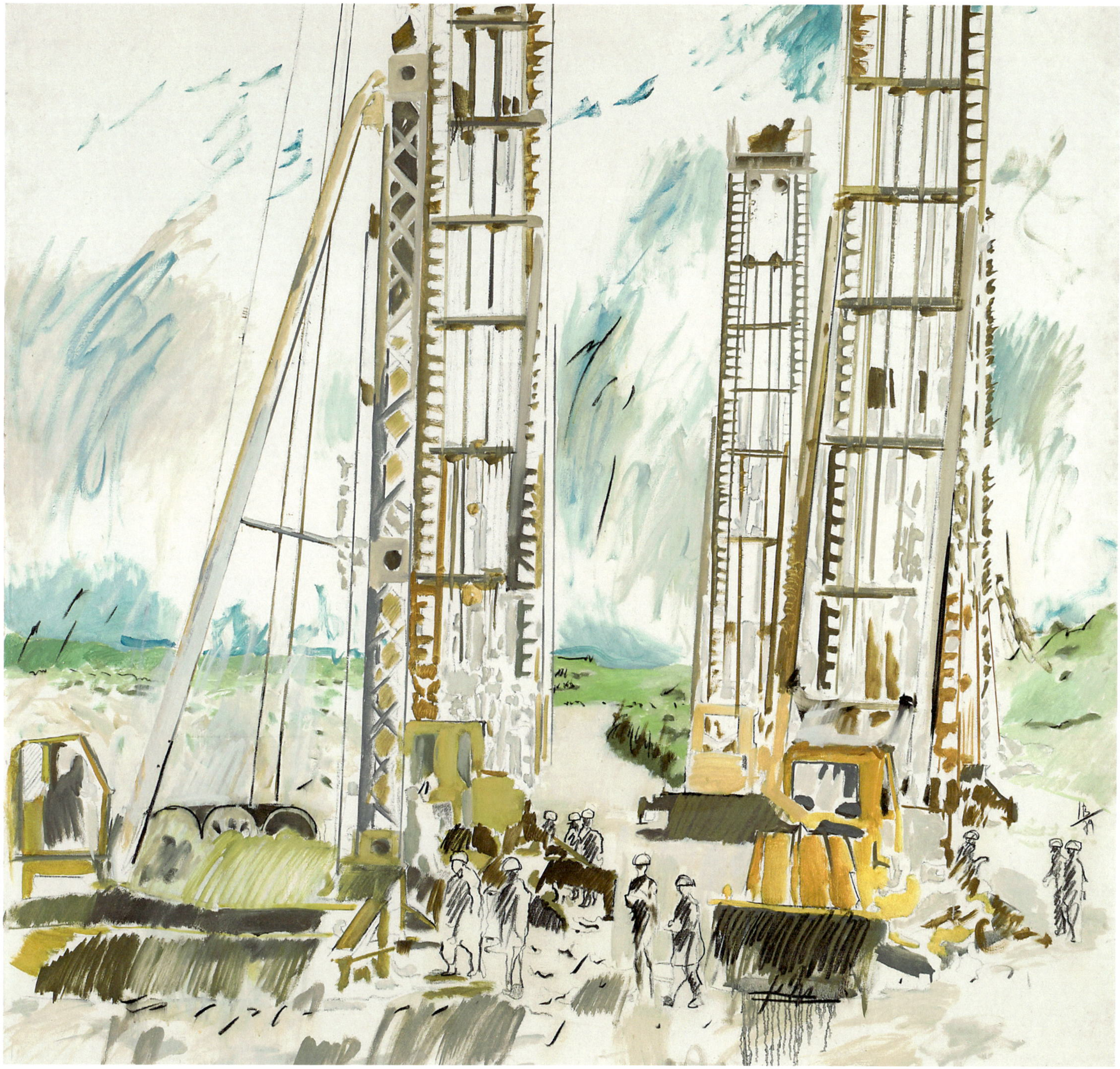

#240 **Șantier**

Ulei, cărbune pe pânză, 195×195 cm, 1979, semnat, datat „IB/79", MNAC

#240 **Construction Site**

Oil, charcoal on canvas, 195×195 cm, 1979, signed, dated "IB/79", MNAC

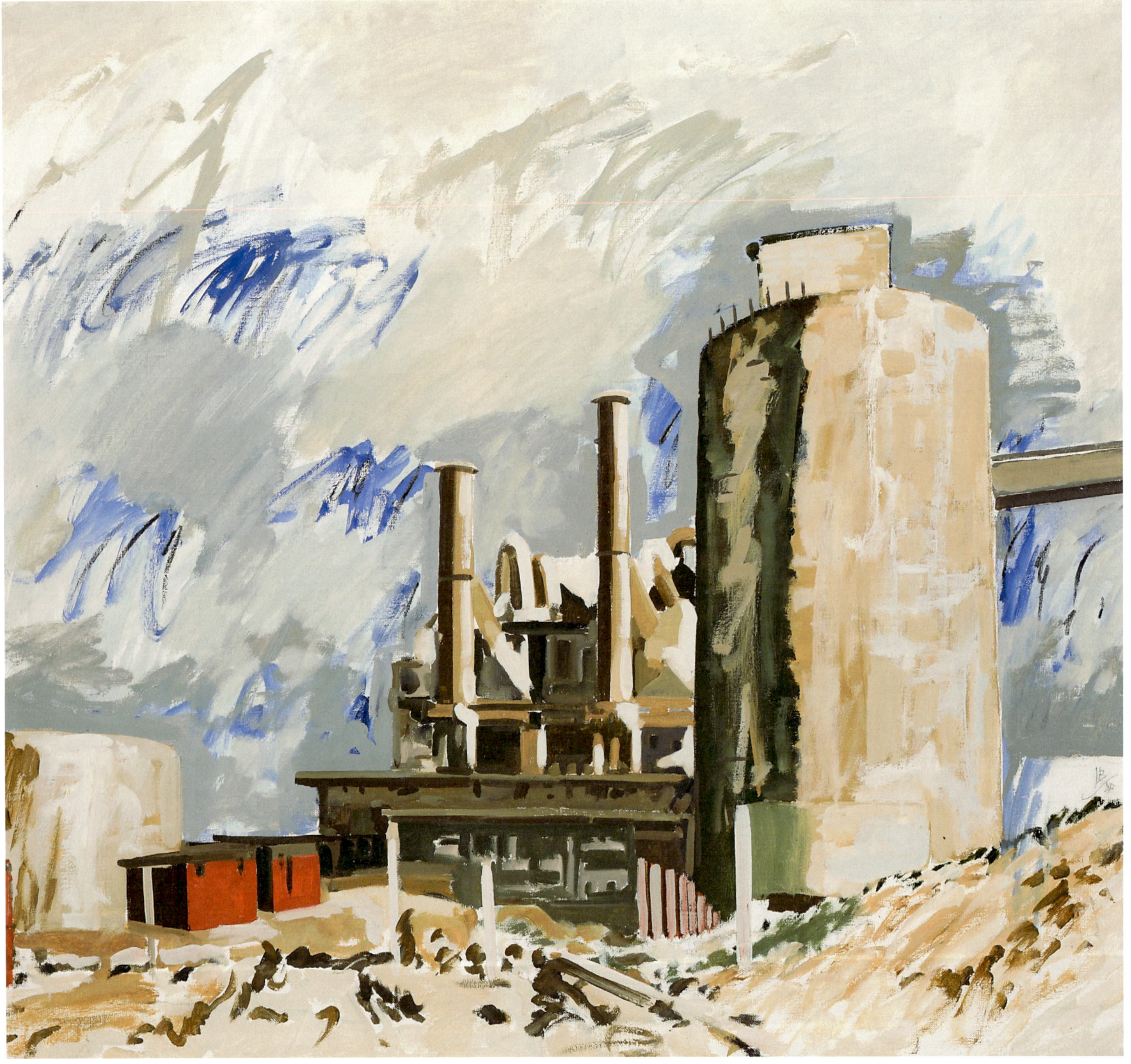

#241 **Noi obiective în construcție**
Ulei pe pânză, 100,5×114,5 cm, 1980, semnat, datat „IB/80”, MNAC

#241 **Building New Objectives**
Oil on canvas, 100.5×114.5 cm, 1980, signed, dated “IB/80”, MNAC

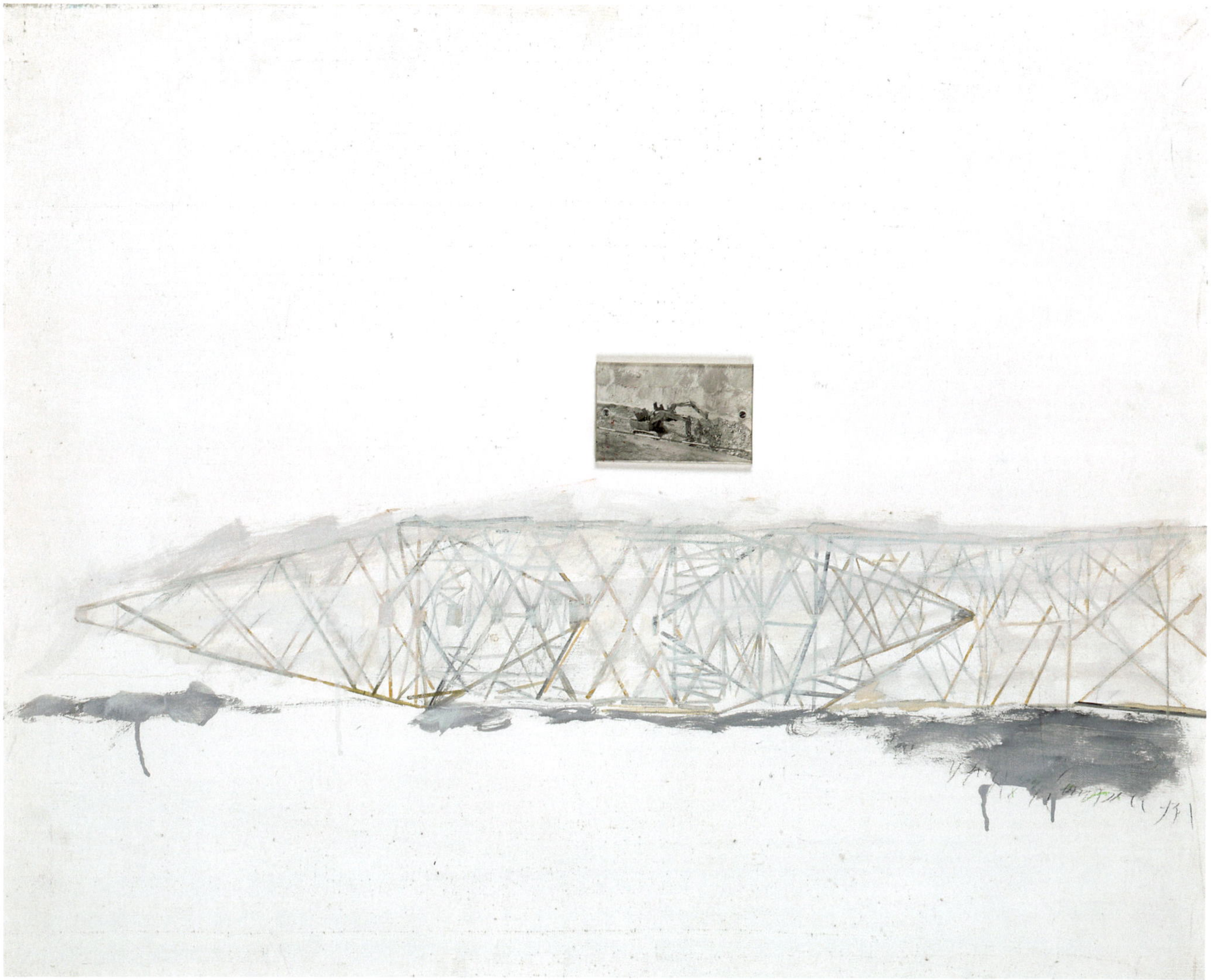

#242 **Șantier**
Ulei pe pânză, creion, fotografie pe suport argentic, plastic, șuruburi de oțel, 81,5×100,5 cm, 1980, nesemnat, nedatat, MNAC

#242 **Construction Site**
Oil on canvas, pencil, photograph on silver plate, plastic, steel screws, 81.5×100.5 cm, 1980, unsigned, undated, MNAC

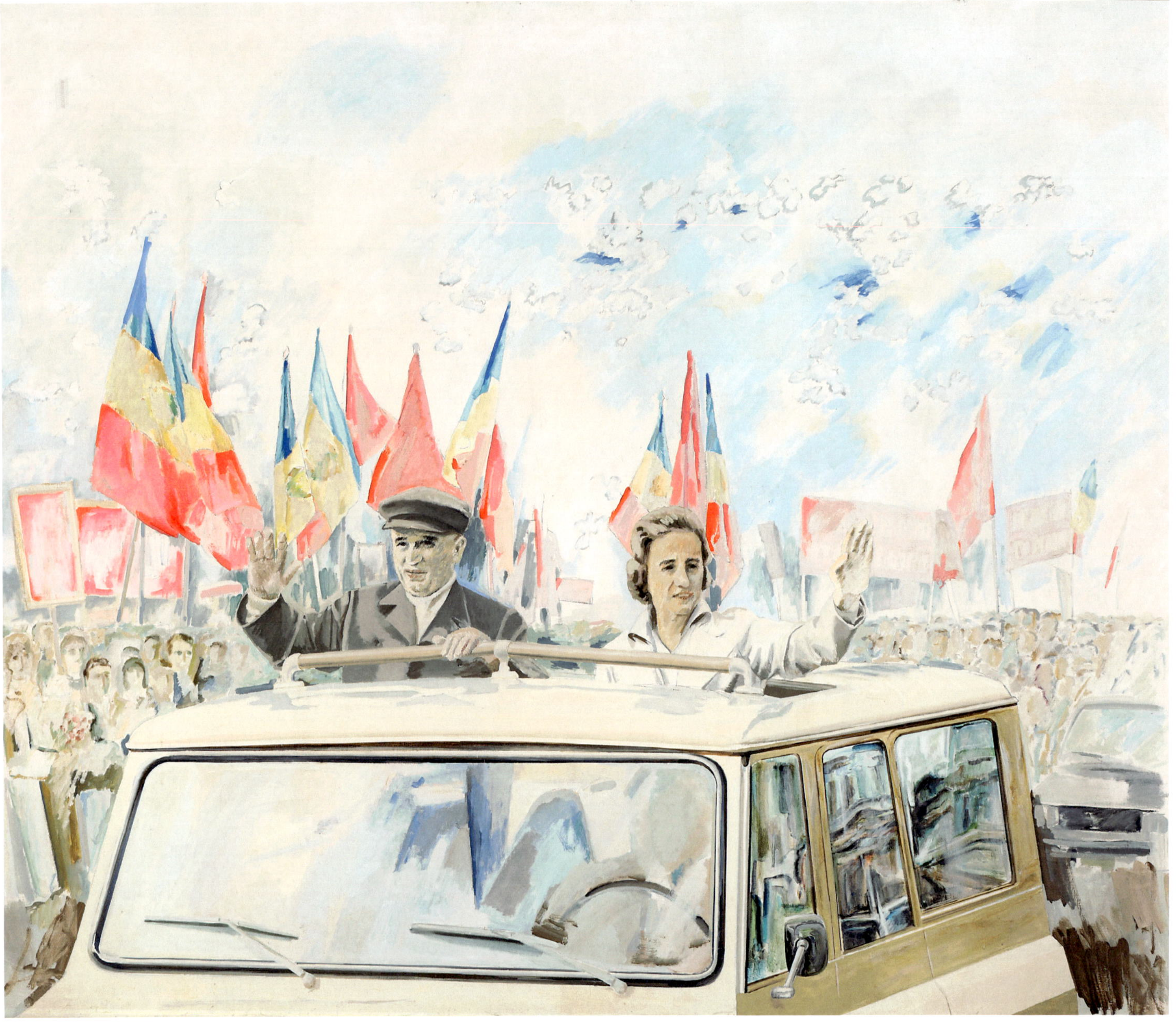

#243 **Vizită de lucru / Salutul, lucrare realizată în colaborare cu Vladimir Șetran**
Ulei, cărbune pe pânză, 200×240,5 cm, 1980, nesemnat, nedatat, MNAC

#243 **Working visit / The Salute, co-authored with Vladimir Șetran**
Oil, charcoal on canvas, 200×240.5 cm, 1980, unsigned, undated, MNAC

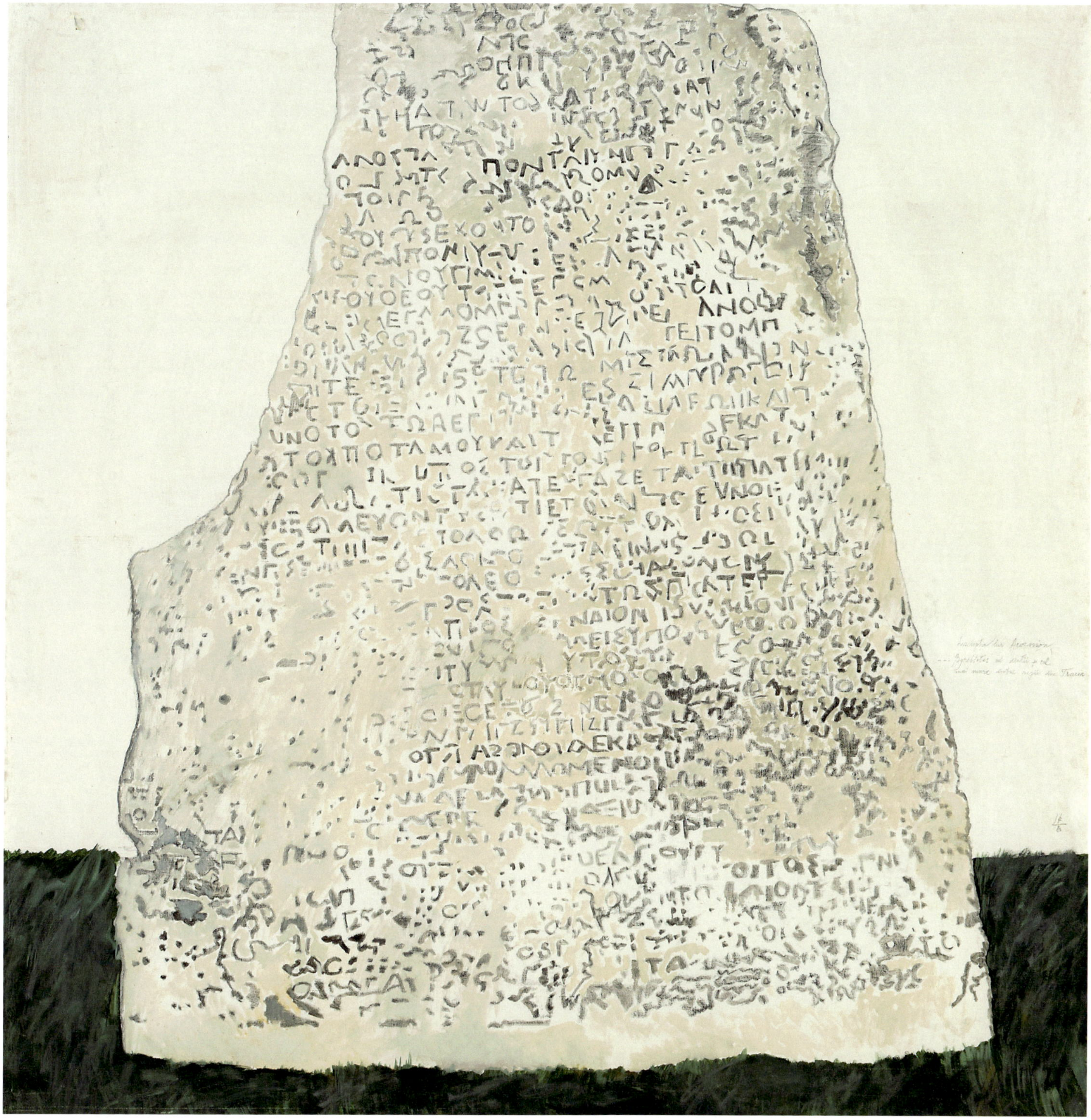

#244 Inscripția lui Acornion Burebistas cel mai mare și cel dintâi dintre regii din Tracia...
Ulei, cărbune pe pânză, 195×195,5 cm, 1980, semnat, datat „IB/80", MNAC

#244 Inscription of Acornion Burebistas the Greatest and First King of Thracia...
Oil, charcoal on canvas, 195×195.5 cm, 1980, signed, dated "IB/80", MNAC

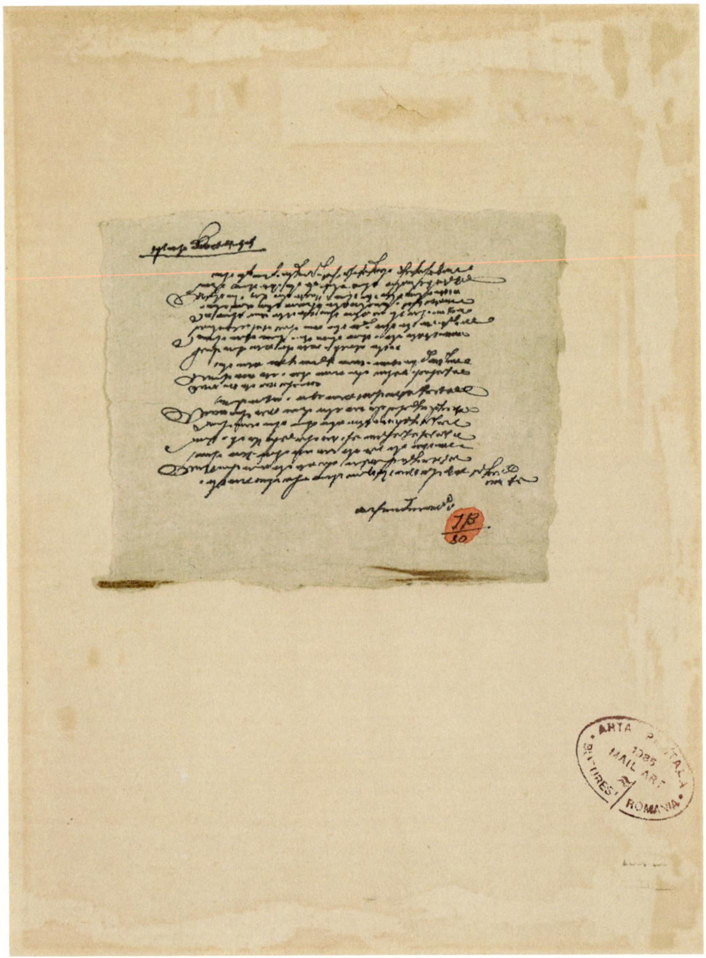

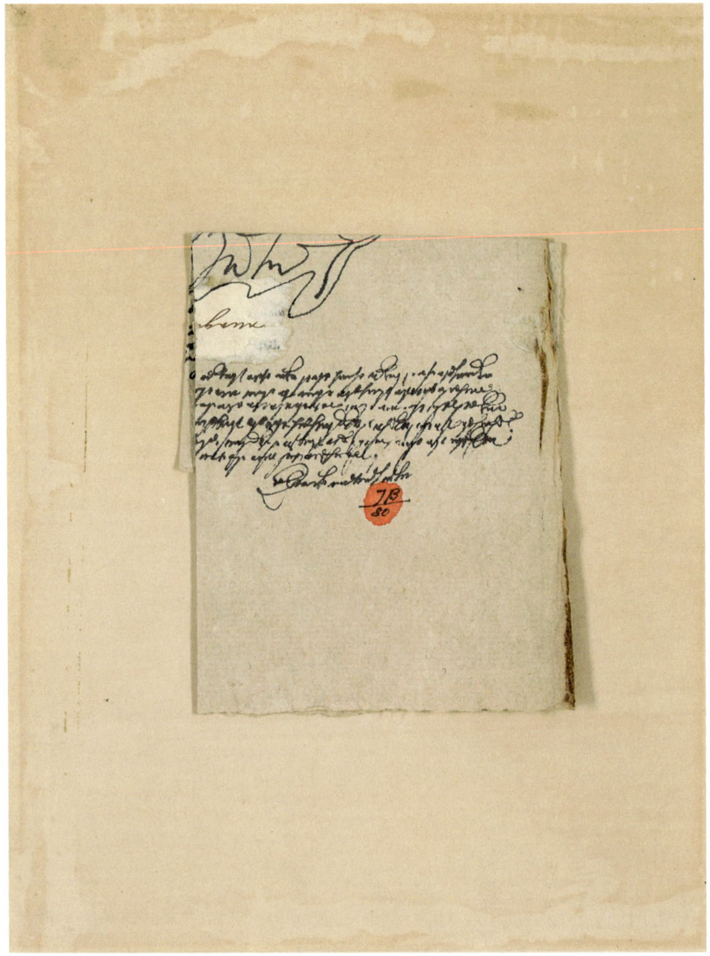

#245 **Artă poştală (1)**
Tuş negru şi roşu pe hârtie ocru cu linii de apă, lipită pe hârtie galbenă (cu puncte în relief), colaj de hârtie, 32,5×25 cm, 1980, semnat, datat „IB/80”, Colecția Andrei Oişteanu, România

#246 **Artă poştala (2)**
Tuş (negru, brun şi roşu) pe hârtie ocru cu linii de apă împăturită şi lipită pe hârtie galbenă (cu puncte în relief), 32,5×25 cm, 1980, semnat, datat „IB/80”, Colecția Andrei Oişteanu, România

#245 **Mail Art (1)**
Black and red ink on ochre paper with watermark glued on yellow paper (with embossed dots), paper collage, 32.5×25 cm, 1980, signed, dated “IB/80”, Andrei Oişteanu collection, Romania

#246 **Mail Art (2)**
Ink (black, brown and red) on folded ochre paper with watermark glued on yellow paper (with embossed dots), 32.5×25 cm, 1980, signed, dated “IB/80”, Andrei Oişteanu collection, Romania

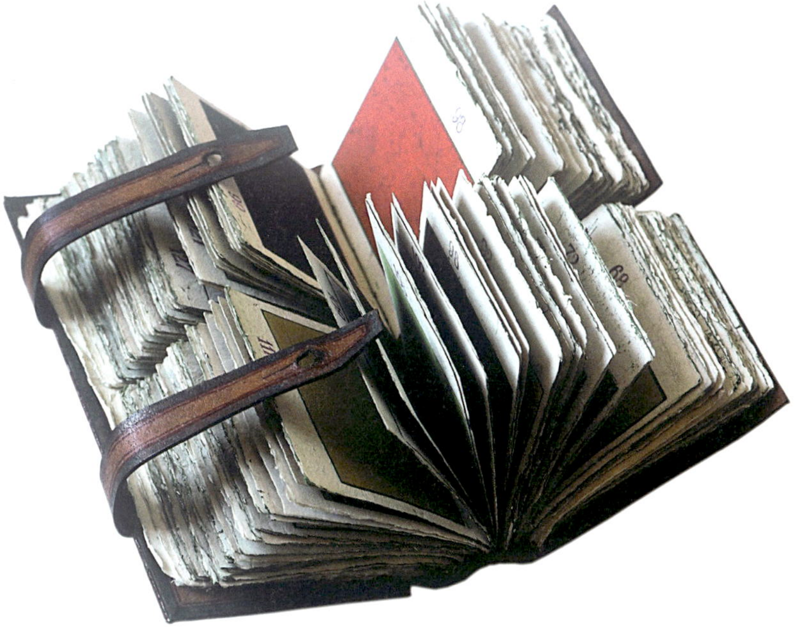

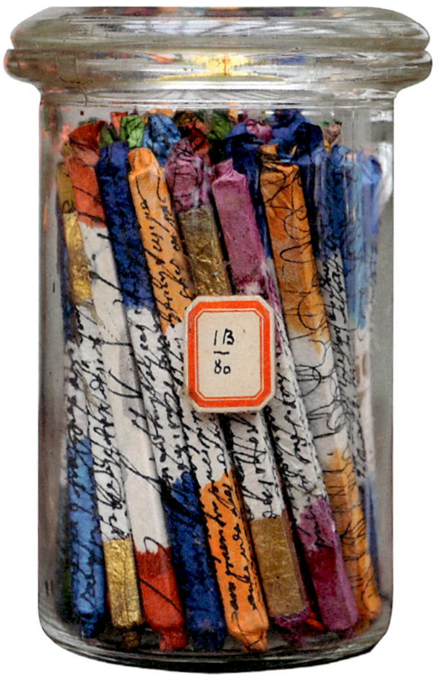

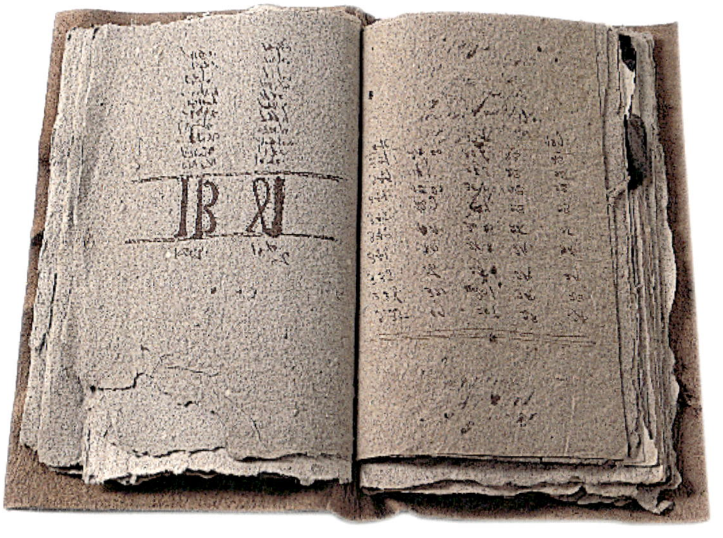

#247 **Album psiho-cromatic / Psycho-Chromatic Harmonium**
Acuarelă pe hârtie japoneză, 30×13 cm (deschis), 15×13 cm (închis), 1980, lucrare neidentificată, probabil dispărută.
Foto: AFIB

#248 **[Borcanul]**
Sticlă, lemn, hârtie, tuș și tempera pe hârtie, 17×12 cm, 1980, CP, Germania

#249 **Almanah**
Piele, hârtie prelucrată manual, tuș pe hârtie, 20×13 cm, 1981, GBK
Foto: AFIB

#247 **Psycho-Chromatic Album / Psycho-Chromatic Harmonium**
Watercolour on handmade paper, 30×13 cm (open), 15×13 cm (closed), 1980, unidentified work, probably lost.
Photo: AFIB

#248 **[The Jar]**
Glass, wood, paper, ink and tempera on paper, 17×12 cm, 1980, PC, Germany

#249 **Almanach**
Leather, handcrafted paper, ink on paper, 20×13 cm, 1981, GBK
Photo: AFIB

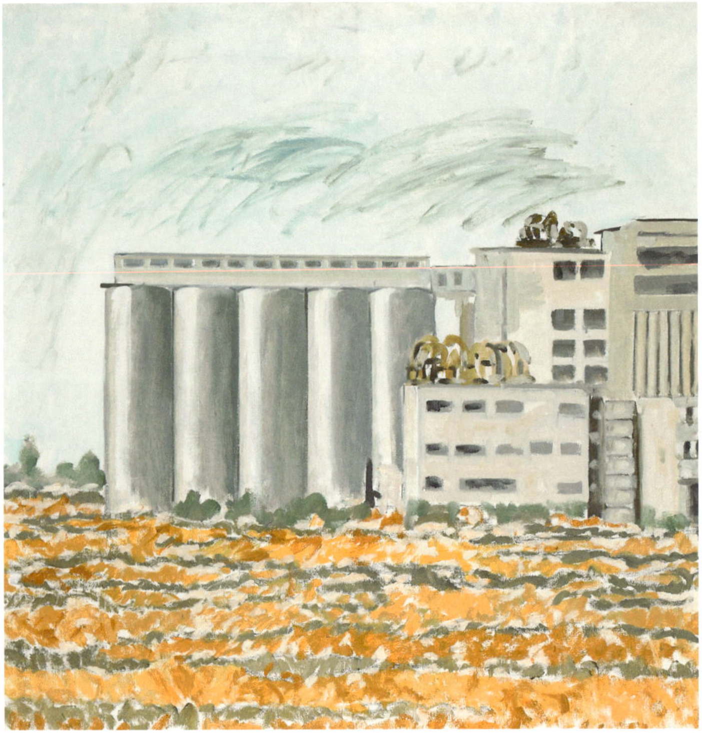

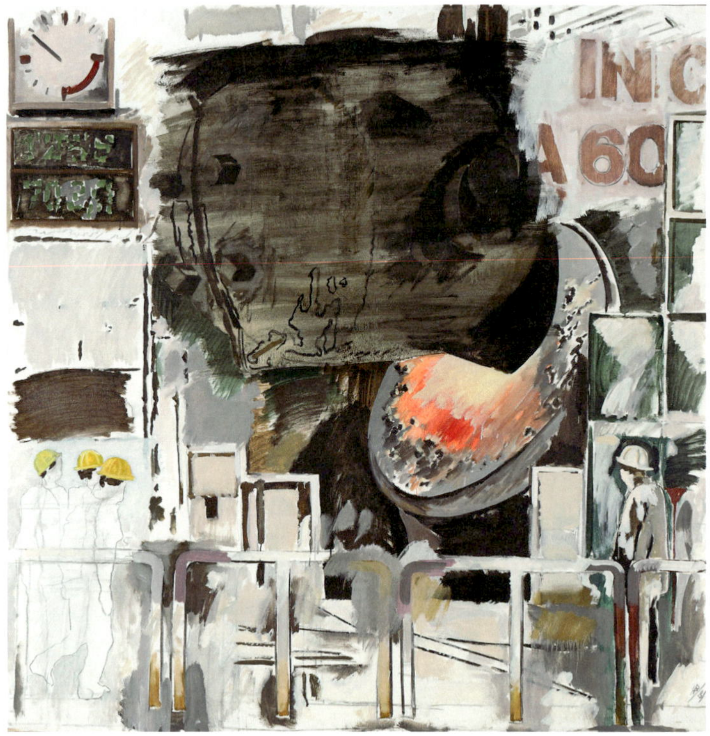

#250 **Silozuri în Bărăgan**
Ulei pe pânză, 100×116 cm, 1981, semnat, datat „IB/81”, PMMB

#251 **Industrie**
Ulei, cărbune pe pânză, 195×195 cm, 1981, semnat, datat „IB/81”, MNAC

#250 Silos in Bărăgan
Oil on canvas, 100×116 cm, 1981, signed, dated “IB/81”, PMMB

#251 Industry
Oil, charcoal on canvas, 195×195 cm, 1981, signed, dated “IB/81”, MNAC

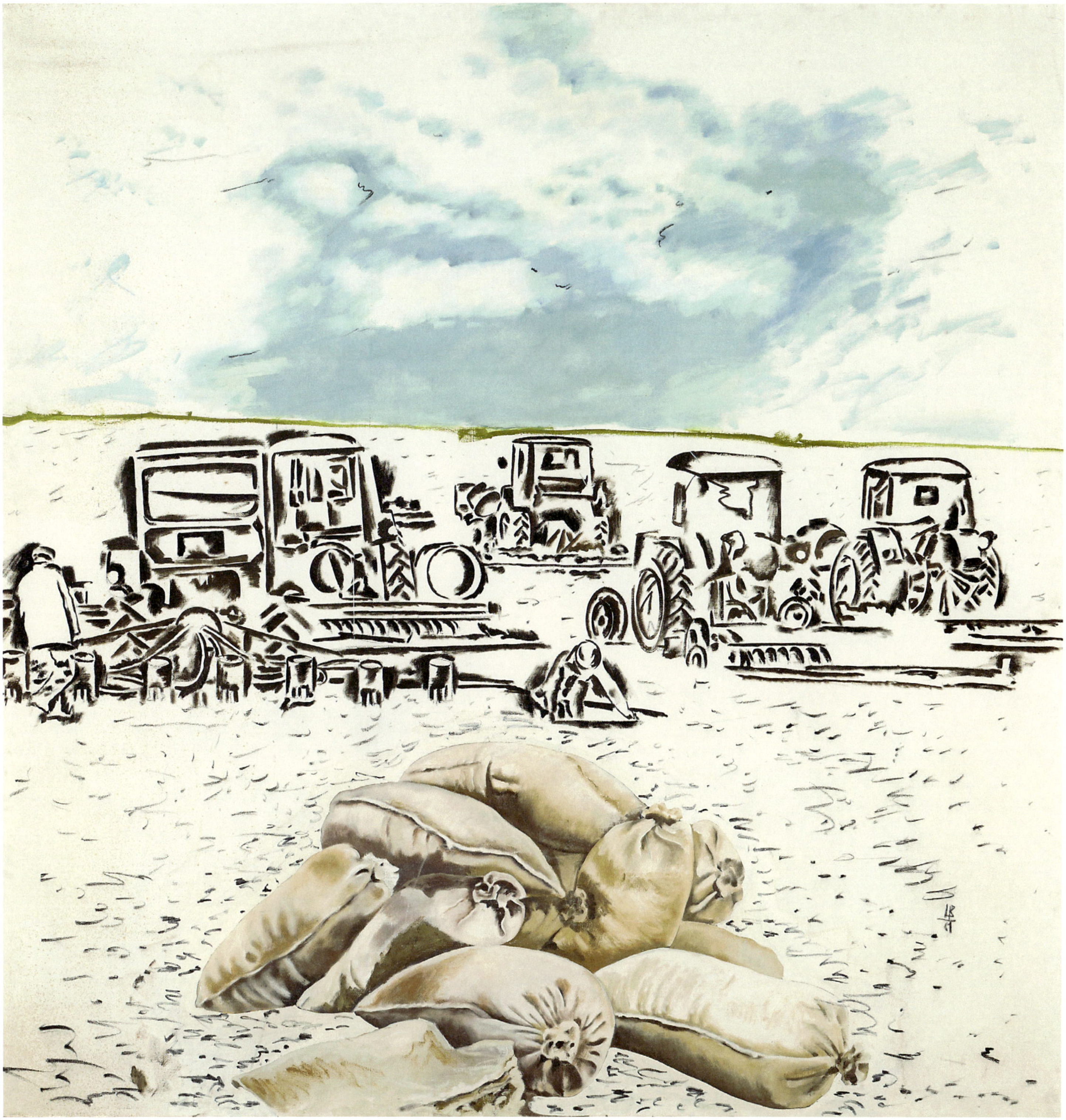

#252 **Lucrări de primăvară**
Ulei, cărbune pe pânză, 195×195 cm, 1981, semnat, datat „IB/81", Muzeul Dunării de Jos, Călărași

#252 **Spring Fieldwork**
Oil, charcoal on canvas, 195×195 cm, 1981, signed, dated „IB/81", Lower Danube Museum in Călărași

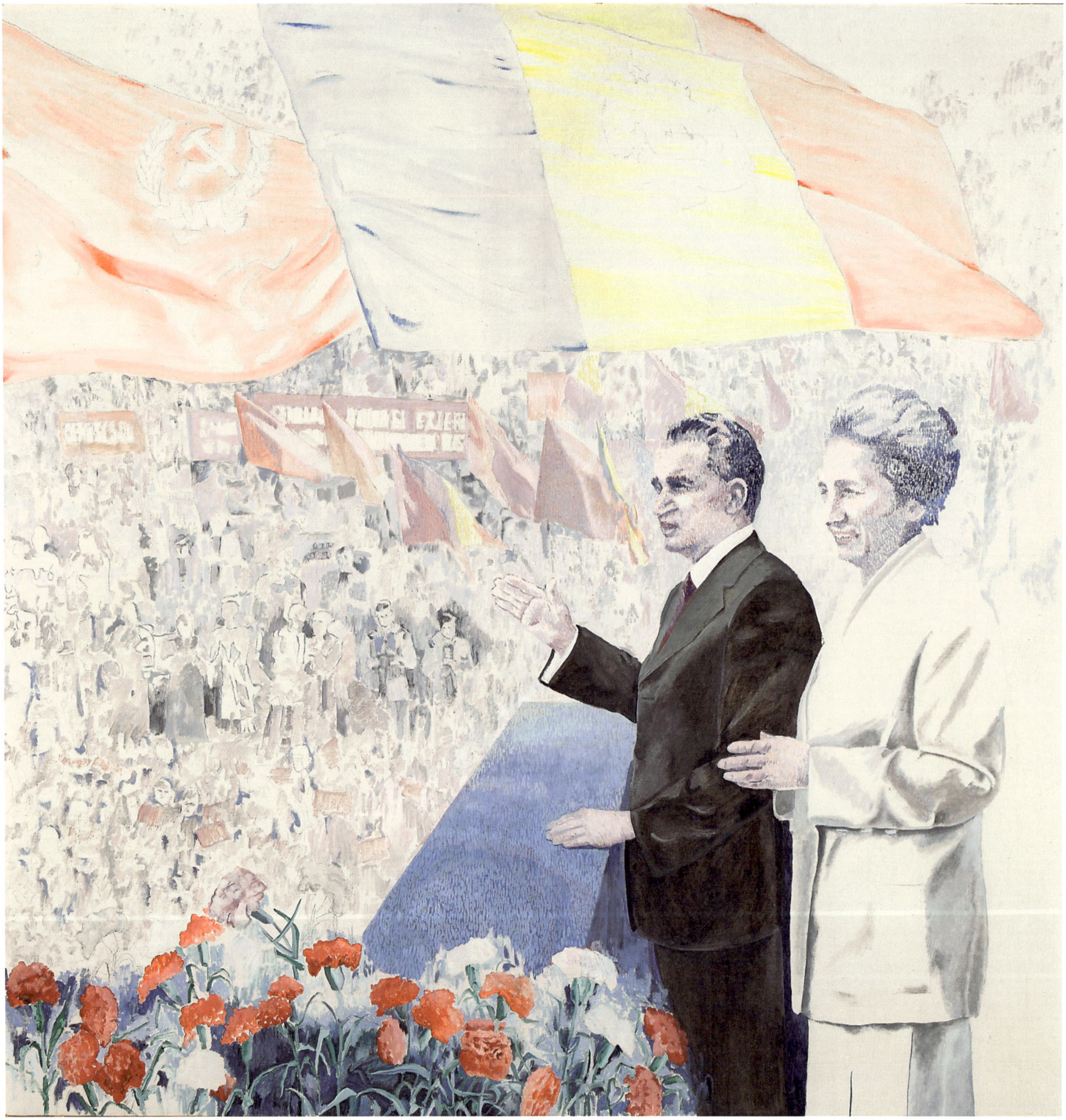

#253 **Arc de triumf al muncii**
Ulei, acrilic, cărbune pe pânză, 195×195 cm,
[c. 1980-1988], nesemnat, nedatat, MNAC

#253 **Triumphal Arch for Labour**
Oil, acrylic, charcoal on canvas, 195×195 cm,
[circa 1980-1988], unsigned, undated, MNAC

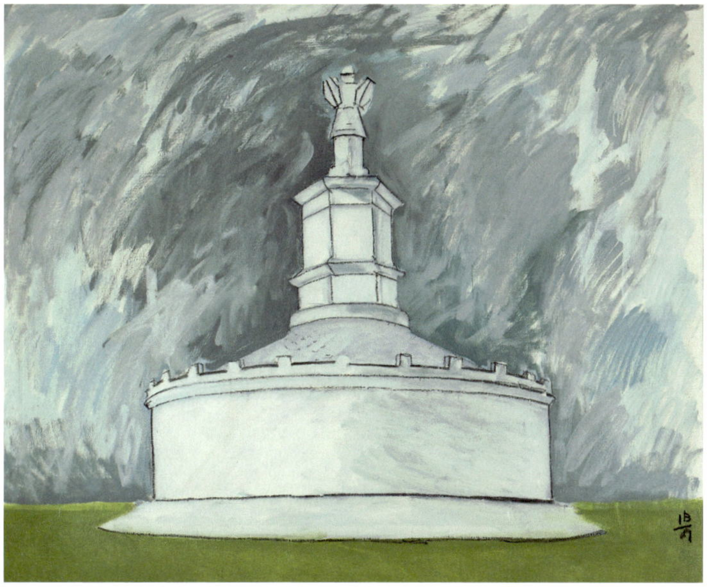

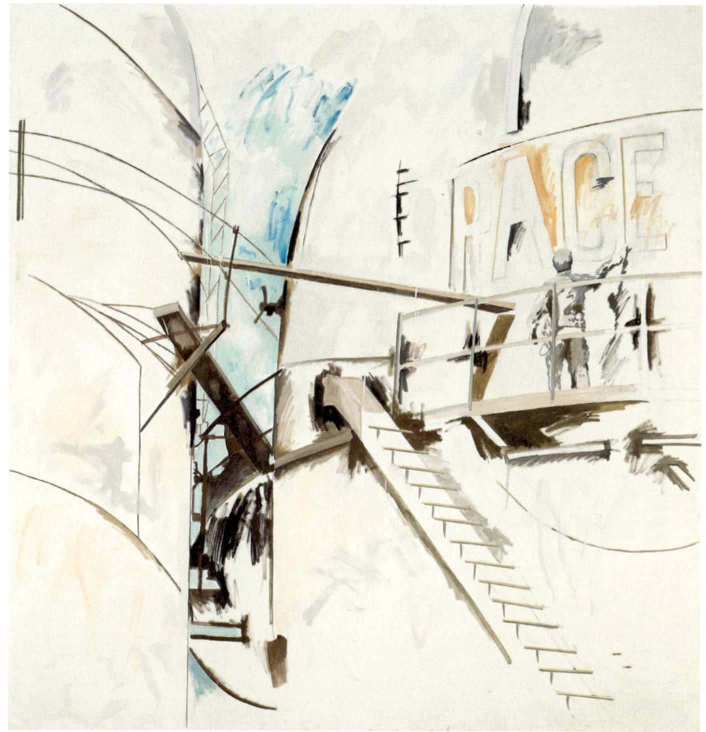

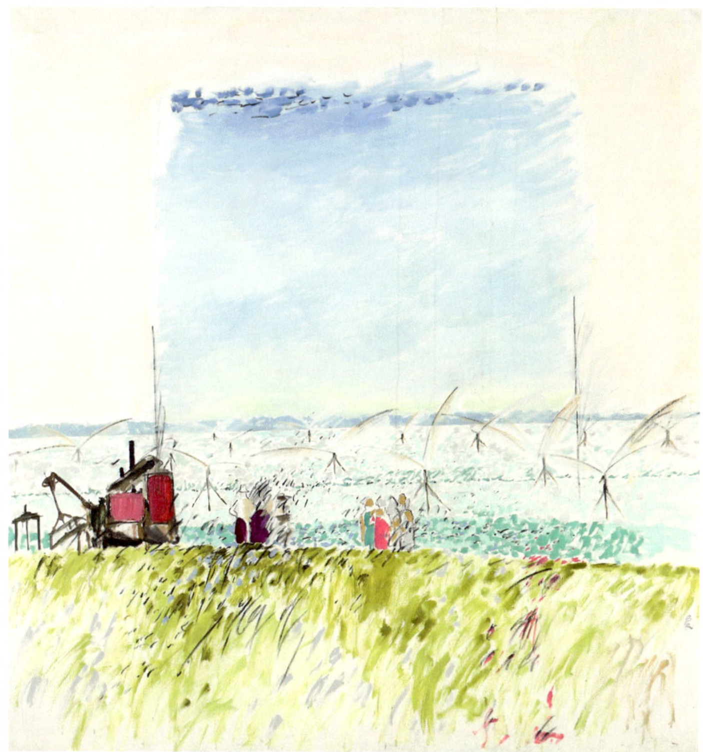

#254 **Adamclisi**
Ulei pe pânză, 100×117 cm, 1981, semnat, datat „I.B./81", MNAC

#255 **Industrie și pace**
Ulei, cărbune pe pânză, 195×195,5 cm, 1982, semnat, datat „IB/82", MNAC

#256 **Lucrări de primăvară**
Ulei, cărbune pe pânză, 195×195 cm, 1982, semnat, datat „IB/82", MNAC

#254 **Adamclisi**
Oil on canvas, 100×117 cm, 1981, signed, dated "I.B./81", MNAC

#255 **Industry and Peace**
Oil, charcoal on canvas, 195×195.5 cm, 1982, signed, dated "IB/82", MNAC

#256 **Spring Fieldwork**
Oil, charcoal on canvas, 195×195 cm, 1982, signed, dated "IB/82", MNAC

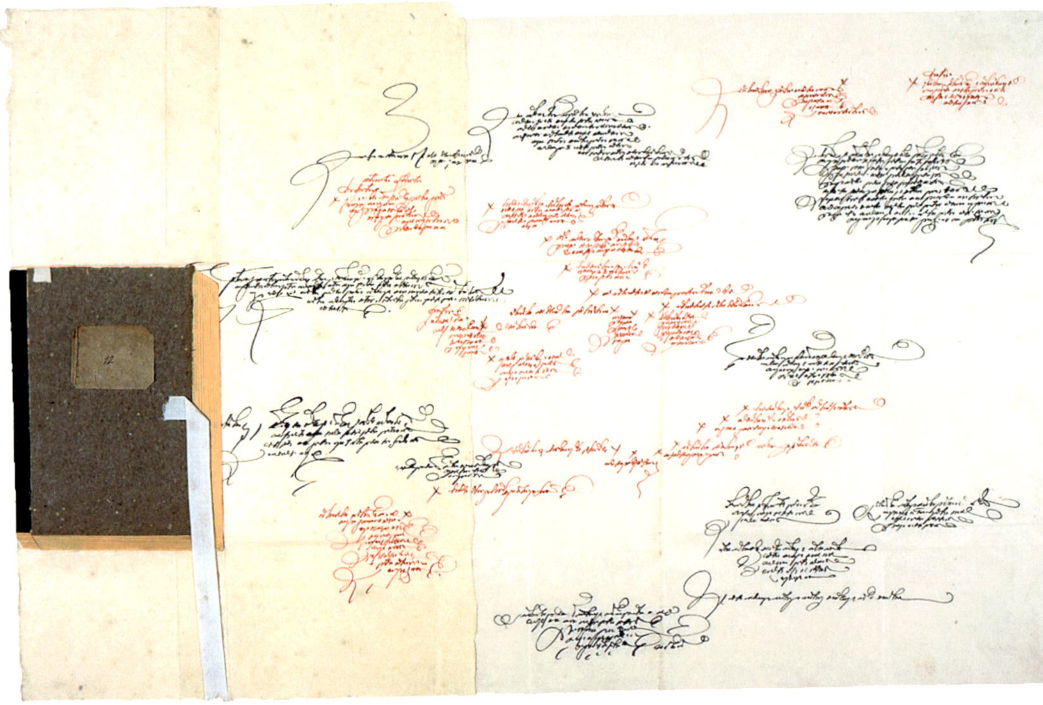

#257 **Cele 12 constelații (nr. 12)**
Tuș pe hârtie, 48,5×72,5 cm, 1982, GBK
Foto: AFIB

#257 **The 12 Constellations (no. 12)**
Ink on paper, 48.5×72.5 cm, 1982, GBK
Photo: AFIB

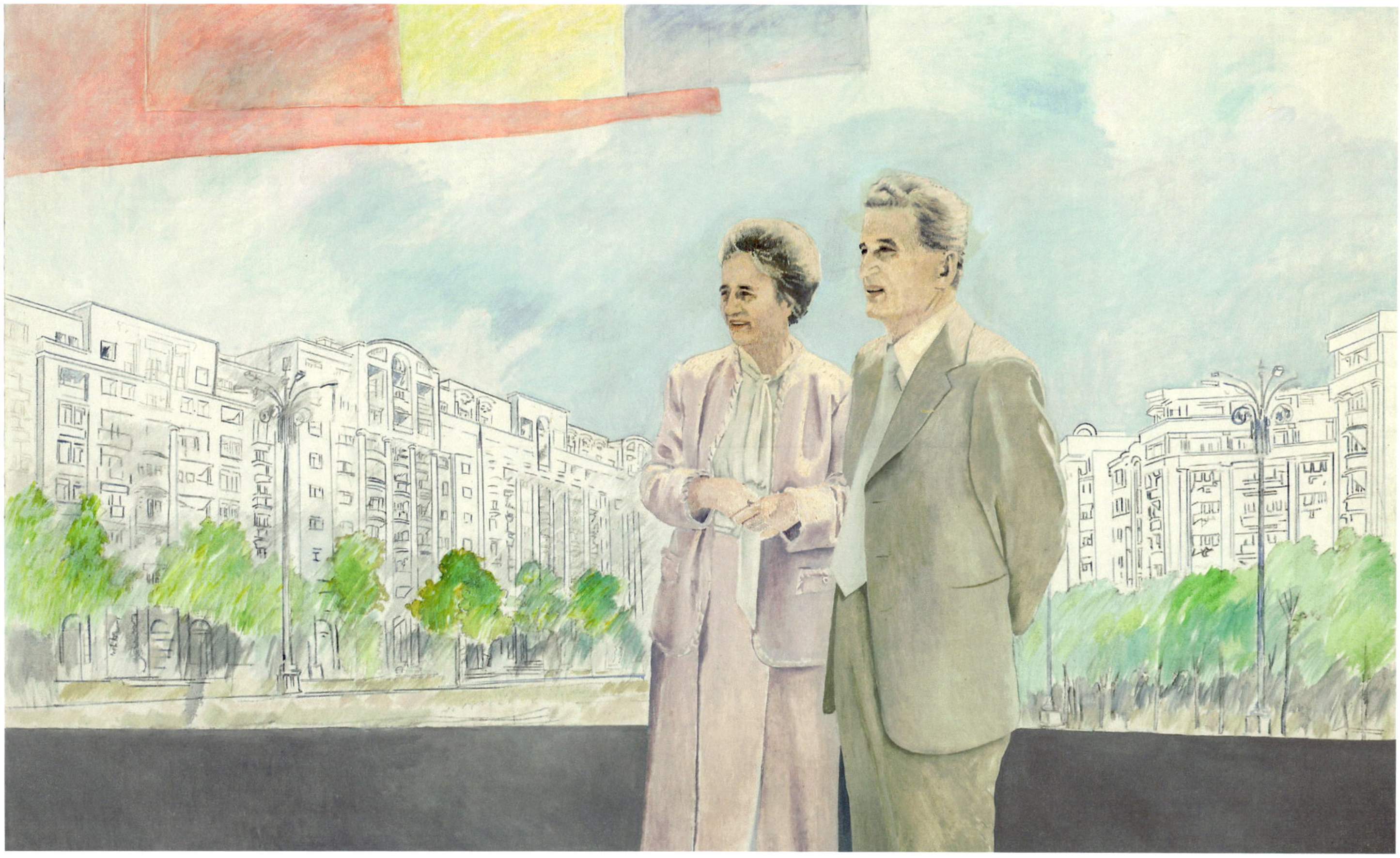

#258 **Modernizarea capitalei**
Ulei, acrilic, cărbune pe pânză, 180×299,5 cm, 1984, nesemnat, nedatat, MNAC

#258 **Modernizing the Capital**
Oil, acrylic, charcoal on canvas, 180×299.5 cm, 1984, unsigned, undated, MNAC

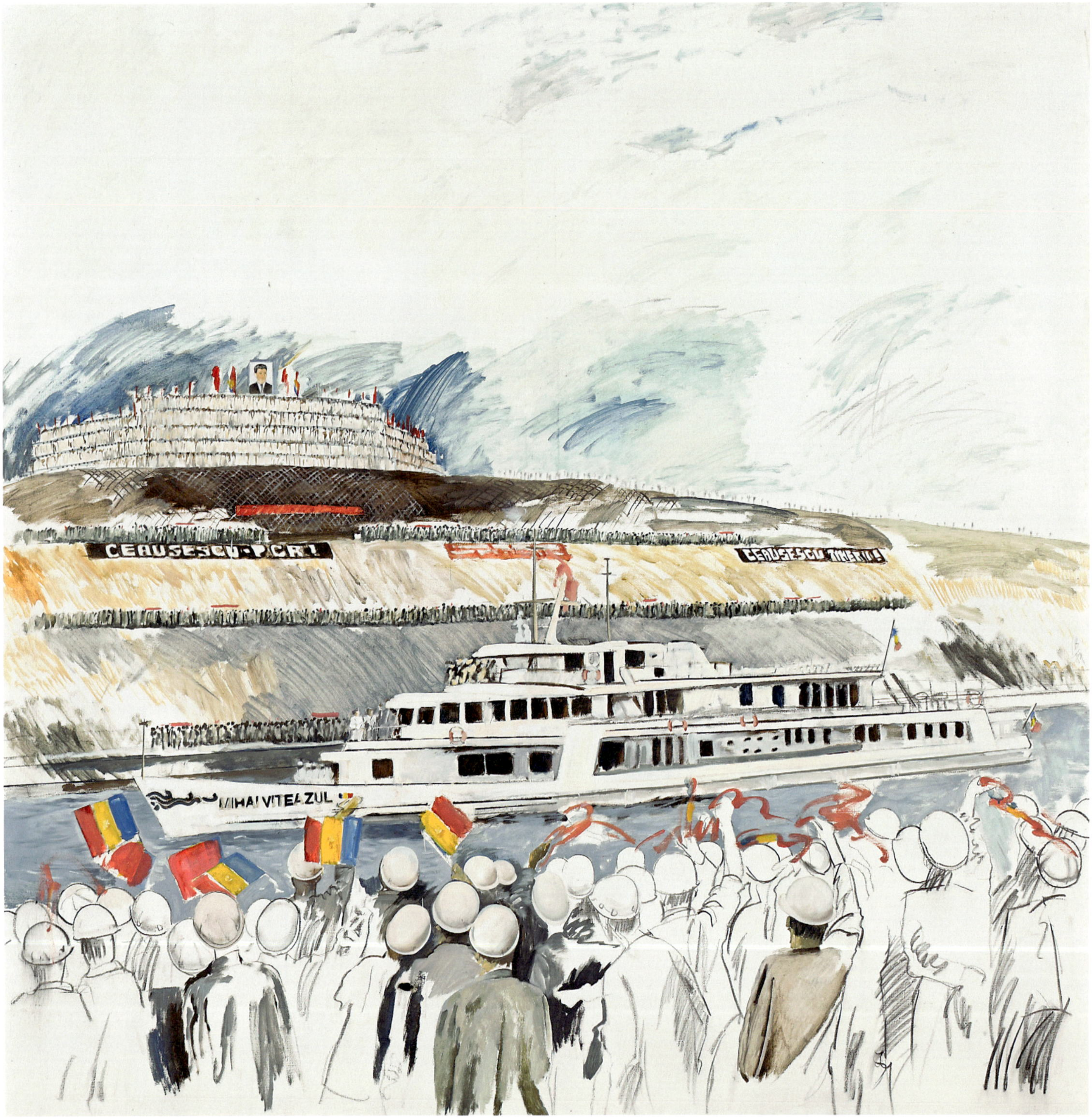

#259 Nava prezidențială la inaugurarea canalului Dunăre – Marea Neagră

Ulei, cărbune pe pânză, 195×195 cm, 1984, semnat, datat „IB/84", MNIR

#259 The President's Ship at the Official Opening of the Danube-Black Sea Canal

Oil, charcoal on canvas, 195×195 cm, 1984, signed, dated "IB/84", MNIR

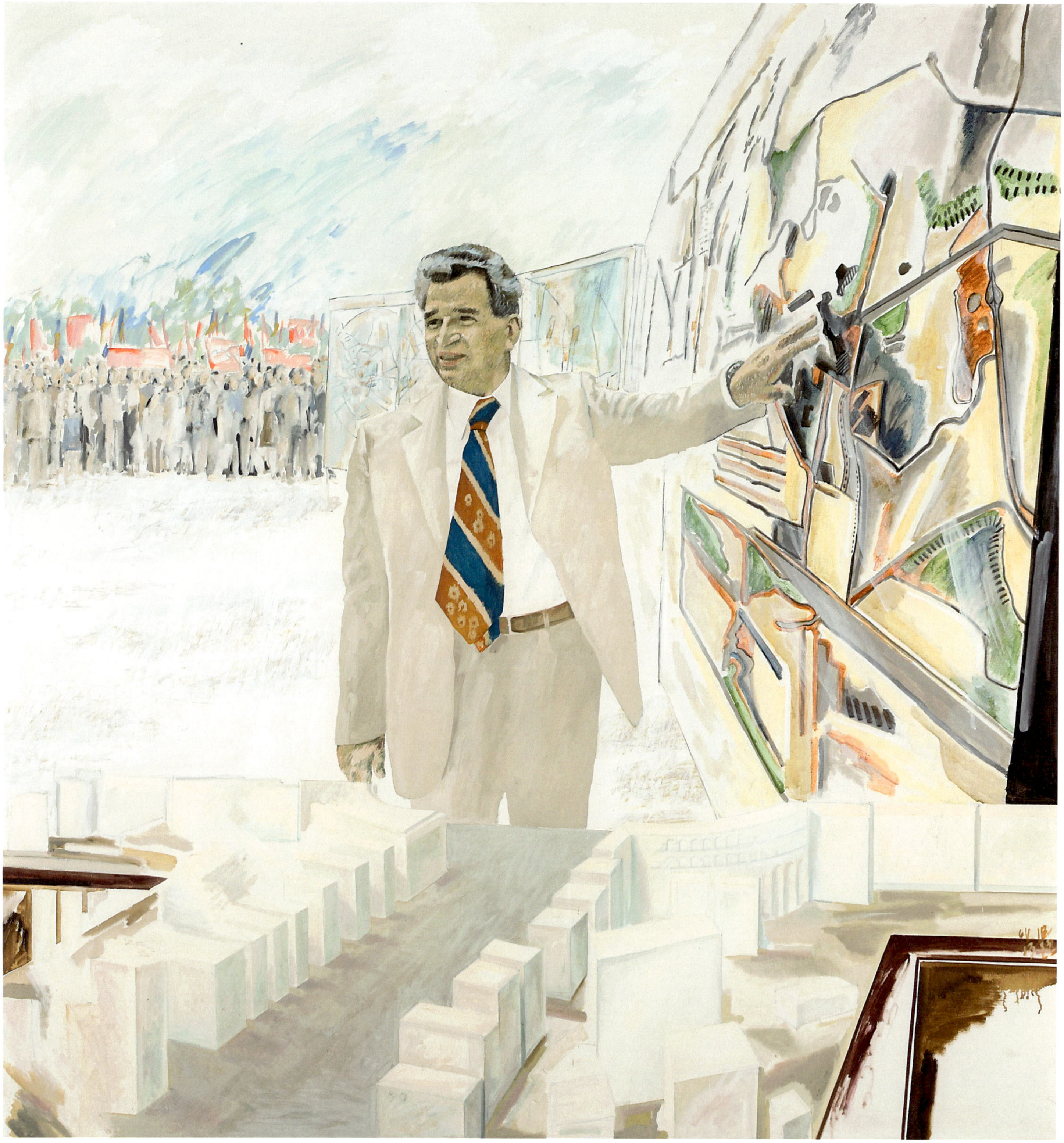

#260 **Vizită de lucru, lucrare realizată în colaborare cu Vladimir Șetran**
Ulei, acrilic pe pânză, 200×196,5 cm, 1983, semnat, datat „VS/83 IB/83”, MNIR

#260 **Working Visit, co-authored with Vladimir Șetran**
Oil, acrylic on canvas, 200×196.5 cm, 1983, signed, dated “VS/83 IB/83”, MNIR

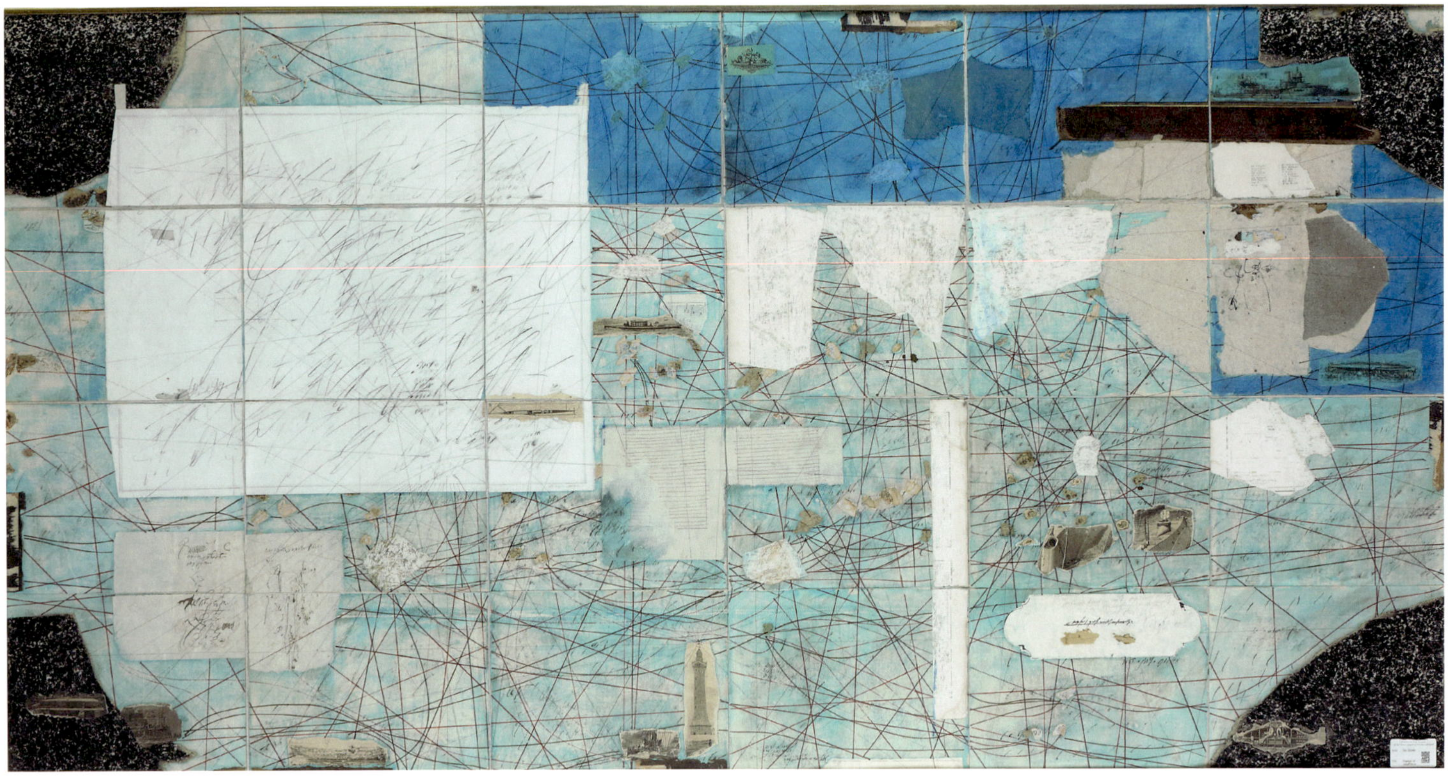

#261 **Călătoriile lui Jules Verne**
Colaj de hârtie pe pânză, tuș, tempera, creion pe hârtie,
100×195 cm, 1984, Muzeul Ulster, Belfast

#261 **Travels of Jules Verne**
Paper on canvas collage, ink, tempera, pencil on paper,
100×195 cm, 1984, Ulster Museum, Belfast

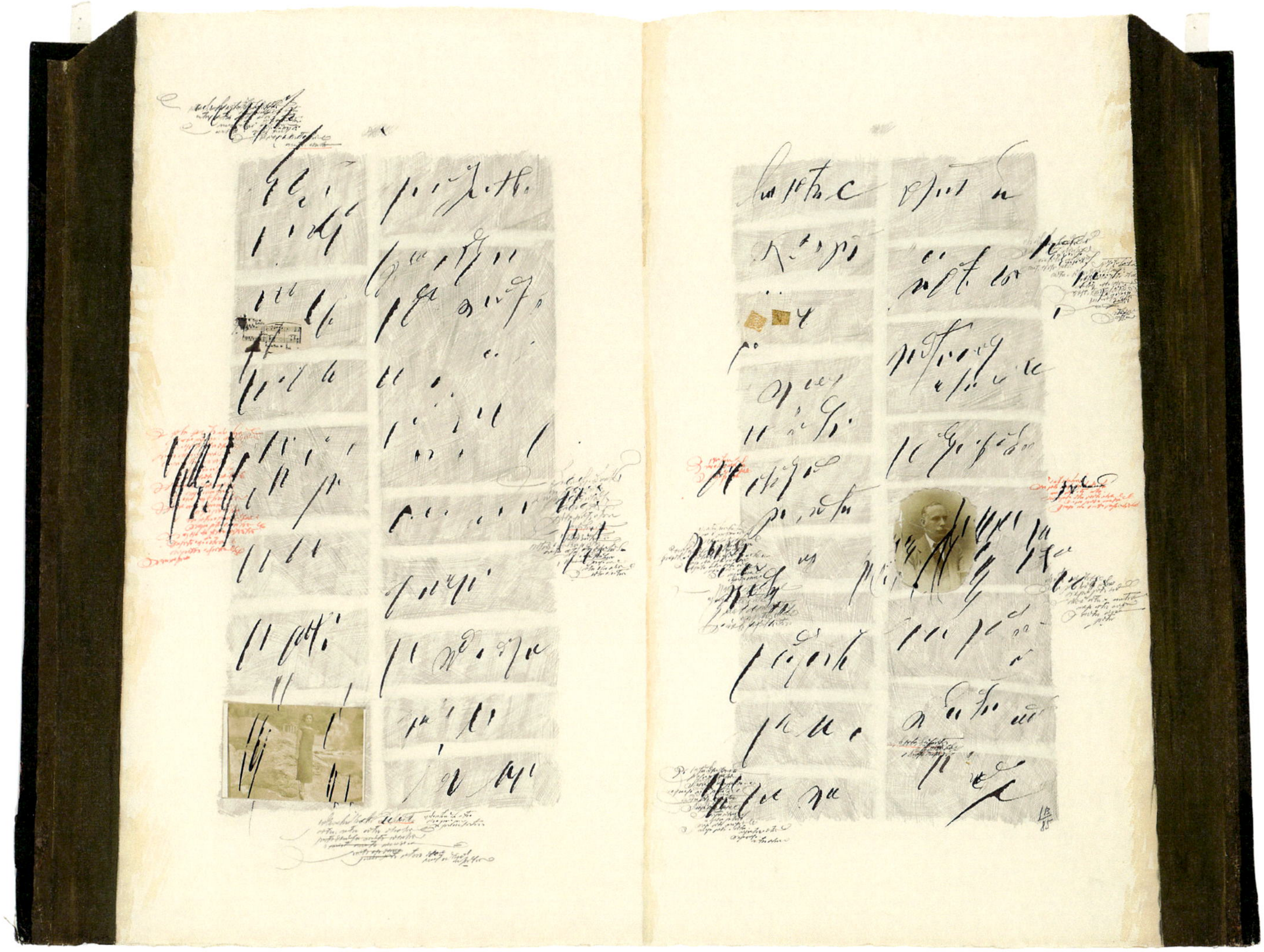

#262 **Historia naturalis**

Creion, tuș, tempera, acrilic, laviu de baiț, colaj de fotografie și hârtie tipărită pe hârtie, 55,5×76 cm, 1985, semnat, datat „IB/85", CP

#262 **Historia naturalis**

Pencil, ink, tempera, acrylic, tinted wood stain, photo and paper collage on paper, 55.5×76 cm, 1985, signed, dated "IB/85", PC

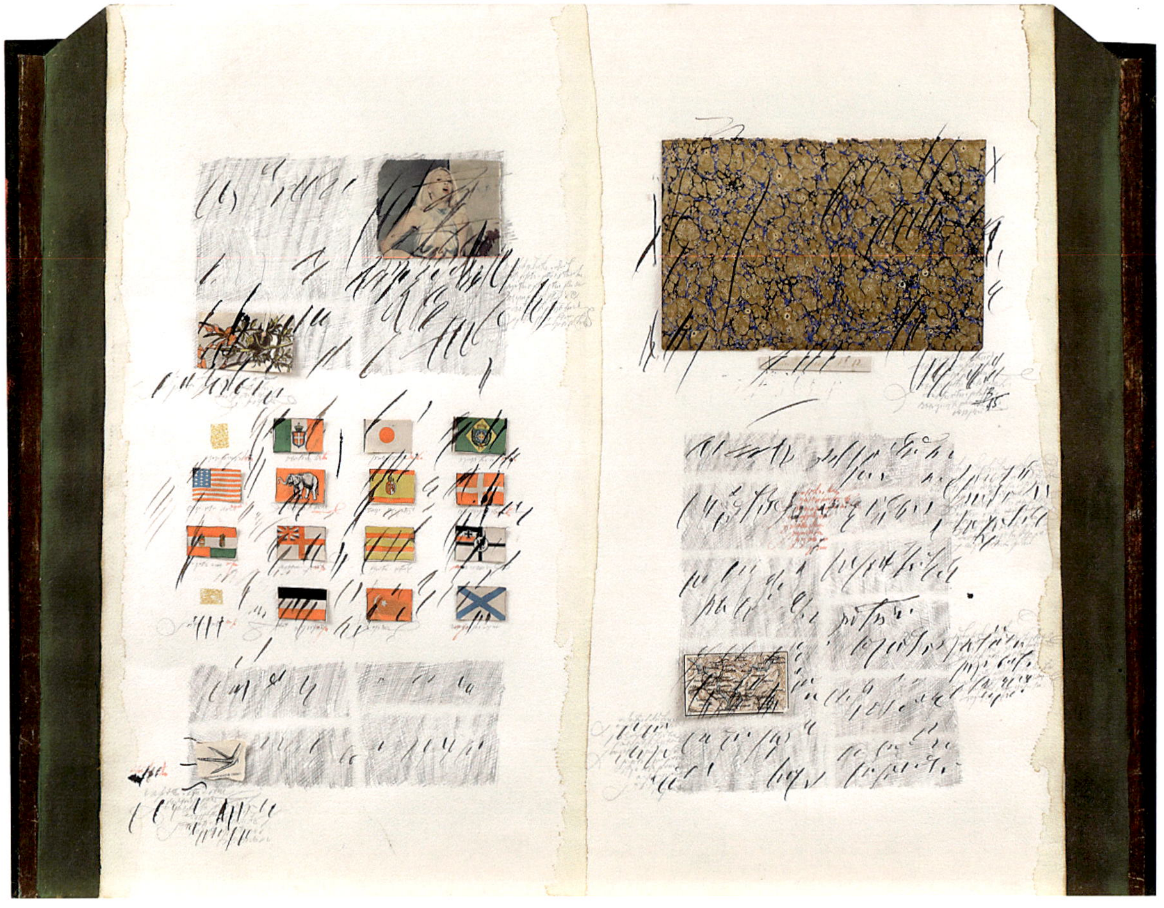

#263 **Historia naturalis 12**

Tempera, tuș, creion, laviu de baiț, acrilic auriu, colaj de hârtie și tipăritură pe hârtie, 56,5×75,5 cm, 1985, semnat, datat „IB/85", Colecția Emilian Radu, România

#263 **Historia naturalis 12**

Tempera, ink, pencil, tinted wood stain, golden acrylic, paper collage and print on paper, 56.5×75.5 cm, 1985, signed, dated "IB/85", Emilian Radu collection, Romania

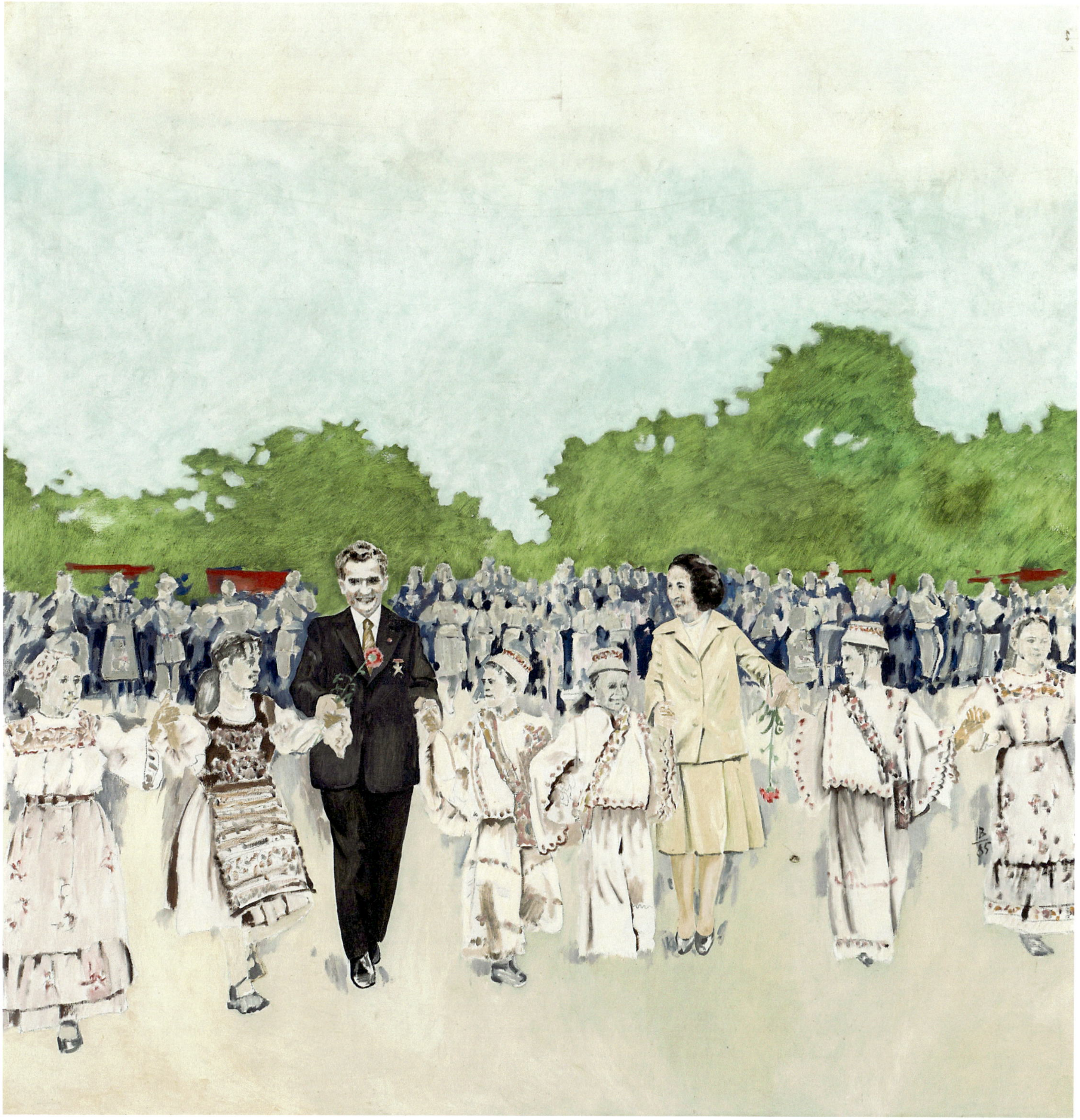

#264 **În mijlocul copiilor**
Ulei, cărbune pe pânză, 195×195 cm, 1985, semnat, datat „IB/85", MNAC

#264 **Surrounded by Children**
Oil, charcoal on canvas, 195×195 cm, 1985, signed, dated "IB/85", MNAC

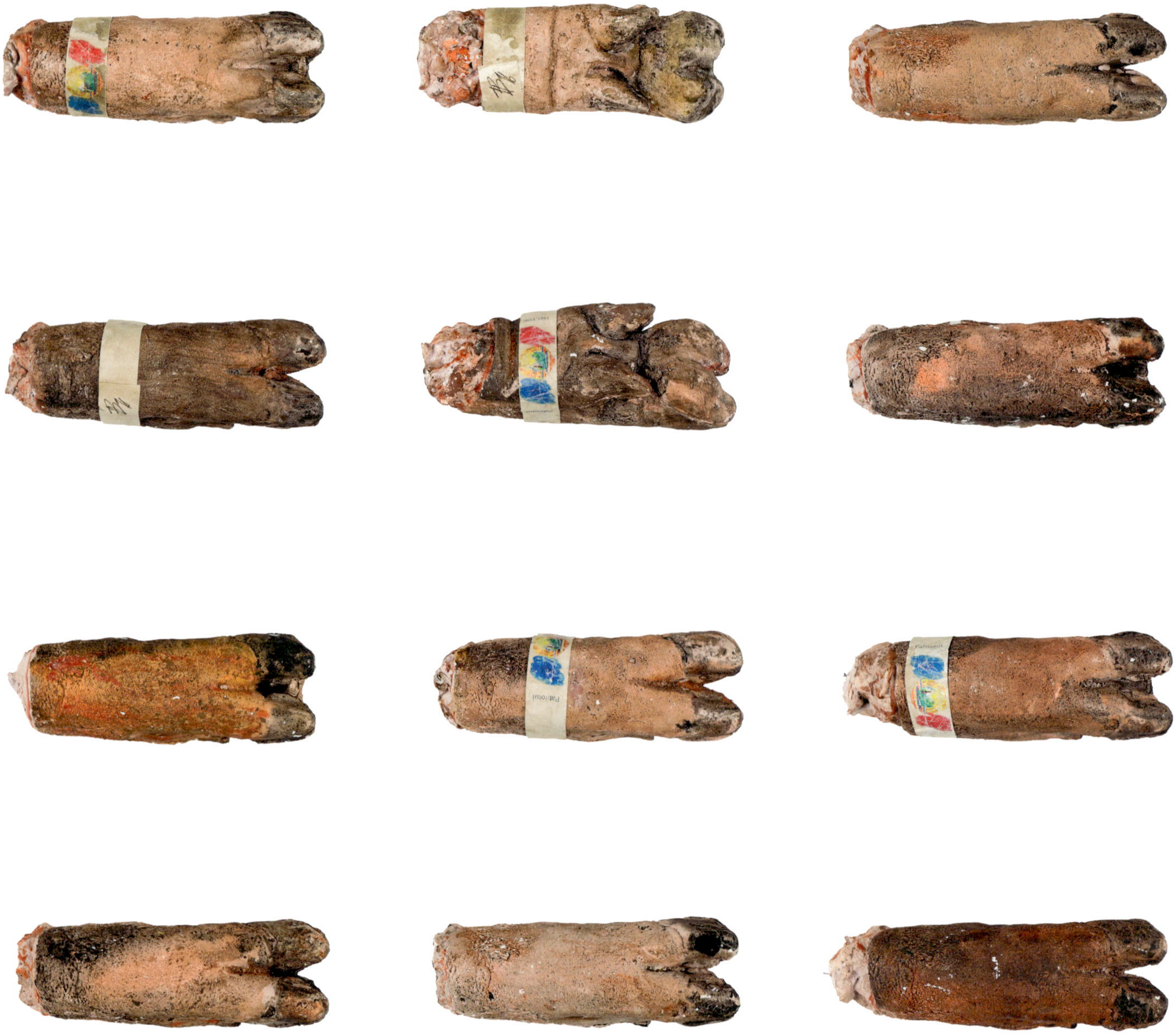

#265 Patriotul / [Adidașii]

Ghips pictat, tempera, etichete de hârtie tipărită, tuș pe hârtie, sârmă de oțel, 36 piese cu dimensiuni cuprinse între 17-19×5,5-6,5 cm, 1985-1996, semnat, datat pe eticheta a 9 piese „IB96”; semnat pe 5 piese „IB”; pe 14 piese datat „Patriotul 1985-1996”; 1 piesă nesemnată, nedatată, CP

#265 The Patriot / [Adidas sports shoes*]

Painted plaster, tempera, printed paper labels, ink on paper, steel wire, 36 pieces with dimensions ranging between 17-19×5.5-6.5 cm, 1985-1996, signed, dated on the tag of nine pieces: “IB96”; signed on five pieces: “IB”; dated on fourteen pieces “Patriotul 1985-1996” [The Patriot 1985-1986]; one piece is unsigned and undated, PC.

* This was the name unofficially given to pork leg tips during communist times

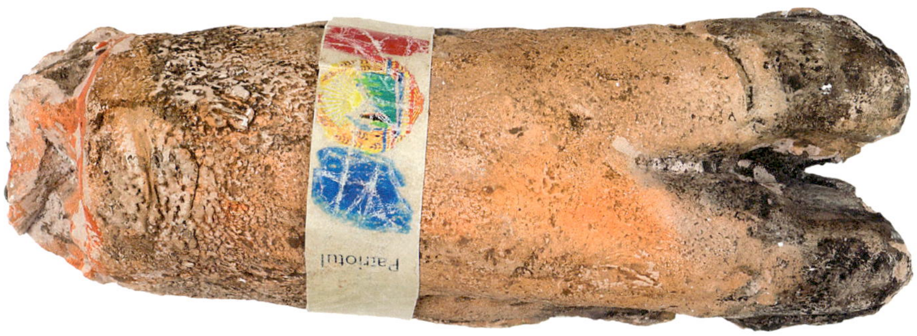
Patriotul

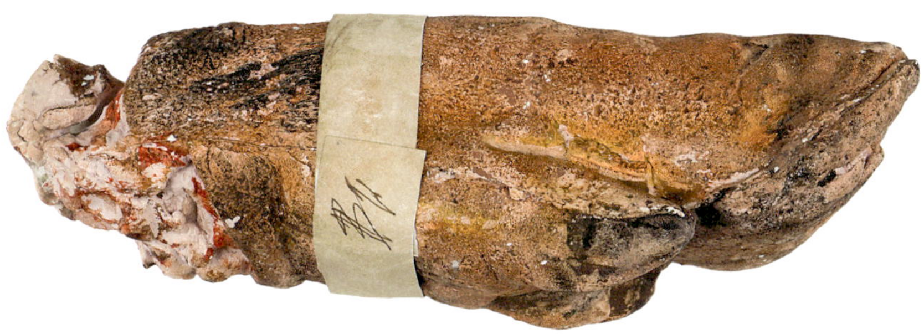

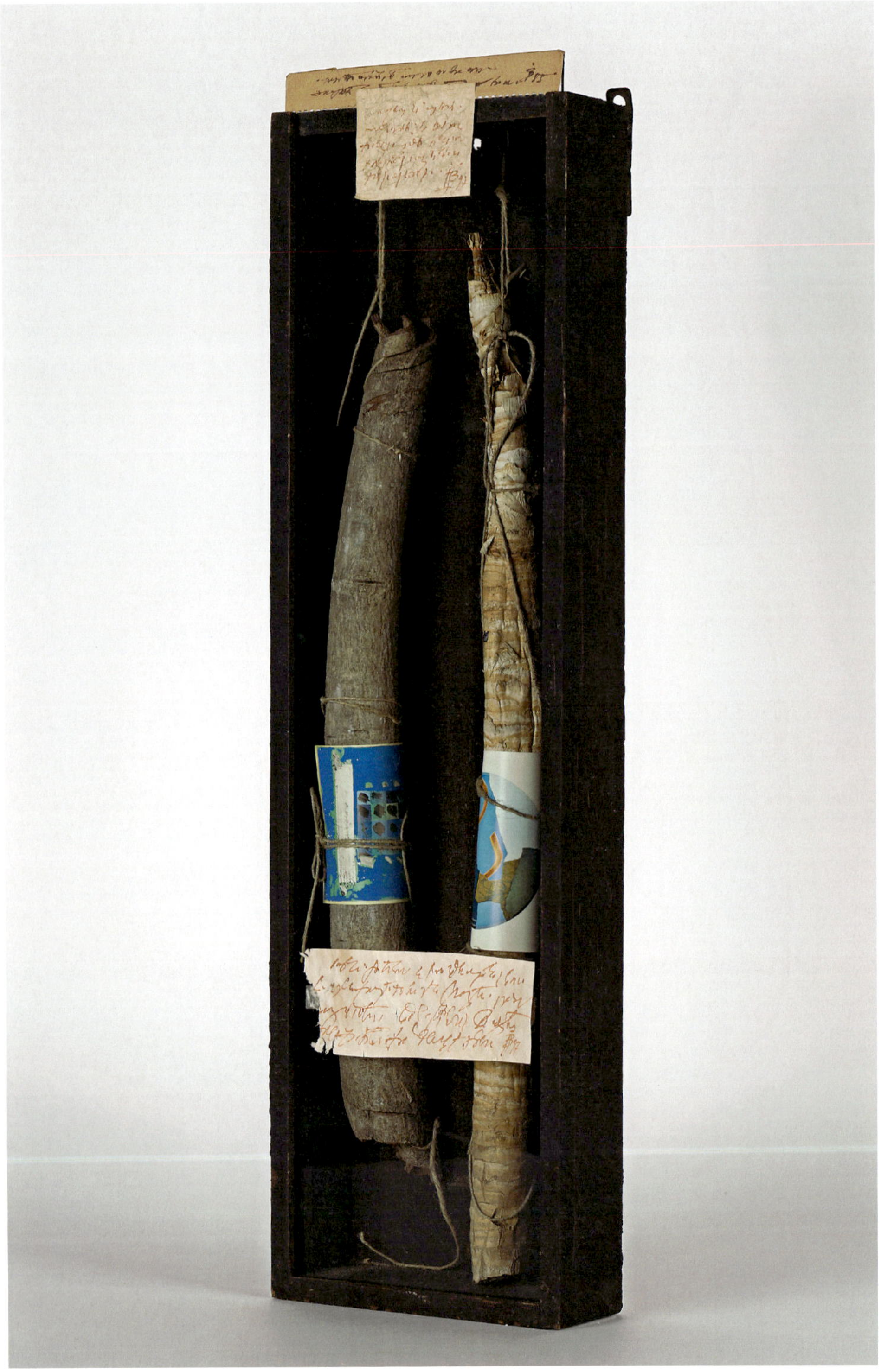

#266 **Salam [piesă din Vitrina cu alimente]**

Lemn, placaj, tulpină vegetală, scoarță de copac, gudron, sfoară, hârtie, hârtie tipărită, tempera, tuș, sticlă, cuie și agățători metalice; invitație la expoziția Geta Brătescu, „Desen colaj", 10-30 iunie 1985, Galeria Căminul Artei; cartolină cu lucrarea Pătratul Magic, tipărită de Consiliul Irlandei de Nord, 81×23,5×8,5 cm, 1985 – 1997, semnat, datat „IB85", pe etichete „IB97", CP

#266 **Salami [part of the Food Display Case]**

Wood, plywood, vegetable stem, tree bark, tar, twine, paper, printed paper, tempera, ink, glass, metal nails and clips; invitation to visit Geta Brătescu's "Desen colaj" exhibition, June 10-30, 1985 at Căminul Artei gallery; a card featuring *The Magic Square* printed by The Council of Northern Ireland, 81×23.5×8.5 cm, 1985 – 1997, signed, dated "IB85"; on paper label "IB97", PC

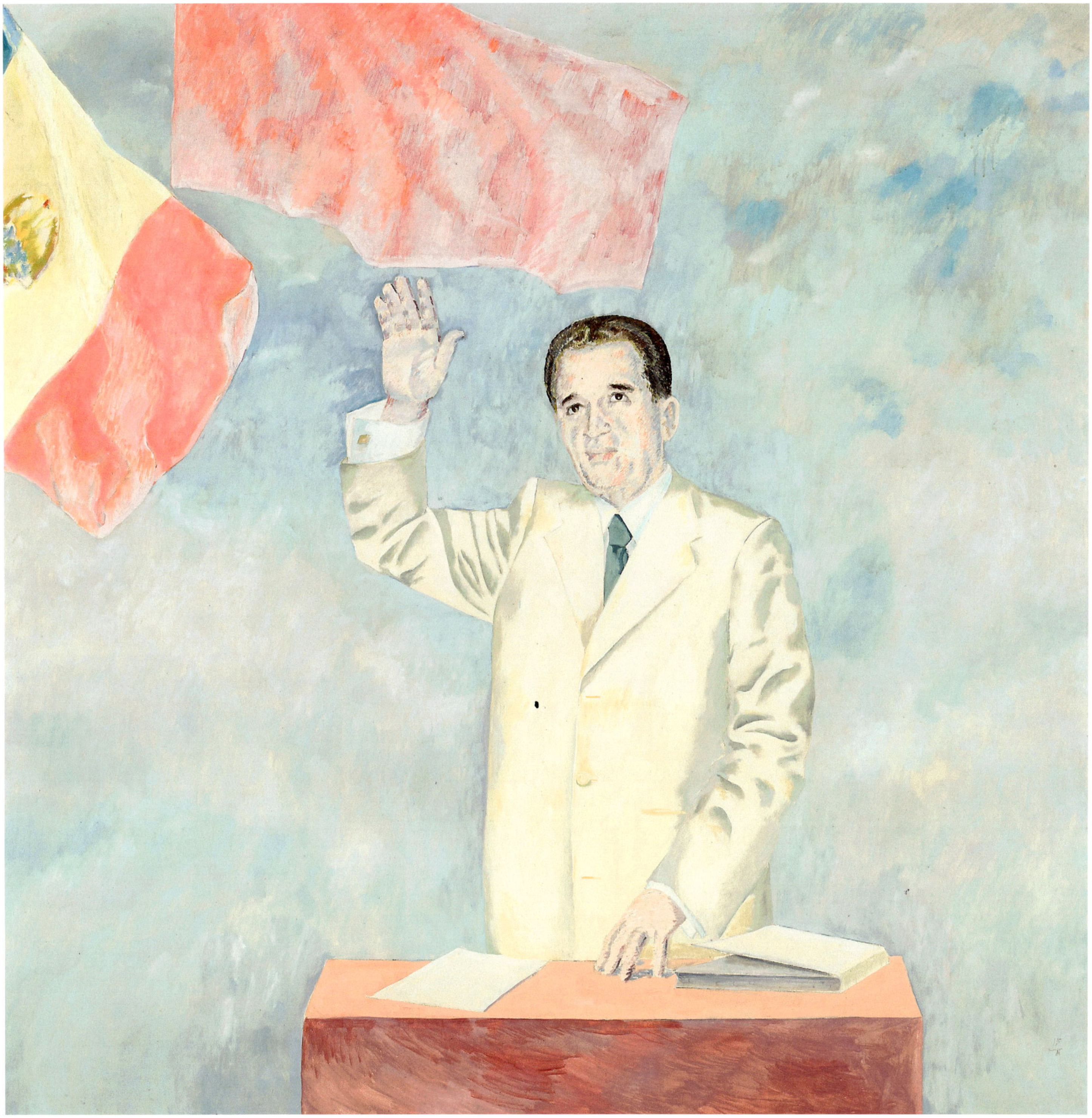

#267 **Compoziție**
Ulei pe pânză, 180×180 cm, 1986, semnat, datat „IB/86", MNAC

#267 **Composition**
Oil on canvas, 180×180 cm, 1986, signed, dated "IB/86", MNAC

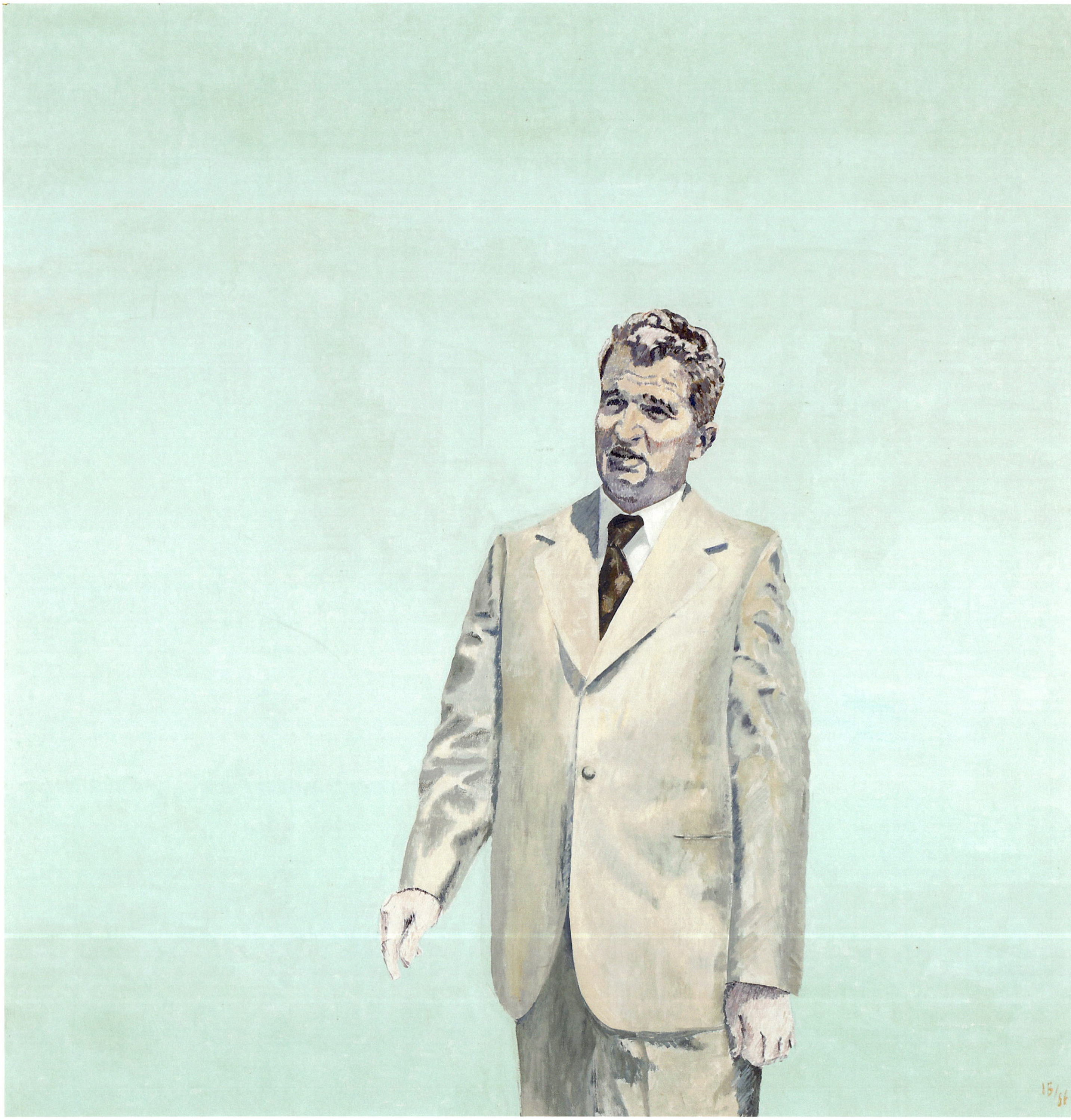

#268 **Omagiu**
Ulei pe pânză, 195×195,5 cm, 1987, semnat, datat „IB/87", MNAC

#268 **Homage (to Nicolae Ceaușescu)**
Oil on canvas, 195×195.5 cm, 1987, signed, dated "IB/87", MNAC

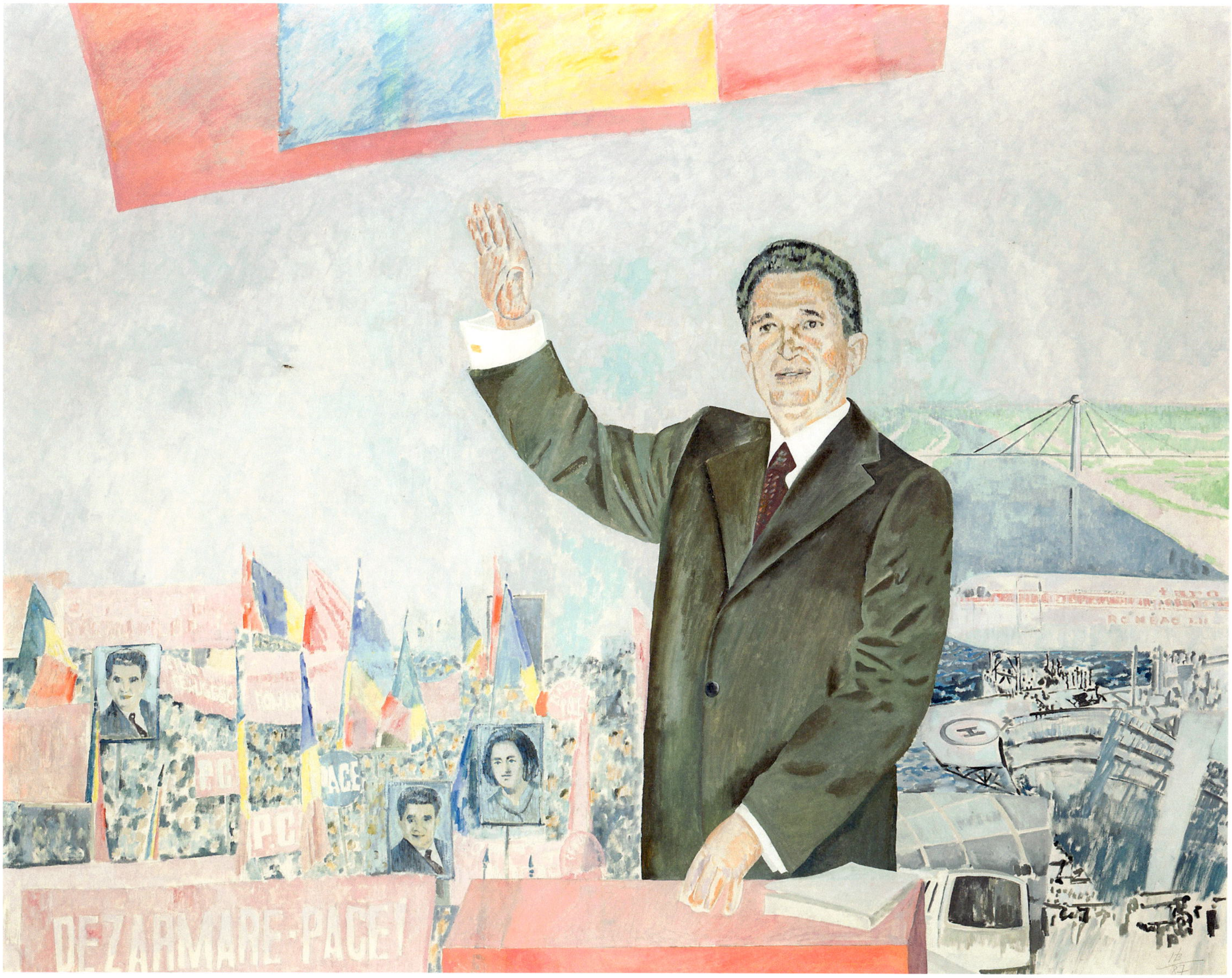

#269 **Miting pentru pace**
Ulei pe pânză, 180×230,5 cm, 1987, semnat, datat „IB/87”, MNAC

#269 **Peace Rally**
Oil on canvas, 180×230.5 cm, 1987, signed, dated “IB/87”, MNAC

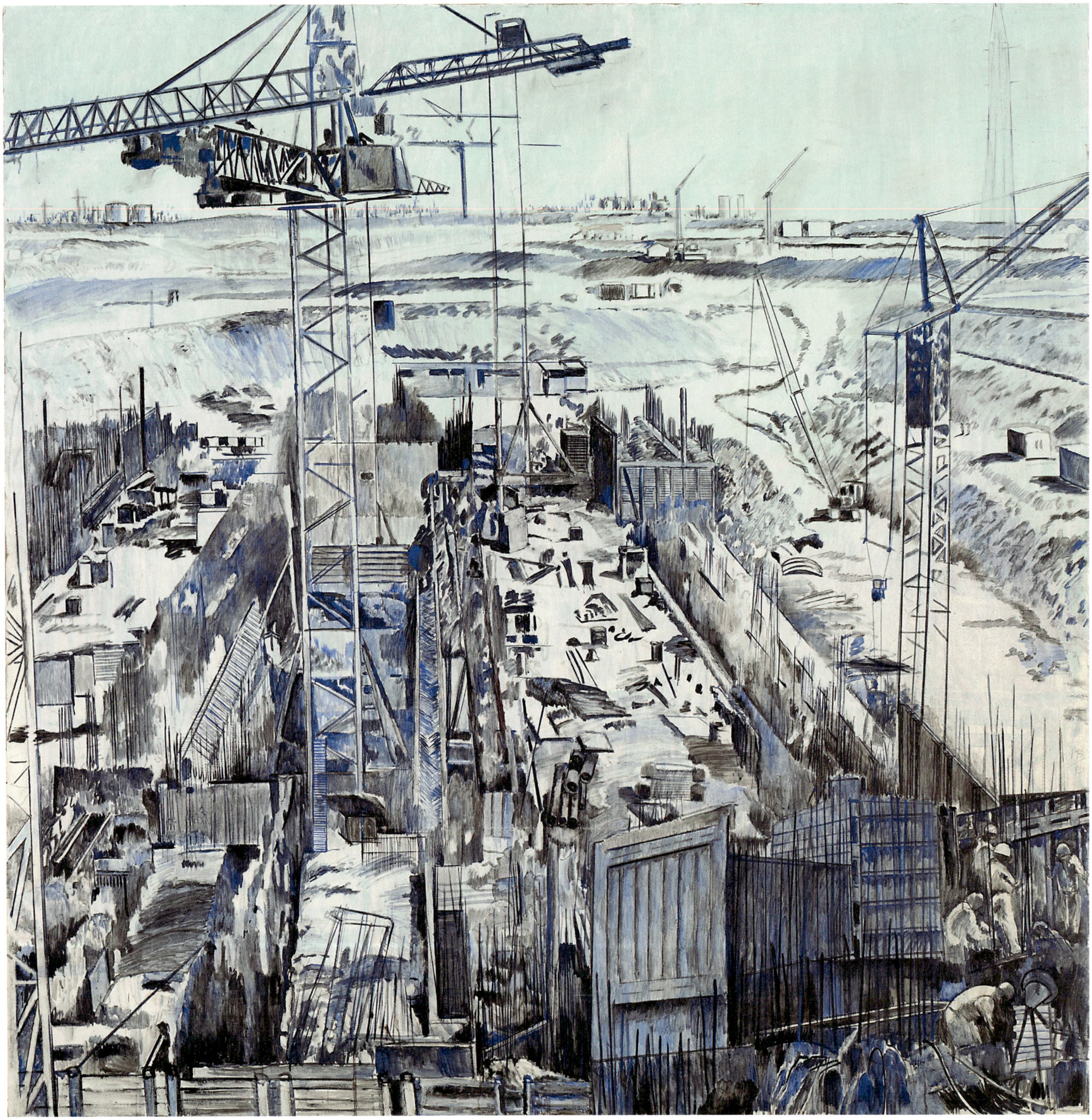

#270 **Șantierul Canalului Năvodari – Poarta Albă**

Ulei, cărbune pe pânză, 195×195 cm, 1988, semnat, datat „IB/88", MNAC

#270 **Construction Site of Năvodari-Poarta Albă Canal**

Oil, charcoal on canvas, 195×195 cm, 1988, signed, dated "IB/88", MNAC

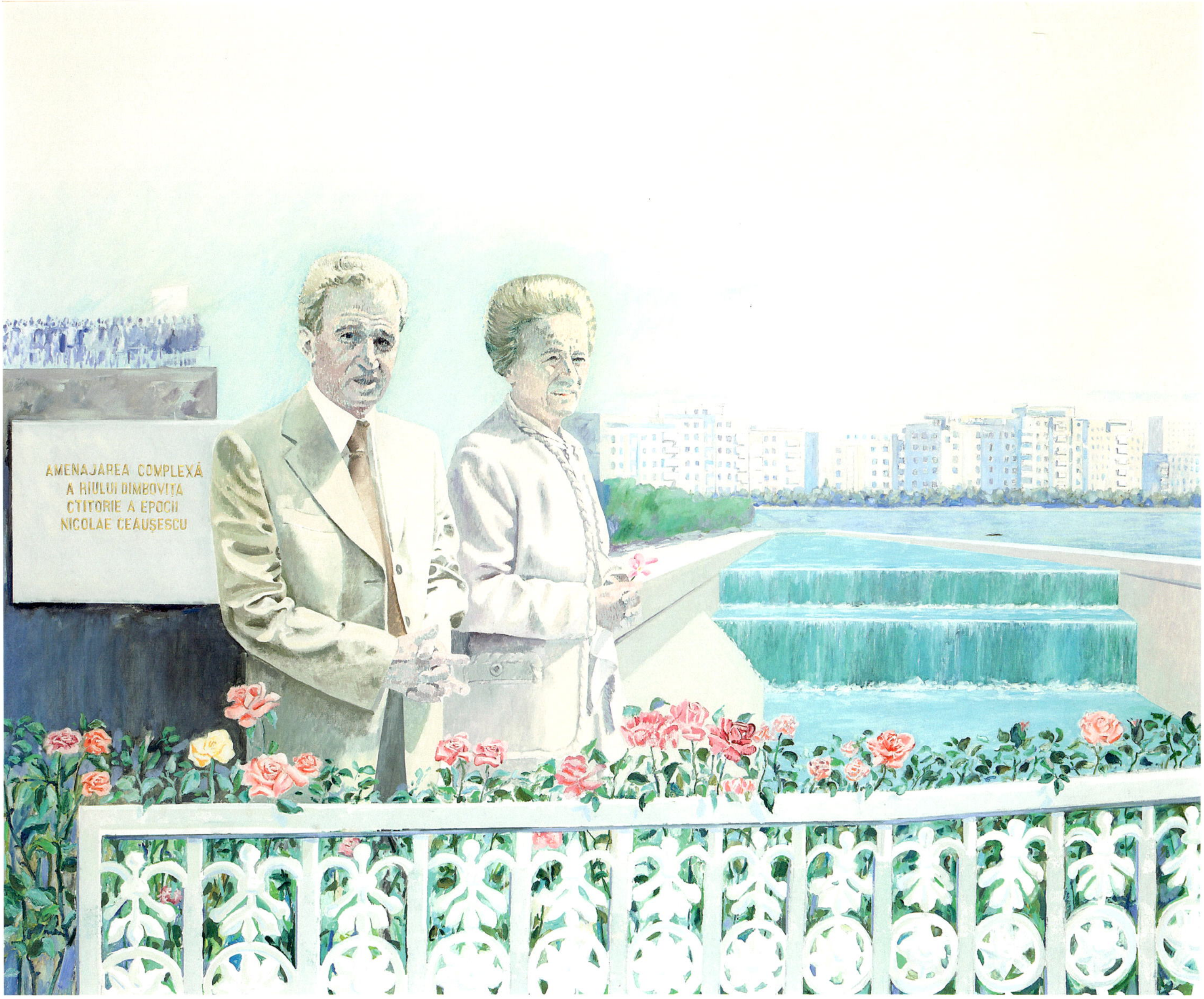

#271 **Omagiu, lucrare realizată în colaborare cu Vladimir Șetran**
Ulei, acrilic pe pânză, 180×221 cm, c. 1988, nesemnat, nedatat, MNAC

#271 Homage, co-authored with Vladimir Șetran
Oil, acrylic on canvas, 180×221 cm, circa 1988, unsigned, undated, MNAC

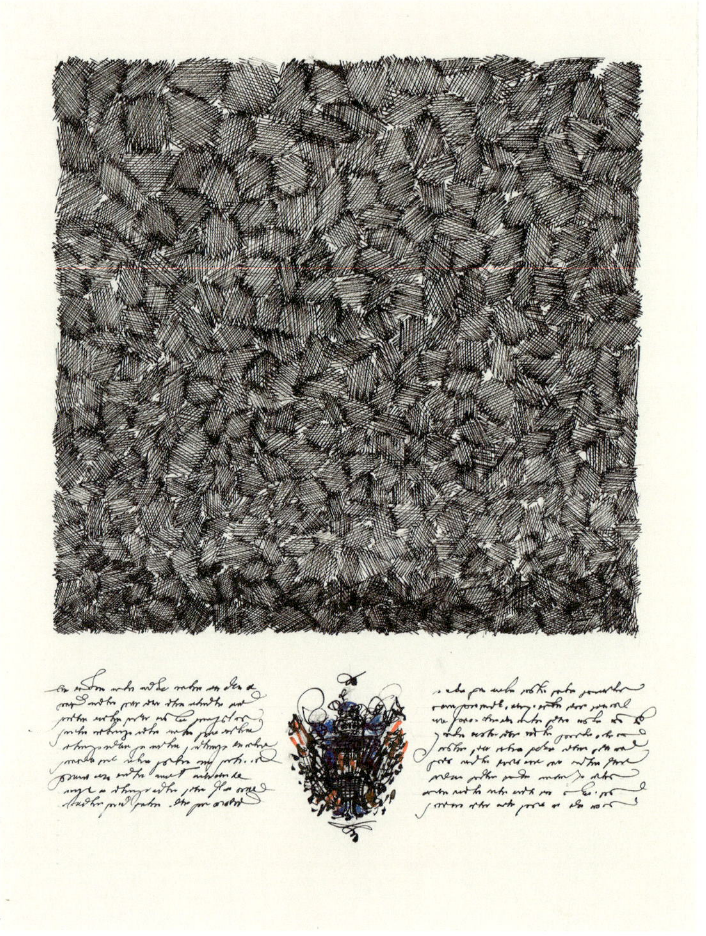

#272 **Documente miscelanee 3**
Tuş negru, creion pe hârtie cu linii de apă Ingres d'Arches® MBM, 65×50 cm, 1989, semnat, datat „I.B. 89", colecția Geanina & Tudor Grecu, România

#273 **Documente miscelanee**
Tuş (negru, roșu, albastru), creion pe hârtie, 35×25 cm, [1989], nesemnat, nedatat, CP

#272 **Miscellaneous Documents 3**
Black ink, pencil on Ingres d'Arches® MBM paper, 65×50 cm, 1989, signed, dated "I.B. 89", Geanina & Tudor Grecu collection, Romania

#273 **Miscellaneous Documents**
Ink (black, red, blue), pencil on paper, 35×25 cm, [1989], unsigned, undated, PC

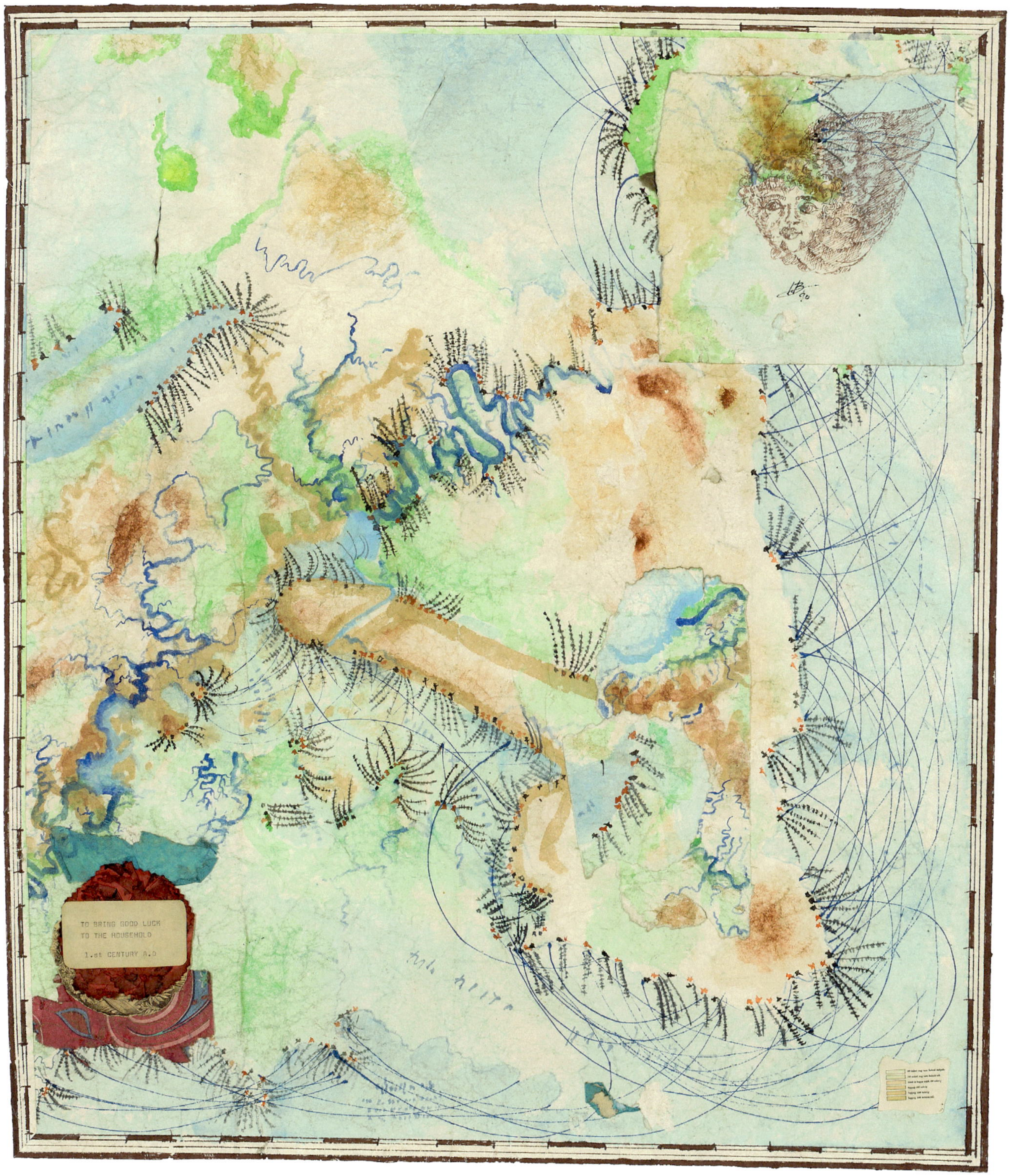

#274 **Harta**

Tuș, acuarelă pe hârtie prelucrată manual, cașerată pe pânză, colaj de hârtie tipărită și hârtie colorată, 67,5×57,5 cm, 1990, semnat, datat „IB/90”, CP, România

#274 **The Map**

Ink, watercolour on handcrafted paper glued on canvas, printed paper and coloured paper collage, 67.5×57.5 cm, 1990, signed, dated “IB/90”, PC, Romania

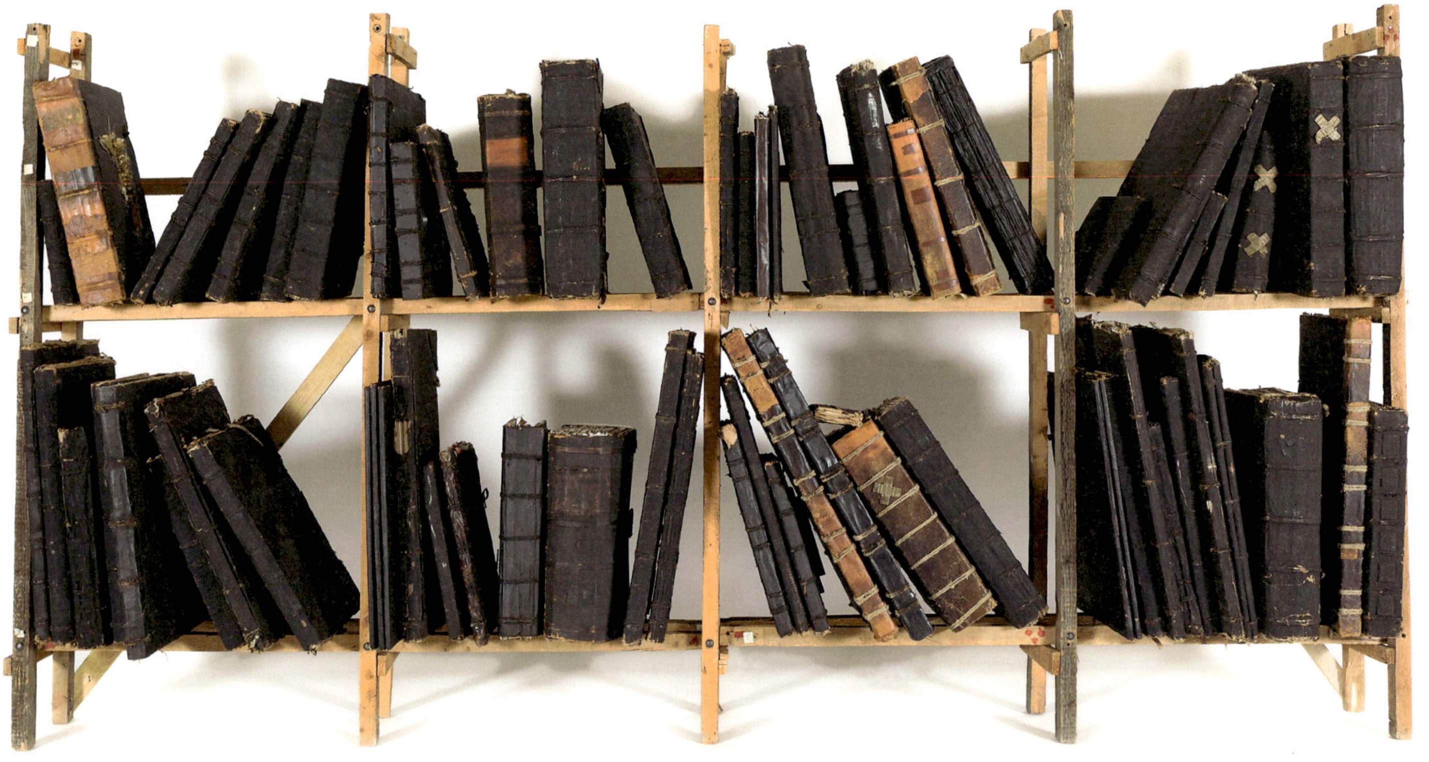

#275 **Biblioteca arsă**
69 de cărți-obiect, cu dimensiuni variabile, lemn, șuruburi, carton, hârtie, ziare, tipărituri, sfoară, pânză de sac, piele, bitum, fireturi, catifea, disc de vinil, alamă, rășină poliesterică (nestrapol), ansamblu: 207 (h)×410×52 cm, stativ: 207×410×41 cm, 1990, nesemnat, nedatat, MNAC

#275 **The Charred Bookcase**
69 books-objects, variable dimensions, wood, screws, cardboard, paper, newspapers, printed papers, twine, sackcloth, leather, bitumen, trimmings, velvet, vinyl disc, brass, polyester resin (nestrapol), the set: 207 (h)×410×52 cm, the stand: 207×410×41 cm, 1990, unsigned, undated, MNAC

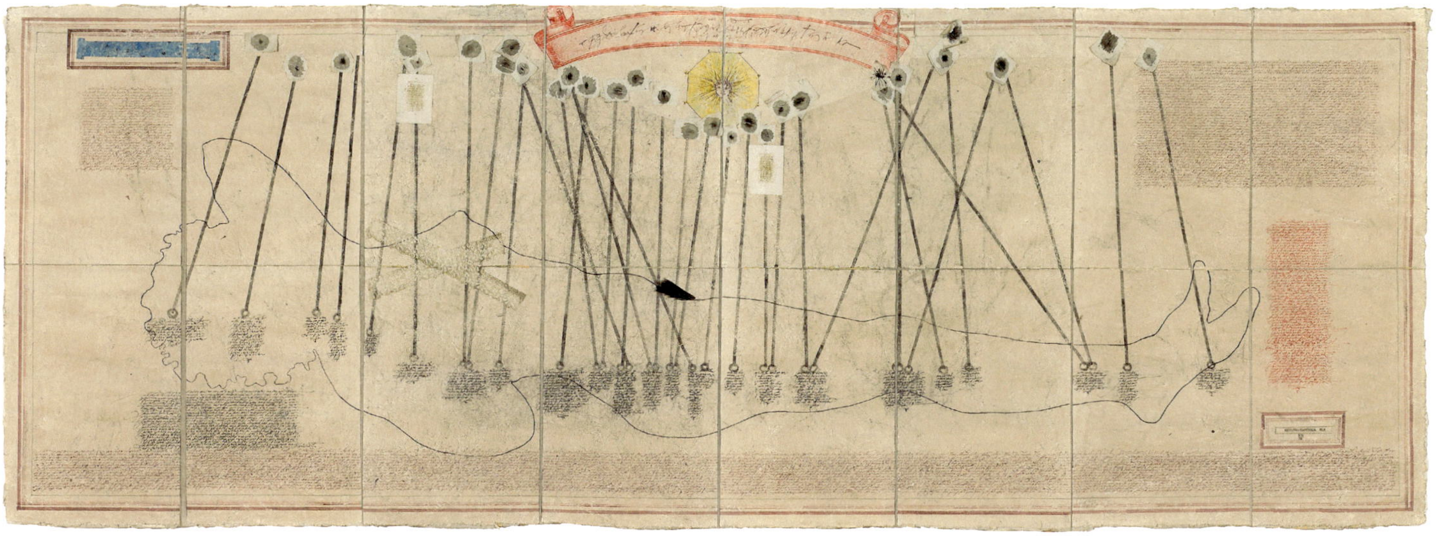

#276 Medicina empirică planșa 9

Hârtie preparată manual, lipită pe verso cu benzi de pânză, tuș negru, roșu, vișiniu, pânză colată, tuș pe pânză, dantelă, blană, colaj de hârtie, acuarelă, 100×278 cm, 1991, semnat, datat „I.B./91", colecția Rodika Zanian, Franța

#276 Empirical Medicine sheet 9

Handcrafted paper glued with fabric on the back, black, red, burgundy ink, glued fabric, ink on fabric, lace, fur, paper collage, watercolour, 100×278 cm, 1991, signed, dated "I.B./91", Rodika Zanian collection, France

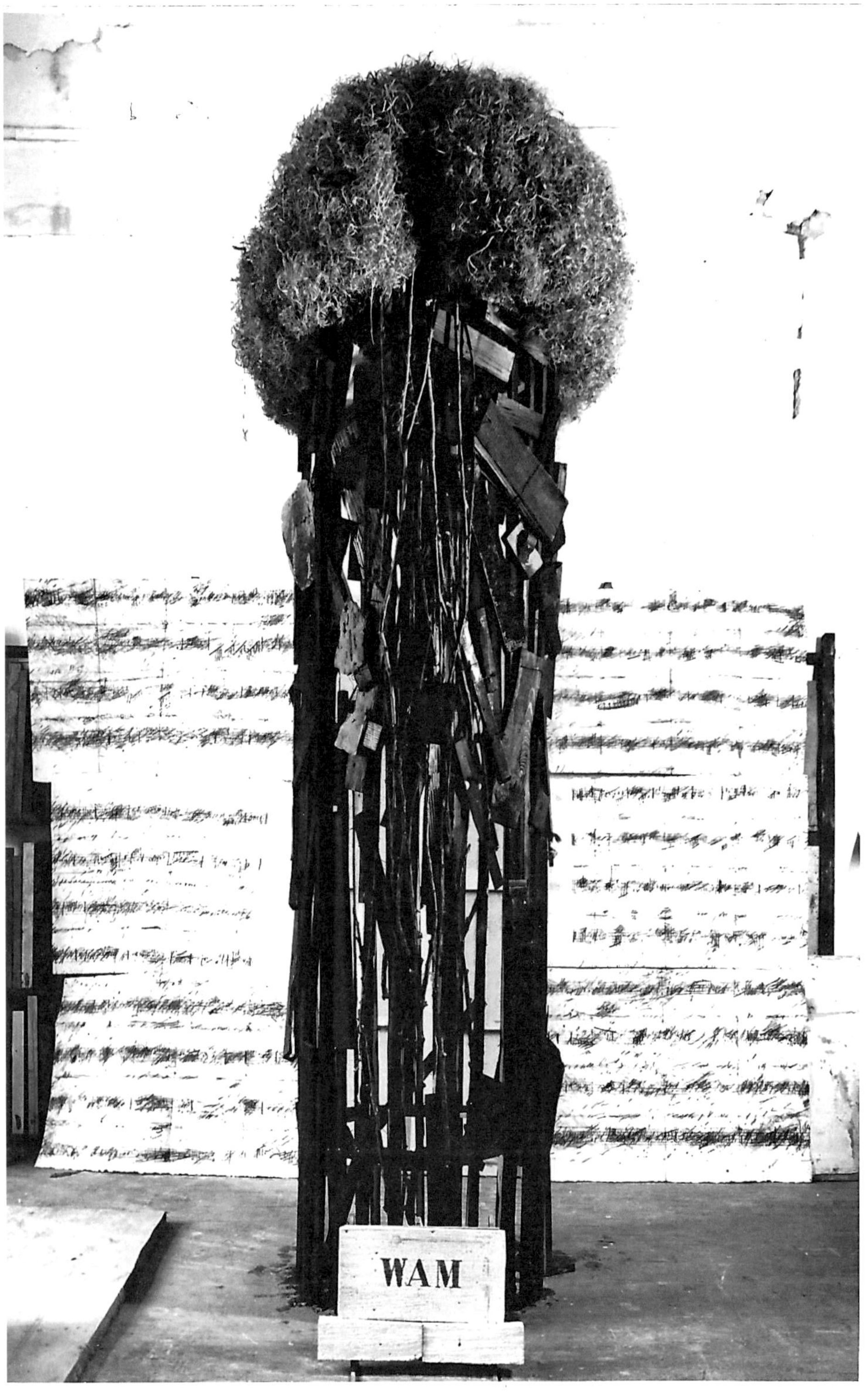

#277 **WAM / Sexul lui Mozart**

Instalație: obelisc (lemn, iarbă de mare, carton, piele; distrus); 8 desene, dimensiuni diverse (pastel, tuș pe hârtie), 1991, nesemnat, nedatat; creat pentru expoziția „Sexul lui Mozart", Teatrul Național București, 1991.

Foto: AFIB

#277 **WAM / The Sex of Mozart**

Installation: obelisk (wood, seagrass, cardboard, leather; destroyed, no longer exists); 8 drawings, variable dimensions (pastel, ink on paper), 1991, unsigned, undated; created for the exhibition "The Sex of Mozart", Bucharest National Theatre, 1991.

Photo: AFIB

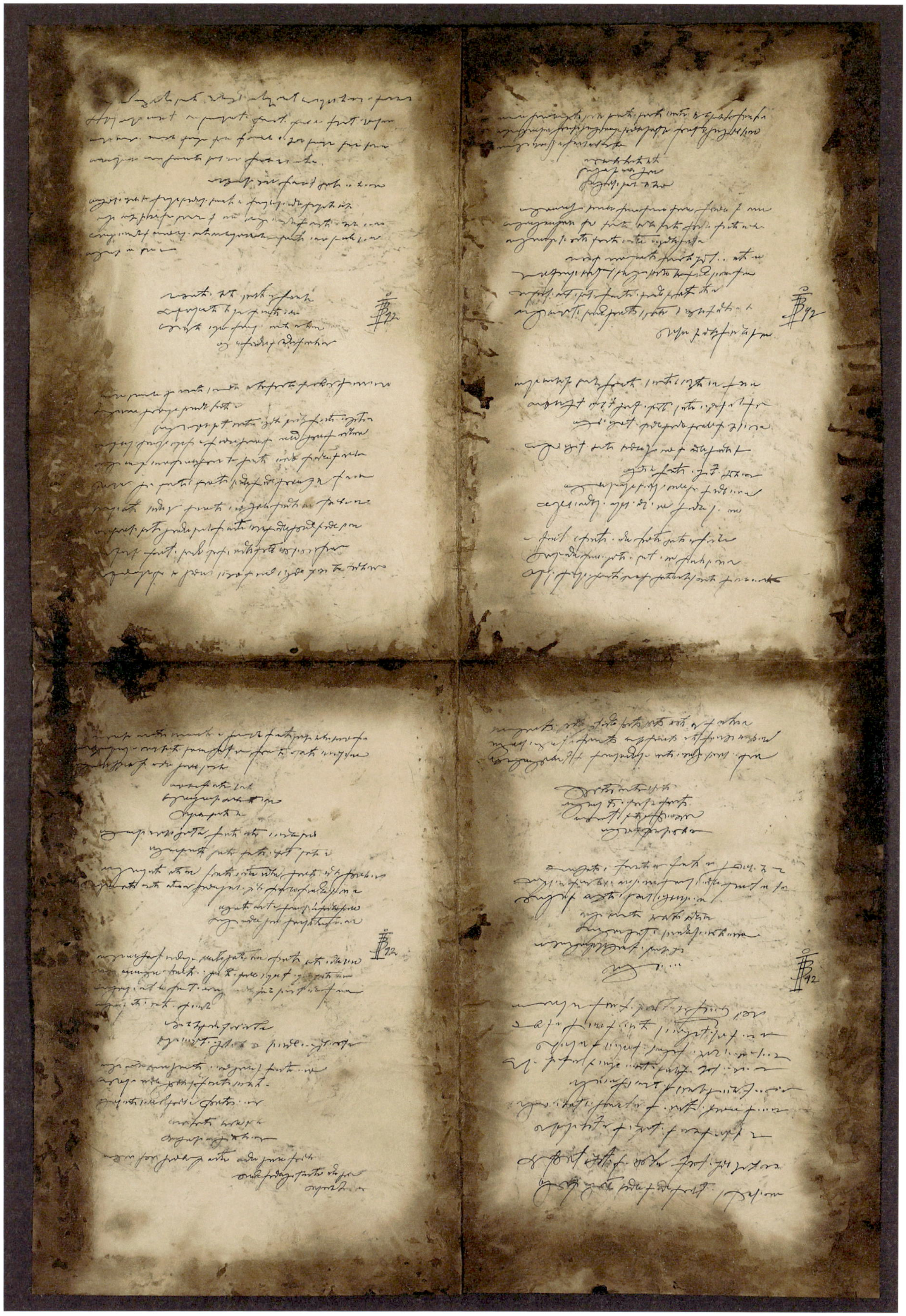

#278 **Manuscris**

Tuş, bitum pe hârtie prelucrată manual, 99×68,2 cm, 1992, semnat, datat „IB92”, CP

#278 **Manuscript**

Ink, bitumen on handcrafted paper, 99×68.2 cm, 1992, signed, dated “IB92”, PC

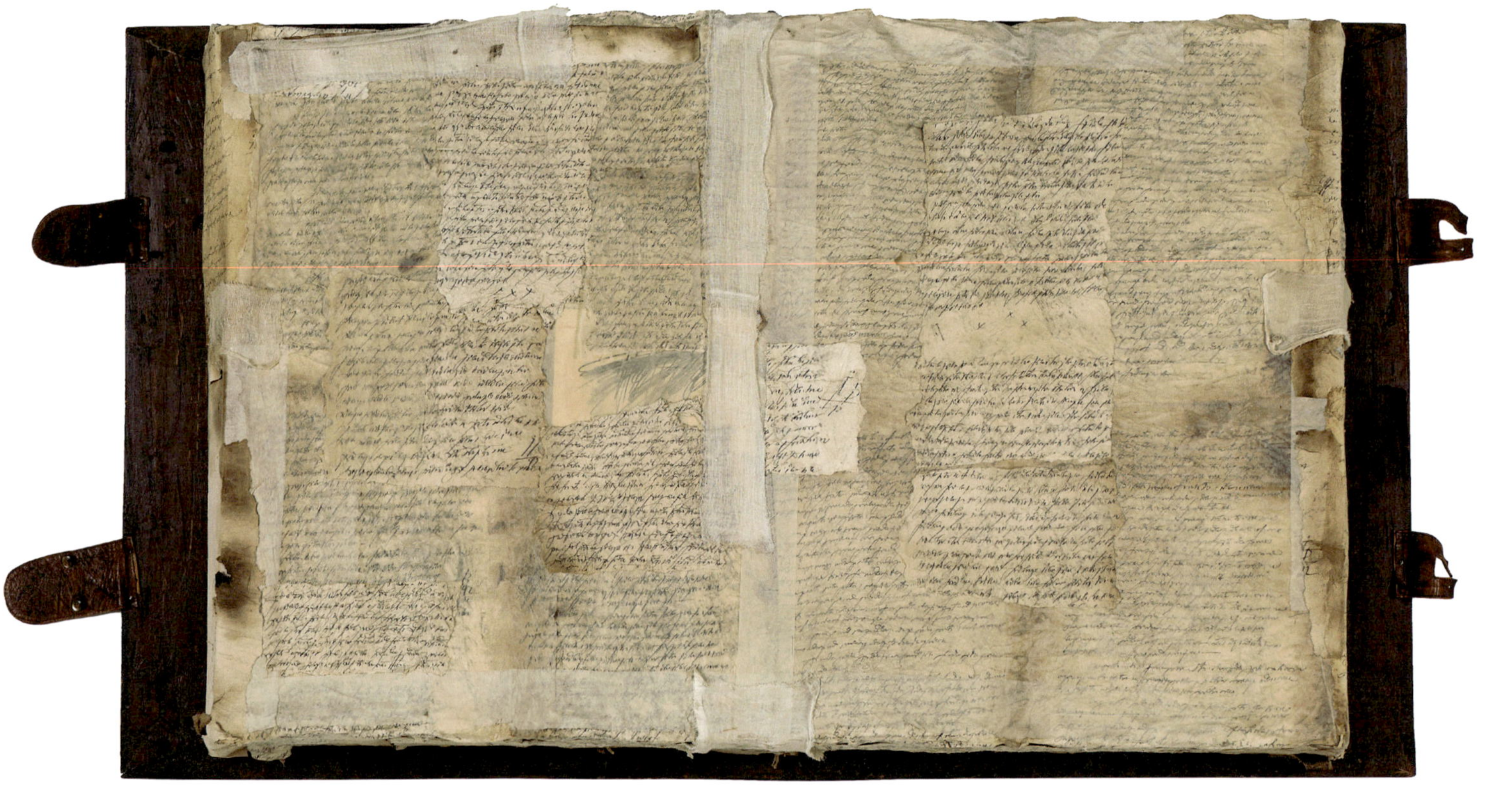

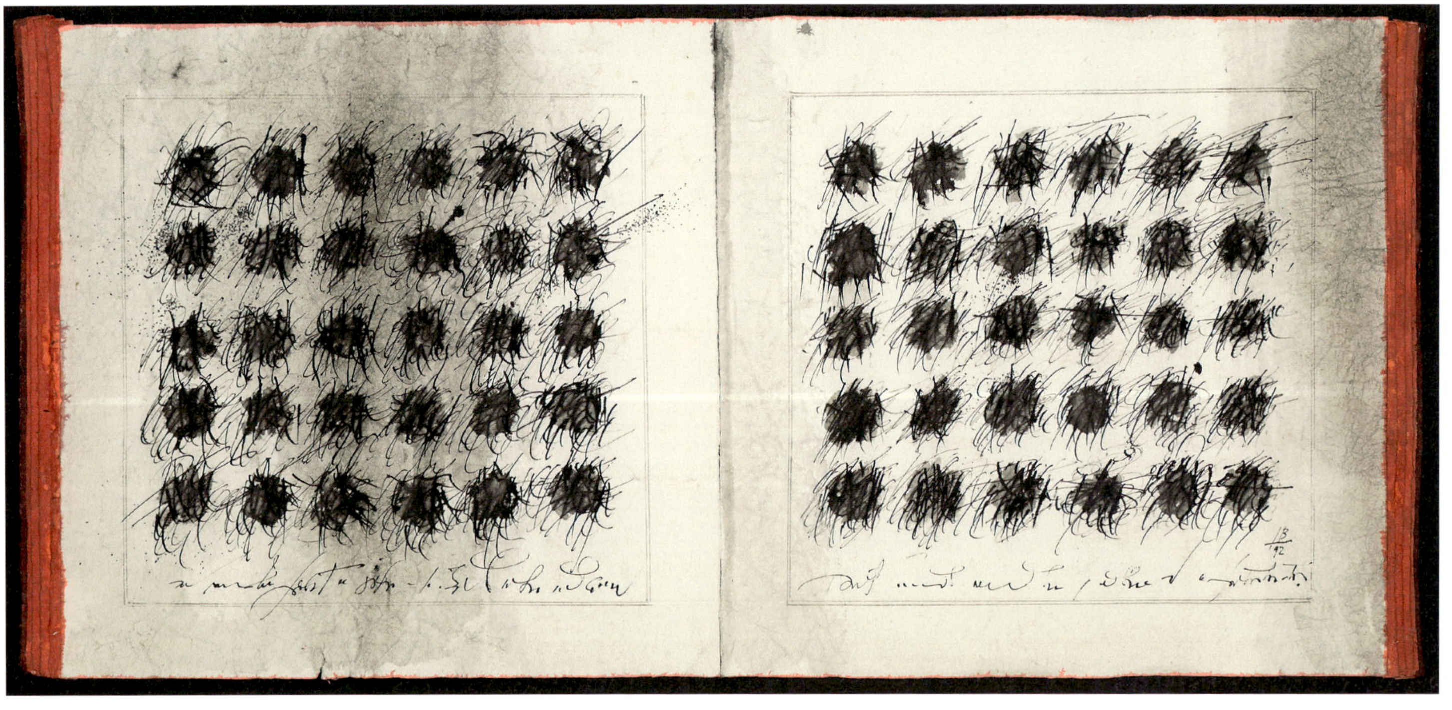

#279 **Marele Biblion 3**
Lemn băițuit, hârtie prelucrată manual, hârtie japon, sfoară, tifon, piele, tuș pe hârtie, cuie, șuruburi metalice, nasturi, 84×146×37 cm, 1992, semnat, datat „IB92", CP

#280 **Insectar**
Tuș, tempera, laviu de tuș pe hârtie, colaj de hârtie, 33,5×73 cm, 1992, semnat, datat „IB/92", Colecția Zorela & Alexandru Sgarbura

#279 **The Great Biblion 3**
Stained wood, handcrafted paper, handmade paper, twine, gauze, leather, ink on paper, nails, metal screws, buttons, 84×146×37 cm, 1992, signed, dated "IB92", PC

#280 **Insect Collection**
Ink, tempera, tinted ink on paper, paper collage 33.5×73 cm, 1992, signed, dated "IB/92", Zorela & Alexandru Sgarbura collection

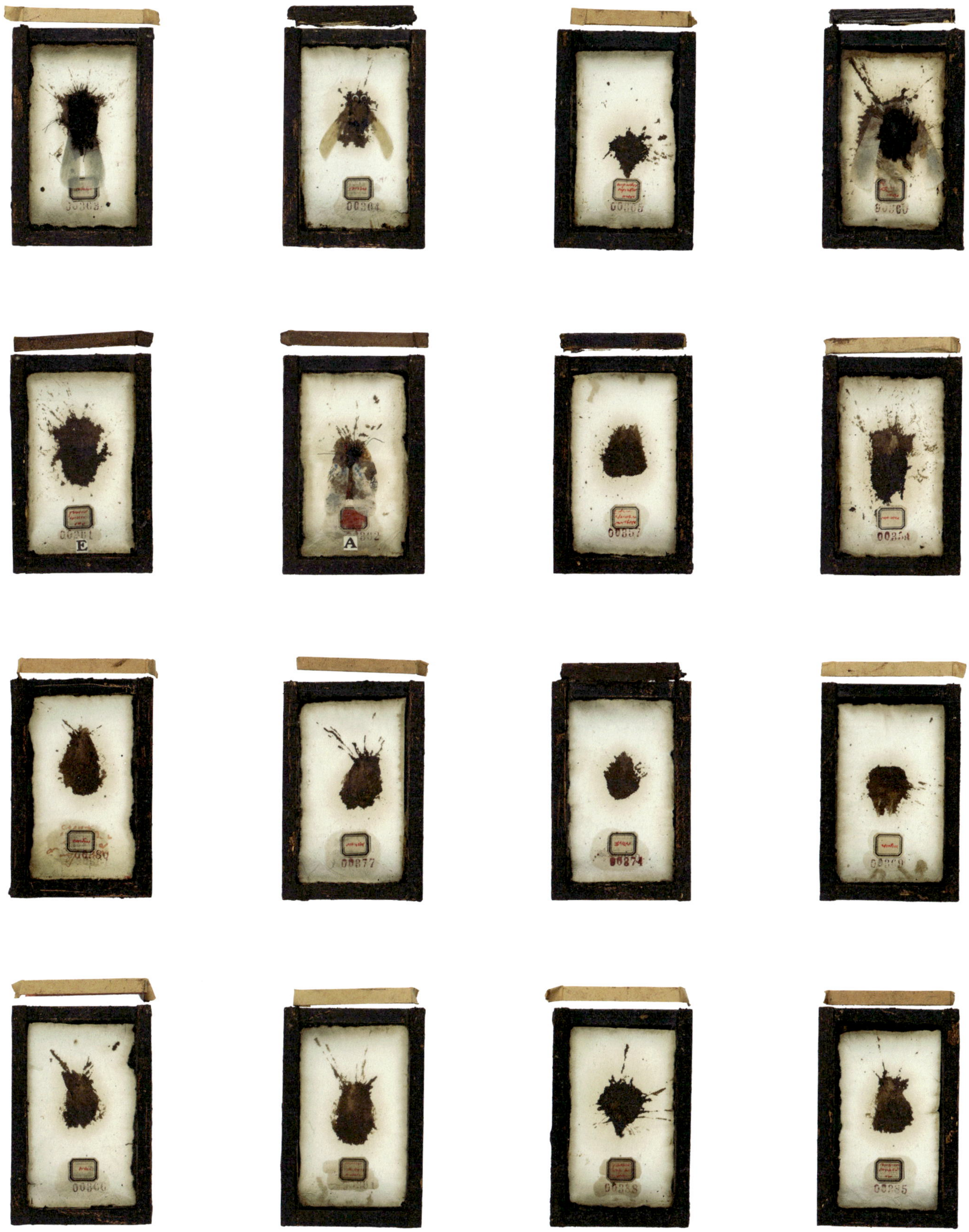

#281 **Insectar** **(continuat pe p. 240)**
Lemn, bitum, hârtie prelucrată manual, tuș pe hârtie, sticlă, colaj hârtie tipărită, bandă adezivă de hârtie, plastic, material textil, ață, hârtie de calc, hârtie japon, copci de oțel, ștampilă, 60 piese cu dimensiuni între 14,7-15,7×9×3 cm, 1992, nesemnat, nedatat, MNAC

#281 **Insect Collection** **(continued on p. 240)**
Wood, bitumen, handcratfed paper, ink on paper, glass, printed paper collage, paper adhesive tape, plastic, fabric, thread, tracing paper, handmade paper, steel eyelets, stamp, 60 pieces measuring 14.7 to 15.7×9×3 cm 1992, unsigned, undated, MNAC

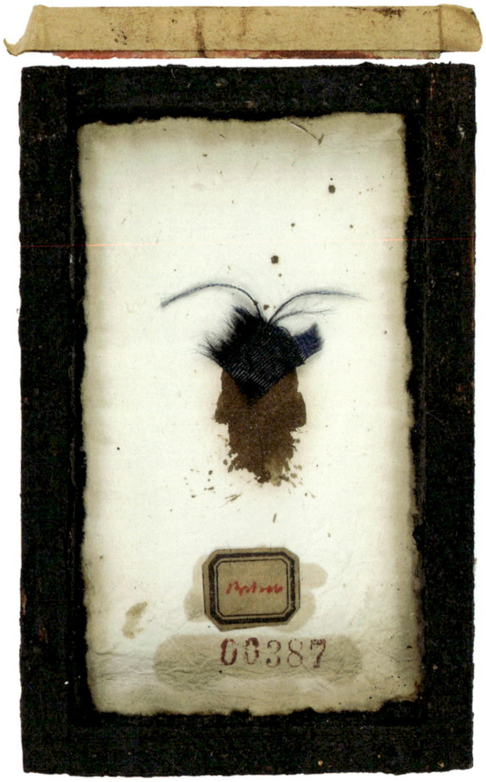

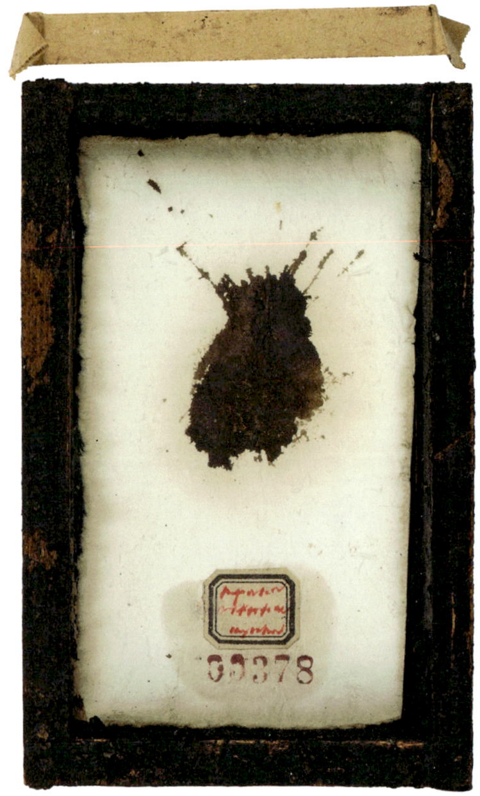

#281 Insectar (continuat)

#281 Insect Collection (continued)

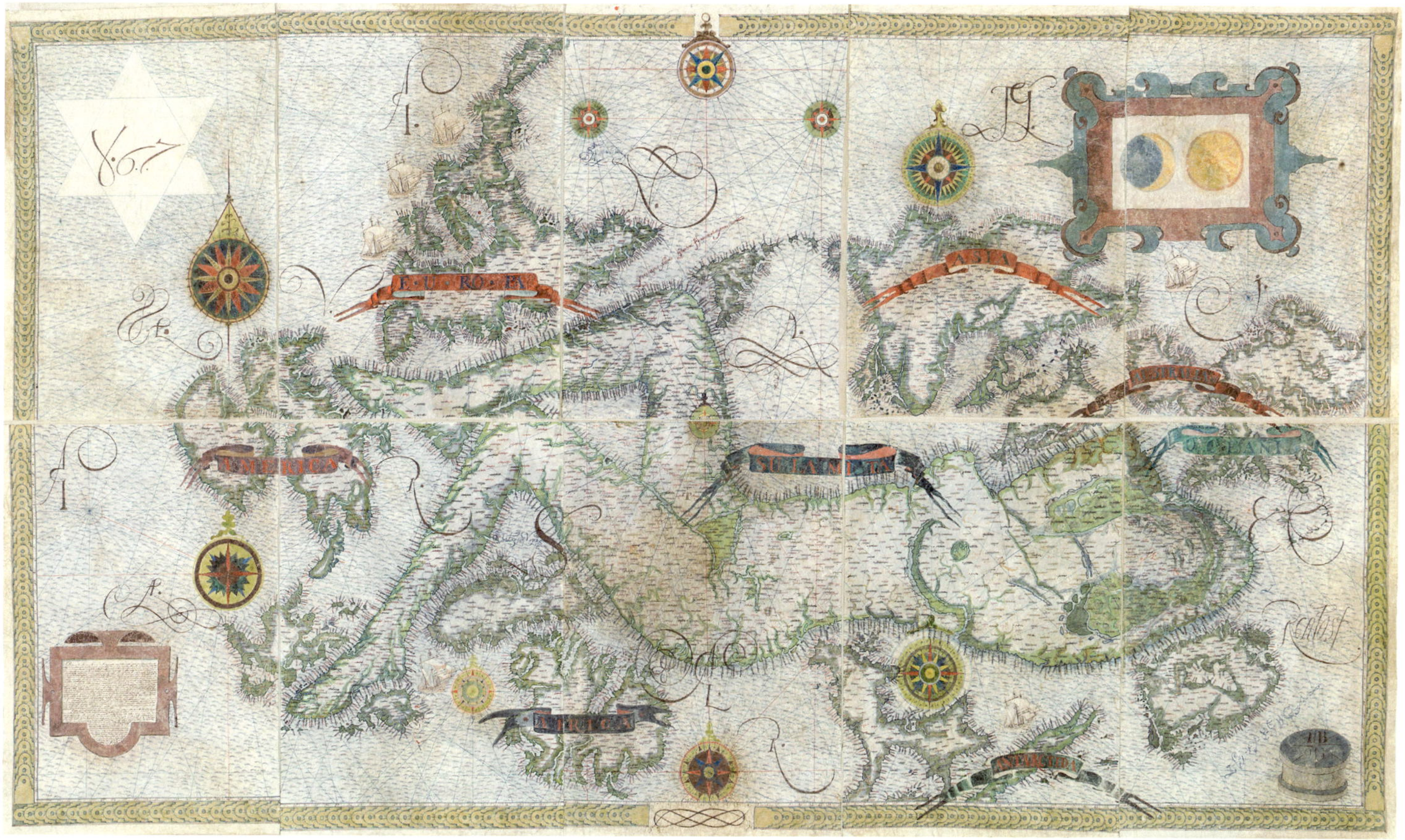

#282 **Cântarea cântărilor – Continentele / Sulamita**
Acuarelă, tuș pe hârtie lipită pe pânză, 196×305 cm,
1993, semnat, datat „IB93", MNAC

#282 **Song of Songs – The Continents / Shulammite**
Watercolour, ink on paper glued on canvas, 196×305 cm,
1993, signed, dated "IB93", MNAC

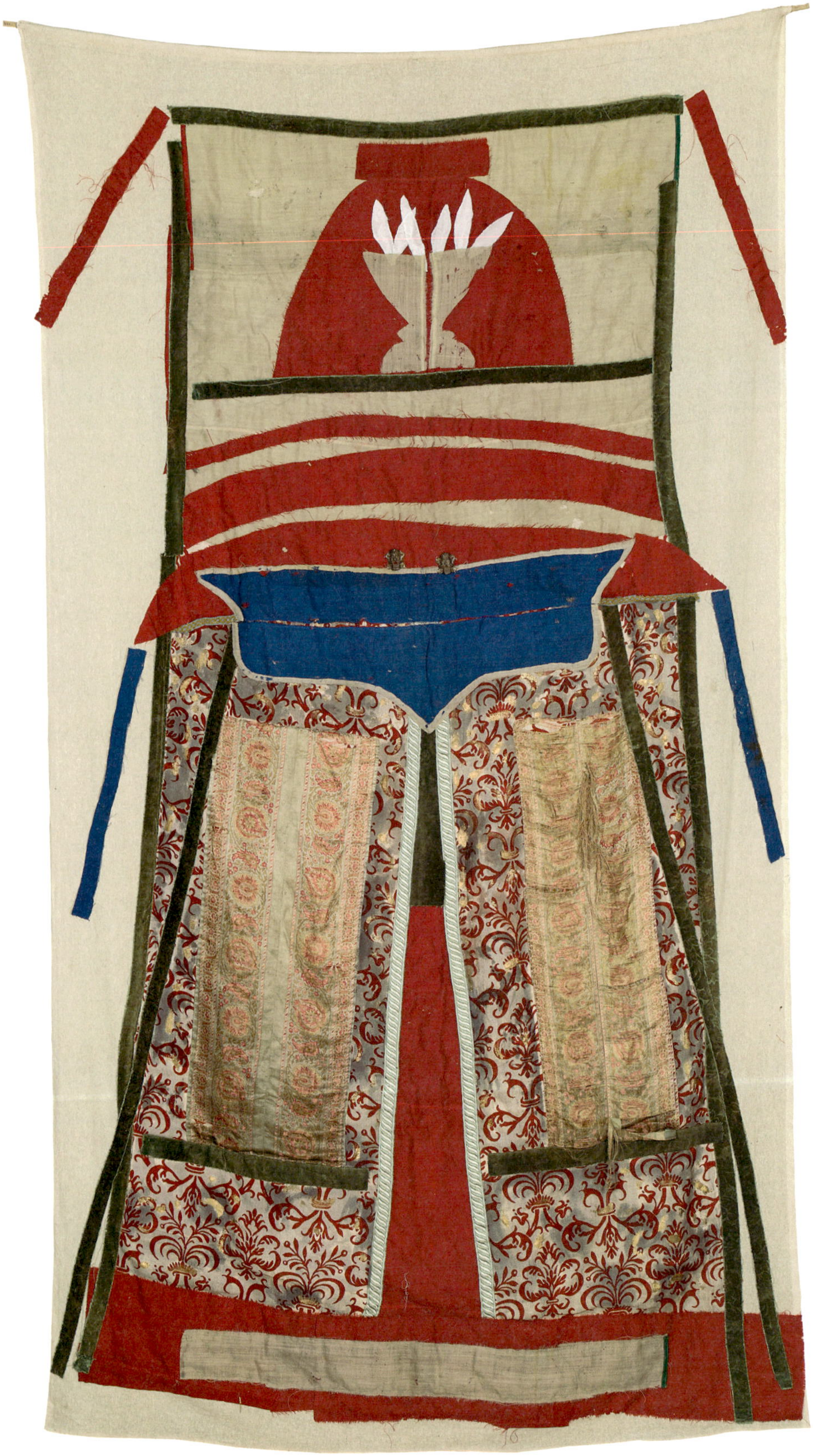

#283 **Cântarea cântărilor – Cortul**
Colaj textil din pânză de in, bumbac, catifea, mătase, lână, acrilic auriu, tempera, aplicații metalice, ață, 336×195 cm, [1993], nesemnat, nedatat, MNAC

#283 **Song of Songs – The Tent**
Fabric collage using linen cloth, cotton, velvet, silk, golden acrylic, tempera, metal inserts, thread, 336×195 cm, [1993], unsigned, undated, MNAC

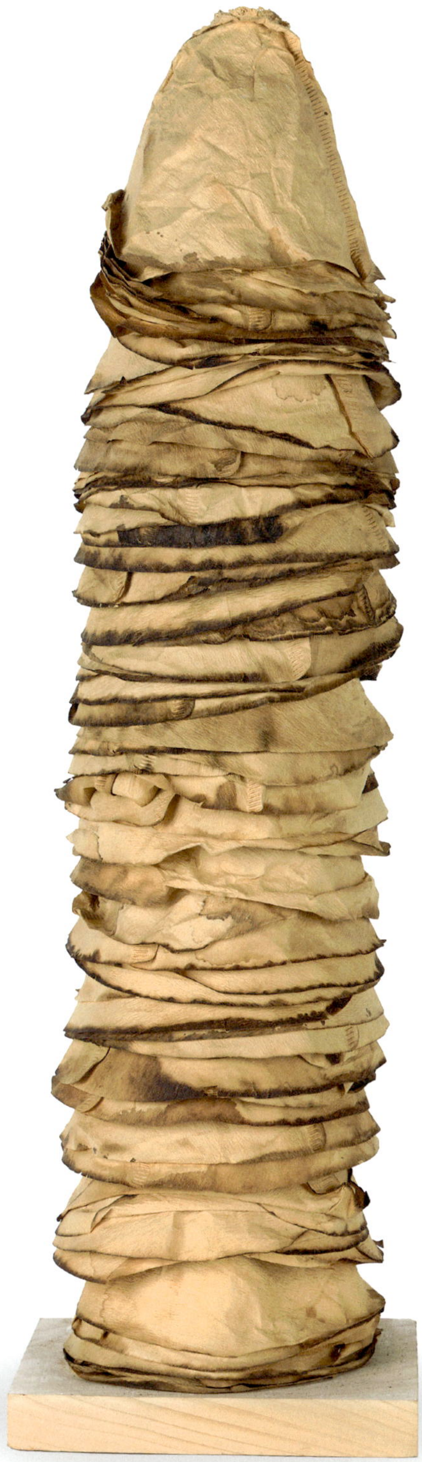

#284 **Cântarea cântărilor – Obiectul lui Solomon**
Hârtie (filtre de cafea), lemn, sârmă, 55,5×14,8×16,2 cm, [1993], nesemnat, nedatat, CP

#284 **Song of Songs – Solomon's Tool**
Paper (coffee filters), wood, wire, 55.5×14.8×16.2 cm, [1993], unsigned, undated, PC

#285 **Cântarea cântărilor – Biblia lui Șerban [Cantacuzino] 1688**
Cărbune, tuș pe hârtie maruflată pe pânză, colaj de hârtie colorată și celofan, serie de 18 lucrări, dimensiuni între 75-78 cm (verticală)×69-70 cm (orizontală), 1993, semnat, datat „IB93", MNAC

#285 **Song of Songs – Șerban [Cantacuzino]'s Bible 1688**
Charcoal, ink on paper press-rolled on canvas, coloured paper and cellophane collage, series of 18 works with dimensions ranging between 75-78 cm (on the vertical axis)×69-70 cm (on the horizontal axis), signed, dated "IB93", MNAC

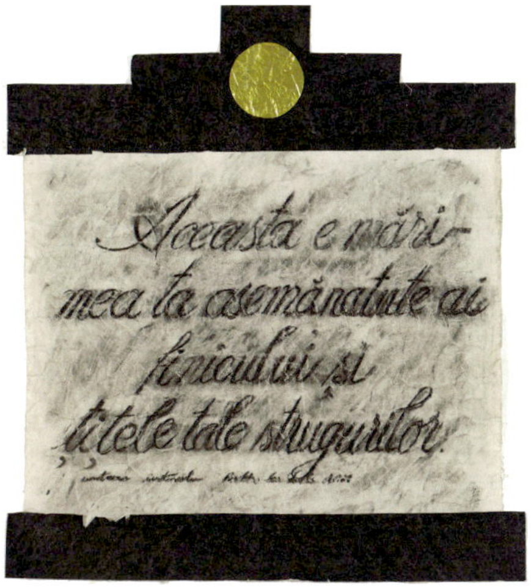
Aceasta e mări-
mea ta asemănatute ai
finicului și
țîțele tale strugurilor.

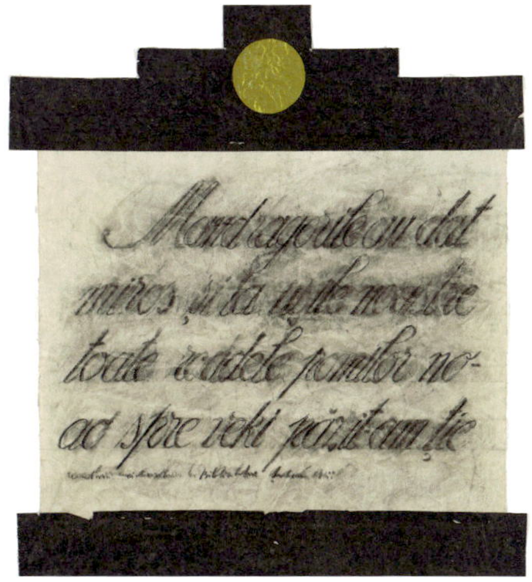
Mandragurile au dat
miros, și la ușile noastre
toate roadele pomilor no-
ao spre veki păzit-am ție

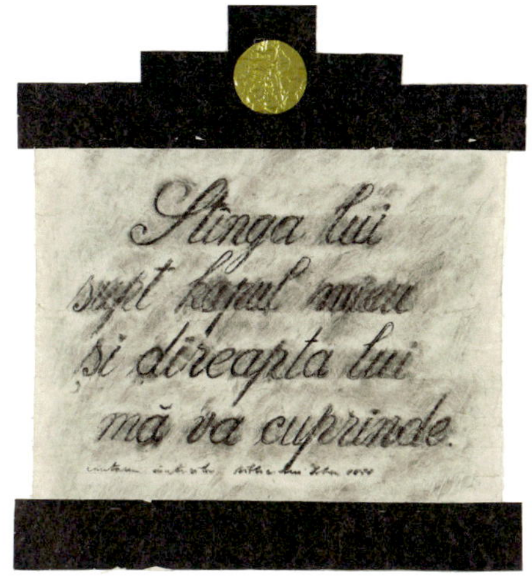
Stînga lui
supt kapul meu
și dreapta lui
mă va cuprinde.

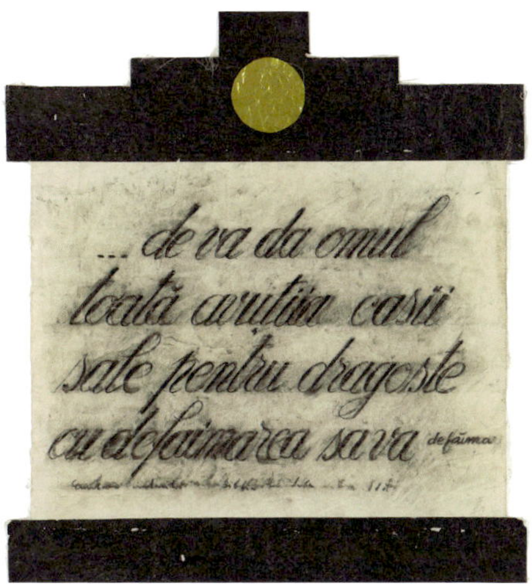
... de va da omul
toată avuția casii
sale pentru dragoste
cu defăimarea sa va defăima

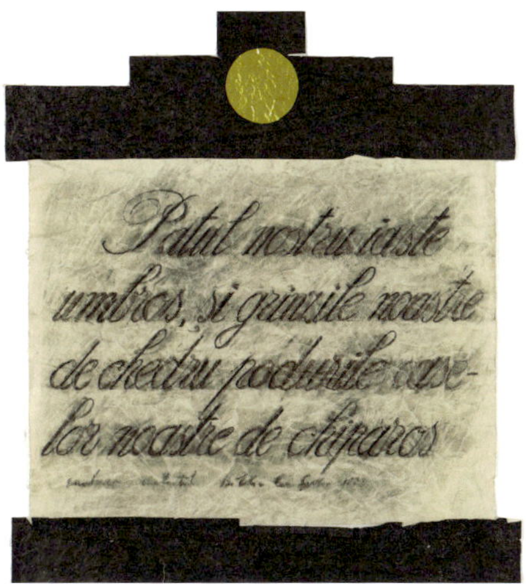
Patul nostru iaste
umbros, și grinzile noastre
de chedru podurile case-
lor noastre de chiparos

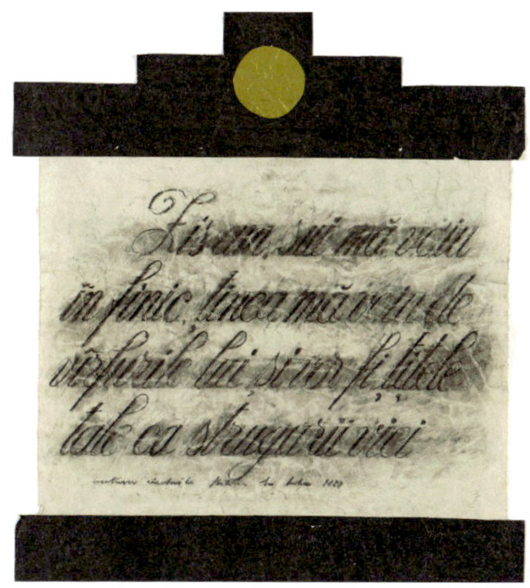
Zis-am, sui-mă voiu
în finic, ține-mă-voiu de
vârfurile lui și vor fi țîțele
tale ca strugurii viei

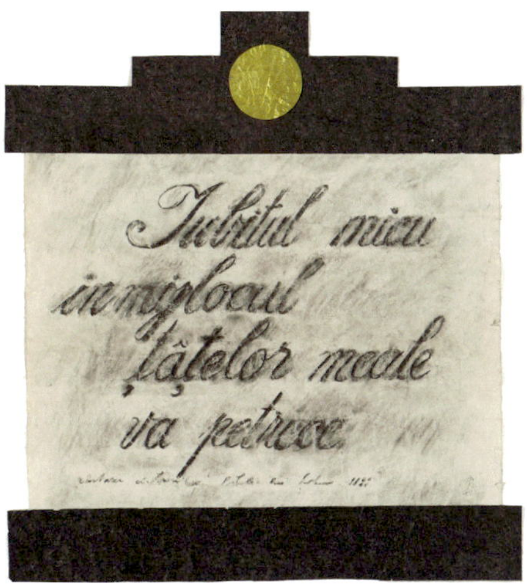
Iubitul mieu
în mijlocul
țâțelor meale
va petrece.

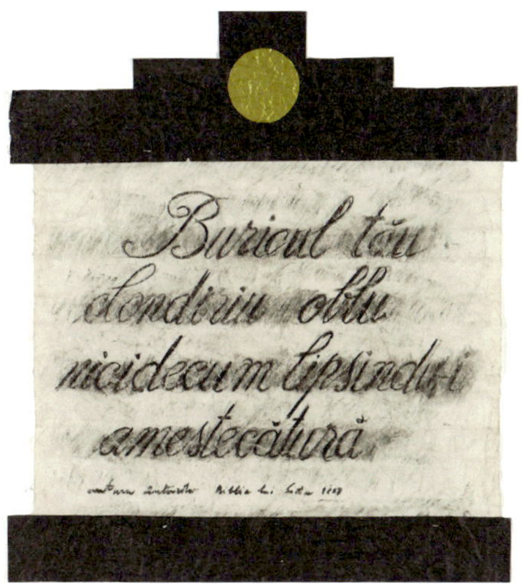
Buricul tău
clondir obl
nicidecum lipsindu-i
amestecătură

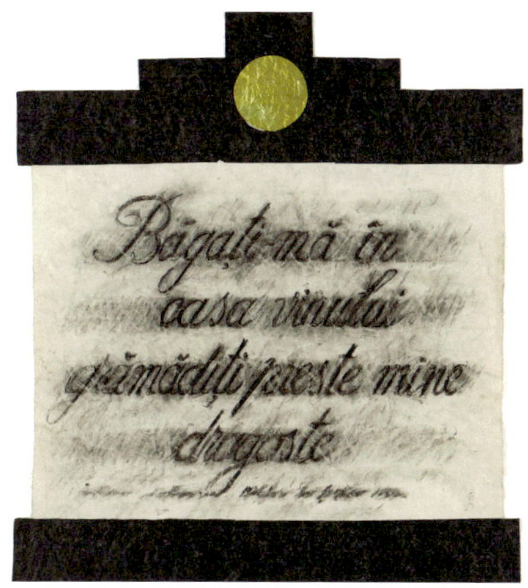
Băgați-mă în
casa vinului
grămădiți preste mine
dragoste

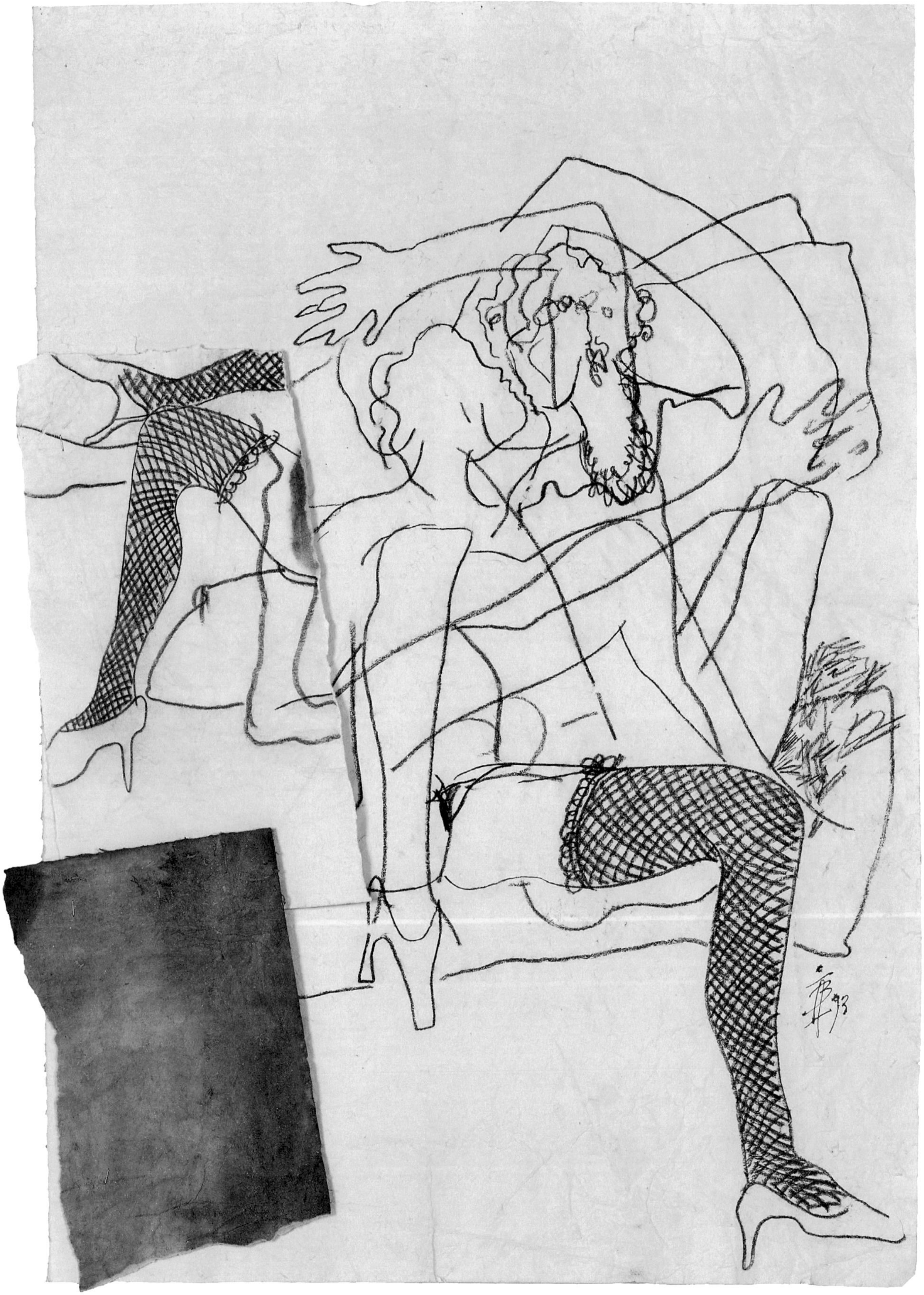

#286 **Desen erotic**

Cărbune, tuș pe hârtie preparată manual, colaj de hârtie tratată cu gudron, capse de cupru, 69×51 cm, 1993, semnat, datat „IB93", CP

#286 **Erotic Drawing**

Charcoal, ink on handcrafted paper, tarred paper collage, copper eyelets, 69×51 cm, 1993, signed, dated "IB93", PC

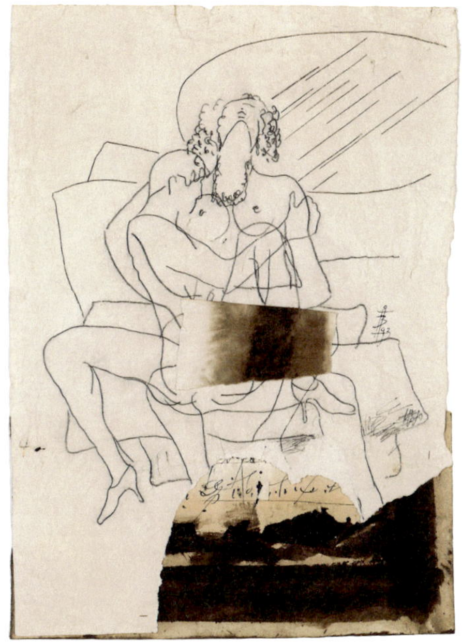

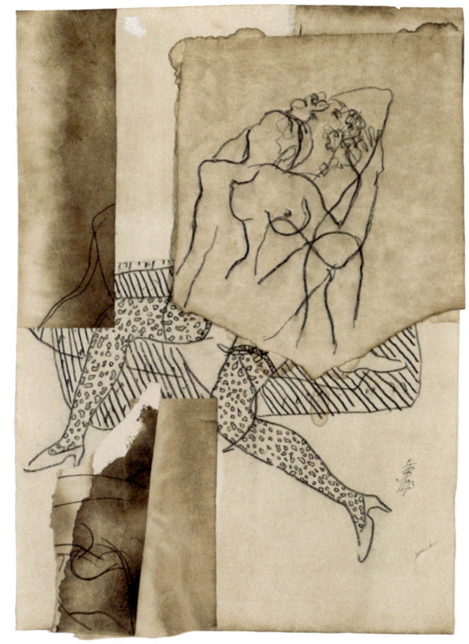

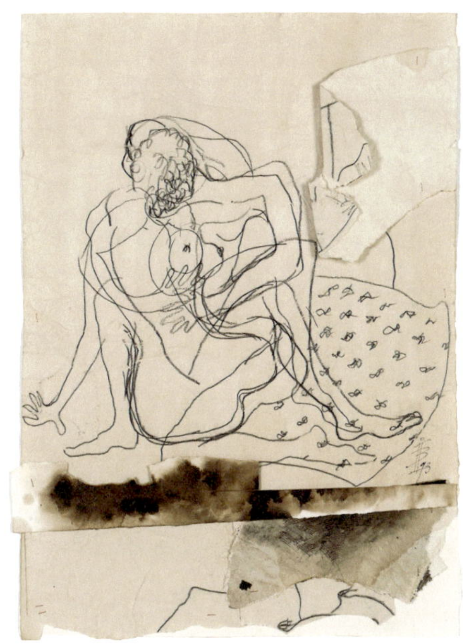

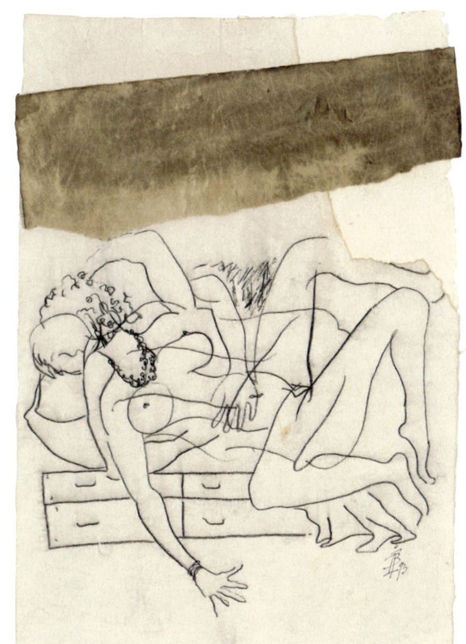

#287 **Desen erotic**
Cărbune, tuș pe hârtie preparată manual, colaj de hârtie tratată cu bitum, capse de cupru, 69×50 cm, 1993, semnat, datat „IB93”, CP

#288 **Desen erotic**
Cărbune, tuș pe hârtie preparată manual, colaj de hârtie tratată cu bitum, 68,8×50,3 cm, 1993, semnat, datat „IB93”, CP

#289 **Desen erotic**
Cărbune, tuș pe hârtie preparată manual, colaj de hârtie tratată cu bitum, capse de cupru, 68,8×50,5 cm, 1993, semnat, datat „IB93”, CP

#290 **Desen erotic**
Cărbune, tuș pe hârtie preparată manual, colaj de hârtie tratată cu gudron, capse de cupru, 69,5×50 cm, 1993, semnat, datat „IB93”, CP

#287 **Erotic Drawing**
Charcoal, ink on handcrafted paper, bitumen-treated paper collage, copper eyelets, 69×50 cm, 1993, signed, dated “IB93”, PC

#288 **Erotic Drawing**
Charcoal, ink on handcrafted paper, bitumen-treated paper collage, 68.8×50.3 cm, 1993, signed, dated “IB93”, PC

#289 **Erotic Drawing**
Charcoal, ink on handcrafted paper, bitumen-treated paper collage, copper eyelets, 68.8×50.5 cm, 1993, signed, dated “IB93”, PC

#290 **Erotic Drawing**
Charcoal, ink on handcrafted paper, tarred paper collage, copper eyelets, 69.5×50 cm, 1993, signed, dated “IB93”, PC

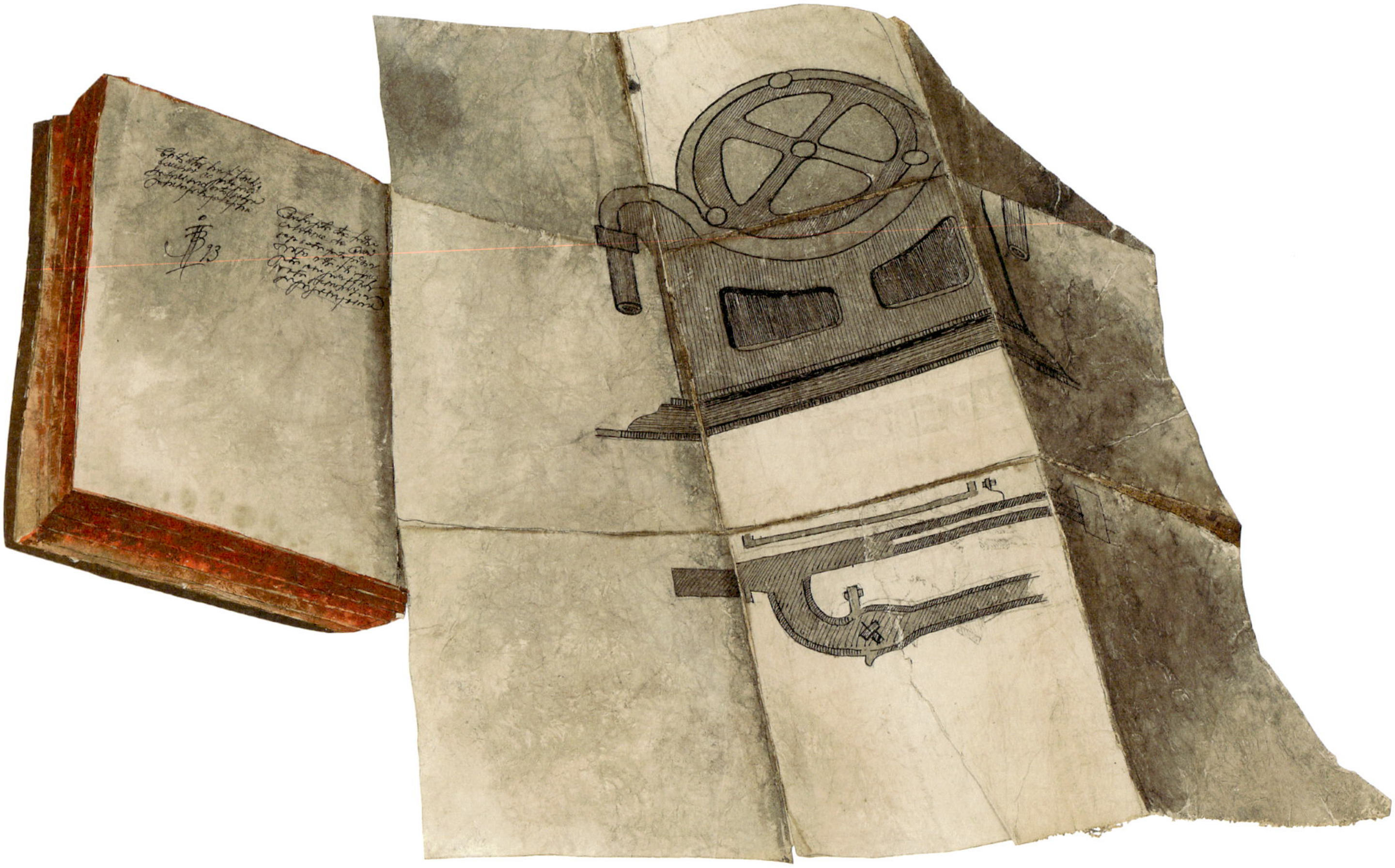

#291 **Carte cu desene tehnice / planșă desfășurată**
Tempera, tuș, laviu de tuș pe hârtie, colaj de hârtie,
56,5×94 cm, 1993, semnat, datat „IB93”, CP

#291 **Technical Drawings Book / unfolded sheet**
Tempera, ink, tinted ink on paper, paper collage,
56.5×94 cm, 1993, signed, dated “IB93”, PC

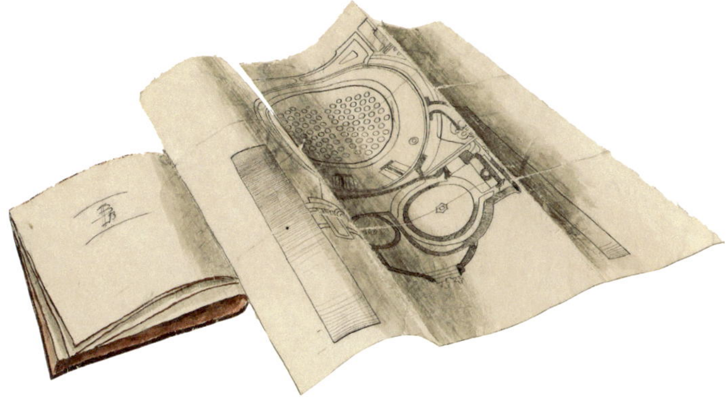
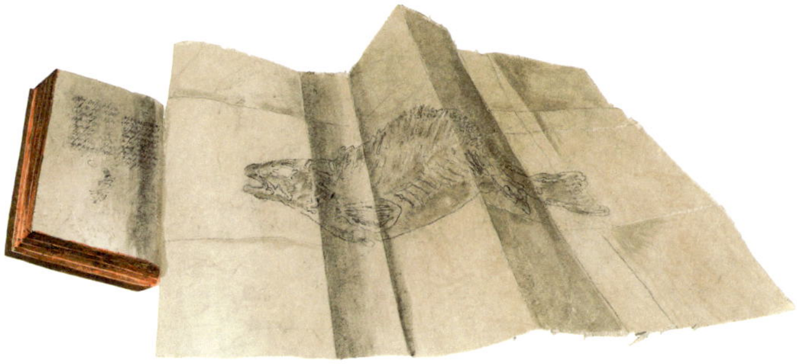
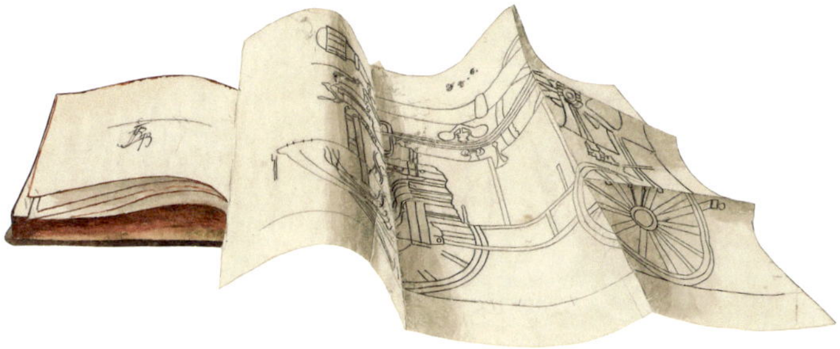
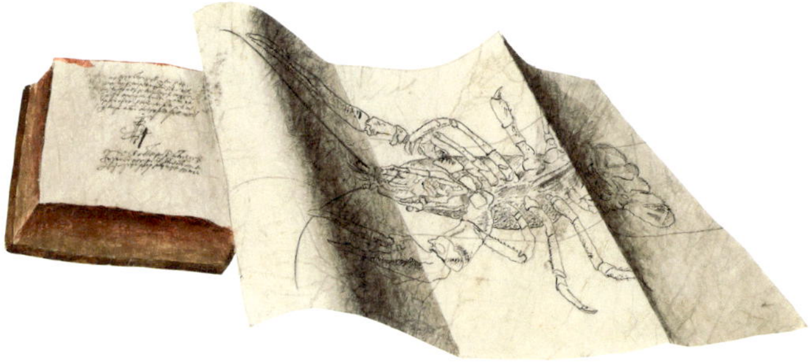
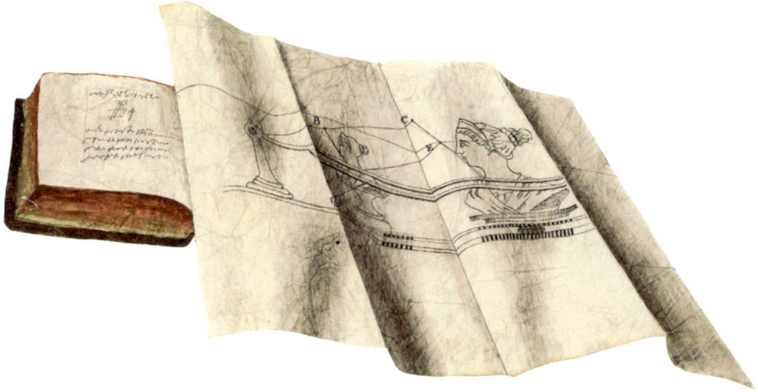
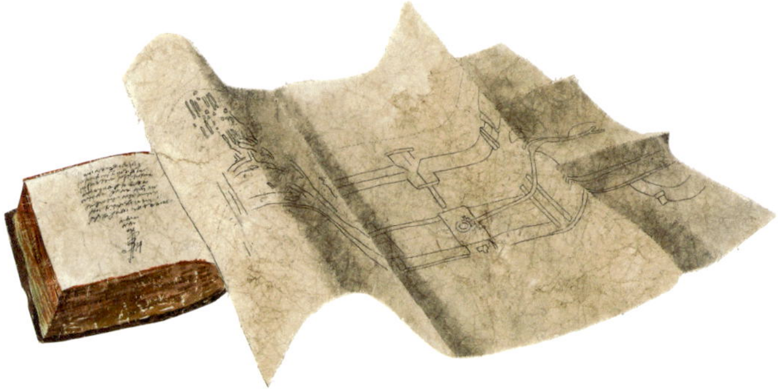

#292 Carte cu desene tehnice / planșă desfășurată
Tempera, tuș, laviu de tuș pe hârtie, 48×91 cm, 1993, semnat, datat „IB93”, CP

#293 Carte cu desene tehnice / planșă desfășurată
Tempera, tuș, laviu de tuș pe hârtie, colaj de hârtie, 42×96 cm, 1993, semnat, datat „IB93”, CP

#294 Carte cu desene tehnice / planșă desfășurată
Tempera, tuș, laviu de tuș pe hârtie, 40×99 cm, 1993, semnat, datat „IB93”, CP

#295 Carte cu desene tehnice / planșă desfășurată
Tempera, tuș, laviu de tuș pe hârtie, 38×95 cm, 1994, semnat, datat „IB94”, CP

#296 Carte cu desene tehnice / planșă desfășurată
Tempera, tuș, laviu de tuș pe hârtie, 44×94,5 cm, 1994, semnat, datat „IB94”, CP

#297 Carte cu desene tehnice / planșă desfășurată
Tempera, tuș, laviu de tuș pe hârtie, 44×95 cm, 1994, semnat, datat „IB94”, CP

#292 Technical Drawings Book / unfolded sheet
Tempera, ink, tinted ink on paper, paper collage, 48×91 cm, 1993, signed, dated “IB93”, PC

#293 Technical Drawings Book / unfolded sheet
Tempera, ink, tinted ink on paper, paper collage, 42×96 cm, 1993, signed, dated “IB93”, PC

#294 Technical Drawings Book / unfolded sheet
Tempera, ink, tinted ink on paper, 40×99 cm, 1993, signed, dated “IB93”, PC

#295 Technical Drawings Book / unfolded sheet
Tempera, ink, tinted ink on paper, 38×95 cm, 1994, signed, dated “IB94”, PC

#296 Technical Drawings Book / unfolded sheet
Tempera, ink, tinted ink on paper, 44×94.5 cm, 1994, signed, dated “IB94”, PC

#297 Technical Drawings Book / unfolded sheet
Tempera, ink, tinted ink on paper, 44×95 cm, 1994, signed, dated “IB94”, PC

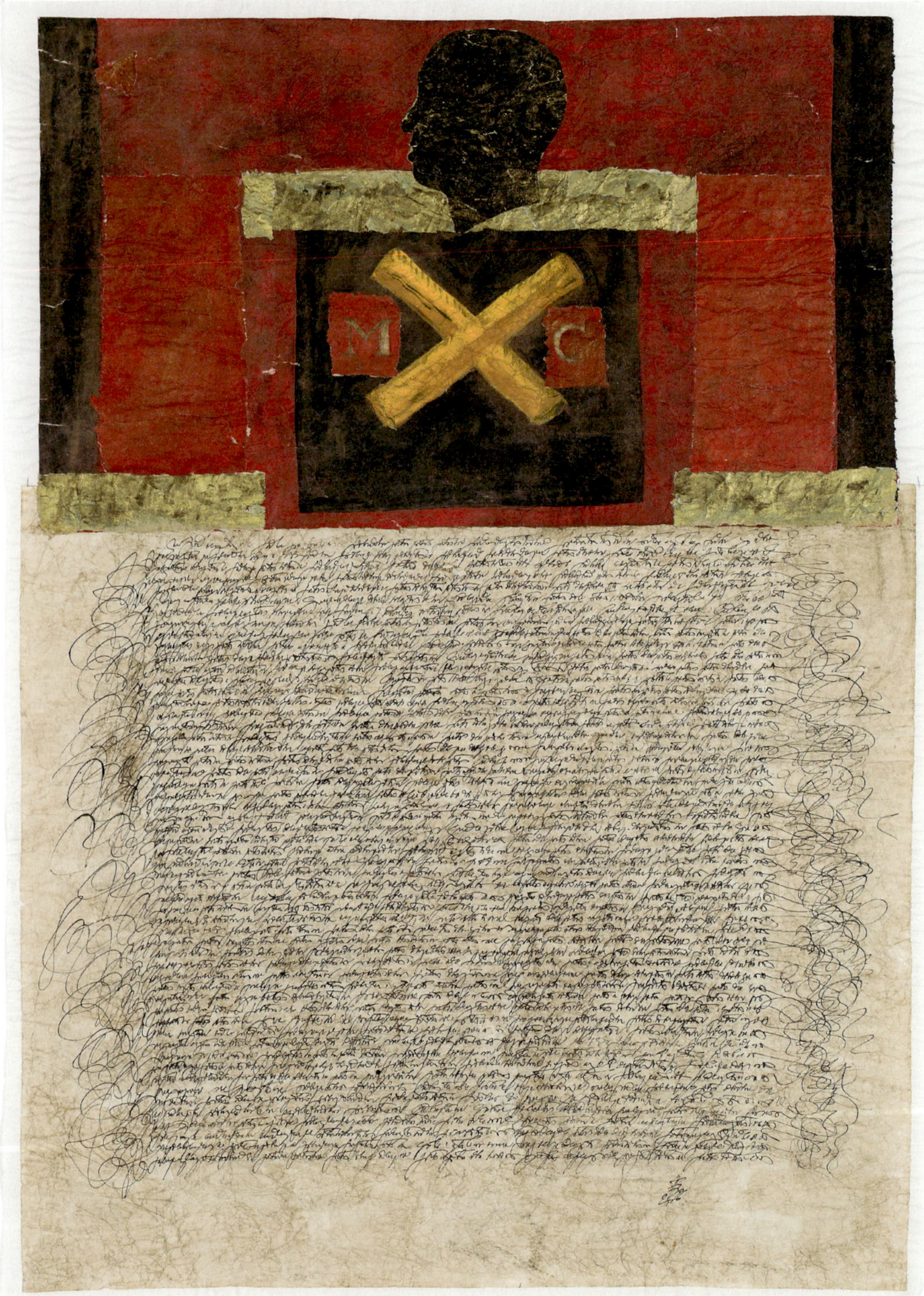

#298 **Semn heraldic V**

Tempera, gudron, tuș, creion, praf auriu pe hârtie maruflată pe pânză, colaj de hârtie, 109,4×80,5 cm, 1996, semnat, datat „IB96", MNAC

#298 **Heraldic Sign V**

Tempera, tar, ink, pencil, gold dust on paper press-rolled on canvas, paper collage, 109.4×80.5 cm, 1996, signed, dated "IB96", MNAC

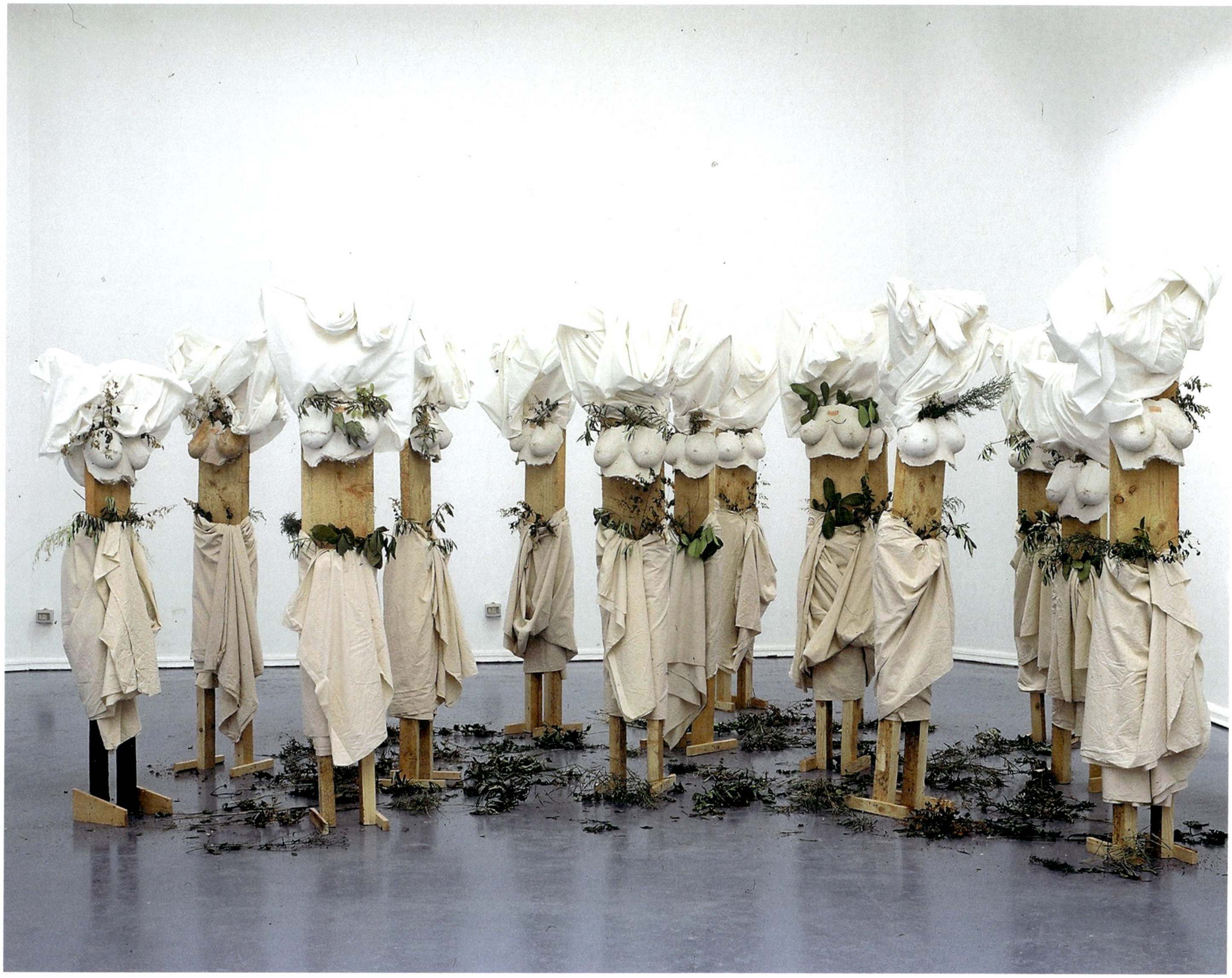

#299 **Sânzienele**
Lemn, in, mulaje de ghips, flori naturale, [1996], CP

#299 **Sânzienele (The Midsummer Fairies)**
Wood, linen, plaster casts, natural flowers, [1996], PC

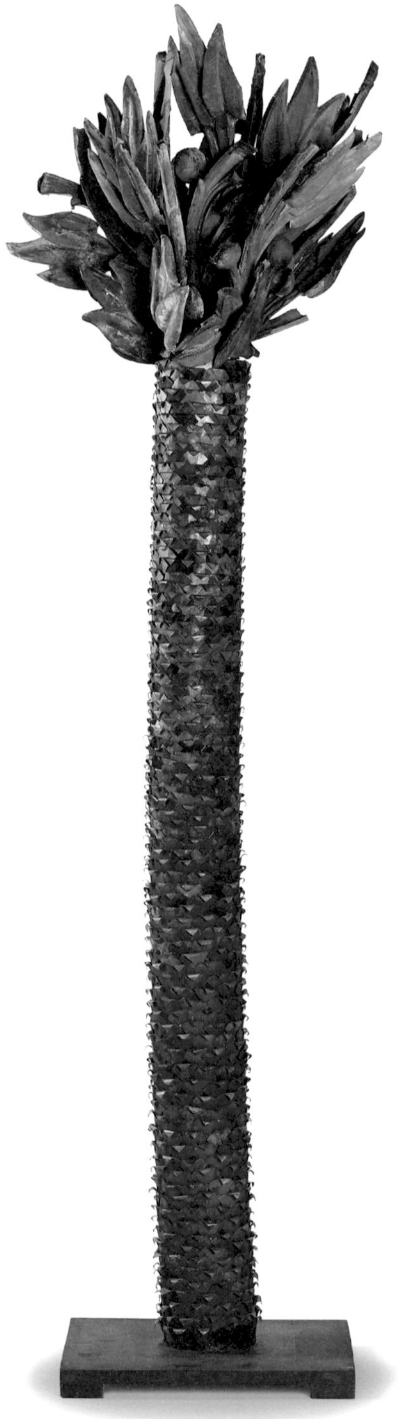

#300 **Dracaena Draco**
Lemn, metal vopsit (tablă zincată, cuie de oțel),
182×40,2×40 cm, 1996, nesemnat, nedatat, CP

#300 **Dracaena Draco**
Wood, painted metal (zinc sheet, steel screws),
182×40.2×40 cm, 1996, unsigned, undated, PC

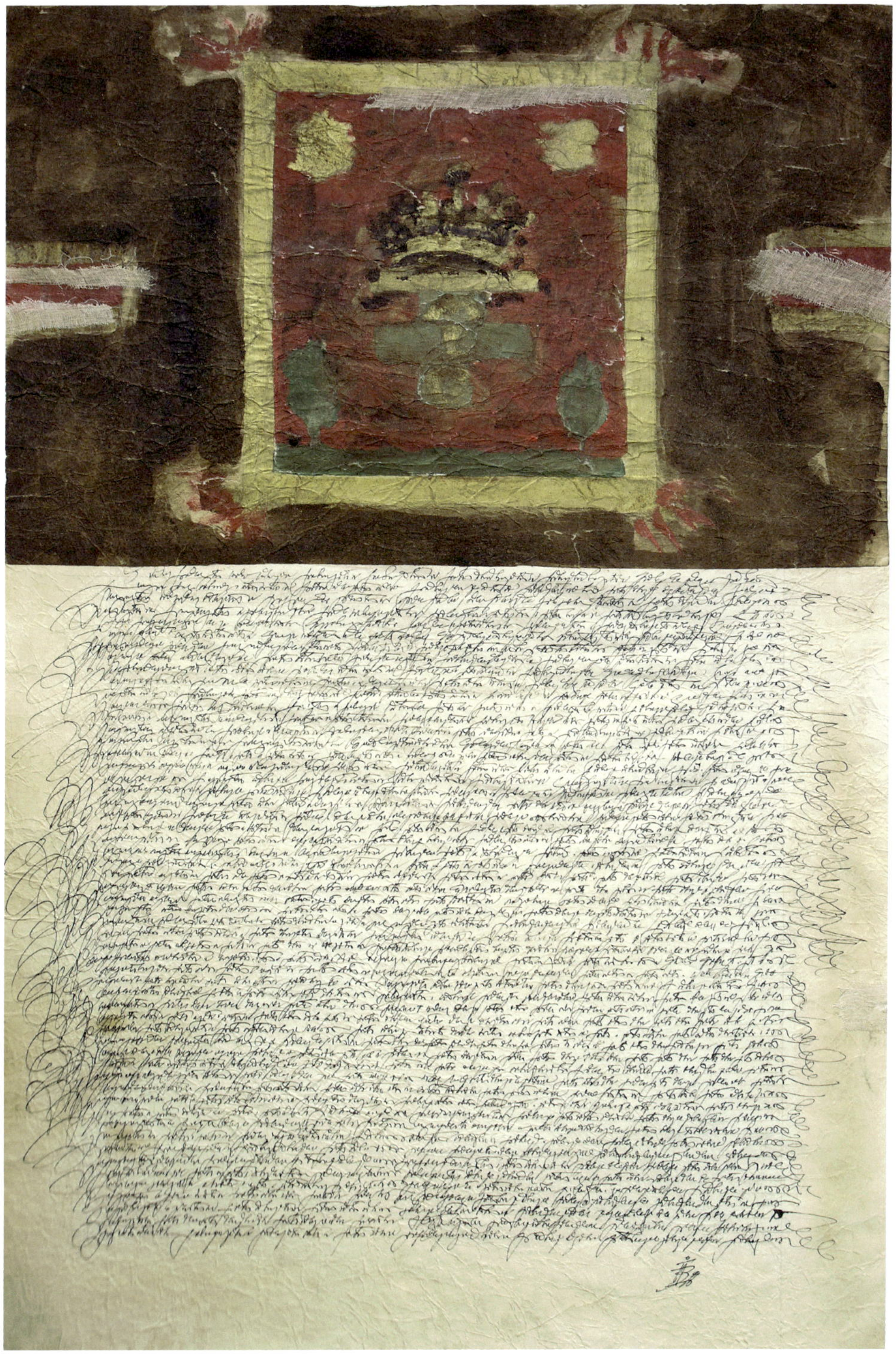

#301 **Semn heraldic XII**

Hârtie manuală cașerată pe pânză, tuș, creion, material textil (tifon), spray auriu, tempera, gudron, 112×80 cm, 1996, semnat, datat „IB96", MNAC

#301 **Heraldic Sign XII**

Handcrafted paper press-rolled on canvas, ink, pencil, fabric (gauze), golden spray paint, tempera, tar, 112×80 cm, 1996, signed, dated "IB96", MNAC

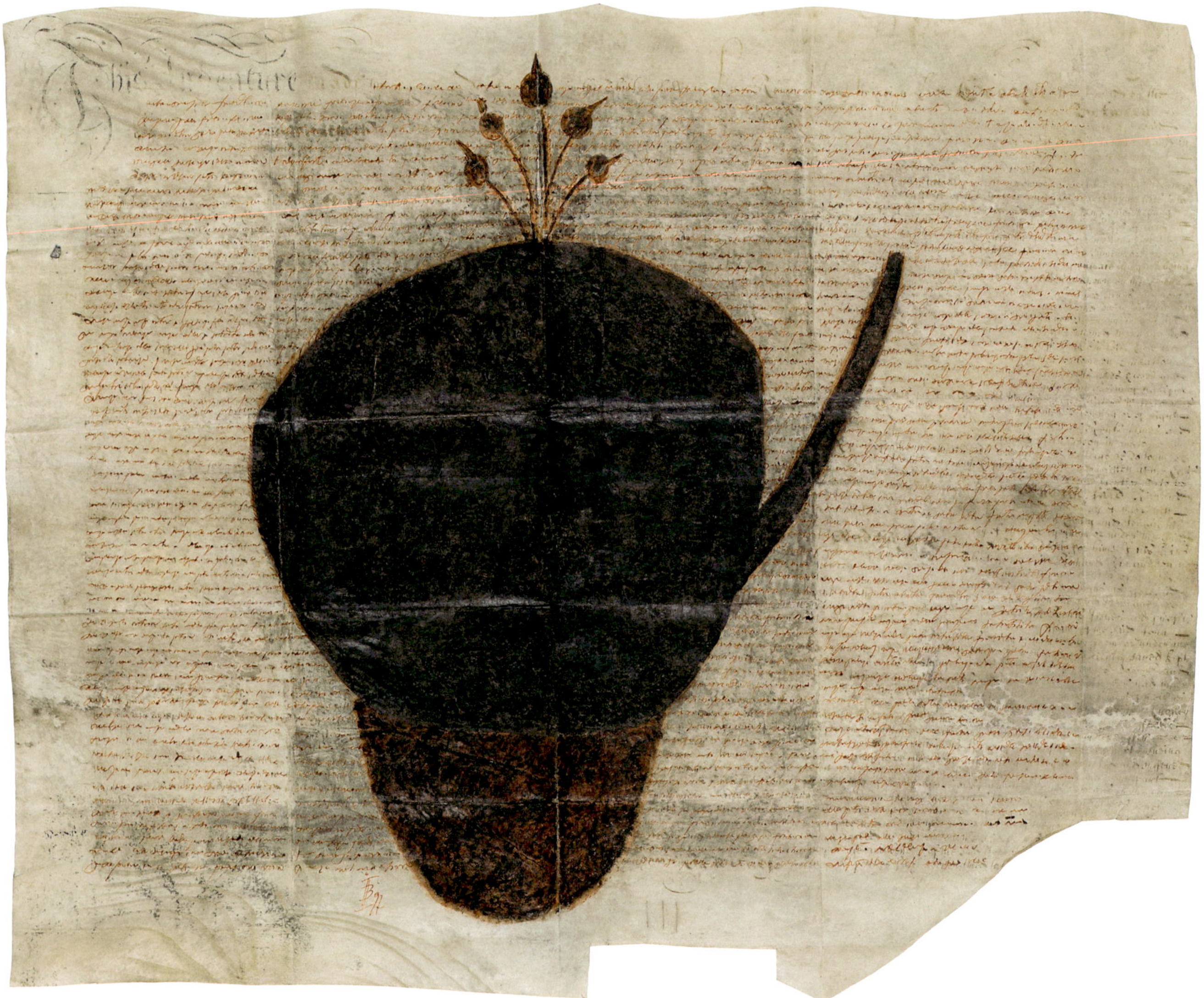

#302 **Alchimie**

Tuş pe pergament, cu text originar din secolul al XVIII-lea, inserție de argint, 60,5×74 cm, 1997, semnat, datat „IB97", CP

#302 **Alchemy**

Ink on parchment paper with original text from the 18th century and silver insert, 60.5×74 cm, 1997, signed, dated "IB97", PC

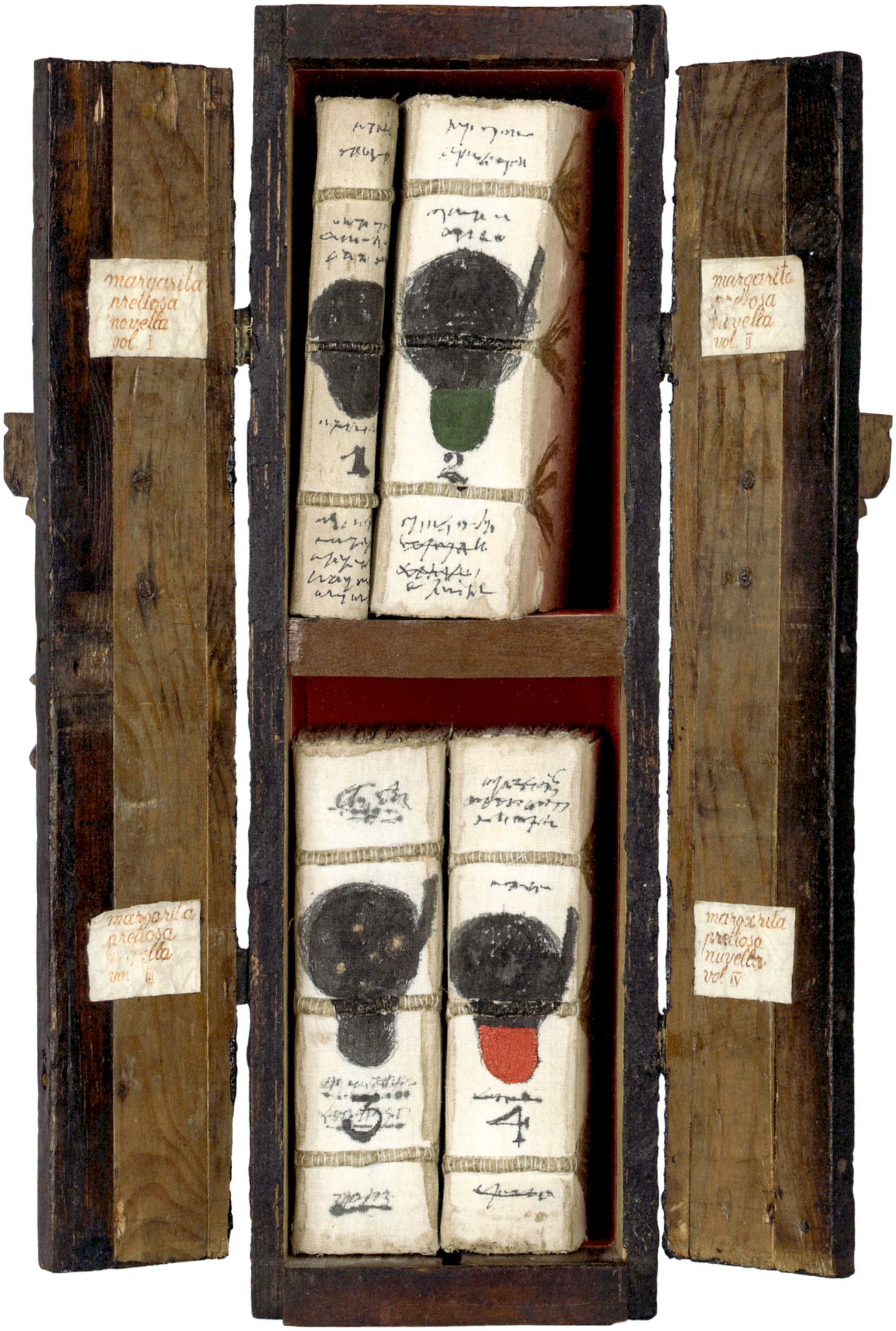

#303 Margarita pretiosa novella
Lemn, piele, hârtie, hârtie prelucrată manual, metal, carton, smoală, tuș, pânză sfoară, 42,5×13,4×16 cm, cutie cu 4 cărți-obiect numerotate: I: 17×14 ×2,5 cm; II: 17×13,5×5 cm; III: 17×13×5 cm; IV: 17×13,5×4,5 cm, 1997, semnat, datat „IB/97”, CP

#303 Margarita pretiosa novella
Wood, leather, paper, handcrafted paper, metal, cardboard, tar, ink, canvas, twine, 42.5×13.4×16 cm, inside the box there are 4 books-objects numbered as follows: I: 17×14×2.5 cm; II: 17×13.5×5 cm; III: 17×13×5 cm; IV: 17×13.5×4,5 cm, 1997, signed, dated “IB/97”, PC

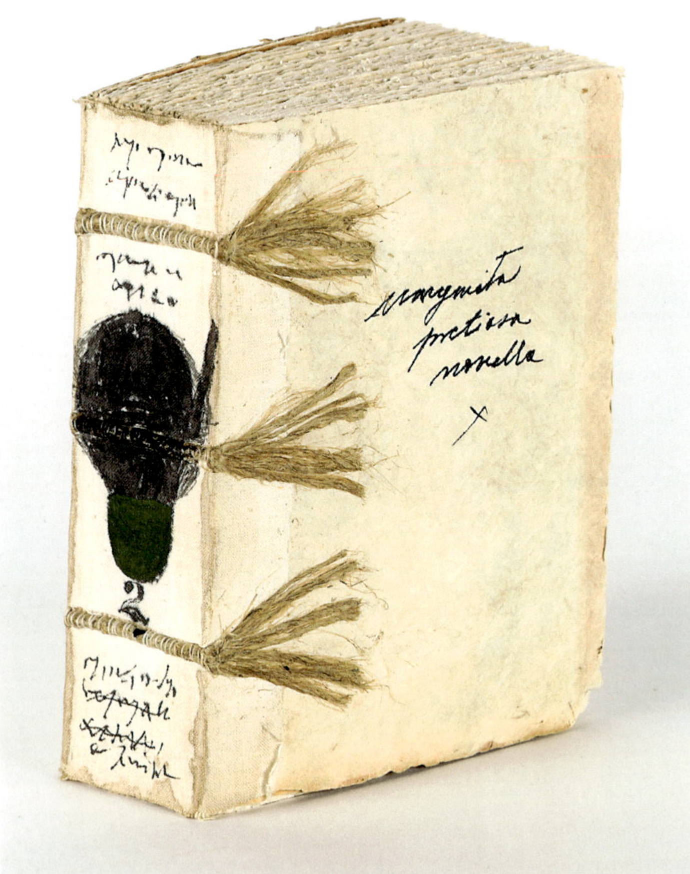
margarita
pretiosa
novella
2

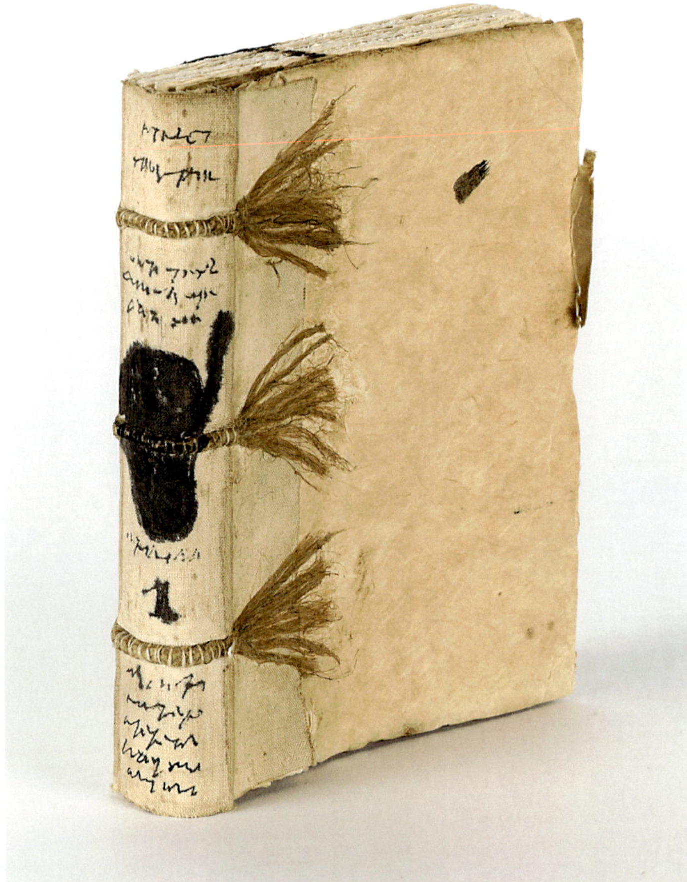
1

Artistul în timpul său
The Artist in his Time

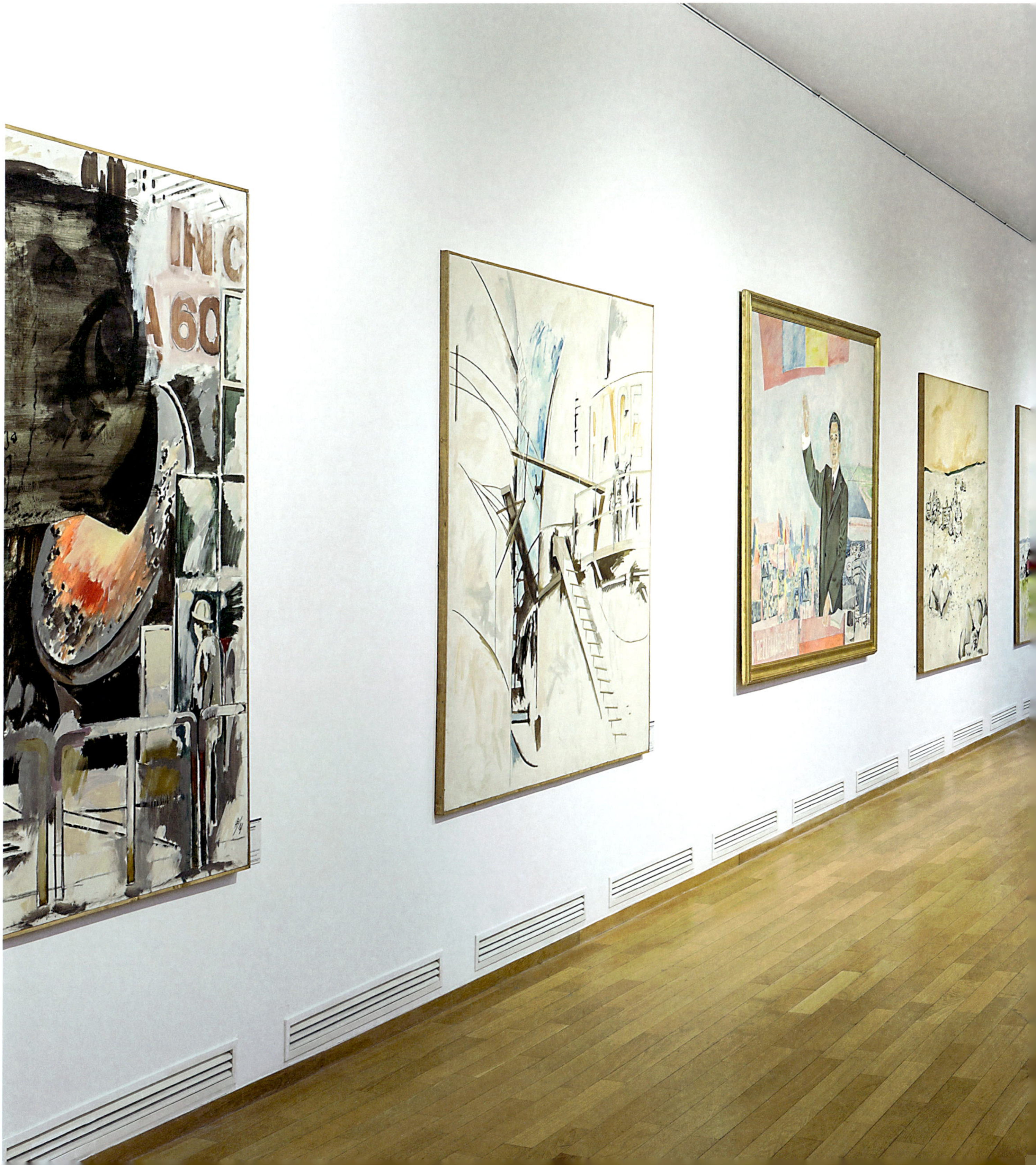

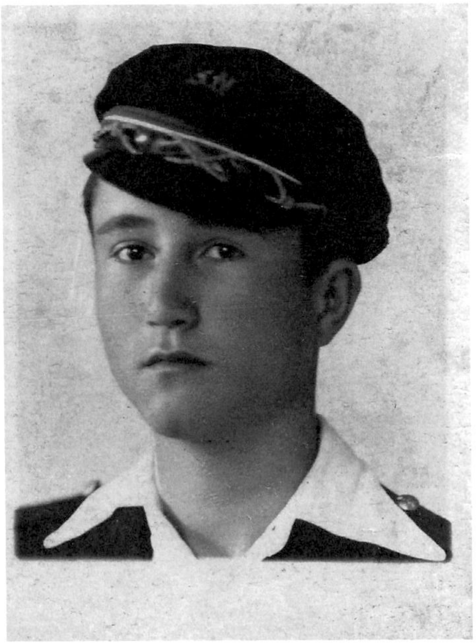

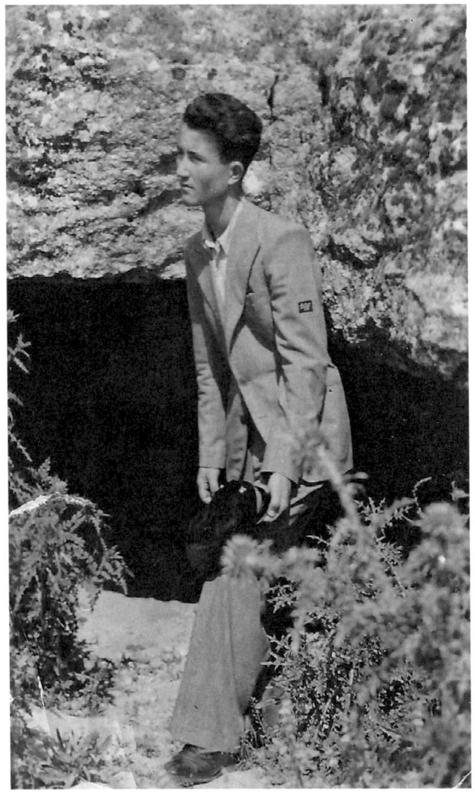

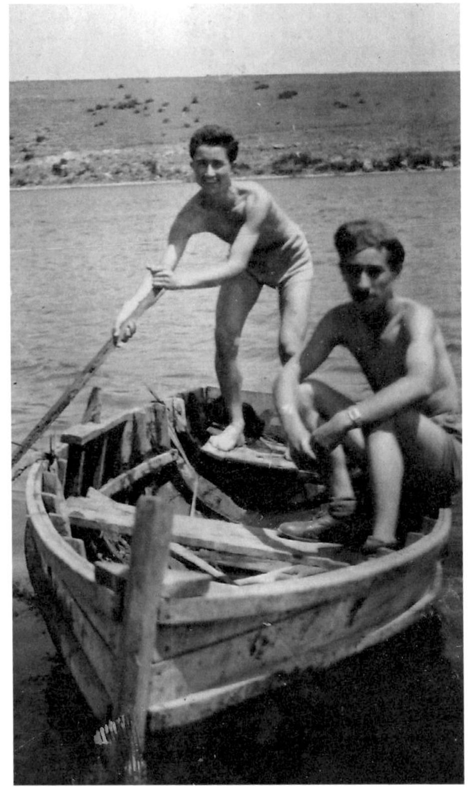

#304 **Ion Bitzan, c. 1937**
Foto: AFIB

#305 **Ion Bitzan, c. 1938**
Foto: AFIB

#306 **Ion Bitzan, c. 1944-45, Limanu**
Foto: AFIB

#304 Ion Bitzan, c. 1937
Photo: AFIB

#305 Ion Bitzan, c. 1938
Photo: AFIB

#306 Ion Bitzan, c. 1944-45, Limanu
Photo: AFIB

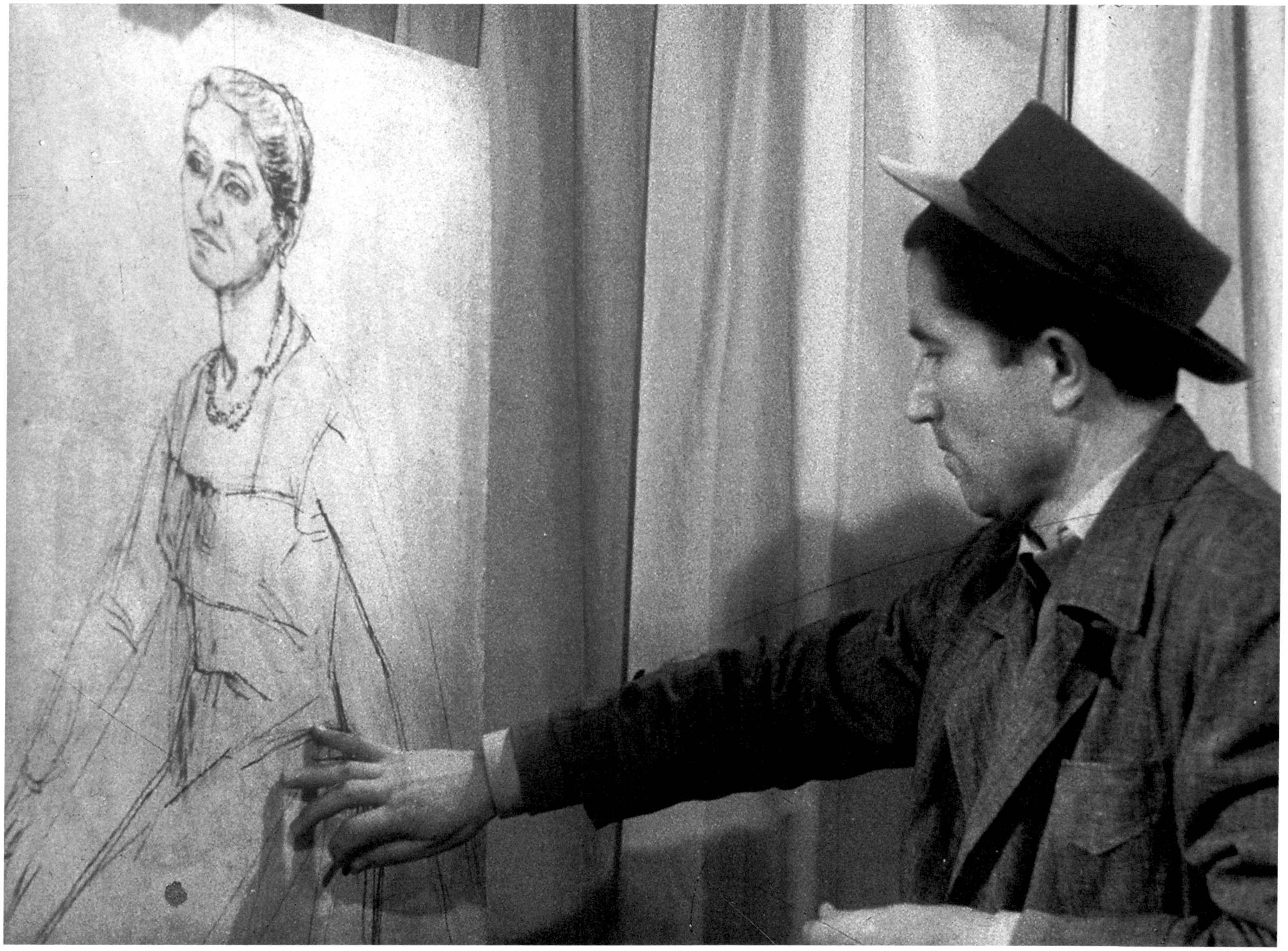

#307 Ion Bitzan, c. 1947-1948, în timpul facultății
Foto: AFIB

#307 Ion Bitzan, c. 1947-1948, while at university
Photo: AFIB

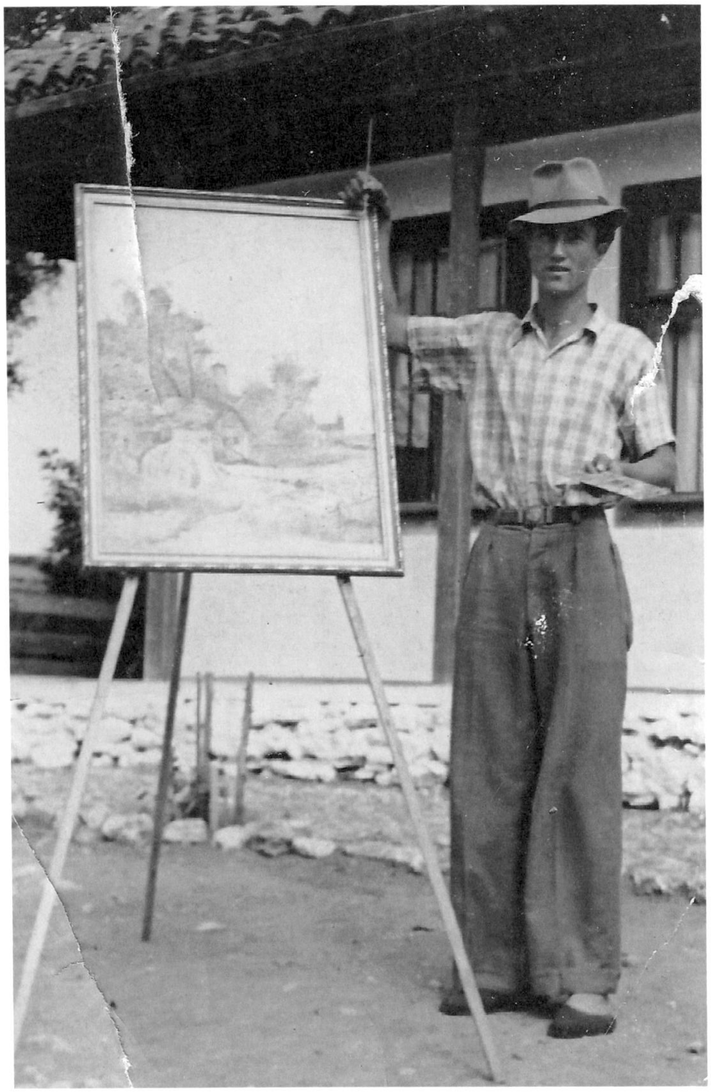

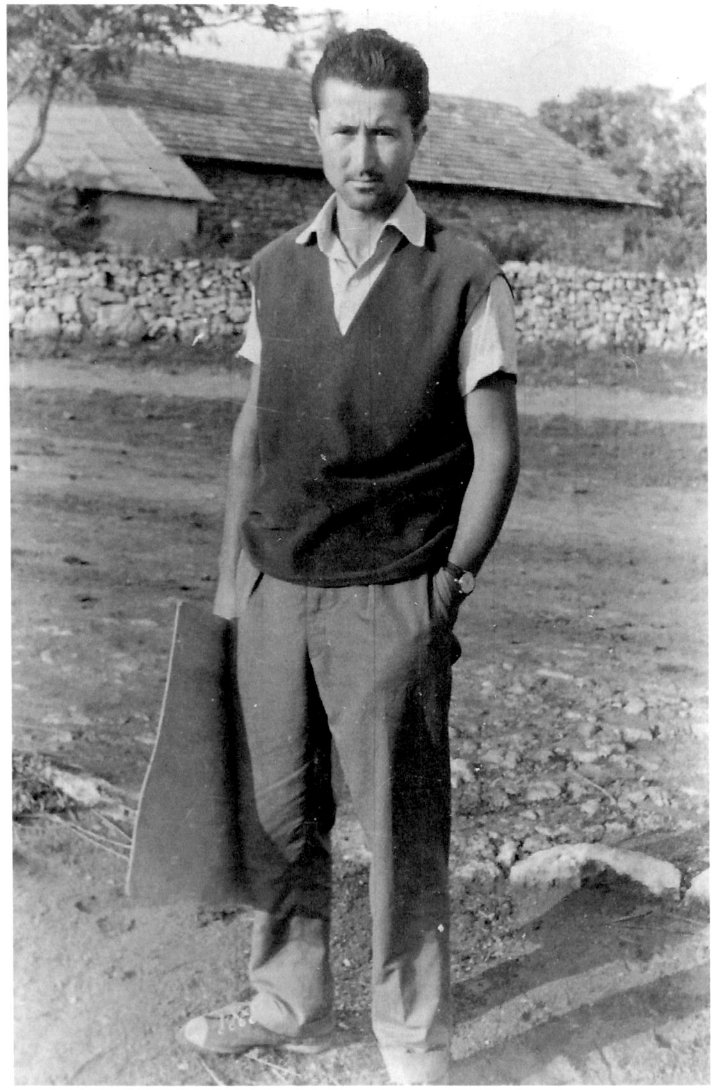

#308 Ion Bitzan, c. 1950
Foto: AFIB

#309 Ion Bitzan, c. 1962, Limanu
Foto: AFIB

#308 Ion Bitzan, c. 1950
Photo: AFIB

#309 Ion Bitzan, c. 1962, Limanu
Photo: AFIB

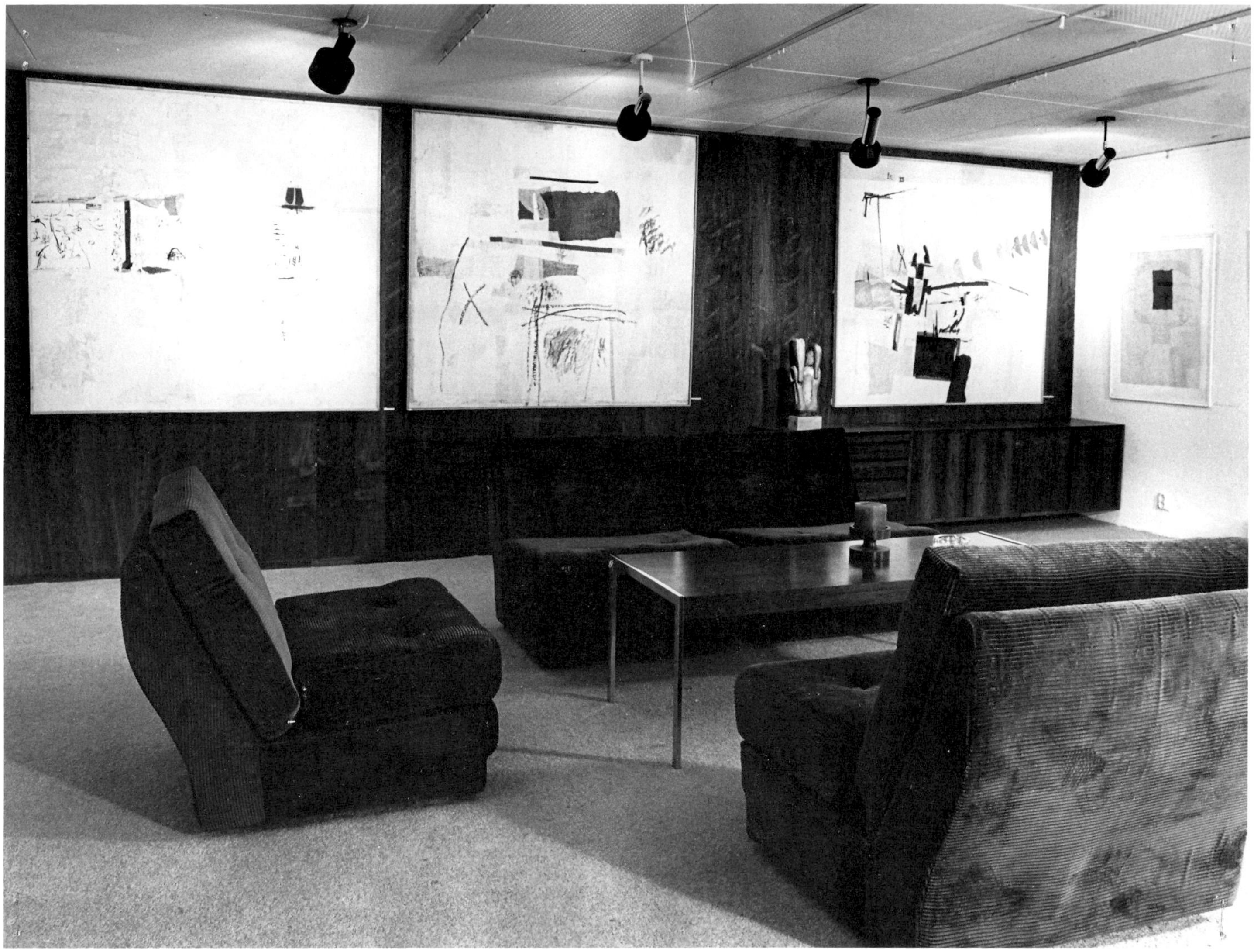

#310 Expoziția „4 Rumänische Künstler im Bauzentrum", 1964, Hamburg
Foto: Hermann Niesse, AFIB

#310 Exhibition view: "4 Rumänische Künstler im Bauzentrum", 1964, Hamburg
Photo: Hermann Niesse, AFIB

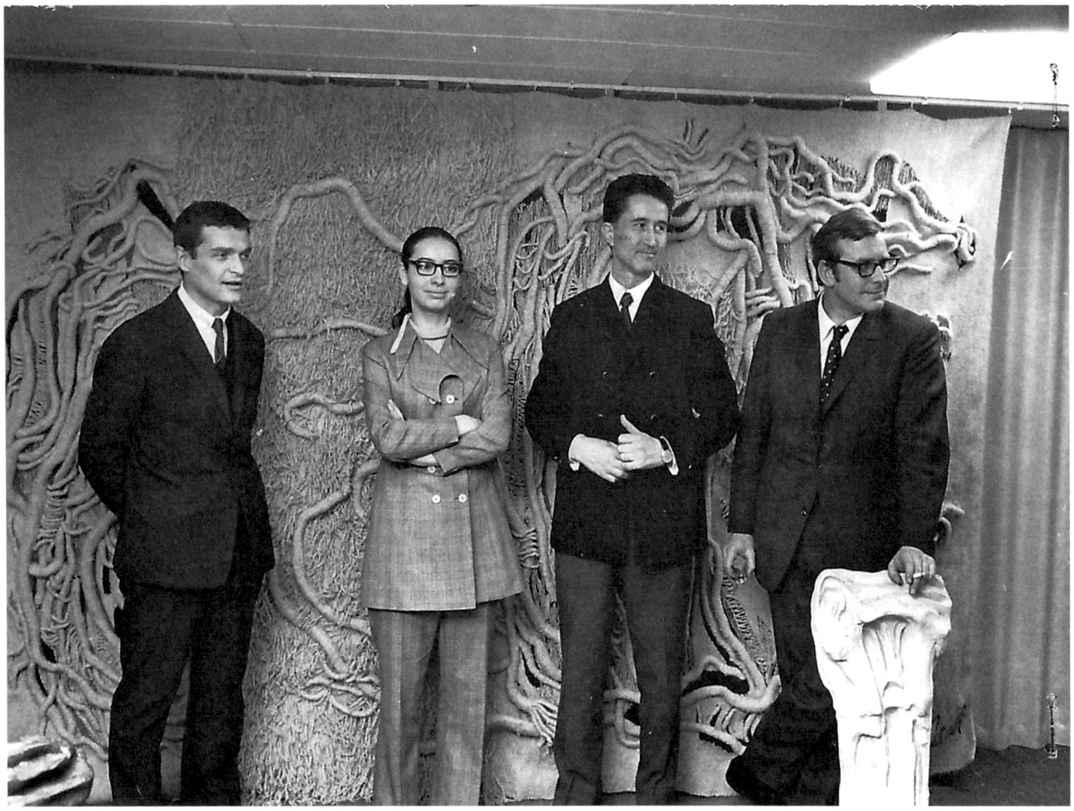

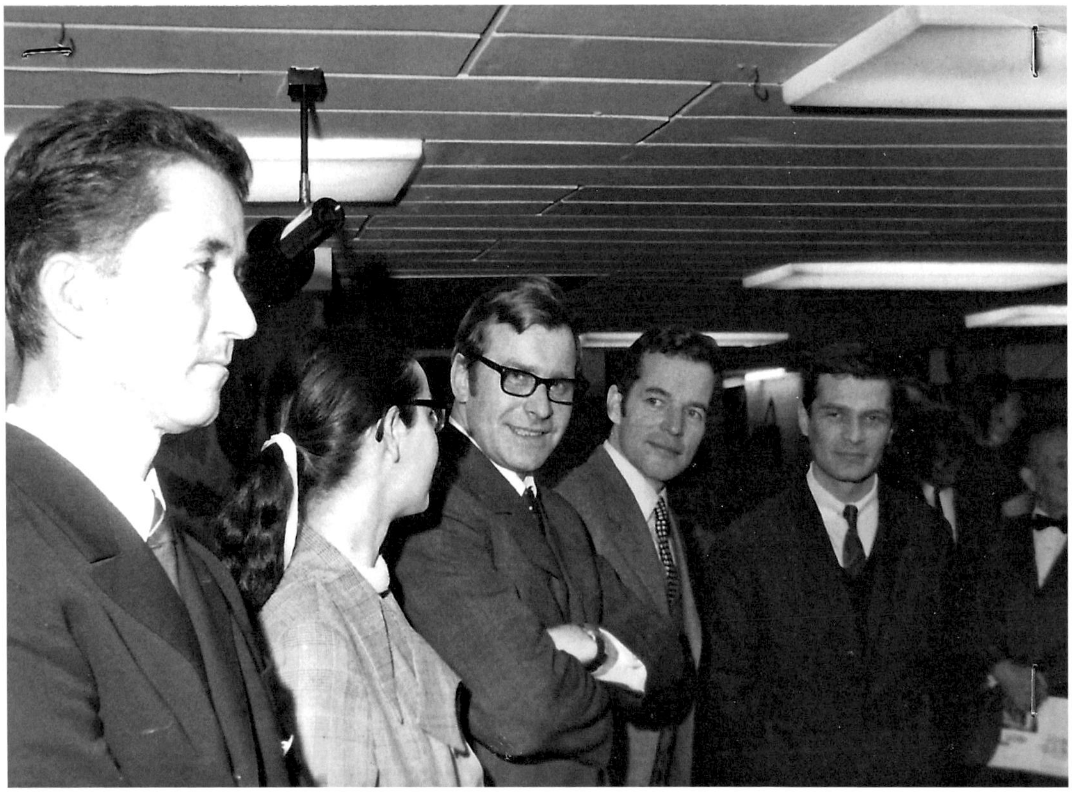

#311 De la stânga la dreapta: Paul Neagu, Ritzi Jacobi, Ion Bitzan, Peter Jacobi în expoziția „4 Rumänische Künstler im Bauzentrum", 1964, Hamburg
Foto: AFIB

#312 De la stânga la dreapta: Ion Bitzan, Ritzi Jacobi, Peter Jacobi, personaj neidentificat, Paul Neagu în expoziția „4 Rumänische Künstler im Bauzentrum", 1964, Hamburg
Foto: AFIB

#311 From left to right: Paul Neagu, Ritzi Jacobi, Ion Bitzan, Peter Jacobi at the "4 Rumänische Künstler im Bauzentrum" show, 1964, Hamburg
Photo: AFIB

#312 From left to right: Ion Bitzan, Ritzi Jacobi, Peter Jacobi, unknown, Paul Neagu at the "4 Rumänische Künstler im Bauzentrum" show, 1964, Hamburg
Photo: AFIB

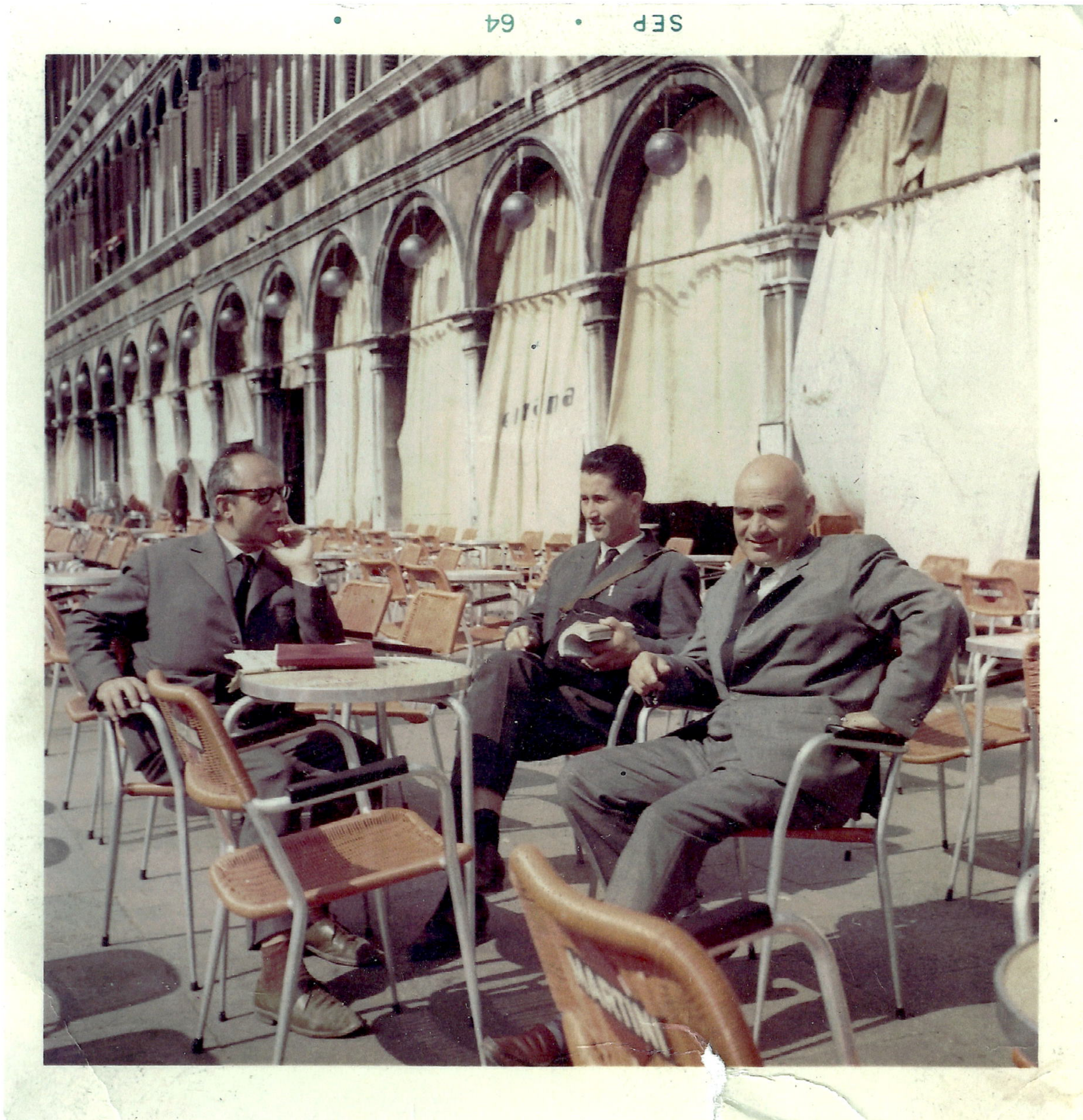

#313 De la stânga la dreapta: Pavel Codiță, Ion Bitzan, necunoscut. Veneția, 3 septembrie 1964
Foto: AFIB

#313 From left to right: Pavel Codiță, Ion Bitzan, unknown. Venice, September 3, 1964
Photo: AFIB

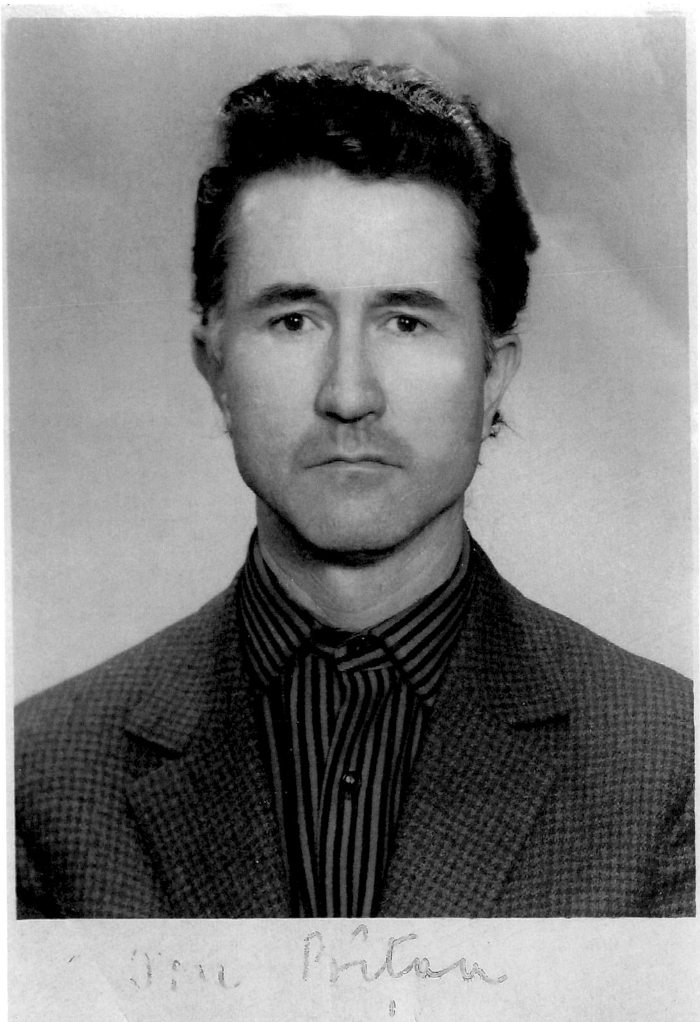

#314 **Ion Bitzan, c. 1965**
Foto: AFIB

#314 Ion Bitzan, c. 1965
Photo: AFIB

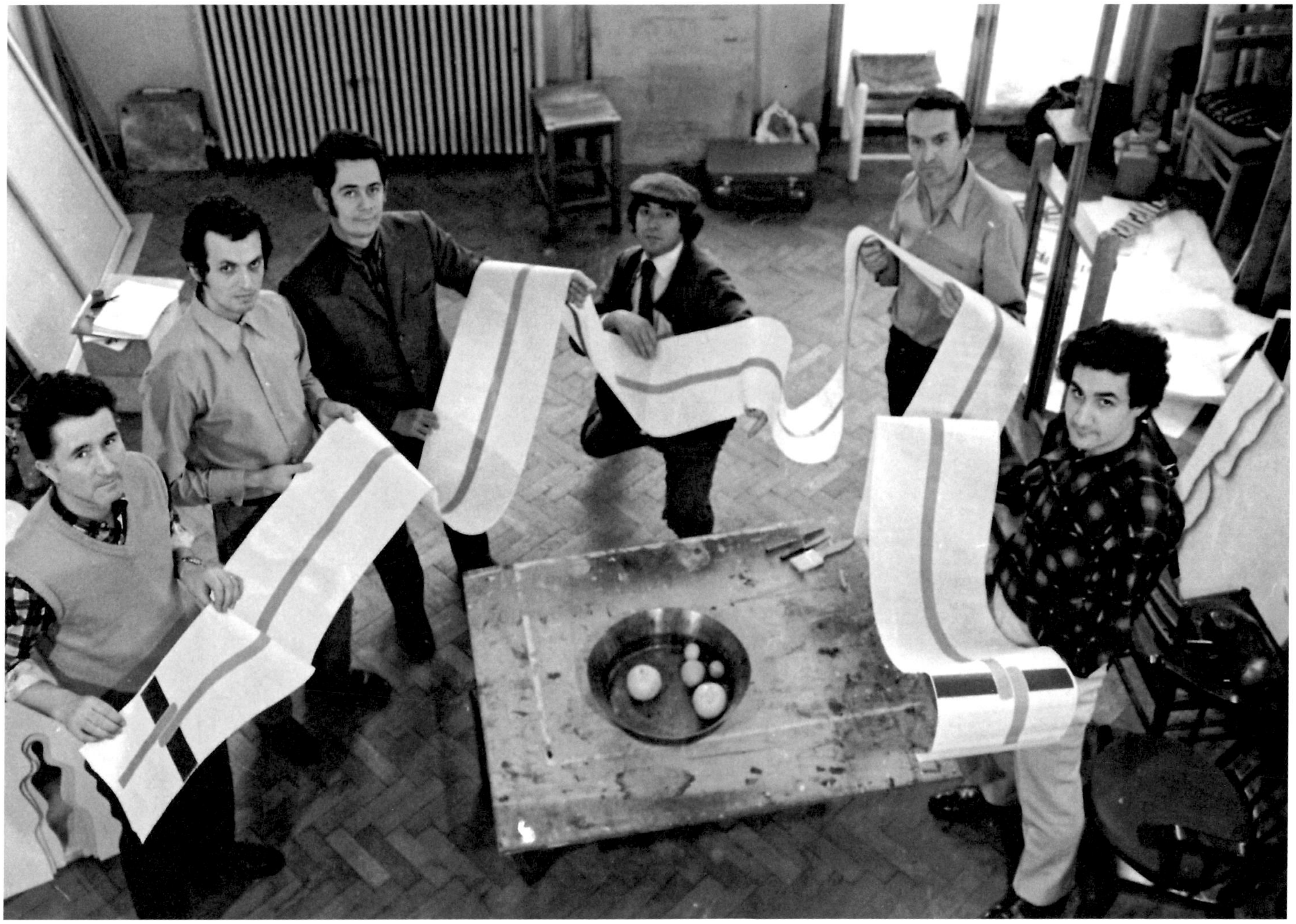

#315 De la stânga la dreapta: Ion Bitzan, Horia Bernea, Radu Varia, Vladimir Șetran, necunoscut, Șerban Epure, cu una dintre versiunile lucrării Cordonnet bien tendu (p. 156 din carte). Atelierul lui Vladimir Șetran din complexul Pangratti, 1971
Foto: Eugeniu Lupu, AFIB

#315 From left to right: Ion Bitzan, Horia Bernea, Radu Varia, Vladimir Șetran, unknown, Șerban Epure, with one of the versions of the work Cordonnet bien tendu (p. 156 in the book). Vladimir Șetran's studio in Pangratti street, 1971
Photo: Eugeniu Lupu, AFIB

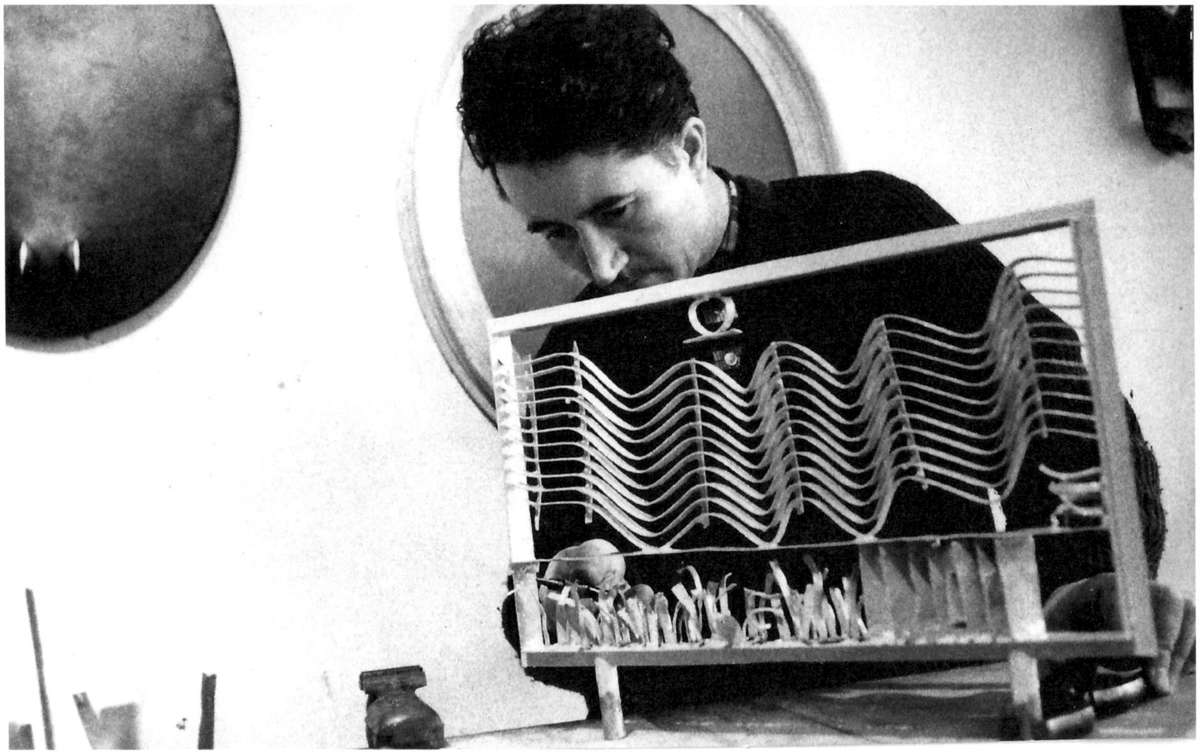

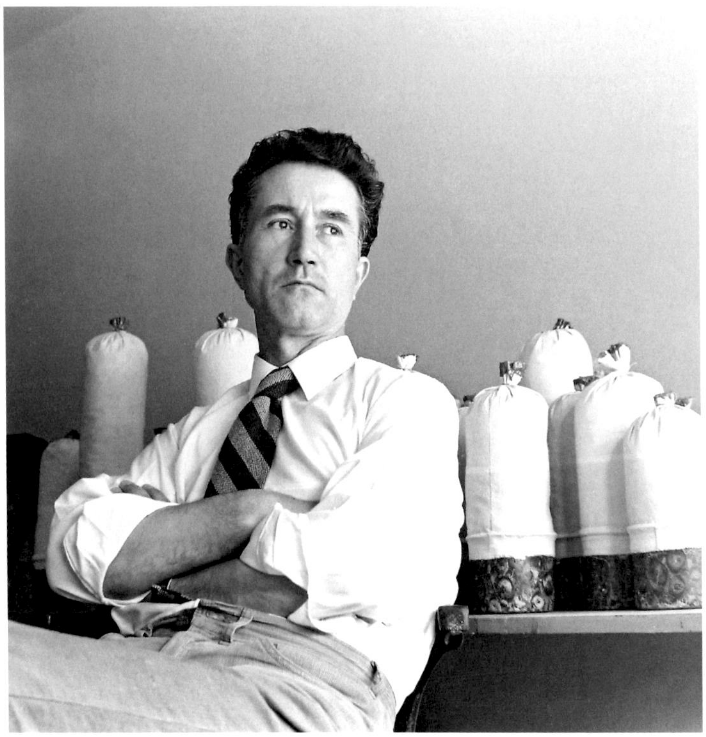

#316 **Ion Bitzan în atelierul din blocul Dunărea, 1971-1972**
Foto: AFIB

#317 **Ion Bitzan în atelierul din blocul Dunărea, 1971-1972. În spate, lucrarea Once upon time, in my childhood, in a sunny garden, a man was sealing a lot of little bags like this one... [sic!] (p. 158 din carte)**
Foto: Eugeniu Lupu, AFIB

#316 Ion Bitzan in his studio in the Dunărea building, 1971-1972 Ion Bitzan
Photo: AFIB

#317 Ion Bitzan in his studio in the Dunărea building, 1971-1972. Behind, the work Once upon time, in my childhood, in a sunny garden, a man was sealing a lot of little bags like this one... [sic!] (p. 158 in the book)
Photo: Eugeniu Lupu, AFIB

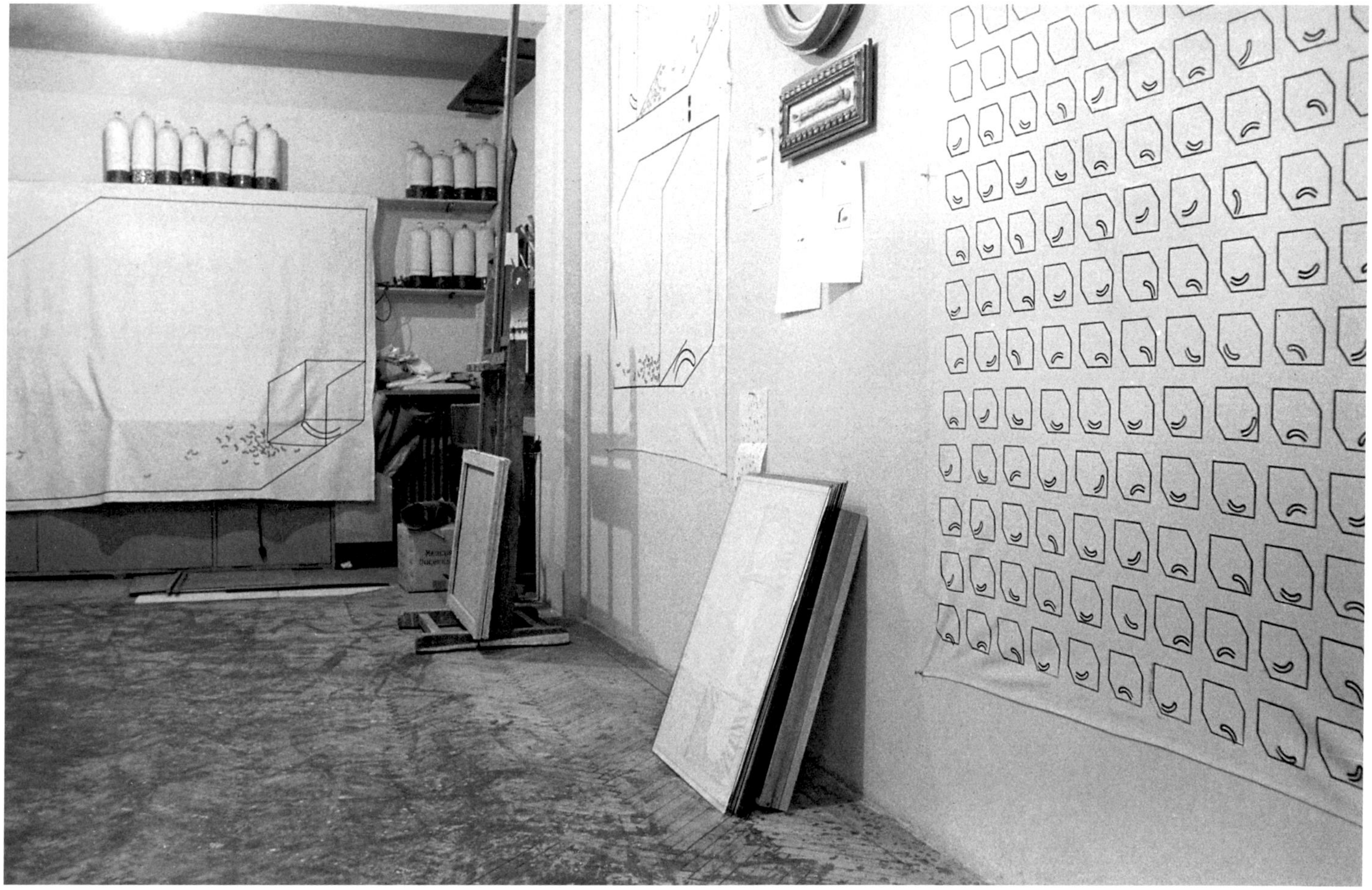

#318 **Atelierul Ion Bitzan, blocul Dunărea, 1971-1972**
Foto: arhiva Decebal Scriba / Decebal Scriba's archive

#318 Ion Bitzan's studio in the Dunărea building, 1971-1972
Photo: arhiva Decebal Scriba / Decebal Scriba's archive

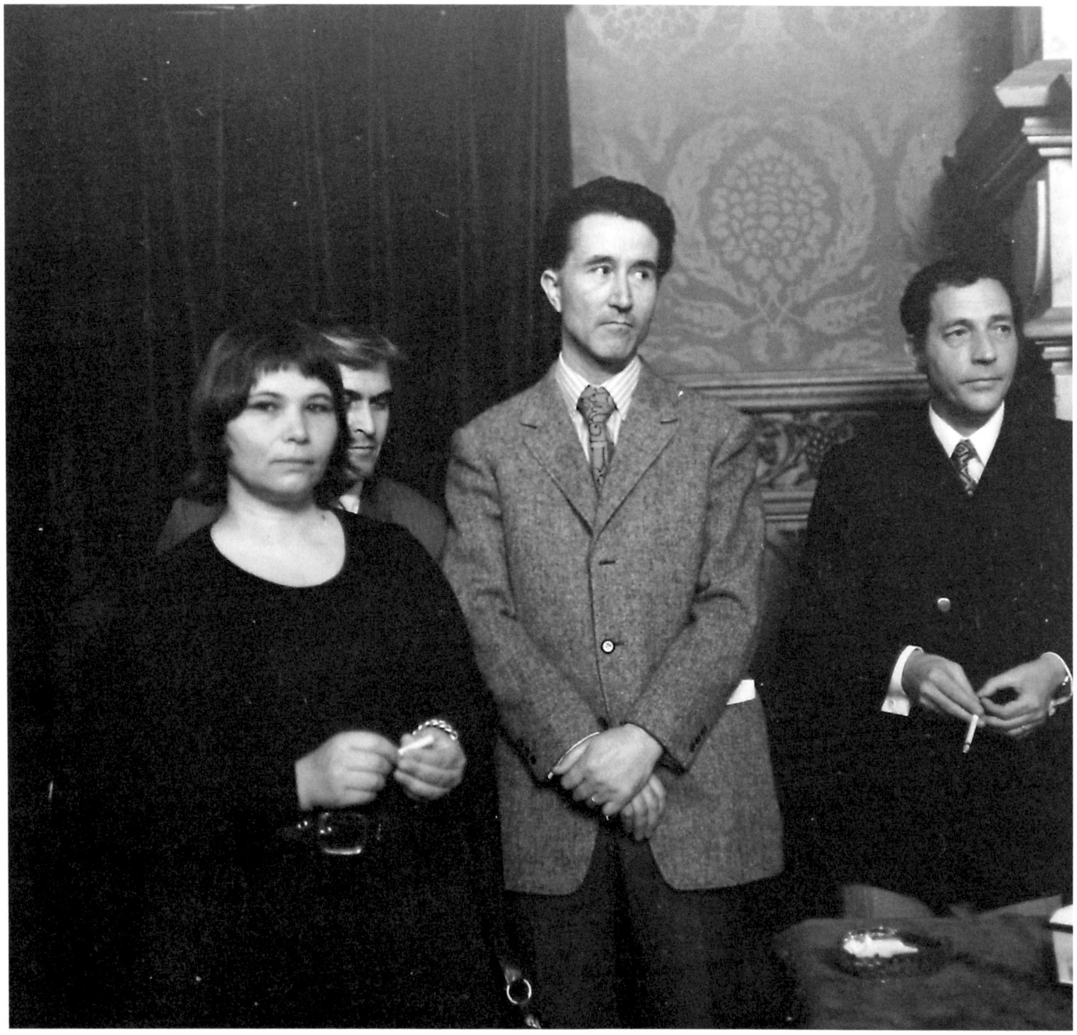

#319 Premiile UAP, 12.05.1972. De la stânga la dreapta: Georgeta Năpăruș, Gheorghe Iacob, Ion Bitzan, Ion Alin Gheorghiu
Foto: Eugeniu Lupu, AFIB

#319 UAP Awards, May 12, 1972. From left to right: Georgeta Năpăruș, Gheorghe Iacob, Ion Bitzan, Ion Alin Gheorghiu
Photo: Eugeniu Lupu, AFIB

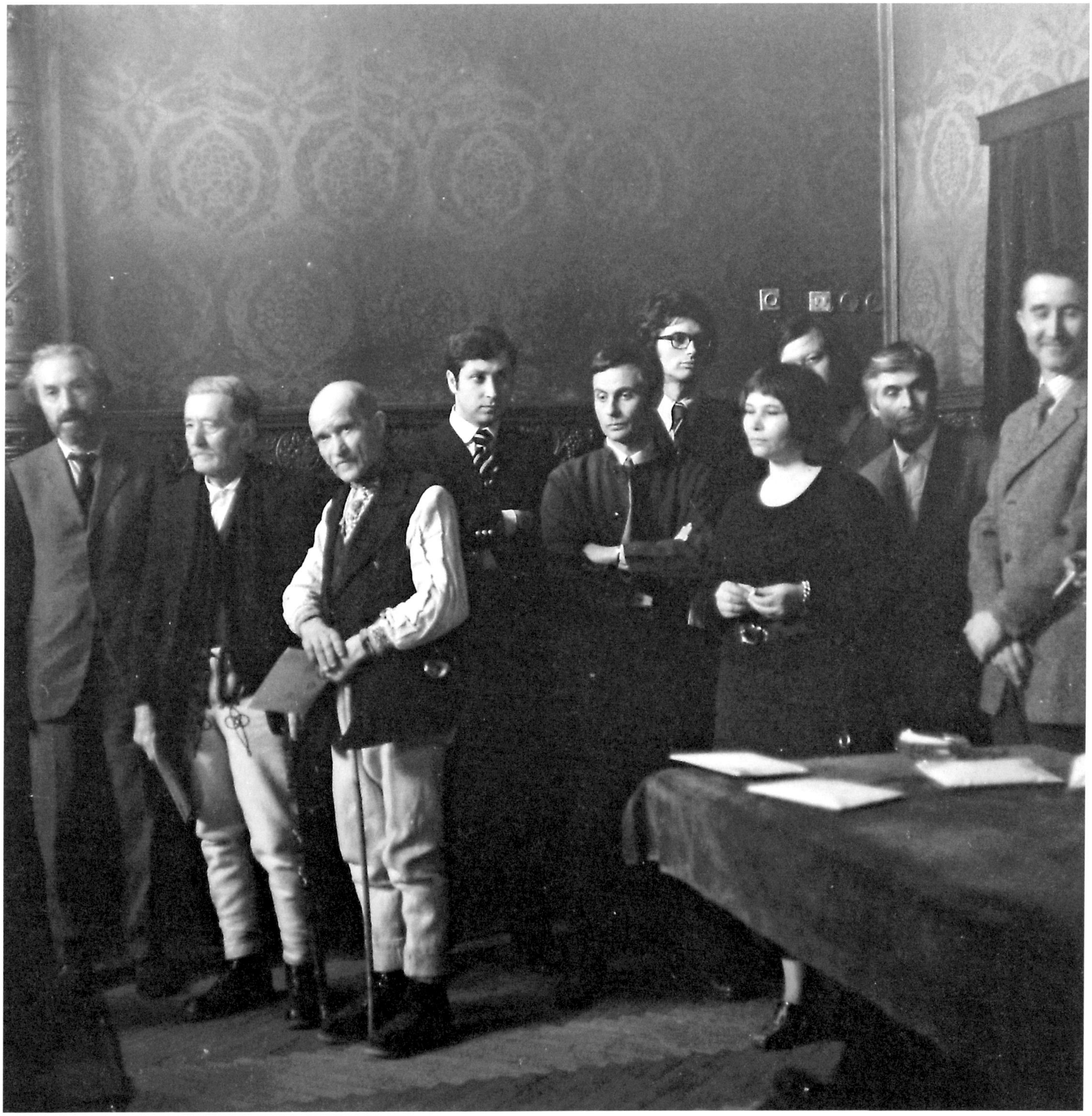

#320 Premiile UAP, 12.05.1972. De la stânga la dreapta: Paul Gherasim, Sütő Béla, Pavel Tertiu, Radu Dragomirescu, Ștefan Câlția, Radu Stoica, Georgeta Năpăruș, Șerban Gabrea, Gheorghe Iacob, Ion Bitzan
Foto: Eugeniu Lupu, AFIB

#320 UAP Awards, May 12, 1972. From left to right: Paul Gherasim, Sütő Béla, Pavel Tertiu, Radu Dragomirescu, Ștefan Câlția, Radu Stoica, Georgeta Năpăruș, Șerban Gabrea, Gheorghe Iacob, Ion Bitzan
Photo: Eugeniu Lupu, AFIB

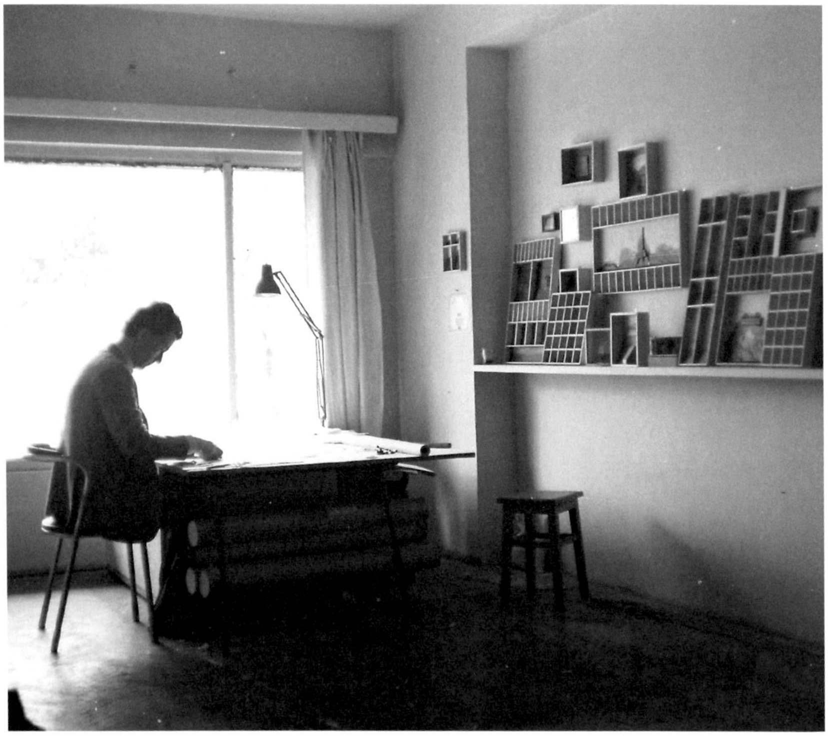

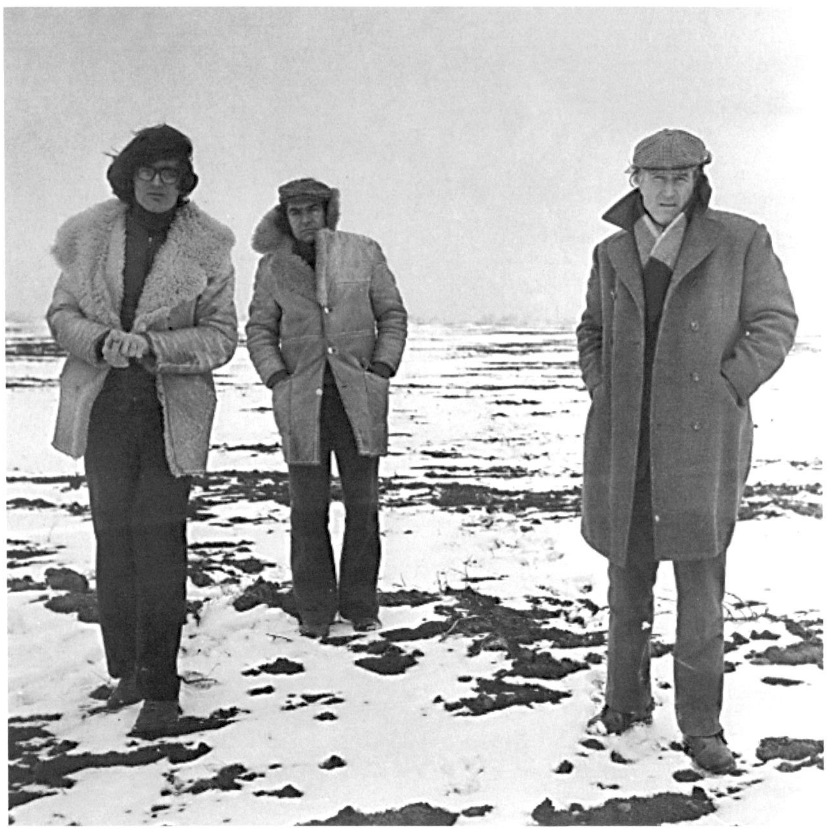

#321 **Ion Bitzan în atelierul din blocul Dunărea, 1972-1974. Pe perete, Generatoare de imagini**
Foto: Eugeniu Lupu, AFIB

#322 **De la stânga la dreapta: Radu Stoica, Vladimir Șetran, Ion Bitzan, 1974**
Foto: Clișoteca MNAC

#321 Ion Bitzan in his studio, Dunărea Building, 1972-1974. Several Image Generators on the wall
Photo: Eugeniu Lupu, AFIB

#322 From left to right: Radu Stoica, Vladimir Șetran, Ion Bitzan, 1974
Photo: MNAC photo archives

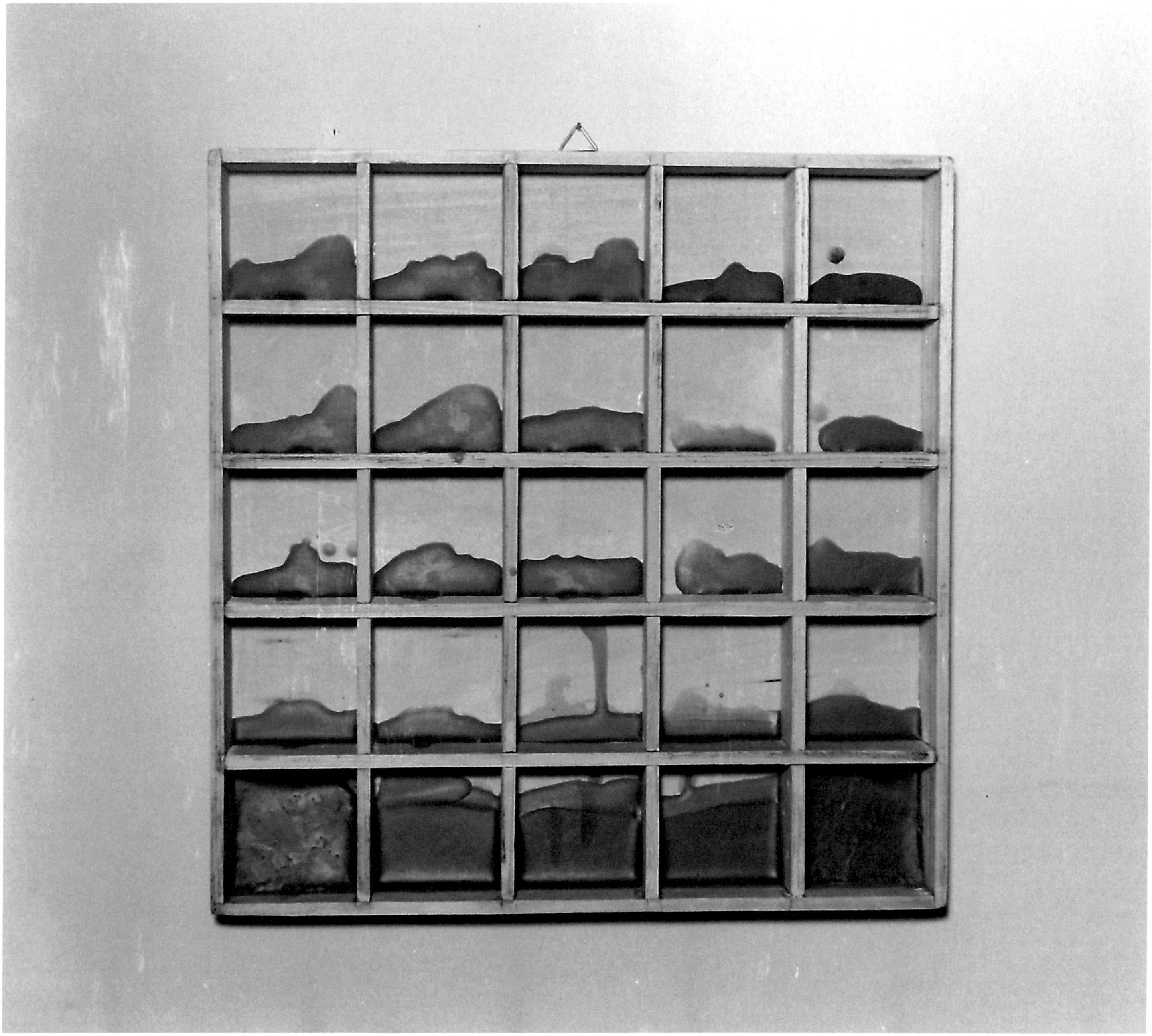

#323 Generator de imagini – obiect. Atelierul din blocul Dunărea, 1972-1974
Foto: Eugeniu Lupu, AFIB

#323 Image Generator – object. Dunărea building studio, 1972-1974
Photo: Eugeniu Lupu, AFIB

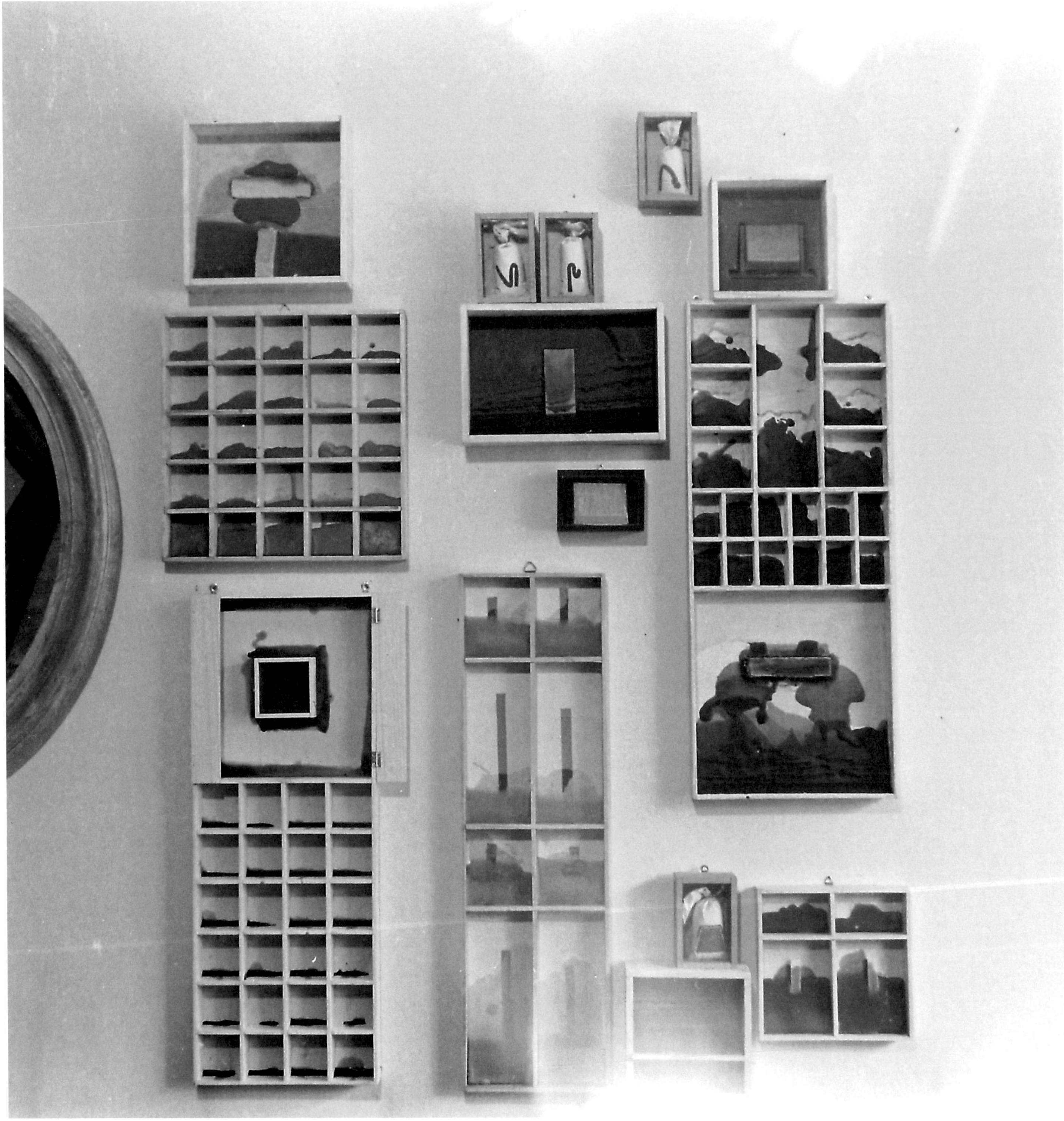

#324 Generator de imagini – obiecte. Atelierul din blocul Dunărea, 1972-1974
Foto: Eugeniu Lupu, AFIB

#324 Image Generator – objects. Dunărea studio, 1972-1974
Photo: Eugeniu Lupu, AFIB

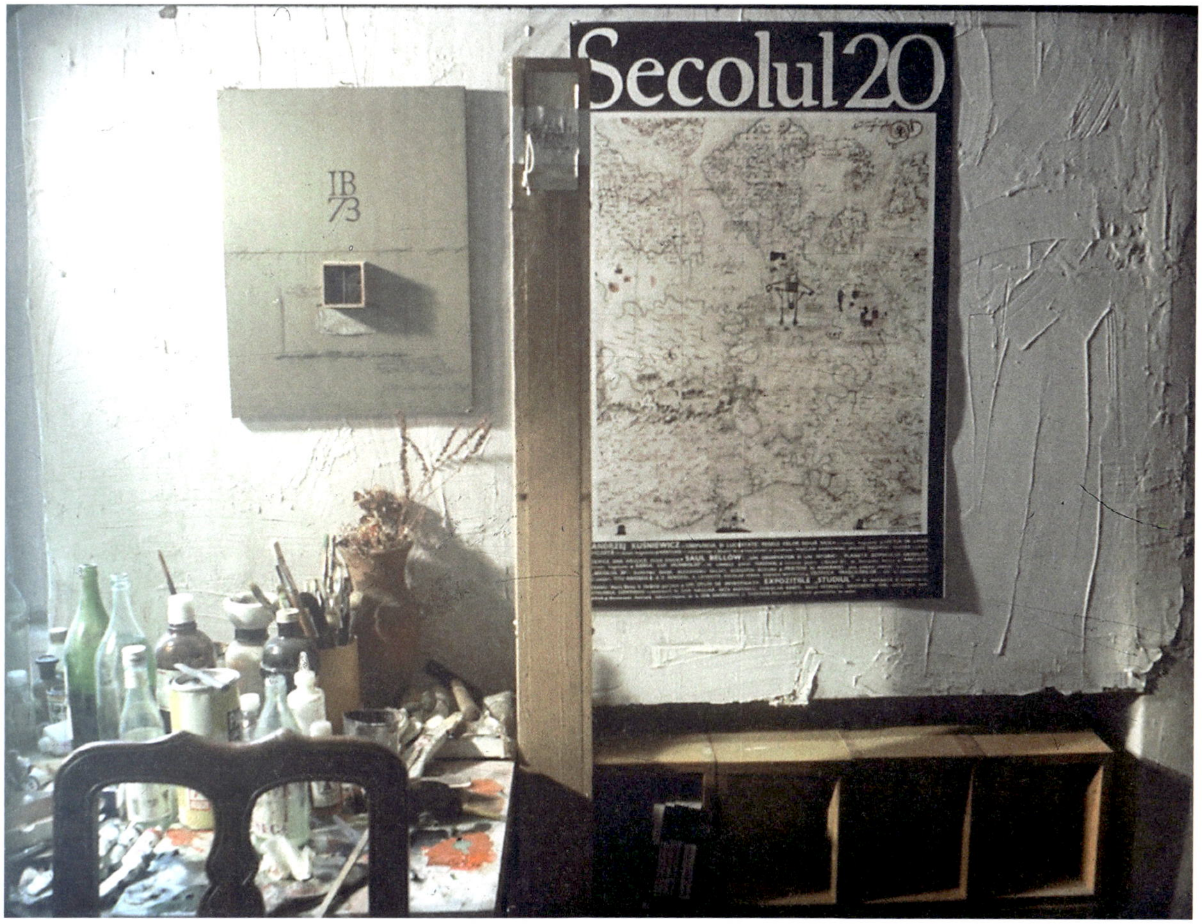

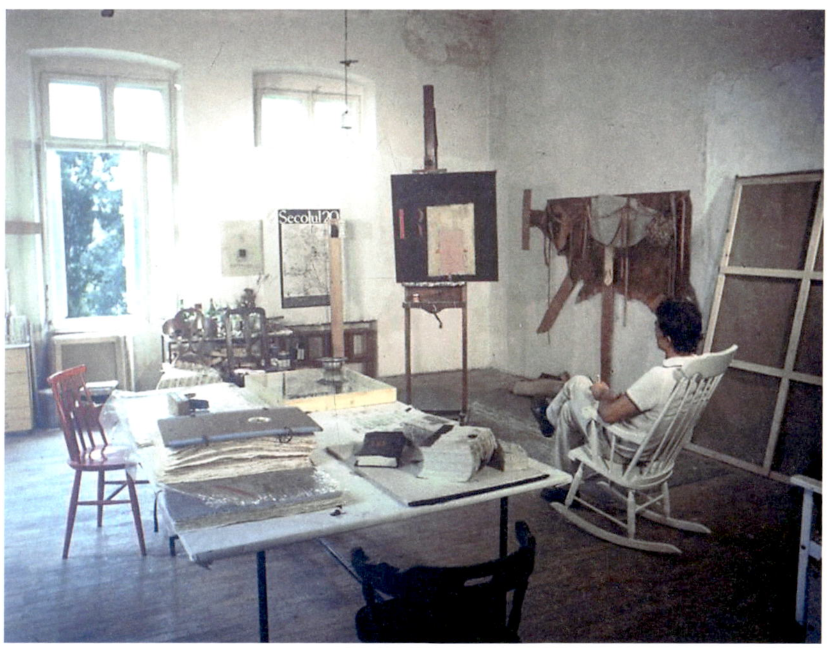

#325 Atelierul Ion Bitzan, complexul de ateliere Robescu, c. 1981. Afiș al revistei Secolul 20, cu reproducere după Lucrare pentru cartograf (p. 191 din carte)
Foto: AFIB

#326 Ion Bitzan în atelierul din complexul Robescu, c. 1981. Pe perete în dreapta, lucrarea [Vaca] (p. 142 din carte)
Foto: AFIB

#325 Ion Bitzan in his studio, Robescu building, circa 1981. Poster of Secolul 20 magazine featuring a reproduction of the Work of the Mapmaker (p. 191 in the book)
Photo: AFIB

#326 Ion Bitzan in his studio in the Robescu building, circa 1981. On the wall, to the right, the work [The Cow] (p. 142 in the book)
Photo: AFIB

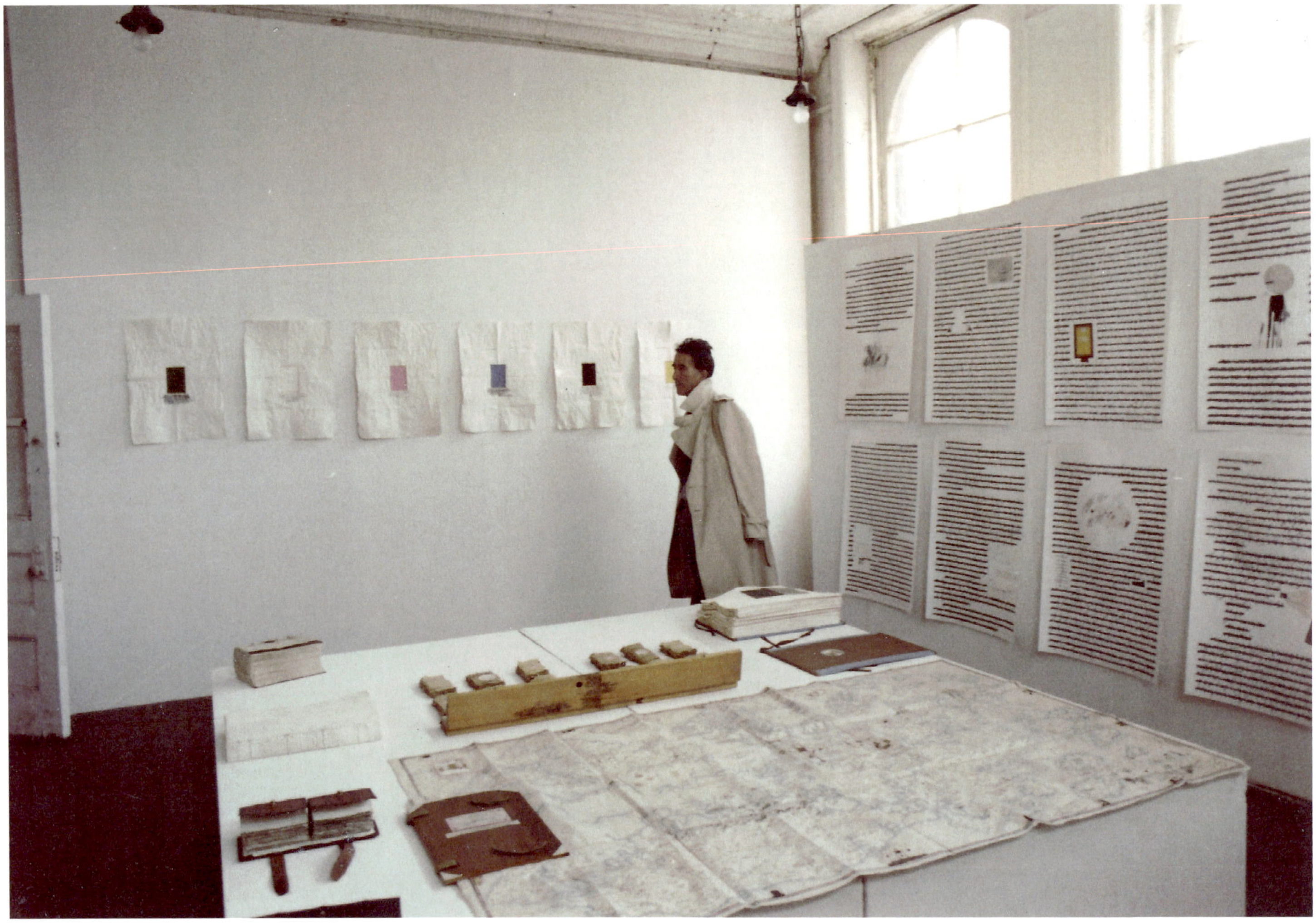

#327 **Ion Bitzan în expoziția personală de la MoMA PS1, New York, 1981. În spatele artistului, o serie de Manuscrise (p. 183 din carte)**
Foto: AFIB

#327 Ion Bitzan's solo show at the Moma PS1, New York, 1981. Behind the artist, a series of Manuscripts (p. 183 in the book)
Photo: AFIB

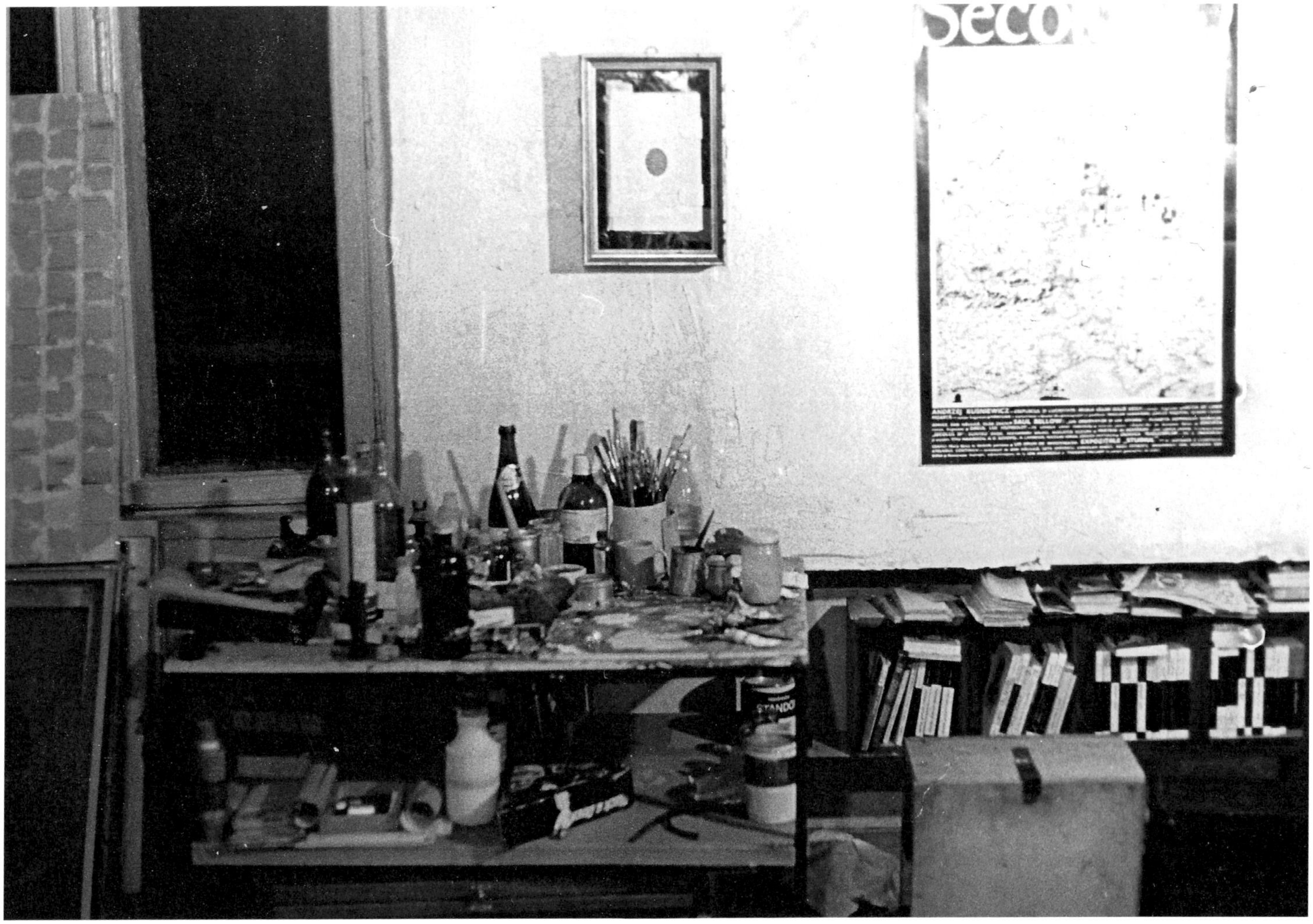

#328 **Atelier Ion Bitzan, complexul Robescu, 1982-1984**
Foto: Clișoteca MNAC

#328 Ion Bitzan's studio in the Robescu building, 1982-1984
Photo: MNAC photo archives

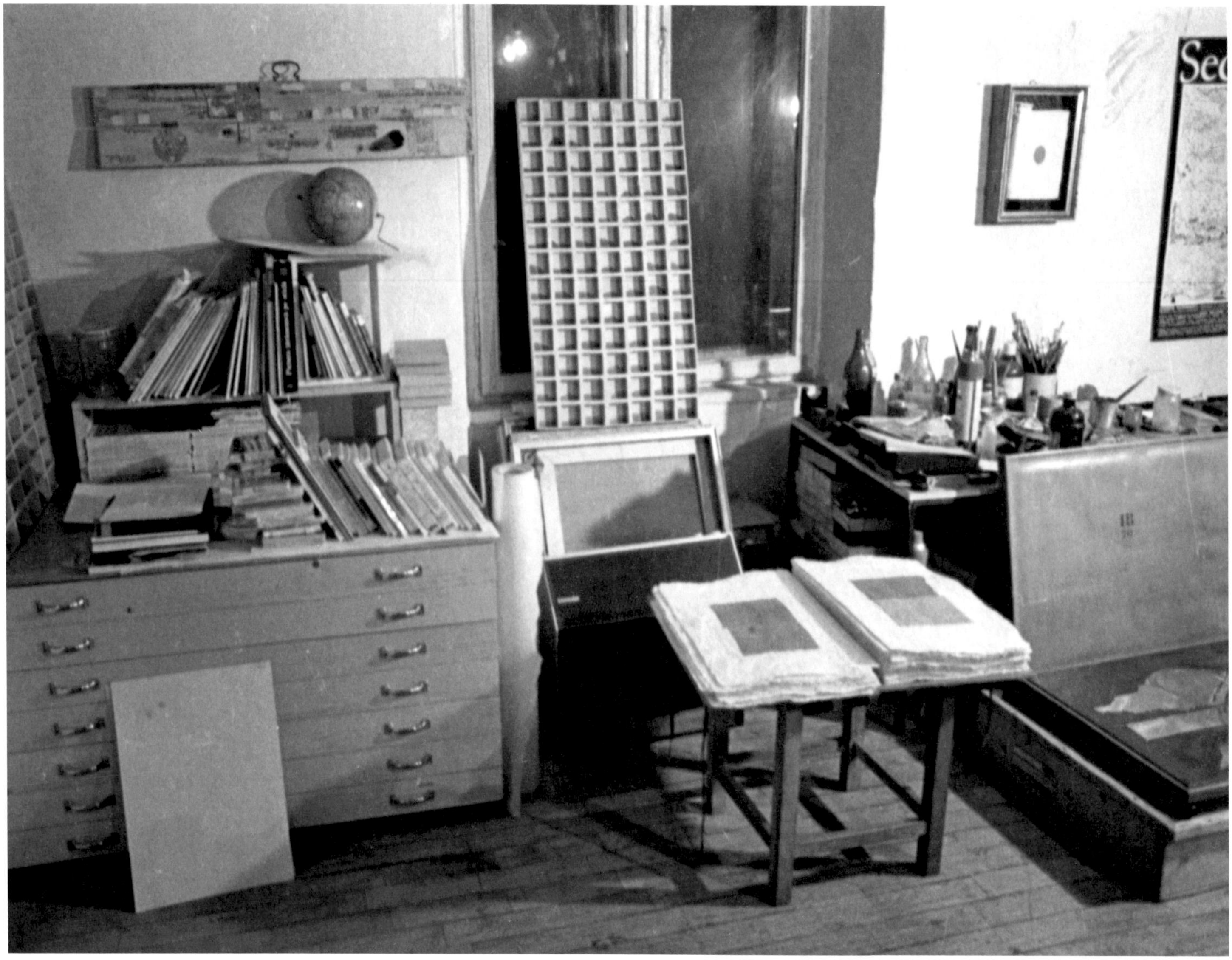

#329 Atelier Ion Bitzan, complexul Robescu, 1982-1984. Se pot identifica 2 Generatoare de imagini, Instrument utopic (pe perete, p. 186 din carte), Fastul lucrurilor inutile (dreapta jos, p. 145 din carte)
Foto: Clişoteca MNAC

#329 Ion Bitzan's studio, Robescu building, 1982-1984. Featuring 2 Image Generators, Utopian Instrument (on the wall, p.186 in the book), The Pomp of Useless Things (bottom right, p. 145 in the book)
Photo: MNAC photo archives

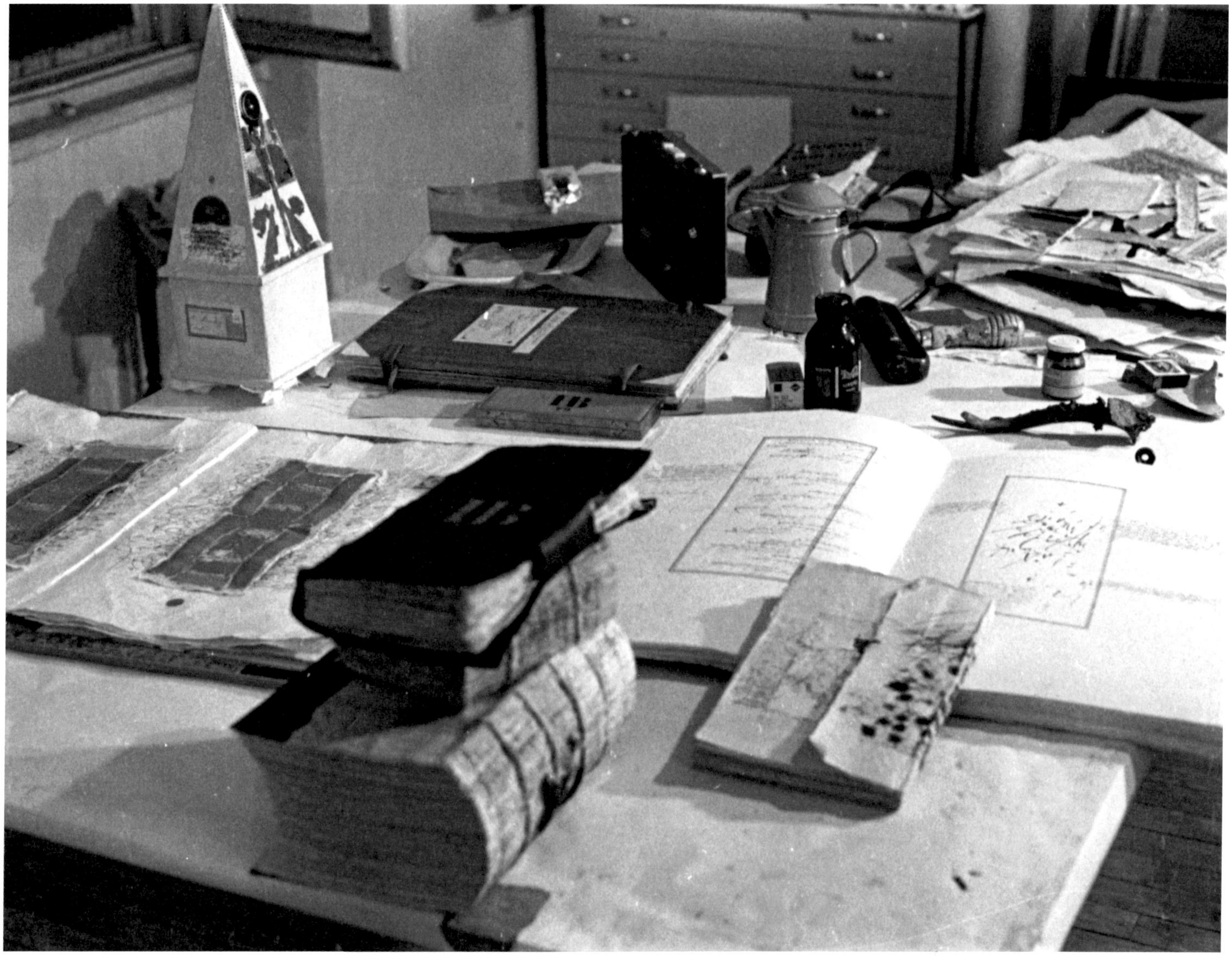

#330 Atelier Ion Bitzan, complexul Robescu, 1982-1984. Diverse cărți de artist, printre care Cartea mare a infinitului (p. 196 din carte) și Cartea perechilor (p. 201 din carte)
Foto: Clișoteca MNAC

#330 Ion Bitzan's studio, Robescu building, 1982-1984. Featuring some of the artist's books: The Big Book of Infinity (p. 196 in the book) and The Book of Pairs (p. 201 in the book)
Photo: MNAC photo archives

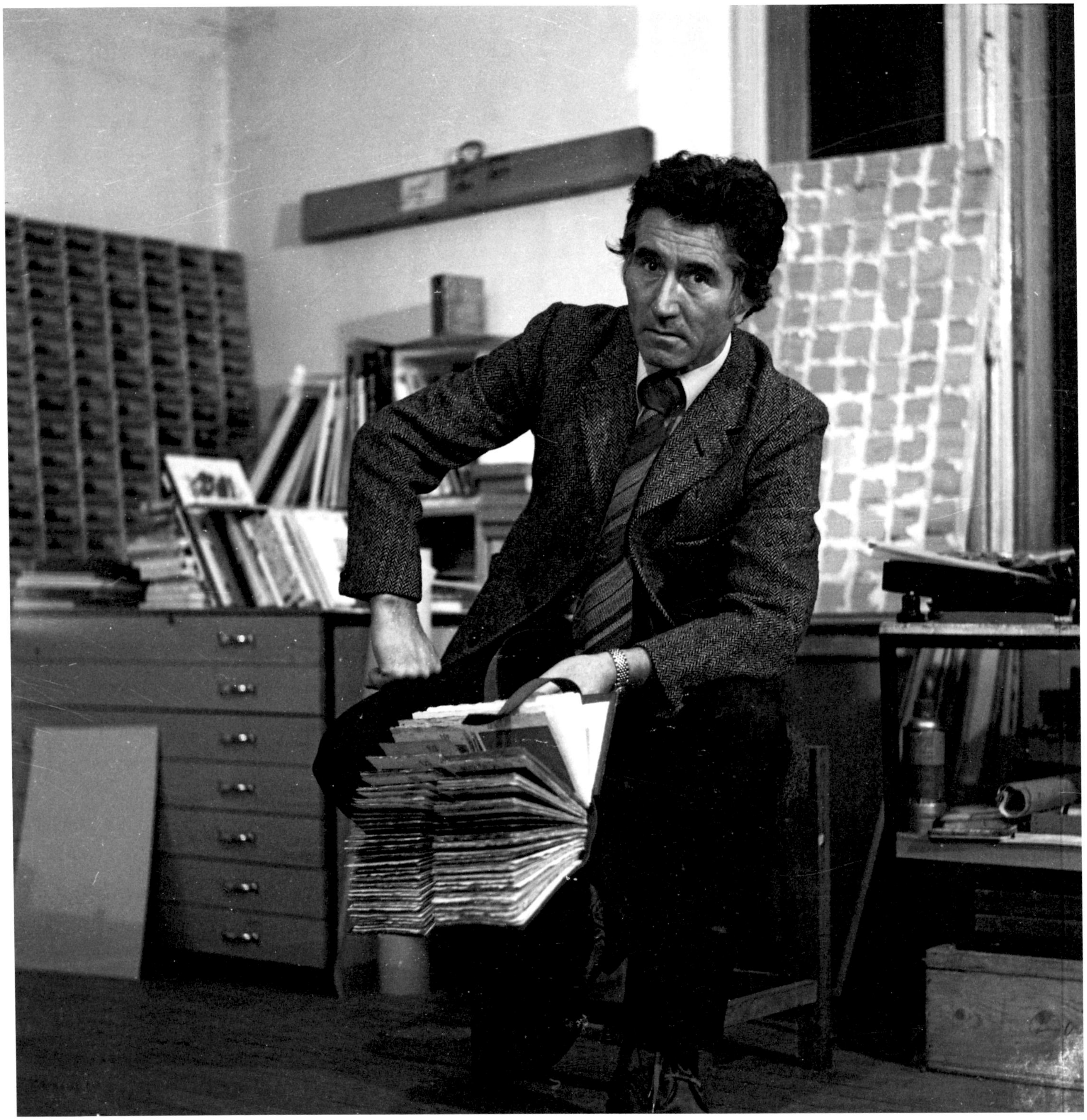

#331 **Ion Bitzan în atelier, complexul Robescu, 1982-1984**
Foto: Clișoteca MNAC

#331 Ion Bitzan in his studio, Robescu building, 1982-1984
Photo: MNAC photo archives

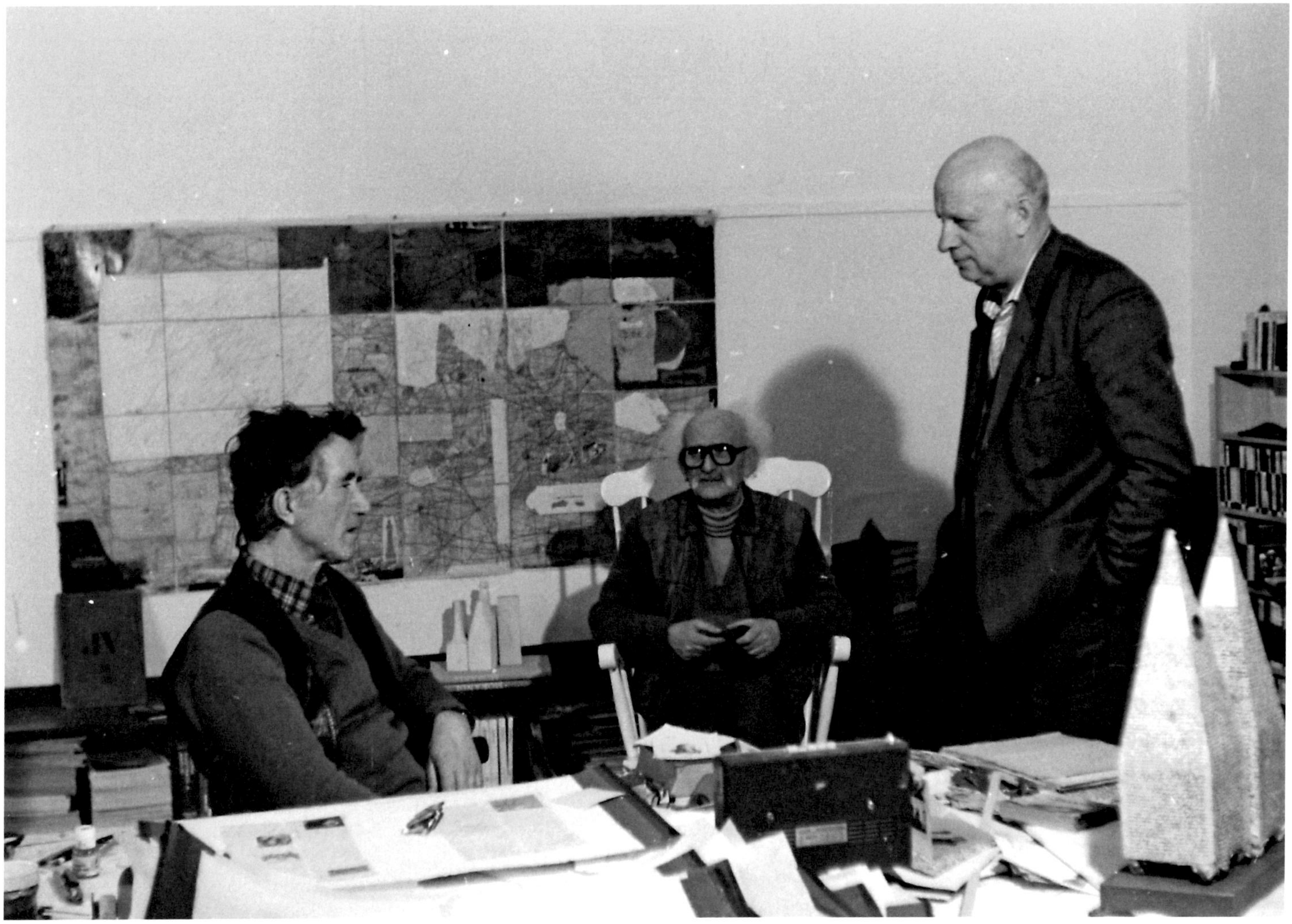

#332 De la stânga la dreapta: Ion Bitzan, Mirel Ilieșu, regizor la studiourile „Al. Sahia" București, personaj neidentificat, atelierul Bitzan, complexul Robescu, 1983-1984. Pe perete, Călătoriile lui Jules Verne (p. 220 din carte)
Foto: Eugeniu Lupu, AFIB

#332 From left to right: Ion Bitzan, Mirel Ilieșu (director at "Al. Sahia" film studios, Bucharest), unknown. Ion Bitzan's studio, Robescu building, 1983-1984. On the wall, Travels of Jules Verne (p. 220 in the book)
Photo: Eugeniu Lupu, AFIB

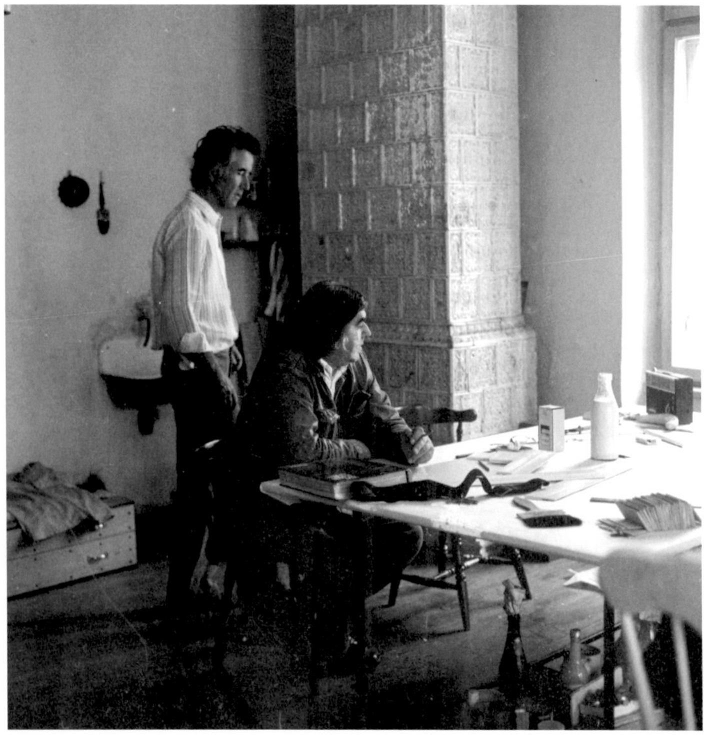

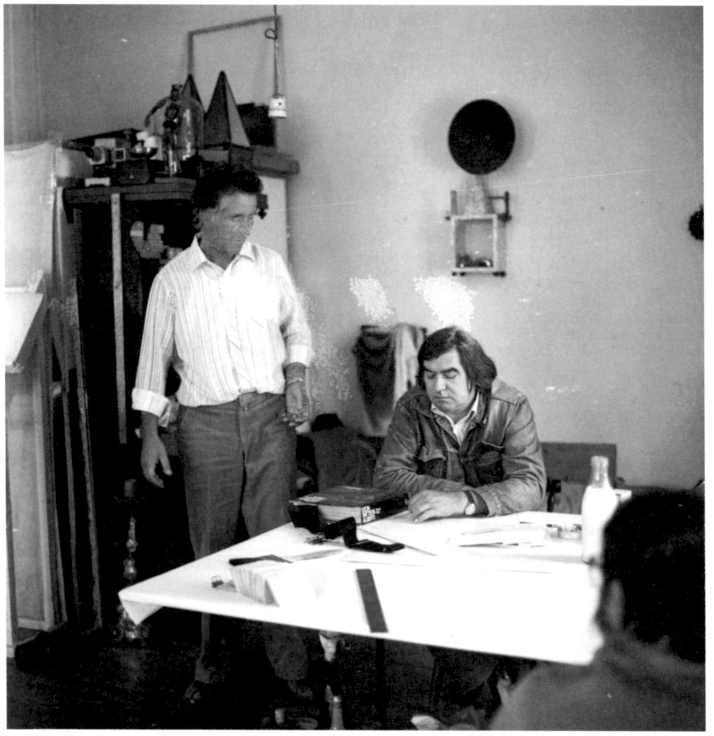

#333 Ion Bitzan, Vladimir Șetran, atelierul Bitzan din complexul Robescu, 1985-1987
Foto: Clișoteca MNAC

#334 Ion Bitzan, Vladimir Șetran, atelierul Bitzan din complexul Robescu, 1985-1987
Foto: Clișoteca MNAC

#333 Ion Bitzan, Vladimir Șetran in Bitzan's studio in the Robescu building, 1985-1987
Photo: MNAC photo archives

#334 Ion Bitzan, Vladimir Șetran in Bitzan's studio in the Robescu building 1985-1987
Photo: MNAC photo archives

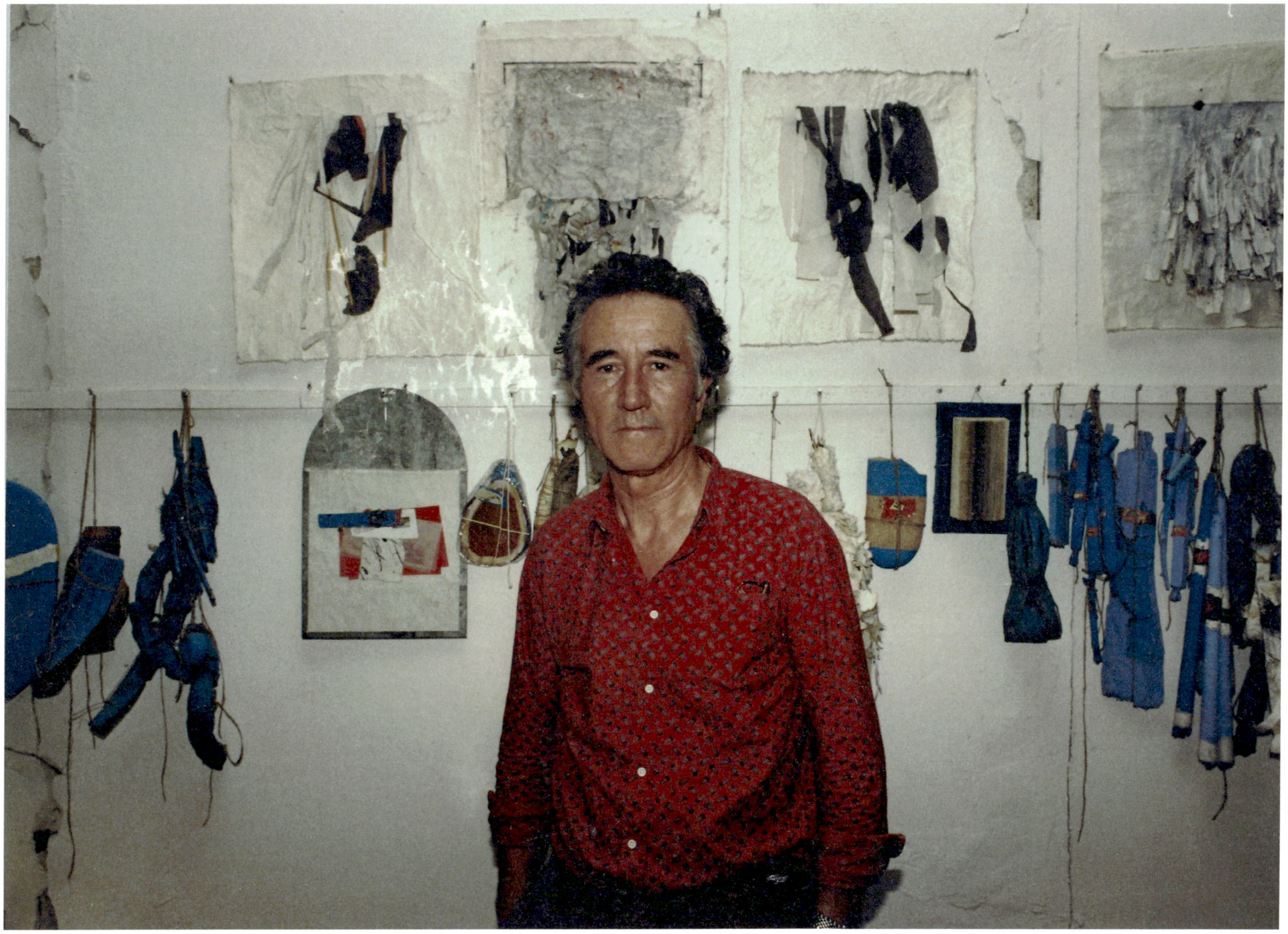

#335 Ion Bitzan în atelier, complexul Robescu, 1985-1987. Pe perete, lucrarea Vitrina cu alimente (p. 226 din carte)
Foto: Eugen Nicolcev, AFIB

#335 Ion Bitzan' studio, Robescu building, 1985-1987. On the wall, Food Display Case (p. 226 in the book)
Photo: Eugen Nicolcev, AFIB

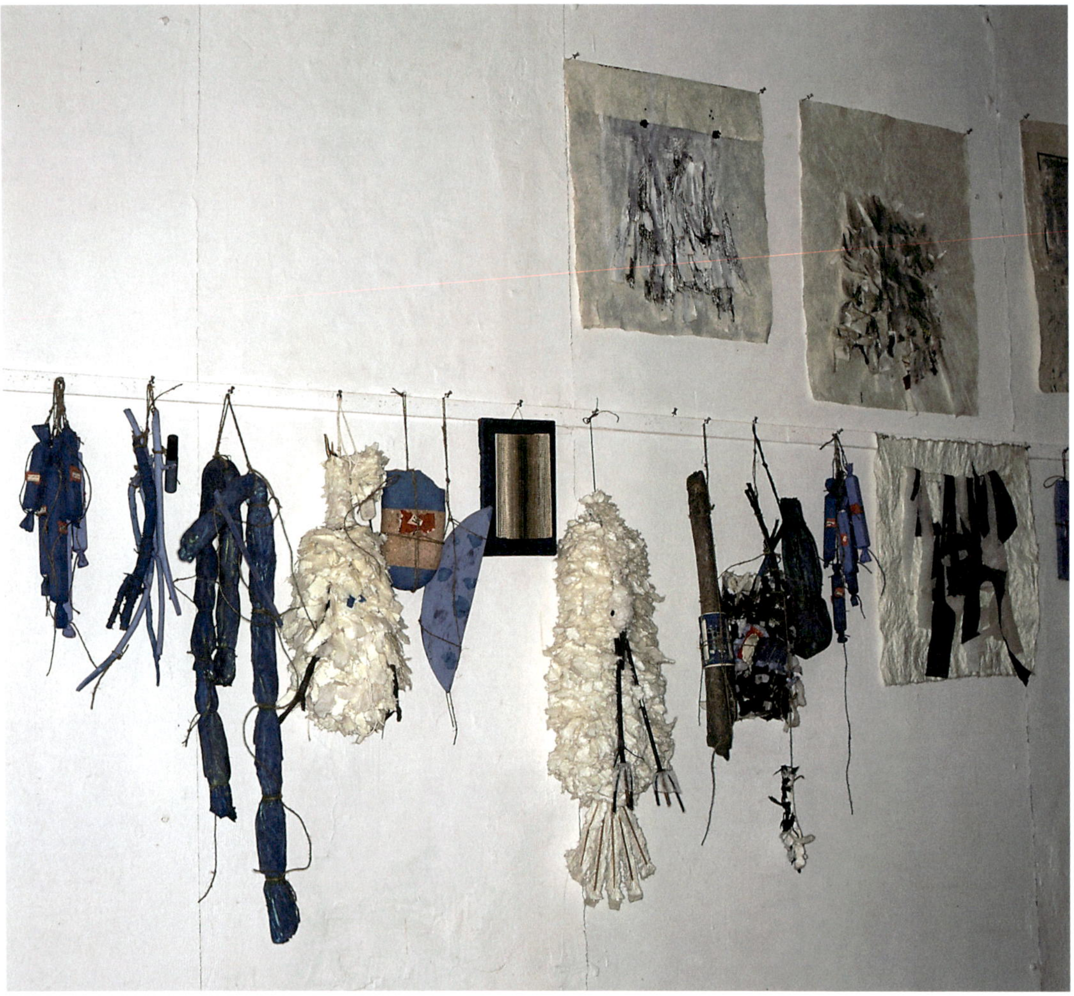

#336 Atelierul Ion Bitzan, complexul Robescu, 1985-1987. Pe perete, lucrarea Vitrina cu alimente (p. 226 din carte)
Foto: AFIB

#336 Ion Bitzan's studio, Robescu building, 1985-1987. On the wall, Food Display Case (p. 226 in the book)
Photo: AFIB

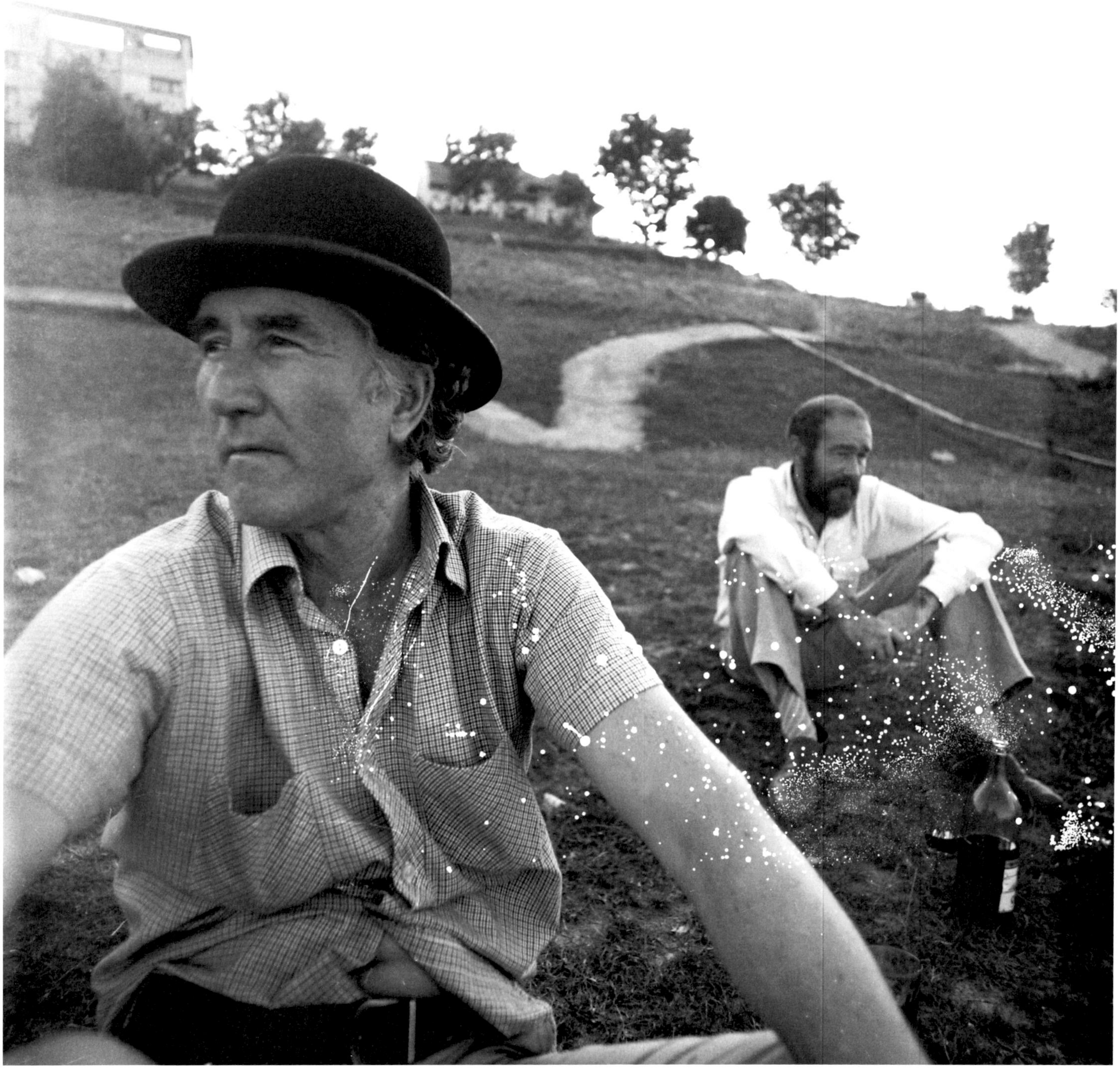

#337 **Ion Bitzan, Paul Vasilescu, probabil la Tescani, 1986**
Foto: Clişoteca MNAC

#337 Ion Bitzan and Paul Vasilescu, probably in Tescani, 1986
Photo: MNAC photo archives

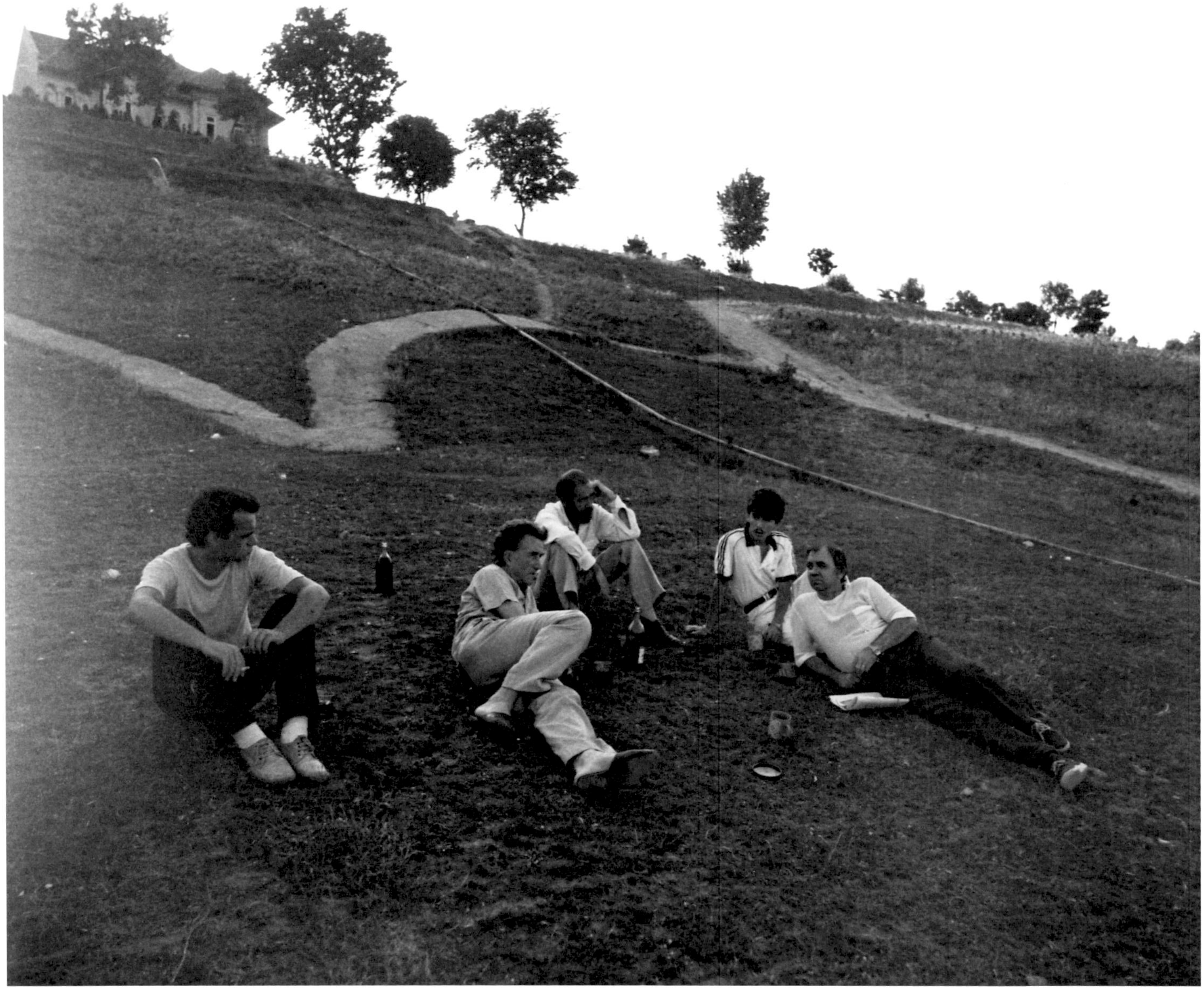

#338 De la stânga la dreapta: Ion Șetran, Ion Bitzan, Paul Vasilescu, Petru Stendl, Ion Stendl, probabil la Tescani, c. 1986
Foto: Clișoteca MNAC

#338 From left to right: Ion Șetran, Ion Bitzan, Paul Vasilescu, Petru Stendl, Ion Stendl, probably in Tescani, 1986
Photo: MNAC photo archives

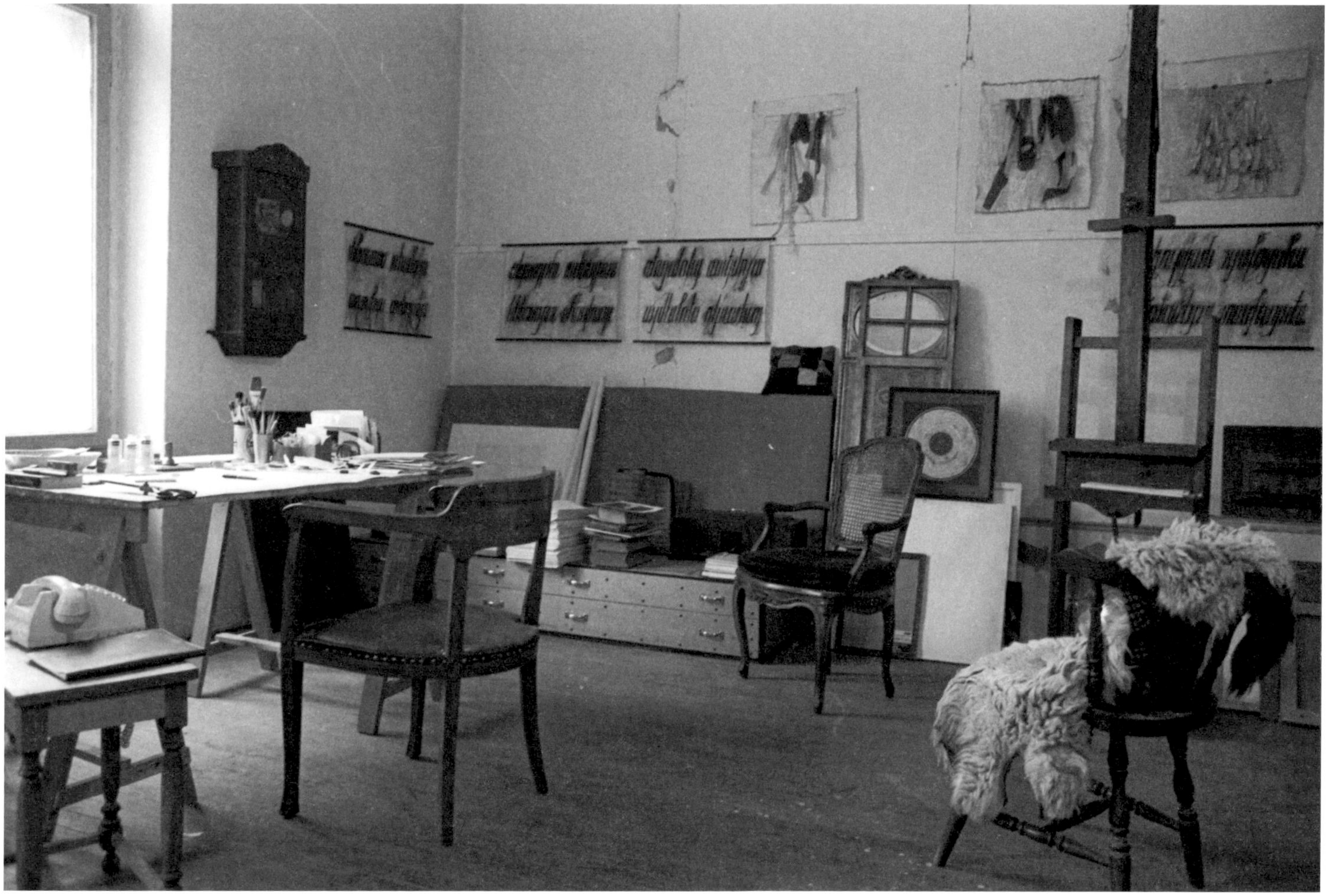

#339 **Atelierul Ion Bitzan, complexul Robescu, 1989**
Foto: Clișoteca MNAC

#339 Ion Bitzan's studio, Robescu building, 1989
Photo: MNAC photo archives

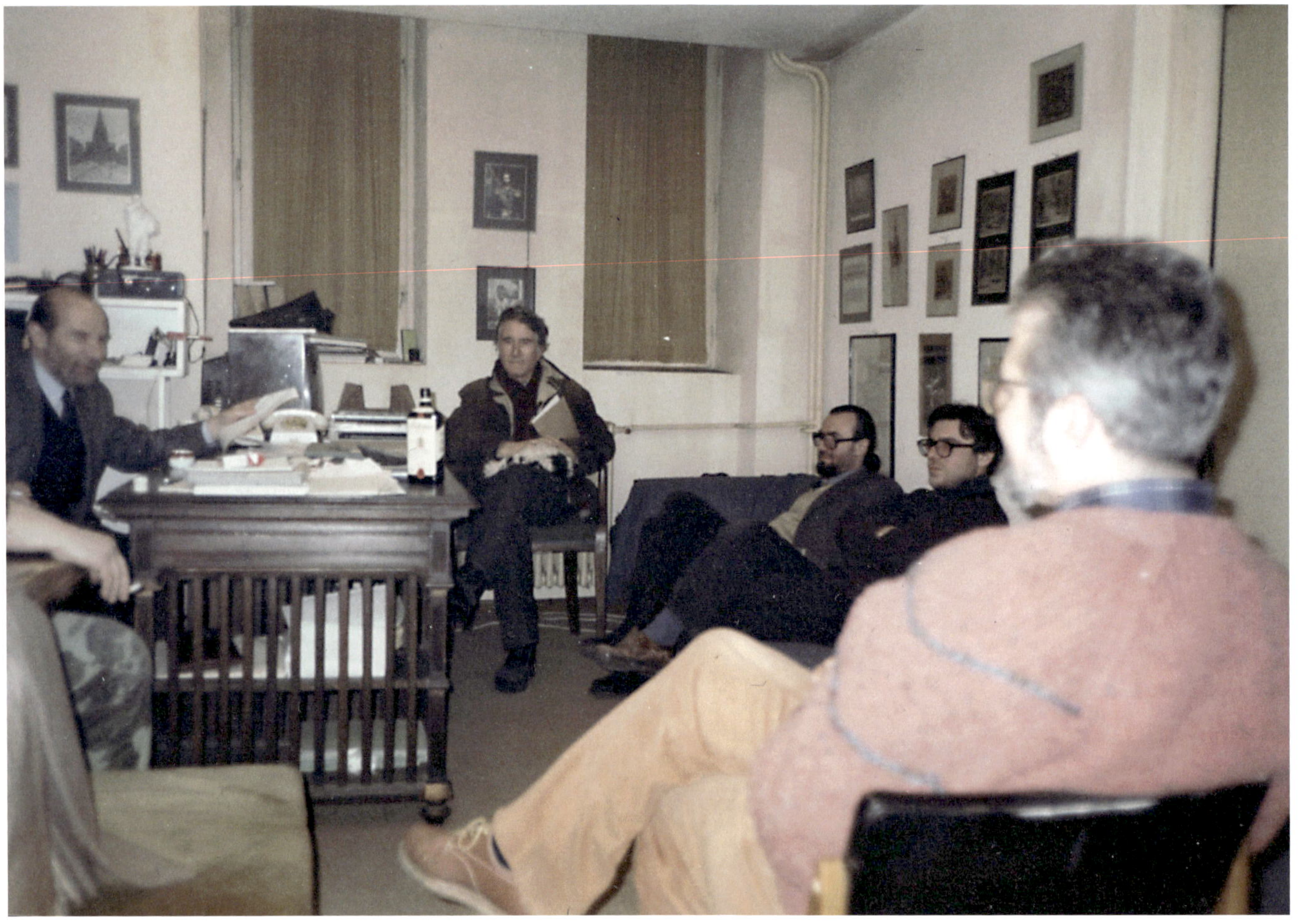

#340 De la stânga la dreapta: Coen Stork (ambasadorul Olandei la București), Ion Bitzan, Călin Dan, Dan Mihălțianu, Ludvík Hlaváček (directorul Centrului Soros pentru Artă Contemporană, Praga) în biroul lui Mihai Oroveanu la Fundația Artexpo / ONDEA, 1991-1993
Foto: Clișoteca MNAC

#340 From left to right: Coen Stork, ambassador of the Kingdom of the Netherlands, Ion Bitzan, Călin Dan, Dan Mihălțianu, Ludvík Hlaváček, Director of the Soros Center for Contemporary Art in Prague, Mihai Oroveanu's office at the Artexpo / ONDEA Foundation, 1991-1993
Photo: MNAC photo archives

Cronologie
Chronology

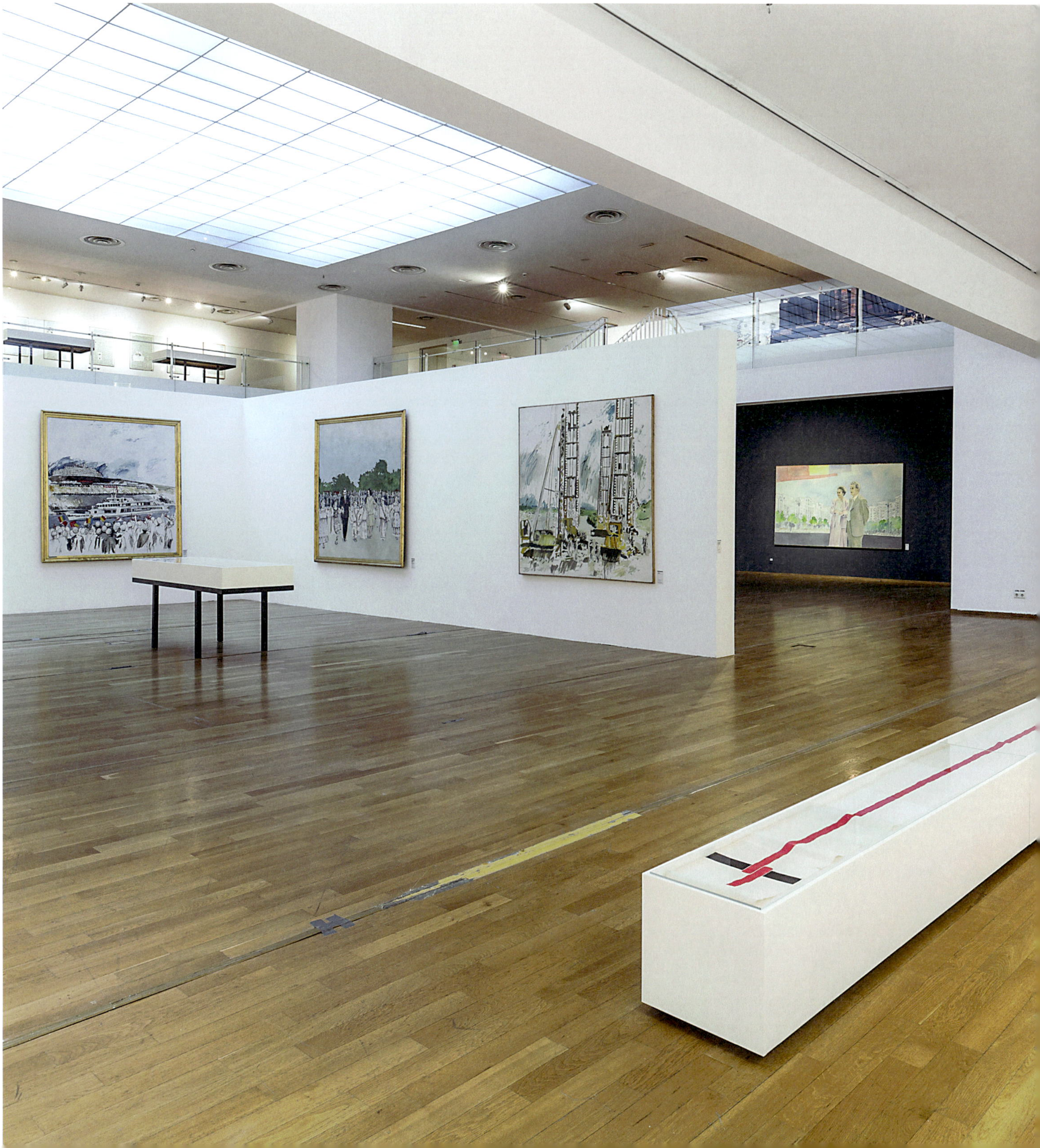

1924
Pe 23 august, la Limanu, un sătuc din Dobrogea, se naște Ion Bițan. Ambii părinți erau țărani. Are și un frate mai mic, Neculai (1930-2011).
Urmează cursurile școlii gimnaziale și primii ani de liceu la Limanu.

1937
Continuă cursurile (Școala Normală de Învățători) la Târgu-Mureș, un oraș din Transilvania.

1939
Începe cel de-al doilea război mondial. La început poziția României este una de neutralitate, apoi se alătură puterilor Axei în 23 noiembrie 1940. Din august 1944 și până la sfârșitul războiului, România se va afla de partea Aliaților.

1940
Târgu-Mureș este retrocedat Ungariei.
Bitzan e transferat la cursuri în Focșani. În luna *octombrie* 1940, orașul Focșani este zdruncinat de un cutremur foarte puternic și devine o ruină. Ion este mutat cu școala la Târgu Jiu.

1944
Din *iulie* până în *noiembrie* face parte din Regimentul 36 Infanterie Cernavodă. Nu e activ pe front.

1945
În luna *iunie* primește diploma de absolvire a liceului.
Sfârșitul celui de-al doilea război mondial.
Se înscrie la cursurile Academiei de Arte Plastice din București, la clasa lui Jean Steriadi.

1947
Din 30 decembrie, ca urmare a abdicării Regelui Mihai, România devine Republica Populară Română.
Bitzan devine membru al Partidului Comunist Român.

1949
Se înființează Fondul Plastic (FP), înlocuind fosta Casă a Compozitorilor, Pictorilor și Sculptorilor, înființată în 1940.
Începe să lucreze ca ilustrator la ziarul *Flacăra*.

1950
Academia de Arte Plastice își schimbă denumirea în Institutul de Arte Plastice „Nicolae Grigorescu".
Se înființează Uniunea Artiștilor Plastici (UAP) pe bazele fostului Sindicat al Artelor Frumoase, fondat în 1921.
Se îmbolnăvește de tuberculoză și repetă anul 5 la Institutul de Arte Frumoase „Nicolae Grigorescu".

1951
Termină ultimul an de studii la Institutul de Arte Plastice „Nicolae Grigorescu".
Devine mebru al UAP.
Lucrează în continuare ca ilustrator de ziare și cărți (*Călătorind prin URSS*, autor Zaharia Stancu)

1952
Se căsătorește cu Nety Haimovici (1924-2019), graficiană; au fost colegi la Institutul de Arte Frumoase.

1953
Prima participare la o expoziție de grafică organizată de statul român.

1954
Se înființează revista *Arta plastică* (după 1969 va purta numele de *Arta*).

1963
În luna *iunie*, Bitzan primește diploma de absolvire a Institutului de Arte Plastice „Nicolae Grigorescu". Toate cercetările întreprinse până în prezent nu au reușit să explice de ce artistul și-a luat diploma la 12 ani de la finalizarea cursurilor universitare.
În luna *octombrie* se angajează la Institutul de Arte Plastice din București ca asistent lector la secția Scenografie.

1964
În luna *iulie*, Securitatea (poliția politică) îi deschide dosar de urmărire informativă.
Din *iulie* până în *septembrie* urmează cursurile de vară (pictură și sculptură) ale Academiei de Arte Frumoase „Pietro Vannucci" din Perugia, Italia.
Este selecționat să reprezinte România la Bienala de la Veneția alături de Ion Gheorghiu, Ion Pacea și Boris Caragea. Kristine Stiles notează că „expoziția lui Robert Rauschenberg l-a impresionat puternic pe artistul român (Bitzan) și l-a determinat să investigheze în anii '60 arta obiectului, colajul, asamblajul și alte mijloace neoavangardiste de producție artistică".
În timp ce Bitzan se afla în Italia la Bienală, soția lui, Nety Haimovici, depune cerere de pașaport pentru a putea călători în Italia; cererea i se aprobă. Artistul se întoarce în România exact în ziua în care soția lui pleca în Italia, deci cei doi nu se întâlnesc.
Divorțul celor doi se pronunță în data de 12 februarie 1965.

1965
La data de 5 iunie, artistul se căsătorește la București cu Viky Tantas. Viky (Victoria Aurelia) s-a născut pe 6 iulie 1943 la

1924
On August 23, Ion Bitzan (Ion Bițan) is born in Limanu, a small village in the southeast of Romania. Both parents are farmers. Ion will have a younger brother, Neculai (1930-2011). Primary school and first years of secondary school in Limanu.

1937
Ion continues his secondary school education in Târgu-Mureș (at Școala Normală de Învățători).

1939
WWII starts. At first Romania is neutral, then it officially joins the Axis powers on November 23, 1940. From August 1944 until the end of the war, Romania is on the side of the Allies.

1940
The town of Târgu-Mureș (part of Northern Transylvania) is assigned from Romania to Hungary as a result of the Vienna Diktat.

Bitzan is transferred to a school in Focșani. In *October* that year Focșani is hit by a strong earthquake and the city is in ruins. He is then transferred to a school in Târgu Jiu.

1944
July-November Ion is drafted in the 36th Infantry Regiment in Cernavodă. He is not active on the war front.

1945
June He receives his secondary school diploma.
End of WWII.
Ion enrolls at the Academy of Fine Arts in Bucharest, joining the class of Jean Alexandru Steriadi.

1947
On December 30, following the abdication of Mihai I, Romania is no longer a kingdom and becomes the Popular Republic of Romania.
Ion joins the Romanian Communist Party.

1949
Fondul Plastic (FP) is established. It replaces the former Composers, Painters and Sculptors House which had existed since 1940.
Ion starts working as an illustrator for the *Flacăra* newspaper.

1950
The Academy of Fine Arts becomes the "Nicolae Grigorescu" Institute of Fine Arts.
The Romanian Fine Arts Union (Uniunea Artiștilor Plastici, UAP) is established (based on a previous institution, the Syndicate of Fine Arts founded in 1921).
He becomes ill (tuberculosis) and has to repeat the fifth year at the Academy of Fine Arts.

1951
Ion completes his last year of studies at the "Nicolae Grigorescu" Institute of Fine Arts in Bucharest.
He becomes a member of the Romanian Fine Artists Union.
Ion continues to work as an illustrator for newspapers and books (*Călătorind prin URSS* by Zaharia Stancu).

1952
Ion marries Nety Haimovici (1924-2019), a graphic artist; they had studied at the Institute at the same time.

1953
His first participation at a state organized graphics exhibition.

1954
Arta plastică art magazine is established (after 1969 it changes its name into *Arta*).

1963
June Bitzan receives his diploma from the "Nicolae Grigorescu" Institute of Fine Arts. Research so far cannot explain why he took his diploma 12 years after graduation;
October Starts working as substitute lecturer at the Stage Design Department of the Institute of Fine Arts in Bucharest.

1964
July The Securitate (the political police) opens an informative surveillance file on Bitzan.
July to September Attends summer classes (painting and sculpture) at Accademia di Belle Arti "Pietro Vannucci" in Perugia, Italy.
Ion Bitzan is selected to represent Romania at the Biennale di Venezia alongside Ion Gheorghiu, Ion Pacea and Boris Caragea. Kristine Stiles writes that "Robert Rauschenberg's exhibition made a lasting impression on the Romanian artist (Bitzan), prompting him to investigate object art, collage, assemblage and other neo-avant-garde modes of production over the course of the 1960s".
While Bitzan is in Italy, his wife Nety Haimovici applies for and receives a passport to travel to Italy. He returns to Romania the same day she travels to Italy, so they do not meet.
They officially divorce on February 12, 1965.

Negrești-Oaș, în județul Satu Mare (în perioada 1940-1945 județul Satu Mare a făcut parte din Ungaria). Tatăl lui Viky, Vasile Tantas (1911-2010) era avocat și membru de seamă al Partidului Național Liberal, iar mama (Olga, născută Carp) era învățătoare.

1966
În luna *iulie*, artistul are prima expoziție personală la galeria Arsenal din Poznań, Polonia. Din acest moment va expune, cel puțin în afara granițelor țării, sub numele Ion Bitzan.
În luna *noiembrie*, la București, se naște Irina, singurul său copil.

1968
Primește Ordinul Cultural Clasa a III-a.
Donează tabloul *Portret de fată* Muzeului Memorial din Lidice, Cehoslovacia.
Galeristul scoțian Richard Demarco vizitează mai multe ateliere de artiști din București, printre care și pe cel al lui Ion Bitzan.
În luna *decembrie* artistul acordă un interviu în cadrul emisiunii „Arte Frumoase" de la Radio România.

1969
Expune la Bauzentrum Hamburg alături de Paul Neagu, Peter Jacobi și Ritzi Jacobi; ulterior expoziția este itinerată la galeria Richard Demarco din Edinburgh, Scoția.
Corespondență cu artistul și prietenul Paul Neagu (1938-2004).
Împreună cu arhitectul Paul Bortnowski, pictorul Vladimir Șetran și graficianul Hainoroc Constantinescu, Ion Bitzan înființează secția de Design Industrial din cadrul Institutului de Arte Plastice „Nicolae Grigorescu".
Participă la cea de-a opta ediție a „Expoziției Internaționale de Artă Grafică" de la Ljubljana, unde primește Prix d'achat de la Maison DOM pentru lucrarea *Compoziție nr 1*.

1970
În *iunie-august*, Bitzan este artist rezident la Stedelijk Museum din Amsterdam.
Expoziție personală la Panorama Mesdag, Haga, Olanda.

1971
În *iunie-august*, Bitzan este artist rezident la Stedelijk Museum din Amsterdam.
Expoziție personală la Panorama Mesdag, Haga, Olanda.
Expune prin Galeria Richard Demarco la Festivalul Artelor de la Edinburgh.

1972
Primește Premiul Criticii din partea UAP.

1973
La solicitarea Color Planning Centre din Tokyo lucrează la conceperea unui sistem de codificare a culorilor menit să ajute la traducerea *haiku*-urilor. Proiectul nu va fi niciodată finalizat.
Expune alături de Iulian Mereuță (1943-2016) la Galeria Galateea din București. Este posibil ca Mereuță să-l fi prezentat pe Bitzan lui Jindřich Chalupecký, critic literar și de artă, teoretician și istoric cehoslovac.

1974
Membru al juriului la City of Glasgow International Festival of Youth Art and Craft. Acolo se reîntâlnește cu artistul și prietenul Paul Neagu, care se mutase definitiv în Marea Britanie în 1970.
Primește medalia „30 de ani de la eliberarea României de sub dominația fascistă".
Galeria de Artă Contemporană din Zagreb îi achiziționează lucrarea *Indescifrabil III*.

1975
Devine conferențiar la secția de Design a Institutului de Arte Plastice din București.

1977
Un cutremur îngrozitor lovește România în 4 martie. 90% dintre victime sunt în București. Artistul își rupe un picior, atelierul este distrus, o mare parte dintre lucrări sunt pierdute și/sau furate.
Este numit profesor asociat la secția de Design a Institutului de Arte Plastice din București.

1981
Expune la MoMA PS1 din New York. Este invitat să țină cursuri la universități de artă din New York, Washington D.C., San Francisco și Philadelphia prin programul International Visitor al USICA.

1983
Laureat al Festivalului Național „Cântarea României" pentru lucrarea *Vizita de lucru*.

1985
Este numit coordonatorul Secției de Design a Institutului de Arte Plastice din București.

1965
Ion Bitzan marries Viky Tantas on June 5, 1965 in Bucharest. Viky (Victoria Aurelia) was born on July 6, 1943 in Negrești-Oaș, a small town in north-western Romania, in the Satu Mare county (Satu Mare was part of Hungary between 1940 and 1945). Viky's father (Vasile Tantas, 1911-2010) was a lawyer and a prominent member of the local branch of the Liberal Party. Her mother (Olga Carp, d.1995) was a teacher.

1966
July First one-man show opens at Arsenal Gallery, Poznań, Poland. As of now he will exhibit, at least abroad, under the name Ion Bitzan.
November Irina, his only child, is born in Bucharest.

1968
Ion Bitzan receives the Cultural Merit Order Class III distinction.
He donates the painting *Portret de fată* to the Lidice Memorial Museum in Lidice, the Czech Republic.
Scottish gallerist Richard Demarco visits several artists' studios in Bucharest, including Bitzan's.
December Interview for the program "Arte Frumoase" at Radio România.

1969
Together with Paul Neagu, Peter Jacobi and Ritzi Jacobi, Bitzan exhibits at Bauzentrum Hamburg; the exhibition then travels to the Richard Demarco Gallery in Edinburgh.
Correspondence from artist and friend Paul Neagu (1938-2004).
Together with architect Paul Bortnowski, painter Vladimir Șetran and graphic artist Hainoroc Constantinescu, Ion Bitzan establishes the Industrial Forms Design Department at "Nicolae Grigorescu" Institute of Fine Arts in Bucharest.
Bitzan participates in the 8th "International Exhibition of Graphic" Art in Ljubljana; Prix d'achat de la Maison DOM, Ljubljana for the woodcut *Compoziție no. 1*.

1970
June-August Bitzan is an artist-in-residence at Stedelijk Museum in Amsterdam.
Solo show at Panorama Mesdag, The Hague.

1971
June-August Artist-in-residence at Stedelijk Museum in Amsterdam.
Solo show at Panorama Mesdag, The Hague.
Exhibits with Richard Demarco Gallery at the Edinburgh Arts Festival.

1972
Receives the Critic's Award from the Romanian Fine Arts Union.

1973
Creates for Color Planning Centre Tokyo a colour code system in order to translate hai-ku. The project was never finalized.
Bitzan exhibits alongside Julian Mereuță (1943-2016) at Galateea Gallery, Bucharest. Mereuță might be the one who introduced Bitzan to Jindřich Chalupecký, the Czech literary and art critic, theoretician and historian.

1974
Bitzan is a member of the panel at the City of Glasgow International Festival of Youth Art and Craft. There he meets artist and friend Paul Neagu, who had permanently moved to the UK in 1970.
The artist receives the medal "30 de ani de la eliberarea României de sub dominația fascistă".
The Gallery of Contemporary Art in Zagreb buys his work *Indescifrabil III*.

1975
Bitzan becomes lecturer at the Design Department of the Fine Arts Institute, Bucharest.

1977
A powerful earthquake strikes Romania, with 90% of the fatalities in Bucharest alone. Bitzan breaks his foot, his studio gets destroyed and a vast proportion of his works are lost and/or stolen.
Associate Professor at the Design Department of the Institute of Fine Arts in Bucharest.

1981
Bitzan exhibits at MoMA PS1, New York, and is a visiting professor at art universities in New York, Washington, San Francisco and Philadephia (through the International Visitor Program of the USICA).

1983
Bitzan wins the prize of "Cântarea României" National Festival for his painting *Vizită de lucru* [Working Visit].

1985
Appointed Head of the Design Department at the Fine Arts Institute in Bucharest.
Exhibits at Arts Council of Northern Ireland, Belfast.
In 1986 the exhibition travels to the Butler Gallery in Kilkenny, Ireland.

Expune la Consiliul Artelor din Belfast, Irlanda de Nord. Expoziția este itinerată și, în 1986, ajunge la Galeria Butler din Kilkenny, Irlanda.

1986
Este selecționat să reprezinte România la Bienala de la Veneția, alături de Napoleon Tiron. În cele din urmă România a decis să nu mai participe la acea ediție a Bienalei.

1989
Începe Revoluția din Decembrie 1989; studenții de la Arte se revoltă împotriva profesorilor.

1990
Concepe trofeul acordat la Premiile UNITER (Uniunea Teatrală din România).
Este numit profesor la Secția de Design a Institutului de Arte Plastice din București și decan al Facultății de Arte Decorative și Design.
Deschide o expoziție personală la Galeria Narrow Water din Warrenpoint, Irlanda de Nord.

1991
Institutul de Arte Plastice își schimbă denumirea în Academia de Arte București.

1993
Mama artistului (1906-1993) se stinge în ianuarie și este înmormântată la cimitirul din Limanu.
Academia de Arte este primită în rândurile Consiliului internațional al decanilor de facultăți de arte plastice (ICFAD); Bitzan participă în luna noiembrie la întâlnirea de lucru de la Madrid.

1994
Primește Premiul Academiei de Arte din București.
Deschide expoziții personale la Paris (Institutul Cultural Român) și în Marea Britanie (galeria Hotbath din orașul Bath).
Este diagnosticat cu leucemie cronică, dar refuză tratamentul medical.
Fiica artistului, Irina, se stabilește definitiv în Olanda.

1995
Moare tatăl artistului; este înmormântat alături de soție la cimitirul din Limanu.
Primește Premiul Special al UAP.

1997
Cea de-a doua participare la Bienala de la Veneția; artistul este prezent la construirea pavilionului României și la ceremonia de deschidere a expoziției.
În ziua de 15 septembrie, Ion Bitzan se stinge la Spitalul Colțea din București; alături, până în ultima clipă, îi este soția, Viky. Este înhumat la Cimitirul Bellu din București.

1998
Are loc expoziția „Omagiu lui Ion Bitzan" la Muzeul Național de Artă al României, secția Artă Contemporană.
Ion Bitzan Estate donează două lucrări ale artistului (*Heraldice V* și *Heraldice XII*) Muzeului Național de Artă al României.

1999
Este lansat primul site internet dedicat lui Ion Bitzan, creat de fostul său student, Emil Huston (Hustiu).

2016
Se înființează Fundația Ion Bitzan; este înregistrată la Camera de Comerț din Olanda cu numărul 65587332.

2017-2018
O expoziție Bitzan se deschide la Biblioteca Centrală Universitară din București.
Muzeul Național de Artă Contemporană din București (MNAC) organizează o amplă retrospectivă Ion Bitzan.

2018
Victoria (Viky), cea de-a doua soție a artistului, este diagnosticată cu leucemie acută și se stinge la Spitalul Colțea din București.

2019
Se deschide *D*esign "UNArte: O istorie vizuală a Școlii de la București (1969-2019)", expoziție organizată la Muzeul Național de Artă al României cu ocazia aniversării a 50 de ani de la înființarea Secției de design în învățământul superior românesc.

1986
Selected to represent Romania at the Biennale di Venezia, together with Napoleon Tiron; eventually, Romania chooses not to attend that edition of the Biennale.

1989
December The Romanian revolution starts and students of the Fine Arts Institute rebel against the teachers.

1990
Bitzan designs the trophy awarded by UNITER (The Romanian Association of Theatre Artists).
Appointed Professor at the Design Department of the Fine Arts Institute in Bucharest and Dean of the Faculty of Decorative Arts and Design.
Solo show at the Narrow Water Gallery in Warrenpoint, Northern Ireland.

1991
The Fine Arts Institute changes its name into Bucharest Art Academy.

1993
The artist's mother dies in January (1906-1993) and is buried in the Limanu cemetery.
The Bucharest Art Academy joins the International Council of Fine Arts Deans (ICFAD); Bitzan attends its business meeting in Madrid in *November*.

1994
Ion Bitzan receives the Bucharest Art Academy Award.
Solo shows in Paris (Romanian Cultural Institute) and Bath, UK (Hotbath Gallery).
The artist is diagnosed with chronic leukemia but refuses to get medical treatment.
His daughter Irina permanently moves to the Netherlands.

1995
The artist's father dies and is buried next to his wife in the local cemetery in Limanu.
Ion Bitzan receives the Special Award of the Romanian Fine Arts Union.

1997
The artist's second participation in the Biennale di Venezia – Bitzan is present at the erection of the Romanian Pavilion and attends the official opening of the exhibition.
September, 15 Ion Bitzan passes away in Colțea Hospital in Bucharest; his wife Viky is by his side. He is buried in the Bellu Cemetery in Bucharest.

1998
"Homage to Ion Bitzan" exhibition at the National Museum of Art, Contemporary Art department.
Two works are donated to the National Museum of Art, Contemporary Art department by the Estate of Ion Bitzan.

1999
The first website dedicated to Ion Bitzan, designed by former student Emil (Hustiu) Huston, is launched.

2016
The Ion Bitzan Foundation is established. It is registered at the Dutch Chamber of Commerce, number 65587332.

2017-2018
Solo show at the Central University Library of Bucharest.

A major retrospective exhibition is organized at the National Museum of Contemporary Art – MNAC Bucharest.

2018
Viky, the artist's second wife, is diagnosed with acute leukemia and passes away in April in Colțea Hospital in Bucharest.

2019
"Design UNArte: A Visual History of the Bucharest School (1969-2019)", exhibition at the National Museum of Art dedicated to 50 years of design in the Romanian higher education.

Expoziții (selecție)
Exhibitions (selection)

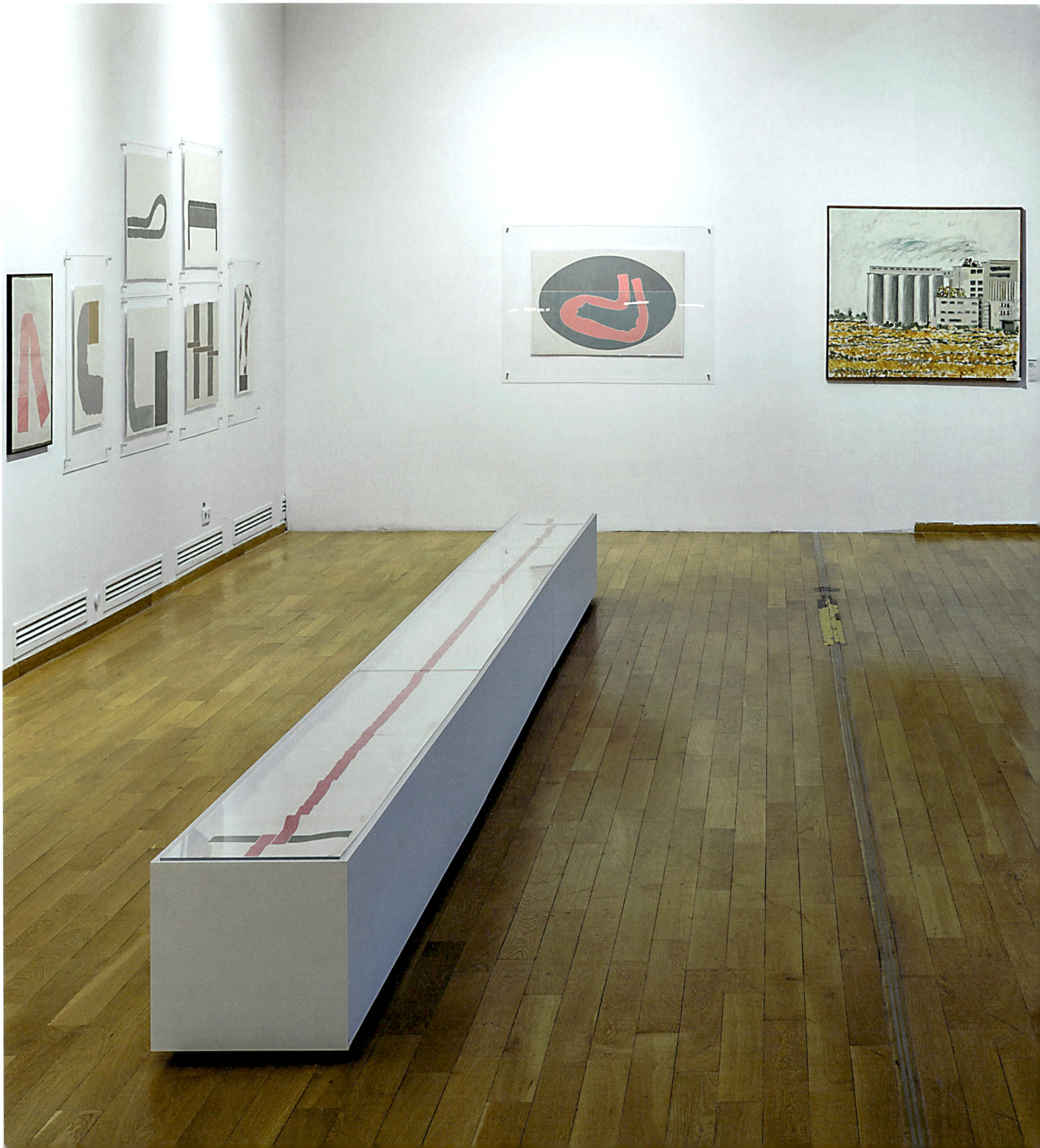

1966

Ion Bitzan Wystawa Malarstwa [Expoziție de pictură Ion Bitzan], Galeria Arsenal *Poznań* și *XIX Festival des beaux-arts*, *Poznań*

1967

Ion Bițan. Colaj, Desen, Sala Dalles, București

1969

Ion Bitzan, City Library of Zagreb

1970

Ion Bitzan, Panorama Mesdag, Haga

1971

Ion Bitzan, Foaierul Teatrului de Comedie, București

1972

Ion Bitzan. Obiecte, colaje, desene, Galeria Espace, Amsterdam

Ion Bitzan. Objects, collages, drawings, Richard Demarco Gallery, Edinburgh și Aberdeen

Ion Bitzan. Obiecte, colaje, desene, în cadrul celui de-al VII-lea Congres Internațional de Estetică, Galeria Orizont, București

1981

Ion Bitzan, MoMA PS1, New York și Biblioteca Română, New York

1983

Ion Bitzan. Cărți, obiecte, scriituri, Galeria Căminul Artei, București

1985

Ion Bitzan Works 1975-1985, Belfast

Ion Bitzan Works 1975-1985, Butler Gallery, Kilkenny Castle

1990

Ion Bitzan, Narrow Water Gallery, Warrenpoint

1992

Ion Bitzan. Obiecte-scriituri, Artexpo, București; 1993, Muzeul de grafică contemporană, Bistrița; 1993, Galeriile de artă Alfa, Bacău

1993

Ion Bitzan '93, Muzeul Țării Crișurilor,Oradea

1994

Ion Bitzan. Objets, écritures, Institutul Cultural Român, *Paris*

Ion Bitzan. The Song of Songs and the Cabinet, HotBath Galery, Bath

1996

Ion Bitzan. Obiecte, scrieri, cărți de autor, Muzeul Național de Artă al României, București

1998

Homage to Ion Bitzan, Muzeul Național de Artă al României, București

Ion Bitzan, Târgul Internațional de Carte, Untergrundmessehalle, Leipzig

Ion Bitzan, Bancorex, București

2017

Bitzan. Carte-obiect '79-'97, Biblioteca Centrală Universitară „Carol I", București

Prizonierii Avangardei. O retrospectivă Ion Bitzan, Muzeul Național de Artă Contemporană al României / MNAC, București

2018

Ion Bitzan, Galeria Plan B, Berlin

Expoziții de grup (selecție)

1954

Expoziția de grafică, Sala Dalles, București

Expoziție de peisaj, Sala Dalles, București

1955

Expoziția interregională de pictură, sculptură și grafică, Sala Dalles, București

1956

Expoziția anuală de stat de grafică, Sala Dalles, București

Expoziția interregională de pictură, sculptură și grafică, Sala Dalles, București

1957

Expoziția de grup Virgil Almășanu, Ion Bițan, Constantin Crăciun, Galeriile de Artă ale Fondului Plastic, București

10 ani de creație plastică 1947-1957, Muzeul de Artă al R.P.R., București

Expoziția 1907, Sala Dalles, București

Expoziția interregională de pictură, sculptură și grafică, Sala Dalles, București

1959

Expoziția tineretului, Muzeul de Artă al R.P.R, București

Expoziția de stat de arte plastice, Pavilionul Mare din Parcul Herăstrău, București

1960

Expoziția artelor plastice: pictură, sculptură, Sălile de Marmură ale Casei Scânteii, București

Imagini dobrogene, Sala Cazinoului, Constanța

Expoziția de artă plastică clasică și contemporană, Atena

Expoziția de artă plastică contemporană, Ankara

1961

Expoziția de portrete: pictură și sculptură, Muzeul de Artă al R.P.R., București

Expoziția de portrete, Uzinele „Bolesław Bierut", București

Expoziție de artă românească, Sofia

1962

Expoziția regională de pictură, sculptură și grafică, Sala Dalles, București

Expoziția retrospectivă de pictură și sculptură, Sala Dalles, București

1963

Rumänische Kunst der Gegenwart [Artă românească contemporană], Albertinum, Dresda

1964

Bienala de la Veneția, ediția XXXII, Pavilionul României (împreună cu Ion Gheorghiu, Ion Pacea, Boris Caragea)

Expoziția artelor decorative, Galeriile de Artă ale Fondului Plastic, București

Expoziția centenarului Institutului de Arte Plastice „Nicolae Grigorescu", Muzeul de Artă al R.P.R., București

Expoziția de stat „20 de ani de la aniversarea eliberării patriei", Sala Dalles, București

Expoziția regională de artă, Sala Dalles, București

1965

Expoziția de pictură și sculptură a orașului București, Sala Dalles, București

Expoziție de artă românească, Delhi

Les émaux dans la céramique actuelle, Geneva

Malarzy i poetów z krajów demokracji ludowej w Szczecinie [Pictori și poeți din țările de democrație populară], Szczecin

1966

Ion Bitzan Wystawa Malarstwa [Ion Bitzan painting exhibition], Galeria Arsenal *Poznań* and *XIX Festival des beaux-arts, Poznań*

1967

Ion Bițan. Collages, Drawings, Sala Dalles, Bucharest

1969

Ion Bitzan, City Library of Zagreb

1970

Ion Bitzan, Panorama Mesdag, The Hague

1971

Ion Bitzan, Comedy Theatre lobby, Bucharest

1972

Ion Bitzan. Objects, Collages, Drawings, Espace Gallery, Amsterdam

Ion Bitzan. Objects, Collages, Drawings, the Richard Demarco Gallery, Edinburgh, Aberdeen

Ion Bitzan. Objects, Collages, Drawings, exhibition within the 7th International Aesthetics Congress, Orizont Gallery, Bucharest

1981

Ion Bitzan, MoMA PS1, New York and the Romanian Library, New York

1983

Ion Bitzan. Books, Objects, Writings, Căminul Artei Gallery, Bucharest

1985

Ion Bitzan Works 1975-1985, Belfast

Ion Bitzan Works 1975-1985, Butler Gallery, Kilkenny Castle

1990

Ion Bitzan, Narrow Water Gallery, Warrenpoint

Ion Bitzan. Objects-Writings, Artexpo, Bucharest; 1993, Contemporary Graphics Museum, Bistrița; 1993, Alfa art galleries, Bacău

Ion Bitzan '93, Criș Land Museum, Oradea

1994

Ion Bitzan. Objets, écritures, Romanian Cultural Institute, Paris

Ion Bitzan. The Song of Songs and the Cabinet, HotBath Galery, Bath

1996

Ion Bitzan. Objects, Writings, Books, National Art Museum, Bucharest

1998

Homage to Ion Bitzan, National Art Museum, Bucharest

Ion Bitzan, International Book Fair, Untergrundmessehalle, Leipzig

Ion Bitzan, Bancorex building, Bucharest

2017

Bitzan. Object-Books '79-'97, "Carol I" Central University Library, Bucharest

Prisoners of the Avant-garde. A Ion Bitzan Retrospective, National Museum of Contemporary Art of Romania / MNAC, Bucharest

2018

Ion Bitzan, Plan B Gallery, Berlin

Selected Group Exhibitions

1954

Graphics exhibition, Sala Dalles, Bucharest

Landscape exhibition, Sala Dalles, Bucharest

1955

Inter-regional painting, sculpture and graphics exhibition, Sala Dalles, Bucharest

1956

The state annual graphics exhibition, Sala Dalles, Bucharest

Inter-regional painting, sculpture and graphics exhibition, Sala Dalles, Bucharest

1957

Virgil Almășanu, Ion Bițan, Constantin Crăciun group show, Fondul Plastic Art Galleries, Bucharest

1947-1957: 10 years of art, PRR Art Museum, Bucharest

1907 exhibition, Sala Dalles, Bucharest

Inter-regional painting, sculpture and graphics exhibition, Sala Dalles, Bucharest

1959

Young artists exhibiting, PRR Art Museum, Bucharest

The state art exhibition, Herăstrău Park, Grand pavilion, Bucharest

1960

Art exhibition: painting, sculpture, the Marble Halls of Casa Scânteii, Bucharest

Pictures from Dobrogea, The Casino hall, Constanța

Classic and contemporary art exhibition, Athens

Contemporary art exhibition, Ankara

1961

Portraits exhibition: painting and sculpture, PRR Art Museum, Bucharest

Portraits exhibition, the "Bolesław Bierut" factory, Bucharest

Romanian art exhibition, Sofia

1962

Regional painting, sculpture and graphics exhibition, Sala Dalles, Bucharest

Retrospective painting and sculpture exhibition, Sala Dalles, Bucharest

1963

Rumänische Kunst der Gegenwart [Romanian contemporary art], Albertinum, Dresden

1964

Venice Art Biennale, XXXII edition, Romanian Pavilion (together with Ion Gheorghiu, Ion Pacea, Boris Caragea)

Decorative arts exhibition, Fondul Plastic Art Galleries, Bucharest

"Nicolae Grigorescu" Art Institute centennial exhibition, PRR Art Museum, Bucharest

"20 Years since our Country's Liberation" exhibition, Sala Dalles, Bucharest

Regional art exhibition, Sala Dalles, Bucharest

1965

City of Bucharest painting and sculpture exhibition, Sala Dalles, Bucharest

Romanian art exhibition, Delhi

Les émaux dans la céramique actuelle, Geneva

Malarzy i poetów z krajów demokracji ludowej w Szczecinie [Painters and poets from countries of people's democracy], Szczecin

A roman nèpköztársaság iparmüvészeti kiállitása [Exhibition of industrial art from PRR], Budapest

10th International Exhibition of Ceramic Art, Museum of History and Technology, Washington D.C.

1966

Rumanian Art of the 20th Century, Brâncuși and his countrymen, RCA London

A roman nèpköztársaság iparmüvészeti kiállitása [Expoziție de artă industrială din R.P.R.], Budapesta
10th International Exhibition of Ceramic Art, Museum of History and Technology, Washington D.C.

1966

Rumanian Art of the 20 Century, Brancusi and his countrymen, RCA Londra
Plastică și poezie, Casa scriitorilor „Mihail Sadoveanu”, București
Expoziția Bienală de pictură și sculptură, Sala Dalles, București

1967

Bienala de la São Paulo, Pavilionul României (împreună cu Virgil Almășanu și Aurel Cojan), São Paulo
Salonul republican de desen și gravură, Sala Dalles, București
Salonul de primăvară al pictorilor din București, Parcul Herăstrău, Pavilioanele A, B, C, București

1968

L'art roumain, Orly
Současné rumunské umění [Arta românească contemporană], Praga
Artă grafică românească (împreună cu Viorel Mărginean), Berna
Expoziția retrospectivă de pictură-sculptură 1963-1968, Sala Dalles, București
Wystawa sztuki rumuńskiej, grafika, rzeźba [Expoziție de artă românească – grafică, sculptură], Pawilon wystawowy, Cracovia
Međunarodna izložba originalnog crteža / Ie exposition internationale de dessins originaux [Expoziția internațională de desene originale], Moderna Galerija, Rijeka
Expoziția bienală de pictură și sculptură, Sala Dalles, București
Pictură: Horia Bernea, Ion Bițan, Șerban Epure, Ervant Nicogosian, Eugen Popa, Galeriile de artă ale Fondului Plastic, București
Salonul republican de desen și gravură, Muzeul de Artă al R.S.R., București
Six jeunes peintres roumains, Galerie Lambert, Paris

1969

Mostra de pittura e scultura rumena, Accademia di Romania, Roma
Bienala de la São Paulo, Pavilionul României (împreună cu Ion Nicodim, Ion Pacea, George Apostu), São Paulo
Salonul republican de desen și gravură, Sala Dalles, București
4 Rumänische Künstler im Bauzentrum [Patru artiști români la Bauzentrum] (împreună cu Ritzi Jacobi, Peter Jacobi, Paul Neagu), Galeria Esplanade, Bauzentrum, Hamburg
4 Roumanian artists (împreună cu Ritzi Jacobi, Peter Jacobi, Paul Neagu), The Richard Demarco Gallery, Edinburgh și Aberdeen
8 Artistes Roumains (împreună cu George Apostu, Horia Bernea, Ioan Gânju, Ion Gheorghiu, Gheorghe Iacob, Mimi Podeanu, Vladimir Șetran), Galeria Panorama Mesdag, Haga
3 – Pictură, desen, reliefuri, obiecte (cu Horia Bernea și Vladimir Șetran), Galeria Apollo, București
Festival International de la Peinture Cagnes-sur-Mer (împreună cu Octav Grigorescu, Henry Mavrodin, Ion Nicodim)
Wystawa Grafiki Rumuńskiej [Expoziție de grafică românească], Varșovia
Rumeeniasvkaasaegne kunst [Artă contemporană românească], Tallinn Riiklik Kunstimuuseum
8/Roumania (împreună cu Ethel Lucaci Băiaș, Ladislau Feszt, Dumitru Cionca, Florin Ciubotaru, Octav Grigorescu, Ion State, Marcel Chirnoagă), The Pratt Graphics Center, New York
VIII Premi Internacional Dibuix Joan Miró, Barcelona
Rumänische Malerei und Plastik der Gegenwart [Pictură și sculptură românească contemporană], Foyer des Rathauses, Lüdenscheid
Festivalul Internațional de la Edinburgh, Prints Room, Richard Demarco Gallery, Edinburgh
Art graphique contemporain roumain, Tunisia
Mostra d'arte contemporanea romena, Torino
Salonul de primavară al pictorilor din București, Muzeul de Istorie a Partidului, București
Salonul de picturăși sculptură al Municipiului București, Sala Dalles, București
Salonul republican de desen și gravură, Sala Dalles, București
25 de ani de la eliberarea patriei, București
Malarstwo I rzezba Socjalistycznej Republiki Rumunii [Pictură și sculptură din R.S.R.], Varșovia
Savremena rumunjska umjetnost [Artă contemporană românească], Rijeka
Expoziție de artă contemporană românească, Abano Terme, Padova

1970

Culorile mării, Muzeul de Artă Constanța
Vincențiu Grigorescu e una selezione di Pittori Rumeni Contemporanei, Spazio d'Arte, Milano
Expoziția de grafică militantă, Sala Dalles, București
IIIe Biennale Internationale de la Gravure, Cracovia
Pratt Graphics Center Benefit Exhibition & Sale, Associated American Artists, New York
Arta, internationale vereniging vrienden van de grafische Kunst [Arta, Asociația internațională a prietenilor artei grafice], Galerie Arta, Haga
Bienala de pictură și sculptură, Sala Dalles, București
Mostra d'arte grafica romena contemporanea, Accademia di Romania, Roma
II Exposition Internationale de Dessins Originaux, Moderna Galerija, Rijeka
IX Premi Internacional Dibuix Joan Miró, Barcelona
Salonul republican de desen și gravură, Sala Dalles, București
Mostra d'arte figurativa contemporanea romena, Torino
Mostra d'arte grafica romena contemporanea, Accademia di Romania, Roma

1971

Expoziție de artă românească, Düsseldorf
10 ani de la cooperativizarea agriculturii, Muzeul de Artă Constanța
Dobrogea în arta plastică, Muzeul de Artă Constanța
Expoziție închinată semicentenarului P.C.R., Muzeul de Artă Constanța
9 Exposition internationale de gravure, Moderna Galerija, Ljubljana
4th International Miniature Print Exhibition, Pratt Graphics Center, Associated American Artists Gallery, New York
Romanian Art Today [în cadrul Festivalului Internațional de la Edinburgh], Richard Demarco Gallery, Edinburgh
Salonul de pictură și sculptură, Sala Dalles, București
Premio internazionale Biella per l'incisione, Circolo degli Artisti, Museo Civico, Biella
Salonul de pictură și sculptură al Municipiului București, Sala Dalles, București

1972

Expoziție de artă (cu Ana Lupaș și Patriciu Mateescu), Galeria Apollo, București
Lemn și tapiserie, Sala Dalles, București
Bienala de pictură și sculptură, Sala Dalles, București
Međunarodna izložba originalnog crteža / IIIe Exposition internationale de dessins originaux, Moderna Galerija Rijeka
Expoziție de artă plastică în cinstea conferinței naționale a P.C.R., Muzeul R.S.R., Sala Dalles, București

Fine Arts and Poetry, the "Mihail Sadoveanu" house for writers
Painting and sculpture biennial, Sala Dalles, Bucharest

1967

São Paulo Art Biennial, Romanian Pavilion (together with Virgil Almășanu and Aurel Cojan), São Paulo
Republican drawing and engraving salon, Sala Dalles, Bucharest
Bucharest artists spring salon, Herăstrău Park, Pavilions A, B, C, Bucharest

1968

L' art roumain, Orly
Současné rumunské umění [Romanian contemporary art], Prague
Romanian graphic art (together with Viorel Mărginean), Bern
1963-1968 retrospective painting-sculpture exhibition, Sala Dalles, Bucharest
Wystawa sztuki rumuńskiej, grafika, rzeźba [Romanian art exhibition – graphics, sculpture], Pawilon wystawowy, Krakow
Međunarodna izložba originalnog crteža / Ie exposition internationale de dessins originaux, Moderna Galerija, Rijeka
The painting and sculpture biennial, Sala Dalles, Bucharest
Painting: Horia Bernea, Ion Bițan, Șerban Epure, Ervant Nicogosian, Eugen Popa, Fondul Plastic Art Galleries, Bucharest
The republican drawing and engraving salon, SRR Art Museum, Bucharest
Six jeunes peintres roumains, Galerie Lambert, Paris

1969

Mostra de pittura e scultura rumena, Accademia di Romania, Rome
São Paulo Art Biennial, Romanian Pavilion (together with Ion Nicodim, Ion Pacea, George Apostu), São Paulo
The republican drawing and engraving salon, Sala Dalles, Bucharest
4 Rumänische Künstler im Bauzentrum (together with Ritzi Jacobi, Peter Jacobi, Paul Neagu), Esplanade Gallery, Bauzentrum, Hamburg
4 Romanian Artists (together with Ritzi Jacobi, Peter Jacobi, Paul Neagu), The Richard Demarco Gallery, Edinburgh and Aberdeen
8 Romanian Artists (together with George Apostu, Horia Bernea, Ioan Gânju, Ion Gheorghiu, Gheorghe Iacob, Mimi Podeanu, Vladimir Șetran), Panorama Mesdag Gallery, The Hague
3-Painting, Drawing, Reliefs, Objects (together with Horia Bernea and Vladimir Șetran), Apollo Gallery, Bucharest
Festival International de la Peinture Cagnes-sur-Mer (together with Octav Grigorescu, Henry Mavrodin, Ion Nicodim)
Wystawa Grafiki Rumuńskiej [Romanian graphic art exhibition], Warsaw
Rumeeniasvkaasaegne kunst [Romanian contemporary art], Tallinn Riiklik Kunstimuuseum
8/Roumania (together with Ethel Lucaci Băiaș, Ladislau Feszt, Dumitru Cionca, Florin Ciubotaru, Octav Grigorescu, Ion State, Marcel Chirnoagă), The Pratt Graphics Center, New York
VIII Premi internacional Dibuix Joan Miró [Joan Miró Prize], Barcelona
Rumänische Malerei und Plastik der Gegenwart [Romanian contemporary painting and sculpture], Foyer des Rathauses, Lüdenscheid
Edinburgh International Festival, Prints Room, Richard Demarco Gallery, Edinburgh
Art graphique contemporain roumain, Tunisia
Mostra d'arte contemporanea romena, Torino
Bucharest spring salon of painting, Romanian Communist Party Museum, Bucharest
Bucharest painting and sculpture salon, Sala Dalles, Bucharest
Republican drawing and engraving salon, Sala Dalles, Bucharest
"25 Years since our Country's Liberation" exhibition, Bucharest
Malarstwo i rzezba Socjalistycznej Republiki Rumunii [Painting and Sculpture from SRR], Warsaw
Savremena rumunjska umjetnost [Romanian contemporary art], Rijeka
Romanian contemporary art exhibition, Abano Terme, Padova

1970

"The Colours of the Sea" exhibition, Constanța Art Museum
Vincențiu Grigorescu e una selezione di Pittori Rumeni Contemporanei, Spazio d'Arte, Milan
Militant graphics exhibition, Sala Dalles, Bucharest
3rd International Biennial of Engraving, Krakow
Pratt Graphics Center Benefit Exhibition & Sale, Associated American Artists, New York
Arta, internationale vereniging vrienden van de grafische Kunst [Arta – International Association of Friends of Graphic Art], Galerie Arta, The Hague
Painting and sculpture biennial, Sala Dalles, Bucharest
Mostra d'arte grafica romena contemporanea, Accademia di Romania, Rome
II Exposition Internationale de Dessins Originaux, Moderna Galerija, Rijeka
IX Premi internacional Dibuix Joan Miró [Joan Miró Prize], Barcelona
Republican drawing and engraving salon, Sala Dalles, Bucharest
Mostra d'arte figurativa contemporanea romena, Torino
Mostra d'arte grafica romena contemporanea, Accademia di Romania, Rome

1971

Romanian art exhibition, Düsseldorf
"10 Years since the Cooperativization of Agriculture" exhibition, Constanța Art Museum
Dobrogea in fine arts, Constanța Art Museum
"50 Years since the Establishment of the Romanian Communist Party" exhibition, Constanța Art Museum
9th International engraving exhibition, Moderna Galerija, Ljubljana
4th International Miniature Print Exhibition, Pratt Graphics Center, Associated American Artists Gallery, New York
Romanian Art Today, [Edinburgh International Festival], Richard Demarco Gallery, Edinburgh
Painting and sculpture salon, Sala Dalles, Bucharest
Premio internazionale Biella per l'incisione, Circolo degli Artisti, Museo Civico, Biella
Bucharest painting and sculpture salon, Sala Dalles, Bucharest

1972

Art exhibition (together with Ana Lupaș and Patriciu Mateescu), Apollo Gallery, Bucharest
"Wood and Tapestry" exhibition, Sala Dalles, Bucharest
Painting and sculpture biennial, Sala Dalles, Bucharest
Međunarodna izložba originalnog crteža / IIIe Exposition internationale de dessins originaux, Moderna Galerija, Rijeka
Romanian Communist Party national conference fine arts exhibition, SRR Art Museum, Sala Dalles, Bucharest
Internationale Grafik Biennale (2nd edition), Kunstverein zu Frechen
Norwegian Print Biennale (1st edition), Fredrikstad
XI Premi Internacional Dibuix Joan Miró [Joan Miró Prize]*, Barcelona*

Internationale Grafik Biennale (ediția a II-a), Kunstverein zu Frechen, Frechen
Norwegian Print Biennale (ediția I), Fredrikstad
XI Premi Internacional Dibuix Joan Miró, Barcelona
Five One-Person Exhibitions: Colin Cina, Lewis Mitchell, Ion Bitzan, Gavin Scobie, Rosamund Jones, Richard Demarco Gallery, Edinburgh
25 de ani de artă plastică românească, Muzeul R.S.R., București
Xylon (ediția a VI-a), Austellung der Internationalen Vereinigung der Holzschneider Zürich, Musée d'Art et d'Histoire, Geneva

1973

Generatoare de imagini Ion Bitzan. Desenele lui J. A. Iulian Mereuță, Galeria Galateea, București
Premio internazionale Biella per l'incisione, Circolo degli Artisti, Museo Civico, Biella
Artistul contemporan și universul său, Muzeul de Artă Modernă și Contemporană Galați
Exposición de pintura contemporánea rumana, America Latina
40 de ani de la luptele greviștilor ceferiști și petroliști din februarie 1933, Sala Dalles, București

1974

1. Quadriennale des Kunsthandwerks Sozialistischer Länder, Erfurt
Artă și energie, Galeria Nouă, București
Norwegian International Print Biennale (ediția a II-a), Fredrikstad
3 Internationale Grafik Biennale Frechen, Frechen
Salonul de pictură și sculptură al Municipiului București, Sala Dalles, București
Expoziție de artă plastică dedicată celei de-a XXX-a aniversări a eliberării României de sub dominația fascistă, București
IV Exposition internationale de dessins originaux, Moderna Galerija, Rijeka
Sinteze de artă românească comparată, Muzeul Județean Suceava
XYLON VI, Innsbruck
Bitzan, Dragomirescu, Șetran, Stoica: Graphikausstellung, Galerie Schwertl, Furth
Culoarea, Galeria Căminul Artei, București

1975

„30 de ani victorioși", expoziție internațională de artă plastică, Moscova
Expoziție de grafică românească contemporană, Teatrul Giulești, București
Lucrul, imaginea, semnul, Galeria Nouă, București
Expoziția de pictură și sculptură, Sala Dalles și Ateneul Român, București
Salonul de pictură și sculptură al municipiului București, Sala Dalles, București
Salonul de pictură și sculptură, Sala Dalles, București

1976

Expoziția anuală de pictură și sculptură, Sala Dalles, București
Realitatea și formele ei de expresie, Muzeul de Artă Modernă și Contemporană Galați
Salonul de pictură și sculptură al municipiului București'76, Sala Dalles, București
Arta și natura, Galeria Nouă, București
Expoziția anuală de pictură și sculptură '76, Sala Dalles, București
Expoziția republicană de arte plastice Magistralele socialismului, Ateneul Român, București
Salonul de pictură și sculptură al orașului București, Sala Dalles, București

1977

30 de ani victorioși, Muzeul de Artă al R.S.R., București
Expoziție de pictură românească contemporană, Cehoslovacia
Expoziția retrospectivă de artă plastică „Centenarul Independenței de stat a României 1877-1977", Sala Dalles, București
Balcanii, zonă a păcii și prieteniei între popoare, Sala Dalles, București
Expoziția de artă plastică „Țărănimea – puternică forță socială și revoluționară", Sala Dalles, București

1978

Magistralele socialismului, Sala Dalles, Muzeul de Artă al R.S.R., București
Über die seltsame Natur des Geldes in Kunst, Wissenchaft and Leben, Art, Museum des Geldes, Städtisch Kunsthalle, Düsseldorf, Germania
Studiul I, Galeriile Bastion, Timișoara
Expoziția anuală republicană de pictură și sculptură 1978, Sala Dalles și Sala de expoziții a Teatrului Național, București
Salonul de pictură și sculptură al municipiului București, Muzeul de Artă al R.S.R., București
Roumanie 1978, Centre Culturel du Marais

1979

Expoziția de pictură, sculptură și grafică „Arta – contemporaneitate", Muzeul de Artă al R.S.R., București
Expoziția anuală de artă plastică, Sala Dalles, Sala de expoziții „Arghezi" de la Teatrul Național, Muzeul Colecțiilor de Artă, București
Festivalul național al educației și culturii socialiste Cântarea României, ediția a II-a, etapa republicană, Sala Dalles, Sala Arghezi, Rotonda Sălii mici a Palatului R.S.R., București
Salonul de pictură, sculptură, grafica și arte decorative al municipiului București, Muzeul de Artă al R.S.R., Muzeul Colecțiilor de Artă, București

1980

Expoziția republicană de arte plastice „Magistralele socialimului", Sala Dalles, București
2050 de ani de la crearea statului dac centralizat și independent, Sala Dalles, București
Munca artei, Uzinele „23 August", București
Scrierea, Universitatea de Arhitectură și Urbanism „Ion Mincu", București
Secole de continuitate în arta românească, Muzeul Județean Râmnicu Vâlcea
Expoziția anuală de pictură și sculptură, Sala Dalles, București
Drawing '80, Pécsi Galeria, Pécs
Salon de Mai, Paris
Salonul de pictură, sculptură, grafică și arte decorative al municipiului București, Sala Dalles, Muzeul Colecțiilor de Artă, București

1981

Bienala de la São Paulo, São Paulo
Contemporary painting in Eastern Europe and Japan, Osaka
Expoziția de artă plastică „60 de ani de la făurirea partidului comunist român", Sala Dalles, București
Festivalul național al educației și culturii socialiste Cântarea României, expoziție republicană de artă plastică, Sălile Dalles, Arghezi și rotonda Sălii mici a Palatului R.S.R., București
Paper Caper, Frank Marino Gallery, New York
Międzynarodowe Triennale Rysunku / The Second International Drawing Triennale [Trienala de desen], Muzeum Architektury, Wrocław

1982

Artiștii plastici și pacea, Sala Dalles, București
Salonul republican de pictură și sculptură, Sala Dalles, București

Five One-Person Exhibitions: Colin Cina, Lewis Mitchell, Ion Bitzan, Gavin Scobie, Rosamund Jones, Richard Demarco Gallery, Edinburgh
"25 Years of Romanian Fine Arts" exhibition, SRR Art Museum, Bucharest
Xylon (6th edition), Austellung der Internationalen Vereinigung der Holzschneider Zürich, Musée d'Art et d'Histoire, Geneva

1973

Ion Bitzan image generators. Drawings by J. A. Iulian Mereuță, Galateea Gallery, Bucharest
Premio internazionale Biella, per l'incisione, Circolo degli Artisti, Museo Civico, Biella
"The Contemporary Artist and His World" exhibition, Museum of Modern and Contemporary Art Galați
Exposición de pintura contemporánea rumana, Latin America
"40 Years since the Protest and Strike of Railway and Oil Workers in February 1933" exhibition, Sala Dalles, Bucharest

1974

1. Quadriennale des Kunsthandwerks Sozialistischer Länder [the First Quadrennial for Arts and Crafts of the Socialist Countries], Erfurt
"Art and Energy" exhibition, Galeria Nouă, Bucharest
Norwegian International Print Biennale (2nd edition), Fredrikstad
3 Internationale Grafik Biennale Frechen, Frechen
Bucharest painting and sculpture salon, Sala Dalles, Bucharest
Celebrating the 30th anniversary of Romania's liberation from the fascist domination, Bucharest
4th International original drawings exhibition, Moderna Galerija, Rijeka
Romanian compared arts synthesis, Suceava County Museum
XYLON VI, Innsbruck
Bitzan, Dragomirescu, Șetran, Stoica: Graphikausstellung, Galerie Schwertl, Furth
"Colour" exhibition, Căminul Artei Gallery, Bucharest

1975

"30 Glorious Years", international fine arts exhibition, Moscow
Romanian contemporary graphics exhibition, Giulești Theatre, Bucharest
"Object, Image, Sign" exhibition, Galeria Nouă, Bucharest
Painting and sculpture exhibition, Sala Dalles and Romanian Athenaeum, Bucharest
Bucharest painting and sculpture salon, Sala Dalles, Bucharest
Painting and sculpture salon, Sala Dalles, Bucharest

1976

Annual painting and sculpture exhibition, Sala Dalles, Bucharest
"Reality and its Means of Expression" exhibition, Modern and Contemporary Art Museum Galați
Bucharest painting and sculpture salon '76, Sala Dalles, Bucharest
"Art and Nature" exhibition, Galeria Nouă, Bucharest
Annual painting and sculpture exhibition '76, Sala Dalles, Bucharest
"Socialism Highways" republican fine arts exhibition, Romanian Athenaeum, Bucharest
Bucharest painting and sculpture salon, Sala Dalles, Bucharest

1977

"30 Glorious Years" exhibition, SRR Art Museum, Bucharest
Romanian contemporary painting exhibition, Czechoslovakia
"1877-1977: One Century of Romanian Independence" retrospective art exhibition, Sala Dalles, Bucharest
"The Balkans, an Area of Peace and Friendship among Peoples" exhibition, Sala Dalles, Bucharest
"The Peasants – a Strong Social and Revolutionary Force" art exhibition, Sala Dalles, Bucharest

1978

"Socialism Highways" republican fine arts exhibition, Sala Dalles, SRR Art Museum, Bucharest
Über die seltsame Natur des Geldes in Kunst, Wissenschaft and Leben, Art [About the Strange Nature of Money in Art, Science, and Life], Museum des Geldes, Städtisch Kunsthalle, Düsseldorf
"The Study I" exhibition, Bastion Galleries, Timișoara
Annual republican painting and sculpture exhibition '78, Sala Dalles and the National Theatre exhibition hall, Bucharest
Bucharest painting and sculpture salon, SRR Art Museum, Bucharest
Roumanie 1978, Centre Culturel du Marais

1979

"Art – now" painting, sculpture and graphics exhibition, SRR Art Museum, Bucharest
The annual fine arts exhibition, Sala Dalles, the "Arghezi" hall in the National Theatre, the Art Collections Museum, Bucharest
"Cântarea României" national festival of socialist culture and education, 2nd edition, republican contest, Sala Dalles, the "Arghezi" hall, the round lobby in the small concert hall of the SRR Palace, Bucharest
Bucharest painting, sculpture, graphics and decorative arts salon, SRR Art Museum, the Art Collections Museum, Bucharest

1980

"Socialism Highways" republican fine arts exhibition, Sala Dalles, Bucharest
"2050 Years since the Creation of the Centralized Independent Dacian State" exhibition, Sala Dalles, Bucharest
"The Labour of Art" exhibition, "23 August" plants, Bucharest
"Writing" exhibition, "Ion Mincu" Institute of Architecture, Bucharest
Romanian arts – a continuous flow throughout centuries, Vâlcea County Museum, Râmnicu Vâlcea
Annual painting and sculpture exhibition, Sala Dalles, Bucharest
Drawing '80, Pécsi Gallery, Pécs
Salon de Mai, Paris
Bucharest painting, sculpture, graphics and decorative arts salon, Sala Dalles, Art Collections Museum, Bucharest

1981

São Paulo Art Biennial, São Paulo
Contemporary painting in Eastern Europe and Japan, Osaka
"60 years since the Romanian Communist Party establishment" art exhibition, Sala Dalles, Bucharest
"Cântarea României" national festival of socialist culture and education, republican fine arts exhibition, Sala Dalles, the "Arghezi" hall, the round lobby in the small concert hall of the SRR Palace, Bucharest
Paper Caper, Frank Marino Gallery, New York
Międzynarodowe Triennale Rysunku / The Second International Drawing Triennale, Muzeum Architektury, Wrocław

1982

"The Artists and Peace" exhibition, Sala Dalles, Bucharest

Expoziția „20 de ani de la încheierea cooperativizării agriculturii din România", Sala Dalles, București
Țărănimea în lupta revoluționară pentru progresul social și edificarea socialismului, Sala Dalles, București
Spațiul-obiect, Institutul de Arhitectură „Ion Mincu", București

1983
Expoziția republicană din cadrul Festivalului național Cântarea României, Muzeul de Artă al R.S.R., București
65 de ani de la făurirea statului național unitar român, Sala Dalles, București
Viața fără artă?, atelier Constantin Flondor (Timișoara), Galeria Pro Arte (Lugoj)
Expoziția de artă plastică „Partid, popor – o singură voință", Sala Dalles, București

1984
Romanian Contemporary Art, National Gallery, Atena
Současná rumunská kresba [Desen românesc contemporan], Praga

1985
Expoziția de artă plastică dedicată victoriei asupra fascismului și sărbătoririi Zilei Independenței României, Sala Dalles, București
Magistralele Epocii Ceaușescu, Sala Dalles, București
Arta poștală / Mail art, Galeria Orizont / Sala Atelier 35, București

1986
Dorința de pace reflectată în grafica românească, Complexul Muzeal Județean Bihor, Oradea
Spațiul-oglindă, Institutul de Arhitectură „Ion Mincu", București

1987
Expoziție de artă contemporană românească, Sofia

1989
Balcanii, zonă a păcii și prieteniei între popoare, Sala Dalles, București

1990
Mail Art Project, Venus or Aphrodith Shin OH! Nodera, Tokyo
cARTE. Cărți-obiect realizate de artiști români, Muzeul de Artă Cluj-Napoca; 1991, Muzeul de Artă Bistrița-Năsăud, Bistrița; Muzeul Colecțiilor de Artă, București; 1993, De Zonnehof Centrum Voor Beeldende Kunst Amersfoort; National Széchényi Library, Budapest

1991
Podul Mogoșoaiei-Calea Victoriei 1692-1992, Muzeul Colecțiilor de Artă, București
Sexul lui Mozart, Artexpo, București

1992
Lumină, apă, culoare, Muzeul Țării Crișurilor, Oradea
Pământul, Festival de Intermedia, Muzeul de Artă, Timișoara
Transparența, Galeria Podul, București
Art romanès: obra actual damunt paper, Barcelona
Artiști pentru România, Muzeul Național de Artă, București

1993
Színes víz / Coloured Water, Ernst Múzeum, Budapesta
Le livre dans tous ses états – EUROPE 93 (1993, Galerie Caroline Corre, Paris; Galway Arts Festival, Galway; The Town Hall, Sligo; 1994, Bibliotheca Wittockiana, Bruxelles; Institut Culturel Français de Sofia)

1994
Orient-Occident, Muzeul de Artă, Timișoara
TEMA, Muzeul Național de Artă al României, București

1995
*Codex. Arta obiectuală, C*entrul Național de Cultură Mogoșoaia, București
Artă pentru viață, Artexpo, București
Moholy-Nagy-Memorial Book, Vigadó Galéria, Budapesta
MENS-beeld eigentijdse sculptuur uit Roemenië [Sculptură contemporană din România], Bergkerk, Deventer

1996
Centenaire Tristan Tzara, Maison de l'UNESCO, Paris
Spacevision, World Trade Center Sofitel, București
Experiment în arta românească după 1960, Artexpo, București
Avangarda românească, Galeriile Alfa, Bacău

1997
Portretul ca peisaj interior, Galeriile de Artă ale Municipiului București
Bienala de la Veneția, ediția XLVII, Pavilionul României

2007
4 peintres roumains (cu Ion Alin Gheorghiu, Florin Mitroi, Ion Pacea), Bruxelles

2011
Four Faces of Modernity: Bitzan, Maitec, Mitroi, Nicodim, Institutul Cultural Român, Londra

2012
Artistul și Puterea, Biblioteca Națională a României, București

2014
Printre Rânduri, Galeria Plan B, Cluj
Învățământul artistic bucureștean și și arta românească după 1950, Muzeul Național de Artă Contemporană al României / MNAC, București

2015
Art Safari, Clădirea Ciclop, București
Depozitul memoriei, Galeriile de artă Focșani
Mapping Bucharest: Art, Memory and Revolution. 1916–2016, MAK, Viena
Spirit și solidaritate, Galeria Dialog, București
Colecția ca arhivă, Muzeul Național de Artă Contemporană al României / MNAC, București
Before and After the Cultural Revolution in Romania: 1971, Postmodernism Museum, București

2016
Omul împotriva vieții, Galeria Simeza, București
Art Paris 2016, Galeria Allegra Nomad, Paris
Secvențe românești din arta contemporană, Galeria Calpe, Galeria Calina, Galeria Jecza, 418 Gallery, Galeria Plan B, Muzeul Temporar de Artă Contemporană,Timișoara
Sens interzis, Muzeul de Artă, Cluj-Napoca
Mai mult ca abstractul, Muzeul de Artă Recentă / MARe, București
Artistul la 30 de ani, ARCUB, București
Artă pentru popor? Plastica oficială românească între 1948 și 1965, Muzeul Național de Artă al României, București
Triaj, Muzeul Național de Artă Contemporană al României / MNAC, București

2017
100 de ani de artă în capodopere: Spre Est, Institutul Cultural Român, Londra
artgenève, Allegra Nomad Gallery, Geneva

Republican painting and sculpture salon, Sala Dalles, Bucharest
"20 Years since Romanian Agriculture was entirely Cooperativized" exhibition, Sala Dalles, Bucharest
The Peasantry in the Revolutionary Fight for Social Progress and the Construction of Socialism, Sala Dalles, Bucharest
"The Space-Object" exhibition, "Ion Mincu" Institute of Architecture, Bucharest

1983

"Cântarea României" national festival of socialist culture and education, republican exhibition, SRR Art Museum, Bucharest
65 Years since the Establishment of the Romanian National United State, Sala Dalles, Bucharest
Is there life without art?, Constantin Flondor's studio (Timișoara), Pro Arte Gallery (Lugoj), Timișoara
"The Party and the People – One Will" fine arts exhibition, Sala Dalles, Bucharest

1984

Romanian Contemporary Art, National Gallery, Athens
Současná rumunská kresba [Romanian contemporary drawings], Prague

1985

Arts exhibition dedicated to the victory against fascism and to celebrating the Romanian Independence Day, Sala Dalles, Bucharest
"Highways of Ceaușescu's era" exhibition, Sala Dalles, Bucharest
Mail art, Orizont Gallery / Atelier 35 hall, Bucharest
The wish for peace reflected in Romanian graphics, Bihor County Museum, Oradea
"The Space-Mirror" exhibition, "Ion Mincu" Institute of Architecture, Bucharest

1987

Romanian contemporary art exhibition, Sofia

1989

"The Balkans, an Area of Peace and Friendship among Peoples" exhibition, Sala Dalles, Bucharest

1990

Mail Art Project, Venus or Aphrodite Shin OH! Nodera, Tokyo
cARTE, books-objects by Romanian artists, Cluj-Napoca Art Museum; *1991*, Bistrița-Năsăud Art Museum, Bistrița; the Art Collections Museum, Bucharest; 1993, De Zonnehof Centrum Voor Beeldende Kunst Amersfoort; National Széchényi Library Budapest

1991

Podul Mogoșoaiei-Calea Victoriei 1692-1992, the Art Collections Museum, Bucharest
Mozart's sex, Artexpo, Bucharest

1992

"Light, Water, Colour" exhibition, Criș Land Museum, Oradea
The Earth, Intermedia Festival, the Art Museum, Timișoara
Transparency, Podul Gallery, Bucharest
Art romanès: obra actual damunt paper, Barcelona
"Artists for Romania" exhibition, National Art Museum, Bucharest

1993

Színes víz / Coloured Water, Ernst Múzeum, Budapest
Le livre dans tous ses états – EUROPE 93 (1993, Galerie Caroline Corre, Paris; Galway Arts Festival, Galway, The Town Hall, Sligo ; 1994, Bibliotheca Wittockiana, Bruxelles, Institut Culturel Français de Sofia)

1994

"The East-The West" exhibition, Timișoara Art Museum
TEMA, National Art Museum, Bucharest

1995

"Codex. Object Art" exhibition, Mogoșoaia National Culture Center
"Art for life" exhibition, Artexpo, Bucharest
Moholy-Nagy-Memorial Book, Vigadó Gallery, Budapest
MENS-beeld eigentijdse sculptuur uit Roemenië [Romanian contemporary sculpture], Bergkerk, Deventer

1996

Tristan Tzara centenary, Maison de l'UNESCO, Paris
Spacevision, World Trade Center Sofitel, Bucharest
The experiment in Romanian art after 1960, Artexpo, Bucharest
Romanian avantgarde, Alfa galleries, Bacău

1997

The portrait as an interior landscape, Bucharest Art Galleries
Venice Art Biennale, XLVII edition, Romanian Pavilion

2007

4 peintres roumains (together with Ion Alin Gheorghiu, Florin Mitroi, Ion Pacea), Bruxelles

2011

Four Faces of Modernity: Bitzan, Maitec, Mitroi, Nicodim, Romanian Cultural Institute, London

2012

The Artist and the Power, Bucharest National Library

2014

Between the Lines, Plan B Gallery, Cluj-Napoca
Bucharest Artistic Education and Romanian Art after 1950, National Museum of Contemporary Art of Romania / MNAC, Bucharest

2015

Art Safari, Ciclop building, Bucharest
The Memory Warehouse, Focșani art galleries
Mapping Bucharest: Art, Memory and Revolution. 1916–2016, MAK, Vienna
Spirit and solidarity, Dialog Gallery, Bucharest
The Collection as an Archive, National Museum of Contemporary Art of Romania / MNAC, Bucharest
Before and After the Cultural Revolution in Romania: 1971, Postmodernism Museum, Bucharest

2016

Man against Life, Simeza Gallery, Bucharest
Art Paris 2016, Allegra Nomad gallery, Paris
Romanian contemporary art sequences, Calpe Gallery, Calina Gallery, Jecza Gallery, 418 Gallery, Plan B Gallery, Temporary Contemporary Art Museum, Timișoara
No entry, Cluj-Napoca Art Museum
More than abstract, Museum of Recent Art / MARe, Bucharest
The artist at age 30, ARCUB, Bucharest
Art for the people? Romanian official fine arts between 1948-1965", National Art Museum, Bucharest
Triage, National Museum of Contemporary Art of Romania / MNAC, Bucharest

2017

100 years of art in masterpieces: Towards East, Romanian Cultural Institute, London
artgenève, Allegra Nomad Gallery, Geneva

2018

Art Basel, Plan B Gallery

2018

Art Basel, Galeria Plan B

Văzând istoria 1947-2007/ Colecția MNAC, Muzeul Național de Artă Contemporană al României / MNAC, București

2019

Art Basel Hong Kong, Galeria Plan B

La Brique, Kunsthalle Mulhouse, La Fonderie, Mulhouse

REPVBLICA. Despre umbre în sculptură, Art Safari, București

24 de Argumente, Muzeul Național de Artă al României, București

2020

Școala de la București. Tradiție, amor, trădare, Art Safari, București

Expoziția de Artă Modernă și Contemporană, Galeriile de artă Alfa, Bacău

2021

C.S.A. Clubul sportiv al Artelor. Sportul în arta românească din 1900 până astăzi, Muzeul de Artă Recentă / MARe, București

2022

Culturi Agricole. Agricultura în arta românească modernă și contemporană, Muzeul de Artă Recentă / MARe, București

Secret wing: exhibition organized in the framework of Art Encounters Biennial 2021, Muzeul de Artă Timișoara

Art Basel, Galeria Plan B

Seeing history 1947 – 2007. The MNAC Collection, National Museum of Contemporary Art of Romania / MNAC, Bucharest

2019

Art Basel Hong Kong, Plan B Gallery
La Brique, Kunsthalle Mulhouse, La Fonderie, Mulhouse
REPVBLICA. About shadows in sculpture, Art Safari, Bucharest
24 reasons, National Art Museum, Bucharest

2020

The Bucharest school. Tradition, love, betrayal, Art Safari, Bucharest
Modern and contemporary art exhibition, Alfa art galleries, Bacău

2021

Romanian Art Sports Club. Sport in Romanian Art since 1900, Museum of Recent Art / MARe, Bucharest

2022

AgriCulture. Agriculture in Romanian modern and contemporary art, Museum of Recent Art / MARe, Bucharest
“The Secret Wing” exhibition part of the Art Encounters Biennial 2021, Timișoara Art Museum
Art Basel, Plan B Gallery

Bibliografie selectivă
Selected Bibliography

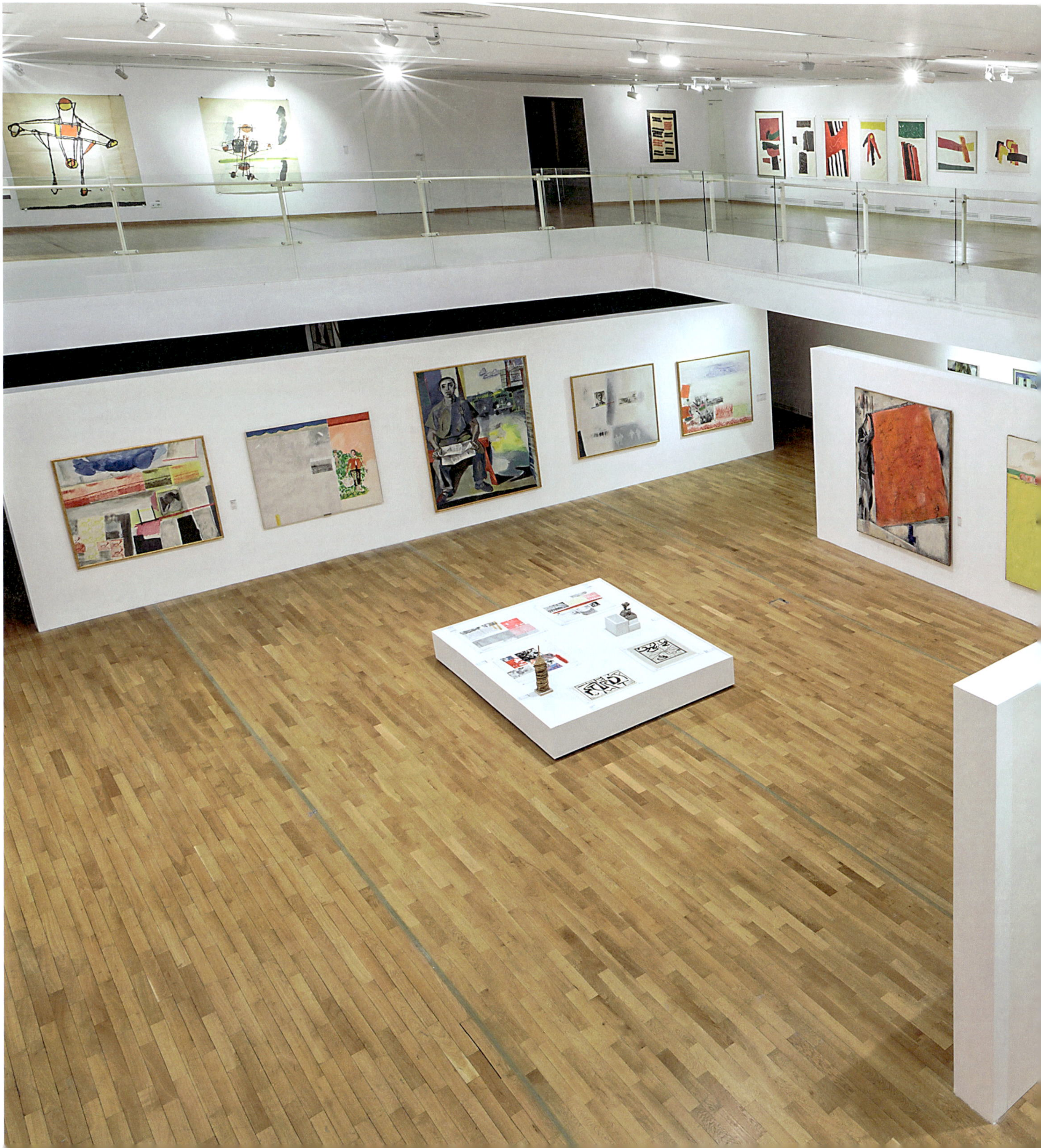

Dicționare, antologii, studii (alfabetic, cronologic)

Bogdan, Radu, *Andreescu*, Editura Meridiane, București, 1969, pp. 540, 774

Bogdan, Radu, *Reverii lucide*, Editura Meridiane, București, 1972, pp. 262, 279, 280, 291, 312

Bogdan, Radu, *Andreescu*, vol. II. *Posteritatea critică*, Editura Meridiane, București, 1983, pp. 540, 774

Barbosa, Octavian, *Dicționarul artiștilor români contemporani*, Editura Meridiane, București, 1976, pp. 59-61

Boia, Lucian, *Dosarele secrete ale agentului Anton. Petru Comarnescu în arhivele securității*, Editura Humanitas, București, 2014, pp. 33, 38, 45, 61

Büchel, Christoph, Carmine, Giovanni, *CEAU*, Steidl, Göttingen, 2008, pp. 37, 38, 47, 89, 136, 140, 141, 253

Calciu, Daniela, Demetrescu, Sandra, Păiușan-Nuică, Cristina (eds.), *2019*, Editura MNAC, București, 2019, pp. 215, 282, 305, 338, 341, 346, 353, 369

Călinescu, Constanța, „Ion Bițan", în *Reprezentanți ai Dobrogei în știința și cultura românească*, Biblioteca Municipală, Constanța, 1969, pp. 15-21

Cărabaș, Irina, „Bitzan (Bițan), Ion", în *Dicționarul sculptorilor din România. Secolele XIX-XX* (coord. Ioana Vlasiu), vol. 1, Editura Academiei Române, București, 2011, pp. 66-67

Cârneci, Magda, *Artele plastice în România: 1945–1989. Cu o addenda 1990–2010*, ediția a II-a revăzută, adăugită și ilustrată, Editura Polirom, Iași, 2013, pp. 80, 85, 141, 148, 150, 153, 157, 178, 194, 197, 217, 231, 368

Cseh-Varga, Katalin, Czirak, Adam (eds.), *Performance Art in the Second Public Sphere: Event-based Art in Late Socialist Europe*, Routledge, New York, 2018, pp. 108-109, 396

Culea, Gelu, *Artă, artiști, administrație în anii '80: amintirile unui fost director la Fondul Plastic al Uniunii Artiștilor Plastici*, Editura Compania, București, 2019, p. 98

Cruceru, Florica, *Muzeul Dinu și Sevasta Vintilă Topalu*, Arta Grafică, București, 1982, p. 38, republicat *Muzeul Dinu și Sevasta Vintilă Topalu / Repere identitare*, Editura Ex Ponto, Constanța, 2007, p. 72

Cruceru, Florica, *Artiști dobrogeni*, Editura Leda și Muntenia, Constanța, 2005, pp. 29, 30-32

Dan, Călin, Demetrescu, Sandra, Predescu, Magda (eds.), *Mihai Olos*, Editura MNAC, București, 2021, p. 323

Drăghia, Dan, Lăcătușu, Dumitru, Popescu, Alina, Preda, Caterina, Stoenescu, Cristina, *Uniunea Artiștilor Plastici din România în documente de arhivă*, Editura Universității din București, 2016, pp. 252, 299, 391, 422

Drăguț, Vasile, Florea, Vasile, Grigorescu, Dan, Mihalache, Marin, *Pictura românească în imagini. 1111 reproduceri*, cap. IV. „Pictura românească contemporană", Editura Meridiane, București, 1970, pp. 304-305

Enache, Monica, *Arta și metamorfozele politicului. Tematica istorică în arta oficială românească între 1944-1965 (pictură, sculptură, grafică)*, Editura Cetatea de Scaun, Târgoviște, pp. 26, 143, 225, 231, 244, 293

Florea, Vasile, *Arta românească modernă și contemporană*, Editura Meridiane, București, 1982, pp. 286, 348

Frunzetti, Ion, *Pictura contemporană românească*, Editura Meridiane, București, 1974, reproducere

Fowkes, Maja and Ruben, *Central and Eastern European Art Since 1950*, cap. „1960s: Gestures of Liberation", Thames & Hudson, London, 2020, p. 54

Ghiu, Daria, *În acest pavilion se vede artă*, Idea Design & Print Editură, Cluj-Napoca, 2016, pp. 128-129, 215-217

Grigorescu, Dan, *Dicționarul avangardelor*, Editura Enciclopedică, București, 2003, p. 75

Grozdea, Mircea, *Arta monumentală în România socialistă*, Editura Meridiane, București, 1974, pp. 7, 19, reproducere

Hăulică, Dan, *Pavel Codiță*, Editura Meridiane, București, 1982, p. 18

Hristu, Alexandru, *Dobrogea în arta plastică românească*, Constanța, 1971, p. 5, nr. 7

Hopkins, Claudia, Whyte, Iain Boyd (eds.), *Hot Art, Cold War – Southern and Eastern European Writing on American Art 1945-1990*, Routledge, New York, 2020

Ilie, Cornel C., *Un tablou pentru tovarășu'. Pictura, Ceaușescu și cultul personalității*, Editura Magic Print, Onești, 2018, pp. 133, 138

Kessler, Erwin, *Ion Bitzan | Bibliophilia*, Soros Center for Contemporary Art, Bucharest, Romania, 1996 (500 copies, including 36 postcards)

Kessler, Erwin, *ceARTă*, Editura Nemira, București, 1997, pp. 253-254

Kessler, Erwin, „13 On Propagarde: The Late Period of the Romanian Artist M. H. Maxy", în *Art beyond Borders: Artistic Exchange in Communist Europe (1945-1989)*, Jérôme Bazin, Pascal Dubourg Glatigny, Piotr Piotrowski eds., Central European University Press, 2016, p. 176

J., I., „Bitzan (Ion)", în *Petit Larousse de la Peinture* (sous la dir. de Michel Laclotte), vol. I, Librarie Larousse, Paris, 1979, p. 182

Malamen, Iolanda, *Desenul din atelier / The Drawing in the Atelier / Le Dessin dans l'atelier*, Editura Institutului Cultural Român, București, 2017, vol. II, p. 85, reproduceri la pp. 87, 88, 89, 90

Marinescu, Constantin, *The Rendering of an ‚Ocan' of ecriture, The Art of Ion Bitzan: a perpetual Afterhought*, martie 1982, New York [manuscris]

Mihalache, Marin, „cap. IV. Pictura contemporană", în *Pictura românească în imagini. 1111 reproduceri* (eds. Vasile Drăguț, Vasile Florea, Dan Grigorescu, Marin Mihalache), ediția a II-a, revăzută, Editura Meridiane, București, 1976, pp. 361-362

Mihalache, Marin, *Epopeea Independenței în arta plastică românească*, Editura Meridiane, București, 1977, reproducerea 135

Mocănescu, Alice Carmen Rodica, *The leader cult in communist Romania 1965-1989: constructing Ceausescu's uniqueness in painting*, Durham theses, Durham University, 2007. Available at Durham E-Theses Online:http://etheses.dur.ac.uk/2571/; menționări la pp. 140, 151, 237, 238, 255, 261, 263, 269, 273, 274, 285, 289 și în lista ilustrațiilor (12, 21, 22, 32, 44, 53)

Mocănescu, Alice, „Artists and Political Power: The Functioning of the Romanian Artists' Union during the Ceaușescu Era, 1965-1975", în *History of Communism in Europe*, Zeta Books, vol. II, 2011, pp. 95-122, menționare la pp. 112, 114

Nae, Cristian, „Whose Figuration? Varieties of Realism in Romanian Art 1968-1972", în *Realisms of the Avant-Garde*, Walter de Gruyter GmbH, Berlin / Boston, 2020, pp. 395-397, 402, 404

Olaru, Constantin, *Muzeul de Artă Dinu și Sevasta Vintilă Topalu*, Constanța, 1967, p. 18, nr. 30

Oprea, Petre, *Jurnalul unui muzeograf principal (1961-1966)*, Editura Maiko, București, 2000, p. 89

Oprescu, George, *Pictura Românească Contemporană*, Editura Meridiane, București, 1964, pp. 45-46

Oprescu, George, *Artele plastice în România după 23 August 1944*, Editura Academiei Române, București, 1959, p. 41

Pelin, Mihai (ed.), *Cartea Albă a Securității. Istorii literare și artistice: 1969-1989*, Editura Presa Românească, București, 1996, p. 255

Dictionaries, anthologies, studies (in alphabetical and chronological order)

Bogdan, Radu, *Andreescu*, Editura Meridiane, București, 1969, pp. 540, 774

Bogdan, Radu, *Reverii lucide*, Editura Meridiane, București, 1972, pp. 262, 279, 280, 291, 312

Bogdan, Radu, *Andreescu*, vol. II. *Posteritatea critică*, Editura Meridiane, București, 1983, pp. 540, 774

Barbosa, Octavian, *Dicționarul artiștilor români contemporani*, Editura Meridiane, București, 1976, pp. 59-61

Boia, Lucian, *Dosarele secrete ale agentului Anton. Petru Comarnescu în arhivele securității*, Editura Humanitas, București, 2014. pp. 33, 38, 45, 61

Büchel, Christoph, Carmine, Giovanni, *CEAU*, Steidl, Göttingen, 2008, pp. 37, 38, 47, 89, 136, 140, 141, 253

Calciu, Daniela, Demetrescu, Sandra, Păiușan-Nuică, Cristina (eds.), *2019*, Editura MNAC, București, 2019, pp. 215, 282, 305, 338, 341, 346, 353, 369

Călinescu, Constanța, “Ion Bițan”, in *Reprezentanți ai Dobrogei în știința și cultura românească*, Biblioteca Municipală, Constanța, 1969, pp. 15-21

Cărabaș, Irina, „Bitzan (Bițan), Ion”, in *Dicționarul sculptorilor din România. Secolele XIX-XX* (coord. Ioana Vlasiu), vol. 1, Editura Academiei Române, București, 2011, pp. 66-67

Cârneci, Magda, *Artele plastice în România: 1945 1989. Cu o addenda 1990 2010*, 2nd edition, revised, enlarged and illustrated, Editura Polirom, Iași, 2013, pp. 80, 85, 141, 148, 150, 153, 157, 178, 194, 197, 217, 231, 368

Cseh-Varga, Katalin, Czirak, Adam (eds.), *Performance Art in the Second Public Sphere: Event-based Art in Late Socialist Europe*, Routledge, New York, 2018, pp. 108-109, 396

Culea, Gelu, *Artă, artiști, administrație în anii ’80: amintirile unui fost director la Fondul Plastic al Uniunii Artiștilor Plastici*, Editura Compania, București, 2019, p. 98

Cruceru, Florica, *Muzeul Dinu și Sevasta Vintilă Topalu*, Arta Grafică, București, 1982, p. 38, republished, *Muzeul Dinu și Sevasta Vintilă Topalu / Repere identitare*, Editura Ex Ponto, Constanța, 2007, p. 72

Cruceru, Florica, *Artiști dobrogeni*, Editura Leda și Muntenia, Constanța, 2005, pp. 29, 30-32

Dan, Călin, Demetrescu, Sandra, Predescu, Magda (eds.), *Mihai Olos*, Editura MNAC, București, 2021, p. 323

Drăghia, Dan, Lăcătușu, Dumitru, Popescu, Alina, Preda, Caterina, Stoenescu, Cristina, *Uniunea Artiștilor Plastici din România în documente de arhivă*, Editura Universității din București, 2016, pp. 252, 299, 391, 422

Drăguț, Vasile, Florea, Vasile, Grigorescu, Dan, Mihalache, Marin, *Pictura românească în imagini. 1111 reproduceri*, chapter IV. “Pictura românească contemporană”, Editura Meridiane, București, 1970, pp. 304-305

Enache, Monica, *Arta și metamorfozele politicului. Tematica istorică în arta oficială românească între 1944-1965 (pictură, sculptură, grafică)*, Editura Cetatea de Scaun, Târgoviște, pp. 26, 143, 225, 231, 244, 293

Florea, Vasile, *Arta românească modernă și contemporană*, Editura Meridiane, București, 1982, pp. 286, 348

Frunzetti, Ion, *Pictura contemporană românească*, Editura Meridiane, București, 1974, reproduction

Fowkes, Maja and Ruben, *Central and Eastern European Art Since 1950*, chapter “1960s: Gestures of Liberation”, Thames & Hudson, London, 2020, p. 54

Ghiu, Daria, *În acest pavilion se vede artă*, Idea Design & Print Editură, Cluj-Napoca, 2016, pp. 128-129, 215-217

Grigorescu, Dan, *Dicționarul avangardelor*, Editura Enciclopedică, București, 2003. p. 75

Grozdea, Mircea, *Arta monumentală în România socialistă*, Editura Meridiane, București, 1974, pp. 7, 19, reproduction

Hăulică, Dan, *Pavel Codiță*, Editura Meridiane, București, 1982, p. 18

Hristu, Alexandru, *Dobrogea în arta plastică românească*, Constanța, 1971, p. 5, no. 7

Hopkins, Claudia, Whyte, Iain Boyd (eds.), *Hot Art, Cold War – Southern and Eastern European Writing on American Art 1945-1990*, Routledge, New York, 2020

Ilie, Cornel C., *Un tablou pentru tovarășu’. Pictura, Ceaușescu și cultul personalității*, Editura Magic Print, Onești, 2018, pp. 133, 138

Kessler, Erwin, *Ion Bitzan | Bibliophilia*, Soros Center for Contemporary Art, Bucharest, Romania, 1996 (500 copies, including 36 postcards)

Kessler, Erwin, *ceARTă*, Editura Nemira, București, 1997, pp. 253-254

Kessler, Erwin, “13 On Propagarde: The Late Period of the Romanian Artist M. H. Maxy”, in *Art beyond Borders: Artistic Exchange in Communist Europe (1945-1989)*, ed. by Jérôme Bazin, Pascal Dubourg Glatigny and Piotr Piotrowski, Central European University Press, 2016, p. 176

J., I., “Bitzan (Ion)”, in *Petit Larousse de la Peinture* (sous la dir. de Michel Laclotte), vol. I, Librarie Larousse, Paris, 1979, p. 182

Malamen, Iolanda, *Desenul din atelier / The Drawing in the Atelier / Le Dessin dans l’atelier*, Editura Institutului Cultural Român, București, 2017, vol. II, p. 85, reproductions on pp. 87, 88, 89, 90

Marinescu, Constantin, *The Rendering of an ‘Ocan’ of ecriture, The Art of Ion Bitzan: a perpetual Afterhought*, March 1982, New York [manuscript]

Mihalache, Marin, „chapter IV. Pictura contemporană”, în *Pictura românească în imagini. 1111 reproduceri*, ed. by Vasile Drăguț, Vasile Florea, Dan Grigorescu, Marin Mihalache, 2nd edition, revised, Editura Meridiane, București, 1976, pp. 361-362

Mihalache, Marin, *Epopeea Independenței în arta plastică românească*, Editura Meridiane, București, 1977, reproduction no. 135

Mocănescu, Alice Carmen Rodica, *The leader cult in communist Romania 1965-1989: constructing Ceausescu’s uniqueness in painting*, Durham theses, Durham University, 2007. Available at Durham E-Theses Online: http://etheses.dur.ac.uk/2571/; mentioned on pp. 140, 151, 237, 238, 255, 261, 263, 269, 273, 274, 285, 289 as well as in the list of illustrations (12, 21, 22, 32, 44, 53)

Mocănescu, Alice, “Artists and Political Power: The Functioning of the Romanian Artists’ Union during the Ceaușescu Era, 1965-1975”, in *History of Communism in Europe*, Zeta Books, vol. II, 2011, pp. 95-122, mentioned on pp. 112, 114

Nae, Cristian, “Whose Figuration? Varieties of Realism in Romanian Art 1968-1972”, in *Realisms of the Avant-Garde*, Walter de Gruyter GmbH, Berlin / Boston, 2020, pp. 395-397, 402, 404

Olaru, Constantin, *Muzeul de Artă Dinu și Sevasta Vintilă Topalu*, Constanța, 1967, p. 18, no. 30

Oprea, Petre, *Jurnalul unui muzeograf principal (1961-1966)*, Editura Maiko, București, 2000, p. 89

Oprescu, George, *Pictura Românească Contemporană*, Editura Meridiane, București, 1964, pp. 45-46

Oprescu, George, *Artele plastice în România după 23 August 1944*, Editura Academiei Române, București, 1959, p. 41

Pelin, Mihai (ed.), *Cartea Albă a Securității. Istorii literare și artistice*, Editura Presa Românească, București, 1996, p. 255

Pintilie, Ileana, “Questioning the East: artistic practices and social context on the edge”, in

Pintilie, Ileana, „Questioning the East: artistic practices and social context on the edge”, în *Performance art in the second public sphere: event-based art in late socialist Europe*, Katalin Cseh-Varga, Adam Czirak eds., Routledge, New York, 2018, pp. 108-109

Postolache [Cruceru], Florica, *Muzeul Dinu și Sevasta Vintilă*, Constanța, 1970, p. 16, nr. 28, reproducere la p. 16

Piotrowski, Piotr, *In the Shadow of Yalta*, Reaktion Books, London, 2009, pp. 257, 258

Predescu, Magda, *Utopie și heteropie în arta din România anilor 1950-1970. Variațiile canonului artistic*, Idea Design & Print Editură, Cluj-Napoca, 2018, pp. 305, 366-367

Prut, Constantin, *Dicționar de artă modernă*, Editura Albatros, București, 1982, pp. 55, 56

Prut, Constantin, *L'art roumain. Repères contemporains*, Monitorul Oficial, București, 1995, p. 11

Prut, Constantin, *Dicționar de artă modernă și contemporană*, Editura Polirom, Iași, 2016, pp. 68-69

Rosei, Samuil, *Jurnal întârziat. Simțiri din afara sistemului*, Fundația Anastasia, București, vol. I, p. 174

Sârbulescu, Mihai, *Despre ucenicie*, Editura Ileana, București, 2015, pp. 39, 52, 54

Sârbulescu, Mihai, *Dosar Prolog*, Editura Ileana, București, 2016, pp. 123, 126, 130

Schileru, Micaela, *Eugen Schileru. Viața lui ca o carte*, Editura Istros, Brăila, 2016, p. 51

Sebestyén,Victor, *Galați: Arhitectura nouă*, Editura Meridiane, București, 1967, pp. 47-48

Stasik, Andrew, „Eastern European prints”, Pratt Graphics Center, New York, 1970

Stiles, Kristine, „Shaved Heads and Marked Bodies: Representations from Cultures of Trauma”, în *Strategie II: Peuples Mediterranéens*, nr. 64-65/1993, pp. 95-117, reprinted with a new Afterword in *Talking Gender: Public Images, Personal Journeys, and Political Critiques*, Jean O'Barr, Nancy Hewitt, Nancy Rosebaugh eds., University of North Carolina Press, 1996, pp. 36-64

Țânțaș, Vasile, *Un secol de viață – amintirile unui eminescian sătmărean. Caietele eminescienilor sătmăreni*, vol. 8, Editura Citadela, Satu Mare, pp. 129, 130, 132, 143, 175, 179

***, „Bițan Ion”, în *111 Contemporary Painters / Peintres Contemporains / Zeitgenössische Maler* (prefață de Vasile Drăguț), Editura UAP, București, 1980, fără numerotare (scurt CV și reproducere)

Cataloage expoziții personale (cronologic)

1966

Ion Bitzan, Galeria Arsenal Poznań, XIX Festival des beaux-arts Poznań, Sopot, Polonia, 1966

1967

Ion Bițan. Colaj, Desen, Sala Dalles, București, 1967

1969

Ion Bitzan. Collagen, în cadrul expoziției *4 Rumänische Künstler*, Bauzentrum, Hamburg, 1969

Pictură, desen, reliefuri, obiecte, Galeria Apollo, București, 1969

1985

Ion Bitzan. Works 1975-1985, The Arts Council of Northern Ireland, Arts Council Gallery, Belfast, UK, 1985

1986

Ion Bitzan. Works 1975-1985, Butler Art Gallery, Kilkenny, Ireland, 1986

1990

Ion Bitzan, Narrow Water Gallery, Warrenpoint, Northern Ireland / UK, 1990

1992

Obiecte-scriituri, Oficiul Național pentru Documentare și Expoziții de artă, Galeria ARTEXPO, Etaj 3/4, Teatrul Național, București, 1992

1994

Objets – écritures, Centre Culturel Roumain, Paris, 1994

The Song of Songs and the Cabinet, HotBath Galery, Bath, UK, 1994

1996

Obiecte, scrieri, cărți de autor, Muzeul Național de Artă al României, Departamentul de Artă Contemporană, București, 1996

1998

Homage to Ion Bitzan, Muzeul Național de Artă al României, Departamentul de Artă Contemporană, București, 1998

Ion Bitzan, Târgul Internațional de Carte, Untergrundmessehalle, Leipzig, Rumänisches Kulturministerium, 1998

Ion Bitzan, Galeria Bancorex, București, aprilie 1998, Galeria Next Graphics, București, mai 1998

2018

Cojocaru, Cristina, *Ion Bitzan*, Galeria Plan B, Berlin, September 2018

2019

Prizonierii Avangardei, o retrospectivă Ion Bitzan, Editura MNAC, București, 2019

Cataloage expoziții colective (cronologic)

1954

Expoziția de grafică, Sala Dalles, București, 1954

1956

Expoziția anuală de stat de grafică, Sala Dalles, București, 1956, p. 12

1957

Virgil Almășanu, Ion Bițan, Constantin Crăciun, Galeriile de Artă ale Fondului Plastic, București, 1957

Expoziția 1907, Sala Dalles, 1957

10 ani de creație plastică 1947-1957, Muzeul de Artă al R.P.R., 1957, p. 8

Expoziția interregională de pictură, sculptură și grafică, Sala Dalles, București, 1957, p. 10

1959

Expoziția tineretului, Sălile Muzeului de Artă al R.P.R., București, 1959

Expoziția de stat de arte plastice, Pavilionul Mare din Parcul Herăstrău, București, 1959

1960

Expoziția artelor plastice: pictură, sculptură, Sălile de Marmură ale Casei Scânteii, București, 1960

Imagini dobrogene, Sala Cazinoului, Constanța, 1960

1961

Muzeul Sătesc Limanu, Tipografia Arta Grafică, Fondul Plastic, [1961]

Expoziția de portrete: pictură și sculptură, Sălile Muzeului de Artă R.P.R., București, 1961

Performance art in the second public sphere: event-based art in late socialist Europe, ed. by Katalin Cseh-Varga, Adam Czirak, Routledge, New York, 2018, pp. 108-109

Postolache [Cruceru], Florica, *Muzeul Dinu și Sevasta Vintilă*, Constanța, 1970, p. 16, no. 28, reproduction on p. 16

Piotrowski, Piotr, *In the Shadow of Yalta*, Reaktion Books, London, 2009, pp. 257, 258

Predescu, Magda, *Utopie și heteropie în arta din România anilor 1950-1970. Variațiile canonului artistic*, Idea Design & Print Editură, Cluj-Napoca, 2018, pp. 305, 366-367

Prut, Constantin, *Dicționar de artă modernă*, Editura Albatros, București, 1982, pp. 55, 56

Prut, Constantin, *L'art roumain. Repères contemporains*, Monitorul Oficial, București, 1995, p. 11

Prut, Constantin, *Dicționar de artă modernă și contemporană*, Editura Polirom, Iași, 2016, pp. 68-69

Rosei, Samuil, *Jurnal întârziat. Simțiri din afara sistemului*, Fundația Anastasia, București, vol. I, p. 174

Sârbulescu, Mihai, *Despre ucenicie*, Editura Ileana, București, 2015, pp. 39, 52, 54

Sârbulescu, Mihai, *Dosar Prolog*, Editura Ileana, București, 2016, pp. 123, 126, 130

Schileru, Micaela, *Eugen Schileru. Viața lui ca o carte*, Editura Istros, Brăila, 2016. p. 51

Sebestyén, Victor, *Galați: Arhitectura nouă*, Editura Meridiane, București, 1967, pp. 47-48

Stasik, Andrew, "Eastern European prints", Pratt Graphics Center, New York, 1970

Stiles, Kristine, "Shaved Heads and Marked Bodies: Representations from Cultures of Trauma", in *Strategie II: Peuples Mediterraneens*, nr. 64-65/1993, pp. 95-117, reprinted with a new Afterword in *Talking Gender: Public Images, Personal Journeys, and Political Critiques*, ed. by Jean O'Barr, Nancy Hewitt, Nancy Rosebaugh, University of North Carolina Press, 1996, pp. 36-64

Țânțaș, Vasile, *Un secol de viață – amintirile unui eminescian sătmărean. Caietele eminescienilor sătmăreni*, vol. 8, Editura Citadela, Satu Mare, pp. 129, 130, 132, 143, 175, 179

***, "Bițan Ion", in *111 Contemporary Painters / Peintres Contemporains / Zeitgenössische Maler* (with a foreword by Vasile Drăguț), Editura U.A.P., București, 1980, no numbered pages, (short bio and reproduction)

Solo Exhibitions Catalogues (in chronological order)

1966

Ion Bitzan, Galeria Arsenal Poznań, XIX Festival des beaux-arts Poznań, Sopot, Poland, 1966

1967

Ion Bițan. Colaj, Desen [Ion Bițan Collage and Drawing], Sala Dalles, București, 1967

1969

Ion Bitzan. Collagen, within the *4 Rumänische Künstler* exhibition, Bauzentrum, Hamburg, 1969

Pictură, desen, reliefuri, obiecte [Painting, drawing, reliefs and objects], Galeria Apollo, București, 1969

1985

Ion Bitzan. Works 1975-1985, The Arts Council of Northern Ireland, Arts Council Gallery, Belfast, UK, 1985

1986

Ion Bitzan. Works 1975-1985, Butler Art Gallery, Kilkenny, Ireland, 1986

1990

Ion Bitzan, Narrow Water Gallery, Warrenpoint, Northern Ireland / UK, 1990

1992

Obiecte-scriituri [Objects – Writings], Oficiul Național pentru Documentare și Expoziții de artă, Galeria ARTEXPO, Etaj 3/4, Teatrul Național, București, 1992

1994

Objets – écritures, Centre Culturel Roumain, Paris, 1994

The Song of Songs and the Cabinet, HotBath Galery, Bath, UK, 1994

1996

Obiecte, scrieri, cărți de autor [Objects, writings, author books], Muzeul Național de Artă al României, Departamentul de Artă Contemporană, București, 1996

1998

Homage to Ion Bitzan, Muzeul Național de Artă al României, Departamentul de Artă Contemporană, București, 1998

Ion Bitzan, Târgul Internațional de Carte, Untergrundmessehalle, Leipzig, Germany, Romanian Ministry of Culture, 1998

Ion Bitzan, Galeria Bancorex, București, April 1998, Galeria Next Graphics, București, May 1998

2018

Cojocaru, Cristina, *Ion Bitzan*, Galeria Plan B, Berlin, September 2018

2019

Prizonierii Avangardei, o retrospectivă Ion Bitzan [The prisoners of the avant-garde, a Ion Bitzan retrospective], Editura MNAC, București, 2019

Group Exhibitions Catalogues (in chronological order)

1954

Expoziția de grafică [Graphics exhibition], Sala Dalles, București, 1954

1956

Expozitia anuală de stat de grafică [The state annual graphics exhibition], Sala Dalles, București, 1956, p. 12

1957

Virgil Almășanu, Ion Bițan, Constantin Crăciun, Galeriile de Artă ale Fondului Plastic, București, 1957

Expoziția 1907 [The 1907 exhibition], Sala Dalles, 1957

10 ani de creație plastică 1947-1957 [1947-157 – Ten years of art], Muzeul de Artă al R.P.R., 1957, p. 8

Expoziția interregională de pictură, sculptură și grafică [Interregional painting, sculpture and graphics exhibition], Sala Dalles, București, 1957, p. 10

1959

Expoziția tineretului [Young artists exhibition], Sălile Muzeului de Artă al R.P.R, București, 1959

Expoziția de stat de arte plastice [The state fine arts exhibition], Pavilionul Mare din Parcul Herăstrău, București, 1959

1960

Expoziția artelor plastice: pictură, sculptură [Fine arts exhibition: painting, sculpture], Sălile de Marmură ale Casei Scânteii, București, 1960

Imagini dobrogene [Pictures of Dobrogea], Sala Cazinoului, Constanța, 1960

1962

Expoziția regională de pictură, sculptură și grafică, București, 1962

Expoziția retrospectivă de pictură și sculptură, Sala Dalles, București, 1962, p. 8

1963

Rumänische Kunst der Gegenwart, Dresda, Staatlichen Kunstsammlungen Dresden, Jahn & Siegel, Dresda, 1963

1964

Ion Bițan, Ion Gheorghiu, Ion Pacea, Boris Caragea, Pavilionul României la a XXXII-a ediție a Bienalei de Artă de la Veneția, Editura Meridiane, 1964

XXXII Biennale Internazionale d'Arte Venezia. 32B. 20 Giugno-18 Ottobre 1964, La Stamperie di Venezia, Venezia, 1964, p. 263

XXXII biennale internazionale d'arte Venezia, bozza di stampa, La Stamperie di Venezia, Venezia, 1964, p. 266

Centenarul Institutului de Arte plastice Nicolae Grigorescu 1864-1964, Muzeul de Artă al R.S.R., 1964

Expoziția de artă decorativă, București, Galeriile Fondului Plastic, Bd. Nicolae Bălcescu, București, 1964

Expoziția regională de artă, Sala Dalles, București, 1964

1965

Expoziția de pictură și sculptură a orașului București, Sala Dalles, 1965

Malarzy i poetów z krajów demokracji ludowej w Szczecinie [Pictori și poeți din țările de democrație populară], Polonia, 1965

A román népköztársaság iparmüvészeti kiállítása [Expoziție de artă industrială din R.P.R.], Budapesta, ianuarie 1965

1966

Rumanian Art of the 20 Century, Brancusi and his countrymen, Londra, 1966

Plastică și poezie, București, 1966

Expoziția Bienală de pictură și sculptură, Sala Dalles, București, 1966

1967

Biennale de São Paulo / Bienal de São Paulo, 1967, Pavillon de Roumanie / Pavilhao da Romenia, 1967

Salonul republican de desen și gravură, Sala Dalles, București, 1967

Expoziția regională de artă, Sala Dalles, București, 1967

Salonul de primavară al pictorilor din București, 1967

1968

L'art roumain, Orly, Franța, 1968

Současné rumunské umění [Arta românească contemporană], Praga, 1968

Wystawa sztuki rumuńskiej, grafika, rzeźba [Expoziție de artă românească – grafică, sculptură], Pawillon wystawowy, Cracovia, 1968

Međunarodna izložba originalnog crteža / I e exposition internationale de dessins originaux [Expoziția internațională de desene originale], Moderna Galerija, Rijeka, Iugoslavia, 1968, p. 120

Expoziția bienală de pictură și sculptură, 1968

Salonul republican de desen și gravură, Muzeul R.S.R., București, 1968

Six jeunes peintres roumains, Galerie Lambert, Paris, Franța, 1968

1969

Mostra de pittura e scultura rumena, Accademia di Romania, Roma, Italia, 1969

Bienala de São Paulo, Pavilionul românesc, São Paulo, Brazilia, 1969

Salonul republican de desen și gravură, Sala Dalles, București, 1969

4 Romanian artists (Collages), The Richard Demarco Gallery, Edinburgh, 1969

News Sheet 3, The Richard Demarco Gallery, Edinburgh, August 1969, Edinburgh Festival Exhibition at the Gallery (22nd August – 13th September 1969)

8 Artistes Roumains, Galeria Panorama Mesdag, Haga, 1969

Expoziția de artă, Sala Dalles, București, 1969

Premi internacional Dibuix Joan Miró, Barcelona, Spania, 1969

Print Room, Edinburgh, 1969

Exposition d'art graphique contemporain roumain, Tunisia, 1969

Mostra d'arte contemporanea romena, Torino, 1969

Salonul de primavară al pictorilor din București, Muzeul de Istorie a Partidului, București, 1969

Salonul de pictură și sculptură al Municipiului București, Sala Dalles, București, 1969

Salonul republican de desen și gravură, Sala Dalles, București, 1969

1970

Pratt Graphics Center Benefit Exhibition & Sale (January 5-January 10), 1970 [flyer]

Culorile mării, Muzeul de Arta Constanța, 1970, p. 28

Vincențiu Grigorescu e una selezione di Pittori Rumeni Contemporanei, Spazio d'Arte, Milano, Italia, 1970

Expoziția de grafică militantă organizată cu prilejul aniversării în România a centenarului nașterii lui V. I. Lenin, Sala Dalles, București, 1970

Arta, internationale vereniging vrienden van de grafische Kunst, Galerie Arta, Haga, 1970

Bienala de pictură și sculptură, Sala Dalles, București, 1970

Mostra d'arte grafica romena contemporanea, Accademia di Romania a Roma, 1970

Međunarodna izložba originalnog crteža [Expoziția internațională de desene originale], Moderna Galerija, Rijeka, Iugoslavia, 1970

Wystawa sztuki rumuńskiej, grafika, rzeźba [Expoziție de artă românească – grafică, sculptură], Pawilon wystawowy, Cracovia, 1970

Premi internacional Dibuix Joan Miró, Barcelona, 1970

Salonul republican de desen și gravură, București, 1970

Mostre d'arte figurativa contemporanea romena, Torino, 1970

1971

10 ani de la cooperativizarea agriculturii, Muzeul de Artă, Constanța, 1971

Dobrogea în arta plastică, Muzeul de Artă, Constanța, 1971

Expoziție închinată semicentenarului P.C.R., Muzeul de Artă, Constanța, 1971

Mednarodna grafična razstva [Expoziție internațională de gravură], Moderna Galerija, Ljubljana, Iugoslavia, 1971

Romanian Art Today [Festivalul Internațional de la Edinburgh], Richard Demarco Gallery, Edinburgh, 22 August – 11 September 1971

Salonul de pictură și sculptură 1971, Sala Dalles, București, 1971

Premio internazionale Biella per l'incisione, Circolo degli Artisti, Museo Civico, Biella, Italia, 1971, p. 104

1972

Bienala de pictură și sculptură, Sala Dalles, București, 1972

1961

Muzeul Sătesc Limanu [The Limanu village museum], Tipografia Arta Grafică, Fondul Plastic, [1961]

Expoziția de portrete: pictură și sculptură [The portraits exhibition: painting and sculpture], Sălile Muzeului de Artă R.P.R., București, 1961

1962

Expoziția regională de pictură, sculptură și grafică [The regional painting, sculpture and graphics exhibition], București, 1962

Expoziția retrospectivă de pictură și sculptură [A retrospective painting and sculpture exhibition], Sala Dalles, București, 1962, p. 8

1963

Rumänische Kunst der Gegenwart, Dresden, Staatliche Kunstsammlungen Dresden, Jahn & Siegel, Dresden, 1963

1964

Ion Bițan, Ion Gheorghiu, Ion Pacea, Boris Caragea, the Romanian Pavilion at the XXXII edition of the Venice Art Biennale, Editura Meridiane, 1964

XXXII Biennale Internazionale d'Arte Venezia. 32B. 20 Giugno-18 Ottobre 1964, La Stamperie di Venezia, Venezia, 1964, p. 263

XXXII biennale internazionale d'arte Venezia, bozza di stampa, La Stamperie di Venezia, Venezia, 1964, p. 266

Centenarul Institutului de Arte plastice Nicolae Grigorescu 1864-1964 [1864-1964-100th anniversary of the Nicolae Grigorescu Fine Arts Institute], Muzeul de Artă al R.S.R., 1964

Expoziția de artă decorativă [The decorative arts exhibition], București, Galeriile Fondului Plastic, Bd. Nicolae Bălcescu, București, 1964

Expoziția regională de artă [The regional art exhibition], Sala Dalles, București, 1964

1965

Expoziția de pictură și sculptură a orașului București [The city of Bucharest painting and sculpture exhibition], Sala Dalles, 1965

Malarzy i poetów z krajów demokracji ludowej w Szczecinie [Painters and poets from countries of people's democracy], Poland, 1965

A román népköztársaság iparmüvészeti kiállitása [Exhibition of industrial art from PRR], Budapest, January 1965

1966

Rumanian Art of the 20 Century, Brancusi and his countrymen, London, 1966

Plastică și poezie [Fine arts and poetry], București, 1966

Expoziția Bienală de pictură și sculptură [The painting and sculpture biennial], Sala Dalles, București, 1966

1967

Biennale de São Paulo / Bienal de São Paulo, 1967, Pavillon de Roumanie / Pavilhao da Romenia, 1967

Salonul republican de desen și gravură [The republican drawing and engraving salon], Sala Dalles, București, 1967

Expoziția regională de artă [The regional fine arts exhibition], Sala Dalles, București, 1967

Salonul de primavară al pictorilor din București [The Bucharest painting spring salon], 1967

1968

L'art roumain, Orly, France,1968

Současné rumunské umění [Romanian contemporary art], Prague, 1968

Wystawa sztuki rumuńskiej, grafika, rzeźba [Romanian art exhibition – graphics, sculpture], Pawilon wystawowy, Krakow, 1968

Međunarodna izložba originalnog crteža / I e exposition internationale de dessins originaux [1st International exhibition of original drawings], Moderna Galerija, Rijeka, Yugoslavia, 1968, p. 120

Expoziția bienală de pictură și sculptură [Biennial painting and sculpture exhibition], 1968

Salonul republican de desen și gravură [The republican drawing and engraving salon], Muzeul R.P.R., București, 1968

Six jeunes peintres roumains [Six young Romanian painters], Galerie Lambert, Paris, France, 1968

1969

Mostra de pittura e scultura rumena, Accademia di Romania, Rome, Italy, 1969

Bienala de São Paulo [The São Paulo Biennial], the Romanian Pavilion, São Paulo, Brazil, 1969

Salonul republican de desen și gravură [The republican drawing and engraving salon], Sala Dalles, București, 1969

4 Roumanian artists (Collages), The Richard Demarco Gallery, Edinburgh, 1969

News Sheet 3, The Richard Demarco Gallery, Edinburgh, August 1969, Edinburgh Festival Exhibition at the Gallery (22nd August – 13th September 1969)

8 Artistes Roumains, Galeria Panorama Mesdag, The Hague, 1969

Expoziția de artă [The art exhibition], Sala Dalles, București, 1969

Premi internacional Dibuix Joan Miró, Barcelona, Spania, 1969

Print Room, Edinburgh, 1969

Exposition d'art graphique contemporain roumain, Tunisia, 1969

Mostra d'arte contemporanea romena, Turin, 1969

Salonul de primavară a pictorilor din București [The spring salon of Bucharest painters], Muzeul de Istorie a Partidului, 1969

Salonul de pictură și sculptură al Municipiului București [The city of Bucharest painting and sculpture salon], Sala Dalles, 1969

Salonul republican de desen și gravură [The republican drawing and engraving salon], Sala Dalles, București, 1969

1970

Pratt Graphics Center Benefit Exhibition & Sale (January 5-January 10), 1970 [flyer]

Culorile marii [The Colours of the sea], Muzeul de Artă Constanța, 1970, p. 28

Vincențiu Grigorescu e una selezione di Pittori Rumeni Contemporanei, Spazio d'Arte, Milan, Italy, 1970

Expoziția de grafică militantă organizată cu prilejul aniversării în România a centenarului nașterii lui V. I. Lenin [The militant graphics exhibition celebrating 100 years since the birth of V.I. Lenin], Sala Dalles, București, 1970

Arta, internationale vereniging vrienden van de grafische Kunst, Galerie Arta, The Hague, 1970

Bienala de pictură și sculptură [The painting and sculpture biennial], Sala Dalles, București, 1970

Mostra d'arte grafica romena contemporanea, Accademia di Romania, Rome, 1970

Međunarodna izložba originalnog crteža [International exhibition of original drawings], Moderna Galerija, Rijeka, Yugoslavia, 1970

Wystawa sztuki rumuńskiej, grafika, rzeźba [Exhibition of Romanian art – paintings, graphics], Pawilon wystawowy, Krakow, 1970

Premi internacional Dibuix Joan Miró, Barcelona, 1970

Salonul republican de desen si gravură [The republican drawing and engraving salon], București, 1970

Mostre d'arte figurativa contemporanea romena, Torino, 1970

Međunarodna izložba originalnog crteža [Expoziția internațională de desene originale], Moderna Galerija, Rijeka, Iugoslavia, 1972

Expoziție de artă plastică în cinstea conferinței naționale a P.C.R., Muzeul R.S.R., Sala Dalles, București, 1972, p. 5

25 de ani de artă plastică românească, Muzeul R.S.R., 1972

Salonul de pictură și sculptură dedicat celei de a 25-a aniversări a republicii, Sala Dalles, București, 1972

2 Internationale Grafik Biennale / International Exhibition of Graphic Art, Kunstverein zu Frechen Stadt, Frechen, BRD, 1972, p. 209

1 Norwegian International Print Biennale, Friedrichstadt, Norvegia, 1972, p. 82

Xylon (ediția VI), Austellung der Internationalen Vereinigung der Holzschneider Zürich, Musée d'Art et d'Histoire, Geneva, Elveția, 1972

Umbrella, Richard Demarco Gallery, Edinburgh,1972 [flyer]

VII-ème Congrès International d'Esthétique, Bucarest, 1972 [pliant]

1973

Premio internazionale Biella per l'incisione, Circolo degli Artisti, Museo Civico, Biella, Italia, 1973

Artistul contemporan și universul său, Muzeul de Artă Modernă și Contemporană Românească, Galați, 1973

40 de ani de la luptele greviștilor ceferiști și petroliști din februarie 1933, Sala Dalles, București, 1973, p. 6

Salonul de pictură și sculptură dedicat celei de a 25-a aniversări a Republicii, Sala Dalles, București, 1973

Generatoare de imagini Ion Bitzan. Desenele lui J. A., Galeria Galateea, București, 1973 [flyer]

1974

Salonul de pictură și sculptură al municipiului București, Sala Dalles, 1974

3 Internationale Grafik Biennale, Kunstverein zu Frechen Stadt, Frechen, BRD, 1974

Norwegian International Print Biennale, Friedrichstadt, Norvegia, 1974

V Međunarodna izložba originalnog crteža [Expoziția internațională de desene originale, ediția a V-a], Moderna Galerija, Rijeka, Iugoslavia, 1974

Bitzan, Dragomirescu, Șetran, Stoica: Graphikausstellung, Galerie Schwertl, Fürth, Germania, 1974

1. Quadriennale des Kunsthandwerks Sozialistischer Länder [Prima Cvadrienală a artelor decorative din țările socialiste], Ministerium für Kultur der DDR, Verband Bildender Künstler der DDR, Erfurt, 1974, p. 185

1975

Expoziția anuală de pictură și sculptură, Sala Dalles și Ateneul Român, București, 1975, pp. 6, 24

Salonul de pictură și sculptură al Municipiului București, Sala Dalles, București, 1975, p. 6

Salonul de pictură și sculptură, Sala Dalles, București, 1975, p. 15

1976

Expoziția anuală de pictură și sculptură, Sala Dalles, București, 1976, p. 6

Salonul de pictură și sculptură al orașului București, Sala Dalles, București, 1976, pp. 5, 30

1977

30 de ani victorioși, Muzeul de Artă R.S.R, București, 1977

Expoziția retrospectivă de artă plastică „Centenarul Independenței de stat a României 1877-1977", Sala Dalles, București, 1977, p. 6

Balcanii, zonă a păcii și prieteniei între popoare, Sala Dalles, București, 1977

Țărănimea – puternică forță socială și revoluționară, Sala Dalles, București, 1977

1978

Magistralele socialismului, Sala Dalles, Muzeul de artă al R.S.R., București, 1978

Über die seltsame Natur des Geldes in Kunst, Wissenchaft and Leben [Despre natura ciudată a banilor în artă, știință și viață], Art Museum des Geldes, Städtisch Kunsthalle, Düsseldorf, Germania, 1978

Studiul, Galeriile Bastion, Timișoara, 1978

Expoziția anuală republicană de pictură și sculptură 1978, Sala Dalles și Sala de expoziții a Teatrului Național, 1978

Salonul de pictură și sculptură al Municipiului București, Muzeul de Artă al R.S.R., 1978

Roumanie, Centre Culturel du Marais, Marais, France, 1978

1979

Expoziția de pictură, sculptură și grafică „Arta – contemporaneitate", C.C.E.S., Muzeul de Artă al R.S.R., Oficiul de Expoziții, București, 1979, pp. 7, 19

Expoziția anuală de artă plastică, Sala Dalles, Sala de expoziții „Arghezi" de la Teatrul Național, Muzeul Colecțiilor de Artă, București, 1979

Festivalul național al educației și culturii socialiste „Cântarea României", editia a II-a, etapa republicană, Sala Dalles, Sala Arghezi, Rotonda sălii mici a Palatului R.S.R., București, 1979, p. 6

Salonul de pictură, sculptură, grafică și arte decorative al municipiului București, Muzeul de Artă al R.S.R., Muzeul Colecțiilor de Artă, București, 1979

1980

Salonul republican de pictură și sculptură, Sala Dalles, București, 1980

2050 de ani de la crearea statului dac centralizat și independent, [Sala Dalles, București], 1980

Expoziția anuală de pictură și sculptură, Sala Dalles, București, 1980

Drawing '80, Pécsi Galeria, Pécs, Ungaria, 1980

Balcanii, zonă a păcii și prieteniei între popoare, Sala Dalles, București, 1980

Salonul de pictură, sculptură, grafică și arte decorative al municipiului București, Sala Dalles, Muzeul Colecțiilor de Artă, București, 1980

Le salon de Mai, Centre d'Art, Paris, 1980

Salonul de pictură, sculptură, grafică și arte decorative al municipiului București, Muzeul de Artă al R.S.R., București, 1980

1981

Bienala de São Paulo, Pavilionul românesc, São Paulo, Brazilia, 1981

Studiul II. Omul și natura, locul și lucrurile, Galeriile Bastion, Galeria Foto AAF, Liceul de Arte Plastice, Timișoara, 1981

Contemporary painting in Eastern Europe and Japan, National Museul of Art, Osaka, Japonia, 1981

Expoziția de artă plastică „60 de ani de la făurirea Partidului Comunist Român", Sala Dalles, București, 1981, p. 3

Międzynarodowe Triennale Rysunku / The Second International Drawing Triennale [Trienala de desen], Muzeum Architektury, Wrocław

Festivalul național al educației și culturii socialiste „Cântarea României", expoziție republicană de artă plastică, Sălile Dalles, Arghezi și rotonda Sălii mici a Palatului R.S.R., București, 1981, p. 10

1971

10 ani de la cooperativizarea agriculturii [10 years since the agriculture became co-operative], Muzeul de Artă, Constanța, 1971

Dobrogea în arta plastică [Dobrogea in fine arts], Muzeul de Artă, Constanța, 1971

Expoziție închinată semicentenarului PCR [Exhibition dedicated to the 50th anniversary of the PCR], Muzeul de Artă, Constanța, 1971

Mednarodna grafična razstva [International Engraving Exhibition], Moderna Galerija, Ljubljana, Yugoslavia, 1971

Romanian Art Today [Edinburgh International Festival], Richard Demarco Gallery, Edinburgh, 22 August – 11 September 1971

Salonul de pictură și sculptură 1971 [The 1971 salon of painting and sculpture], Sala Dalles, București, 1971

Premio internazionale Biella per l'incisione, Circolo degli Artisti, Museo Civico, Biella, Italy, 1971, p. 104

1972

Bienala de pictură și sculptură [The painting and sculpture biennial], Sala Dalles, București, 1972

Međunarodna izložba originalnog crteža [International exhibition of original drawings], Moderna Galerija, Rijeka, Yugoslavia, 1972

Expoziție de artă plastică în cinstea conferinței națio-nale a P.C.R. [Fine arts exhibition to celebrate the PCR National Conference], Muzeul R.S.R., Sala Dalles, București, 1972, p. 5

25 de ani de artă plastică românească [25 years of Romanian fine arts], Muzeul R.S.R., 1972

Salonul de pictura si sculptura dedicat celei de a 25-a aniversari a republicii [The painting and sculpture salon dedicated to the 25th anniversary of our republic], Sala Dalles, București, 1972

2 Internationale Grafik Biennale / International Exhibition of Graphic Art, Kunstverein zu Frechen Stadt, Frechen, BRD, 1972, p. 209

1st Norwegian International Print Biennale, Friedrichstadt, Norway, 1972, p. 82

Xylon (6th edition), Austellung der Internationalen Vereinigung der Holzschneider Zürich, Musée d'Art et d'Histoire, Geneva, Switzerland, 1972

Umbrella, Richard Demarco Gallery, Edinburgh, 1972 [flyer]

VII-ème Congrès International d'Esthétique, București, 1972 [flyer]

1973

Premio internazionale Biella per l'incisione, Circolo degli Artisti, Museo Civico, Biella, Italy, 1973

Artistul contemporan și universul său [The contemporary artists and their universe], Muzeul de Artă Modernă și Contemporană Românească, Galați, 1973

40 de ani de la luptele greviștilor ceferiști și petroliști din februarie 1933 [40 years since the protests of the oil and railway workers on strikein February 1933], Sala Dalles, București, 1973, p. 6

Salonul de pictură și sculptură dedicat celei de-a 25-a aniversări a Republicii [The painting and sculpture salon dedicated to the 25th anniversary of our Republic], Sala Dalles, București, 1973

Generatoare de imagini Ion Bitzan. Desenele lui J. A. [Image Generators Ion Bitzan. Drawings by J. A.], Galeria Galateea, București, 1973 [flyer]

1974

Salonul de pictură și sculptură al municipiului București [The city of Bucharest painting and sculpture salon], Sala Dalles, 1974

3 Internationale Grafik Biennale, Kunstverein zu Frechen Stadt, Frechen, BRD, 1974

Norwegian International Print Biennale, Friedrichstadt, Norway, 1974

V Međunarodna izložba originalnog crteža [International exhibition of original drawings], Moderna Galerija, Rijeka, Yugoslavia, 1974

Bitzan, Dragomirescu, Șetran, Stoica: Graphikausstellung, Galerie Schwertl, Germany, 1974

1. Quadriennale des Kunsthandwerks Sozialistischer Länder [First Quadrennial of Decorative Arts from Socialist Countries], Ministerium für Kultur der DDR, Verband Bildender Künstler der DDR, Erfurt, 1974, p. 185

1975

Expoziția anuală de pictură și sculptură [The annual painting and sculpture exhibition], Sala Dalles, Ateneul Român, București, 1975, pp. 6, 24

Salonul de pictură și sculptură al Municipiului București [The city of Bucharest painting and sculpture salon], Sala Dalles, București, 1975, p. 6

Salonul de pictură și sculptură [The painting and sculpture salon], Sala Dalles, București, 1975, p. 15

1976

Expoziția anuală de pictura si sculptură [The annual painting and sculpture exhibition], Sala Dalles, București, 1976, p. 6

Salonul de pictură și sculptură al orașului Bucuresti [The city of Bucharest painting and sculpture salon], Sala Dalles, București, 1976, pp. 5, 30

1977

30 de ani victorioși [30 glorious years], Muzeul de Artă al R.S.R, București, 1977

Expoziția retrospectivă de artă plastică Centenarul Independenței de stat a României 1877-1977 [1877-1977 – 100 years since Romania has become an independent state – a retrospective fine arts exhibition], Sala Dalles, București, 1977, p. 6

Balcanii, zonă a păcii și prieteniei între popoare [The Balkans – an area of peace and friendship among all people], Sala Dalles, București, 1977

Țărănimea – puternică forță socială și revoluționară [The peasantry – a strong revolutionary and social force], Sala Dalles, București, 1977

1978

Magistralele socialismului [Socialism Highways], Sala Dalles, Muzeul de Artă al R.S.R., București, 1978

Über die seltsame Natur des Geldes in Kunst, Wissenschaft and Leben [On the Strange Nature of Money in Art, Science and Life], Art Museum des Geldes, Städtisch Kunsthalle, Düsseldorf, Germany, 1978

Studiul [The Study], Galeriile Bastion, Timișoara, 1978

Expoziția anuală republicană de pictură și sculp-tură 1978 [The annual republican painting and sculpture exhibition of 1978], Sala Dalles, Sala de expoziții a Teatrului Național, 1978

Salonul de pictură și sculptură al Municipiului București [The city of Bucharest painting and sculpture salon], Muzeul de Artă al R.S.R., 1978

Roumanie, Centre Culturel du Marais, Marais, France, 1978

1979

Expoziția de pictură, sculptură și grafică "Arta – contemporaneitate" ['The art – The present day' painting, sculpture and graphics exhibition], C.C.E.S., Muzeul de Artă al R.S.R., Oficiul de Expoziții, București, 1979, pp. 7, 19

Expoziția anuală de artă plastică [The annual fine arts exhibition], Sala Dalles, Sala de expozi-ții "Arghezi" at the Teatrul Național, Muzeul Colecțiilorde Artă, București, 1979

Festivalul național al educației și culturii socialiste "Cântarea României" ['Ode to Romania' national festival of socialist education and culture], 2nd

1982

Artiștii plastici și pacea, Sala Dalles, București, 1982, p. 7

Salonul republican de pictură și sculptură, Sala Dalles, București, 1982, p. 6

20 de ani de la încheierea cooperativizării agriculturii din România, Sala Dalles, București, 1982, p. 7

1983

Expoziția republicană din cadrul Festivalului Național „Cântarea României", Muzeul de Artă al R.S.R., București, 1983

65 de ani de la făurirea statului național unitar român, Sala Dalles, București, 1983, p. 9

Expoziția de artă plastică „Partid, popor – o singură voință", [Sala Dalles], București, 1983, p. 5

1985

Arta poștală / Mail art, Galeria Orizont / Sala Atelier 35, București, 1985

Expoziția republicană din cadrul Festivalului Național „Cântarea României", Muzeul de Artă al R.S.R., București, 1985

1989

Balcanii, zonă a păcii și prieteniei între popoare, Sala Dalles, București, 1989

1990

Mail Art Project, Venus or Aphrodite Shin OH! Nodera, Tokyo, Japonia, 1990

1991

C ART E (Muzeul Colecțiilor de Artă, București, 15 mai – 6 iunie 1991), organizatori Ministerul Culturii, Uniunea Artiștilor Plastici, Muzeul Colecțiilor și revista *Arta*, comisar Dan Perjovschi, reproducere la p. 1, menționare la p. 7

1992

Lumină, apă, culoare, Muzeul Țării Crișurilor, Oradea, 1991, itinerată la Muzeul Colecțiilor de Artă, București, primăvara 1992

Pământul, Festival de Intermedia, Muzeul de Artă, Timișoara, 1992

Art romanès: Obra actual damunt paper, Fundació cultural de la Caixa de Terrasa, Barcelona, Spania, 1992

Artiști pentru România, Muzeul Național de Artă, București, 1992

1993

cArte, object-books made by Romanian artists, De Zonnehof Cultural Center, Amersfoort, The Netherlands, January-March 1993, published by the Romanian Ministry of Culture, edited by 22 Publishing House (catalog de Andrei Oișteanu, Dan Perjovschi), pp. 20, 42, 51, 54, 90, 93

cArte, National Széchényi Library, Budavári, Magyarország, Ungaria, 1993

Színes víz / Coloured Water, Ernst Múzeum, Budapesta, Ungaria, 1993

1994

Orient – Occident, Muzeul de Artă, Timișoara, 1994

1995

MENS-beeld eigentijdse sculptuur uit Roemenië [Sculptură contemporană din România], Bergkerk, Deventer, Olanda, 1995

1996

Centenaire Tristan Tzara, Maison de l'UNESCO, Paris, Franța, 1996 [flyer]

Constantinescu, Maria, Kessler, Erwin, *Spacavision / l'Epacevision*, 1996

Experiment în arta românească după 1960, Centrul Soros pentru Artă Contemporană, Galeriile Etaj 3/4, Teatrul Național, București, 1996

Titu, Alexandra, *Avangarda românească*, Inspectoratul pentru Cultură al județului Bacău, 1996

1997

Portretul ca peisaj interior, Galeriile de Artă ale Municipiului București, 1997 [flyer]

La Biennale di Venezia. XLVII Esposizione Internazionale d'Arte. General Catalogue, Mondadori Electa, Milano, 1997

Navigations vénitiennes. 7 artistes roumains à la Biennale de Venise 1997, Pavillon de Roumanie aux Giardini di Castello, 1997 (cu text de Dan Hăulică)

Obiectul, februarie 1997, București, [flyer]

2007

4 peintres roumains, Bruxelles, 2007

2009

De la București la Paris, o panoramă a artei românești | Bucarest à Paris, panorama de l'art roumain, Editions Drouot, Paris, 2009

2011

Four Faces of Modernity: Bitzan, Maitec, Mitroi, Nicodim, Institutul Cultural Rom⊠n, Londra, 2011

2012

Artistul și Puterea. Ipostaze ale picturii românești în perioada 1950-1990, curator Ruxandra Garofeanu, în colaborare cu Dan Hăulică și Paul Gherasim, Biblioteca Națională a României, București, 2012, pp. 87, 328

2015

Mapping Bucharest: Art, Memory and Revolution. 1916–2016, MAK, Bienala de la Viena, 2015, p. 48

2016

Artistul la 30 de ani, ARCUB, București, 2016, p. 9

2017

Art Encounters 2017. Viața, mod de întrebuințare / Life – a User's Manual, Timișoara, p. 263

2019

24 de argumente. Conexiuni timpurii în neoavangarda românească 1969-1971, Muzeul Național de Artă al României, 7.11.2019-2.02.2020, cercetare și concept expozițional Alina Șerban, cercetare și direcție artistică Ștefania Ferchedău, pp. 21, 23,24, 25, 158-159

2021

Art Encounters 2021. Our Other us, Timișoara, România, 2021, p. 100

2022

Kessler, Erwin, *Culturi Agricole. Agricultura în arta românească modernă și contemporană,* 5 mai 2022, Muzeul de Artă Recentă / MARe, EdituraVellant, București, 2022, p. 75

Articole în periodice (cronologic)

1954

Dumitrescu, Maria, „Reflectarea naturii patriei în arta noastră plastică. Expoziția de peisaj de la sala Dalles", în *Contemporanul*, săptămânal politic, social, cultural, organ al Ministerului Culturii, nr. 20 (397), vineri, 14 mai 1954, p. 5

edition, republican phase, Sala Dalles, Sala Arghezi, Rotonda sălii mici a Palatului R.S.R., 1979, p. 6

Salonul de pictură, sculptură, grafică și arte decorative al municipiului București [The city of Bucharest salon of painting, sculpture, graphics and decorative arts], Muzeul de Artă al R.S.R., Muzeul Colecțiilor de Artă, București, 1979

1980

Salonul republican de pictură și sculptură [The republican painting and sculpture salon], Sala Dalles, București, 1980

2050 de ani de la crearea statului dac centralizat și independent [2050 years since the creation of the Dacian centralized and independent state], [Sala Dalles, București], 1980

Expoziția anuală de picturăși sculptură [The annual painting and sculpture exhibition], Sala Dalles, București, 1980

Drawing '80, Pécsi Galeria, Pécs, Hungary, 1980

Balcanii, zonă a păcii și prieteniei între popoare [The Balkans – an area of peace and friendship among all people], Sala Dalles, București, 1980

Salonul de pictură, sculptură, grafică și arte decorative al municipiului București [The city of Bucharest salon of painting, sculpture, graphics and decorative arts], Sala Dalles, Muzeul Colecțiilor de Artă, București, 1980

Le salon de Mai, Centre d'Art, Paris,1980

Salonul de pictură, sculptură, grafică și arte decorative al municipiului București [The city of Bucharest salon of painting, sculpture, graphics and decorative arts], Muzeul de Artă al R.S.R., 1980

1981

Bienala de São Paulo, the Romanian Pavilion, São Paulo, Brazil, 1981

Studiul II. Omul și natura, locul și lucrurile [Study II. The man and the nature, the place and the things], Galeriile Bastion, Galeria Foto AAF, Liceul de Arte Plastice, Timișoara, 1981

Contemporary painting in Eastern Europe and Japan, National Museul of Art, Osaka, Japan, 1981

"60 de ani de la făurirea Partidului Comunist Român" ['60 years since the establishment of the Romanian Communist Party' fine arts exhibition], Sala Dalles, București, 1981, p. 3

Międzynarodowe Triennale Rysunku / The Second International Drawing Triennale, Muzeum Architektury, Wrocław, Poland, 1981

"Cântarea României" ['Ode to Romania' national festival of socialist education and culture, republican fine arts exhibition], Sala Dalles, Sala "Arghezi", rotonda Sălii mici a Palatului R.S.R., 1981, p. 10

1982

Artiștii plastici și pacea [The artists and the Peace], Sala Dalles, București, 1982, p. 7

Salonul republican de pictură și sculptură [The republican painting and sculpture salon], Sala Dalles, București, 1982, p. 6

20 de ani de la încheierea cooperativizării agriculturii din România [20 years since Romanian agriculture became fully co-operative], Sala Dalles, București, 1982, p. 7

1983

Expoziția republicană din cadrul Festivalului Național Cântarea României [The republican exhibition within the 'Ode to Romania' national festival], Muzeul de Artă al R.S.R. București, 1983

65 de ani de la făurirea statului național unitar român [65 years since the creation of the national united Romanian state], Sala Dalles, București, 1983, p. 9

"Partid, popor – o singură voință" ['One party, one people – one will' fine arts exhibition], București, 1983, p. 5

1985

Arta poștală / Mail art, Galeria Orizont / Sala Atelier 35, București, 1985

Expoziția republicană din cadrul Festivalului Național Cântarea României [The republican exhibition within the 'Ode to Romania' national festival], Muzeul de Artă al R.S.R. București, 1985

1989

Balcanii, zonă a păcii și prieteniei între popoare [The Balkans – an area of peace and frienship among all people], Sala Dalles, București, 1989

1990

Mail Art Project, Venus or Aphrodite Shin OH! Nodera, Tokyo, Japan, 1990

1991

C ART E (Muzeul Colecțiilor de Artă, Calea Victoriei 115, May 15 – June 6 1991), organized by Ministerul Culturii, Uniunea Artiștilor Plastici, Muzeul Colecțiilor and *Arta* magazine, commissioner Dan Perjovschi, reproduction on p. 1, mention on p. 7

1992

Lumină, apă, culoare [Light, water, colour], Muzeul Țării Crișurilor, Oradea, 1991, travelling to Muzeul Colecțiilor de Artă, București, spring of 1992

Pământul [The Earth], Intermedia Festival, Muzeul de Artă, Timișoara, 1992

Art romanès: Obra actual damunt paper, Fundació cultural de la Caixa de Terrasa, Barcelona, Spain, 1992

Artiști pentru România [Artists for Romania], Muzeul Național de Artă, București, 1992

1993

cArte, object-books made by Romanian artists, De Zonnehof Cultural Center, Amersfoort, The Netherlands, January-March 1993, published by the Romanian Ministry of Culture, edited by *22* Publishing House (catalog de Andrei Oișteanu, Dan Perjovschi), pp. 20, 42, 51, 54, 90, 93

cArte, National Széchényi Library, Budavári, Magyarország, Hungary, 1993

Színes víz / Coloured Water, Ernst Múzeum, Budapest, Hungary, 1993

1994

Orient-Occident [The East – The West], Muzeul de Artă, Timișoara, 1994

1995

MENS-beeld eigentijdse sculptuur uit Roemenië [Romanian Contemporary Sculpture], Bergkerk, Deventer, the Netherlands, 1995

1996

Centenaire Tristan Tzara, Maison de l'UNESCO, Paris, France, 1996 [flyer]

Constantinescu, Maria, Kessler, Erwin, *Spacavision / l'Epacevision*, 1996

Experiment în arta românească după 1960 [The experiment in Romanian art after1960], Centrul Soros pentru Artă Contemporană, Galeriile Etaj 3/4, Teatrul Național, București, 1996

Titu, Alexandra, *Avangarda românească* [Romanian avant-garde], Inspectoratul pentru Cultură al județului Bacău, 1996

1997

Portretul ca peisaj interior [The portrait as an inner landscape], Galeriile de Artă ale Municipiului București, 1997 [flyer]

1956

Arghir, Anca, „Însemnări despre pictura din expoziția interregională", în *Flacăra*, revistă bilunară social-politică și literar-artistică, anul V, nr. 11 (84), 1 iunie 1956, p. 32

1957

Comarnescu, Petru, „O nouă generație de pictori. Pe marginea unei expoziții", în *Tribuna*, saptămânal de cultură, anul I, nr. 33, Cluj-Napoca, 21 septembrie 1957, p. 10

Schileru, Eugen, „Plastică. Mai mulți tineri", în *Contemporanul*, săptămânal politic, social, cultural, nr. 39 (573), vineri, 27 septembrie 1957, p. 6

Frunzetti, Ion, „Zece ani de artă plastică. Retrospectivă", în *Contemporanul*, săptămânal politic, social, cultural, nr. 49 (583), vineri, 6 decembrie 1957, p. 6

1958

Schileru, Eugen, „Expoziția interregională de arte plastice București", în *Arta plastică*, revistă editată de Ministerul Învățământului și Culturii și Uniunea Artiștilor Plastici, anul V, nr. 1/1958, pp. 4-16, menționare la p. 13

***, „Consfătuirea tinerilor artiști plastici. Răspunderea tânărului artist", în *Scânteia*, organ al Comitetului Central al P.M.R., anul XXVII, nr. 4376, joi, 20 noiembrie 1958, p. 2

1959

Arghir, Anca, Ionescu, Radu, „Expoziția tineretului. Ion Bițan", în *Contemporanul*, săptămânal politic, social, cultural, nr. 10 (648), vineri, 13 martie 1959, p. 6

Dascălu, M., „În cinstea celei de a XV-a aniversări a eliberării patriei. La ce lucrează tinerii artiști plastici", în *Scânteia tineretului*, organ central al Uniunii Tineretului Muncitor, seria II, anul XV, nr. 3146, 26 iunie 1959, p. 1

***, [fotografie și scurt text de prezentare a artistului în atelier], în *Scânteia tineretului*, organ central al Uniunii Tineretului Muncitor, seria II, anul XV, nr. 3160, duminică, 12 iulie 1959, p. 2

1960

Constantin, Paul, „Investigația artistică a noului", în *Arta plastică*, revistă editată de Ministerul Învățământului și Culturii și Uniunea Artiștilor Plastici, anul VII, nr. 6/1960, pp. 3-7, menționare la pp. 5, 6

1961

Arghir, Anca, „Despre portrete și eroii lor", în *Scânteia tineretului*, organ central al U.T.M., seria II, anul XVII, nr. 3735, vineri, 19 mai 1961, p. 4

1962

P[intér], L[ajos], „Ion Bițan", în *Új Élet*, 6. szám, 25 március 1962, p. 16

Varia, Radu, „Prin ateliere. Ion Bițan", în *Contemporanul*, săptămânal politic, social, cultural, nr. 48 (842), vineri, 30 noiembrie 1962, București, p. 6

1963

Deac, Mircea, „Grivița 1933 și tematica eroică în arta plastică", în *Arta plastică*, revistă editată de C.S.C.A. și U.A.P., anul X, nr. 2/1963,pp. 61-65, menționare la p. 65

***, „Încheierea lucrărilor Conferinței pe țară a Uniunii Artiștilor Plastici", în *Scânteia tineretului*, organ central al U.T.M., seria II, anul XIX, nr. 4356, duminică, 19 mai 1963, p. 1

Emmrich, Christian, „Expoziția ‚Arta Românească Contemporană' de la Dresda", în *Arta plastică*, revistă editată de C.S.C.A. și U.A.P., anul X, nr. 8/1963, pp. 428-432, 460, reproducere la p. 429, menționare la pp. 432, 460

Grigorescu, Dan, „Însemnări despre peisajul industrial", în *Arta plastică,* revistă editată de C.S.C.A. și U.A.P., anul X, nr. 10-11/1963, pp. 552-556, menționare la p. 554

1964

Graur, Neaga, „Cu Jules Perahim, Zoe Băicoianu, Simona Vasiliu, Florin Pîrvulescu, Patriciu Mateescu, Olga Porumbaru și Ion Bitzan despre arta decorativă", în *Contemporanul*, săptămânal politic, social, cultural, nr. 7 (905), vineri, 14 februarie 1964, București, p. 2

Horșia, Horia, „Veneția 1964. Ion Bițan", în *Arta plastică*, revistă editată de C.S.C.A. și U.A.P., anul XI, nr. 5/1964, pp. 232-234

Deac, Mircea, „La Bienala din Veneția", în *Scânteia,* organ al Comitetului Central al P.M.R., anul XXXIII, nr. 6296, marți, 23 iunie 1964, p. 4

Deac, Mircea, „Veneția: Bienala XXXII", în *Contemporanul*, săptămânal politic, social, cultural, nr. 26 (924), vineri, 26 iunie 1964, p. 6

Ruju, Ciro, „La XXXII Biennale d'Arte di Venezia. I padiglioni stranieri", în *Nostro Tempo*, Napoli, nr. 139-140, agosto-settembre, 1964, p. 28

Porumbaru, Olga, „Probleme ale artelor decorative", în *Arta plastică*, revistă editată de C.S.C.A. și U.A.P., anul XI, nr. 9/1964, pp. 464-470, 485-486, reproducere la p. 470

***, „Veneția: Bienala internațională de artă plastică", în *Scânteia tineretului*, organ central al U.T.M., seria II, anul XX, nr, 4799, miercuri, 21 octombrie 1964, p. 6

Frunzetti, Ion, „Varietatea modalităților de expresie în arta plastică românească", în *Arta plastică*, revistă editată de C.S.C.A. și U.A.P., anul XI, nr. 10-11/1964, pp. 492-505, 567-568, reproducere la p. 493, menționare la p. 499-450

1965

Deac, Mircea, „Modernism, originalitate. Note la o expoziție", în *Contemporanul*, săptămânal politic, social, cultural, nr. 2 (952), vineri, 8 ianuarie 1965, p. 6

1966

Comarnescu, Petru, „Valorile artei noastre peste hotare", *Contemporanul*, săptămânal politic, social, cultural, nr. 38 (1041), vineri, 23 septembrie 1966, p. 9

Melicson, M., „Arhitectura contemporană și artele plastice", în *Arta plastică*, revistă editată de U.A.P., din R.S.R., anul XIII, nr. 11/1966, pp. 1-7, reproducere la p. 1

1967

Constantinescu, Cornel Radu, „Expoziția bienală de pictură și sculptură", în *Scânteia tineretului*, organ central al U.T.C., seria II, anul XXIII, nr. 5493, marți, 17 ianuarie 1967, p. 2

Moisescu, Anton, „Simbioza artelor plastice cu arhitectura", în *Arta plastică*, revistă editată de U.A.P., din R.S.R., anul XIV, nr. 1/1967, pp. 4-8, reproducere la p. 6

Mereuță, Iulian, „Orașele și arta monumentală. Umbre în policromia lucrărilor de artă gălățene", în *Scânteia*, organ al Comitetului Central al P.C.R., anul XXXVII, nr. 7436, vineri, 18 august 1967, p. 4

Hăulică, Dan, „Pictori români la São Paulo", în *Scânteia*, organ al Comitetului Central al P.C.R., anul XXXVII, nr. 7475, miercuri, 27 septembrie 1967, București, p. 4

Grigorescu, Dan, „Expoziții. 10 artiști la Dalles", în *Contemporanul*, săptămânal politic, social, cultural, nr. 41 (1096), vineri, 13 octombrie 1967, p. 7

Bucur, Gabriela (grupaj alcătuit de), „Expoziția de pictură și sculptură contemporană (Jacques Lassaigne, Nurullah Berk, Giuseppe Marchiori,

La Biennale di Venezia. XLVII Esposizione Internazionale d'Arte. General Catalogue, Mondadori Electa, Milan, 1997

Navigations venitiennes. 7 artistes roumains à la Biennale de Venise 1997, Pavillon de Roumanie aux Giardini di Castello, 1997 (with a text by Dan Hăulică)

Obiectul [The object], February 1997, București, [flyer]

2007

4 peintres roumains, Bruxelles, 2007

2009

De la București la Paris, o panoramă a artei românești | Bucarest à Paris, panorama de l'art roumain [From Bucharest to Paris – a panoramic view of Romanian art], Editions Drouot, Paris, 2009

2011

Four Faces of Modernity: Bitzan, Maitec, Mitroi, Nicodim, Institutul Cultural Român, London, 2011

2012

Artistul și Puterea [The Artist and the Power], curated by Ruxandra Garofeanu, in collaboration with Dan Hăulică and Paul Gherasim, Biblioteca Națională a României, București, 2012, pp. 87, 328

2015

Mapping Bucharest: Art, Memory and Revolution. 1916–2016, MAK, Viena Biennale, 2015, p. 48

2016

Artistul la 30 de ani [The artist at 30 years of age], ARCUB, București, 2016, p. 9

2017

Art Encounters 2017. Viața, mod de întrebuințare / Life – a User's Manual, Timișoara, p. 263

2019

24 de argumente. Conexiuni timpurii în neoavangarda românească 1969-1971 [24 arguments. Early connections in the Romanian neo-avant-garde, 1969-1971], Muzeul Național de Artă al României, 7.11.2019-2.02.2020, research and exhibition by Alina Șerban, research and art direction by Ștefania Ferchedău, pp. 21, 23, 24, 25, 158-159

2021

Art Encounters 2021. Our Other us, Timișoara, România, 2021, p. 100

2022

Kessler, Erwin, *Culturi Agricole. Agricultura în arta românească modernă și contemporană* [Agricultural Cultures. The agriculture in Romanian modern and contemporary art], 5 May 2022, Muzeul de Artă Recentă / MARe, EdituraVellant, București, 2022, p. 75

Articles published in periodicals (in chronological order)

1954

Dumitrescu, Maria, "Reflectarea naturii patriei în arta noastră plastică. Expoziția de peisaj de la Sala Dalles", in *Contemporanul*, weekly political, social and cultural magazine published by the Ministry of Culture, no 20 (397), Friday, May 14, 1954, p. 5

1956

Arghir, Anca, "Însemnări despre pictura din expoziția interregională", in *Flacăra*, social-political and literary-artistic bi-monthly, year V, no. 11 (84), June 1, 1956, p. 32

1957

Comarnescu, Petru, "O nouă generație de pictori. Pe marginea unei expoziții", in *Tribuna*, weekly cultural magazine, year I, no. 33, Cluj-Napoca, September 21, 1957, p. 10

Schileru, Eugen, "Plastică. Mai mulți tineri", in *Contemporanul*, weekly political, social and cultural magazine, no. 39 (573), Friday, September27, 1957, p. 6

Frunzetti, Ion, "Zece ani de artă plastică. Retrospectivă", in *Contemporanul*, weekly political, social and cultural magazine, no. 49 (583), Friday, December 6,1957, p. 6

1958

Schileru, Eugen, "Expoziția interregională de arte plastice București", in *Arta plastică*, magazine of the Ministry of Culture and Education and of the Fine Arts Union, year V, no. 1/1958, pp. 4-16, mentioned on p. 13

***, "Consfătuirea tinerilor artiști plastici. Răspunderea tânărului artist", in *Scânteia*, the official voice of the U.T.M. [Communist Youth Union], year XXVII, no. 4376, Thursday, November 20, 1958, p. 2

1959

Arghir, Anca, Ionescu, Radu, "Expoziția tineretului. Ion Bițan", in *Contemporanul*, weekly political, social and cultural magazine, no. 10 (648), Friday, March 13,1959, p. 6

Dascălu, M., "În cinstea celei de a XV-a aniversări a eliberării patriei. La ce lucrează tinerii artiști plastici", in *Scânteia tineretului*, the official voice of the U.T.M. [Communist Youth Union], series II, year XV, no. 3146, June 26, 1959, p. 1

***, [photograph and short text featuring the artist in his studio], in *Scânteia tineretului*, the official voice of the U.T.M. [Communist Youth Union], series II, year XV, no. 3160, Sunday, July 12, 1959, p. 2

1960

Constantin, Paul, "Investigația artistică a noului", in *Arta plastică*, magazine of the Ministry of Culture and Education and of the Fine Arts Union,year VII, no. 6/1960, pp. 3-7, mentioned on pp. 5, 6

1961

Arghir, Anca, "Despre portrete și eroii lor", in *Scânteia tineretului*, the official voice of the U.T.M. [Communist Youth Union], series II, year XVII, no. 3735, Friday, May 19, 1961, p. 4

1962

P[intér], L[ajos], "Ion Bițan", in *Új Élet*, 6. szám, 25 március 1962, p. 16

Varia, Radu, "Prin ateliere. Ion Bițan", in *Contemporanul*, weekly political, social and cultural magazine, no. 48 (842), Friday, November 30, 1962, București, p. 6

1963

Deac, Mircea, "Grivița 1933 și tematica eroică în arta plastică", in *Arta plastică*, magazine published by the C.S.C.A. [State Committee for Culture and Art]and the U.A.P. [Fine Arts Union], year X, no. 2/1963, pp. 61-65, mentioned on p. 65

***, "Încheierea lucrărilor Conferinței pe țară a Uniunii Artiștilor Plastici", in *Scânteia tineretului*, the official voice of the U.T.M. [Communist Youth Union], series II, year XIX, no. 4356, Sunday, May 19, 1963, p. 1

Julius Starzyński)", în *Informația Bucureștiului*, ziar al Comitetului Orășenesc București al P.M.R. și al Sfatului Popular al Orașului București, anul XV, nr. 4408, marți, 17 octombrie 1967, p. 2 [Ion Bițan este menționat în textul lui Julius Starzyński]

***, „Întâlnirea tovarășului Nicolae Ceaușescu cu membrii Biroului Uniunii Artiștilor Plastici", în *Scânteia*, organ al Comitetului Central al P.C.R., anul XXXVII, nr. 7509, marți, 31 octombrie 1967, p. 1

Axmann Elisabeth, „Bițan, Jacobi, Octav Grigorescu. Ausstellungen der letzten Wochen", în *Neuer Weg*, 19. Jahrgang, nr. 5762, Bukarest, Sonntag, 12 November 1967, Seite 2

Doicescu, Andrei, „Desenele și colajele lui Ion Bițan", în *Amfiteatru*, revistă literară și artistică editată de Uniunea Asociațiilor Studențești din R.S.R., anul II, noiembrie 1967, nr. 23, p. 381

1968

Mereuță, Iulian, „Exhibitions", în *Romanian Review*, literary quaterly published in English, Russian, French and German, Bucharest, nr. 2, 1968, pp. 136-139

Varia, Radu, „Concerte-expoziții. Bițan-Jacobi", în *Contemporanul*, săptămânal politic, social, cultural, nr. 10 (1117), vineri, 8 martie 1968, p. 6

Comarnescu, Petru, „Realizări și făgăduinți. Expoziția retrospectivă de pictură 1963-1968", în *Scânteia*, organ al Comitetului Central al P.C.R., anul XXXVII, nr. 7699, sâmbătă, 11 mai 1968, p. 5

Drda, Bohumil (corespondență specială de la), „Praga. Uverturi de primăvară", în *Flacăra*, editată de Frontul Democrației și Unității Socialiste, anul XVII, nr. 21 (677), 18 mai 1968, pp. 28-29

Vizintin, Boris, „Scrisoare din Iugoslavia. Bienala de desene originale de la Rijeka" în *Contemporanul*, săptămânal politic, social, cultural, nr. 25 (1132), vineri, 21 iunie 1968, p. 7

***, „Actualitatea internațională. Expoziții de pictură românească la Paris și Haga", în *România liberă*, cotidian politic de informație, reportaj și comentariu, anul XXVI, nr. 7447, duminică, 29 septembrie 1968, p. 5

Gauthier, Paule, „Peinture fraîche. Art roumain contemporaine", în *Les Lettres françaises*, no. 1251, 2-8 octobre 1968, Paris, p. 34

Domocos, Mihai, „Richard Demarco – un mecena al timpurilor moderne", în *Gazeta literară*, organ săptămânal al Uniunii Scriitorilor din R.S.R., anul XV, nr. 40 (831), joi, 3 octombrie 1968, p. 6

***, „Courrier des arts", în *L'Humanité*, Organe Central du Parti Communiste Français, nouvelle serie, no. 7501, Paris, vendredi, le 4 octobre 1968, p. 8

W[arnod], J[eannine], „Six jeunes peintres roumains", în *Le Figaro*, 142e année, no. 7496, vendredi, le 4 octobre 1968, p. 10

Varia, Radu, „Șase tineri pictori români la Paris", în *Contemporanul*, săptămânal politic, social, cultural, nr. 41 (1147), vineri, 11 octombrie 1968, p. 7

Anastasiu, Cristina, „Jurnalul galeriilor", în *România literară*, săptămânal de literatură și artă, anul I, nr. 7, joi, 21 noiembrie 1968, p. 27

1969

***, „Junge Rumänische Kunst im Bauzentrum Hamburg", în *Bauzentrum Hamburg*, no.1/1969

Hänsel, Rudolf , „Zeugnisse selbstbewusster Gestaltung. Erste Begegnung mit rumänischen Künstlern in Hamburger Bauzentrum", în *Kieler Nachrichten*, Montag, 10 Februar 1969, Kiel, Seite 10

Frenzel, Christian Otto „Moderne Kunst in Rumänien. Vier junge Künstler stellen ihre Arbeiten in Hamburger Bauzentrum aus", în *Hamburger Abendblatt*, Jahrgang. 22, Montag, 10 Februar, nr. 1/1969

Hecht, Wolfgang, „Eine der interessantesten Ausstellungen... Rumänische Künstler in Hamburg", în *Neuer Weg*, 21. Jahrgang, nr. 6156, Bukarest, 16. Februar 1969, Seite 3

***, „Poetisch verzaubertes Gewebe. Erfolgreiche Ausstellung rumänischer Künstler in Hamburg", în *Neuer Weg*, 21. Jahrgang, nr. 6162, Bukarest, Sonntag, 23 Februar 1969, Seite 2

Gage, Edward „Art galleries. Refreshing works from Rumania – a revelation", în *The Scotsman*, Edinburgh, Monday, March 10, 1969, p. 6

Cordelia Oliver, „Edinburgh. Richard Demarco gallery", în *The Guardian*, Manchester, Friday, March 14, 1969

R., M., „Art notes. Intriguing and satisfying exhibition at Demarco Gallery", în *The Glasgow Herald*, 187th Year, no. 42, Saturday, March 15, 1969

Wykes-Joyce, Max, „Art in London. Seeing Double, Delightfully", în *International Herald Tribune*, Paris, Tuesday, March 18, 1969, p. 7

Arghir, Anca „Câți Ion Bitzan există?", în *România literară*, săptămânal de literatură și artă, anul II, nr. 12 (24), joi, 20 martie 1969, p. 28

***, „Arte frumoase. Patru români în Scoția: ‚O revelație'", în *Contemporanul*, săptămânal politic, social, cultural, nr. 13 (1172), vineri, 28 martie 1969, p. 7

Nădejde, Ruxandra, „Rumanian Artists in Scotland", în *Art and artists*, April 1969, p. 66

Bogdan, Radu, „Cronica plastică. Avangarda americană și realitatea meridianului românesc", în *Viața românească*, anul XXII, nr. 4/1969, pp. 122-126, menționare la p. 126

Comarnescu, Petru, „Manifestări plastice peste hotare", în *Tribuna*, săptămânal de cultură, serie nouă, anul XIII, nr. 18(640), Cluj-Napoca, 1 mai 1969, p. 5

Pavel, Amelia, „Câte ceva despre alb-negru", în *România literară*, săptămânal de literatură și artă, anul II, nr. 19 (31), joi, 8 mai 1969, p. 26

W., D., „Roemen", în *Haagsche Courant*, Haga, 18 juni 1969, p. 25

***, „Artiști plastici români în R.F.G.", în *Contemporanul*, săptămânal politic, social, cultural, nr. 25 (1184), vineri, 20 iunie 1969, p. 7

***, „Concursul Joan Miró", în *Contemporanul*, săptămânal politic, social, cultural, nr. 25 (1184), vineri, 20 iunie 1969, p. 7

W., D., „Moderne Kunst uit Roemenie in Panorama Mesdag", în *Rotterdamsch Nieuwsblad*, Rotterdam, 21 juni 1969

Mihai Domocos, „Arta românească în lume: Edinburg", în *România literară*, săptămânal de literatură și artă, anul II, joi, 17 iulie 1969, București, p. 26

Varia, Radu, „8 artiști români la Haga", în *Contemporanul*, săptămânal politic, social, cultural, nr. 31 (1189), vineri, 1 august 1969, p. 9

Comarnescu, Petru, „Expoziția omagială închinată celei de a XXV-a aniversări a eliberării patriei", în *România literară*, săptămânal de literatură și artă, anul II, nr. 34 (46), joi, 21 august 1969, p. 27

Marchiori, Giuseppe, „Note românești", în *Arta*, revistă a U.A.P. din R.S.R., anul XVI, nr. 8/1969, București, pp. 24-25

***, „Glasgow Compass Edinburgh Demarco", în *Scottish International*, Quaterly Review Incorporating Feedback, January-April-August-October, 1969

Horșia, Horia, „Confruntări internaționale – Bienala internațională de gravură Ljubljana", în *Arta*, revistă a U.A.P. din R.S.R., anul XVI, nr. 9/1969, p. 2

***, „4 artiști români la São Paulo", în *Arta*, revistă a U.A.P. din R.S.R., anul XVI, nr. 9/1969, pp. 20-21

Emmrich, Christian, “Arta Românească Contemporană de la Dresda” [Romanian Contemporary Art in Dresden] exhibition, in *Arta plastică*, magazine published by the C.S.C.A. [State Committee for Culture and Art] and the U.A.P. [Fine Arts Union], year X, no. 8/1963, pp. 428-432, 460, reproduction on p. 429, mentioned on pp. 432, 460.

Grigorescu, Dan, “Însemnări despre peisajul industrial”, in *Arta plastică*, magazine published by the C.S.C.A. [State Committee for Culture and Art] and the U.A.P. [Fine Arts Union], year X, no. 10-11/1963, pp. 552-556, mentioned on p. 554

1964

Graur, Neaga, “Cu Jules Perahim, Zoe Băicoianu, Simona Vasiliu, Florin Pîrvulescu, Patriciu Mateescu, Olga Porumbaru și Ion Bitzan despre arta decorativă”, in *Contemporanul*, weekly political, social and cultural magazine, no. 7 (905), Friday, February 14,1964, București, p. 2

Horșia, Horia, “Veneția 1964. Ion Bițan”, in *Arta plastică*, magazine published by the C.S.C.A. [State Committee for Culture and Art] and the U.A.P. [Fine Arts Union], year XI, no 5/1964, pp. 232-234.

Deac, Mircea, “La Bienala din Veneția”, in *Scânteia,* official voice of the Central Committee of the P.M.R [Romanian Workers’ Party], year XXXIII, no. 6296, Tuesday, June 23, 1964, p. 4

Deac, Mircea, “Veneția: Bienala XXXII”, in *Contemporanul*, weekly political, social and cultural magazine, no. 26 (924), Friday, June26, 1964, p. 6.

Ruju, Ciro, “La XXXII Biennale d’Arte di Venezia. I padiglioni stranieri”, in *Nostro Tempo*, Napoli, no.139-140, agosto-settembre, 1964, p. 28.

Porumbaru, Olga, “Probleme ale artelor decorative”, in *Arta plastică*, magazine published by the C.S.C.A. [State Committee for Culture and Art] and the U.A.P. [Fine Arts Union], year XI, no. 9/1964, pp. 464-470, 485-486, reproduction on p. 470

***, “Veneția: Bienala internațională de artă plastică”, in *Scânteia tineretului*, the official voice of the U.T.M. [Communist Youth Union], series II, year XX, no. 4799, Wednesday, October 21, 1964, p. 6

Frunzetti, Ion, “Varietatea modalităților de expresie în arta plastică românească”, in *Arta plastică*, magazine published by the C.S.C.A. [State Committee for Culture and Art] and the U.A.P. [Fine Arts Union], year XI, no. 10-11/1964, pp. 492-505, 567-568, reproduction on p. 493, mention on p. 499-450

1965

Deac, Mircea, “Modernism, originalitate. Note la o expoziție”, in *Contemporanul*, weekly political, social and cultural magazine, no. 2 (952), Friday, January 8, 1965, p. 6

1966

Comarnescu, Petru, “Cronica plastică. Înflorirea artelor plastice”, in *Viața românească*, year XIX, no. 4/1966, pp. 163-170, mentioned on p. 164, 166

Melicson, M., “Arhitectura contemporană și artele plastice”, in *Arta plastică*, magazine of theRomanian Fine Arts Union, year XIII, no. 11/1966, pp. 1-7, reproduction on p. 1

1967

Constantinescu, Cornel Radu, “Expoziția bienală de pictură și sculptură”, in *Scânteia tineretului*, the official voice of the U.T.M. [Communist Youth Union], series II, year XXIII, no. 5493, Tuesday, January 17, 1967, p. 2

Moisescu, Anton, “Simbioza artelor plastice cu arhitectura”, in *Arta plastică*, magazine of the Romanian Fine Arts Union, year XIV, no. 1/1967, pp. 4-8, reproduction on p. 6

Hăulică, Dan, “Pictori români la São Paulo”, in *Scânteia*, official voice of the Central Committee of the P.C.R [Romanian Communist Party], year XXXVII, no. 7475, Wednesday, September 27,1967, București, p. 4

Grigorescu, Dan, “Expoziții. 10 artiști la Dalles”, in *Contemporanul*, weekly political, social and cultural magazine, no. 41 (1096), Friday, October 13, 1967, p. 7

Bucur, Gabriela (articles collected by), “Expoziția de pictură și sculptură contemporană (Jacques Lassaigne, Nurulah Berk, Giuseppe Marchiori, Julius Starzyński)”, în *Informația Bucureștiului*, newspaper of the Bucharest City Committee of the P.M.R. [Romanian Workers’ Party] and of the Bucharest City Hall, Year XV, no. 4408, Tuesday, October 17, 1967, p. 2 [Ion Bițan is mentioned in the text signed by Julius Starzyński]

***, “Întâlnirea tovarășului Nicolae Ceaușescu cu membrii Biroului Uniunii Artiștilor Plastici”, in *Scânteia*, official voice of the Central Committee of the P.C.R [Romanian Communist Party], year XXXVII, no. 7509, Tuesday, October 31,1967, p. 1

Axmann Elisabeth, “Bițan, Jacobi, Octav Grigorescu. Ausstellungen der letzten Wochen”, in *Neuer Weg*, 19. Jahrgang, nr. 5762, Bukarest, Sonntag, 12 November 1967, Seite 2

Doicescu, Andrei, “Desenele și colajele lui Ion Bițan”, in *Amfiteatru*, literary and artistic magazine published by the Romanian Union ofCommunist-Students’ Associations, year II, November 1967, no. 23, p. 381

1968

Mereuță, Iulian, “Exhibitions”, in *Romanian Review*, literary quaterly published in English, Russian, French and German, Bucharest, nr. 2, 1968, pp.136-139

Varia, Radu, “Concerte-expoziții. Bițan-Jacobi”, in *Contemporanul*, weekly political, social and cultural magazine, no. 10 (1117), Friday, March 8,1968, p. 6

Comarnescu, Petru, “Realizări și făgăduinți. Expoziția retrospectivă de pictură 1963-1968”, in *Scânteia*, official voice of the Central Committee of the P.C.R [Romanian Communist Party], year XXXVII, no. 7699, Saturday, May 11,1968, p. 5

Drda, Bohumil (special correspondence from), “Praga. Uverturi de primăvară”, in *Flacăra*, magazine published by the Frontul Democrației și Unității Socialiste [Socialist Democracy and Unity Front], year XVII, no. 21 (677), May 18, 1968, pp. 28-29

Vizintin, Boris, “Scrisoare din Iugoslavia. Bienala de desene originale de la Rijeka” in *Contemporanul*, weekly political, social and cultural magazine, no. 25 (1132), Friday, June 21, 1968, p. 7

***, “Actualitatea internațională. Expoziții de pictură românească la Paris și Haga”, in *România liberă*, daily information, documentary and comment newspaper, year XXVI, no. 7447, Sunday, September 29, 1968, p. 5

Gauthier, Paule, “Peinture fraîche. Art roumain contemporaine”, in *Les Lettres françaises*, no. 1251, 2-8 octobre 1968, Paris, p. 34

Domocos, Mihai, “Richard Demarco un mecena al timpurilor moderne”, in *Gazeta literară*, weekly magazine of the Romanian Writers’ Union, year XV, no. 40 (831), Thursday, October 3, 1968, p. 6

***, “Courrier des arts”, in *L’Humanité*, Organe Central du Parti Communiste Français, nouvelle serie, no. 7501, Paris, vendredi, le 4 octobre 1968, p. 8

W[arnod], J[eannine], “Six jeunes peintres roumains”, in *Le Figaro*, 142e année, no. 7496, vendredi, le 4 octobre 1968, p. 10

Schröder, Thomas, „Poetisch verzaubertes Gewebe", în *Die Welt*, nr. 39, 1969, Seite 24

Varia, Radu, „Bernea, Bitzan, Șetran", în *Contemporanul*, săptămânal politic, social, cultural, nr. 50 (1207), vineri, 12 decembrie 1969, p. 7

Constantinescu, Cornel Radu, „Cronica plastică. Lirismul materiei", în *Scânteia tineretului*, organ central al U.T.C., seria II, anul XXVI, nr. 6403, marți, 16 decembrie 1969, p. 4

***, „Note, comentarii [Ion Bitzan, Horia Bernea, Vladimir Șetran]", în *România liberă*, cotidianul Consiliului Național al Frontului Unității Socialiste, anul XXVII, nr. 7834, vineri, 26 decembrie 1969, București, p. 2

Deac, Mircea, „Patru artiști români pe meridianele lumii", în *Contemporanul*, săptămânal politic, social, cultural, nr. 52 (1209), vineri, 26 decembrie 1969, p. 7

1970

Drăguț, Vasile, „În locul expozițiilor ,Salon' se cer expoziții cu program", în *România literară*, săptămânal de literatură și artă, anul III, nr. 2 (66), joi, 8 ianuarie 1970, p. 26

***, „Atelier Ion Bitzan", în *Arta*, revistă a U.A.P. din R.S.R., anul XVII, nr. 3/1970, pp. 28-29

Nicodim, Ion, „Puncte de vedere – ,Fastul lucrurilor inutile'", în *Arta*, revistă a U.A.P. din R.S.R., anul XVII, nr. 3/1970, p. 30

Pavel, Amelia, „Centenarul Lenin. Expoziția de grafică militantă", în *Arta,* revistă a U.A.P. din R.S.R., anul XVII, nr. 4/1970, pp. 8-10, menționare la pp. 8-9

Tarangul, Marin, „Plastică. Culori", în *România literară*, săptămânal de literatură și artă, anul III, nr. 22 (86), joi, 28 mai 1970, p. 26

Comarnescu, Petru, „Profesorul René Berger despre arta românească", în *România literară*, săptămânal de literatură și artă, anul III, nr. 22 (86), joi, 28 mai 1970, p. 26

Mereuță, Iulian, „Expoziții. False dileme, false opțiuni", în *Luceafărul*, săptămânal editat de Uniunea Scriitorilor din R.S.R., anul XIII, nr. 22 (422), sâmbătă, 30 mai 1970, p. 6

Penders, W., „Ion Bitzan", în *Het Vaderland*, Haga, 22 juli 1970

Penning, R.E., „Roemeen Bitzan op zoek naar karakter van vorm". în *Haagsche Courant*, Haga, 22 juli 1971

Varia, Radu, „La Edinburgh – săptămâna românească", în *Contemporanul*, săptămânal politic, social, cultural, editat de C.S.C.A., nr. 36 (1295), vineri, 3 septembrie 1971, p. 10

***, „Plastică. Ion Bitzan", în *Flacăra*, editată de Frontul Democrației și Unității Socialiste, anul XIX, nr. 761, 27 decembrie 1969 (nr. 1/1970), p. 63

1971

Boudaille, Georges, „L'avant-garde en Roumanie (suite)" , în *Les Lettres françaises*, no. 1368, 13-19 janvier 1971, Paris, p. 26

Arghir, Anca, „Arta contemporană românească. Structuri ale stilului. Ion Bitzan. Decretul sensibilității", în *Arta*, revistă a U.A.P. din R.S.R., anul XVIII, nr. 2/1971, București, pp. 28-29

Prut, Constantin, „Ion Bitzan", în *Contemporanul*, săptămânal politic, social, cultural, nr. 15 (1274), vineri, 9 aprilie 1971, București, p. 7

Varia, Radu, „Letter from Bucharest", în *Studio International*, vol. 182, no. 935, iulie-august, 1971, pp. 26-29

***, „Moderne Kunst voor Edinburgh in Roemenië opgehouden", în *Haagsche Courant*, Dinsdag, 17 augustus 1971

Oliver, Cordelia, „Românii la Edinburgh", în *România literară*, săptămânal de literatură și artă, anul IV, nr. 38, joi, 16 septembrie 1971, p. 30

1972

Edward Gage, „Edinburgh Art Galleries. Romanian Midas touch". în *The Scotsman*, Monday, March 27, 1972

Mocanu, Virgil, „Premiile Uniunii Artiștilor Plastici 1971", în *România literară*, săptămânal de literatură și artă, anul V, nr. 21, joi, 18 mai 1972, pp. 22-23

Arghir, Anca, „Laborator Ion Bitzan. Obiectul între fizică și metafizică", în *Arta*, revistă a U.A.P. din R.S.R., anul XIX, nr. 5/1972, pp. 22-23, reproducere coperta 1

Charbonnier, Georges, „En Roumanie. La peinture et la sculpture suivent des voies divergentes", în *Le Monde*, 29e année, no. 8592, le 30 août 1972, p. 7

Barbosa, Octavian, „Trei artiști – trei moduri de recuperare a realului", în *România literară*, săptămânal de literatură și artă, anul V, nr. 37, joi, 7 septembrie 1972, p. 25

Frunzetti, Ion, „Cronica plastică. Galeriile Orizont. Mircea Spătaru și Ion Bitzan", în *Contemporanul*, săptămânal politic, social, cultural, editat de C.C.E.S., nr. 38 (1349), vineri, 15 septembrie 1972, pp. 6-7

Arghir, Anca, „Opera între atelier și public", în *Contemporanul*, săptămânal politic, social, cultural, editat de C.C.E.S., nr. 38 (1349), vineri, 15 septembrie 1972, p. 7

Drișcu, Mihai, „Plastică. Desene inedite din atelierele pictorilor", în *România literară*, săptămânal de literatură și artă, anul V, nr. 44, joi, 26 octombrie 1972, p. 23

Titu, Alexandra, „Arte frumoase. Desenele pictorilor", în *Contemporanul*, săptămânal politic, social, cultural, editat de C.C.E.S., nr. 46 (1357), vineri, 10 noiembrie 1972, p. 7

1973

Mereuță, Iulian, „Obiectul", în *Arta*, revistă a U.A.P. din R.S.R., anul XX, nr. 4-5/1974, pp. 50-51.

Constantinescu, Cornel Radu, „Plastică. Sala Dalles – Momentul 1848", în *Scânteia tineretului*, organ central al U.T.C., seria II, anul XXIX, nr. 7486, joi, 14 iunie 1973, p. 4

1974

Vlasiu, Ioana, „Sur l'évolution contemporaine de l'art monumental roumain", în *Revue Roumaine d'Histoire de l'Art*, série Beaux-Arts, nr. 1, 1974, pp. 37-57

Prut, Constantin, „Elogiul prezentului", în *Contemporanul*, săptămânal al C.C.E.S., nr. 31, vineri, 12 aprilie 1974, pp. 1, 7, menționare și reproducere la p. 7

Nicolae, Mihai, „Artă și energie, Galeria Nouă, aprilie-iulie 1974. Documente ale artei prospective", în *Arta*, revistă a U.A.P. din R.S.R., anul XXI, nr. 4/1974, București, pp. 21-22

Oproiu, Ecaterina, „La Glasgow, românii...", în *România literară*, săptămânal editat de Uniunea Scriitorilor din R.S.R., anul VII, nr. 30, joi, 25 iulie 1974, p. 24

Mocanu, Virgil, „Plastică. Imaginea istoriei trăite", în *România literară*, săptămânal editat de Uniunea Scriitorilor din R.S.R., anul VII, nr. 47, joi, 21 noiembrie 1974, p. 18

1975

Petringenaru, Adrian, „Estetismul își caută haine noi (II)", în *Contemporanul*, săptămânal al C.C.E.S., nr. 16 (1484), 18 aprilie 1975, p. 9

Octavian, Tudor, „Regizorul de forme", în *Flacăra*, revistă săptămânală ilustrată, editată de Frontul Unității Socialiste, anul XXIV, nr. 40 (1061), 11 octombrie 1975, p. 18

Varia, Radu, "Șase tineri pictori români la Paris", in *Contemporanul*, weekly political, social and cultural magazine, no. 41 (1147), Friday, October11, 1968, p. 7

Anastasiu, Cristina, "Jurnalul galeriilor", in *România literară*, art and literature weekly, year I, no. 7, Thursday, November 21, 1968, p. 27

1969

***, "Junge Rumänische Kunst im Bauzentrum Hamburg", in *Bauzentrum Hamburg*, no. 1/1969

Hänsel, Rudolf, "Zeugnisse selbstbewussrer Gestaltung. Erste Begegnung mit rumänischen Künstlern in Hamburger Bauzentrum", in *Kieler Nachrichten*, Montag, 10 Februar 1969, Kiel, Seite 10

Frenzel, Christian Otto, "Moderne Kunst in Rumänien. Vier junge Künstler stellen ihre Arbeiten in Hamburger Bauzentrum aus", in *Hamburger Abendblatt*, Jahrgang. 22, Montag, 10 Februar, nr. 1/1969

Hecht, Wolfgang, "Eine der interessantesten Ausstellungen... Rumänische Künstler in Hamburg", in *Neuer Weg*, 21. Jahrgang, nr. 6156, Bukarest, 16. Februar 1969, Seite 3

***, "Poetisch verzaubertes Gewebe. Erfolgreiche Ausstellung rumänischer Künstler in Hamburg", in *Neuer Weg*, 21. Jahrgang, nr. 6162, Bukarest, Sonntag, 23 Februar 1969, Seite 2

Gage, Edward, "Art galleries. Refreshing works from Rumania – a revelation", in *The Scotsman*, Edinburgh, Monday, March 10, 1969, p. 6

Cordelia Oliver, "Edinburgh. Richard Demarco gallery", in *The Guardian*, Manchester, Friday, March 14, 1969

R., M., "Art notes. Intriguing and satisfying exhibition at Demarco Gallery", in *The Glasgow Herald*, 187th Year, no. 42, Saturday, March 15, 1969

Wykes-Joyce, Max, "Art in London. Seeing Double, Delightfully", in *International Herald Tribune*, Paris, Tuesday, March 18, 1969, p. 7

Arghir, Anca, "Câți Ion Bitzan există?", in *România literară*, art and literature weekly, year II, no. 12(24), Thursday, March 20, 1969, p. 28

***, "Arte frumoase. Patru români în Scoția : ‚O revelație'", in *Contemporanul*, weekly political, social and cultural magazine, no. 13 (1172), Friday, March 28, 1969, p. 7

Nădejde, Ruxandra, "Rumanian Artists in Scotland", in *Art and artists*, April 1969, p. 66

Bogdan, Radu, "Cronica plastică. Avangarda americană și realitatea meridianului românesc", in *Viața românească*, year XXII, no. 4/1969, pp. 122-126, mentioned on p. 126

Comarnescu, Petru, "Manifestări plastice peste hotare", in *Tribuna*, Cluj, weekly cultural magazine, new series, year XIII, no. 18(640), May 1st, 1969, p. 5

Pavel, Amelia, "Câte ceva despre alb-negru", in *România literară*, art and literature weekly, year II, no. 19 (31), Thursday, May 8, 1969, p. 26

W., D., "Roemen", in *Haagsche Courant*, den Haag, 18 juni 1969, p. 25

***, "Artiști plastici români în R.F.G.", in *Contemporanul*, weekly political, social and cultural magazine, no. 25 (1184), Friday, June 20, 1969, p. 7

***, "Concursul Joan Miró", in *Contemporanul*, weekly political, social and cultural magazine, no. 25 (1184), Friday, June 20, 1969, p. 7

W., D., "Moderne Kunst uit Roemenie in Panorama Mesdag", in *Rotterdamsch Nieuwsblad*, Rotterdam, 21 juni 1969

Mihai Domocos, "Arta românească în lume : Edinburg", in *România literară*, art and literature weekly, year II, Thursday, July 17, 1969, București, p. 26

Varia, Radu, "8 artiști români la Haga", in *Contemporanul*, weekly political, social and cultural magazine, no. 31 (1189), Friday, August 1, 1969, p. 9

Comarnescu, Petru, "Expoziția omagială închinată celei de a XXV-a aniversări a eliberării patriei", in *România literară*, art and literature weekly, year II, no. 34 (46), Thursday, August 21, 1969, p. 27

Marchiori, Giuseppe, "Note românești", in *Arta*, magazine of the U.A.P. [Romanian Fine Arts Union], year XVI, no. 8/1969, București, pp. 24-25

***, "Glasgow Compass Edinburgh Demarco", in *Scottish International*, Quaterly Review Incorporating Feedback, January-April-August-October, 1969

Horșia, Horia, "Confruntări internaționale – Bienala internațională de gravură Lublijana", in *Arta,* magazine of the U.A.P. [Romanian Fine Arts Union], year XVI, no. 9/1969, p. 2

***, "4 artiști români la São Paulo", in *Arta*, magazine of the U.A.P. [Romanian Fine Arts Union], year XVI, no. 9/1969, pp. 20-21

Schröder, Thomas, "Poetisch verzaubertes Gewebe", in *Die Welt*, no. 39, 1969, Seite 24

Varia, Radu, "Bernea, Bitzan, Șetran", in *Contemporanul*, weekly political, social and cultural magazine, no. 50 (1207), Friday, December 12, 1969, p. 7

Constantinescu, Cornel Radu, "Cronica plastică. Lirismul materiei", in *Scânteia tineretului*, newspaper of the U.T.C. [Communist Youth Union], series II, year XXVI, no. 6403, Tuesday, December 16, 1969, p. 4

***, "Note, comentarii [Ion Bitzan, Horia Bernea, Vladimir Șetran]", in *România liberă*, newspaper of the National Council of the Socialist Unity Front, year XXVII, no. 7834, Friday, December 26, 1969, București, p. 2

Deac, Mircea, "Patru artiști români pe meridianele lumii", in *Contemporanul*, weekly political, social and cultural magazine, no. 52 (1209), Friday, December 26, 1969, p. 7

1970

Drăguț, Vasile, "În locul expozițiilor ‚Salon' se cer expoziții cu program", in *România literară*, art and literature weekly, year III, no. 2 (66), Thursday, January 8, 1970, p. 26

***, "Atelier Ion Bitzan", in *Arta*, magazine of the U.A.P. [Romanian Fine Arts Union], year XVII, no. 3/1970, p. 28-29

Nicodim, Ion, "Puncte de vedere – ‚Fastul lucrurilor inutile'", in *Arta*, magazine of the U.A.P. [Romanian Fine Arts Union], year XVII, no. 3/1970, p. 30

Pavel, Amelia, "Centenarul Lenin. Expoziția de grafică militantă", in *Arta*, magazine of the U.A.P. [Romanian Fine Arts Union], year XVII, no. 4/1970, pp. 8-10, mentioned on pp. 8-9

Tarangul, Marin, "Plastică. Culori", in *România literară*, art and literature weekly, year III, no. 22 (86), Thursday, May 28, 1970, p. 26

Comarnescu, Petru, "Profesorul René Berger despre arta românească", in *România literară*, art and literature weekly, year III, no. 22 (86), Thursday, May 28, 1970, p. 26

Mereuță, Iulian, "Expoziții. False dileme, false opțiuni", in *Luceafărul*, weekly magazine of the Romanian Writers' Union,year XIII, no. 22 (422), Saturday, May 30, 1970, p. 6

Penders, W., "Ion Bitzan", in *Het Vaderland*, den Haag, 22 juli 1970

Penning, R.E., "Roemeen Bitzan op zoek naar karakter van vorm", in *Haagsche Courant*, den Haag, 22 juli 1971

Varia, Radu, "La Edinburgh – săptămâna românească", in *Contemporanul*, weekly political, social and cultural magazine, published by the C.S.C.A. [State Council for Culture and Art], no. 36 (1295), Friday, September 3, 1971, p. 10

1976

Mocanu, Virgil, „Plastică. Salonul municipal 75. Dimensiunea istorică", în *România literară*, anul IX, nr. 1, joi, 1 ianuarie 1976, p. 18

Prut, Constantin, „Sala de expoziții. Magistralele socialismului", în *Contemporanul*, săptămânal al C.C.E.S., nr. 17 (1537), 23 aprilie 1976, p. 9

1977

Deac, Mircea, „O amplă manifestare artistică. Expoziția ‚Țărănimea, puternică forță socială și revoluționară'", în *Scânteia*, organ al Comitetului Central al P.C.R., anul XLVI, nr. 10729, joi, 17 februarie 1977, p. 4

Achiței, Gheorghe, „Festivalul Național ‚Cântarea României'. Expoziția de artă plastică a creatorilor bucureșteni. Pictura", în *Scânteia*,organ al Comitetului Central al P.C.R., anul XLVI, nr. 10788, miercuri, 27 aprilie 1977, p. 4

1978

Titu, Alexandra, „Expoziția republicană de pictură și sculptură", în *Arta*, revistă a U.A.P. din R.S.R., anul XXV, nr.7/1978, pp. 5-13, menționare la p. 11

Drișcu, Mihai, Gherasim, Paul, Babeți, Coriolan, „Studiul", în *Arta*, revistă a U.A.P. din R.S.R., anul XXV, nr. 7/1978, pp. 19-28, menționare la p. 19

Titu, Alexandra, „Plastică. Valoroase lucrări dedicate de artiștii plastici marii sărbători de la 23 august în expoziția deschisă în aceste zile la Sala Dalles. Magistralele socialismului – emoționant omagiu adus patriei, oamenilor săi", în *Scânteia tineretului*, organ central al U.T.C., anul XXXIV, seria II, nr. 9095, sâmbătă, 19 august 1978, p. 4

Prut, Constantin, „Magistralele socialismului. Imagine și actualitate", în *România literară*, săptămânal editat de Uniunea Scriitorilor din R.S.R., anul XI, nr. 34, joi, 24 august 1978, p. 18

1979

Mocanu, Virgil, „Plastică. Munca și arta", în *România literară*, săptămânal editat de Uniunea Scriitorilor din R.S.R., anul XII, nr. 17, joi, 26 aprilie 1979, p. 18

Preutu, Mariana, „Etapa republicană a Festivalului Național ‚Cântarea României'. Valori reprezentative în expoziția republicană de artă plastică", în *Scânteia*, organ al Comitetului Central al P.C.R., anul XLVIII, nr. 11480, vineri, 20 iulie, 1979, p. 4

Grigorescu, Ion, „O expoziție deschisă", în *Secolul 20*, revistă de literatură universală editată de Uniunea Scriitorilor din R.S.R., nr. 226-227 (11-12/1979), pp. 170-186, menționare la pp. 170, 174, reproducere pe coperta 1

1980

Roman, Andrei, „Plastică. Jurnalul galeriilor. ‚Scrierea'", în *România literară*, săptămânal editat de Uniunea Scriitorilor din R.S.R. anul XIII, nr. 24, joi, 12 iunie 1980, p. 18

Irimescu, Ion, „Operele noastre au culoarea adevărului acestei epoci glorioase", în *Scânteia*, organ al Comitetului Central al P.C.R., anul XLIX, nr. 11784, vineri, 11 iulie 1980, p. 4

Pleșu, Andrei, „‚Munca artei'. Însemnări despre o expoziție prea puțin înțeleasă", în *Arta*, revistă a U.A.P. din R.S.R., anul XXVIII, nr. 7/1980, p. 22-25, reproducere la p. 24, menționare la p. 24

Popescu, Dan Cristian, „Laborator. Codul de culoare al lui Bitzan", în *Arta*, revistă a U.A.P. din R.S.R., anul XXVIII, nr. 11/1980, pp. 26-27

1981

Redlow, Theodor, „Itinerar. Cu Ion Bitzan despre cultura vizuală americană", în *Arta*, revistă a U.A.P. din R.S.R., anul XXIX, nr. 2/1981, pp. 33-35

Deac, Mircea, „Sensuri generoase, forță de comunicare. ‚Cântarea României': expoziția republicană de artă plastică", în *Contemporanul*, săptămânal al C.C.E.S., nr. 32 (1813), 7 august 1981, p. 8

Bușneag, Olga, „Ion Bitzan la ‚P.S.1' Gallery; New York", în *România literară*, săptămânal editat de Uniunea Scriitorilor din R.S.R., anul XIV, nr. 49, joi, 3 decembrie 1981, p. 23

M., I., „Prezența culturii românești. Romanian Library – 10", în *Contemporanul*, săptămânal al C.C.E.S., nr. 50 (1831), 11 decembrie 1981, p. 15

1982

Constantinescu, Cornel Radu, „Aniversarea Uniunii Tineretului comunist – eficiența patronajului artistic", în *Arta*, revistă a U.A.P. din R.S.R., anul XXIX, nr. 3/1982, București, pp. 3-4, menționare la p. 3

Mocanu, Virgil, „Plastică. Țărănimii, omagiu", în *România literară*, săptămânal editat de Uniunea Scriitorilor din R.S.R., anul XV, nr. 21, joi, 20 mai 1982, p. 18

Häulică, Dan, „Himera cărții absolute", în *Secolul 20*, revistă de literatură universală editată de Uniunea Scriitorilor din R.S.R., nr. 5-6 (257-258) /1982, fără numerotare, cu reproduceri pentru *Cărți-obiect* și *Scriituri* de Ion Bitzan

Preutu, Marina, „Festivalul național ‚Cântarea României'. Umanismul artelor plastice. Salonul republican de pictură și sculptură", în *Scânteia*, organ al Comitetului Central al P.C.R., anul LI, nr. 12402, joi, 8 iulie 1982, p. 4

1983

Preutu, Marina, „În sălile Dalles, o remarcabilă expoziție, mărturie a comuniunii puternice dintre artiștii plastici și realitățile socialiste ale țării, Partid, popor – o singură voință", în *Scânteia*, organ al Comitetului Central al P.C.R., anul LII, nr. 12577, duminică, 30 ianuarie 1983, p. 4

Mocanu, Virgil, „Plastică. Partid, popor – o singură voință", în *România literară*, săptămânal editat de Uniunea Scriitorilor din R.S.R., anul XVI, nr. 5, joi, 3 februarie 1983, p. 18

Drișcu, Mihai, „Notații la expoziția Spațiu-Obiect", în *Arta*, revistă a U.A.P. din R.S.R., anul XXX, nr. 4/1983, pp. 10-14, menționare la p. 10

Drișcu, Mihai, „Cronica. Ion Bitzan", în *Arta,* revistă a U.A.P. din R.S.R., anul XXX, nr. 6/1983, pp. 17-18

1984

Preutu, Marina, „Un amplu portret al patriei socialiste, al strălucitei activități a celui mai iubit fiu al poporului român. Însemnări pe marginea expoziției Ani de mărețe înfăptuiri", în *Scânteia*, organ al Comitetului Central al P.C.R., anul LIII, nr. 12887, duminică, 29 ianuarie 1984, p. 3

1985

McCrum, Sean, „You can't be isolated from the West", în *The Sunday Tribune*, Belfast, 16 ianuarie 1985

***, „Calendar" [anunț la expoziția lui Ion Bitzan la Art Council Gallery], în *The Burlington Magazine*, nr. 986, mai 1985, p. 333

Preutu, Marina, „Expoziția de artă plastică ‚Magistralele Epocii Ceaușescu'", în *Scânteia*, organ al Comitetului Central al P.C.R., anul LV, nr. 13379, joi, 29 august 1985, p. 4

1986

Mocanu, Virgil, „Plastică. Omagiu și angajare", în *România literară*, săptămânal editat de Uniunea Scriitorilor din R.S.R., anul XIX, nr. 5, joi, 30 ianuarie 1986, p. 18

Grigorescu, Dan, „Expoziția omagială de la Dalles. Participare și responsabilitate civică", în *România liberă*, cotidianul Consiliului Național al Frontului Democrației și Unității Socialiste, anul XLIV, nr. 12832, joi, 6 februarie 1986, p. 2

***, “Plastică. Ion Bitzan”, in *Flacăra*, published by the Socialist Democracy and Unity Front, year XIX, no. 761, December 27, 1969 (no. 1/1970), p. 63

1971

Boudaille, Georges, “L’avant-garde en Roumanie (suite)”, in *Les Lettres françaises*, no. 1368, 13-19 janvier 1971, Paris, p. 26

Arghir, Anca, “Arta contemporană românească. Structuri ale stilului. Ion Bitzan. Decretul sensibilității”, in *Arta*, magazine of the U.A.P. [Romanian Fine Arts Union], year XVIII, no. 2/1971, București, pp. 28-29

Prut, Constantin, “Ion Bitzan”, in *Contemporanul*, weekly political, social and cultural magazine, no. 15 (1274), Friday, April 9, 1971, București, p. 7

Varia, Radu, “Letter from Bucharest”, in *Studio International*, vol. 182, no. 935, July-August, 1971, pp. 26-29

***, “Moderne Kunst voor Edinburgh in Roemenië opgehouden”, in *Haagsche Courant*, Dinsdag, 17 augustus 1971

Oliver, Cordelia, “Românii la Edinburgh”, in *România literară*, art and literature weekly, year IV, no. 38, Thursday, September 16, 1971, p. 30

1972

Edward Gage, “Edinburgh Art Galleries. Romanian Midas touch”, in *The Scotsman*, Monday, March 27, 1972

Mocanu, Virgil, “Premiile Uniunii Artiștilor Plastici 1971”, in *România literară*, art and literature weekly, year V, no. 21, Thursday, May 18, 1972, pp. 22-23

Arghir, Anca, “Laborator Ion Bitzan. Obiectul între fizică și metafizică”, in *Arta*, magazine of the U.A.P. [Romanian Fine Arts Union], year XIX, no. 5/1972, p. 22-23, reproduction on the front cover 1

Charbonnier, Georges, “En Roumanie. La peinture et la sculpture suivent des voies divergentes”, in *Le Monde*, 29e année, no. 8592, le 30 août 1972, p. 7

Barbosa, Octavian, “Trei artiști – trei moduri de recuperare a realului”, in *România literară*, art and literature weekly, year V, no. 37, Thursday, September 7, 1972, p. 25

Frunzetti, Ion, “Cronica plastică. Galeriile Orizont. Mircea Spătaru și Ion Bitzan”, in *Contemporanul*, weekly political, social and cultural magazine, published by the C.C.E.S. [Council for Socialist Culture and Education], no. 38 (1349), Friday, September 15, 1972, pp. 6-7

Arghir, Anca, “Opera între atelier și public”, in *Contemporanul*, weekly political, social and cultural magazine, published by the C.C.E.S. [Council for Socialist Culture and Education], no. 38 (1349), Friday, September 15, 1972, p. 7

Drișcu, Mihai, “Plastică. Desene inedite din atelierele pictorilor”, in *România literară*, art and literature weekly, year V, no. 44, Thursday, October 26, 1972, p. 23

Titu, Alexandra, “Arte frumoase. Desenele pictorilor”, in *Contemporanul*, weekly political, social and cultural magazine, published by the C.C.E.S. [Council for Socialist Culture and Education], no. 46 (1357), Friday, November 10, 1972, p. 7

1973

Mereuță, Iulian, “Obiectul”, in *Arta*, magazine of the U.A.P. [Romanian Fine Arts Union], year XX, no. 4-5/1974, pp. 50-51

Constantinescu, Cornel Radu, “Plastică. Sala Dalles – Momentul 1848”, in *Scânteia tineretului*, newspaper of theU.T.C.[Communist Youth Union], series II, year XXIX, no. 7486, Thursday, June 14, 1973, p. 4

1974

Vlasiu, Ioana, “Sur l’evolution contemporaine de l’art monumental roumain”, in *Revue Roumaine d’Histoire de l’Art*, série Beaux-Arts, no. 1, 1974, pp. 37-57

Prut, Constantin, “Elogiul prezentului”, in *Contemporanul*, weekly magazine of the C.C.E.S., no. 31, Friday, April 12, 1974, pp. 1, 7, mention and reproduction on p. 7

Nicolae, Mihai, “Artă și energie, Galeria Nouă, aprilie-iulie 1974. Documente ale artei prospective”, in *Arta*, magazine of the U.A.P. [Romanian Fine Arts Union], year XXI, no. 4/1974, București, pp. 21-22

Oproiu, Ecaterina, “La Glasgow, românii...”, in *România literară*, weekly published by the Romanian Writers’ Union, year VII, no. 30, Thursday, July 25, 1974, p. 24

Mocanu, Virgil, “Plastică. Imaginea istoriei trăite”, in *România literară*, weekly published by the Romanian Writers’ Union, year VII, no. 47, Thursday, November 21, 1974, p. 18

1975

Petringenaru, Adrian, “Estetismul își caută haine noi (II)”, in *Contemporanul*, weekly magazine of the C.C.E.S., no. 16 (1484), April 18, 1975, p. 9

Octavian, Tudor, “Regizorul de forme”, in *Flacăra*, weekly illustrated magazine published by the Social Unity Front, yearXXIV, no. 40 (1061), October 11, 1975, p. 18

1976

Mocanu, Virgil, “Plastică. Salonul municipal 75. Dimensiunea istorică”, in *România literară*, year IX, no. 1, Thursday, January 1st, 1976, p. 18

Prut, Constantin, “Sala de expoziții. Magistralele socialismului”, in *Contemporanul*, weekly magazine of the C.C.E.S., no. 17 (1537), April 23, 1976, p. 9

1977

Deac, Mircea, “O amplă manifestare artistică. Expoziția ‚Țărănimea, puternică forță socială și revoluționară’”, in *Scânteia*, newspaper of the Central Committee of the P.C.R. [Romanian Communist Party], year XLVI, no. 10729, Thursday, February 17, 1977, p. 4

Achiței, Gheorghe, “Festivalul Național ‚Cântarea României’. Expoziția de artă plastică a creatorilor bucureșteni. Pictura”, in *Scânteia*, newspaper of the Central Committee of the P.C.R. [Romanian Communist Party], year XLVI, no. 10788, Wednesday, April 27, 1977, p. 4

1978

Titu, Alexandra, “Expoziția republicană de pictură și sculptură”, in *Arta*, magazine of the U.A.P. [Romanian Fine Arts Union], year XXV, no. 7/1978, pp. 5-13, mentioned on p. 11

Drișcu, Mihai, Gherasim, Paul, Babeți, Coriolan, “Studiul”, in *Arta*, magazine of the U.A.P. [Romanian Fine Arts Union], year XXV, no. 7/1978, pp.19-28, mentioned on p. 19

Titu, Alexandra, “Plastică. Valoroase lucrări dedicate de artiștii plastici marii sărbători de la 23 august în expoziția deschisă în aceste zile la Sala Dalles. Magistralele socialismului – emoționant omagiu adus patriei, oamenilor săi”, in *Scânteia tineretului*, newspaper of the U.T.C. [Communist Youth Union], year XXXIV, series II, no. 9095, Saturday, August 19, 1978, p. 4

Prut, Constantin, “Magistralele socialismului. Imagine și actualitate”, in *România literară*, weekly magazine published by the Romanian Writers’ Union, year XI, no. 34, Thursday, August 24, 1978, p. 18

1979

Mocanu, Virgil, “Plastică. Munca și arta”, in *România literară*, weekly magazine published by the Romanian Writers’ Union, year XII, no. 17, Thursday, April 26, 1979, p. 18

R., A., „Plastică. ‚Spațiul-oglindă'", în *România literară*, săptămânal editat de Uniunea Scriitorilor din R.S.R., anul XIX, nr. 15, joi, 10 aprilie 1986, p.18

Grigorescu, Dan, „Partid, făuritor de nou destin, în frunte cu un brav conducător. Cronică a unei glorioase istorii, a marilor înfăptuiri ale prezentului", în *România liberă*, cotidianul Consiliului Național al Frontului Democrației și Unității Socialiste, anul XLIV, nr. 12914, miercuri, 14 mai 1986, p. 3

1987

Mocanu, Virgil, „În întâmpinarea Conferinței Naționale a Partidului. Eflorescența artelor plastice", în *România literară*, săptămânal editat de Uniunea Scriitorilor din R.S.R., anul XX, nr. 45, joi, 5 noiembrie 1987, pp. 12-13

1988

***, „Notă la rubrica Confluențe despre Ion Bitzan", în *Revista de istorie și teorie literară*, Editura Academiei, anul XXXVI, nr.1-2, 1988, p. 199

Vasiliu, Anca, „Interferențe. Cartea ca obiect", în *Arta*, revistă a U.A.P. din R.S.R., anul XXXV, nr. 9/1988, pp. 37-38, menționare la p. 37, reproducere la p. 38

1989

Preutu, Marina, „Mesajul artei militante. Expoziție omagială de artă plastică din Sălile Dalles", în *Scânteia*, organ al Comitetului Central al P.C.R., anul LVIII, nr. 14531, marți, 9 mai 1989, p. 4

Mocanu, Virgil, „Omagiu Congresului al XIV-lea", în *România literară*, săptămânal editat de Uniunea Scriitorilor din R.S.R. anul XXII, nr. 47, joi, 23 noiembrie 1989, p. 19

1990

Guță, Adrian, Mihuleac, Wanda, Scriba, Decebal, Perjovschi, Dan, Dan, Călin, Brătescu, Geta, Mocanu, Aurelia, Petrașchievici, Constantin, „Avangarda pro și contra. Masă rotundă (I) – București, 26 iulie 1990, la redacția revistei Arta", în *Arta*, anul XXXVII, nr. 6-7-8/1990, București, pp. 1-14, reproducere de lucrări la pp. 2, 3

1991

Sorescu, Marin, „Ion Bitzan [la] Narrow Water Gallery", în *Contemporanul. Ideea europeană,* revistă națională de cultură, politică și știință, nr. 3 (40), 18 ianuarie 1991, p. 2, număr ilustrat cu lucrări de Ion Bitzan (pp. 1, 6, 7, 8)

Dan, Călin, „Istorie și premoniție", în *Arta*, nr. 5/1991, p. 16

Mocanu, Aurelia, „Reacția la bibliocid. Cartea-obiect", în *Arta*, nr. 5/1991, pp. 12-13

Pavel, Amelia, „Miscellanea. Cartea ca obiect", în *Viața românească*, revistă a Uniunii Scriitorilor, anul LXXXVI, nr. 8/1991, pp. 120-121

1992

Horga, Ioan, „Patru fișe la o expoziție", în *ARTa*, revistă editată de Ministerul Culturii, nr. 1/1992, București, pp. 4-5

Dan, Călin, „Sexul la Mozart și la alții / Sex at Mozart and others", în *ARTa*, revistă editată de Ministerul Culturii, nr. 1/1992, București, pp. 28-35, menționare la pp. 31, 35

Titu, Alexandra, „Nostalgia avangardei", în *Studii și Cercetări de Istoria Artei*, seria Artă Plastică, tom 39, 1992, București, pp. 139-141

1993

Bidu, Gabriela, „Ion Bitzan judecă arta ca pe o lungă teoremă", în *Cotidianul*, anul III, nr. 8 (440), marți, 12 ianuarie 1993, p. 6

Șușară, Pavel, „Cronica plastică. O ipoteză [ipostază] a Totalității", în *România literară*, apare săptămânal sub egida Uniunii Scriitorilor, anul XXVI, 12-18 ianuarie, nr. 1/1993, p. 16, număr ilustrat cu lucrări de Ion Bitzan, pp. 1, 2, 3, 6, 9

Ionescu, Radu, „Cronica plastică. Ion Bitzan", în *Contemporanul. Ideea europeană*, revistă națională de cultură, politică și știință, nr. 3 (144), 22 ianuarie 1993, p. 5

Prut, Constantin, „Ion Bitzan sau utopia imaginii", în *Literatorul*, săptămânal de literatură și artă editat de Ministerul Culturii, anul III, nr. 3(72)/1993, București, pp. 12-13

Calapod, Angela, „Atelier Ion Bitzan. Obiecte. Scriituri", în *Tribuna,* săptămânal de cultură, serie nouă, anul V, nr. 19 (2075), 13-19 mai 1993, Cluj-Napoca, p. 11, număr ilustrat cu lucrări de Ion Bitzan

Titu, Alexandra, „Ion Bitzan. Obiecte-scriituri", în *Studii și Cercetări de Istoria Artei*, seria Artă Plastică, Editura Academiei, București, tom 40, 1993, pp. 110-111

Pop, Ioan, „Postmodernitate biblică", în *Noua Gazetă de Vest*, Oradea, 17-23 decembrie 1993, p. 5

1994

Hansford, Christopher, „Arts. Bitzan pieces in the spotlight", în *The Bath Chronicle*, Bath, 26 May-1 June 1994, p. 9

Tyler, Jane, „Home for new talent", în *Evening Post*, Friday, May 27, 1994, p. 7

Stiles, Kristine, [După „Obiecte-scriituri"...], în *22*, săptămânal editat de Grupul pentru Dialog Social, anul V, nr. 23 (226), 8-14 iunie 1994, p. 14

1995

van der Beek, Wim, „Roemeense kunstenaars maken mensen van vlees en bloed", în *De Telegraaf*, Netherlands, december 29, 1995, p. 12

1996

Ionescu, Radu, „Un mare artist se destăinuie: Ion Bitzan", în *Cotidianul*, anul VI, nr. 72 (1420), miercuri, 27 martie 1996, p. 6

Ivașcu, Sabina, „Catalog de artist. Ion Bitzan", în *Curierul Românesc*, revistă a românilor de pretutindeni, editată de Fundația Culturală Română, anul VIII, nr. 11, noiembrie 1996, p. 9.

Arghir, Anca, „Ion Bitzan. Obiectul între fizică și metafizică", în *Contrapunct*, lunar de cultură, apare sub egida Uniunii Scriitorilor din România, anul VII, nr. 11 (184), noiembrie 1996, p. 18

1997

Hostiuc, Constantin, „OBIECTUL – Pretext, context, text", *Arhitext Design*, revistă de arhitectură, construcții și arte vizuale, 4/1997, pp. 56, 57

Hermenean, Ioana, „Portret în tuș. Ion Bitzan: ‚Cred că nu toată lumea trebuie să perceapă arta în mod corect'", în *Azi*, luni, 14 iunie 1997, p. 7

Tantucci, Enrico, „Ai Giardini e in tuttaVenezia Una maratona di grande arte", în *la Nuova Venezia*, mercoledi, 11 giugno 1997, p. 1

Benedetti, Maria T., „Biennale sotto secondo: sfizi e curiosità nei padiglioni", în *Il Tempo*, Roma, 16 giugno, 1997, p. 10

Blaga, Iulia, „Bienala de la Veneția 1997 – interviu cu criticul și istoricul de artă Coriolan Babeți. ‚În artă, premiile ascund judecata de valoare a criticilor'", în *România liberă*, serie nouă, nr. 2205, sâmbătă, 28 iunie 1997, p. 18

Ioniță, Anca, „Ion Bitzan Exhibition in Venice", în *In Review Romania*, June 1997, pp. 50, 51

Wallas, Armin A., „Von der Zukunft in die Vergangenheit: Ein Rundgang durch die 47. Internationale Kunstbiennale von Venedig", în

Preutu, Mariana, “Etapa republicană a Festivalului Național ‚Cântarea României'. Valori reprezentative în expoziția republicană de artă plastică”, in *Scânteia*, newspaper of the Central Committee of the P.C.R. [Romanian Communist Party], year XLVIII, no. 11480, Friday, July 20, 1979, p. 4

Grigorescu, Ion, “O expoziție deschisă”, in *Secolul 20*, universal literature magazine of the Romanian Writers' Union, no. 226-227 (11-12/1979), pp. 170-186, mentioned on pp. 170, 174, reproduction on front cover

1980

Roman, Andrei, “Plastică. Jurnalul galeriilor. ‚Scrierea'”, in *România literară*, weekly magazine published by the Romanian Writers' Union, year XIII, no 24, Thursday, June 12, 1980, p. 18

Irimescu, Ion, “Operele noastre au culoarea adevărului acestei epoci glorioase”, in *Scânteia*, newspaper of the Central Committee of the P.C.R. [Romanian Communist Party], year XLIX, no. 11784, Friday, July 11, 1980, p. 4

Pleșu, Andrei, “'Munca artei'. Însemnări despre o expoziție prea puțin înțeleasă”, in *Arta*, magazine of the U.A.P. [Romanian Fine Arts Union], year XXVIII, no. 7/1980, p. 22-25, reproduction of artwork on p. 24, mention on p. 24

Popescu, Dan Cristian, “Laborator. Codul de culoare al lui Bitzan”, in *Arta*, magazine of the U.A.P. [Romanian Fine Arts Union], year XXVIII, no. 11/1980, pp. 26-27

1981

Redlow, Theodor, “Itinerar. Cu Ion Bitzan despre cultura vizuală americană”, in *Arta*, magazine of the U.A.P. [Romanian Fine Arts Union], year XXIX, no. 2/1981, pp. 33-35

Deac, Mircea, “Sensuri generoase, forță de comunicare. ‚Cântarea României': expoziția republicană de artă plastică”, in *Contemporanul*, weekly magazine of the C.C.E.S., no. 32 (1813), August 7, 1981, p. 8

Bușneag, Olga, “Ion Bitzan la ‚P.S.1' Gallery; New York”, in *România literară*, weekly magazine published by the Romanian Writers' Union, year XIV, no. 49, Thursday, December 3, 1981, p. 23

M., I., “Prezența culturii românești. Romanian Library – 10”, in *Contemporanul*, weekly magazine of the C.C.E.S., no. 50 (1831), December 11, 1981, p. 15

1982

Constantinescu, Cornel Radu, “Aniversarea Uniunii Tineretului comunist – eficiența patronajului artistic”, in *Arta*, magazine of the U.A.P. [Romanian Fine Arts Union], year XXIX, no. 3/1982, București, pp. 3-4, mention on p. 3

Mocanu, Virgil, “Plastică. Țărănimii, omagiu”, in *România literară*, weekly magazine published by the Romanian Writers' Union, yearl XV, no. 21, Thursday, May 20, 1982, p. 18

Hăulică, Dan, “Himera cărții absolute”, in *Secolul 20*, universal literature magazine of the Romanian Writers' Union, no. 5-6 (257-258) /1982, no numbered pages, featuring reproductions of *Books-Objects* and *Writings* by Ion Bitzan

Preutu, Marina, “Festivalul național ‚Cântarea României'. Umanismul artelor plastice. Salonul republican de pictură și sculptură”, in *Scânteia*, newspaper of the Central Committee of the P.C.R. [Romanian Communist Party], year LI, no. 12402, Thursday, July 8, 1982, p. 4

1983

Preutu, Marina, “În sălile Dalles, o remarcabilă expoziție, mărturie a comuniunii puternice dintre artiștii plastici și realitățile socialiste ale țării, Partid, popor – o singură voință”, in *Scânteia*, newspaper of the Central Committee of the P.C.R. [Romanian Communist Party], year LII, no. 12577, Sunday, January 30, 1983, p. 4

Mocanu, Virgil, “Plastică. Partid, popor – o singură voință”, in *România literară*, weekly magazine published by the Romanian Writers' Union, year XVI, no. 5, Thursday, February 3, 1983, p. 18

Drișcu, Mihai, “Notații la expoziția Spațiu-Obiect”, în *Arta*, magazine of the U.A.P. [Romanian Fine Arts Union], year XXX, no.4/1983, pp. 10-14, mentioned on p. 10

Drișcu, Mihai, “Cronica. Ion Bitzan”, in *Arta*, magazine of the U.A.P. [Romanian Fine Arts Union], year XXX, no. 6/1983, pp. 17-18

1984

Preutu, Marina, “Un amplu portret al patriei socialiste, al strălucitei activități a celui mai iubit fiu al poporului român. Însemnări pe marginea expoziției Ani de mărețe înfăptuiri”, in *Scânteia*, newspaper of the Central Committee of the P.C.R. [Romanian Communist Party], year LIII, no. 12887, Sunday, January 29, 1984, p. 3

1985

McCrum, Sean, “You can't be isolated from the West”, in *The Sunday Tribune*, Belfast, January 16, 1985

***, “Calendar” [advert for Ion Bitzan's exhibitionat the Art Council Gallery], in *The Burlington Magazine*, no. 986, May 1985, p. 333

Preutu, Marina, “Expoziția de artă plastică ‚Magistralele Epocii Ceaușescu'”, in *Scânteia*, newspaper of the Central Committee of the P.C.R. [Romanian Communist Party], year LV, no. 13379, Thursday, August 29, 1985, p. 4

1986

Mocanu, Virgil, “Plastică. Omagiu și angajare”, in *România literară*, weekly magazine published by the Romanian Writers' Union, year XIX, no. 5, Thursday, January 30, 1986, p. 18

Grigorescu, Dan, “Expoziția omagială de la Dalles. Participare și responsabilitate civică”, in *România liberă*, newspaper published by the National Council of the Socialist Unity and Democracy Front, year XLIV, no. 12832, Thursday, February 6, 1986, p. 2

R., A., “Plastică. ‚Spațiul-oglindă'”, in *România literară*, weekly magazine published by the Romanian Writers' Union, year XIX, no. 15, Thursday, April 10, 1986, p. 18

Grigorescu, Dan, “Partid, făuritor de nou destin, în frunte cu un brav conducător. Cronică a unei glorioase istorii, a marilor înfăptuiri ale prezentului”, in *România liberă*, newspaper published by the National Council of the Socialist Unity and Democracy Front, year XLIV, no. 12914, Wednesday, May 14, 1986, p. 3

1987

Mocanu, Virgil, “În întâmpinarea Conferinței Naționale a Partidului. Eflorescența artelor plastice”, in *România literară*, weekly magazine published by the Romanian Writers' Union, year XX, no. 45, Thursday, November 5, 1987, pp. 12-13

1988

***, “Note to the column entitled ‘Confluențe despre Ion Bitzan' [Confluences about Ion Bitzan]”, in *Revista de istorie și teorie literară*, Editura Academiei, year XXXVI, no. 1-2, 1988, p. 199

Vasiliu, Anca, “Interferențe. Cartea ca obiect”, in *Arta*, magazine of the U.A.P. [Romanian Fine Arts Union], anul XXXV, nr. 9/1988, pp. 37-38, menționare la p. 37, reproducere la p. 38

Mnemosyne, Universität Klagenfurt, Germany, Heft 22 (1997), p. 48

Marinescu, Veronica, „Orice lucrare este o experiență din care se nasc altele. Convorbire cu maestrul Ion Bitzan", în *Curierul Național*, anul VIII, nr. 1952, vineri, 8 august 1997, p. 9

Hăulică, Dan, „In memoriam Ion Bitzan. Un înger al cărții", în *Azi. Supliment literar*, nr. 21 (254), 22 septembrie 1997, p. 1

Șușară, Pavel, „Cronica plastică. Lumea lui Bitzan", în *România literară*, apare săptămânal sub egida Uniunii Scriitorilor, anul XXX, nr. 39, 1-7 octombrie 1997, p. 17

Vida, Gheorghe, „In memoriam: Ion Bitzan", în *Arhitext Design*, revistă de arhitectură, construcții și arte vizuale, noiembrie 1997, p. 43

1998

Dumbrăvician, Dinu, „Ion Bitzan", în *Design Buletin*, martie 1998, pp. 28-29

Șușară, Pavel, „Cronica plastică. Omagiu lui Ion Bitzan", în *România literară*, apare săptămânal sub egida Uniunii Scriitorilor, editor Fundația România literară, anul XXXI, nr. 31, 5-11 august 1998, p. 16

Antim, Corneliu, „Sânzienele din biblioteca lui Bitzan", în *Curentul*, cotidian de informație, analiză și afaceri, serie nouă, anul II, nr. 150 (208), p. 23

2003

Șușară, Pavel, „Cronica plastică. Imposibila posteritate a lui Ion Bitzan", în *România literară*, apare săptămânal sub egida Uniunii Scriitorilor, editată de Fundația România literară cu spijinul Fundației Anonimul, anul XXXVI, nr. 9, 5-11 martie 2003, p. 25

2006

Șușară, Pavel, „Cronica plastică. Actualitatea lui Bitzan", în *România literară*, apare săptămânal sub egida Uniunii Scriitorilor, editată de Fundația România literară cu spijinul Fundației Anonimul, anul XXXIX, nr. 35, 25-31 ianuarie 2006, p. 25

Mocanu,Aurelia, „Fragmentul livresc", în *Ziarul de duminică*, supliment al *Ziarului Financiar*, anul VIII, nr. 1990, 13 octombrie 2006, p. 7

2007

Crișan, Maria-Magdalena, „ARTE VIZUALE. Bitzan, Maitec, Nicodim, Mitroi", în *Observator Cultural*, săptămânal de informație și analiză culturală, anul VIII, serie nouă, nr. 130 (387), 30 august-5 septembrie 2007, pp. 26-27

Șușară, Pavel, „Cronica plastică. Radiografii în posteritate. Ion Bitzan: Mimesis și creativitate", în *România literară*, apare sub egida Uniunii Scriitorilor, cu sprijinul Fundației Anonimul, anul XXXIX, nr. 35, 7 septembrie 2007, p. 25

2008

Șușară, Pavel, „Cronica plastică. Ion Bitzan, între creație și mimesis", în *România literară*, apare sub egida Uniunii Scriitorilor, cu sprijinul Fundației Anonimul, anul XL, nr. 6, 15 februarie 2008, p. 25

2014

Zintz, Maria, „Cronica plastică. Artistul și puterea. Ipostaze ale picturii românești în perioada 1950-1990", în *Vatra*, revistă lunară de cultură (teorie, istorie și critică literară), editată de Uniunea Scriitorilor, Consiliul Județean Mureș, serie nouă, anul XLIV, nr. 516, martie 2014, pp. 76-77

2016

Titu, Alexandra, „Conceptualismul hibrid în arta românească / Hybrid Conceptualism in Romanian Art", în *Arta*, anul VI, nr. 20-21/2016, pp. 9-15, menționare la pp. 10, 11, 12, 14, 15

2017

Comșa, Radu, „Cărțile lui Bitzan", în *Observator Cultural*, săptămânal de informație și analiză culturală, anul XVIII, nr. 893, 12 octombrie 2017 (https://www.observatorcultural.ro/articol/cartile-lui-bitzan/)

Dan, Călin, „T-shirt. Prizonierii avangardei. Scurt manual al confuziilor politice", în *Observator Cultural*, anul XVIII, nr. 901, 8 decembrie 2017 (https://www.observatorcultural.ro/articol/t-shirt-prizonierii-avangardei/)

2018

Cioană, Ionuț, „Viața dublă a lui Ion Bitzan", în *Scena9*, 26 ianuarie 2018 https://www.scena9.ro/article/expozitie-ion-bitzan-mnac-ionut-cioana

Ghiu, Daria, „Ion Bitzan", în *Artforum*, 14 February 2018 (https://www.artforum.com/picks/national-museum-of-contemporary-art-mnac-74221)

Cârneci, Magda, „Bitzan, Mihuleac, Rasovszky & Kessler", în *22*, revista Grupului pentru Dialog Social, anul XIX, 3 april 2018 (https://revista22.ro/cultura/bitzan-mihuleac-rasovszky-kessler)

2019

Guță, Adrian, „Între ‚arta oficială' și ‚arta alternativă'", în *Observator Cultural*, anul XX, nr. 969, 10 mai 2019 (https://www.observatorcultural.ro/articol/intre-arta-oficiala-si-arta-alternativa/)

2020

Ghiu, Daria, „Romanian Art in the Period of ‚Diversionist Liberalisation'", în *Studies in Visual Arts and Communication – an international journal*, vol. VII, nr. 1/2020, on-line, pp. 3, 4, 5, 6, 9 (https://journalonarts.org/wp-content/uploads/2020/08/SVACij_Vol7_No1-2020_Ghiu-Daria_Scena-de-arta-anii-60.pdf)

Nae, Cristian, „Beyond Influence: On the Troubled Reception of American Art Exhibitions in Romania during the Cultural Détente (1968-1972)", în *Studies in Visual Arts and Communication – an international journal*, vol. VII, nr. 1/2020, on-line, p. 21 (https://journalonarts.org/wp-content/uploads/2020/08/SVACij_Vol7_No1-2020_Nae-Cristian_Beyond-Influence.pdf)

Ion Bitzan autor, participant la interviuri, anchete, mese rotunde (cronologic)

Dascălu, M., „În cinstea celei de a XV-a aniversări a eliberării patriei. La ce lucrează tinerii artiști plastici [anchetă]", în *Scânteia tineretului*, organ central al U.T.M., seria II, anul XV, nr. 3146, vineri, 26 iunie 1959, p. 1

Bitzan, Ion, ș.a, „Prin ce suntem contemporani" [anchetă], în *Arta plastică*, revistă editată de Ministerul Învățământului și Culturii și Uniunea Artiștilor Plastici, anul IX, nr. 1/1962, pp. 8-28, Bitzan răspunde la p. 9, reproducere la p. 27

Bitzan, Ion, „Probleme ale artei monumentale. Însemnări pentru o viitoare discuție", în *Arta plastică*, revistă editată de C.S.C.A. și U.A.P., anul X, nr. 1/1963, p. 10-12, reproducere la p. 6

Bitzan, Ion, ș.a., „O discuție pe unele probleme actuale ale creației", în *Arta plastică*, revistă editată de C.S.C.A. și U.A.P., anul X, nr. 3/1963, pp.123-126, Bitzan raspunde la p. 123 (anchetă)

Bitzan, Ion, ș.a., „Consfătuirea pe marginea Expoziției Tineretului", în *Arta plastică*, revistă editată de C.S.C.A. și U.A.P., anul X, nr. 9/1963, pp. 511-516, Bitzan răspunde la p. 512

Petringenaru, Adrian, „Prin ateliere: Cu Ion Bițan despre creația sa și despre altele" [interviu], în

1989

Preutu, Marina, “Mesajul artei militante. Expoziție omagială de artă plastică din Sălile Dalles”, in *Scânteia*, newspaper of the Central Committee of the P.C.R. [Romanian Communist Party], year LVIII, no. 14531, Tuesday, May 9, 1989, p. 4

Mocanu, Virgil, “Omagiu Congresului al XIV-lea”, in *România literară*, weekly magazine published by the Romanian Writers' Union, year XXII, no. 47, Thursday, November 23, 1989, p. 19

1990

Guță, Adrian, Mihuleac, Wanda, Scriba, Decebal, Perjovschi, Dan, Dan, Călin, Brătescu, Geta, Mocanu, Aurelia, Petrașchievici, Constantin, “Avangarda pro și contra. Masă rotundă (I) – București, 26 iulie 1990”, round table at the headquarters of *Arta* magazine, in *Arta*, year XXXVII, no. 6-7-8/1990, București, pp. 1-14, reproduction of artworks on pp. 2, 3

1991

Sorescu, Marin, “Ion Bitzan [at] Narrow Water Gallery”, in *Contemporanul. Ideea europeană*, national culture, politics and science magazine, no. 3 (40), January 18, 1991, p. 2, the issue features artworks by Ion Bitzan (on pp. 1, 6, 7, 8)

Dan, Călin, “Istorie și premoniție”, in *Arta*, no. 5/1991, p. 16

Mocanu, Aurelia, “Reacția la bibliocid. Cartea-obiect”, in *Arta*, no. 5/1991, pp. 12-13

Pavel, Amelia, “Miscellanea. Cartea ca obiect”, in *Viața românească*, magazine published by the Romanian Writers' Union, year LXXXVI, no. 8/1991, pp. 120-121

1992

Horga, Ioan, “Patru fișe la o expoziție”, in *ARTa*, magazine published by the Ministry of Culture, no.1/1992, București, pp. 4-5

Dan, Călin, “Sexul la Mozart și la alții / Sex at Mozart and others”, in *ARTa*, magazine published by the Ministry of Culture, no.1/1992, București, pp. 28-35, mentioned on pp. 31, 35, 47

Titu, Alexandra, “Nostalgia avangardei”, in *Studii și Cercetări de Istoria Artei*, Fine Arts series, tome 39, 1992, București, pp. 139-141

1993

Bidu, Gabriela, “Ion Bitzan judecă arta ca pe o lungă teoremă”, in *Cotidianul*, year III, no. 8 (440), Tuesday, January 12, 1993, p. 6

Șușară, Pavel, “Cronica plastică. O ipoteză [ipostază] a Totalității”, in *România literară*, weekly magazine of the Writers' Union, year XXVI, January 12-18, no. 1/1993, p. 16, the issue features artworks by Ion Bitzan on pp. 1, 2, 3, 6, 9

Ionescu, Radu, “Cronica plastică. Ion Bitzan”, in *Contemporanul. Ideea europeană*, national culture, politics and science magazine, no. 3 (144), January 22, 1993, p. 5

Prut, Constantin, “Ion Bitzan sau utopia imaginii”, in *Literatorul*, weekly literature and art magazine published by the Ministry of Culture, year III, no. 3(72)/1993, București, pp. 12-13

Calapod, Angela, “Atelier Ion Bitzan. Obiecte. Scriituri”, in *Tribuna*, cultural weekly magazine, new series, year V, no. 19 (2075), May13-19, 1993, Cluj-Napoca, p. 11, the issue features artworks by Ion Bitzan

Titu, Alexandra, “Ion Bitzan. Obiecte-scriituri”, in *Studii și Cercetări de Istoria Artei*, Artă Plastică series, Editura Academiei, București, tome 40, 1993, pp. 110-111

Pop, Ioan, “Postmodernitate biblică”, in *Noua Gazetă de Vest*, Oradea, December 17-23, 1993, p. 5

1994

Hansford, Christopher, “Arts. Bitzan pieces in the spotlight”, in *The Bath Chronicle*, Bath, United Kingdom, 26 May-1 June 1994, p. 9

Tyler, Jane, “Home for new talent”, in *The Evening Post*, Friday, May 27, 1994, p. 7

Stiles, Kristine, [După “Obiecte-scriituri”...], in *22*, weekly magazine of the Grupul pentru Dialog Social, year V, no. 23 (226), June 8-14, 1994, p. 14

1995

van der Beek, Wim, “Roemeense kunstenaars maken mensen van vlees en bloed”, in *De Telegraaf*, Netherlands, December 29, 1995, p. 12

1996

Ionescu, Radu, “Un mare artist se destăinuie: Ion Bitzan”, in *Cotidianul*, year VI, no. 72 (1420), Wednesday, March 27, 1996, p. 6

Ivașcu, Sabina, “Catalog de artist. Ion Bitzan”, in *Curierul Românesc*, magazine of the Romanians abroad published by the Fundația Culturală Română [Romanian Cultural Foundation], year VIII, no. 11, November 1996, p. 9

Arghir, Anca, “Ion Bitzan. Obiectul între fizică și metafizică”, in *Contrapunct*, cultural monthly published by the Romanian Writers' Union, year VII, no. 11 (184), November 1996, p. 18

1997

Hostiuc, Constantin, “OBIECTUL – Pretext, context, text”, in *Arhitext Design*, architecture, constructions and visual arts magazine, 4/1997, pp. 56, 57

Hermenean, Ioana, “Portret în tuș. Ion Bitzan: ‚Cred că nu toată lumea trebuie să perceapă arta în mod corect'”, in *Azi*, Monday, May 14, 1997, p. 7

Tantucci, Enrico, “Ai Giardini e in tuttaVenezia Una maratona di grande arte”, in *la Nuova Venezia*, mercoledi, 11 giugno 1997, p. 1

Benedetti, Maria T., “Biennale sotto secondo: sfizi e curiosità nei padiglioni”, in *Il Tempo*, Roma, 16 giugno, 1997, p. 10

Blaga, Iulia, “Bienala de la Veneția 1997 – interviu cu criticul și istoricul de artă Coriolan Babeți. ‚În artă, premiile ascund judecata de valoare a criticilor'”, in *România liberă*, new series, no. 2205, Saturday, June 28, 1997, p. 18

Ioniță, Anca, “Ion Bitzan Exhibition in Venice”, in *In Review Romania*, June 1997, pp. 50, 51

Wallas, Armin A., “Von der Zukunft in die Vergangenheit: Ein Rundgang durch die 47. Internationale Kunstbiennale von Venedig”, in *Mnemosyne*, Universitet Klagenfurt, Germany, Heft 22 (1997), p. 48

Marinescu, Veronica, “Orice lucrare este o experiență din care se nasc altele. Convorbire cu maestrul Ion Bitzan”, in *Curierul Național*, year VIII, no. 1952, Friday, August 8, 1997, p. 9

Hăulică, Dan, “In memoriam Ion Bitzan. Un înger al cărții”, in *Azi. Supliment literar*, no. 21 (254), September 22, 1997, p. 1

Vida, Gheorghe, “In memoriam: Ion Bitzan”, in *Arhitext Design*, architecture, constructions and visual arts magazine, November 1997, p. 43

1998

Dumbrăvician, Dinu, “Ion Bitzan”, in *Design Buletin*, March 1998, pp. 28-29

Șușară, Pavel, “Cronica plastică. Omagiu lui Ion Bitzan”, in *România literară*, weekly magazine of the Writers' Union, published by the Literary Romania Foundation, year XXXI, no. 31, August 5-11, 1998, p. 16

Antim, Corneliu, “Sânzienele din biblioteca lui Bitzan”, in *Curentul*, information, analysis and business newspaper, new series, year II, no. 150 (208), p. 23

Contemporanul, săptămânal politic, social, cultural, nr. 24 (974), vineri, 11 iunie 1965, p. 6

Constantinescu, E. (anchetă realizată de), „Sugestii pentru ,animarea' filmului de animație. Iau cuvântul Ion Bițan, Camilian Demetrescu, Sabin Bălașa", în *Scânteia tineretului*, organ central al U.T.C., anul XXII, seria II, nr. 5222, joi, 3 martie 1966, p. 2

Bitzan, Ion, [răspunde în cadrul anchetei] „Șantier de creație: Idei, proiecte, realizări", în *Arta plastică*, revistă editată de U.A.P., din R.S.R., anul XIII, nr. 5/1966, p. 24, reproducere la p. 25

Mereuță, Iulian [anchetă realizată de], „Puncte de vedere cu privire la sistemul actual de proiectare și executare a lucrărilor de artă monumentală", în *Scânteia*, organ al Comitetului Central al P.C.R., anul XXXVI, nr. 7168, duminică, 20 noiembrie 1966, p. 4

***, [anchetă în cadrul rubricii „Arte frumoase"], în *Contemporanul*, săptămânal politic, social, cultural, nr. 52 (1055), vineri, 30 decembrie 1966, p. 6

Bițan, Ion, [în cadrul anchetei] „Cum ajungeți la public?", în *Contemporanul*, săptămânal politic, social, cultural, nr. 11 (1066), vineri, 17 martie 1967, p. 6

Petringenaru, Adrian, „Arta și publicul [anchetă]" în *Arta plastică*, revistă editată de U.A.P., din R.S.R., anul XIV, nr. 4/1967, pp. 9-12

Stoica, Adriana, Constantinescu, Cornel Radu, „Ancheta noastră. Cum se organizează expozițiile?", în *Contemporanul*, săptămânal politic, social, cultural, nr. 50 (1105), vineri, 15 decembrie 1967, p. 7

Bitzan, Ion, [răspuns în cadrul rubricii] „Care sunt proiectele dv. de creație în Noul an", în *Informația Bucureștiului*, ziar al Comitetului Orășenesc București al P.M.R. și al Sfatului Popular al Orașului București, anul XV, nr. 4472, sâmbătă, 30 decembrie 1967, p. 2

Ivănceanu, Vintilă, „Cu Ion Bițan despre ,Lucrurile sensibile', ,Critica – act de politețe ?', ,Înfruntarea dialectică'" [interviu], în *Gazeta Literară*, organ săptămânal al Uniunii Scriitorilor din R.S.R., an XV, nr. 14 (805), joi, 4 aprilie 1968, p. 1

Mereuță, Iulian, „De vorbă cu Sabin Bălașa, Ion Pacea, Ion Bițan, Ion Grigore despre Istoria patriei – izvor de artă majoră, emoționantă", în *Scânteia*, organ al Comitetului Central al P.C.R., anul XXXVII, nr. 7669, miercuri, 10 aprilie 1968, p. 4

Bucur, Gabriela, „Atelier. Vibrația mesajului plastic" [interviu], în *Informația Bucureștiului*, ziar al Comitetului Municipal București al PC.R. și al Consiliului Popular al Municipiului București, anul XVI, nr. 4741, miercuri, 13 noiembrie 1968, p. 2

Bițan, Ion, „O sursă generoasă de inspirație și creație artistică", în *Scânteia*, organ al Comitetului Central al P.C.R., anul XXXVIII, nr. 7955, vineri, 24 ianuarie 1969, pp. 1, 2

Bitzan, Ion, ș.a., „Congresul X – Anul XXV. Gândurile, voința noastră", în *Arta*, revistă a U.A.P. din R.S.R., anul XVI, nr. 6/1969, p. 2

Bitzan, Ion [text în rubrica] „Telegrame adresate Comitetului central al P.C.R., personal tovarășului Nicolae Ceaușescu", în *Informația Bucureștiului*, ziar al Comitetului Municipal București al PC.R. și al Consiliului Popular al Municipiului București, anul XVI, nr. 4948, miercuri, 16 iulie 1969, p. 2

Bițan, Ion [răspunde în cadrul rubricii] „Motiv major al meditației: înnobilarea spirituală", în *România literară*, săptămânal de literatură și artă, anul II, nr. 31 (43), joi, 31 iulie 1969, p. 27

Deac, Mircea, „Creație și circumstanțe. De vorbă cu pictorul Ion Bițan", în *Informația Bucureștiului*, ziar al Comitetului Municipal București al PC.R. și al Consiliului Popular al Municipiului București, anul XVII, nr. 5016, sâmbătă, 4 octombrie 1969, p. 2

Popovici, Alina [pagină îngrijită de], „Cultura la dimensiunile vieții în care trăim" [anchetă], în *Munca*, organ al Consiliului Central al Uniunii Generale a Sindicatelor din România, anul XXVI, nr. 6885, miercuri, 31 decembrie 1969, p. 4

Bitzan, Ion, [reproducere și text scurt-urare], în *Almanahul Femeia*, București, 1970, p. 63

Bițan, Ion, [răspuns în cadrul anchetei] „Proiecte 1972", în *Contemporanul*, săptămânal politic, social, cultural, editat de C.C.E.S., nr. 1 (1312), 1 ianuarie 1972, p. 7

Tătaru, Marius (anchetă realizată de), „În spațiul spiritual al țării : prezența artistului", în *Contemporanul*, săptămânal al C.C.E.S., nr. 18 (1381), vineri, 27 aprilie 1973, p. 7

Octavian, Tudor [masă rotundă organizată de], „Designul, o fațetă a realității", în *Flacăra*, săptămânal editat de Frontul Unității Socialiste, anul XXVII, nr. 1 (1178), 5 ianuarie 1978, p. 9

Octavian, Tudor [masă rotundă organizată de], „Vitrina artelor. Arta și orașul", în *Flacăra*, săptămânal editat de Frontul Unității Socialiste, anul XXVII, nr. 47 (1224), 23 noiembrie 1978, pp. 16-17

Redlow, Theodor, „Patru dialoguri despre desen [Horia Bernea, Marin Gherasim, Alexandru Chira, Ion Bitzan]. Ion Bitzan: scriere, transcriere și parfumuri", în *Arta*, revistă a U.A.P. din R.S.R., anul XXIX, nr. 4/1982, pp. 14, 16-17

Redlow, Theodor (interviu de), „Vremea cărților infinite", în *Arta*, nr. 5/1991, București, pp. 13-16

Bițan, Ion [în cadrul anchetei] „Crizele acomodării și tehnofilia utopică", în *Arta*, special issue 1993, *„Ex Oriente Lux", Sala Dalles, București, 24 noiembrie – 20 decembrie 1993*, pp. 5-6

Bițan, Ion, „Climatul artistic îl poate crea televiziunea", [în cadrul rubricii] „Patru interviuri de Geert Lovink", în *Arta*, special issue 1993, *„Ex Oriente Lux", Sala Dalles, București, 24 noiembrie – 20 decembrie 1993*, pp. 25-27

2003

Șușară, Pavel, "Cronica plastică. Imposibila posteritate a lui Ion Bitzan", in *România literară*, weekly magazine of the Writers' Union, published by the Literary Romania Foundation supported by the 'Anonimul' Foundation, year XXXVI, no. 9, March 5-11, 2003, p. 25

2006

Șușară, Pavel, "Cronica plastică. Actualitatea lui Bitzan", in *România literară*, weekly magazine of the Writers' Union, published by the Literary Romania Foundation supported by the 'Anonimul' Foundation, year XXXIX, no. 35, January 25-31, 2006, p. 25

Mocanu, Aurelia, "Fragmentul livresc", in *Ziarul de duminică*, a supplement of *Ziarul Financiar*, year VIII, no. 1990, October 13, 2006, p. 7

2007

Crișan, Maria-Magdalena, "ARTE VIZUALE. Bitzan, Maitec, Nicodim, Mitroi", in *Observator Cultural*, information and cultural analysis weekly magazine, year VIII, new series, no. 130 (387), August 30 – September 5, 2007, pp. 26-27

Șușară, Pavel, "Cronica plastică. Radiografii în posteritate. Ion Bitzan: Mimesis și creativitate", in *România literară*, weekly magazine of the Writers' Union, published by the Literary Romania Foundation supported by the 'Anonimul' Foundation, year XXXIX, no. 35, September 7, 2007, p. 25

2008

Șușară, Pavel, "Cronica plastică. Ion Bitzan, între creație și mimesis", in *România literară*, weekly magazine of the Writers' Union, published by the Literary Romania Foundation supported by the 'Anonimul' Foundation, year XL, no. 6, February 15, 2008, p. 25

2014

Zintz, Maria, "Cronică plastică. Artistul și puterea. Ipostaze ale picturii românești în perioada 1950-1990", in *Vatra*, monthly culture (literary theory, history and criticism) magazine published by the Writers' Union and Mureș County Council,new series, year XLIV, no. 516, March 2014, pp. 76-77

2016

Titu, Alexandra, "Conceptualismul hibrid în arta românească / Hybrid Conceptualism in Romanian Art", in *Arta*, year VI, no. 20-21/2016, pp. 9-15, mentioned on pp. 10, 11, 12, 14, 15

2017

Comșa, Radu, "Cărțile lui Bitzan", in *Observator Cultural*, information and cultural analysis magazine, year XVIII, no. 893, October 12, 2017 (https://www.observatorcultural.ro/articol/cartile-lui-bitzan/)

Dan, Călin, "T-shirt. Prizonierii avangardei. Scurt manual al confuziilor politice", in *Observator Cultural*, year XVIII, no. 901, December 8, 2017 (https://www.observatorcultural.ro/articol/t-shirt-prizonierii-avangardei/)

2018

Cioană, Ionuț, "Viața dublă a lui Ion Bitzan", in *Scena 9*, January 26,2018 https://www.scena9.ro/article/expozitie-ion-bitzan-mnac-ionut-cioana

Ghiu, Daria, "Ion Bitzan", in *Artforum*, 14 February 2018 (https://www.artforum.com/picks/national-museum-of-contemporary-art-mnac-74221)

Cârneci, Magda, „Bitzan, Mihuleac, Rasovszky & Kessler", in *22*, published by the Grupul pentru Dialog Social, year XIX, April 3, 2018 (https://revista22.ro/cultura/bitzan-mihuleac-rasovszky-kessler)

2019

Guță, Adrian, "Între 'arta oficială' și 'arta alternativă'", in *Observator Cultural*, year XX, no. 969, May 10, 2019 (https://www.observatorcultural.ro/articol/intre-arta-oficiala-si-arta-alternativa/)

2020

Ghiu, Daria, "Romanian Art in the Period of ‚Diversionist Liberalisation'", in *Studies in Visual Arts and Communication – an international journal*, vol. VII, no. 1/2020, on-line, pp. 3, 4, 5, 6, 9 (https://journalonarts.org/wp-content/uploads/2020/08/SVACij_Vol7_No1-2020_Ghiu-Daria_Scena-de-arta-anii-60.pdf)

Nae, Cristian, "Beyond Influence: On theTroubled Reception of American Art Exhibitions in Romania during the Cultural Détente (1968 – 1972)", in *Studies in Visual Arts and Communication – an international journal*, vol. VII, nr. 1/2020, on-line, p. 21 (https://journalonarts.org/wp-content/uploads/2020/08/SVACij_Vol7_No1-2020_Nae-Cristian_Beyond-Influence.pdf)

Essays by Ion Bitzan; Ion Bitzan's replies in interviews, investigations, round tables (in chronological order)

Dascălu, M., "În cinstea celei de a XV-a aniversări a eliberării patriei. La ce lucrează tinerii artiști plastici" [Honouring the 15th anniversary of our country's liberation. What are young artists working on?] [investigation], in *Scânteia tineretului*, the official voice of the U.T.M. [Communist Youth Union], series II, year XV, no. 3146, Friday, June 26,1959, p. 1

Bitzan, Ion, et al., "Prin ce suntem contemporani? " [How are we contemporaries?] [investigation], in *Arta plastică*, magazine of the Ministry of Culture and Education and of the Fine Arts Union, year IX, no. 1/1962, pp. 8-28, Bitzan's replies on p. 9, reproduction of artwork on p. 27

Bitzan, Ion, "Probleme ale artei monumentale. Însemnări pentru o viitoare discuție" [Issues of monumental art. Notes for a future conversation], in *Arta plastică*, magazine published by the C.S.C.A. [State Committee for Culture and Art] and the U.A.P. [Fine Arts Union], year X, no. 1/1963, p. 10-12, reproduction on p. 6

Bitzan, Ion, et al., "O discuție pe unele probleme actuale ale creației" [Talking about some ofthe issues in artistic creation nowadays] [investigation], in *Arta plastică*, magazine published by the C.S.C.A. [State Committee for Culture and Art]and the U.A.P. [Fine Arts Union], year X, no. 3/1963, pp.123-126, Bitzan's replies on p. 123

Bitzan, Ion, et al., "Consfătuirea pe marginea Expoziției Tineretului / Debate on the Youth Exhibition", in *Arta plastică*, magazine published by the C.S.C.A. [State Committee for Culture and Art]and the U.A.P. [Fine Arts Union], year X, no. 9/1963, pp. 511-516, Bitzan's replies on p. 512

Petringenaru, Adrian, "Prin ateliere: Cu Ion Bițan despre creația sa și despre altele" [In the studio: Talkingto Ion Bițan about his creation and other things] [interview], in *Contemporanul*, political, social, cultural weekly magazine, no. 24 (974), Friday, June 11, 1965, p. 6

Constantinescu, E. (investigation by), "Sugestii pentru ‚animarea' filmului de animație. Iau cuvântul Ion Bițan, Camilian Demetrescu, Sabin Bălașa" [Suggestions regarding the 'animation' of animated cartoons. Speeches by Ion Bițan, Camilian Demetrescu, Sabin Bălașa], in *Scânteia tineretului*, official voice of the U.T.C. [Communist Youth

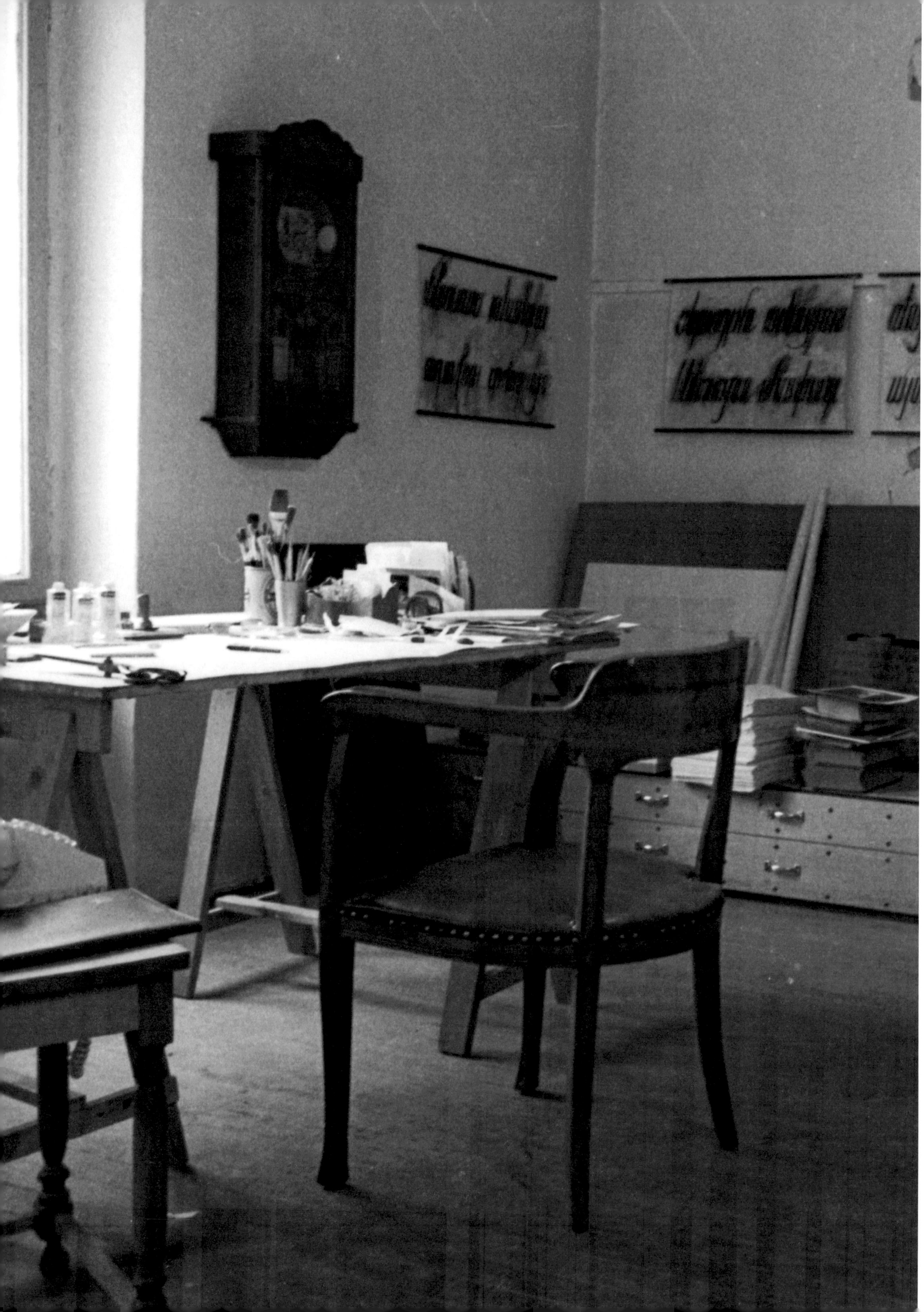

Union], year XXII, series II, no. 5222, Thursday, March 3, 1966, p. 2

Bitzan, Ion, ['s replies in the journalistic investigation] "Șantier de creație: Idei, proiecte, realizări" [A construction site of artistic creation: ideas, projects, achievements], in *Arta plastică*, magazine of the U.A.P. [Romanian Fine Arts Union], year XIII, no. 5/1966, p. 24, reproduction on p. 25

Mereuță, Iulian (investigation by), "Puncte de vedere cu privire la sistemul actual de proiectare și executare a lucrărilor de artă monumental" [With respect to the actualdesign and execution system in monumental art], in *Scânteia*, newspaper of the Central Committee of the P.C.R. [Romanian Communist Party], year XXXVI, no. 7168, Sunday, November 20, 1966, p. 4

***, [investigation, part of the "Arte frumoase" [Fine Arts] column], in *Contemporanul*, political, social, cultural weekly magazine, no. 52 (1055), Friday, December 30, 1966, p. 6

Bițan, Ion, ['s replies in the journalistic investigation] "Cum ajungeți la public?" [How do you reach the audience?], in *Contemporanul*, political, social, cultural weekly magazine, no. 11 (1066), Friday, March 17, 1967, p. 6

Petringenaru, Adrian, "Arta și publicul" [The art and the audience] [investigation], in *Arta plastică*, magazine of the U.A.P. [Romanian Fine Arts Union], year XIV, no. 4/1967, pp. 9-12

Stoica, Adriana, Constantinescu, Cornel Radu, "Ancheta noastră. Cum se organizează expozițiile?" [Our investigation: How do you organize an exhibition?], in *Contemporanul*, political, social, cultural weekly magazine, no. 50 (1105), Friday, December 15, 1967, p. 7

Bitzan, Ion, ['s replies in the column] "Care sunt proiectele dv. de creație în Noul an?" [What are your art projects for the year to come?]", in *Informația Bucureștiului*, newspaper of the Bucharest City Committee of the P.C.R. [Romanian Communist Party] and of the Bucharest City Hall, year XV, no. 4472, Saturday, December 30, 1967, p. 2

Ivănceanu, Vintilă, "Ion Bițan on: 'Lucrurile sensibile' [The sensitive things], 'Critica – act de politețe?' [The criticism – is it a matter of politeness?], 'Înfruntarea dialectică' [The dialectic confrontation]" [interview], in *Gazeta Literară*, weekly magazine of the Romanian Writers' Union, year XV, no. 14 (805), Thursday, April 4, 1968, p. 1

Mereuță, Iulian, "De vorbă cu Sabin Bălașa, Ion Pacea, Ion Bițan, Ion Grigore despre Istoria patriei – izvor de artă majoră, emoționantă" [Talking to Sabin Bălașa, Ion Pacea, Ion Bițan, Ion Grigore aboutour country's history – a source of major, touching art], in *Scânteia*, newspaper of the Central Committee of the P.C.R. [Romanian Communist Party], year XXXVII, no. 7669, Wednesday, April 10, 1968, p. 4

Bucur, Gabriela, "Atelier. Vibrația mesajului plastic" [The studio. The vibration of themessage in fine arts] [interview], in *Informația Bucureștiului*, newspaper of the Bucharest City Committee of the P.C.R. [Romanian Communist Party] and of the Bucharest City Hall, year XVI, no. 4741, Wednesday, November 13, 1968, p. 2

Bițan, Ion, "O sursă generoasă de inspirație și creație artistic" [A generous source of inspiration and art creation], in *Scânteia*, newspaper of the Central Committee of the P.C.R. [Romanian Communist Party], year XXXVIII, no. 7955, Friday, January 24, 1969, pp. 1, 2

Bitzan, Ion, et al., "Congresul X – Anul XXV. Gândurile, voința noastră" [The 10th Congress – the 25th Year. Our thoughts, our will], in *Arta*, magazine of the U.A.P. [Romanian Fine Arts Union], year XVI, no. 6/1969, p. 2

Bitzan, Ion [text, part of the column] "Telegrame adresate Comitetului central al P.C.R., personal tovarășului Nicolae Ceaușescu" [Telegrams sent to the Central Committee of the Romanian Communist Party, to the attention of Comrade Nicolae Ceaușescu], in *Informația Bucureștiului*, newspaper of the Bucharest City Committee of the P.C.R. [Romanian Communist Party] and of the Bucharest City Hall, year XVI, no. 4948, Wednesday, July 16, 1969, p. 2

Bițan, Ion ['s replies in the column] "Motiv major al meditației: înnobilarea spiritual" [The main reason to meditate: enriching one's spirituality], in *România literară*, art and literature weekly magazine, year II, no. 31 (43), Thursday, July 31, 1969, p. 27

Deac, Mircea, "Creație și circumstanțe. De vorbă cu pictorul Ion Bițan" [Creation and circumstances. Talking to artist Ion Bițan], in *Informația Bucureștiului*, newspaper of the Bucharest City Committee of the P.C.R. [Romanian Communist Party] and of the Bucharest City Hall, year XVII, no. 5016, Saturday, October 4, 1969, p. 2

Popovici, Alina [page by], "Cultura la dimensiunile vieții în care trăim" [investigation], in *Munca*, published by the Romanian Labour Unions Central Council, year XXVI, no. 6885, Wednesday, December 31, 1969, p. 4

Bitzan, Ion, [reproduction and short text with wishes], in *Almanahul Femeia*, București, 1970, p. 63

Bițan, Ion, ['s replies in the journalistic investigation], "Proiecte 1972" [1972 Projects], in *Contemporanul*, political, social and cultural weekly magazine of the C.C.E.S., no. 1 (1312), January 1, 1972, p. 7

Tătaru, Marius (investigation by), "În spațiul spiritual al țării: prezența artistului" [Within the spiritual confines of our country: the presence of the artist], in *Contemporanul*, weekly magazine of the C.C.E.S., no. 18 (1381), Friday, April 27, 1973, p. 7

Octavian, Tudor [round table hosted by], "Designul, o fațetă a realității" [Design – one aspect of reality], in *Flacăra*, weekly magazine of the F.U.S. [Socialist Unity Front], year XXVII, no. 1 (1178), January 5, 1978, p. 9

Octavian, Tudor [round table hosted by], "Vitrina artelor. Arta și orașul" [Showcasing arts. Art and the City], in *Flacăra*, weekly magazine of the F.U.S. [Socialist Unity Front], yearXXVII, no. 47 (1224), November 23, 1978, pp. 16-17

Redlow, Theodor, "Patru dialoguri despre desen. Ion Bitzan: scriere, transcriere și parfumuri" [Horia Bernea, Marin Gherasim, Alexandru Chira, Ion Bitzan] [Four dialogues on drawing. Ion Bitzan: writing, transliterating and scents] [interview], in *Arta*, magazine of the U.A.P. [Romanian Fine Arts Union], year XXIX, no.4/1982, pp. 14, 16-17

Redlow, Theodor (an interview by), "Vremea cărților infinite" [A time for neverending books], in *Arta*, nr. 5/1991, București, pp. 13-16

Bițan, Ion [part of the journalistic investigation] "Crizele acomodării și tehnofilia utopică" [Striving to adjust and the utopian technophilia], in *Arta*, special issue, 1993, *„Ex Oriente Lux", Sala Dalles, București, 24 noiembrie – 20 decembrie 1993*, pp. 5-6

Bițan, Ion, "Climatul artistic îl poate crea televiziunea" [Television may create the artisticenvironment], [part of the column entitled] „Patru interviuri de Geert Lovink" [Four interviews by Geert Lovink], in *Arta*, special issue, 1993, *„Ex Oriente Lux", Sala Dalles, București, 24 noiembrie – 20 decembrie 1993*, pp. 25-27

Colofon / Colophon:
Această publicație este o cercetare bazată pe expoziția *Prizonierii Avangardei. O Retrospectivă Ion Bitzan*, Muzeul Național de Artă Contemporană al României, București, 23.11.2017 – 27.05.2018. / This publication is a research based on the exhibition *The Prisoners of the Avant-garde. A Ion Bitzan Retrospective*, National Museum of Contemporary Art of Romania, Bucharest, 23.11.2017 – 27.05.2018.

Curator:
Călin Dan

Asistent Curator / Assistant Curator:
Sandra Demetrescu

Design Expoziție / Exhibition Design:
skaarchitects

Design Grafic / Graphic Design:
Bogdan Ceaușescu

Asistenți de Cercetare / Research Assistants:
Cristina Cojocaru, Magda Predescu

Cu sprijinul / With the support of:
Fundația Ion Bitzan / Ion Bitzan Foundation

Lucrările au fost puse la dispoziție prin amabilitatea următorilor parteneri / The artworks were lent through the courtesy of the following partners:
Muzeul Național de Artă al României / The National Museum of Art of Romania, Muzeul Național de Istorie a României / National History Museum of Romania, Universitatea Națională de Arte, București / The National University of Arts in Bucharest, Pinacoteca Muzeului Municipiului București / Bucharest Municipality Museum, Complexul Muzeal Arad, Muzeul de Artă / Arad Museum Complex, Art Museum, Complexul Muzeal „Iulian Antonescu", Bacău / „Iulian Antonescu" Museum Complex, Bacău, Muzeul de Artă Brașov / Art Museum Brașov, Muzeul Dunării de Jos, Călărași / Lower Danube Museum in Călărași, Muzeul de Artă Cluj / Cluj Art Museum, Muzeul de Artă Constanța / Constanța Art Museum, Muzeul de Artă Vizuală Galați / Visual Art Museum Galați, Muzeul Orășenesc „Molnár István", Cristuru Secuiesc / "Molnár István" City Museum, Muzeul Județean Satu Mare, Muzeul de Artă / Satu Mare County Museum, Art Museum, Muzeul Național de Artă Timișoara / The National Museum of Art Timișoara, Muzeul „Vasile Pârvan", Bârlad / "Vasile Pârvan" Museum in Bârlad, Complexul Muzeal Național „Moldova", Iași / "Moldova" National Museum Complex, Iași, Institutul de Istoria Artei „George Oprescu", București / "George Oprescu" Art History Institute in Bucharest

Concept:
Călin Dan

Editori / Editors:
Călin Dan, Magda Predescu

Texte / Texts:
Ann Albritton, Anca Arghir, Călin Dan, Cătălin Gheorghe, Magda Predescu

Catalogul, Cronologia, Lista de expoziții și Bibliografia reprezintă versiunea prescurtată a unei cercetări științifice realizate de Cristina Cojocaru. Materialul în forma sa extinsă poate fi accesat pe site-ul Fundației Ion Bitzan, www.ionbitzan.com. / The Catalogue, the Chronology, the Exhibitions list and the Bibliography are the short versions of a scientific research by Cristina Cojocaru, and can be accessed onthe website of the Ion Bitzan Foundation www.ionbitzan.com.

MNAC mulțumește tuturor celor care au făcut posibilă realizarea acestui proiect editorial: Fundația Ion Bitzan, muzeografi, colecționari. / **MNAC extends its thanks to all those who made possible this editorial project:** the Foundation Ion Bitzan, museographers, art collectors.

Mulțumiri speciale / Special thanks: Emilian Albu, Anca Arghir, Vlad Arghir, Irina Bitzan, Serioja Bocsok, Daniela Calciu, Cristina Cojocaru, Sandra Demetrescu, Dinu Dumbrăvician, Florența Enache, Alice Georgiana Fănaru, Maria Ghika Șetran, Luba Hédlová, Simona Nastac, Maria Stineru, av. Mihai Vasile, Simona Vilău.

Design: Max Theodor Gruenwald (Faber Studio)

Parteneri / Partners: Fundația Ion Bitzan / Ion Bitzan Foundation; Muzeul Stedelijk Amsterdam / Stedelijk Museum Amsterdam; Complexul Muzeal Arad, Muzeul de Artă / Arad Museum Complex, Art Museum; Complexul Muzeal „Iulian Antonescu", Bacău (CMIA) / „Iulian Antonescu" Museum Complex, Bacău; Muzeul „Vasile Pârvan", Bârlad / "Vasile Pârvan" Museum in Bârlad; Muzeul Ulster, Belfast / Ulster Museum, Belfast; Colecția Universității Naționale de Arte, București / The Collection of the National University of Arts in Bucharest; Muzeul Național de Artă al României (MNAR) / The National Museum of Art of Romania; Muzeul Național de Istorie a României (MNIR) / National History Museum of Romania; Pinacoteca Muzeului Municipiului București [PMMB] / Bucharest Municipality Museum; Muzeul Dunării de Jos, Călărași / Lower Danube Museum in Călărași; Muzeul de Artă Constanța [MAC] / Constanța Art Museum; MAC, Muzeul de Artă „Dinu și Sevasta Vintilă", Topalu / MAC, "Dinu and Sevasta Vintilă" Art Museum in Topalu; Muzeul de Artă Craiova / Craiova Art Museum; Muzeul Orășenesc „Molnár István", Cristuru Secuiesc / "Molnár István" City Museum; Galeria Națională de Artă Modernă, Edinburgh / National Gallery of Modern Art, Edinburgh; Muzeul de Artă Vizuală Galați (MAV) / Visual Art Museum Galați; Musée Ariana, Ville de Genève / Muzeul Ariana, Geneva; Hamburger Kunsthalle / Kunsthalle; Complexul Muzeal Național „Moldova", Iași / "Moldova" National Museum Complex, Iași; Colecția Galeriei Butler [GBK], Kilkenny, Irlanda / Butler Gallery Collection, Kilkenny, Ireland; Muzeum Památníku Lidice / Lidice Memorial, Republica Cehă / Lidice Memorial, Czech Republic; The Museum of Modern Art, New York (MoMA); Muzeum Narodowe w Poznaniu / Muzeul Național Poznań, Polonia / The National Museum in Poznań, Poland; Muzeul Județean Satu Mare, Muzeul de Artă / Satu Mare County Museum, Art Museum; Muzeul Național de Artă Timișoara / The National Museum of Art Timișoara; Institutul de Cercetări Eco-Muzeale „Gavrilă Simion" (ICEM), Muzeul de Artă Tulcea / Institute for Eco-Museum Researches "Gavrilă Simion" (ICEM), Tulcea Art Museum; Muzej suvremene umjetnosti, Zagreb / Muzeul de Artă Contemporană, Zagreb / The Museum of Contemporary Art, Zagreb; Colecția De Ying Foundation / Collection De Ying Foundation; Colecția Sineva, România / Sineva Collection, Romania. Și colecționarii / And the collectors: I. Alexandru Boanchiș; Ion Caramitru; Richard Demarco; Geanina & Tudor Grecu; Andrei Oișteanu; Mircea Pinte; Dana Postolache & Ioan Darida; Emilian Radu; Zorela & Alexandru Sgarbura; Ovidiu Șandor; Pavel Șușară; Dana & Lorenzo Tincoca; Rodika Zanian.

Credite foto / Photo credits: Arhiva Fundației Ion Bitzan / Ion Bitzan Foundation Archive (AFIB); Clișoteca MNAC / MNAC Photo Archives; Collectie Stedelijk Museum, Amsterdam; Collection Ulster Museum, Belfast; Casa de licitații Alis; Casa de licitații Artmark; Muzeul Național de Artă al României / The National Museum of Art of Romania; Pinacoteca Muzeului Municipiului București / Bucharest Municipality Museum; Muzeul de Artă Constanța / Constanța Art Museum; Muzeul de Artă Craiova / Craiova Art Museum (Emilian Albu); Galeria Națională de Artă Modernă, Edinburgh / National Gallery of Modern Art, Edinburgh; Musée Ariana, Ville de Genève (Angelo Lui); Hamburger Kunsthalle / Kunsthalle Hamburg; Lidice Memorial Collection (Martin Homola); The Museum of Modern Art, New York; Muzeum Narodowe w Poznaniu / Muzeul Național Poznań, Polonia / The National Museum in Poznań, Poland; Institutul de Cercetări Eco-Muzeale „Gavrilă Simion", Muzeul de Artă Tulcea / Institute for Eco-Museum Researches "Gavrilă Simion", Tulcea Art Museum; Muzej suvremene umjetnosti, Zagreb / Muzeul de Artă Contemporană, Zagreb / The Museum of Contemporary Art, Zagreb; Marcel Almăjan; Barrie Baretto; Irina Bitzan; Serioja Bocsok; Giampaulo De Luca; Eugeniu Lupu; Eugen Niolcev; Hermann Niesse; Gabriela Pană; Decebal Scriba.

Digitizare / Digitisation: Fundația Ion Bitzan / Ion Bitzan Foundation, MNAC (Gabriela Pană)

Traduceri / Translations: Oana Amaricăi-Bottez, Ioana Raluca Flangea, Ioana Miruna Voiculescu

Corectură / Proofreading: Ioana Raluca Flangea

Editor imagine & Desktop Publishing / Image editing & Desktop Publishing: Aurelian Ardeleanu

20bis

Două decenii de MNAC în Palatul Parlamentului.
Two decades of MNAC in the Palace of the Parliament.

Editura MNAC
ISBN: 978-606-9044-61-2

This publication is listed in the German National Bibliography by the German National Library. Detailed bibliographic data are available at http://dnb.d-nb.de.

Publicat pentru prima dată de Editura MNAC. / First published by MNAC Books.

Redacția Editurii MNAC / MNAC Books:
Serioja Bocsok, Călin Dan, Sandra Demetrescu, Alexandru Oberländer-Târnoveanu, Alexandra Pompiliu-Georgescu, Magda Predescu, Simona Vilău

DCV

Distribuție și marketing / Distribution and marketing: DCV
sales@dcv-books.com

ISBN: 978-3-96912-175-7

MNAC
Str. Izvor 2-4, București - 5, 050563 RO
2-4 Izvor St., Bucharest - 5, 050563 RO

Descriere CIP a Bibliotecii Naționale a României
Ion Bitzan / ed.: Călin Dan, Magda Predescu ; texte: Ann Albritton, Anca Arghir, Călin Dan, ... - București : Editura M.N.A.C., 2023
ISBN 978-606-9044-61-2

I. Dan, Călin (ed.)
II. Predescu, Magda (ed.)
III. Albritton, Ann (text)
IV. Arghir, Anca (text)
V. Dan, Călin (text)

75